浜口雄幸集

論述・講演篇

川田　稔編

未來社

編者はしがき

浜口雄幸は、一九二七年（昭和二年）より民政党初代総裁をつとめ、戦前政党政治の絶頂期にあたる一九二九年（昭和四年）から一九三一年（昭和六年）まで、内閣総理大臣としていわゆる浜口民政党内閣をひきいた人物であり、原敬、加藤高明などとならんで、政党政治期を代表する政治家のひとりとして知られている。

だが、彼の著述や演説などを、その政治活動の全般にわたって本格的に収集したものはこれまで出版されていない。現在日本は大きな転換期にあり、今後その方向性を考えていくうえでも、戦前政党政治期の外交・内政上の政治的経験があらためて注目されている。

本書は、その時期の最大の政治家の一人である浜口の国家構想と政治活動に関する発言の全貌を提示しようとするものであり、浜口のみならず、同時代の政治史全般や国際政治を把握するうえで資するところ多く、さらに日本政治の特質や今後の日本の方向性を考えていくうえでの、基礎資料の一つとなるものであると考えている。ちなみに、浜口は外交・内政についての構想や政策について、自らの考えを比較的率直に語るタイプの政治家であり、また、公式に発言した政策は、政権についた際には必ず実行しなければならない、したがってまた実行可能なものでなければならないとの姿勢をとっていた。

最初のいくつかの資料をみていただくだけでも、その発言の多くが、日本の大きな方向性をめぐるものであり、そこでの、外交・内政にわたる自らの構想の全体像を、その意味での国家構想を語ろうとする執拗なまでの姿勢は、近年の日本の政治家の発言と比較して、かなり興味深いものを感じられるのではないだろうか。

さて、浜口の経歴については「解説」にゆずり、ここではその政治的生涯のなかで最も重要な意味をもつ浜口内閣期の彼の構想の概略とその政治的歴史的位置について簡単にふれておこう。

第一次世界大戦（一九一四―一九一八年）を契機に、日本の政治は、それまでの藩閥官僚主導から議会政党主導の体制に移行していく。そのような方向をもっとも押し進めたのが、一九二九年（昭和四年）から一九三一年（昭和六年）まで政権の座にあった浜口民政党内閣であった。

第一次大戦が始まると、日本は、元老山県有朋を頂点とする藩閥官僚勢力主導のもとに、対独開戦、青島占領につづいて、対華二十一箇条要求や反袁世凱工作など、軍事的政略的圧力によって、南満州や東部内蒙古ばかりでなく、中国全土にその影響力を拡大しようとする。しかし、そのような日本の行動は、当然ドイツや中国との関係を悪化させたばかりでなく、中国中央部を勢力圏とするイギリスや、中国の門戸開放とそこでの機会均等を主張するアメリカの利害とも対立し、厳しい緊張関係をひきおこした。このような政策展開は、四次にわたる日露協約によるロシアとの関係の緊密化を背景としておこなわれたものであった。

しかし大戦末期、ロシア革命（一九一七年）による日露協約の失効によって日本は事実上の有力な同盟国を失い、さらにシベリア出兵によって、ソヴィエト・ロシアと対立するばかりでなく、その問題をめぐってアメリカとも軋轢を拡大する。ことに、対華二十一箇条要求と、ソヴィエト政府によって公表された第四次日露協約秘密協定に示された中国本土への勢力拡大企図、さらにはその延長線上にある西原借款などの援段政策は、アメリカ、イギリスとの国際的緊張を醸成し、日本に対する強い警戒心をいだかせることとなった。こうして日本は、大戦中のため直接には表面化しないが、実質的には国際的な孤立状態に陥るのである。

このような事態は、山県系藩閥官僚勢力が主導する国策の基本方向が国際的な有効性を失ったことを意味した。したがって従来の外交政策とは異なる新たな方向が必要となっていた。そこで元老として実質的な首相決定権をもつ山県は、かねてから対米英協調ことに対米関係重視を主張し、この間のアグレッシブな対中国政策を批判するとともに、日露提携に危惧を表明していた政友会総裁の原敬に、好むと好まざるとにかかわらず、ひとまず国政をゆだねるほかなくなっていく。

こうして大戦終結直前の一九一八年（大正七年）、それまで国政をリードしてきた藩閥官僚勢力に代わって、原敬が日本最初の本格的な政党内閣、原政友会内閣を組織する。原は、日清日露両戦争以来の、軍事力そのものによって、もしくは軍事的政略的プレッシャーによって、大陸での権益を拡大しようとする方向を修正し、中国内政不干渉政策をうちだすことによって、国際的な平和協調、ことに対米英協調を軸とする外交路線に転換する。

そのことは同時に、中国本土において、経済的競争力に重点をおいた市場拡大の方向、すなわちアメリカ、イギリスなど、欧米諸国と本格的に経済レベルで競争をおこない、商品輸出や資本投資の拡大をはかる方向をおしすすめることを意味した。必要な海外市場の確保は純粋に経済レベルでの競争によらなければならないこととなったからである。したがって、国民経済の国際競争力の抜本的な強化が必要であり、そのための方策が、この時期の政友会の四大政綱、原内閣の戦後経営政策の中心内容をしめるものであった。そこでは、中国市場での国際競争力強化を念頭においた産業育成政策と、それをささえる交通機関の全国的な整備、さらにそれらのための人材育成を主眼とする高等教育の拡充が、次期大戦にそなえての軍備の機械化とともに、重要施策として設定されていた。

また原は、選挙権の拡大や社会政策の導入などによって、国民的支持基盤を拡大し、それをてこに、藩閥官僚勢力の地方的基盤となっている郡制の廃止や植民地長官武官専任制の文武官併用制への移行など、それまで国家権力の中枢にあった藩閥官僚勢力をおさえこみながら、議会政党の権力的地位を確立していこうとした。

それとともに、軍事費負担を軽減するねらいから、世界軍縮に積極的にコミットしていく。そして新たに創設された国際連盟の常任理事国のポストについたこととあいまって、日本は国際社会で軽視しえない発言力をもつ国とみなされるようになる。

このような原によって設定された、議会を基礎とする政党政治と国際的な平和協調路線という方向性は、その後いわゆる政党内閣期の内政と外交の基本路線として継承されていく。そして、そのような方向をもっとも徹底させたのが、一九二九年（昭和四年）に成立する浜口雄幸民政党内閣であった。

浜口は、外相に幣原喜重郎を、蔵相に井上準之助を起用し、一方で、対米英協調と中国内政不干渉を中心とする国際的な平和協調路線、いわゆる幣原外交をおしすすめるとともに、他方、井上財政ともよばれる一連の経済政策を遂行した。それは、産業合理化政策によって産業構成を高度化し、国民経済の国際競争力、ことに個別企業の対外競争力を強化するとともに、金解禁政策すなわち金本位制への復帰によって国際貿易を安定化させ、中国での市場拡大をはかろうとするものであった。よく知られている財政緊縮政策も、たんに膨張した国家予算を収縮させるためだけでなく、産業構成の合理的再編による経営体の体質強化、生産コストの引き下げによる競争力強化を主なねらいとしていた。これらは、中国本土において欧米諸国と本格的に経済レベルで競合しうるだけの国際競争力をもつ国民経済の編成をつくりあげるとともに、国際的な経済活動を有利に展開しうる諸条件を整備し、そのことによって、国際協調を前提とした非軍事的なかたちでの市場拡大、とりわけ中国での通商投資、輸出市場の拡大をはかり、日本経済の安定的な発展、国民生活の安定・向上を実現しようとするものであった。これらの政策は、すでにふれたように、いわゆる幣原外交、井上財政として知られているが、首相就任前からの浜口自身の考え方でもあり、浜口はそのような自らの構想にしたがって、幣原と井上を起用したのである。

また浜口は、ロンドン海軍軍縮条約を締結することによって、軍縮をさらにおしすすめ、それに反対しようとした海軍軍令部および枢密院を、前者は周到な政治工作で、後者は世論および元老西園寺公望、内大臣牧野伸顕らの支持を背景に力で屈服させ、軍事費を削減して財政負担を抑えるとともに国際的な平和協調へのリーダーシップをとろうとする。ちなみに枢密院は藩閥官僚勢力最後の砦だった。

こうして、政党政治による国家システムの全体的なコントロールがほぼ可能となる体制ができあがってくるとともに、この時点で、日本はアメリカ、イギリスとならんで、国際社会をリードしていく国の一つとなったのである。軍縮条約締結後に日米英をむすんでおこなわれた、浜口首相、アメリカ・フーバー大統領（共和党）、イギリス・マクドナルド首相（労働党）による演説の世界同時中継ラジオ放送は、その象徴的な出来事であった（このわずか一五年後に、第二次世界大戦によって、全国の主要な都市が焦土と化し、膨大な数の人々が戦禍にたおれ、さらに数年にわたって他国の占領下におかれようとは、浜口も、抽象的な可能性としてはともかく、現実的な問題としては、おそらく夢想だにしなかったことではないだろうか）。

一方、浜口は、財政緊縮にともなう国民経済の再編過程が社会不安をもたらさないよう、また、産業合理化が勤労者に一方的にしわよせされず、経営体そのものの体質強化、国民経済全体の体質改善につながるよう、労働組合法や小作法の制定、失業対策などさまざまな社会政策を実施しようとした。そのことは一定の社会的広がりをもってきた労働運動や農民運動に対応し、普通選挙制のもとでの社会的支持基盤の拡大強化をはかろうとするものでもあった。

しかし、このような浜口の構想は、世界恐慌の衝撃をうけて崩壊する。また浜口自身も昭和恐慌の深刻化のなかで、一九三〇年（昭和五年）一一月、東京駅で狙撃され、それがもとで翌年死亡する。この浜口の構想の崩壊は、同時に、満州事変、五・一五事件、二・二六事件、日中戦争へと続く、政党政治の解体、第二次世界大戦への道のはじまりでもあった。

浜口内閣をピークとする政党政治の外交・内政の大きな方向性は、それが前提とした国際状況が世界恐慌のもとで崩壊することによって有効性を喪失し解体していく。その結果、政党はいわゆる陸軍「革新派」を中心とする大陸への膨張政策の方向、超国家主義の方向に対抗するだけのオルタナティヴをうしない、全体としてはそれに引きずられていくのである。

浜口の構想はこのような位置にある。

本書が、日本近代史や日本政治史、東アジア近代史、国際政治、政治学、政治思想史などの領域の研究者のみならず、直接政治にたずさわっている方々、また各種のジャーナリズムなどにおいて政治的な問題をあつかっている方々、そしてさらには一般に広く政治に関心をもつ方々にとって、なにほどか参考になりうることを願ってやまない。

一九九九年秋、北京にて

川田　稔

浜口雄幸集

論述・講演篇

目次

編者はしがき……一
凡　例……一〇

第一部　民政党総裁就任以後

一　正しきを踏んで懼れず……二五
［一九二七年（昭和二年）六月一日、民政党結党式での総裁就任挨拶］
二　不義の圧迫に屈する勿れ……二七
［一九二七年（昭和二年）八月一八日、民政党全国支部長会議での演説］
三　時局を誤る田中内閣の施設経綸……三三
［一九二七年（昭和二年）九月八日、民政党議員総会での演説］
四　政党内閣試練の時代……四二
［一九二七年（昭和二年）一一月二二日、民政党関西大会での演説］
五　民政党第一回大会での総裁挨拶……五三
［一九二八年（昭和三年）一月二〇日］
六　田中内閣不信任の六大理由……六一
［一九二八年（昭和三年）一月二一日、内閣不信任案説明演説原稿、解散のため留保］
七　政局安定の途と我が党の態度……七一
［一九二八年（昭和三年）三月一四日、民政党議員総会での演説］

八　輿論の大勢に順応せよ……七四
〔一九二八年（昭和三年）三月二九日、民政党主催倒閣国民大懇親会での演説〕
九　政界奔流の中心たれ……七七
〔一九二八年（昭和三年）四月一六日、民政党臨時大会での演説〕
一〇　民政党臨時議員総会での演説……八三
〔一九二八年（昭和三年）四月二八日〕
一一　輔弼の責任を誤り立憲の大義を紊る……八五
〔一九二八年（昭和三年）六月一日、民政党臨時議員総会での演説〕
一二　民政党臨時議員総会での演説……八八
〔一九二八年（昭和三年）九月一〇日〕
一三　行詰れる局面の展開と民政党の主張……九二
〔一九二八年（昭和三年）九月一九日、民政党関西大会での演説〕
一四　浜口総裁賀表……一〇五
〔一九二八年（昭和三年）一一月一〇日、昭和天皇即位の大礼に〕
一五　離間中傷何するものぞ……一〇六
〔一九二八年（昭和三年）一一月一八日、京都出張所茶話会での挨拶〕
一六　第五十六議会に直面して……一〇八
〔一九二八年（昭和三年）一二月四日、民政党中国四国大会での演説〕
一七　年頭所感……一一七
〔一九二九年（昭和四年）一月、民政党機関誌論説〕

一八　暗黒政治打開の一戦……一一九
［一九二九年（昭和四年）一月二〇日、民政党大会での演説］
一九　国民的判決の前に自決せよ……一二七
［一九二九年（昭和四年）三月二六日、民政党議員総会での挨拶］
二〇　緊縮政策と金解禁……一三〇
［一九二九年（昭和四年）六月五日、民政党臨時議員総会での演説］
二一　内閣成立に当りて……一三四
［一九二九年（昭和四年）七月三日、民政党内閣成立祝賀会での演説］
二二　施政方針に関する首相声明……一三五
［一九二九年（昭和四年）七月九日］
二三　財界立直しの急務と整理緊縮……一三九
［一九二九年（昭和四年）七月一六日、民政党両院議員評議員連合会での演説］
二四　政府の財政に関する施設要綱……一四二
［一九二九年（昭和四年）七月二四日、大阪商工会議所での演説］
二五　綱紀粛正及び財政緊縮と金解禁……一五一
［一九二九年（昭和四年）八月五日、地方長官会議での演説］
二六　地方長官会議午餐会での挨拶……一五五
［一九二九年（昭和四年）八月五日］
二七　社会政策審議会での挨拶……一五六
［一九二九年（昭和四年）八月九日］

二八　国際貸借審議会での挨拶……一五七
［一九二九年（昭和四年）八月九日］
二九　関税審議会での挨拶……一五九
［一九二九年（昭和四年）八月九日］
三〇　合理的景気回復の基調……一六〇
［一九二九年（昭和四年）八月一三日、東京での金解禁に関する遊説演説］
三一　全国民に訴ふ……一六五
［一九二九年（昭和四年）八月、経済対策リーフレット］
三二　経済難局打開に就いて……一六八
［一九二九年（昭和四年）八月二八日、東京中央放送局よりのラジオ放送演説］
三三　震災六周年記念日に際し一段の努力を望む……一七七
［一九二九年（昭和四年）九月一日］
三四　財政及び財界の建直し……一七九
［一九二九年（昭和四年）九月二六日、東京銀行倶楽部閣僚招待晩餐会での挨拶］
三五　経済難局打開の使命……一八二
［一九二九年（昭和四年）一〇月一三日、民政党東海十一州大会での演説］
三六　政府減俸案撤回に関する声明……一八八
［一九二九年昭和四年）一〇月二二日］
三七　金解禁に関する首相声明……一八九
［一九二九年（昭和四年）一一月二一日］

三八　大阪経済更新会発会式での挨拶……一九一
［一九二九年（昭和四年）一一月二七日］
三九　軍縮会議と我国の態度……一九三
［一九二九年（昭和四年）一二月、民政党機関誌論説］
四〇　当面の国情と金解禁後の対策……一九四
［一九二九年（昭和四年）一二月一六日、民政党関東大会での演説］
四一　金解禁実施に関する首相声明……二〇一
［一九三〇年（昭和五年）一月一〇日］
四二　強く正しく明るき政治……二〇三
［一九三〇年（昭和五年）一月二八日、著作］
四三　内閣の信任を国民に問う……二二九
［一九三〇年（昭和五年）二月一二日、東京での選挙遊説演説］
四四　総選挙に向けての首相声明……二三八
［一九三〇年（昭和五年）二月一九日］
四五　総選挙の結果と施策の遂行……二三九
［一九三〇年（昭和五年）二月二三日、民政党機関誌論説］
四六　政党政治の美果を収めむ……二四一
［一九三〇年（昭和五年）三月一〇日、衆議院総選挙民政党当選議員総会での演説］
四七　帝都復興完成に関する首相声明……二四五
［一九三〇年（昭和五年）三月二二日］

四八　帝都復興事業完成祝賀会での首相祝辞……二四六
［一九三〇年（昭和五年）三月二六日］
四九　国民負担の軽減と社会政策の実行……二四八
［一九三〇年（昭和五年）五月一五日、民政党議員総会での演説］
五〇　回訓案決定の件説明原稿……二五三
［一九三〇年（昭和五年）六月一八日、ロンドン海軍軍縮条約についての政府回訓関係文書］
五一　軍事参議院奉答文にたいする敷奏文……二五七
［一九三〇年（昭和五年）七月二六日、ロンドン海軍軍縮条約批准関係文書］
五二　ロンドン海軍軍縮条約批准に関する首相声明……二五八
［一九三〇年（昭和五年）一〇月二日］
五三　国務の現状及び将来の施政……二六〇
［一九三〇年（昭和五年）一〇月一〇日、地方長官会議での演説］
五四　人類文明の一新紀元……二六四
［一九三〇年（昭和五年）一〇月二七日、日米英首脳世界同時中継ラジオ放送での演説］
五五　教育勅語渙発記念祝辞演説……二六七
［一九三〇年（昭和五年）一〇月三〇日、教育勅語渙発満四十年記念式典］
五六　昭和六年度予算の編成を終りて……二七一
［一九三〇年（昭和五年）一一月一一日、民政党機関誌論説］
五七　民政党関東大会へのメッセージ……二七三

［一九三〇年（昭和五年）一二月一四日］
五八　新春所感……………………………………二七四
［一九三一年（昭和六年）一月、民政党機関誌論説］
五九　来年度予算通過に関する首相声明……………………二七六
［一九三一年（昭和六年）三月一四日］

第二部　民政党総裁就任以前

一　消極政策と積極政策……………………………………二七九
［一九一五年（大正四年）三月、高知市での衆議院議員立候補演説］
二　我が党の財政政策と所謂妥協案……………………………二八二
［一九一六年（大正五年）四月、同志会機関誌論説］
三　海軍補充問題と財政……………………………………二九三
［一九一六年（大正五年）五月、同志会機関誌論説］
四　軌制問題に就いて……………………………………三〇〇
［一九一六年（大正五年）七月、同志会機関誌論説］
五　大正六年度予算と公債政策……………………………三〇八
［一九一六年（大正五年）九月一〇日、同志会機関誌論説］
六　寺内首相の訓示を評す……………………………………三一九
［一九一六年（大正五年）一一月二〇日、憲政会機関誌論説］

七　我党の政策……三二七
［一九一六年（大正五年）一二月二〇日、憲法会機関誌論説］
八　寺内内閣果たして信任すべきか……三三八
［一九一七年（大正六年）四月六日、高知市での衆議院議員立候補演説］
九　還元論の今昔……三五二
［一九一七年（大正六年）一二月］
一〇　戦時経済政策を論ず……三六一
［一九一八年（大正七年）九月七日、憲政会北海道大会での演説］
一一　戦後の経済問題……三七五
［一九一八年（大正七年）一一月二五日、憲政会機関誌論説］
一二　原内閣の外交政策……三八四
［一九一九年（大正八年）三月一一日、高知市での衆議院議員立候補演説］
一三　対支借款に就いて……三九二
［一九一九年（大正八年）六月四日、憲政会機関誌論説］
一四　国民生活の危機……三九六
［一九一九年（大正八年）八月一〇日、憲政会関西大会での演説］
一五　通貨収縮問題に就いて高橋蔵相に答ふ……四〇二
［一九一九年（大正八年）一〇月、憲政会機関誌論説］
一六　普選は国論なり……四一〇
［一九二〇年（大正九年）五月、憲政会機関誌論説］

一七　原内閣の責任……四一二
［一九二〇年（大正九年）一〇月六日、憲政会東北大会での演説］
一八　常平倉案反対理由……四一六
［一九二一年（大正一〇年）一月、憲政会機関誌論説］
一九　原内閣の経済政策……四二〇
［一九二一年（大正一〇年）七月八日、憲政会東海十一州大会での演説］
二〇　積極政策の崩壊……四三三
［一九二一年（大正一〇年）一一月、憲政会機関誌論説］
二一　税制整理案……四三六
［一九二二年（大正一一年）五月三日、憲政会政務調査会報告］
二二　現内閣の物価調節策を評す……四三八
［一九二二年（大正一一年）八月三日、憲政会機関誌論説］
二三　清浦内閣と解散の不法を難ず……四四三
［一九二四年（大正一三年）二月、憲政会機関誌論説］
二四　財政計画の破壊……四四七
［一九二四年（大正一三年）三月、憲政会機関誌論説］
二五　清浦内閣の四大罪悪……四四九
［一九二四年（大正一三年）三月一六日、高知市での講演］
二六　農村振興に対する私見……四六六
［一九二四年（大正一三年）三月、高知市での講演］

二七 地方長官会議に於ける訓示演説……四七一
〔一九二四年（大正一三年）八月五日〕
二八 全国農工銀行同盟大会懇親会に於ける演説……四七七
〔一九二四年（大正一三年）一〇月二四日〕
二九 手形交換所聯合懇親会に於ける演説……四八〇
〔一九二四年（大正一三年）一一月二一日〕
三〇 関西銀行大会に於ける演説……四八五
〔一九二四年（大正一三年）一一月二六日〕
三一 財政政策の根本的刷新……四九三
〔一九二四年（大正一三年）一二月二〇日、予算内示会での説明〕
三二 金利引下げと人心緩和……四九六
〔一九二五年（大正一四年）五月、憲政会機関誌論説〕
三三 地方長官会議に於ける訓示演説……四九八
〔一九二五年（大正一四年）五月五日〕
三四 奮闘努力の精神を養へ……五〇三
〔一九二五年（大正一四年）九月二〇日、高知県立城東中学校での講演〕
三五 須く自己を信ぜよ……五〇九
〔一九二五年（大正一四年）九月二〇日、高知高等学校での講演〕
三六 財政整理の根本義……五一七
〔一九二五年（大正一四年）九月二〇日、高知市での講演〕

三七　政党の意義から見た我党の実力……五四〇
〔一九二五年（大正一四年）一一月、憲政会機関誌論説〕
三八　全国農工銀行同盟大会懇親会に於ける演説……五四三
〔一九二五年（大正一四年）一一月五日〕
三九　手形交換所聯合懇親会に於ける演説……五四七
〔一九二五年（大正一四年）一一月一九日〕
四〇　関西銀行大会に於ける演説……五五四
〔一九二五年（大正一四年）一一月二五日〕
四一　財界好転の曙光……五六一
〔一九二五年（大正一四年）一二月一三日、憲政会関東大会での演説〕
四二　万事夢の如し……五六四
〔一九二六年（大正一五年）三月、故加藤高明憲政会総裁への追憶〕
四三　地方長官会議に於ける訓示演説……五六六
〔一九二六年（大正一五年）四月二一日〕
四四　婦人団体代表者協議会に於ける講演……五七二
〔一九二六年（大正一五年）四月二六日〕
四五　手形交換所聯合懇親会に於ける演説……五八七
〔一九二六年（大正一五年）四月二九日〕
四六　経済聯盟招待会に於ける演説……五九三
〔一九二六年（大正一五年）五月二八日〕

四七 財界恢復に対する新標的……五九八
［一九二六年（大正一五年）六月、憲政会機関誌論説］
四八 地方自治の整備と財政緊縮……六〇一
［一九二六年（大正一五年）七月二六日、内務部長会での挨拶］
解説……川田稔……六〇五

凡例

一、収録資料の典拠は、それぞれの文末の（ ）内に記した。

二、同一の講演について表現の異なった複数の記録があるもの、また、異なった機会におこなわれた講演でほぼ同一内容のものは、相対的により詳細なほうを採用した。表題は原則として各資料に付されたものにより、小見出しもそのままとした。

三、表記については、旧かなづかいは典拠資料のままとし、旧漢字は新漢字に、変体がなは現行の表記にあらためた。さらに明らかな誤字・誤植を訂正したほか、カタカナ文はひらがな文に、「ゐ」は「い」に統一し、適宜ふりがなおよび句読点を補った。くり返し符号は「々」のみを使用した。

四、必要に応じて、段落を補った。また編者による最小限度の補足を［ ］内に付した。

五、遺稿『随感録』（浜口富士子編、三省堂、一九三一年）は、近年刊行された、池井優・波多野勝・黒沢文貴編『浜口雄幸　日記・随感録』（みすず書房、一九九一年）に収録されているため、一部を除いて本集には含めなかった。

六、議会における演説・発言は、近刊予定の『浜口雄幸集　議会演説篇』に収める。

七、資料的な重要性の観点から、浜口の民政党総裁就任以後のものを第一部、それ以前のものを第二部とした。

浜口雄幸集

論述・講演篇

第一部　民政党総裁就任以後

一　正しきを踏んで懼《おそ》れず

［一九二七年（昭和二年）六月一日、民政党結党式での総裁就任挨拶］

立憲民政党が、此処《ここ》に結党式を挙《あ》げ、最初の陣容を整ふるに際し、満場諸君の公選により、総裁の重任を托せられたことは、不肖《ふしょう》の身に余る光栄とする所であります。実は先般交渉委員諸君から予《あらかじ》め御内談を受けましたので、虚心坦懐に考慮しましたが、私は本来の性質上、総ての点に於いて、総裁たるの資格を、具備しない者であります。其の上病後でありまして、暫らく静養を要する折柄《おりから》切に御辞退申上げたのであります。先輩同志友人諸君の熱心なる御勧説もあり、此の際強《し》いて御断り致すことは、立憲民政党の首途《かどで》に際して、余りに腑甲斐なき次第と思い、一たび公選せられたる暁には、駑鈍《どどん》に鞭《むちう》ちて、此の重責に当るべしとの、決意を定めたのであります。

立憲民政党の使命は、只今《ただいま》議決せられたる宣言綱領に尽されて居ります。私は之を一読して病余の身も覚えず、満腔に、熱血の漲《みなぎ》るを感ずるのであります。固《もと》より時運と環境とに順応して、月新の経綸を行ふのは、政党の任務でありますが、我が立憲民政党の如く、率直に大胆に進歩的色彩を表明したる大政党は、未だ類例を見ないと思ひます。殊《こと》に普通選挙を前にして、政局転換の基準が確立せられて居ります今日、野党として堂々と声明した所は、他日必ず廟堂に立ちて之を実行せねばなりません。此の実行の責《せめ》に任ずる大政党として、斯《かく》の如き宣言を発しましたからには、我党は一大決心を以て、万難に当るの覚悟を固めねばなりません。不肖も亦諸君の熱誠に感激して、一たび起ちたる以上、我党の所信を実行するに当つては、正《ただしき》を踏んで懼《おそ》るるなく、一歩は一歩より其の力を増し、漸次に宣言綱領の趣旨を拡充実現して、天下の信頼に背かざらんことを期する次第であります。

私は実に叙上の決心を以て、敢て立憲民政党の総裁たる重任を引受けます。就《つい》ては不肖の菲才《ひさい》を以て猶大《なおおおい》に党規を張らんが為、我党が外に憲政の運用上主張する所を、其の儘《まま》党の内部に適用せんことを希望します。乃《すなわ》ち私は党員相互に各自の主張を尊重し、其の総意に則《のっと》りて、統一あり節制ある進退に出でんことを誓約したいのであります。進歩せる現代国家が、非常に強固なる統制力を有するのは、各人の自由と独創とを尊重し闊達《かったつ》有為の国民を基礎として、其の上に諸般の機関を構成するからであります。個人の自由と独創とを抑圧することを以て、強力なる団体を組織するの条件となすのは、時代錯誤の見解であります。我党は内に君子の交りを以て互に切磋《せっさ》磨励《まれい》し、外に一丸となりて敏活の行動に出でねばなりません。立党の宣言に役員公選の原則を確立したのも、此の精神の一端を発露したものと思ひます。

今日此処に来会せる諸君は、時代の要求に応じ、絶大の抱負を懐いて立たれたる、同志数百万の代表者であります。諸君の熱烈なる御努力は、必らずや新興勢力を糾合して、一世を風靡するの大勢力を建設せられることを信じて疑ひません。不肖は諸君の前に此の一身を投げ出し任期の存続する限り、諸君の信頼に副《そ》ひ、只管《ひたすら》邦家民人の為に尽瘁《じんすい》したい決心であります。一言立憲民政党の前途を祝福し、総裁就任の挨拶とする次第であります。

（鍵山誠之祐編『浜口雄幸氏大論弁集』、実業之日本社、一九三一年）

二　不義の圧迫に屈する勿《なか》れ

［一九二七年（昭和二年）八月一八日、民政党全国支部長会議での演説］

立憲民政党は国民の総意を、帝国議会に反映し、之を基礎として、議会中心政治の徹底を期するものであります。私は始めて総裁の重任をお引受け致したる際、駑鈍《どどん》の才を以て、大《おおい》に党紀を張らんが為、我党が憲政の運用上主張する所は、直ちに党の内部に適用し、大に諸君の意向を尊重し、党員の総意に則《のっと》りて、堂々たる公党の進路を決定せんことを宣誓したのであります。

乃《すなわ》ち全国各支部の発会式が、一段落を告げた際、諸君の御参集を願つたのは、諸君が地方実生活の体験より発する幾多の主張、幾多の希望を、本部に反映せしめんが為であります。若《も》し諸君が私心を去りて公事を憂ひ、邦家民人の為に、我党政策の決定に寄与せらるるならば、我党の決定する所は、即ち全国民の総意識、大感情を反映するものとして、我国政界に九鼎《てい》の重きをなすものと信ずるのであります。固《もと》より我党は今日に至るまで、幾多当面の問題に対し、相当の機関を経て、或《あるい》は政府に対して警告を発し、或は我党の主張を、明白にして来たのでありますが、私は此の際是等《これら》の意向を綜合して、一二重要問題に就《つい》て所見を述べたいと思ひます。

刻下《こくか》の我国に於て、外交問題及び財政経済問題の、重要なることは、現内閣の成立に際し、畏《かしこ》くも陛下より、特に御注意を賜はつた程であります。是《ここ》に於てか、我党は在野党として、之に対する責務を全《まっと》ふせんが為、第五十三議会に臨みたる際、外交に関しては、質問其他の形式に於て、大《おおい》に我党の主張を明白にして、政府の反省を促し、経済問題に関しては、政府の提出せる特別融通法、台銀《たいぎん》救済法を修正可決して、財界の安定を実現せしめんとしたのであります。然るに其の後、政府の為す所を見るに、軽率躁急《そうきゅう》、何等一定の方針に則《のっと》るなく、漸次に失敗の深淵に、はまり込まんとするは、実に寒心に勝《た》へざる次第であります。

我国の対支政策は、一党一派に偏私することなく、全支那民衆を対手《あいて》とせねばならぬことは、我党の支那に対する基礎的信念であります。今日の支那は、不幸にして混乱の極に達し、軍事上政治上幾多の重要人物が、活躍して居りますが、併《しか》しながら、之等の諸人物及び各勢力は、之を大なる全支那民衆の流れに、比較致しまするど、洵《まこ》とに局限的のものに、過ぎないのであります。是《ここ》に於てか吾人は活眼を開いて、全支那の国際的、社会的、経済的環境を大観し、総体的に、現代支那の苦悶に同情しながら、機宜《きぎ》に応じて、我国の有する権利利益を、擁護せねばならぬのであります。

曩《さ》きに蔣介石氏は、南京《ナンキン》、上海《シャンハイ》に其の勢力を樹立すると共に、決して日本に他意なきを表明して支那の内政に干渉せざらんことを、懇請したのであります。田中内閣は、青島《チンタオ》出兵によらずして、蔣介石氏が、我国の諒解を求めて来た時、我国の権利利益を、彼の勢力圏内に於て、保証せしむるの手段に出づべきであつたのである。我国は支那の内政に、干渉するの必要はなく、唯《ただ》支那民衆の反感を挑発することなくして、我国の権益を擁護すればよいのである。済南《さいなん》の居留民を保護するには、南北両軍の首脳者と、外交上の交渉によりて、適当の方法を講ずることも、出来たのであります。

然るに田中内閣は、何等の手段をも尽さずして、出兵を断行し、非常の誤解を支那人に与へ、非常の反感を南軍に挑発し、折角《せっかく》前内閣以来、培養し来つた、日支間の好感情を、一朝にして蹂躙し去つたことは、遺憾の極《きわみ》であります。現に南京政府が宣言した関税の引上、出廠税《しゅつみょうぜい》の賦課の如き、若し之が実現を見る時は、我国の貿易業者、及び対支投資家の被《こうむ》る損害は莫大なものであつて、大阪、神戸、京都の実業家間には、商権擁護の運動が起つて居る程であります。私は固《もと》より政府当局者が此の重大問題を処理すべく支那に対して厳粛なる抗議をなし、適正なる手段を講ぜんことを希望するが、強硬に我国の利益を擁護し、外交上の交渉をなすことと、徒《いたず》らに兵を出すことは別問題であります。国交上断乎たる態度は或場合には最も必要である、併《しか》しそれは凡《あ》らゆる手段を尽して後のことでなければならぬ、吾人は事国交に関する限り、暫く鋒鋩《ほうぼう》を収めて、唯政府が此上《このうえ》にも善後策を誤るなからんことを切望する次第であります。

政府当局者は又第五十三議会に通過せる補償法及《および》救済法を活用して、迅速に財界の安定を図《はか》るの責任があります。然るに川崎造船所及び十五銀行問題の如き、彼等は何等の成算なくして漫《みだり》に救済を宣言し、二箇月の久しきに亙《わた》りて関係者と世間とを愚弄し、中途障礙《しょうがい》に逢著するに及び、俄《にわ》かに之を一擲して顧《かえり》みざるが如きは、無責任の甚しきものである。其他休業銀行の救済にしても、一般補償法の適用にしても、冷静に厳密に手を下さねばならぬ次第であるが、賑《にぎ》やかなるは宣伝のみにして、何等財界の根本的立直しが進捗しないのは頗《すこぶ》る遺憾であります。

否なそればかりでなく、更に痛心に堪へないのは、政府当局者が今日も依然として積極政策とか、産業立国とか云ふ従来の旗印に捉はれ、此の不景気の財界に処して、計数上到底不可能なる尨大杜撰《ずざん》の予算を編成せんとし、益々《ますます》経算界の病弊を深刻ならしめんとすることである。政府は先般総額三億円にも達せんとする新事業を抱へて、予算閣議を開いたのであるが、唯《ただ》徒らに気焔を挙げたのみで、財源の確定せざる今日、遂《つい》に其の審議を中止するの外なかつたのである。政府は今後如何なる奇術を用ひて、彼等の口腹を満たすべき大財源を捻出せんとするのであるか、甚だ懸念に勝《た》へない次第であります。各大臣等の気焔に察すれば、畢竟《ひっきょう》一般特別両会計共に莫大なる公債を発行して、一時を彌縫《びほう》せんとするに堕ちはせぬかと思はれます。甚しきは産業振興の為なら、何程内債外債を起しても差支へなしなど放言して居る向もあるが、斯《かく》の如きは衰余の病体に、アルコールを煽《あお》つて放歌乱舞せんとするが如く、其の結果益々病源を深くして、惨憺たる破滅に陥らんことは、内外の歴史の立証する所である。

今や我国は五十二億に近き国債を有して居り、之が利息だけでも二億六七千万円に近く、年々の借換へだけでも、一、二億から四、五億に達せねばならぬ際、今年成立した震災手形法、特別融通法、台湾銀行救済法だけでも、公債は少くとも数億の増加を、免れない状態であります。此際更に巨額の公債を発行して、財界不安の為め一流銀行に集まつて居る資金を吸集し大《おおい》に積極政策を行つて、財界の空景気を煽つたならば、其の結果はどうなるであらうか、識者の甚だ憂慮に堪へない所であります。政府が若し大勢に逆行して積極尨大の予算を編成したとすれば、我国の国際的信用は必ず傷けらるるに相違ない。果して然《しか》らば、公債の借換へ其の他に支障を生じ、内外相率《ひき》いて、益々財政の行詰りを馴致することと思ひます。吾人は我同胞国民に対し、此の際政府の甘言に欺かるることなく、経済財政の難局に対するには、矢張《やは》り整理緊縮に伴ふ、真面目なる努力の外に、名案なきを自覚せんことを切望いたします。

若《も》し夫《そ》れ国家永遠の産業政策としては、此の狭少なる国土の中に現存する、生産販売機関の重複過剰濫費無規律を、整理統制して、所謂《いわゆる》産業組織の現代化を図り、大に主要産業を建設して、国家生産力の根柢を固むることが必要である。立憲民政党の宣言政綱に、国家の整調によりて、生産を旺盛にし、分配を公正にし、以《もっ》て公衆の福利を増進せんことを力説したのは、此の間の基調を語るものであります。然れども今は其の地ならしを為す為にも、緊縮整理を必要とする時代である。無規律、濫費、過剰、重複を助長すべき放慢政策は、現代的産業政策の創設を、妨害する点から見ても、断じて之を斥けなければなりません。

政府は又無謀なる積極政策を高調する傍《かたわ》ら、猶《なお》之に慊《あきた》らずして、無謀なる地租委譲を、計画して居ります。之は単に次期議会に、法案を提出するだけであらうが、昭和四年度より、之を実行すると云ふ政府の声明も、恐らく確実なる計数を立つることは、不可能と思ひます。若し中央地方に亙《わた》る、行政組織の根本的改革を実行すると云ふ、経綸の中に、地租委譲と云ふ、一題目を織り込まんとするなら、其の具体案を拝見して、審査を加へたいのであるが、行政組織の上から見ても、租税体系の上から見ても、政府の所謂《いわゆる》地租委譲は、何等の根本観念に出発するものでなく、殊に関税を増徴して、其の財源となすべしとか、公債の増発も厭《いと》ふ所に非ずとか、どの辺までが気焔であつてどの辺までが本旨であるか、想像にすら苦しむ次第である。

我党は立法行政及び地方自治に浸潤せる、時代錯誤の陋習《へいしゅう》を一掃して、新興の機運に応ずべき、改造の実現を期するのであるから、府県市町村と、中央政府との間に存する、現行の制度に対しては、種々考慮研究を廻《めぐ》らして居るのであるが、政友会内閣の主張するが如き、財源を明示せざる地租委譲に至りては、之を研究の題目とすることを、躊躇せざるを得ないのであります。吾人は嘗《かつ》て社会政策を加味して、地方税制の整理を実現したるばかりでなく、大に地方の財政難を緩和せんが為、義務教育費国庫負担額を、逐次に増加して、現に七千五百万円の巨額に達せしめて居るのであります。若し此の方針を拡充して、小学校教員俸給全額国庫支弁を理想として、著々《ちゃくちゃく》実行の歩を進めたなら、地方民の福利を増進するに於て、架空なる地租委譲のパノラマを見せらるるよりは、遥かに切実懇篤の処置なりと、確信するものであります。

　最後に一言すべきは、政府の最も力を入れつつある事であつて、併《しか》も国民の最も遺憾に感ずる点であります。それは現内閣が成立以来、憚《はばか》る所なく断行したる、地方官の大馘首《かくしゅ》、大更迭である。若し斯の如きことを繰返して、内閣更迭毎に新進を馘《くび》り、老朽を復活し、府県吏員町村吏員等の公職を挙げて、政党の餌食《えじき》となすに至つたならば、官界の情実は鬱積《うっせき》し、吏員の志気は頽廃《たいはい》し、由々《ゆゆ》しき国家行政上の弊害を、醸《かも》すに至るでありませう。官公吏の地位を保障し、責任を持つて公務に従事せしむることは、綱紀を振粛し、行政上の能率を増進する所以である。我々は政府に居つた頃、屢々《しばしば》地方長官及び警察官に訓示し、民衆に対して、親切公平なる職務の執行を要求し、党勢拡張の手先となるが如きを、厳禁したのであるが、今日の如く反対党内閣が、官吏の取扱ひを、粗末にするに於ては、此の弊を除かんが為、抜本塞源《さいげん》の方法を講ぜねばならぬ。我国の文官懲戒令、官吏分限令は、相当官吏の地位を、保障して居るが、単に官庁事務の都合を名とし、党同異《とうどうい》伐《ばつ》の悪弊が長ぜらるるに於ては、制度上にも何か一層の考慮を加ふることが、必要ではないかと思はれる。言ふ迄もなく、官吏は国家の公職に居る者であつて、一党一派の奴僕ではない。其の神聖なる職務と、人格とを尊重すべきは、言を要せぬ次第であります。

　政府の地方官警察官の大更迭に伴ひて、来るべき九月の県会議員改選、及び次期の衆議院議員総選挙には、選挙大干渉が行はるべしとの風評が盛んである。又政府当局者も、種々の機会に地方官を督励し、不謹慎なる与党側から、暗に干渉を仄《ほの》めかして居ることも、伝へられて居ります。併《しか》しながら普選に直面して、自覚に燃えんとする、我が民衆に対し、選挙干渉を以て、其の正義の精神を蹂躙《じゅうりん》し得べしと、信ずる者あらば、時代錯誤の見解と謂《い》はねばならぬ。普通選挙は、多年種々各方面の立場から、論議抗争せられ、正に国民の心血を濺《そそ》いで、購《あがな》はれたものである、此の精神を高調し、此の第一回の運用を、公正にせんが為には、吾人は再び心血を濺いで、之に当らねばなりません。

不義の圧迫に屈せざるは、吾人が伝統的精神であつて、我国の世界に重きを為すも、亦《また》此の気の磅礴《ほうはく》たるに因《よ》るものであります。我党本部にては、合法的に選挙干渉に対抗するの、手段を講じて居るのであります。法に拠りて正義を伸ぶるは、立憲国民の誇りである。諸君は自覚せる国民の前に、我党の主張を徹底せしめ、白熱せる輿論《よ》と、厳粛なる監視とにより、府県議戦及び次期の総選挙に臨《のぞ》まれんことを切望する次第であります。

（『浜口雄幸氏大論弁集』）

三　時局を誤る田中内閣の施設経綸

［一九二七年（昭和二年）九月八日、民政党議員総会での演説］

曩《さき》に全国支部長会議の席上、選挙に対する希望を述ぶるに当つて、一二の時局問題に就き、簡単に所見を申述べて置いたのであります。然るに今日は久しく、世論の標的となつて居つた山東出兵も、愈々《いよいよ》撤退せらるることとなり、政府の満蒙政策、地租委譲等の問題も、其の当時よりは稍《やや》具体化して来たのみならず、我党に於ても今回新たに義務教育費中、教員俸給全額の国庫負担を決定して、天下に発表せんとする場合に当り、茲《ここ》に諸君と相見ゆるの機会に於て、内外の重要問題に関し、更に所見の一端を申述べたいと思ふのであります。

凡《およ》そ政治は何処までも、国家本位でなければならぬ、政治家の功名心や、党利党略などが、苟《いやし》くも其の間に介在し、是等の不純の動機に依て、一国の政治が左右せらるるが如きことあらば、国家の為に非常に危険であると、言はなければなりません。又一国の政治が、内治外交上、諸般の政策を行ふに当《あたつ》ては、常に一定の主義に基き、一貫せる方針に従ひ、確固たる信念の下に、是を行はなければならぬ。特に今日の時局は、内外共に極めて重大なる場合であつて、之が対策如何に依ては、洵《まこと》に容易ならざる、結果を招徠するのであるから、政治家は、極めて慎重なる態度を以て事に当り、国家民人の為、献身的の努力を為すべきの秋《とき》であると思ふのであります。

現内閣成立以来五閲月《えつげつ》、未だ長しと言ふことは出来ませぬ。随《したがつ》て其の間の成績に、余《あま》り多くを期待することは、固《もと》より無理であらうが、成立の当初から最も重きを置かれたる、対支外交と財界問題は果して如何《いかが》であるか。

支那の動乱は、隣邦の為に洵《まこと》に、同情に堪へざる所であります。只《ただ》動乱相次ぎ、形勢の変化窮《きわ》まりなき間に於て、支那国民の間に、所謂国民的自覚が、自然に起つて来て、其の自覚せる国民の真面目なる努力に依り、諸般の建設的事業が順調に進捗して、国情自《おのずか》ら帰著すべき所に帰著し、我国との間に共存共栄の関係を、益々増進するに至らんことを希望する次第であります。

而して此の支那人の国民的努力に対しては、外部より妄《みだ》りに干渉すべき限りでありません。却《かえっ》て善意と寛容とを以て之に臨み、其合理的要求に対しては、事情の許す限り漸《ぜん》を以て、之を認容するの態度を取るべきである。之と同時に我国正当の権利利益は、飽《あ》くまで之を擁護すべきは、固《もと》より当然のことであります。前内閣は此方針の下に、対支外交を進めたる結果、両国の国民的親交の増進、大に見るべきものあり、彼の排日の如き、近時全く跡を絶つに至らんとし、共存共栄の大義も、漸を逐うて、之れが完成を期待せらるるに至りたるに際して、偶々《たまたま》内閣の更迭が行はれ、現内閣の成立を見たのであります。現内閣の対支政策に付ては、政府当局者従来の傾向に徴し、内外共に多少の懸念を持つて居つたことは、事実であります。

然《しか》るに支那動乱の余勢が、山東に及ばんとする傾向あるや、政府は深く形勢の推移を究むることなく、時局の発展に対する判断を誤まり国論の反対を無視して、在留民の保護を理由とし、周章《しゅうしょう》兵を青島に出し、次で之を済南《さいなん》に進めたのであります。其の後隣邦時局の推移に照し、出兵の必要なかりしことが、愈々《いよいよ》明白となるに至つても、政府は敏速に適当の措置を取ることを為さず、荏苒《じんぜん》三ケ月に渉り、空《むな》しく陛下の軍隊を、外国の領土に駐め、漸《ようや》く最近に至つて撤兵を行ふに到り、茲《ここ》に漸《ようや》く一段落を告げたのであります。撤兵に際して、政府は一の声明を致して居る様であるが、政府が何と弁解しても、山東の出兵は、大なる失敗である。為に我国の公正なる態度に対して、内外の疑念を招き、随て国交の上に、一点の陰影を投じたるものと謂はなければならぬ。兵を動すは、国家の重大事であつて、万已むを得ざる最後の場合であり、且つ其の事が、明白に国民に承認せらるるにあらざれば、妄《みだ》りに兵を動かすべきでありません。

然るに今回の出兵は、出兵の当時より、撤兵の今日に至るまで、山東の形勢推移に徴するに、出兵を弁護するに足るべき、万已むを得ざる場合であつたと、認むることは出来ないのであります。特に一部の人々は、出兵に依つて日本の決心の堅きことを示し、支那をして日本の侮《あなど》るべからざることを、知らしむるの効果があつたという様なことが、伝へられて居ることは、洵に驚くべきことであります。此の如き事が、果して兵を動かすの、正当なる理由となるであらうか、吾々は万已むを得ざる場合に於て、自衛上最後の手段に訴ふることを、必ずしも不可とするものではないが、只漠然たる理由の下に、出兵を為すことには、同意することが出来ないのであります。吾々の山東出兵問題に対する所見は、大体斯《かく》の如くである。これまでは問題の進行中なるを以て、聊《いささ》か思ふ所あり、率直に所見を述べることを差控へて居つたのでありまするが、今や愈々撤兵も行はれたのであるから、茲に所見を陳べて、政府の失敗を明かにする次第であります。

政治は実行を主とするものであるが故に、事実之を実行すると云ふ決心と、確信とを有せざるに拘《かかわ》らず、漫《みだ》りに宣伝を逞《たくまし》ふすることは有害無益である。宣伝の害は内政問題に於ては、徒らに国民を惑《まど》はしめ、政治の信用を失墜するに止まるけれども、事外交に関する場合に於て、未だ交渉を開始せざるに先つて、而かも誇張的に内外に流布するに至つては、其の害蓋《けだ》し測るべからざるものがあると思ふのであります。満蒙地方に於ける、帝国特殊の権利利益を擁護し、各種の懸案の解決を図るは、固より当然のことであつて、異存のある筈はないのであるが、交渉に依て所期の目的を達する為には、外交上自ら適切なる、順序方法があらうと思ふのであります。然るに未だ談判を開始せざるに当て、或は東方会議と称する、大袈裟なる会議を興し、支那騒乱の重大時期に拘らず在支官憲を尽《ことごと》く東京に引上げて、所謂満蒙積極政策なるものを定めたりと宣伝し、当時恰《あた》かも現内閣が満蒙に対し、大積極の政策を計画し、或は既得権以外、新たに種々の要求を持出すかの如く、内外に伝へられたのである。此の事柄が支那人に、非常なる誤解と疑懼心《ぎくしん》を生ぜしめ、其の結果愈々実際の交渉を為すに当て、其の交渉が如何に妥当にして、既得権に基く懸案の、解決に過ぎないものであつても、談判成功の上に、非常なる不利を招来するものと思ふのであります。之は決して自分一個の、単純なる想像のみではない。奉天及北京の交渉談判に於て、既に其の徴候が現はれつゝあると、伝へられて居るのであります。斯《かか》る外交のやり方が、果して真に、帝国の利益を増進する所以であらうか、吾々は敢て然らずと断言するのであります。吾々は現内閣が、今少しく真面目に、今少し冷静に慎重の態度を以て、外交の事に当り、国家の大局を誤まらないことを、希望せざるを得ないのであります。

財界の問題は、極めて微妙にして、且つ困難なる問題である。財界今日の極端なる不景気は、其の原因洵に明白であり、又その由来する所已に久しいのである。去る四月昭和二年の大動乱は、「モラトリアム」の実施と、臨時議会を通過したる二法律の施行とに依て、少くとも表面的には、鎮静に帰して居るのであります。而《し》かも之に依て、財界已《すで》に安定したりと考ふるのは、大なる誤りであつて、我財界は内面的には、未だ安定して居ないのであります。金融界の混乱は、一時鎮まつたけれども、銀行の整理復活は、一向に進捗しないのみならず、商工業の打撃は、今後一層甚だしきを加ふるに至らざるやを憂ふるのであります。財界を根本的に安定せしむるには、一定の方針を立て、官民共に此の方針に従ひ、堅忍不抜の精神を以て、著々《ちゃくちゃく》之れが整理恢復《かいふく》に努むるの外はないのである。固より其の間に於て、現れ来るべき特殊の問題に対しては、問題の性質に依て、自ら特別の考慮を払ひ、特別の方策を行ふの必要があることは、吾々も認むる所であるが、其の場合に於ては、極めて慎重なる用意を以て事に当り、万遺算《ばんいさん》なきを期せなければなりません。政府が川崎造船所の、救済問題に対する態度と云ひ、休業銀行の整理問題に対する用意と云ひ、其の態度は決して、慎重と云ふことは出来ませぬ。又その用意は、決して周到と云ふことは出来ませぬ。甚だ軽卒であり、甚だ怠慢であると、言ふ外はないのであります。此の如き態度を以て、財界に当つて其の効果が、果して如何《いかが》であらうか、財界の為真に、懸念に堪へざる次第であります。特に休業銀行整理の問題が、此の上甚しく遅延するときは、経済上甚だ面白からざる結果を生ずるに至ることを、心配するのである。若し夫れ財界の問題が、意の如くならざるに腐心し、焦慮の結果、経済の理法を無視して、無理なる政策を強行せんとするが如きことがあつては、財界の真の整理恢復の為、懸念に堪へざる次第であります。

積極政策は断じて不可

予算のことは未だ、批評すべき材料もなく、又其時機でないと思ひます。商工業の不振其《その》極に達し、国民の苦痛特に甚しき、今日の場合であるから、濫《みだ》りに積極政策を行つて、民間の経済を圧迫するは、策の得たるものにあらずと考ふるのであります。また不景気の結果、政府は頻《しき》りに歳入の減少を訴へて居る今日の場合、積極政策は事実に於ても、行はれ難い状勢であらうと思はれます。申すまでもなく、国家の財政は国民経済の基礎の上に立つて居るものであつて、国民経済の消長と、常に相伴はなければならぬものであります。然るに政友会は国民経済の消長、歳入の増減如何《いかん》に拘らず、従来常に積極政策を、主張し来つたのであるが、今や朝に立て、大に其の伝統的の積極政策を行はむとするに当り、財界空前の不景気に、当面したのであります。新聞紙の報道に依れば、明年度に於て計画せんとする、政府各省の新規事業は、其の事項も極めて多く、随て其の金額も莫大の高に上る様に、承《うけたまわ》るのであるが、今日の状態に於ては、其の大部分は恐らくは、実現不可能に終るものと、見なければなりませぬ。若し彼《か》の積極政策を行ふが為に、国民の負担を増加するも、差支《さしつかえ》なしとの議論に至っては、仮令《たとい》郵便料金増加の形であつても、此の場合断じて不可なりと、言はなければなりませぬ。公債の発行を濫りに増額することも、同様不可なりと信ずるのである。公債の増発は、国民負担の増加にあらずと考ふる人があるならば、其の非常識真に笑ふべしであるが弁《べん》は暫く措《お》くとするも、財界の現状に照らして、将来を推測するに、公債の増発には、吾々は同意を表することが、出来ないのであります。不堅実なる財政計画は、財界の整理恢復を妨げ、累を将来に貽《のこ》すのみならず、外国に対する帝国財政の信用を失墜し、国家永遠の損害となることを忘れてはならぬのであります。

基礎的条件の定らぬ地租委譲

地租委譲の問題は、現内閣の生命として、愈々之を断行する決心をした模様であります。只《ただ》決心をしたと云ふだけであつて、委譲後の組織体系に付て、如何なる方針を有するや、委譲の財源及国家財政の将来に就て、如何なる成算を有するや、また委譲せらるべき地租は、如何なる使途に充当するや、即ち負担の軽減に充《あ》つべきや、将《は》た又地方に於ける、新事業の財源に充つべきや、所謂地方分権との関係如何、委譲に依て生ずべき負担の不公平、其他各種の弊害を如何にして矯正防止するや等の重要問題に就て、未だ何等の説明を聞くことが出来ないのは、甚だ遺憾でありま す。凡《およ》そ地租委譲の如き重大なる問題を、決行せむとするに当つては、少くとも只今述べたるが如き、基礎的条件に就て、確固たる信念と成算が立つて、然る上に、之が委譲を決定すべきであります。是等の基礎的条件は、即ち問題の前提であつて、地租委譲は、即ち其の結論でなければならぬ。然るに政府は地租の委譲だけ先きに決定し、是等の基礎的条件を、後から研究するに意の如き結果を見ることが出来なくても、今更《いまさら》委譲を中止する訳に行かぬ、それを強行する為めに、国家の財政上、其他各方面に非常なる無理を、遂げなければならぬのであります。

例えば財源の一点から申して見れば、委譲の財源を得るが為めに、財界の大勢に反して公債を増発するか、或は社会政策に反して郵税を引上げるか、或は関税引上を行ふか、或は一時臨時歳出を遣り繰りして之が財源を造り、将来増税の危険を招くが如きであります。これは只一例に過ぎないが、此の如き無理をしてまで、地租委譲を為さなければならぬと云ふ、喫緊《きっきん》なる理由と差措《さしお》き難き必要が、国家の大局から見て、果して何処にあるのであるか、冷静に之を考ふる時、吾々は甚だ其の真意を了解するに苦しむものであります。或は地方分権を行ふ為め、地方に独立の財源を与ふるの必要よりして、地租委譲を為すのであると、説明して居るけれども、斯る漠然たる抽象的の議論には、吾々は首肯することが出来ないのである。若し地方分権の結果、地方に財源を要する為めと云ふならば、地租委譲の結果は、取りも直さず地方財政の膨脹であつて、少しも負担の軽減とはならないのであります。之れが果して政府の真意であるとするならば、国民は政府の看板に、失望せざるを得ないでありませう。

政府は地方分権の為に、地租委譲を必要であると言ひ、之と同時に地租は市町村に委譲すると言ふのであるから、地方分権は、市町村に向かって之を為すものと思はるるが、今日国家でやつて居る行政事務の中、如何なる事項を、市町村に分権するのであるか、而して分権の結果、市町村財政に如何なる影響を及ぼすかと云ふことを、具体的に説明するに非ざれば、地租委譲論には其根拠がないのであります。

義務教育費教員俸給全額国庫負担

地方財政の困難と、之を緩和するの必要なることは、吾々固《もと》より之を認むるものであります。地方財政の困難は、主として教育費の逓増に基くものであります。前内閣の時代に於て、国税の整理と共に地方税制の整理を行うたのであるが、此の整理は歳入総額に於て、大体増減なきことを標準として、行うたのであるから、将来財政にして許すならば、漸《ぜん》を逐《お》うて之れが、負担の軽減を図るべきは勿論《もちろん》であります。吾々は多年の主張に基き、義務教育費の国庫負担を累次《るいじ》増加して、今日は七千五百万円に達せしめて居るのであるが、将来も財政の緩急を図り、漸を逐うて此の負担額を増加すべきことを主張するのみならず、主義として、右教員俸給の全額を、国庫に於て負担すべきことを、主張せんとするものであります。而して今日まで未だ、全額負担の運びに至つて居ないのは主として財政上の理由に基くものであるが、一には又主義の未だ定まつて居ないにも、原因しているのであります。即ち政友会の如きは、半額負担を主義とし、それ以上負担すべきものにあらずとして居る様である。

是に於て吾人は更めて、茲に教員俸給全額負担主義を、主張するものである。国庫負担の増額は成るべく、速に之を実行することを希望するも、此の全額負担は必らずしも、一時に実現することを要しない。財政の都合を見緩急を計て、漸を逐うて全額負担の域に達すべきであります。随つて財源の問題に付て、深く憂慮するには及ばないのであります。即ち将来の自然増収等の一部を割いて、之に充当するのであるから、増税の必要もなければ、租税の体系を紊《みだ》す危険もない、随て国家財政の基礎を薄弱ならしむることもない、況《いわん》や負担の不公平を招き、自治体の平和を害する如き、虞《おそれ》もないのであります。而して国庫負担の増額に依て生ずべき、市町村財政の余裕は、何等の留保なしに、直ちに全部之を市町村税の負担軽減に充当すべしと云ふ事を、併せて主張するものであります。而して教員俸給の全額国庫負担が、自ら小学校教員の品位と、志操とを高め、之に依て教育の効果に貢献する所、亦尠からずと信ずるものであります。

我党の立場と府県会議員選挙

以上は刻下の時局問題に対して聊《いささ》か所見を述べ、同時に当面の問題たる地租委譲問題に就き、政府の方針に反対して、我党の主張を明白にし、之と同時に義務教育費問題に関し、吾人の主張を闡明《せんめい》したのであります。更に広汎なる内外幾多の問題に対しては、其の基調を我党の宣言政綱に置き追々具体的に政策を、発表するの機会があらうと思ひます。今や時局多難の折柄、現内閣の内治外交に対して、国民は一般に不安を抱いて居ると信じます。我党は唯一の在野党として、責任の極めて重大なるを自覚し、挙党一致凡《すべ》ての機会に於て、国家の為め奮闘努力せられんことを希望する次第であります。

又全国に渉《わた》る府県会議員総改選の期日も、目睫《もくしょう》の間に迫つて居るのであります。今回の選挙は二様の意味に於て、極めて重要なる選挙である、第一には数ケ月の後に行はるべき、衆議院議員総選挙の前衛戦として、我党の威力を発揮すべき、大切なる試練であるが為である、此の点に付ては切に同志諸君の奮闘を祈らなければなりませぬ。第二には地方的選挙とは言ひながら、普選最初の試みとして、天下後世に好先例を貽すべき、大切の機会であるが為である、不幸にして此の度の選挙が、自由に公正に行はれなかつたならば、将来に対する悪例となり、憲政の運用に対する、日本国民の能力を疑はしめ、一つには吾々の子孫に対し、二つには海外の先進国に対して、面目を失するのみならず、永く憲政発達の障礙を、為すことと思ふのであります。

故に今回の選挙を、自由且《かつ》公正に終了せしむることは、実に政府と政党と選挙民と、此の三者共同の責任と言ふべきであります。特に此の選挙に、監理者にして、其取締に任ずる政府の責任は、最も重大なりと信じます。吾々の同志も亦責任の軽からざるを思ひ、言論の力を以て国民に対する政策の徹底と、其批判を求むることに、全力を挙げ、正々堂々の態度を以て、勇敢なる政戦を遂げ、立派なる成績を挙げられむことを望む次第であります。

（『浜口雄幸氏大論弁集』）

四　政党内閣試練の時代

［一九二七年（昭和二年）一一月二二日、民政党関西大会での演説］

茲《ここ》に立憲民政党関西大会に臨み、多数の同志諸君と相見《あいまみ》へ、時局に関する所見の一端を申し述ぶるの機会を得たる事は、私の最も欣幸とする所であります。

憲政布かれて殆んど四十年、従来政機の転換は、概《おおむ》ね世人の意表に出で、国民をして、政党内閣制の確立、果して何《いず》れの日に在るやを、嘆《たん》ぜしめたのであります。然るに最近に到り、二大政党対立の勢《いきおい》成《な》り、政党内閣交立の原則も、略々《ほぼ》確定を致し、国民は茲に始めて、公明なる政治の実現を期待し、漸く憲政有終の美を、翹望《ぎょうぼう》するに至ったのであります。

政党内閣制運用の始に於て、若し政府当局の態度と、施設宜しきを得ず、其の誠意と能力とを、疑はるるに至ったならば、議会政治の信用を失墜し、国民は失望の結果、如何なる事態を発生するに至るやも測り難いのであります。実に今日は我国民の能力が、果して政党内閣制の運用に堪ゆるや、否やの試験を受けつつある、最も大切なる場合でありまして、政治家の責任、極めて重大なりと謂はなければなりません。私は此の意味に於て、政策上の意見の相違は別問題とし、政友会内閣が誠心誠意、君国の為に其の最善を尽し、政党政治の信用と権威とを、発揮せんことを衷心より希望して居ったのであります。然るに現内閣の態度と施設とは、果して此期待に副《そ》ふことが、出来たのでありませうか。

政治上私心を挟む田中内閣の態度

先づ現政府が、組閣早々に著手したる人事行政と、這般《しゃはん》の府県会議員選挙に対する、やり口とに対しては、何人も其の露骨なる態度に、驚かざるを得ないのであります。抑《そもそ》も政治家が国民の信望を担《にな》ひ、大命を拝して国政の燮理《せんり》に任ずるや、其の間《あいだ》一点の私心を包蔵《ほうぞう》するを許さず、須《すべか》らく蹇々匪躬《けんけんひきゅう》の節を尽し、専心一意奉公の誠《まこと》を、致すべきであります。然るに政友会内閣の為す所を見るに、動《やや》もすれば党利党略に急にして、輔弼《ほひつ》の重責を疎《おろそ》かにするの嫌《きらい》があるのであります。過般《かはん》執行せられたる、府県会議員の選挙に際し、政友会出身の政府当局は、殆《ほと》んど全力を挙げて、与党の応援に傾注したのであります。政党が党勢の拡張に努むるは、当然のことであります。けれども、地方の選挙を、自党に有利ならしめんが為に、中央の全力を挙げて之に当り、それが為に或は重要なる国務の進行を遅延せしめ、或は実行の自信なき政策を宣伝して、国民を惑はしめ、更に空前とも称すべき、地方長官以下の大更迭を断行して、官界に異常の衝動を与へ、政務と事務との区別を混同し、政府の権勢を示して、国民に脅威を与へ、只管《ひたすら》選挙の勝利を僥倖《ぎょうこう》せんと試みたるが如きは、甚しき失当の措置でありまして、普通選挙の第一頁に、一大汚点を印《いん》するものと、言はなければなりませぬ。斯の如き時代錯誤の遣り方は、憲政の発達を阻害するものでありまして、天下の人をして、政党政治の弊害に、顰蹙《ひんしゅく》せしむるに至るのであります。

更に怪しむべきは、与党の人々が屢々《しばしば》会合を催《もよお》し、公然政府高官の進退を私議するが如き、或は公平中正を旨とすべき、中央金融機関の首脳部に、政党の色彩を浸潤せしむるが如き、実に不当の甚しきものでありまして、政府が若し何処《どこ》までも、其の態度を改めないならば、天下幾十万の官吏をして、国家の官吏たるを忘れて、遂に政党の使用人たるの、感を抱かしむるに至るなきやを慮《おそ》るるのであります。斯の如きは実に由々しき国家の大事でありまして、社会の秩序と平和とは、何に依つて維持することが出来るでありませうか。洵《まこと》に寒心に堪へざる所であります。

内外の疑惑を招ける対支外交の失敗

山東出兵が現内閣の重大なる失政であることは、今更論ずる迄もないことであります。現内閣は対支外交に対する、何等一定の方針なくして、徒《いたず》らに眼前の変化を趁《お》ひ、隣邦時局の推移に対する判断を誤つて、急遽《きゅうきょ》兵を青島に出し、次で之《し》を済南《さいなん》に進めたのであります。而かも荏苒《じんぜん》三箇月の久しきに渉りて、自ら出兵の正当にして、且つ必要なる理由を立証すること能はず、遂に輿《よ》論の攻撃に堪へずして、空しく撤兵を声明するの已《や》むなきに至つたことは、実に軽卒の甚しきものでありまして、独り内外の疑惑を招き、国交の将来に不利の影響を及ぼしたるのみならず、実に我帝国の民を瀆《しょく》し、国軍の権威を失墜したるものでありまして、政府は此の失政に就き、重大なる責任を負はなければなりません。

対支外交の失敗は、独《ひと》り山東出兵に止《とど》まらず、満蒙交渉に於て更に、其の甚しきを見るのであります。南満洲及び東部内蒙古に於ける、帝国特種の地位については、我が同胞は極めて鞏固《きょうこ》なる国民的信念を有するのみならず、世界列国の斉《ひと》しく承認して疑はざる所であります。随つて該《がい》地方に於ける、特殊の権益を擁護し、幾多懸案の解決に勉めて、彼我両国民の親和融合を図り、東洋の平和に貢献すべきは、固《もと》より当然の事であります。併《しか》し乍《なが》ら更に東亜の全局を大観すれば、我帝国は満蒙に対して、特殊の地位を有すると共に、支那全体に対しても亦、特殊の関係に居り、四億の民衆にとりて、最も信頼すべき善隣の友邦たる、責任を全《まっと》ふせねばなりません。是に於てか、我国当然の権益に関する問題を交渉するに際しても、具《つぶ》さに対手《あいて》国の国内的事情と、交渉当事者の立場と支那国民の傾向とを察し、交渉の時機順序方法などを、慎重に考慮せなければなりませぬ。

然るに政府は不幸にして、大勢を察するの明を欠き、周到《しゅうとう》なる考慮を用ふる事なく、驚ろくべき誇張的宣伝のもとに、一気に問題の解決を計らんと、焦慮したのであります。これが為め徒《いたず》らに支那民衆の反感と猜疑とを招き、遂に南満洲の中心たる奉天《ほうてん》に於てまで、未曽有の排日運動を惹起し、忽《たちま》ち交渉中止の止むなきに至り、これが再会の日も殆んど、予見する事態はざるに立至つたのであります。満蒙交渉を妨害せんが為め、排日運動の暴挙に出でたるは、中華民国の人々が帝国政府の要求を以て、非常なる積極的侵略的のものなりと、誤解したるに依るものであつて、其の曲因《きょくもと》より彼にあるのでありまするが、彼をして斯の如き誤解を抱かしめ、交渉中止の失態を招くに至りたるは、我当局者の躁急軽率、不用意、無定見の致す所なりと、断ぜざるを得ないのであります。

然し乍《なが》ら支那に対する場合に限らず、将来外交上の方針を定むるに当りては、重きを経済上貿易上の利益増進にをかなければなりませぬ。随《したがっ》て帝国の対支外交は、単に満蒙に於ける特殊地位の確保のみを以て満足すべきに非ず、支那全体、特に其の豊饒《ほうじょう》の中心地たる長江《ちょうこう》流域に対する貿易の伸張に力を尽し、以て両国共通の利益を、増進せなければならぬと思ふのであります。

支那動乱の結んで解けざるは、隣邦の為め東洋全局の平和の為め、洵《まこと》に遺憾とする所でありまするが、内政不干渉の方針は、帝国の伝統的国是でありまして、是れを変更する事を、許さないのであります。吾人は唯支那国民自身の自覚的奮起に依り、速《すみやか》に平和の回復せられ、自他共に其の慶に倚《よ》るの日が、一日も早やからん事を、切望する次第であります。所謂革命運動の是非に就ては之れが批評を避けますが、直接に帝国の利害に関係のない限りは、妄《みだ》りに之に対して妨害を加へ、又は之に助力を与ふるが如きは、厳《げん》に之を戒《いまし》めなければならぬと、思ふのであります。

我国の真に支那に対して、希望する所は、其の進歩と反映とにあるのであります。而《しか》して凡《あら》ゆる支那の進歩と繁栄とが、尽く帝国の利益と合致する所に、日支親善の楔子《けいし》は存在するのであります。而して支那を進歩せしめ、繁栄ならしむるの前提は、其の平和と秩序との確立であります。若し支那が平和と秩序を確立して、外国の資本と技術とを招徠《しょうらい》する様になりますれば、支那の資源は自《おのずか》ら開発せられ、支那人の産業能力は次第に訓練せられ、支那の繁栄を来すべきは、自然の結果であります。支那が繁栄に赴いて、其の購買力を増加すれば、自《おのずか》ら我が対支貿易を有利に導くべきは、理の当然であります。加之《しかのみならず》我国は工業発達の程度に於て、支那に数歩を先んじてゐるのでありますから、支那自身の産業が、其の初歩の発達を示すことは、却《かえっ》て我が製造品に対する購買力を増加して、我国の製造工業を、振興せしむる所以となるのであります。

我国は支那の産業化により、決して脅威を受くるものではなく、却《かえっ》て之れによりて工業の進歩貿易の振興を促進せらるるのであります。所謂日支共存共栄の根本義は、両国の進歩繁栄が、両国相互の利益に合致する所に存するのであります。

財界の不安定は政府当局の怠慢

財界の安定は対支外交と共に、田中内閣の重要なる使命の一であります。五月の臨時議会に於て、帝国議会が満場一致を以て、「モラトリアム」の緊急勅令に、事後承諾を与へ、また五億円二億円と謂《い》ふ、莫大の損失補償を目的とする日銀特別融通、及《および》台湾金融機関の救済に関する二大法律案に、協賛を与へたのは、決して国民の負担を顧慮しなかつたからではありませぬ。唯之《これ》によつて財界を安定せしめんとするの念、甚だ切《せつ》なりしが為であります。財界安定の法律実施せられて茲《ここ》に七箇月、其の時日決して短かしとは謂はれません。然るに我財界の現状は、果して如何でありますか。銀行の取付は纔《わず》かに止みましたけれども、財界は内面的に未《ま》だ安定してをりません。金融機関の整理は、毫《ごう》も進捗《しんちょく》してをりません。信用の恢復、商工業の振作、更に見るべきものがないのであります。加之《しかのみならず》我民政党の修正に係《かか》る休業銀行の整理は、未だ出来ないのみならず、年内に果して幾何《いくら》の銀行が、その整理を終へて、新設銀行に合併せらるる運《はこ》びとなるであらうか、何人も之を予見し得ることが、出来ないのであります。幾十万幾百万の預金者は、果して何時になれば、預金の払戻を受けらるるであらうか、殆んど予想することも出来ないのであります。若し不幸にして、今年の末迄に休銀の整理が、出来なかつたならば、是等預金者の困難や、中以下商工業者の窮状は、果して如何《どう》でありませうか、是れは単に経済上の重大問題たるのみならず、又実に社会上由々《ゆゆ》しき大問題であります。財界の整理、特に休銀の整理が、何故に斯の如く遅れたのでありますか。之は固より種々複雑なる事情もありませうが、主として政府の方針が反覆常《つね》なく、加ふるに当局者の熱誠足《た》らざるに因《よ》るものと信ずるのであります。

特に問題の中心たる某銀行の単独整理が、朝《あした》には可能なるが如く吹聴せられ、夕《ゆうべ》には不可能なるが如く宣伝せられ、政府側の所見動揺して定る所なく、剰《あまつさ》へ其の貸借資産の内容が、屡々《しばしば》新聞紙上に掲載せらるるが如きは、吾人の実に意外とする所でありまして、信用を基礎とする銀行に取ては、実に堪へ難き苦痛であり、整理上非常の障害となることと察せられます。若し休銀の整理に対する政府の方針が、早くから一定して居り、此の一定せる方針に従つて官民一致、熱心忠実に努力して居たならば、今日の如き整理遅延を来すべき筈は、万々なかつたことと思はれます。休銀整理の遅速は、独り預金者救済の遅速問題に止まらず、延《ひい》て財界全体の整理恢復に、影響する所極めて重大でありまして、之に対する政府当局の怠慢は、国家の為め遺憾に堪へざる所であります。

放漫無方針の財政計画

現内閣成立の二大使命たる、対支外交と財界の安定とは、斯の如くして、失敗に帰したのであります。然らば其の他の重要政綱は、如何になつたのでありますか。私の確信する所によれば、国家の財政は、必ず国民経済を基礎とし、常に不可分の関係を有して、之と消長を共にせなければなりませぬ。産業隆盛にして国富増進し、国民の所得増加する時代に於ては、財政も亦《また》之に伴つて相当の積極的施設を講ずるが宜しいのであります。之に反して財界不振を極め、産業萎靡《いび》して民力疲弊する時には、財政も亦《また》之に応じて、整理緊縮の方針を執らねばなりませぬ。我国現時の経済界は、打続く不景気に災《わざわい》せられ、産業は振はず、民力は涸渇して居ります。乃《すなわ》ち財政も亦宜しく整理緊縮の方針を取り、経済に対する圧迫を除き、以《もっ》て財界の整理安定を計るべきであります。是れ実に国民経済の堅実なる恢復発達を計る所以《ゆえん》の途《みち》であります。

然るに政友会は不幸にして、吾人と所見を異にし、連年の不景気に加ふるに、今春の動乱を以てし、財界空前の不振を呈する今日の場合に拘《かかわ》らず、国民経済の実況を無視して、強《しい》て政友会の伝統的主張たる、各種の積極政策を実現せんとし、各省大臣争つて明年度の予算に、莫大の要求を試みたのであります。斯の如き無謀の計画は、今日の財政状態に於て、到底《とうてい》実行すべからざるのみならず、強《し》いて之を実行せんとすれば、財政計画上非常なる無理を行つて、累《るい》を将来に及ぼし、或は公債の増発を誘致し、其の結果財界に悪影響を及ぼし、之が整理恢復を遅延せしむるのみならず、為に物価の低落を妨げ、国民生活を脅威し、国際貸借の均衡を紊《みだ》り、為替相場の低落を招き、帝国財政経済の信用を海外に失墜せしむるに至るのであります。

明年度予算の内容に至ては、未《いま》だ政府より公表せざるのみならず、後年度に渉る財政計画の説明を聴《き》くの、機会を得ないのでありまして、軽卒に之を批評することは出来ませんが、新聞紙の報ずる所に依れば、歳計の総額は十七億六千万円と云ふ、空前の巨額に上り、新規公債の発行、交《また》二億円を算するやうであります。之を憲政会内閣の編成したる、大正十五年度の提出予算に比すれば、一億六千万円の増加でありまして、昭和二年度のそれに比すれば、三千万円の増額に当るのであります。更に御大礼費及び将来議会に提出さるべき、追加予算を合計すれば、明年度の予算総額は、恐らく十八億円を突破するであらうと思はれます。然るにも拘らず、政友会年来の主張たり、現内閣の重要政綱として、国民に公約したる地租委譲は、之を昭和五年度に延期し、農地債券に依る自作農奨励案は、有耶無耶《うやむや》の間《あいだ》に葬られ、所謂積極政策標榜の下に、編成せられたる空前の大予算は徒らに其の散漫無方針を暴露するのみであつて、一つも中心政策と目すべきものを、有しないやうに思はるるであります。

公約を欺く地租委譲の延期

政友会の積極政策を、具体化したる殆んど唯一の政策は、地租委譲の問題であります。吾人は従来屢々《しばしば》声明する如く、地租委譲には絶対反対の意見を、有するものでありまして、現内閣が財政困難の今日、何故に故《ことさ》らに斯の如き政策を、急速に実行せんとするか、殆んど其の真意を了解するに苦しんだのであります。又内閣が如何に熱心に、之が実行を計画しても、財源の関係上、到底実行不可能に終るべきを信じて居たのであります。果せるかな、予算閣議の半ばに於て、四年度実行の不可能を声明し、内閣と与党との間に於て、此の問題に付て紛糾を重ねたる末、終に之が実行を延期するの已むを得ざるに至つたのであります。吾人は国家の為め、地租委譲案が一年二年の延期は愚《おろ》か、永久に抹殺せられんことを、望むものでありますから、政府が来議会に委譲に関する法律案を提出した場合には、無論之に反対するの決意を有するものであります。併しながら政府及政友会の立場から見ますれば、地租委譲の延期は、明白に天下に対する公約を裏切り、公党の面目を失墜し、政府の威信を毀損《きそん》するものでありまして、政治道徳上容《ゆる》す可《べか》らざる事柄であります。

今委譲延期に対する、政府の説明を見るに、一として首肯するに足るものはないのでありまして、政府は手続その他の事に就て、色々の事を申して居りまするけれども、畢竟《ひっきょう》委譲延期の理由が、財源の一点にあることは、殆んど疑ふべき余地がないのであります。而かも我国財政の現状に於て、年々六千七百万円の恒久財源を、失ふことを許さないと言ふことは、最初より解《わか》り切つたことでありまして、此の明白なる道理を弁《わきま》へず、委譲の実行を宣伝し来り、予算閣議の中途に於て、始めて延期の已むを得ざるを悟るが如きは、其の無責任実に驚くに堪へざる次第であります。

寧《むし》ろ地方分権の精神に逆行す

地方分権は現内閣及び与党の、重要政策の一でありますが、其の意義及び内容の如何は、未《いま》だ具体的に説明を承はらないのであります。一度政府部内の議に上つた州庁設置案は、闇から闇に葬られ、知事公選論も亦杳《よう》として消息なく、行政制度審議会の議に上りたる案として、世に伝へらるるものも、概《おおむ》ね枝葉末節に止まり、これこそ地方分権の実体に触れたりと認むべきものは、ない様に思はるるのであります。斯の如く現内閣は、何等積極的に地方分権を、具体化せざるのみならず、其の日常為す所を見れば、或は地方官を政党化せしむるが如き、或は与党及部下の官吏が、動《やや》もすれば地方自治に干渉し、之を攪乱するの傾向あるを隠然黙過するが如き、却て地方分権の精神に逆行するの嫌《きらい》あるに至つては、現内閣に果して地方分権実行に対する、誠意ありや否やを疑はざるを得ないのであります。

経済政策に対する我党の態度

政府の為す所は上述の如く、内政外交一として、国民の信頼を繋ぐに足るものはないのであります。私は是より時務に関する所見の一端を述べて、諸君の参考に供したいと思ふのであります。外交上の所見は、既でに述べた通りでありますから、ここに私は内政上に関する政策として、経済問題と社会問題とに就て、聊《いささ》か所見の梗概を、開陳したいと思ひます。経済問題に関しては、財界の整理と貿易の振興に努め、国際貸借の関係を改善し、正貨の維持増殖と為替の安定向上を計り、諸般の施設相俟《まっ》て金解禁の機運を導き、我国の経済状態をして、成るべく速《すみや》かに自然の法則に、復帰せしむることが必要であるのでありまして、諸般の財政経済政策も、この目的に向て樹立せねばなりません。吾人が放慢なる積極的財政計画に反対し、当分の間隠忍《いんにん》自重して、大体の上に於て整理緊縮の方針を維持すべきを唱へ、官民一致して財界の整理恢復に努むべきを主張したるは、全く之が為に外ならないのであります。

吾人は帝国の経済状態に鑑み、在野十年の間、此の主張を提《ひっさ》げて、熱心に朝野に警告したのであります。一たび朝に立つや、既往三年の間、万難を排して平素の主張を実現すべく、諸般の財政経済政策を樹立したのであります。然るに田中内閣の為す所、多くは目前の利害に堕して、国家の大局を顧《かえり》みず、財政経済に関する政策、亦国民経済の実際に副《そ》はず、動《やや》もすれば財界の整理を妨げ、国際上の信用を、失墜せんとするが如きは、邦家の為め遺憾に堪へざる所であります。特に近時に於ける正貨減少の傾向と、為替相場低落の趨勢を見るときは、政府及国民一般に向て、其反省自覚を促《うなが》さざるを得ないのであります。世間の一部には本年の貿易入超額が、昨年に比して激減したる為、本年は多大なる正貨の流出なくして済《す》むべしと称し、貿易の将来を楽観する者もあるやうでありますが、対米為替が四十五弗《ドル》台に低落したる今日、入超の減少を喜ぶなどは誤れるの甚しきものであります。

一般的社会政策に対する梗概

次に社会政策を考慮するに当り、内外の情勢に顧み、将来の傾向を察し、最も深憂に勝《た》へないのは、階級間の利害衝突が、益々激甚ならんとする、趨勢にあることであります。若し此の趨勢を放任して置いたならば、或は工場に於て或は農村に於て、或は又自治体の公益機関に於て、年と共に階級闘争の害毒を長じ、延《ひ》いて産業の平和と繁栄とを阻害し、其の結果生産の減少となり、民力の退嬰《たいえい》となり、大多数の無産者を含む所の、国民全体の福利を減殺し、生活を脅威するのみならず、勢の趨《おもむ》く所、或は経済組織、産業組織の根柢を動揺せしむるに、至るなきを保《ほ》し難いのであります。為政家の特に考慮すべきは、実に此点に存するのであります。

吾人は夙《つと》に此の点に深甚の注意を払ひ、政治的方策の一として、普通選挙の制を断行し、其の実施によりて、国民の総意を帝国議会に反映融合せしむることに、努力したのであります。又社会的方策としては、社会政策を基調とする税制の整理を行ひ、健康保険の実施を急ぎ、工場法を改正し国際労働会議の決議を尊重して、国内の事情の許す限り、之が適用実施を計り、其の他各種の政策を実行して、階級間の利害を調和融合せしむることを以て、吾人の重要政綱としたのであります。

将来も亦此方針に従ひ、緩急の度を計り、各種の社会政策を講じて、階級闘争の害毒を除き、産業の不安を未然に防遏《ぼうあつ》すべきは、勿論であります。今日の時勢は単純なる旧来の道徳論のみを以て、労資の協調を達成すべき、場合にあらずと思ふのでありまして、必ずや国家自ら進んで、事情の許す限り、立法又は予算の働きに依り、政治上社会上必要なる施設を行ふことが、必要であると信ずるのであります。之と同時に労資雙方《そうほう》も、亦各々《おのおの》其の立場に於て、反省自覚し、協力一致以て産業の平和と繁栄とを計り、相共に共通の福利を増進せんことを、切望する次第であります。

諸君、今や我国内外の時局は、頗《すこぶ》る重大でありまして、差向き適切なる解決を要する、緊急事項も甚だ多いのであります。併しながら政治の要道は、啻《ただ》に是のみではありません。宜《よろ》しく内外の情勢に鑑《かんが》み、一定の方針を樹立し、国家永遠の利益を増進するに、努めなければなりません。斯の如き重大の時機に際し、現内閣の施為《しい》する所、概《おおむ》ね時代の要求に合致しないのみならず、其の態度は真摯と慎重とを欠き、其の施設は国民の期待を裏切り、輿《よ》論の失望を招きつつあるのであります。此時に当て国民の負托に副《そ》ひ、邦家の重きに任ずるもの、唯一の在野党たる、我立憲民政党あるのみであります。我党の同志諸君、宜しく責任の重きを思ひ、自重自愛、国家の為に奮闘努力せられんことを切望して已《や》まざる次第であります。

（『浜口雄幸氏大論弁集』）

五　民政党第一回大会での総裁挨拶

［一九二八年（昭和三年）一月二〇日］

茲《ここ》に立憲民政党第一次大会に臨み第五十四議会の再開に直面して国政に対する所懐の一端を陳ぶる機会を得ましたことは私の洵《まこと》に欣幸とする所であります。

諸君、今年は恰《あたか》も戊辰の歳に当るのであります。前回の戊辰は即ち明治維新の年でありまして広く会議を起し、万機公論に決すべしとの御誓文を発せられたのでありますが、爾来星霜六十年、我々の心血を濺《そそ》ぎたる普通選挙の制度が、愈々《いよいよ》本年を以て始めて運用せられ、茲に議会政治の極致を窮むるを得るに至りましたことに、既往を顧みて如何にも感慨に堪へない次第であります。然しながら制度の運用は固より人にあるのであります。今日は我国民の能力が果して、政党内閣制の運用に堪ゆるや否やの試験を受けつつある最も大切なる場合であります。随《したが》つて政党政治家の責任は極めて重大なりと謂はなければなりません。然るに現内閣の態度と施設とは、盡《ことごと》く其の重責に悖《もと》り全く国民の期待を裏切るものでありまして、吾々の頗《すこぶ》る遺憾とする所であります。

普選を擁護せよ

昨秋の府県会議員の選挙は地方議会の選挙とは申しながら、始めて普通選挙の制度を適用したるものであります。政府当局者は此の選挙に臨むに当り、殆んど全力を挙げて与党の応援に傾注し、選挙準備として空前とも称すべき地方長官以下の大更迭を断行して、官界に異常の衝撃を与え妄りに政府の権勢を示して国民に脅威を感ぜしめ、只管《ひたすら》選挙の勝利を僥倖せんと試みたるが如きは、正しく普通選挙の第一頁に一大汚点を印するものと謂はなければなりませぬ。

又政府は口に自治権の確立を唱へて居るにも拘らず、其実《そのじつ》部下の官憲並に与党の人々が、相率ゐて動《やや》もすれば地方自治に干渉し、之を圧迫せんとするの傾向あるを知りながら、隠然黙過するの嫌あるが如きは言行相反するの甚しきものでありまして、為政の態度に誠意を欠くものと謂はなければなりませぬ。

其他鉄道の建設買収を始めとし、中央地方の新規事業を利用し、実行の自信を有せざる各種の政策を宣伝して、専ら党勢の拡張に利用するが如き、組閣以来最近に至るまで人事行政の上に現はれたる幾多の失態の如き、寧ろ政策を超越したる根本の問題でありまして、綱紀を紊乱《ぶんらん》し政治道徳を破壊するの甚しきものであります。我々は政府の態度と最近の政情とに鑑み来るべき総選挙に際しては、自覚ある国民と共に普選擁護の運動を起すの必要を痛感するのであります。

国運を誤る対支外交

現内閣の重大責任たる対支外交の失敗は天下の斉しく認むる所であります。山東出兵の失敗は今更論ずる迄もないことでありますが、政府が全力を傾けて解決に努めたる満蒙問題の成行は如何でありますか。満蒙地方に於ける我国当然の権利利益を擁護し幾多の懸案を解決するに努むべきは固より当然のことでありますが、之れが交渉に着手するに当つては、備《つぶ》さに相手国の事情と当事者の立場と民心の傾向とを洞察し、交渉の時機順序、方法等を極めて慎重に考慮しなければなりませぬ。然るに政府は事功を衒《てら》ふに急なるの余り、大局を察するの明なく、慎重なる考慮を用ゆることなく、不謹慎なる誇張的宣伝の下に卒然として之に臨み、幾多の題目を羅列して一気に之が解決を図らんと焦慮したのであります。之れが為め支那官民の反感と猜疑とを招き遂に南満洲の中心たる奉天に於て未曾有の排日運動を惹起し、遂に交渉中止の已むなきに至つたのであります。最近に於ける奉天官憲の暴慢なる言動と在満鮮人に対する不当なる圧迫とは帝国の体面を傷け善隣の交誼に不良の影響を及ぼすものでありまして、国交上遺憾に堪へざる所でありまするが、是れ畢竟帝国政府の態度を以て非常なる積極的侵略的のものなりと誤解したるに由るものと思ふのでありまして、彼をして此の如き重大なる誤解を懐かしめその結果交渉に意外の障害を招き、為に帝国の威信を失墜し満蒙問題の前途に就き国民をして不安を感ぜしむるに至つたのは、実に我当局者の重大なる失政であります。

明治三十七八年事件と言へる我光輝ある歴史に顧み満蒙の事態に関して我国民の知覚感情が特に鋭敏であることは極めて当然のことであります。此の歴史的背景と国民多年の努力とによって、満蒙地方に於て自然に発達し来りたる帝国の権利利益が完全なる保護を享有すべきものなることは固より言を俟たざる所であります。併しながら帝国は独り満蒙地方に止まらず支那全体に対して特殊の利害関係を有するものであり、特殊の利害関係とは畢竟隣邦の政治上及び経済上に於ける事態の発展が我国民的生活に対し最も直接にして且つ緊切なる影響を及ぼすと云ふ現実なる関係に立脚するものであります。随《したがっ》て我一切の対支政策は当に支那全体に対する此の特殊の関係を考慮して決定することを必要とするのであります。吾々は広く隣邦人心の帰拠を察し遠く我国運の将来を慮《おもんぱか》り日支共存の基礎の上に益《ますます》両国民の親善融合を画ることを目標とせなければならぬと思ふのであります。此の目標に向て進むに当て支那に於ける一時的又は局地的の現象に狼狽して軽挙妄動するが如きは大局を全ふする所以に非ずと信ずるのであります。

休銀整理の不始末

財界の安定は対支外交と共に現内閣の重大なる責任の一であります。財界安定に関する法律実施せられて茲《ここ》に九箇月を経たのでありますが其間政府当局は果して何をなしつつあつたのであるか財界安定の中枢たる休業銀行整理に対する政府の態度は果して誠意あるものと言ふことが出来るでありましようか。此数箇月の間数十万を算する預金者の苦痛と損害とは政府の目に映じなかつたのであるか。

金融の梗塞より生ずる商工業の疲弊困憊は政府の神経を刺戟するに足らなかつたのであるか。休業銀行整理遅延の罪は必しも政府当局のみの責任とは申しませぬが、現内閣成立〔の〕責任に鑑み又事態の極めて重大なるに照し特に政府が莫大なる国民の負担を伴ふ所の法律案を提出して之が協賛を求め之に依て財界安定の責任を引受けたる以上は休銀整理財界安定の責任は政府之を免るることを得ないのであります。休銀の整理の斯の如く遅れたるは其の原因主として政府の方針動揺して定まる所なく加ふるに当局者の熱誠足らざるに依るものと信ずるのであります。

若し政府が始めより確固たる方針を立てて関係者を指導し官民一致熱心忠実に努力を継続したならば今日の如き整理遅延を来すべき筈はなかりしことと信ずるのであります。年末に押詰つて政府は急遽三四の休業銀行預金者に対して一種の便法を設け一部の預金支払を開始し辛うじて歳末の危機を脱することを得たのであります。併《しか》し乍《なが》ら昨年五月以来久しきに渉りて之が整理を怠り預金者の損失と商工業の苦痛とを増大せしめ延《ひい》て我財界の安定を遅延せしめたる政府当局の責任は便法支払に依て毫も軽減せらるる理由はないのであります。況《いわ》んや歳末に支払はれたる預金は二十余の休業銀行中僅々三四行に止まり而《しか》も問題の二大銀行には未だ及んで居りませぬ。其支払金額も休銀預金の総額五億余万円の内僅《わずか》に四千数百万円に過ぎない状態であります。休銀整理問題に対する政府の怠慢と川崎造船所救済問題に対する無定見とは経済問題に対する政府の鼎の軽重を問ふに足るものでありまして、政府は二つながら其責任を負はなければならぬと思ふのであります。

財政の基礎を破壊する借金政策

我国の経済界は連年の不景気に加ふるに昨春の動乱を以てし産業は振るはず民力は疲弊を極めて居るのであります。此の場合に於ては財政も亦《また》貧しく大体に於て整理緊縮の方針を守り其基礎を鞏固ならしめ経済に対する圧迫を除き以て財界の整理恢復を計るべきであります。若し否らずして今日の場合予算の編成に当て国民経済の実勢を無視し強て積極政策を実行せんとすれば為に財政の基礎を危からしめ公債政策を破壊して其の増発を誘致し其の結果財界を圧迫して之が整理恢復を遅延せしむるに至るのであります。

明年度公債募集額は殆んど二億円を算するのみならず財政計画上将来に向て永く公債募集を継続せんとするものであります。斯くては公債整理に関する前内閣の努力は全く破壊せられ公債の総額は累年増加して止る所を知らず、国民の負担は益々増加する一方であります。

大予算の空題目

明年度予算の総額は十七億七千余万円と云ふ空前の巨額に上り将来議会に提出せら［る］べき追加予算を合計すれば昭和三年度の予算総額は恐くは十八億円に達するのであらうと思はれます。然るにも拘らず政友会年来の主張たり現内閣随一の重要政綱たる地租委譲の問題は国民に対する公約を裏切て之を昭和五年度に延期し農地債券に依る自作農奨励案は閣議不統一の為未だ決定を見るに至らず所謂積極政策標榜の下に編成せられたる空前の大予算は徒に其散漫無方針を暴露するのみであつて、一として中心政策と目すべきものを有しないのであります。

或は産業の振興を以て三年度予算の中心政策なりと申すものがあるかも知れませ［ぬ］が、農林商工両省の予算に於て直接に産業振興に関係ありとは思はるる新規要求は両省の総額僅に四百万円に過ぎませぬ。之を以て三年度予算の中心政策など、誇称する訳には参りませぬ。又地租委譲の実行は昭和五年度に延期せられたのであります。

醜態の地租委譲

吾々は屢々声明したる如く地租委譲は絶対反対の意見を有するのみならず現内閣が如何に熱心に之れが実行を計画しましても、財政の関係上到底実行不可能に了るべきを信じて居たのであります。果せるかな予算閣議の半ばに於て四年度実行の不可能なるを発見し内閣と与党との間に紛議を重ねたる末、遂に之が延期を声明するに至つたのでありあます。吾々は国家の為め地租委譲が延期は愚か永久に葬り去られんことを望むものであります。然しながら政府及政友会の立場から見ますれば、地租委譲の延期は明かに天下に対する公約を裏切り、公党の面目を失墜し政治の信用を毀損するものでありまして、政治道徳上許すべからざる事柄であります。仮令《たとい》昭和五年より之を実行することと致しましても我国財政の現状に於て年々六千七百万円の恒久財源を失ふことを許さないと云ふことは極めて明白なる事柄であります。若し此場合強て従来の行懸りに囚はれて、地租委譲を断行し之に依て生ずる所の歳入の欠陥を補ふが為に財政計画上種々無理なる遣繰を行ひ尚足らずして、将来に向て永く公債の増発を計画するが如きは好んで財政の基礎を危殆に陥るるものと云ふの外なく吾々は政友会内閣が今日の場合何故に此の如き無謀の政策を実行せんとするか殆んど其の真意を知るに苦むものであります。

若し地租委議問題が地方分権の問題と因果の関係を有するものとするならば、更に研究の余地もあるのでありましようが、地方分権に対する政府当局の観念は混沌として明瞭を欠き、具体的に説明することが出来ない状況でありまして、両者の間に何等の密接なる関係なしと認むる外はないのであります。果して然らば地租委譲と言ふことは殆んど何等の意義を有せざるものと申さなければなりませぬ。

尚仔細に其内容に立入て見ますれば政府の地租委譲計画には矛盾撞著の点が多々あるのであります。斯様に観察して参りますれば政友会内閣唯一の高等政策たる地租委譲と言ふことも、畢竟するに単なる行懸りに止まり何等確固たる信念に基づくものに非ずと断言せざるを得ないのであります。

経済問題に対する吾々の主張

経済問題に対する我党と政友会との意見の相違は既に天下に明かなる所でありまして、今更詳論するまでもありませぬ。我々の主張は一言にして言へば金解禁の機運を促進し、其実現を利導する様に諸般の経済政策を講究実行致しまして、我国の貨幣並に経済状態をして成るべく速かに経済上自然の法則に復帰せしむべく努力せんとするものであります。又財政上に於ては大体に於て整理緊縮の方針を持続し、財政の基礎を鞏固にし公債を整理し経済に対する圧迫を除き、財界の整理回復を促進し、国際貸借の改善を期せむとするものであります。吾々は成るべく速かに如上の理想を実現すべく、既往三年の間万難を排して諸般の財政経済政策を樹立し、之れが実行に努めたのであります。然るに現内閣の為す所は目前の利害に堕して国家の大局を顧みず、財政経済に関する政策亦国民経済の実際に副はず、濫《みだり》に積極政策を強行し公債の増発を敢てして、財界の整理を妨ぐるのみならず、為に物価の低落を妨ぐるのみならず国民生活を脅威し、国際貸借の均衡を紊り、帝国財政経済上の信用を海外に失墜せしむるに至るのであります。此の如くにして金解禁の時期は次第に遠ざかり行くの外はないと思ふのであります。

社会政策は断の如く

社会問題を考察するに当つて我々の特に注意を要することは大戦後復興の機運に向へる列国の情勢と我国特殊の事情とであります。我国は世界各国成敗の跡に鑑み、内に労務者生活の向上を図り人心を安定せしむると共に産業の不安を除て之れが振興を策し、外は世界の経済的躍進に後れを取らざるの覚悟がなくてはなりません。此の経済的変局に際して或は軽佻矯激の空論に迷ひ、或は頑冥固陋の旧弊に囚はれんか、産業の平和と繁栄とを妨げ其の結果は生産の減少となり、生活の脅威となり、国力は疲弊し人心は険悪に趣き、悲むべき結果に陥るなきを保し難いのであります。我々は常に此点に深甚なる注意を払ひ、政治的方策の一として普通選挙の断行により新興勢力の欲求を帝国議会に反映せしめ、又社会的方策として社会政策を基調とする税制の整理を行ひ、健康保険の実施を急ぎ、工場法の改正を行ひ、国際労働会議の決議を尊重して、国情の許す限り之が適用実施を計り、其の他各種の政策を実行し来つたのであります。将来も亦此方針に則り事情の許す限り立法の手段によりて社会上経済上国情に適したる幾多の社会政策を実行し、以て労資関係の合理化を計り、由つて以て生産の旺盛と分配の公正とを期し社会不安の禍根を除いて国家全体の福利を増進せんことを希望する次第であります。

所謂社会政策的施設の内容に至りましては固より多種多様でありまするが、既に我々の手に於て実行したる諸政策に対しましても、或は時に応じて猶ほ補修を加ふるの必要もありませう。又救貧施設住宅改善、失業救済等も緩急を計つて適正なる整調を加ふるの必要ありと思ふのであります。

重要政策と党員の覚悟

我党は一面国民教育の本質に稽《かんが》へ、一面市町村に於ける教育費負担の激増に顧み、曩《つと》に義務教育費中教員俸給の全額を国庫に於て負担すべきことを決議し、七月七日の臨時議員総会の席上に於て私より詳細に説明して置いたのでありますから今日更に之を繰返すことを致しませぬが、要するに教員俸給全額の負担は直接には市町村負担の軽減となり間接には国民教育機会均等の目的を達するの効果あるものと信ずるのであります。

其他我党の重要政策は只今決議せられました所の数項の政策に依て自ら明かであると思ひますから、此場合之を詳説することを省略致します。

諸君、今や我国内外の時局は頗る重大であります。此の重大の時機に際し現内閣の為す所時代の要求に合致しないのみならず其態度に誠意の認むべきなく、其施設は一般の期待に副はず国民の信望日を逐ふて失墜しつつあるのであります。此時に当て能く国民の負託に副ひ邦家の重きに任ずるもの唯一の在野党たる我立憲民政党あるのみであります、乃ち今や我党は国民の輿望を担ひ全党を結束し隊伍堂々として議会に臨まんとして居るのであります。我党の同志諸君宜しく責任の重きを思ひ国家の為め奮闘努力せられむことを切望して已まざる次第であります。

（『民政』）

六　田中内閣不信任の六大理由

［一九二八年（昭和三年）一月二一日、内閣不信任案説明演説原稿。解散のため保留］

諸君、本員は茲《ここ》に同志を代表して、只今上程せられましたる、決議案提出の理由を申述べたいと思ひます。

吾々が現内閣を信任することの出来ない理由は、極めて多いのでありまするが、先《ま》づ第一に現内閣が輔弼の重任を負うて、大政の燮理《しょうり》に当つてゐる其の態度に就て、現内閣の国家に対する誠意を疑はざるを得ないのであります。是れ実に政策を超越する、根本の問題であります。

公職を擁して私恩を売る人事行政

凡そ選叙を慎《つつし》み適材を適所に置くは、政治の基調を為すものであつて、同時に綱紀を粛正し、国民道徳を振作する所以であります。然るに現内閣は成立早々、地方長官以下空前の大更迭を断行して、官界に異常の衝動を与へ、而かも其の内容を検するに、多くは党派的情実に囚はれて黜陟《ちゅっちょく》公平を失し、加之《しかのみならず》更迭の範囲が独《ひと》り地方長官に止まらず、殆んど全国に渉《わた》つて地方の警察署長に迄も及ぶに至つては、甚しく政務と事務との区別を混同し、政党政治の弊害を極端に暴露したるものであります。最近又々知事の更迭が行はれ、公平厳正に其の職務に尽したるものは、其の地位を奪はるるに至つたのであります。斯くの如くにして已《や》まずんば、吏風の頽廃底止《ていし》する所を知らず、遂に天下幾十万の官吏をして、陛下の官吏たるの身分を忘れて、政党の爪牙たるに甘んずるの悪風を馴致《じゅんち》せしむるに至つたならば、国家の秩序と社会の治安とは、抑《そもそ》も何に依て維持することが出来るのでありませうか。

更に驚くべきは、新領土植民地の首脳部の更迭に際し、銓衡概《おおむ》ね宜きを得ず、輿《よ》論の反対盛なるも顧みず、強て其の非を遂《と》げたることは、言語道断の沙汰であつて、閫外《こんがい》重臣の要職を以て私恩を売り、又は私恩に酬《むく》ゆるの具に供して憚《はばか》らざるに至つては、独り新領土の統治上、容易ならざる不良の結果を及ぼすのみならず、世道人心に及ぼす影響、実に懼《おそ》るべきものがあると思ふのであります。田中首相は輔弼の責任に顧《かえり》みて、果して疚《やま》しき所がないでありませうか。

加之《しかのみならず》或は公平中正を旨とすべき中央金融機関の首脳部に、政党の色彩を浸潤せしむの端《たん》を啓《ひら》き、為に斯界《しかい》の人々をして、私《ひそ》かに憂慮を抱かしめたるが如き、或は政治とは全然独立の地位を確保すべき経済上の公益機関に、政党の臭味《しゅうみ》を侵入せしめたるが如きは、識者の斉《ひと》しく顰蹙《ひんしゅく》する所であります。

要するに現内閣の人事行政の暴慢は、愈々《いよいよ》出でて愈々甚しく其の露骨にして、傍若無人の態度は、内閣制始まりてこの方、実に未曾有の事であつて、国家に対して誠意を有するものと、認むることが出来ないのであります。是れ吾々が現内閣を信任することの出来ぬ理由の第一であります。

普選の神聖を冒瀆せる非立憲的態度

普通選挙は広く国民に参政権を与へ、国民の総意を帝国議会に反映して、議会政治の精華を発揮すべき、所謂画時代的の制度であります。随て普選の目的を達成し、範を後世に垂るるが為には、普選に依る最初の選挙が、最も自由に最も公正に行はるることが、極めて必要であります。昨年の秋期に行はれたる府県会議員の選挙は、普選に依る所の最初の選挙でありましたが、此の選挙が果して自由公正に行はれたのであるか、若し否《しか》らずとすれば、それは果して何人の責任であるか、此の選挙に於て選挙の管理者として、之が取締に就《つい》て全部の責任を有する政府当局の態度が甚だ公正を失したりと云ふことは、十目《もく》の見る所争ふべからざる事実であります。吾々は地方官憲の手に依つて行はれたる選挙干渉の事実に就て、幾多の証拠を持つて居るのであります。

特に公平厳正に選挙の取締に任ずべき一県の知事が、自ら政党の爪牙《そうが》となつて、与党候補者の当選に狂奔し、選挙法違反を以て起訴せらるるに至りたるが如きは、実に空前の不祥事であつて、政府当局は此の事実に就て、当然其の責《せめ》に任ずべきであります。是等の事実は、偶々《たまたま》表面に現れたる選挙干渉の実例であるが、此の実例を類推する時は、之に類似したる選挙干渉の事実が全国各地に行はれたことは、決して推測に難からぬ所であります。抑《そもそ》も昨年の地方選挙に際し、政友会出身の政府当局は、全力を挙げて与党の応援に傾注し、之が為め或は重要なる国務の進行を遅延せしめ或は実行の確信なき政策を宣伝して、国民を惑はしめ、更に地方長官の大更迭を行ひ、官権の威力を示して、国民を脅威し、剰《あまつさ》へ上に述べたるが如き選挙干渉の手段を弄して、自党の勝利を僥倖《ぎょうこう》せむと試みたるが如きは、選挙の自由公正を妨害するの甚しきものであつて、現内閣は普通選挙、其のものに対する正当なる理解を有せざるのみならず、更に進んで普選の神聖を汚瀆するものと云はなければなりませぬ。是れ吾々が現内閣を信任することの出来ない理由の第二であります。

国民を犠牲とするも慊《あきた》らぬ党勢拡張振り

抑も政治家が国民の信望を担ひ、大命を拝して、大政燮理《しょうり》の重任に膺《あた》るや、其の間一点の私心を包蔵《ほうぞう》するを許しませぬ。須《すべから》く蹇々匪躬《けんけんひきゅう》の節を尽し、奉公の誠を効《いた》すべきであります。然るに現内閣の為す所を見るに、党利党略に急にして、国務に対する重責を疎《おろそか》にするの非難を免れないのであります。政党が日常党勢の拡張に努めることは、固より怪しむに足らぬのであるけれども、党勢拡張の目的を達するが為には、其の手段を選ばずと言ふに至つては、断じて容《ゆる》すことの出来ない事柄であります。況《いわ》んや国家の公器を挙《あ》げて、党利党略の具に供して憚《はばか》らざるが如きは、政治上重大なる罪悪であります。人事行政の上に公私を混淆《こんこう》するが如き、金融、経済機関の中に党臭を浸潤せしむるが如き、不公正なる態度を以て、普選最初の試みを汚瀆するが如き、何れも一党の利害を重しとし、国民の休戚《きゅうせき》を軽《かろ》しとするの致す所と言はなければなりませぬ。

更に明年度の予算に現はれたる、所謂積極政策なるものの内容を調べて見るに、鉄道の建設計画を始めとし、国家の施設を挙げて、党勢拡張の具に供するものが尠くないのであります。特に財界の状勢、公債の増発を不可とするの声、天下に囂《かまびす》しきにも拘らず、巨額の公債を財源として、強て鉄道建設の大計画を立つるに至つては、其の大胆無謀に驚かざるを得ないのであります。又昨年末の地方議会に提案せられたる、各府県の昭和三年度予算を点検するに、尨大なる公債財源の土木費を数年に渉る継続費として要求し、而かも故《ことさ》らに其の具体的費途を示すことなく、之を好餌として地方の官憲と、与党の幹部と相策応して、政府与党の党勢拡張に利用しつつあるのであります。

而かも斯の如き遣り方は、偶々《たまたま》一二の府県に於て行はるるに止まらず、殆んど全国共通の事実である以上は、中央政府当局との間に暗黙の諒解があることを、察知するに難からぬのであります。此の如き秕政《ひせい》にして、矯正せらるることがなかつたならば、政友会の党勢が拡張せらるるに伴ひ中央地方の財政は次第に破壊せられ、国民の負担は益々増加するに至るのであります。斯の如きは国家の利害国民の休戚を挙げて党利党略の犠牲に供するものであつて、吾々の黙視するに忍びざる所である。是れ吾々が現内閣を信任する能はざる理由の第三であります。

帝国の威信を失墜したる対支外交

諸君以上は政策を超越したる根本の問題につき、現内閣を信任することの出来ない理由を述べたのであるが、これより主として重要なる政策問題に就き、現内閣不信任の理由を説明する考へであります。

対支外交は内閣の重大なる責任の一であつて、特に田中首相が多大の抱負を以て、之に臨みたるものであります。故に現内閣の対支外交が、若し失敗に帰したならば、内閣は存立の意義を失ひ、田中首相は責《せめ》を引て、処決せなければならぬと思ふのであります。内閣成立後、幾何《いくばく》もなく支那動乱の余勢が、山東に及ばんとするの傾向あるや、政府は深く形勢の推移を究《きわ》むることをなさず、時局の発展に対する判断を誤り、周章《しゅうしょう》兵を青島《チンタオ》に出し、次で之を済南《さいなん》に進めたのであります。其の後隣邦の推移に照し、出兵の必要がなかつたと云ふことが、愈々明白となるに及びても、政府は敏速に適当の措置を執ることをせず、荏苒《じんぜん》三ヶ月の久しきに渉《わたっ》て、忠勇なる、陛下の軍隊を徒《いたずら》に外国の領土に駐《とど》め、為に帝国の公正なる態度に対して内外の疑惑を招き、国交の将来に一点の陰影を投じたることは、寔《まこと》に遺憾に堪へざる所であります。固より兵を動かすは国家の重大事であつて、万已むを得ざる最後の場合であり、且つ其の必要なる事が明白に国民に承認せらるるのでなければ、妄《みだり》に兵を動かすことは出来ませぬ。然るに山東の出兵は、出兵の初めから撤兵の終りに至るまで、山東地方の情勢に徴し、出兵の必要を証明するに足るべき最後の場合であつたと、認むることが出来ないのであります。特に緊急の必要に基づかずして、狼狽の結果妄に兵を動かしたものの、輿論の攻撃に堪へず撤兵を行はんとして、之を断行するの機会を捉ふるに苦しみ、為に撤兵の時期を遅延せしめたりと云ふに至つては、実に驚き入りたる次第であります。之を要するに現内閣は支那問題の大局に対し、何等一貫したる方針もなく、確固たる信念もなく、局部的に突発したる事変に狼狽《ろうばい》し、卒然として兵を出し漫然として兵を撤し、其の間果して何の得る所があつたのでありまするか、内は国軍の権威を失墜し、外は支那民衆の反感を招き、国交の将来に向つて不良の影響を及ぼしたるのみであります。

満蒙に於ける帝国特殊の権利利益を擁護して、各種懸案の解決を図ることは、固より当然の事であつて、何人も異議のない所でありまするけれ共、外交手段に依て所期《しょき》の目的を達する為には自《おのずか》ら適当なる時機と順序方法とが、なければならぬと思ふのであります。然るに現内閣は満蒙問題を取扱ふに当つて、広く支那の大局を見るの明なく、深く隣邦人心の帰嚮《きこう》を察するの暇《いとま》なく、未だ交渉を開始せざるに先つて、時恰《あたか》も支那騒乱の重大時期であるにも拘らず、在支官憲を尽く東京に引揚げて、東方会議と称する大袈裟なる会議を興し、此の会議に於て所謂満蒙積極政策なるものを策定したりと宣伝し、如何にも現内閣が満蒙に対して非常なる積極政策を計画し、既得の権益以外、新に種々の要求を為すものの如く内外に宣伝せしめ、堂々の威容を整へて交渉に臨みたるは、天下周知の事実であつて、当時識者をして私《ひそ》かに此の如き外交の手段方法が、果してよく予期の目的を達することが出来るや否やを疑はしめたのであります。

果せるかな此の宣伝的外交は帝国の態度に付、対手国の官民に非常なる誤解と反感とを生ぜしめ帝国が特殊の地位を有する所の南満洲の中心たる奉天《ほうてん》に於て、未曾有の排日運動を惹起し、其の運動は帝国の抗議、支那官憲の鎮圧にも拘らず容易に鎮静に至らず、之が為交渉は遂に停頓《ていとん》の已《や》むなきに立至つて、其の間奉天官憲の暴慢なる言動と、在満鮮人に対する不当なる圧迫とは、益々事態の紛糾を招き、今や満蒙問題の前途に対し国民を挙げて不安を禁ずる能はざるに至らしめたるは、抑も何人の罪でありまするか。奉天に於ける排日運動と言ひ、支那官憲の暴慢なる言動と言ひ、何れも帝国の態度を以て、非常なる積極的侵略的のものと誤解したるに基くものであつて、其の曲固《きょくもと》より彼にありとは言ひ乍ら、彼をして帝国の態度に付此《かく》の如き重大なる誤解を抱くに至らしめ、其の結果遂に満蒙政策の行詰りを見るに至つたことは、現内閣が交渉の時機、順序方法等に付て慎重なる考慮を欠き、周到なる用意を怠《おこた》り不謹慎なる宣伝を恣《ほしいまま》にしたるに由るものであつて、之が為め帝国の体面を毀損し威信を失墜したるは、現内閣失政の最も大なるものであります。吾々は山東出兵及《および》満蒙交渉の二大失政を以て、現内閣を信任する能はざる理由の第四とする者であります。

無定見無責任を暴露した財界対策

財界の安定は対支外交と共に現内閣の重要なる使命の一であります。財界安定の問題に関し現内閣は果して、国民の期待に副ふ所の努力を為し、国民の信頼に値ひする成績を挙げ得たのであらうか。昨年─五月の臨時議会に於て貴衆両院が全会一致を以て、合計七億円の損失補償を伴ふ所の二大法律案に協賛を与へたのは、国民負担の増加を顧慮しなかつたのではありません。唯々之に依て一日も速に財界の安定せんことを冀《こいねが》ふの念、甚だ切なりしが為であつたのであります。一時人心の衝動に基く銀行の取付は纔《わずか》に止みたりとは云ふも、財界安定の中心問題たる休業銀行の整理は、遅々として進まず、法律の発布せられたる、五月から年末に至る迄八ケ月の間、幾十万人を以て算する所の休業銀行預金者の苦痛と損害は、実に言ふに忍びざるものがあつたのであります。金融の梗塞《こうそく》より生ずる所の商工業の疲弊困憊は、名状すべからざるものがあつたのであります。其の時に当つて、政府当局は果して何をして居つたのであるか。休業銀行整理の遅れたることは、必ずしも政府当局のみの責任とは申しませぬ。銀行当事者始め其他にも、責任を負はなければならぬ者があることは、固より之を認めなければならぬけれども、事態の重大なるに鑑《かんが》み、特に政府が莫大なる国民の負担を伴ふ所の法律案を提出して之が協賛を求め、之に依て財界安定の責任を引受けたる以上は、財界安定、休業銀行整理の責任は、懸《かか》つて政府の雙肩《そうけん》に在ること勿論であります。

休業銀行の整理が頗《すこぶ》る遅延したのは、主として整理に対する政府の方針が動揺して定まらず、之に加ふるに当局者の熱誠足《た》らざるに依るものと信ずるのであります。若し政府が初めから確固たる方針を立てて関係者を指導し、官民一致熱心忠実に努力を継続したならば、今日の如く整理の遅るる筈は無いと思ふのであります。特に吾々の不可解に思ふのは、休業銀行中の最大銀行たる十五銀行に対する政府の態度は如何にも冷淡を極め、其の整理に付て殆んど何等有効なる指導を為さなかつたのみならず、寧ろ之を放置して顧みなかつた観があるのであります。漸《よう》く年末に迫つて一種の整理案が出来上がつたと言つてゐるけれども、之に依つて果して整理の実を挙ぐることが出来るや否や、財界の人々は多大の疑を抱いて居るのであります。

又斯の如き整理案を作るが為に、八ヶ月の日子を要したりと云ふに至つては、実に驚くの外はないのであります。其の他一般休業銀行に対する政府の態度も其の誠意を欠き努力を吝《おし》み、為に財界の安定を遅延せしめたるに至つては、殆んど大同小異であります。斯《か》くて歳末に迫り政府の無能怠慢を非難する声が囂々《ごうごう》たるに及んで、政府は狼狽の末二三の休業銀行の預金者に対して、愴惶《そうこう》として一種の便法を設けて一部の預金支払を開始せしめ、辛うじて歳晩金融の梗塞《こうそく》より生ずる経済上社会上の危機を防止することが出来たのであります。

しかも昨年五月以来、今日に至るまで休業銀行の整理を怠り、八ヶ月の長きに渉《わた》つて預金者の苦痛と、商工業の窮状を増さしめ、延《ひ》いて財界の安定を遅延せしめたる政府の責任は、之が為め、毫《ごう》も軽減せらるべきものではありません。況《いわ》んや所謂便法に依つて預金の支払を為したるものは、二十余の休業銀行中僅に二三行に過ぎず、未だ東西の二大銀行に及んで居ないのであります。此の二大銀行の整理が完了して預金の支払を為すの日が、果して何れの日にあるのであるか。今日より予見することが出来ないのであります。加之《しかのみならず》便法に依る所の支払金額も休業銀行預金の総額五億万円の内、僅《わずか》に四千数百万円に過ぎず、之に依て財界の安定に貢献する所、殆んど言ふに足らないのであります。

財界の問題に対する政府の無責任と無定見とは、独り以上述べた所に止まりません。内閣組織直後に起つた、川崎造船所救済問題に関しても、遺憾なく暴露せられたのであります。始め閣議に於て川崎造船所救済の必要を認め、預金部資金三千万円の融通を決定して、之を発表したるに拘らず、世間の議論が囂々として起るに及んで、閣僚の内に預金部資金の融通に反対する者が出来て、責任支出に依つて救済すべきことを主張し、両々《りょうりょう》固く執《と》つて下《くだ》らず、内閣不統一の醜態を暴露し、田中首相は之が裁断に迷うたる結果、遂に事に託して造船所の救済を放棄して了つたのであります。川崎造船所其の後の経過を見るに、救済の両案共に必ずしも絶対的の必要に迫つて居つたものとも考へられないのであります。然るに預金部資金の融通を絶対に必要であると主張した所の閣僚も、又之に反対して責任支出を絶対に必要なりと主張したる所の閣僚も、今尚平然として其の椅子に在るは如何なる訳でありますか。更に又預金部資金の融通に依る造船所の救済を、一旦閣議に於て決定して置きながら、其の後に至つて閣内の議論を統一する能はざる結果、事に託して救済の両案共に之を放棄するの已《や》むを得ざるに至りたる、田中総理大臣の感想は果して如何であるか。

此問題に対する現内閣の態度は、実に無定見無責任の甚しきものと言ふべきであつて、此の失態があつて以来、我財界に於ける現内閣の鼎の軽重は、已《すで》に十分に問はれたのであります。更に休業銀行の整理に対する無能怠慢に依つて、経済界に於ける現内閣の信望は全く地に墜ちたのであります。是れ吾々が現内閣を信任し得ざる第五の理由であります。

国民を欺瞞する内容空疎の三大政綱

凡そ政治の要道は、国民の信用に存するものであることは、改めて云ふまでもないことであります。若し一国の政府にして言《げん》に信なく、行《おこない》に矛盾があるならば、政治其のものに対する国民の信用を失墜し、政府の威令は行はれずして、政治上思想上国家の大害を醸すに至らんことを惧《おそ》るるのであります。田中首相は常に政治の公明を声明して居らるるに拘らず、政府の為す所は頗《すこぶ》る公明を欠ぎ、動《やや》もすれば時代錯誤の手段を弄して憚らざるのみならず、其の標榜する所の重要政策は、内閣組織以来十ヶ月を経たる今日に至るも未だ実行の運びに至りません。政友会の重要政策として、機会ある毎に之が実行を国民に公約したるものが三つあるのである。地租委譲は其一であり、地方分権は其二であり、産業の振興は其三である。地租委譲の問題は事柄の善悪は別問題として、昭和四年度から実行することを公約したことは、天下周知の事実であります。然るに政府は予算編成の中途に於て、手続上の困難に藉口《しゃこう》して之が実行を延期し、天下の物議を招いたと云ふことは、明に国民に対する公約を無視して、政治の信用を失墜したるものであります。

次に地方分権は地租委譲と相竝んで、政友会内閣が最も重きを置きたる重要政綱であるが、本問題の解決に就ては、今日に至る迄杳として其の消息がないのであります。組閣早々設置せられたる行政制度審議会の決議として、世上に伝へられて居るものを見るに、何れも地方制度一部の改正に過ぎず、強て之を言へば地方自治権幾分の拡張と云ふことは出来るのであるけれども、少しも地方分権の根本問題に触れて居ないのであります。又政府は現下経済界の不況に善処する対策として、産業振興の必要を強調し、昭和三年度予算に於て極力之が実現を図りたいと声明して居るにも拘らず、同年度に於ける農林商工両省の予算を通覧するに、産業振興に直接関係があると思はるる新規要求額は両省を通じて総額僅に四百万円に過ぎない。而かも其の中心と認むべき政策がないのであります。

加之《しかのみならず》政府の重要政策の一として之が実行を高唱せられたる、農地金庫の方法に依る所の自作農奨励の案も、政府部内の意見一致せざるが為め、未だ決定を見るに至らないのであります。若《も》し夫れ鉄道を始め河川道路港湾等の計画を以て、現下に於ける経済界の不景気を救済すべき政策であると考へる者があつたならば、吾々は財界経済の根本に対する其の人の識見を、疑はざるを得ないのであります。況《いわん》や公債整理の方針に逆行して之が濫発を行ひ、民間事業資金を奪つて、政府事業に固定せしむるに至つては、却て財界の整理を妨害するものと云はなければなりませぬ。要するに政友会内閣の重要政策として、国民に公約したるものの一つとして之が実行を見るに至らないことは、所謂言に信なく行に矛盾あり、政治の信用を失墜するものでありまして是れ吾々が現内閣を信任する能はざる理由の第六であります。

内外の時局に鑑み速に処決せよ

今や内外の時局重大を極め、思想の変遷亦測るべからざるの時、大政輔弼の重責に膺《あた》るものは、只誠心誠意国家民人の利害休戚を念じ、画策宜《よろし》きを得て、時局匡救の大任を尽さなければならぬと思ふのであります。加ふるに今日は政党内閣制運用の初期でありまするが故に、其の成績如何に依つては国民思想の上に於て、又政治組織の上に於て、或は容易ならざる事態を生ずるやも測り難い、極めて大切なる場合であります。然るに現内閣成立以来の成績に照すに、以上数ケ条に渉《わた》つて説明したるが如く現内閣の為す所は其の政治を行ふ態度に於て、又内閣の責任たる内外の重要政策に於て、国民の期待に反し、其の信任を値ひせざるものと認め、茲に吾々は国家の為め現内閣が速《すみやか》に処決せられん事を望むものであります。

（『浜口雄幸氏大論弁集』）

七　政局安定の途と我が党の態度

［一九二八年（昭和三年）三月一四日、民政党議員総会での演説］

我国の憲政史上特筆大書すべき第一回の普通選挙に依りて、現内閣に対する厳粛なる国民の判決は既に下された。顧みれば第五十四議会の劈頭に於て政府は議会の形勢に鑑み、其の政策を実行する能はざるの故を以て衆議院を解散したのである。而して政府は組閣以来重要なる政務の遂行を犠牲とし、全力を傾注して組織的に準備し来れる選挙対策の下に、盛に官権の威力を濫用して所在に干渉圧迫を試み、凡ゆる手段を尽して与党の絶対多数を贏《か》ち得んが為め百万努力したのである。然るに其成績は尽く其の予期に反し、政府は議会の大勢を制すること能はず、依然として其政策を実行することの出来ない地位に置かれて居るのである。

当選議員の数に付ては固より我党の調査を信ずるものであるが、今日の場合一名や二名の差は最早問題ではない。三旬に亘れる選挙界の大勢に於て、又選挙後に於ける政界の大勢に於て、特に又輿論を表現する所の言論界の大勢に於て、政府信用の失墜は今や歴然たるものがある。来るべき特別議会に於て政府が其の政策を実行することを得ないといふのは、取りも直さず政府自から其の敗北を承認したる証拠である。政府にして苟くも責任を重んずる意志があるならば、来るべき特別議会には、大礼費其他事務的に必要なる二三の追加予算を提出するに止らず、政友会内閣の特色として従来標榜し来りたる重要政策を提案して其通過に努むべきである。然らざれば議会の解散を無意識に終らしむるのみならず、久しきに渉つて国務の進行を渋滞せしむるの責任を負担しなければならぬ。然るに現内閣の生命とも云ふべき地租委譲を初め鉄道建設計画其他幾多の重要政策の提案を躊躇するが如きは、畢竟其通過困難なることを予知するが為めであろうと思ふ。果して然らば政策遂行の為めに議会を解散したる現内閣は当然その進退を考慮すべきである。

然るに政府は独り其進退を考慮することを為さざるのみならず、却て議会再解散説を流布し国民に対して一種の恫喝を試みんとするに至つては、寧ろ憫然に勝へざる次第である。法律論と先例との如何に拘らず、政治上の実際問題としては政界の現状に於て現内閣の下に於ける再度の解散は決して実行の出来るものではない、政府もこれを知るが故に、現に種々の小策を弄して来議会の切り抜けを僥倖せんとして居るのである。此の場合強いて議会の再解散を断行せんか、政府与党の自滅を招くは勿論の事、斯る暴挙の結果社界全般に向て異常の衝動を及ぼし、思想の動揺、人心の激発測り知るべからず、国家は之れに依りて各方面に容易ならざる害毒を蒙むるに至ることを恐るるのである。而して其責任は全部現内閣に於て之を負はなければならぬ。又、今日の如き政界の分野に於ては、仮令《たとい》内閣辞職するも政界の不安定は依然たるべしと説いて居るものもあるが、それは単なる杞憂である。若し現内閣にして其進退に付て適当の考慮を加へたならば、政局は当然其帰着すべき所に帰着することを信ずるものである。是れ即ち政局安定の唯一の途である。現状の継続する限り、政局は何時迄も不安定である、政局の不安定は即ち財界の不安定であり、人心の不安定である。吾々は此意味に於て国民と共に、現内閣の反省を促がさざるを得ないのである。

我党は立党以来、宣言綱領、政策を発表し全国に亘つて其の主張を徹底せしめたのである。之に依つて我党の指導精神と政綱とは自から天下に明白となつて居るのである。而して之に対する国民の批判は政府の干渉圧迫にも拘らず、総選挙の結果今日の如き良好なる成績を挙げ得たのである。乃ち平生の主張を拡充し敷衍し遂行し、進んで退かざるは我党の本領である。我党は何処までも自から信ずる所を以て国民に問うものであつて、妄りに時流に迎合して主張を二三にせんとする如きは、我党の敢て為さざる所である。若し夫れ我党の主張より発する我党の行動及特殊の具体的政策に至つては、適当の時機に於て適当の機関の議決を経んことを希望する。

現内閣に対する我党の態度は、大体に於て議会解散前と異なる所はない、我党は普通選挙の戦場に於て沈着にして且勇敢なりしが如く、当面の政局に対する一切の行動に就いても亦沈着にして且勇敢なることが最も必要であると信ずる。我党は鞏固なる結束と整然たる秩序との下に正々堂々として憲政の大道の闊歩し、大政党の権威を発揮して国民の信望に副ひ時局の収拾に任ぜなければならぬのである。

（『民政』）

八　輿論の大勢に順応せよ

［一九二八年（昭和三年）三月二九日、民政党主催倒閣国民大懇親会での演説］

諸君。本日の懇親会が、斯くも盛大に行はれますのを見るにつけても、我党の同志諸君が、如何に時局を憂慮せられ、君国の為めに忠実熱心であるかを、眼の前に実見する事が出来まして、誠に感激に堪えざる次第であります。我国の憲政史上、新紀元を画すべき、這般《しゃはん》の普通選挙に依りて、現内閣に対する国民の判決は、厳粛に下されたのであります。第五十四議会の劈頭《へきとう》に於て、現内閣は議会の形勢に鑑《かんが》み、其の政策を実行し能はざるの故を以て衆議院の解散を断行し、組閣以来重要なる政務の遂行を犠牲に供し、組織的に準備し来れる選挙対策の下に、盛《さかん》に官権の威力を濫用して干渉圧迫を試み、凡《あら》ゆる手段を尽して、与党の絶対多数を贏《か》ち得んが為め、全力を傾注したのであります。然るに、其の結果は政府の予期に反し、政府は依然として議会の大勢を制すること能はず、其の政策を実行することを得ない地位にあること、議会の解散前と少しも異なる所がないのであります。

選挙終了後政府は自己の地位を有利に導かんが為め、百方努力したるも遂に其の目的を達すること能はず、政界の大勢は日を逐ふて益々政府側に不利に赴きつつあるのであります。政府にして苟《いやし》くも責任を重んずる意志あらば、議会解散の理由に鑑み、来るべき特別議会には、政友会内閣の特色として多年の間、国民に公約し来りたる重要政策を提案して、其の通過に努むべきであります。然るに田中内閣の生命とも云ふべき地租委譲を初め、産業振興、鉄道建設計画等幾多の重要政策の中一つも其の提案を為す能はざるは、議会の大勢其の通過困難なるを知るが為めに、外ならないのであります。会計法の規定に藉口《しゃこう》するが如きは、窮余《きゅうよ》の遁辞に過ぎないことを断言するに憚りません、果して然らば政策遂行の為めに議会を解散したる田中内閣は、総選挙に於ても依然《いぜん》其の政策を実行することが出来ないの故を以て、特別議会に臨《のぞ》むに先《さきだ》つて、当然其の進退を考慮すべきであります。議会が開会せられ不信任案の提出を待て、然る後其進退を考慮するが如きは、責任を重ずる政治家の態度と云ふことは、断じて出来ないのであります。彼の議会再解散説の如きは、所謂鬼面人を嚇すの類であつて、一笑に附し去るべきものであります。

凡そ選挙干渉の先例尠《すく》なからずと雖《いえど》も、其の組織的にして辛辣を極むること田中内閣の如きは、我国の憲政史上未だ曾て見ざる所であります、特に況《いわ》んや最近社会の各方面に現はれたる世相は、真に憂慮に堪へざるものがあります。是れ畢竟《ひっきょう》為政家の態度宜しきを得ず、人心の安定を欠ぐに基くものと信ずるのであります。苟《いやし》くも現状の継続する限り、政局は何時迄も不安定であります。政局の不安定は、即ち財界の不安定であり人心の不安定であります。吾々は此の意味に於て国民と共に、田中内閣の反省を促さざるを得ないのであります。

田中内閣にして此の場合、其の進退に付て適当の考慮を加へたならば、政局は自ら帰著すべき所に帰著し、社会の各方面も亦自《おのずか》ら安定を得るに至ることを信ずるものであります。

申す迄もなく憲政の運用は、最も公明正大でなければなりませぬ。輿論の大勢に順応しなければなりませぬ。輿論の大勢已に明白なるにも拘らず、強て大勢に逆行する時に於て、茲《ここ》に非常なる無理が生ずるのであります。種々の権謀術数が行はるるのであります。此の如きは独り憲政の発達を妨ぐるのみならず、社会上各種の不安が醸成せられ、危険が包蔵《ほうぞう》せらるるのであります。近時政府のなす所不幸にして、之に類するものあることは、国家の為め寔《まこと》に遺憾に堪へざる所であります。吾々は普通選挙の戦場に於て沈著にして、且勇敢なりしが如く、当面の政局に対する一切の行動に就《つい》ても、亦沈著にして且《かつ》勇敢でなければなりませぬ。吾々は鞏固なる結束と整然たる秩序との下に、正々堂々憲政の常道に則《のっと》り、大政党の権威を発揮して国民の信望に副ひ、時局の収拾に任ぜなければならぬ所の大責任があるのであります。

吾党の同志諸君、吾々の責任の極めて重大なることを自覚せられ、自重自愛の上、国家の為め益々奮闘努力あらんことを、希望いたします。本日の機会を利用して、簡単に所感の一端を申述べて挨拶に代る次第であります。

（『浜口雄幸氏大論弁集』）

九　政界奔流の中心たれ

〔一九二八年（昭和三年）四月一六日、民政党臨時大会での演説〕

数字上に立証せられた政府の失敗

諸君、茲《ここ》に解散に因る総選挙の後を受けたる、第一回の普選議会に臨むに当り、我党臨時大会の席上に於て、当面の政局に対する所懐の一端を披瀝するは、私の光栄とする処であります。

我党は昨年六月一日を以て結党式を挙げ、宣言綱領を発表してより以来、全国に渉つて普《あまね》く其の主張を徹底せしめ、次で第五十四議会の開会に当り、大会の議を経て七大政策を発表し、現内閣成立以来の施政の成績に鑑み、内治外交其の他政策を超越せる幾多の重要問題に関し、内閣不信任案を提《ひっさ》げて議会に臨んだのであります。然るに現内閣は立憲政治の精神を無視し、反対党の言論を封じて、直ちに衆議院の解散を断行し、大規模なる計画的選挙干渉と凡ゆる陰険手段とを以て、最初の普通選挙を冒瀆し、悪例を千歳に貽《のこ》し、我国憲政の歴史に重大なる汚点を印したのであります。

吾々は最初の普通選挙こそ、選挙界に於ける従来の悪弊を一掃すべき絶好の機会なりと信じ、国民と共に政府の態度の最も厳正公平ならんことを希望したるに拘らず、選挙に対する政府の態度が著しく公正を失し、国民の期待を裏切りたるは、国家憲政の為め遺憾に堪へざる所であります。而かも選挙の結果、政府は依然として議会の大勢を制することを能はず、其の政策を遂行し得ざる地位にあること、解散前と少しも異る所がないのであつて、あれ程の圧迫、あれ程の干渉を加へたる総選挙は、政府の目的を達する上に於て、畢竟徒労であり失敗であつたことは、数字の上に立証せられて居るのであります。適切に之を言へば、政府は明かに総選挙に敗れたのであります。

不信任案を待たず其の進退を決せよ

選挙の結果政府与党の数は、議会の過半数を制することが出来ませぬ。其の結果政府が特別議会を切抜ける為めには、勢ひ民政党以外の中立又は無所属の人々の協力を求めなければなりません。然るに総選挙場裡に堂々と政友会の政策を賛美し、田中内閣を支持すべしと公言して、国民の投票を求めた者は、唯々政友会員のみであつて、我党は固より野党各派は挙《こぞ》つて政府の態度を攻撃し、其の主張を非難して、投票を求めたものであります。当選したる代議士諸君の背後に存する選挙民の意思は、現内閣に反対であることは、争はれぬ事実であります。然らば此等の代議士諸君は、選挙民に対する責任として、現内閣に対する反対意思を、議場に表明するのが当然の行動なりと信じ、且之を期待するものであります。

此の形勢の下に於て、一度内閣不信任案が提出せらるるならば、其の通過は蓋《けだ》し必然の勢でありまするが、不信任案の通過を待つ迄もなく、政策遂行の目算なき政府は、速に其の進退を考慮すべきが、当然のことであると思ふのであります。総選挙の結果、政府は国民の信任を得たから、処決する必要がないと云ふならば、何故に政府は此議会に於て、多年の間国民に公約したる重要政策に関する法律案及び予算案を提出して、之が通過に努めないのであるか、反対党が多数を恃《たの》んで、政府の政策遂行を妨ぐるからといふ理由を以て、議会を解散したる以上は、解散後の特別議会には、自ら進んで重要政策を提案して、之が遂行を期するのが、政府当然の責任であります。

歴代の内閣は、何れも解散後の議会に重要政策を提出して、之を通過せしめて居ります、大隈内閣然り、原内閣亦然りである。特に原内閣に至つては解散の題目が、普通選挙の問題であつたにも拘らず、解散後の特別議会に於ては、解散題目とは何等の関係を有せざる国防計画、鉄道計画、増税案等幾多の重要政策を提案して、尽く之を通過せしめて居るのであります。これ実に責任を重んずる内閣として、当然の措置であると信じます。然るに現内閣は地租委譲、産業振興、鉄道建設計画を始め幾多重要政策を標榜し、多年の間之が実行を国民に公約し、之を以て総選挙に臨みたるにも拘らず、一も之を特別議会に提出することが出来ないといふのは、一面から言へば実に無責任の甚しきものであるが、他面から言へば、仮令《たとい》提案しても通過の見込がない為めであつて、通過の見込がないといふのは、取りも直さず総選挙の敗北を自覚し、国民の信任を得ざりしことを、自ら裏書するものと言はなければなりません。果して然らば当然の結果として、政府は特別議会を待つまでもなく、其の進退を考慮すべきであらうと思ふのであります。

山積せる此の失政を如何

吾々が現内閣を非難する理由は、固より此一点に止まる訳《わけ》ではありません。過般の選挙干渉を始めとし、政策を超越したる根本の問題、其の他内治外交上の重要政策に付て、幾多非難すべき理由を、十分に持てゐるのでありまするが、此れ等の論点に付ては本年一月の大会席上の演説に於て相当詳細に所見を述べて置いたのでありますから、此の場合重複を避くるが為め、大部分省略することといたします。現内閣成立以来、已《すで》に満一年を経たのでありますが、其の間政府は果して何事を為したのであるか。此の一年間、前には昨秋の府県会議員の総選挙あり、後には今春の衆議院議員総選挙あり、政府は与党の党勢を張らんが為め、両度の選挙に全力を傾注して、他を顧《かえり》みるの暇なく、選挙以外には殆んど政治なく政策なしといふ状態であつたのであります。川崎造船所救済問題を始めとして、休業銀行整理問題等、財界安定の不手際は今更申すまでもありませんが、多大の抱負を以て、之が解決に膺《あた》りたる対満蒙政策は、政府当局の無理解と不用意との為め、左視右顧一として其の目的を達することが出来ないのみならず、事毎《ことごと》に支那官民の反対と侮蔑とを受け、今や現内閣の下に於ける我満蒙政策は、全く行詰りの状態に陥つて居るのであります。之に対して現内閣は、果して如何なる責任観念をもつて居らるるのであるか。

社会上経済上の欠陥を改善せよ

吾々は最近の重大事件に現れたる現代の世相に対し、深く憂慮を懐《いだ》くものであります。国体の変革を企て、革命の遂行に依て、共産社会の実現を図らんとするが如き兇暴不逞の徒は、国家権力の発動に依て速に之が絶滅を期すべきは当然のことであります。之と同時に斯の如き過激なる思想が発生蔓延し、険悪なる陰謀が行はるるに至る其の原因に対しては、政治家として深く考慮を払はなければなりません。此の種の犯罪者に対しては、国法の厳正なる励行に依つて秋霜烈日の処断をなすは、固《もと》よりでありまするが、政治家の任務は単に之れに尽くべきではないと思ふのであります。

吾々は忠良なる国民と共に、同じ陛下の赤子たる吾々の同胞中、斯くの如き不逞の徒を輩出せしめたることに就て、大いに恐懼《きょうく》し戒慎《かいしん》し、危険思想の培養せらるべき社会上、経済上の欠陥に対し、適切なる改善を施し、禍を未然に防ぐの方法を講ぜなければなりませぬ。堅実なる思想を養成する根本の方策としては、文教の振興、特に人格の教養育成に重きを置くべきこと勿論でありまするが、之と同時に思想善導の為めには、政治の運用を公明正大ならしめて、一切の不平と枉屈《きょうくつ》とを排除し各種の社会政策的施設を行ひ、労資関係の合理化を図つて、社会不安の禍根を除き、財政経済の整理を行ひ、物価の低落を促して、国民生活の安定を策し、上下相戒め各方面互に反省自覚して、堅実なる思想の涵養と国民精神の緊張に努め、危険思想の発生蔓延を予防する事が、最も必要であると信ずるのであります。吾々が嚢《さ》きに普通選挙の即行を唱道したる所以のものは、国民の総意を帝国議会に反映融合せしめて、政治の運用を公明ならしめんが為めであつたのであります。

社会政策を基調とする税制整理、其の他各種の社会政策的施設を実行したる所以のものも、亦《また》階級意識の発達を緩和せんが為めであつたのであります。固より是等の施設は思想の善導に資し、社会の不安を芟除《せんじょ》する上に於て、決して十分と云ふ訳には行きません。時勢の進運に順応し、漸《ぜん》を逐《お》ふて諸般の社会的経済的政策を実行して、国民思想の利導に努め、危険急激なる社会変革運動の行はる、余地なからしむることが、最も肝要であると思ふのであります。

政友会伝統政策の頓挫

吾々が地租委譲に反対する理由は、我国現在の財政状態の下に於て、六千七百万円といふ恒久財源を失ふときは、財政の基礎を危殆《きたい》ならしめ、延いて国民経済に不良の影響を及ぼすことを信じた為めであります。政府も地租委譲の実行が財政計画上、頗《すこぶ》る困難なるを知るに及んで、最初四年度実行を公約したるに拘らず、次で之を五年度に延期し、更に議会解散を口実として之を六年度に延期し、努めて実行の責任を避けて居る様に見受けらるるのであります。然るに今回実業同志会と協定する為めに、地租委譲と同時に更に営業収益税の委譲を声明するに至つたのであります。

委譲の財源其の他に付ては詳細なる説明を聞かざる今日に於ては、決定的の批評をすることは出来ませぬが、若し世間伝ふるが如く、特別所得税の新設に依り、歳入の欠陥を補塡する計画であるといふことであれば、これは所謂朝三暮四のやり方であつて、国税地方税を通じて、土地及商工業の負担は少しも軽減せられないのみならず、却て特別所得税の金額だけ、其の負担が加重せらるる訳であります。国民は果してこれで満足するでありませうか。又政府は行政財政の整理緊縮に依て、数千万円の財源を産み出す計画であるといふことでありますが、其の事の出来ると否とは別問題として、整理緊縮の結果政友会の伝統政策たる積極政策は、茲《ここ》に大なる頓挫を来すのであつて、此の点は吾吾としては、国家の為め歓迎すべきであるけれ共、政友会内閣が果して一時の政略に止らず、真に積極政策放棄の決心を定めたりや否やに就ては、尚《なお》大いに疑なきを得ないのであります。

時局収拾の任は我党の双肩に懸る

我党の政策は冒頭に述べたる通り、本年一月大会の決議を経て、発表した通りでありまして、過般の総選挙を経て、已に十分天下に徹底して居ることと信ずるのでありまするが、所謂七大政策の範囲内に於て、時勢の要求に応じて之を具体化すること亦必要なりと、信ずるのであります。之は適当の機関の調査決定に依て、適当の時機に発表せられんことを期待する次第であります。政局に対する我党の態度は、解散前と大体異る所はありません。前議会に於て我党が非難攻撃せんとしたる問題の重なるものは、今日も尚依然として存在して居るのみならず、政府の失政は議会の解散と総選挙とを経て、更に益々甚だしきを加へたのであります。即ち我党は現内閣の施政の態度、其の心事及重大なる失政に対して適切なる批判を加へ、既定の方針に則《のっと》り、其所信に向《むかっ》て邁進すべきであります。

我党は衆議院に於て二百十八名の多数を擁し、政界に於ける巨然たる大勢力であります。田中内閣が組閣以来累積せる失政の為め、既に国民の信望を失ひたる今日、時局収拾の責任は在野の大政党の双肩に懸《かか》つて居るのであります。吾々は我党の責任の極めて重大なるを自覚して、決して軽率に行動すべきものではありません。又妄《みだ》りに時流に迎合して、其の主張を二三にすべきものではありません。思ふに今日以後の政局は雑然、紛然として恐らくは、応接に暇《いとま》がないであらうと思ひます。此の間に処して我党の行動は飽く迄も正々堂々、飽くまでも泰然自若、毅然として政界奔流の中心に立つて、克《よ》く我党の本領を発揮し、内は党内の結束を鞏《かた》くし、外は国民の信望に副はんことを期せなければならぬと信ずる次第であります。

（『浜口雄幸氏大論弁集』）

一〇　民政党臨時議員総会での演説

［一九二八年（昭和三年）四月二八日］

政府が停会を奏請した理由は、議会の大勢がこのままで進めば［鈴木内相］弾劾案の通過することを確実に看取したためである。総選挙後二ヶ月有余の間、政府はその通過を防止するため、凡ゆる手段を用ひて来たことは世間周知の事実である。然かるに其の効なく、已むなく爰に停会を奏請したものである。

弾劾案の通過確実なる事は、今日を持たず、総選挙の結果既に明かであつた。総選挙には前代未聞の大干渉をなし、尚かつあの結果であるから、若し政治的良心あれば、直ちに処決するが当然であつた。其の後に於いても処決すべき時機は屢々あつたのである。即ち特別議会対策を廟議で決定した当時、政府が有利と確信したならば、地租委譲を始め産業施設、鉄道計画等の重要なる諸政策の提出を決心すべきであつたのにその決心出来ずして、御大礼予算、其の他事務的な二三の追加予算を提出するに止めたのは全く確信がなかつたからである。政府に不利にして確信がなかつたら、議会に臨むに先だち処決すべきであつた。

しかるに現内閣は政権に恋々として今日に至つたもので、停会の意味は簡単である。もはや議会に反省を促すの余地はない。大勢今日に至つた以上は政府自から反省するが為めである事を確信する。尋常一様の責任を重んずる内閣であつたならば直ちに総辞職すべきであるが、この内閣の事であるから、直ちに総辞職は出来まい。先づ弾劾せられた内相の更迭を企てるやも知れぬが、結果が総崩壊に導く事は明瞭である。

しかし直接弾劾された内相のみの責任ではない。当然内閣全体の責任であらねばならぬ。総理大臣は常に一蓮托生を説いて居た。如何に憲法政治を理解せぬ現内閣といへども、独り内相のみを取換へておめおめたる事は出来まい。

お互の考慮すべき事は党内の結果と友党との連繋である。諸君の結果が固ければ大目的の達成は遠くない、今日は完全に我党の勝利である。今後も万遺憾なきやう努められん事を切望する次第である。

（『民政』）

一一　輔弼の責任を誤り立憲の大義を紊《みだ》る

［一九二八年（昭和三年）六月一日、民政党臨時議員総会での演説］

諸君。最近突発したる特殊の重要問題に関し、茲《ここ》に議員総会を開きて、我党の態度を闡明するの止むなきに立至りました事を、国家の為め衷心より悲むものであります。

我党は現内閣為政の態度と、其の重要政策とに対して、殆んど事毎に反対の意見を有することは、天下の具瞻《ぐせん》する所であります。特に第五十五議会に於て、総括的不信任案を提出し、現内閣の失政を糾弾して、其の処決を促したのでありまするが、今回突発したる重要事件は、従来我々が非難攻撃したる各種の問題とは、全然其の性質を異にし、事は立憲の大義に関し、皇室と政治との関係に及び、我国民的信念の根柢を動揺せしむるの虞《おそ》れあるべき、至重至大の問題でありまして、政党政派を超越したる、国家的大問題であります。

今回の事件は、端を特別議会に於ける内務大臣の問責決議に発し、鈴木内相の引責辞職に因る内閣の改造に伴うて、内閣の不統一を招き、其の醜態は連日の新聞紙を通じて、国民の前に暴露されたる所でありまするが、就中《なかんずく》水野前文相は、久原氏の入閣に対して強硬なる反対意見を表明し、遂に辞表を提出するに至つたのであります。首相は之を慰留して円満に改造を、遂行せんと努めたのでありまするが、田中首相の補弼の責任の範囲内に於ては、遂に之を奈何《いかん》ともする能はず、茲に畏《おそ》れ多くも聖慮を煩《わずら》はし奉り、累を皇室に及ぼしたりとの、非難を受くるに至つたのでありま す。然るに此の間に於ける首相、及び文相の説明は、矛盾撞着を極め世論の囂然《ごうぜん》たるに至るや、政府は改めて一の声明書を発表し、之に依て一世の疑惑を一掃せんと試みたのでありまするが、更に留任したる水野文相が、政府の声明と異る談話を公にしたるため、再び天下の物議を招き、文相は責《せめ》を引くと称し、再び辞表を捧呈し、茲に文相の更迭を見るに至つたのであります。政府の声明が正しきや、将又《はたまた》水野氏の談話が真実なりやに就ては、吾々は今日に於ても、尚幾多の疑を持つて居るものでありまするけれ共、其の何れを取るにしても、田中首相の措置は、明に輔弼の責任を誤り、立憲の大義を紊《みだ》るものであります。

若し水野氏の談話にあるが如く、文相が予め辞意を翻さず、首相に向つて辞表の執奏を要求せるに拘らず、首相が文相の辞表を執奏する以前に於て、既に之を留任せしむることとしたりとするならば、田中首相の態度は、洵《まこと》に僭越の甚しきものと言ふべく、之に反して若し政府の声明書にあるが如く、水野文相から進退を一任せられたる田中首相が、予め文相を留任せしむることに決定して居つたとするならば、其の辞表は即座に之を水野文相に返却すべきものであつて、決して之を陛下に執奏《しっそう》すべきものではありません。一たび之を執奏した以上は、其の辞表は正式の辞表であつて、文部大臣の進退は一に聖断に待つべきものであります。聖断の下らざるに先つて、首相に於て恣《ほしいまま》に之を云云すべきものでないことは、前の場合と同様であります。

若し水野文相の辞表は、正式に執奏したるものにあらず、事の経過を申上ぐる為、一応天覧に供したりと言ふならば、之れは不謹慎の甚きものにして、内閣不統一の事実を天聴に達して、聖慮を煩し奉るものと言はなければなりません。何れにしても田中首相の措置は、輔弼の責任を誤り、立憲の本義を紊るものと断言せざるを得ないのであります。

加之《しかのみならず》教育のことは、目下重要なる国務なるが故に、水野文部大臣を留任せしむることと致したりと申上げたる田中首相が、越えて一日、恰《あた》かも掌《てのひら》を翻すが如く、再び水野文相の辞職を執奏するに到りたることは、軽率とも何とも申様なき次第にして、此の点に於ても輔弼の責任を軽んずるの罪、実に甚大なりと謂はなければなりませぬ。

しかも水野文相が再度の辞意を決したる理由は、累を皇室に及ぼし奉ると云ふ、世上の物議を醸《かも》したる事に就て、責任を感じた点にある。既に文部大臣が、此の理由を以て引責辞職したるに拘らず、最初より此の問題に密接不可分の関係を有する田中首相、特に内閣董督の任にある所の総理大臣其の人が、平然として其の責任を明にしないと云ふことは、決して許すべからざることであつて、若し斯様なことが前例となつたならば、立憲の大義は、根本より破壊せらるるに至るのであります。

田中首相今回の言動は、右申す如く、立憲の本義と、国政運用の根本原則とを、蹂躙《じゅうりん》するものであつて、断じて之を不問に附する訳には行きませぬ。是に於て私は問題の性質と、国論の帰趨とに顧み、成るべく田中首相の政治的良心の発動に依り、自ら進んで其の責任を明白にせられんことを、希望したのでありますが、不幸にして田中首相は、満天下同胞の斉《ひと》しく憂ふる所に対して、何等憂慮を抱かず、又責任を感せざるものの如く、見ゆるのであります。若し特殊の重大問題たるの故を以て、強ひて之が論議を避け、匡救《きょうきゅう》を怠るが如きことあらば、我国の憲政は、ここに破滅に瀕《ひん》すべきのみならず、為に国民的信念の動揺を招き、さなきだに思想問題の極めて憂慮すべき今日の場合、世道人心に及ぼすべき影響、真に恐るべきものありと思ふのであります。乃ち我党は天下の公党として、茲に該問題に関する田中首相の非違《ひい》を糺《ただ》して、其の責任を明かにし、憲政の危機を匡救するを以て、我が立憲民政党の、国家に対する当然の義務なりと、信ずる次第であります。

併し乍《なが》ら此の問題は、極めて重大であると同時に、又極めて微妙なる関係を有する問題であります。随《したが》て之が取扱は、慎重の上にも慎重に致さなければならぬ。軽挙妄動は、厳重に之を戒めなければなりませぬ。今日発表したる決議文の趣旨を、貫徹するが為め、今日以後、我党として、又個人として行動せらるる上に於て、深く問題の性質と、其影響の及ぶ所に顧みられ戒慎《かいしん》自重、強き決意を行ふ上に於て、厳粛にして且秩序ある立憲的行動に出でられんことを、切望する次第であります。

（『浜口雄幸氏大論弁集』）

一二　民政党臨時議員総会での演説

［一九二八年（昭和三年）九月一〇日］

政治は最高の道徳

本日の議員総会の席上において諸君と御目にかかる機会に於て、最近の党情並びに我が党が将来に向つて執るべき大体方針に関して私の所信の一端を申述べ御参考に供したい。この所信を申述べる前に一応私の所感を申上げたいと思ふ。近時我が国においてお互に最も心配すべき現象は、一、政治道徳の浮薄に傾けること、二、国民思想の悪化である。識者が一度口を開けば異口同音にこの二点を指摘するのである。私の考へる所によれば、少くも我が国においては政治は最高の道徳であり最高の教育でなければならない、而して国民道徳の向上と思想の善導を第一義として政治の改善をはからねばならぬ。即ち政治を行ふものが道徳を標準として責任を明かにして、国民道徳の向上と国民思想の善導に当るべきである。

無責任の内閣

然るに最近の状況は如何、内閣成立以来のことはしばらくおき、特別議会以来の政治のやり方、殊に我々が非常なる努力を以て通過に努めた鈴木内相弾劾案が通過したるに拘はらず、田中首相はさきに連帯責任を唱へながら、その後はただ一人の鈴木内相を辞職せしめたのみで、他の閣員は超然としてその職に留まつてゐる状態で、如何に責任の存在を無視してゐるかの実物教育をなしてゐる。次に内閣改造に伴うて優諚《ゆうじょう》問題起り、これに引続いて首相の進退何問題、台湾総督の進退問題の疑雲が起つた。後の二つは風評に止まつたが恐らくは事実であつたと思ふ。皇室中心を自分の一手販売の如く口にする現内閣の人々が、一度二度ならず皇室に累を及ぼすが如き事を起して置いて如何にして国民道徳の向上をはかることが出来るか、実に木に縁りて魚を求むるの類である。かくの如き事例は枚挙に遑《いとま》ない。現内閣の存立は国民道徳の向上、国民思想の善導には全く背反するものであると断言して憚らない。しかして常に現内閣の人々のみならず一般政治家の行動が、政治道徳上頗る遺憾に堪へないことの少くないのはお互に悲しむべき現象である。

深く自ら決心

さて最近の党情につき一言せんに八月一日床次氏突然の脱党に関しては、私はここに「深く遺憾とする」の一言を以て結びたい。これ以上説明し所感を述ぶることをやめたいのである。誠に遺憾千万のことで返すがえすも遺憾千万のことであつた。床次氏についで二十有余名の脱党者を出したことは諸君と共に遺憾とするものである。床次氏の脱党に伴ふ多少の動揺がやうやく鎮静せんとするに際し、再び小なる動揺が生じたことは、これまたすこぶる遺憾とする処である。小寺君外二三の同志諸君は、多年の間政見行動を共にし、我が党のため少なからぬ功労のあつた人々である。はからずも二三の諸君は党紀紊乱の的確なる証拠ありしを以て、幹部等は涙を揮つて馬謖《ばしょく》を切るの英断に出でざるを得なかつた。此動揺は二三の人の処分で鎮静したと確信するがかくの如き動揺を生じたことは、総裁として深く自ら顧みねばならぬと同時に、深く自ら決心せねばならぬと思ふ。決心するとは如何なることかといふに

一、党内に関すること。

二、党外に対する活動である。

我が党の諸君はいづれも純真にして操守固き人々である。斯る人は断じてないとは思ふが若し何等かの発意により、

動機不純の外形的行動があり党紀紊乱の証拠を得る場合には、直ちに断乎たる処分に付することはここにお互ひに決心せねばならぬ点である。かくして党内の浄化運動を完了し、以て外に向つて積極的に活動する必要がある。ただ今幹事長は、従来我が党はとかく消極的であつたとの世評を引かれての話であつたが、その消極的なりとする風評の原因の一半は、自分として責任を感ずる次第で、結党式以来自分は病気のため大小となく党務を見ることを得ず、久しく本部に於て諸君と談じ地方に遊説する機会を得ることが少なかつた。私はこの点については改めて責任を自覚してゐることをこの機会に申上げたい。今や秋に入りこれより対外的に行動をなすべき時である、党はこれより外部に向つて総動員して大活躍することを諸君に誓ひたい。

堂々たる政争

内外重要政策については私の意見を他日詳細に発表する時もあるから、茲《ここ》には申さぬが、外交問題の取扱について所信を申述べたい。最近同志と会見の際、我が党はややもすれば外交を政争の具に供せんとする傾きがあるが、これはよくないといふことであつた。これに対し私は「我々は殊更に外交を政争の具に供したことはないと確信してゐる」といふにあつた。これは既往将来に亘り然るべきことで此の点は外交のみならず総ての政策に於いても変りあるべきものでない。苟《いや》しくも天下の公党として政策を政争の具に供するが如きケチな考へは自分は持たない。殊に外交に付いては慎重の注意を払ひ、交渉中の案件に付いては此れが国家に不利益と思へば、我々は断じて意見を発表せず、意見を発表することが国家の為め必要と考へれば遠慮なく断乎として声明もする。仮令《たとい》敵党と雖も其の政府の処置が国家の為め適当なりとせば、賛成して国論の一致を図ることも実行して居るのである。是れは第一次山東出兵に反対意見の発表を差控へ、第二次出兵には予算に協賛し又国民政府の条約破棄通告に対しては民政党は内閣倒壊の目的の為めには沈黙を守つた方が善かつたかも知れぬが、支那の背信行為に対し断乎たる声明をなし、其の結果に於いては現内閣の政策を支持したこととなり、此の声明で国論の一致を見て南方に大鉄槌を加ふることが出来たのを見ても分る。

更に南北妥協中止勧告に対する反対声明を出したことは、私の信ずる処では南北妥協は支那の大勢であり、遅速はあつても南北妥協は成就するものと信ずるから、この大勢に逆行して、強ひて小策を弄することは百害あつて一利無きもの、勧告の奏効せざるは無論だが、我が国が妥協中止勧告をなしたと云ふことから、支那全体の感情を害し正当に有する我が国の支那に於ける権利利益の擁護に不利を生ずることは当然で、断じて我が国将来の為め利益ではない、即ち国家本位に立脚しての反対声明である。要するに政府の態度に反対し賛成する前に、一つに国家の利害休戚を標準として行動したものである、之れが私の信念である。

自力本位猛進

我が党が将来の政局に処して猛進する態度方針は如何。我が党は自力本願で何処までも進み度い他力本願は断じて排斥せねばならぬ。今更此原則を発見したのでは無い近い例が、第五十五議会に見るも徒らに頼むべからざるものを頼み躊躇逡巡するやうなことがあつてはならぬ。我が党は百八十余名を有する大政党である。何の遠慮も要らぬ、所信に向つて一路邁進するのみである。多少の脱党者を出したとは言ひ、巨然たる天下の第二党である、二大政党樹立の大勢には何等の変化を見ず、従つて政権の移動する時、帰着する処は明確である。二大政党として微塵だに動揺なしと確信する。諸君に於いても其の確信を以て尽力され度いのである。最近に自分の健康に付き心配を掛けたこともあつたが、大体の健康に変化なく自分の身体は総べての点に於いて何等の欠点は無いとの明白なる診断を得て居る。今後諸君と共に第一線に立て積極的に活動するに十分である。十九日の関西大会を初め各地方に於いて、時間の許す限り諸君の希望に副うて活動し得ることをここに明言する。

（『民政』）

一三　行詰れる局面の展開と民政党の主張

［一九二八年（昭和三年）九月一九日、民政党関西大会での演説］

我党の対支方針は直截簡明

諸君。今日は我党の関西大会を開催せらるるに当り、久し振りに多数の同志諸君に御目にかかり、内外の時局に対する所信の一端を述ぶるの機会を得たることは、私の最も欣懐《きんかい》とする所であります。我党の政綱政策は過去一年有余の間、凡ゆる機会に唱へ来つて、自ら天下に明白なるものがあります。最近に於ける党内多少の動揺の如き、何等我党の堂々たる主張を傷くるものにあらざるは勿論であります。之より当面の重要問題に対し、吾人の主張を明瞭に致し度いと思ふのであります。

諸君。日支両国の関係を観るに、両国民意志の疎通を欠き、感情の疎隔を見たること今日より甚しきはなく、幾多の大問題は悉《ことごと》く未解決のままに放任せられ、経済的発展に必要なる各種施設の如きも全然停頓し、局面の大展開を行ふにあらずんば、到底救ふ事の出来ない窮境に陥つて居るのであります。此難局を打開して、日支両国のために百年の大計を樹つるの途は、従来我党の声明したる根本方針に依るの外なしと信ずるのであります。

我党の対支方針は極めて直截簡明であります。支那の和平統一のために十分の機会を与ふること其一であります。支那の正当なる国民的宿望に対しては、及ぶ限り之が実現に協力すること其二であります。支那に於ける我権利利益は合理的手段を以て極力之を擁護すると共に、特に経済上に於ける有無相通じ、輔車相依《ほしゃあいよ》るの関係を益々増進すること其三であります。第一に支那の和平統一は、啻《ただ》に支那自身の為めのみならず、又支那に於ける在留邦人の生命財産の安固を期し、更に進んで経済上の発展を図るが為めに、衷心より之を希望するものであります。然し乍ら支那の和平統一は、其国民自身の真剣なる努力に俟《ま》つの外はないのでありまして、我国として之に対し何等の掣肘《せいちゅう》を加ふることなく、其自由なる活動に十分の機会を与ふることを以て、外交の方針となすべきであると信じます。東三省と国民政府との妥協問題に関し、仮令《たとい》張学良氏より進んで我が意見を求めたりとしても、政府当局が之に対して妥協延期を勧告したるが如きは、策の最も拙劣なるものでありまして、不用意の甚しきものと思ふのであります。

我国が支那の内争に干渉し、或る党派を支持して、其の反対派を排斥するが如き態度に出づることは、決して支那の和平統一を助くる所以《ゆえん》に非ざるのみならず、若し我が支持する党派が倒れて、我排斥せんとする党派が、支那の政権を掌握するに至つたならば、我国は将来外交上非常なる苦境に陥るべきは、極めて見易き道理であります。政府は妥協中止勧告の結果、南北の妥協が三ヶ月間延期せられたりと称して居りますけれども其所謂妥協の延期なるものは、果して、表裏相反する所がないでありませうか。単に東三省が未だ青天白日旗を掲げないといふ表面の事実のみを以て、直ちに其裏面に於ける国民政府との関係如何を速断することは出来ませぬ。現に新聞紙の報道によれば、東三省と国民政府との間には既に一脈の情意相通ずるものの如くであります。妥協は結局時日の問題とせられて居るのでありまして、吾人の予見するが如く、政府の小策に拘らず、早晩南北の妥協が成立し、国民政府の号令が、公然東三省に及ぶに至つたならば、政府は何を以て其面目を維持し、如何にして将来の対支外交に善処せんとするのであるか。東三省に於ける我緊切重大なる権利利益は、斯の如き不用意なる行動、軽薄なる態度を以て、将来果して完全に擁護することが出来るでありませうか。吾人は其結果に想到して国家の為め深慮に堪へないのであります。

支那の領土保全は帝国多年の国策

抑《そもそ》も東三省地方に於ける我権利々益は、国民の莫大なる犠牲と多年の苦心経営とに依り、主として条約の保障の下に漸次発展し来つたものでありまして、帝国自身の康寧《こうねい》亦之に懸る所大なるものがあります。随て吾人が極力其擁護を期さなければならぬことは、我党の数次声明したる所であります。今後東三省に於ける政治組織が現状を維持すると、如何なる変革を見るとを問はず、苟《いやし》くも支那官憲にして、我権益に対する侵略破壊の行為あるに於ては、我国民は挙国一致固《かた》く自ら衛《まも》るの覚悟を有することは言を俟《ま》たざる所であります。苟《いやし》くも此決心がある以上、何人が東三省の政権を掌握するも、吾人は毫《ごう》も惧《おそ》るる所はないのであります。然るに今日政府が、東三省と国民政府との妥協問題に直面して、周章狼狽荐《しき》りに其妥協の延期を求めて已まざるが如きは、何たる自信なき態度であるか。徒らに現在の東三省官憲に依頼して、我権益の擁護を図らんとするが如きは、自ら悔《あなど》るの甚しき者であるのみならず、却て我権益の基礎を薄弱ならしめんとするものであります。

世上往々にして我国が東三省に於ける権益を擁護せんが為めに、或は同地方の独立を策し、或は同地方に保護権を設定せんとするが如き意図あるを疑ふ者がある様でありまするけれども、吾人は絶対に之を否認するものであります。由来支那の領土、保全を尊重するは、帝国多年の一貫せる国策であります。第一次日英同盟より、華府《ワシントン》会議に於ける九国条約に至る迄、凡そ我国の調印したる各種の条約協商にして、対支政策に関するものは、一として支那領土保全の原則を宣明せざるはないのであります。此原則にして一たび破棄せられんか、支那は忽《たちま》ち収拾すべからざる国際紛糾の禍源《かげん》となり、極東平和の維持亦期すべからざるに至ることは、極めて明瞭であります。是れ我国が支那のため、我国自身のため、又実に世界全局の平和のため、終始支那の領土保全を支持し来つた所以であります。今若し我国自ら其誓約を破り、東三省に於て何等か陰密の政治的策動を試みるとせば、世界の大勢は到底《とうてい》之を許さず、我国は之が為めに全然其威信を失墜するの結果に立到るべきは必然の勢である。吾人は此点に関する無用の疑惑を一掃するがため、政府が速《すみやか》に中外に向て、其方針を明示せんことを望んで已まざるものであります。

支那の国民的宿望に同情す

第二に支那の正当なる国民的宿望に対し、我国論が常に深厚なる同情を表し、出来得る限り其達成に協力せんとする誠意を有することは、既に公知の事実であります。吾人は支那が一日も速に、国際上に於ける其正当なる地位を確保し、新支那建設の大業を成就せんことを祈るの情に於て、決して人後に墜《お》つる者ではありませんが、之と同時に苟くも不法且不合理なる要求に対しては、断乎として彼れの反省を促さざるを得ないのであります。吾人が日支通商条約の改訂を商議するの意向を持つて居ることも、亦一に隣邦国民に対する友誼に出づるものであつて、決して現行条約の失効を認めたが為めではないのであります。此の問題に関し国民政府の主張する条約の解釈、又は国際法上の理論が如何に不条理であるかといふことは、既に先年帝国政府から北京政府に送つたる覚書の中に指摘したる通りであります。然るに今や国民政府が、再び此不条理なる法理論を持出し、現行条約の失効を前提として、新条約の締結を商議せんとするは、国民政府の信用の為め頗る遺憾とする次第であります。

惟《おも》ふに国民政府が現行条約の失効を前提として、新条約締結の商議を進めんとするは、若し其商議の経過不満足なるに於ては、直ちに臨時弁法《べんぽう》の適用を以て、我国を威嚇せんとする真意に出でたるにあらざるやを疑はしむるに足るのであります。従て国民政府が飽くまでも、我国をして現行条約の失効を認めんとするに於きましては、我国は条約改訂の交渉に応ずることが出来ないのは申す迄もないことであります。

然し乍ら国民政府にして、斯くの如き法理論の主張に日を送るの無益なることを理解し、偏《ひとえ》に両国民間の交誼に訴へて、条約改訂の交渉を求むるに於ては、我政府当局、亦徒《いたず》らに国民政府の感情を刺戟するが如き応答を避けて、之が交渉に応じ、其国民的宿望を達成する機会を与ふる事に依りて、新興支那の国民的感情の中に、両国親善の基礎を確立するの襟度《きんど》と抱負とがなくてはならぬと信ずるものであります。

一党一派に偏倚するは却つて禍の源

第三に吾人の最も重きを置くは、支那に於ける我権利利益の確保であります。あらゆる合理的手段を尽して、我既得の権利利益を確保し、殊に在留邦人の生命財産を擁護することは、政府の最も重要にして且崇高なる責任であります。政府は此責任を完ふするが為、常に断乎たる決意と万全の方策とを持つてゆかなければなりません。世上往々内争不干渉を以て我権利利益を支那人の蹂躙に放任することの如く誤解して、之を攻撃するものがありますけれども、権利利益の擁護と内争不干渉の方針とは、何等牴触するところはありません。妄《みだ》りに支那の一党一派に偏倚し、其内争に干渉するときは却て其内乱を深刻ならしめ、其和平統一を妨ぐるのみならず、徒《いたず》らに支那全体の反感を激発して、其結果在留邦人の生命財産に危害を及ぼすが如き実例は尠《すく》なしとしないのであります。

前後二回の山東出兵は、其目的とする所、在留邦人の生命財産の保護に存したるは明白でありまするけれ共、政府が其軍事的措置を執るに先《さきだ》ち、予め尽すべき方策を尽さず、周到の用意を欠きたる結果、我国が支那の一党一派を援助するものの如き誤解を与え、無用の反感を挑発し、却て出兵の目的に反したる結果を生じましたることは、誠に痛恨に堪へざる所であります。居留民現地保護のためと称せられたる出兵は、事実に於て其目的を完《まっと》ふすることを得ず、我居留民中多数の犠牲を出し、其上同地方に於ける日支両国民間に於ける商取引が、全然杜絶の状態に陥つて了《しま》つたことは、何と云ても政府の重大なる失態であつて、其居留民保護の途を誤りたる責任は断じて免るること能はずと信ずるのであります。而かも済南に於ける不祥事件勃発以来、既に五ヶ月を経るも、未だ其解決に一歩を進めたるを聞かず、曠日彌久《こうじつびきゅう》徒らに局面の自然展開を待つのみといふに至つては明かに政府の職責を怠るものと言はざるを得ないのであります。政府は須《すべか》らく進んで支那官憲と交渉を開き、我に於て安んじて撤兵を即行し得べき事態の促進に努めなければなりませぬ。

政府は対支外交に於て何を為したか

政府は我既得の権利利益を擁護するに止らず、更に進んで両国間に於ける経済上利害共通の関係を増進するに努むべきであります。独《ひと》り支那の一地方に於ける我経済的利益の保護に止らず、広く支那全体との経済的接近を図り、之に依りて我国民を利すると共に、又支那国民をも利するの途を講じ、以て両国民共存共栄の基礎を補充することが、外交上最も重要視すべき著眼点でなければならぬと思ひます。

然るに政府は過去一年有半に於て、此の目的のために如何なる施設をなしたりや、又如何なる努力をなしたりや、杳《よう》として聞く所なきのみならず、却て武力偏重の外交に依つて、我国民の支那に於ける経済的地位を破壊しつつある形跡歴然たるものがあります。

熟《つらつ》ら対支外交に関し政府の為す所を見るに、先づ声を大にして妄りに事を起し、其結果局面の発展に伴ひ、進退両難に陥るに至るや、漫然手を拱《こまね》いて施す所を知らざるを常とするのであります。其態度に確乎たる信念なく、其の行動に一貫の方針なく、国民をして洵《まこと》に不安に堪へざらしむるものがあります。国民政府の条約問題といはず、済南事件の交渉問題といはず、東三省に関する問題といはず、各方面に渉つて事毎に行詰りの状態に陥つて居るのである。具《つぶ》さに事の経過を考へ、内外の形勢を按ずるに、現内閣の存続する限り、局面の展開は到底期すべからずと思ふのであります。

国民経済を無視する財政政策

諸君。我国の財界は今や非常なる難局に立つて居るのであります。昨年春に於ける大動乱の後を受けて、今日の財界は平穏に帰して居るのでありまするが、是れは約九億円を算する特別融通の結果であります。然るに日銀の特別融通は急に回収の見込は立ちません。随《したがっ》て日銀が通貨の統制力を失つたといふ問題を生じて居るのであります。金融界は平穏なるが如くにして、而かも平調を失つて居る状態であります。

之を外国貿易に観るも、年々歳々輸入超過を繰返して居るのであります。其額は大正八年より本年六月末に至る迄に、内地植民地を併せて累計四十一億八千余万円の巨額に達し、其の決済は我金融界を圧迫すること尠少《せんしょう》ではなかつたのであります。為めに十年来の懸案たる金輸出の禁止も、未だ解禁せられるに至つて居ない、随つて為替相場は変動常なく、為に我国産業貿易の発達を妨ぐること頗る大なるものがあるのであります。

財界不況の影響は財政の上にも明白に現はれて居ります。先日発表せられたる昭和二年度の現計に徴するに、同年度の新規剰余金は僅に五千二百万円であつて、其中《そのうち》歳入の自然増収に属するものは千九百万円に過ぎず、実に十数年来の最低記録を示して居るのであります。而して経常収入の中に在りても所得税、営業収益税、取引所税、郵便、電信、電話の収入等が、予算に対して悉く減収を示して居ることは、正しく財界不況の反映と見るべきであります。

思ふに一国の財政政策は其国民経済の実情に立脚し、其の適切なる要求に応じて之を立てなければならぬことは勿論であります。然るに政友会内閣の為す所を見るに、国民経済の現状如何を顧《かえり》みず、政党の利害と面目とに拘泥し、強て其伝統的政策たる積極政策を行はうといふことは、如何にも無理であり、如何にも不自然であります。且又政府は年来地租委譲を公約して、之が実行を計画せるのみならず、更に実業同志会と政策協定の結果、営業収益税の委譲を声明し両税委譲の成案を来議会に提案することを声明して居るのであります。両税委譲の為めに国庫の失ふ所の恒久的収入は一億二千八百万円の巨額に達し、更に実業同志会の要求を容れるとするならば、両税委譲の外に更に歳出の増加、歳入の減少を伴ふべき施設を要するのであります。是等の所要を充すが為には公債の増発に依りて財政計画を樹つる外に方法はないと思ひます。政府は財源捻出の方法の一つとして、或は特別所得税の新設、既定事業の整理等を行ふと云つて居るが、地租及営業収益税を委譲し其の代り財源として特別所得税を新設するが如きは、所謂朝《ちょう》三暮《ぼ》四のやり方であるのみならず、却て国民のある部分に対して、負担の増加を強要することにならうと思はれるのであります。又既定事業の整理緊縮の如きことが、積極政策を強行せんとする現内閣の手に依て、有効に行はるべしとは何としても考ふることは出来ません。

此点より論じても明年度予算の編成に伴ふ所の財政計画は、結局公債の増発に到達するものと思はれます。

公債増発は民間経済の圧迫

諸君。吾人の信ずる所に依れば財政整理の重点は公債政策の改善にあります。今日の如き状況の下に新規公債を増発するときは、公債市価の下落に依つて、再び財界の内容を悪化せしむることとなるのみならず、公債の増発に依つて財政計画を樹つる以上は、公債の増発は将来に向つて継続せらるるのでありますから、政府の財政を以て民間の経済を圧迫し、将来に向つて民間事業の振興を妨ぐることになるのであります。更に財政の方面より考察して見まするに、公債の現在高は五十七億七千余万円の巨額を算し、年々利払金額又二億七八千万円に達して居り、世界大戦前に比すれば正に二倍以上の増加に当るのであります。此上の公債増発は更に国家の歳出を膨脹せしめ、国家の負担を増加せしむるのみならず、財界の状態が公債の発行を不利益、又は不可能とする場合に際会する時は、財政計画の遂行は遂に行詰らざるを得ないのであります。吾人の所謂公債整理に関する大体の方針は、一面に於ては財政の緊縮に依て、極力新規公債の増発を抑へ、他面に於ては公債の償還額を増加し、両々相俟つて公債政策の改善を行はんとするものであります。

若し夫れ現内閣が上述の予期に反し、明年度の予算編成上公債の増発を為さざることとなれば、公債増発の弊を免がるることは出来ませうが、其の代り政友会の伝統政策たる積極政策は、之を放棄せなければなりません。又実業同志会との協定は之を廃棄せなければなりません。政友会内閣は茲《ここ》に財政政策に関して、明かに致命傷を受くるに至るのであります。

自由通商主義の精神を注入

次に我国民が今日の財界に善処し、難関を突破して自ら其の運命を開拓するが為めには、独立自助の大勇猛心を奮い起し、之を以て財政経済政策の指導精神としなければならぬと思ひます。今日の我国民には大体依頼心が強きに過ぎると思はれます。何事に依らず、政府の保護助成に依頼し、之れなくんば事業の計画も、産業の発展も出来ないやうに心得て居るのは、非常なる間違ひであります。開国以来の歴史に顧みれば、今日迄は無理からぬ点もあつたかと思ひますけれ共、最早是迄の如き心得方では、産業の堅実なる発達は覚束《おぼつか》ないと信ずるのみならず、財政の膨脹、国民負担の増加を抑制することは出来ないのであります。

財政整理緊縮の方針は、公債整理以外には、第一に不急の事業を始めぬ事であり、第二に既定経費の重要ならざるものは出来得る限り之を省くことであります。此二点は吾人の従来機会ある毎に屢々力説したる所であつて、今更《いまさら》説明の必要を認めませぬが、只今は上述の独立自助の精神に立脚し、予算上重要の部分を占めてをる所の補助費を問題として、研究して見たいと思ひます。補助費の額は今や一般会計に於て一億一千七百余万円、特別会計に於て三千九百余万円、併せて一億五千余万円を算へて居り、仲々《なかなか》少なからぬ金額であります。補助費の中には尚《なお》必要のものもありませうが、中には補助に馴れて独立心を失ひ、却て産業発達の妨害となつて居るものもあります。補助して見ても発達の見込なきものに迄、補助を致して居るものもあります。又実際補助を要せざるものも、補助の制度がある為めに補助を受けてゐるといふものもあります。

経済上から見ても、財政上から見ても、度に過ぎたる補助政策の弊害は十分これを認めなければならぬ。随て補助費を整理するは、即ち独立自助の精神を緊張せしむる所以であり、同時に財政の整理を実現するの一助なりと信じます。之と同一の主義に則《のっと》り、吾人は亦我国の関税政策に自由通商主義の精神を注入するの必要ありと信ずるものであります。

今や明治維新より茲に六十年、其間に我国の産業は相当に進歩して、発達すべき事業と然らざる事業とは、大体に於て自ら定まつて来た様に思はれます。然るに保護関税の如き寧《むし》ろ総花的に行はれて、社会公衆の利害を顧みざる傾向があることは、独り独立自助の精神を害し、産業の堅実なる発達を妨ぐるのみならず、又社会正義にも合致せざるものであると思ふのであります。斯く申しましても吾人は直ちに絶対に自由貿易主義を主張せんとするものではありません。要は我国財界の現状に立脚し、産業の将来に思ひを致し、国家の大局より見て国民全体の妥当なる要求に従はんことを希《こいねが》ふものであります。若し夫れ個々の関係問題に就ては、政務調査会の研究を俟つて、逐次之を決定したいと考へて居る次第であります。

金解禁は現内閣には不可能

金の輸出禁止は一時の変態である。自然の状態に復帰するが為めに、速に之を解禁せなければならぬことは最早論のない所であります。唯解禁に依て財界に大なる波瀾が起るやうなことがあつてはなりません、かるが故に政府の局に当るものは、十分なる覚悟を以て、予め之に備ふる所がなくてはならぬ。即ち政府は牽固なる決心を以て、財政緊縮の方針を確立し、国民をして其の嚮《むか》ふ所を知らしめ、公債の増発を戒めて之が整理の方針を定め、特別融通回収の大体計画を定めて、日銀統制力の恢復を促進し、物価低落の方策を講じ、朝野心を一にし力を戮《あわ》せて、国際貸借改善の方針に向つて全幅の努力をなすの決心がなくてはなりません。此の方針と此計画にして定まらんか、須《すべか》らく時期を見て一大断案を下すべきであるのに、現内閣の如き其財政政策に於ても、其経済政策に於ても、何等一定の方針を有せず、況《いわ》んや公債の整理、通貨の統制、物価の関係、国際貸借の問題等に就て、更に統一緊張したる覚悟あるのを聞かないのであります。更に況んや金解禁の問題に至つては、大蔵大臣以外之を念頭に置くものは、恐らくは一人もあるまいと思ふ。此の如き内閣に向つて本問題の解決を望むは、寧《むし》ろ迂濶の甚しきものといはなければなりません。

思想問題解決の根本的方策

諸君。近時に於ける国民思想の傾向に就ては、朝野を挙げて其憂を同じくする所であります。特に最近の共産党事件に至つては実に一世を驚倒すべき一大不詳事件であつて、政府が之に対して国法の威力を以て弾圧を加へたるは、誠に当然の事であるが、之は固より当面応急の処置たるに過ぎませぬ。為政家が思想問題に対するや、単に表面に現はれたる犯罪の事実を捉へて、之を弾圧するを以て足れりとせず、深く其由来する所を洞察し、深く其原因に遡つて適当の考慮を加へなければなりません。思想問題解決の根本的方策としては、或は学校教育及社会教育を振興刷新して、健全なる思想の涵養を図り、或は国家又は公共団体の施設に依り、失業救済、住宅改善、防貧、救貧制度の確立、徴税制度の改善等各種の社会政策を実行して、現代に於ける、社会組織の欠陥を補充し国民生活の安定を図り、以て思想問題に対応すべきは勿論でありまするが、輔弼《ほひつ》の重臣自ら政治道徳を破壊し、其施為《しい》する所、国民思想の悪化を促すが如きことあらば、政府千百の施設も決して其目的を達することは出来ません。

第五十五議会に於て、政府が本年二月の総選挙に際し未曾有の選挙干渉言論圧迫を敢てし、暴力行為を看過したるの故を以て、在野各派の弾劾を受け、其弾劾案が衆議院を通過したるにも拘らず、田中内閣は罪を鈴木内相一人に帰して之を辞職せしめ、責任内閣の根本義たる連帯責任の大義を滅却し、恬《てん》として其地位に留りたる其無責任なる行為が、政治道徳の上に、国民教育の上に、国民思想の上に如何に憂ふべき影響を及したのでありませうか。彼の優諚《ゆうじょう》問題を始めとし、之に次で起りたりと伝へられる所の一二の事件の如き、皇室に関聯したる重大なる事件が、田中首相の身辺を繞《めぐ》つて頻々《ひんぴん》として発生したに拘らず、首相は之に対して一言の弁明を為す事態はず、国民も亦敢て之を口にするを憚るが如き事柄が、政治道徳の上に、国民教育の上に、将た又国民思想の上に、如何に恐るべき結果を招来したのでありませうか。其他政党内閣であり乍ら、常に議会を忌避するの態度に出で、動《やや》もすれば緊急勅令又は責任支出の非常手段に依て、国家重大の政務を処理し去らんとするが如き、又特別議会の当時以来、反対党に対して執りつつある所の唾棄《だき》すべき陋劣《ろうれつ》醜悪なる手段が、如何に国民思想を悪化せしめつつあるでありませうか。

私は信ずる、苟《いやし》くも政治道徳を向上せしめ、国民思想を善導せんとするならば先づ其の第一著手として現在の如き政治のやり方を根柢より改め、然る後前に述べたる如き諸般の施設計画を講ぜなければならぬ。其他最近に於ける一部政治家の公明正大ならざる進退出処も、亦国民思想の上に、決して良好なる影響を及ぼすものといふことは出来ませぬ。所属政党の主義政見に依て選出せられたる代議士が、当選後に正当の理由なくして、恣《ほしいまま》に党籍を変更して平然たるに至つては、実に選挙民の意志を無視し、代議制度の精神を蹂躙する所の行為と評せざるを得ません。要するに真摯《しんし》を欠き敬虔の念を有せざる政府施政の方針と、不可解なる政治家の進退が、世道人心の上に及ぼすべき悪影響、実に容易ならざるものありと思ふのであります。

我党思想問題対策の一般

我党の思想問題に対するや、従来屢々《しばしば》声明せるが如く、厳正公明なる政治を以て之が基調となし、穏健中正の態度を以て各種の社会的政策を実行し、階級間に於ける利害の調和と合理化とを図り、現代の社会経済組織の範囲内に於て之が欠陥を補正し、各種の施設計画と相俟て、国民生活の安定を策するに努力せんとするにあることは、世人の諒とする所であると信じます。

少しく事理を弁ずる者の眼に映ずる所を以てすれば、現内閣は既に命脈なき残骸を横たふるものに過ぎないと云つて差支へはないのであります。選挙干渉問題に対し、連帯責任の大義を蹂躙して顧みざる其態度は如何、優諚問題に於て万天下の疑惑と指弾とを受け一言の弁明を為す能はざる其陋態《ろうたい》は如何、更に対支政策の全体的行詰りは如何、多年標榜し来りし積極政策の破滅は如何、此等の何《いず》れの一つを以てしても、現内閣が自ら其進退を考慮すべきは、憲政の大義に於て理の当然であります。然るに現内閣は如何に醜態を暴露せらるるも、如何に輔弼の重責を誤るも、又如何に政策の破産を招くも、顧みるなく平然として其職に止まり、天下の清議《せいぎ》を無視して内外の国政を専《もっぱ》らにするは、断じて国民の看過する能はざる所であると信ずるのであります。現内閣は口を開けば、常に国民精神の作興を説き、思想の善導を唱へ、過激思想の撲滅を標榜して居ります。其の標榜する所に対して、固より異存はありません。然るに内閣諸公の為す所は、全然其口にする所と相反し、却て国民道徳の標準を紊《みだ》り、思想の悪化を招き、社会の不穏を激成するの結果を招来することを惧るるのであります。私は斯の如き現状の継続することを、国家の為天下民衆と共に深く憂慮するものであります。

我党は在野の一大権威

我党は最近に於て少数の議員を失ひたりと雖も、踞然《きょぜん》たる在野の一大権威として、微動だも感ずるものではありません。我政界は二大政党対立の大勢に於て、何等の変化を受くることはないのであります。現内閣の非違《ひい》を糾弾し、国民の輿望《よぼう》を荷ひて局面の展開に当るは、実に我党の重大なる責務であります。私は健康は今や全く恢復いたしました。党員諸君と共に勇往邁進して所期の目的を達し、一意専心君国の為奉公の誠を尽さんことを期して居るのであります。此機会に於て、更めて諸君の奮闘を切望して已《や》まざる次第であります。

（『浜口雄幸氏大論弁集』）

一四　浜口総裁賀表

［一九二八年（昭和三年）一一月一〇日、昭和天皇即位の大礼に］

立憲民政党総裁正三位勲一等臣浜口雄幸誠歓誠喜謹みて奉す。伏て惟《おもんみ》れは皇祖国を肇め列聖統を伝へ万世一系天壌無窮皇基磐石と侔《ひと》しく牢《かた》く国運日月と共に進む。天皇陛下天錫叡明允《まこと》に文允に武徳を青宮に養ひ政を摂位に攬《にぎ》り曩者《のうしゃ》天に継き極を立て丕二先朝の遺烈を恢《ひろ》め今乃ち辰をトし典を正し于《ここ》に即位の大礼を行ひ祖宗に奉詰し群黎に誨諭し又天祖曁《および》神祇を請饗して反始追遠の則を垂れたまふ。慶雲鳳闕《ほうけつ》を繞り仁風錦幢を揺かし頌音洋洋として四海に溢る太平の象禎祥の徴邦家の福祉何を以て之に尚へむや。臣等辱く生を斯国に禀け常に天恩に沐浴し今親しく盛儀を拝し感激自を禁すること能はす。庶幾《ねがわ》くは相偕に益々淬勵《さいれい》し時務を講し庶績を進め陛下至治の化を翊賛《よくさん》し以て罔極《もうきょく》の天恩に酬ひ奉らむことを期す。茲に大礼の佳辰に際り謹み表を上りて聖寿の無彊を祝し聯か涓埃《けんあい》の微忱《びしん》を敷く臣雄幸誠歓誠喜謹みて奏す。

（『民政』）

一五　離間中傷何するものぞ

［一九二八年（昭和三年）一一月一八日、京都出張所茶話会での挨拶］

御即位式が万民歓喜の内に極めて荘厳に滞りなく執り行はせられたことは国民全体と共に同慶に堪へぬ。去る十四日紫宸殿の御儀に賜りたる優渥なる勅語に対し、我等国民は如何にして聖旨に答へ奉るべきかといふことは今後の我我の義務であり責任である。

私の理想としては政治は最高の道徳、最高の教育でなければならぬと思ふ。この御大礼を機会として将来日本の政治をしてここに至らしむべく深く祈願するものである。外交にせよ、内政にせよ、総ての事柄は政治が根底をなすものであるから、一国の政治の根本が不正であり公明正大でない時には、その国は決して治まるものではなく、思想の善導など出来るものではない。然るに今日の政治家の態度挙動は頗ぶる不謹慎で、真面目を欠いて居る。国民は一切の邪念を払ひ、政治家は専心国家皇室の御安泰を祈り、御盛儀を祝し奉るべき秋において、政治家の魔手が暗黒の内に動いて居るやうに伝えられ、然も斯かることを政治家が少しも恥とせず、あたかも当然の如く心得、その魔手に依りその節操を動かさるる様では全く精神が麻痺しゆるんで居ると申すより外ない。今日の場合政策の利害得失を論ずる前に先づ人心の是非善悪正邪曲直を論じなければならぬといふことは国家の為に悲しむべきことである。そのここに至らしめたる責任の所在を問ふことは避けるが、一日も早く政策の利害曲直を論ずることが出来るやうに努力しなければならぬ。この荘厳極まる明るい晴れやかな御大礼を機として、政治も明るく正しく行はれ、この根底の上に内治外交上の政治を行ひ国利民福を挙げる事を衷心希望する。なほ新聞紙上我党員の身辺に関し種々離間中傷の事が見えますが、私は一切これを信じない。たとひ千万人がこれを叫んでも毫も信ぜぬ。我党に属する二百に近い代議士、三百万の党員の愛党心に信頼し国家の為に粉骨砕身したいとの決心を有して居るから、諸君も同様の趣旨を以て国家の為めに奮励せられん事を希望する次第である。

（『民政』）

一六　第五十六議会に直面して

［一九二八年（昭和三年）一二月四日、民政党中国四国大会での演説］

諸君。天皇陛下御即位の大典は去る十一月十日より十七日に渉《わた》り、極めて崇厳に極めて厳粛に何等の御支障もなく執り行はせられたことは、御同様寔《まこと》に敬祝に堪へざる所であります。吾々臣民は今回の御大典に依て、万邦に冠絶せる我国体の精華を彌《いや》が上にも体得し、無上の感激と光栄とを感ずる次第であります。之と同時に吾々は御即位式の当日、紫宸殿の御儀に於て下し賜はりたる優渥《ゆうあく》なる勅語に対し、深く自ら反省すると共に、更に大いに感奮興起して、君国に奉ずるの覚悟を致さなければならぬと思ふのであります。

之より内治外交に渉れる二三の主要なる問題に就て、聊《いささ》か卑見を述べて参考に供し度いと思ふのであります。

支那に和平統一の機会を与へよ

日支両国の関係を観るに、両国民意思の疎通を欠き、感情の疎隔を来したること今日より甚しきはなく、幾多の大問題は一として解決せられたるものなく、経済的発展に必要なる各種施設の如きも全然停頓し、局部の展開を行ふにあらずんば、到底救ふことの出来ない窮境に陥つて居るのであります。此局面を打開して、日支両国のために百年の大計を樹つるの途は、従来我党の声明したる根本方針に則り、確固不動の態度を以て誠意を披瀝して之に当るの外なしと信ずるのであります。

我党の対支方針は極めて直截簡明であります。支那の和平統一のために十分の機会を与ふること其一であります。

支那の正当なる国民的宿望に対しては、及ぶ限り之が実現に協力すること其二であります。支那に於ける我権利利益は、合理的手段を以て極力之を擁護すると共に、特に経済上に於ける両国の関係を益々増進すること其三であります。

第一に支那の和平統一は、支那国民自身の真剣なる努力に待つの外はなく、我国としては之に対し何等の掣肘《せいちゅう》を加ふることなく、其自由なる活動に向つて、十分の機会を与ふることを以て外交の方針となすべきであります。此の方針に照し、東三省と国民政府との妥協問題に関して、政府当局が妥協の延期を勧告したるが如きは、策の最も拙劣なるものでありまして、不用意の甚しきものと謂はなければなりませぬ。吾々は予《かね》てより南北の妥協は支那の大勢であると信ずるものでありまするが、此の大勢を無視したる政府当局の勧告にも拘らず、南北の妥協が愈々《いよいよ》成立して、国民政府の号令が公然東三省に及ぶに至つたならば、国交の将来に不良の影響を及ぼすこと、火を睹《み》るよりも瞭《あきら》かであります。

抑《そもそ》も東三省に於ける緊切重大なる我権利利益は、国民の莫大なる犠牲と多年の苦心経営とに依り、主として条約の保障のもとに漸次発展し来れるものであつて、帝国自身の存立亦之に懸《かか》る所頗《すこぶ》る大なるものがあります。随て吾々は極力之が擁護を期せなければならぬことは、我党の屢次《しばしば》声明したる通りであります。苟《いやし》くも支那官憲にして、我権益に対する侵略破壊の行為あるに於ては、我国民は挙国一致、固く自ら衛るの覚悟を有することは言を俟たざる所であります。苟くも此決心がある以上、東三省の政治組織の如何を問はず、又何人が東三省の政権を掌握するも、吾々は毫も恐るる所はないのであります。吾々は堅き信念の下に一切の小策を排し、支那の和平統一に向つて充分の機会を与ふるの用意がなければなりません。之に反して隣邦の大勢を洞察するの明なく、時代錯誤の旧思想に囚はれて種々の小策を弄し、妄りに妥協中止の勧告を試みて之に失敗し、其結果延いて日支関係の悪化を招きたる政府当局は、対支外交を担当するの資格なきものと言はなければなりません。

対支同情と我が権益の確保

第二に支那の正当なる国民的宿望に対し、我国論が常に深厚なる同情を表し、出来得る限り其達成に協力せんとする誠意を有することは既に公知の事実であります。吾々は支那が一日も速に国際上に於ける其正当なる地位を確保し、新支那建設の大業を成就せんことを衷心より希望するものでありまするが、之と同時に苟くも不法且不合理なる要求に対しては断乎として彼の反省を促さざるを得ないのであります。吾人が日支通商条約の改訂を商議するの意向を持つてゐることも、亦一に隣邦国民に対する友誼に出づるものであつて、決して現行条約の失効を認めたがためではありません。故に国民政府にして、徒らに法理の空論に日を送るの無益なることを自覚し、偏《ひとえ》に両国民間の友誼に訴へ、誠意を以て条約改訂の交渉を希望し来るに於きましては、我政府も亦喜んで之が交渉に応じ、其国民的宿望を達成するの機会を与へ、之に依て新興支那の国民的感情の中に、両国親善の基礎を樹立するの襟度と抱負とが、なくてはならぬと信ずるのであります。

第三に吾人の最も重きを置くは、支那に於ける我権利利益の確保であります。あらゆる合理的手段を尽して、我既得の権利利益を確保し、殊に在留邦人の生命財産を擁護することは、政府の最も重要にして且高貴なる責任であります。政府は此責任を完ふするがため、常に断乎たる決意と万全の方策を有してゐなければなりません。前後二回の山東出兵に付《つい》ては、政府が其軍事的行動を執るに先《さきだ》ち、予《あらかじ》め尽すべき方策を尽さず、周到の用意を欠きたる結果、我国が支那の内争に干渉するものの如き誤解を招き、無用の反感を挑発し、却て出兵の目的に反したる結果を生じたることは誠に痛恨に堪へざる次第であります。居留民現地保護のためと称せられたる出兵は、事実に於て其目的を完ふすることを得ず、我居留民中多数の犠牲者を出し、其上同地方に於ける日支両国間の商取引が全然杜絶の状態に陥りたることは、重大なる失態と云はなければなりません。しかも済南に於ける不祥事件勃発以来既に八ヶ月を経るも、未だ其解決の曙光を見るに至らないのは、如何なる理由でありますか。

承はる所に依れば済南事件に関する予備交渉は、事実上殆んど決裂に近いと云ふことであります。交渉の内容に付ては吾々之を知ることを得ないが、新聞紙の報道をして事実ならしめば、支那側の態度は誠意を欠きたるものとして大いに之を責めなければならぬが、交渉談判をして茲《ここ》に至らしめたる現内閣の国民に対する責任も亦極めて重大であります。世論の囂々《ごうごう》たりし済南出兵の跡始末が、今日の状態に立至りたることを思ふときは吾々は国家の為めに、深く之を遺憾とするものであります。

破綻せる武力偏重の外交

政府は我既得の権利利益を擁護するに止まらず、更に進んで両国間に於ける経済上利害共通の関係を増進するに努力せなければなりません。独《ひと》り支那の一地方に於ける我経済的利益の保護に止らず、広く支那全体との経済的接近を図り、之に依て永く我国民を利すると共に、又支那国民をも利するの途を講じ、以て両国民共存共栄の基礎を拡充することが、外交上最も重要視すべき著眼点でなければなりません。然るに政府は過去一年有半に於て、此目的の為めに如何なる施設をなしたるや、杳《よう》として聞く所なきのみならず、却て武力偏重の外交に依て、我国民の支那に於ける経済的地位を破壊しつつある形跡、歴然たるものがあるのであります。

諸君。熟々《つらつら》対支外交に関し政府の為す所を見まするに、徒《いたず》らに声を大にして妄りに事を起し、其結果局面の発展に伴ひ進退両難に陥るに至るや、周章狼狽為《な》す所を知らざるを常とするのであります。其態度に確乎たる信念なく、其行動に一貫の方針なく、今や全然行詰りの状態に陥て居るのであります。

曩《さき》に南京《ナンキン》に於て、日支間の準備交渉が開始せられんとするに当て、両国の関係が順調に向ひたりと伝へられたのでありまするが、其後に於ける交渉の状況は果して如何でありますか。済南事件は前に述べたる通りであるが、南京事件、漢口《ハンコウ》事件の如きすら、未だ其解決を見ず、通商航海条約の如きも固よりの次第、此の如き状況の下に於て現内閣成立の初め、天下に声明して中外を驚かしたる満蒙問題の積極的解決の如きは思ひも寄らぬことと考ふるのであります。現状を以てすれば現内閣の対支外交は更に発展の見込がないのみならず、却て形勢の次第に悪化することを恐るるものであります。吾々は現内閣に果して外交なるものありや否やを疑はざるを得ないのであります。苟くも帝国の威信と面目とを考へ、日支両国の関係を常道に復せんとせば、現内閣は深く自ら反省する所なかるべからずと思ふのであります。

鵺《ぬえ》的財政計画は如何

諸君。凡そ一国の財政は、其国民経済の実情に順応して、之を立てなければならぬことは勿論であります。然るに政友会内閣の為す所を見るに、国民経済の実状如何を顧みず、徒らに政党の利害と面目とに拘泥し、強て其政策たる積極的伝統政策を行はんとして、昭和四年度予算の編成に当つたのであります。加之《しかのみならず》政府は年来地租委譲を公約して、昭和六年度より之を実行せんとするのみならず、更に営業収益税の委譲を声明し、其成案を来議会に提案することになつて居ります。両税委譲のために国庫の失ふ所の恒久的収入は、実に一億二千八百万円の巨額に達します。政府は之等に要する財源を得んが為めに、種々なる無理算段を試み、財政の基礎を危くするのみならず、更に新税又は増税を行はんとして居りまするが、斯の如きは所謂朝三暮四のやり方であるのみならず、却つて国民のある部分に対して、負担の増加を強要することにならうと思はれます。

政府は今回の税制整理に依て、国民の負担が幾分軽減せらるるように言つて居るけれ共、具体的の説明を承《うけたまわ》らざる今日、何とも判断しかねる次第でありまするが、両税の委譲は中央財政の基礎を危《あやう》からしむるのみならず、熟々《つらつら》両税委譲後に於ける地方財政の前途を考へてみまするに、独立財源の獲得、之に伴ふ所の地方事業の濫興《らんこう》に従ひ、地方の財政は漸を逐うて膨脹に膨脹を重ね、結局国民の負担は国税地方税を通じて今日よりも増加するに至るであらうと思はれるのであります。

加之《しかのみならず》両税の委譲は政治的に社会的に種々の弊害と混雑とを招き、地方民は遂に其弊に堪へざるに至ることは今日より想像に難からぬ所であります。更に況んや両税委譲の結果として、生ずる国庫収入の欠陥を補塡せんが為に、公債の募集を継続するに至つては、財政上極めて危険なる計画であると云はなければなりません。何《いず》れの点より見まするも、吾々は両税の委譲に賛成することが出来ないのであります。吾々は今後に於ける税制整理の眼目は、主として、生活の必要品に対する消費税の整理に依て、一般国民の負担を軽減するの方針を取り、漸を逐うて、之れを実行するを適当なりと信ずるものであります。

　要するに、両税の委譲と積極政策とを併《あわ》せて、実行せんとする現内閣の財政計画は、結局公債の募集を将来に向つて、継続することになるのでありまするが、今日の如き財界の状況のもとに濫りに新規公債を発行するときは、公債市価の下落に依て、再び財界の内容を悪化せしむるのみならず、一たび公債の発行に依て財政計画をたつる以上は、将来に向つて民間の経済を圧迫し、事業の振興を妨ぐることになるのであります。更に財政の方面より考察して見まするに、公債の現在高は五十七億六千余万円の巨額を算し、世界大戦前に比すれば正に二倍以上の増加に当るのであります。此上の公債増加は益々国家の歳出を膨脹せしめ、国民の負担を増加せしむるのみならず、財界の状態が公債の発行を、不利益又は不可能とする場合に際会するときは、財政計画の遂行は遂に行詰らざるを得ないのであります。公債整理に関する吾々の方針は、一面に於ては、財政の緊縮に依て極力新規公債の発行を抑へ、他面に於ては公債元金の償還額を増加し、相俟《あいま》つて公債の整理を行はんとするものであります。現内閣の計画の如く両税の委譲に依て国民負担増加の端を啓《ひら》き、更に巨額なる公債発行の継続に依て、財政の基礎を危くし、民間経済の発達を妨げ、金解禁の機運に逆行するが如き政策の実行は、吾々の断じて同意する能はざる所であります。

　明年度予算の概要として伝へらるる所を見まするに、何等の主義も方針もなく、多年公約の手《て》前《まえ》積極政策の実現に努めたるも、財政の関係上意の如くなること能はず、其結果公債の募集継続を始め、財源の点に於て各種の方面に渉つて随分無理をなせるに拘らず、所謂積極政策なるものは多くは実現さるるに至らず、国民に対する公約に反《そむ》くこと頗る多いのであります。其結果明年度の予算は、積極と緊縮の中間に彷徨したる無主義無方針の予算と評するの外はないのであります。一言にして言へば、現内閣の財政政策は正に行詰りの状態に陥つて居るのであります。

国民思想を悪化する政府者の態度

諸君。近時に於ける国民思想の傾向に就ては朝野を挙げて其憂を同じくする所であります。特に今春の共産党事件に至つては、実に聖代の不祥事件であつて、政府が之に対して国法の威力を以て弾圧を加へたるは誠に当然のことでありまするが、之は固より当面応急の処置たるに過ぎません。為政家が思想問題に対するや、単に表面に表はれたる犯罪の事実のみを捉へて、之を弾圧するを以て足れりとせず、深く其由来する所を察し、遠く其原因に遡《さかのぼ》つて、適切なる考慮を加へなければなりません。思想問題解決の根本的方策としては、或は学校教育及社会教育を振興刷新して、健全なる思想の涵養を図り、或は国家又は公共団体の施設に依り、失業救済、住宅改善、防貧、救貧制度の確立、徴税制度の改善等、各種の社会政策を実行して、現代に於ける社会組織の欠陥を補充し、国民生活の安定を図り、以て思想問題に対応すべきは勿論でありまするが、苟くも、天皇輔弼《ほひつ》の重臣自ら政治道徳を破壊し、其の為す所国民思想の悪化を促すが如きことあらば、政府百千の施設も決して其目的を達することは出来ません。

第五十五議会に於て、政府が本年二月の総選挙に際し未曾有の選挙干渉、言論圧迫を敢てし、暴力行為を看過したるの故を以て、在野各派の弾劾を受け、其の弾劾案が衆議院を通過したるにも拘はらず、田中内閣は罪を鈴木内相一人に帰して之を辞職せしめ、責任内閣の根本義たる連帯責任の大義を滅却し、恬《てん》として其地位に留りたる、其無責任なる行為が、政治道徳の上に、国民教育の上に、国民思想の上に、如何に憂ふべき影響を及ぼしたのでありませうか。

恐るべき「政治は金銭」の強行者

彼の優諚《ゆうじょう》問題を始めとし、之に次で起りたりと伝へられたる一二の類似の事件の如き、皇室に関聯したる重大なる事件が、田中首相の身辺を繞《めぐ》つて頻々《ひんぴん》として発生したるに拘らず、首相は之に対して一言の弁明を為すこと能はず、国民も亦敢て口にするを憚るが如き、陰惨不愉快なる事柄が政治道徳の上に、国民教育の上に、将た又我国民思想の上に、如何に恐るべき結果を招来したのでありませうか。政党内閣であり乍《なが》ら常に議会を忌避するの態度に出で、動《やや》もすれば緊急勅令又は責任支出の非常手段に依て、国家重大の政務を処理し去らんとするが如き、又特別議会の当時以来今日に至る迄、反対党又は中立派に属する議員に対して、暗黒の裡《うち》に取りつつある唾棄すべき陋劣醜悪なる手段が、如何に国民思想を悪化せしめ、識者の憤慨の的となつて居るのでありませうか。

嘗《かつ》て「政治は力なり」と放言して、一世の物議を招きたる政治家がありましたが、今日は更に一歩を進めて「政治は金銭なり」といふ主義を実行して憚《はばか》らざる政治家あり、挙世滔々《きょせいとうとう》として之を怪まざるに至つては、我国憲政の前途未だ遼遠なりとの感を起さざるを得ないのであります。凡そ政治は政策を以て争ふべきものであります。それ故に私は従来対支外交問題、財政経済問題等内外の重要政策に就て、我党の主張を述べ、政府の政策を攻撃したのでありまするが、熟々《つらつら》我政界の現状を見るに及んで、政策を以て争ふ外に、政策を超越したる根本問題に就ても亦政府を攻撃し、其の責任を糾弾するの已むを得ざるに至つたことを国家のために深く悲しむものであります。苟《いやし》くも政治道徳を向上せしめ、国民思想を善導せんとするならば、之が先決問題として、政治のやり方を飽《あ》く迄《まで》公明正大ならしめ、然《しか》る後前に述べたるが如き、国民思想の善導、国民生活の安定に関する諸般の施設計画を講じなければなりません。加《しかの》之《みならず》最近に於ける一部政治家の出処進退も、亦国民思想の上に極めて不良なる影響を及ぼすものであります。所属政党の主義政見に依て選出せられたる代議士が、当選後に正当の理由なくして、恣《ほしいまま》に党籍を変更して平然たるに至つては、実に選挙民の意思を無視し、代議制度の精神を蹂躙する行為と、評せざるを得ないのであります。

要するに真剣味を欠き、敬虔の念を有せざる政府の施政の方針と、節義を蹂躙して顧みざる現代政治家の態度が、世道人心の上に及ぼすべき悪影響、実に容易ならざるものありと思ふのであります。我党の思想問題に対するや、従来屢々声明せるが如く、厳正公明なる政治を以て之が基調となし、穏健中正の態度を以て各種の社会政策を実行し、階級間に於ける利害の調和と合理化とを図り、現代の社会経済組織の範囲、内に於て之が欠陥を補正し、各種の施設計画と相俟て、国民生活の安定に努力せんとするにあることは、世人の諒とする所であると信じます。

現内閣は命脈なき残骸

公平なる国民の眼に映ずる所に依れば、現内閣は殆んど命脈なき残骸を横《よこた》ふるものに過ぎないと云つて差支へありません。組閣以来茲《ここ》に一年九ヶ月、其間果して何事をなしたのであるか。先づ政策問題に就てみるに、内閣唯一の抱負たりし対支政策の行詰りは如何。政府与党の生命とも頼みたる所謂積極政策の破産は如何。政策以外の問題に就て論ずれば、選挙干渉問題に関し連帯責任の大義を蹂躪して顧みざる其態度は如何。優諚問題に於て満天下の疑惑と指弾とを受け、一言の弁明をなす能はざる其醜態は如何。此等の何れの一つを以てしても、現内閣が自ら其進退を考慮すべきは憲政の大義に於て理の当然であります。

然るに現内閣は世論の包囲攻撃を蒙《こうむ》り乍ら、平然として其職に止まり、内外の国政を専らにするは、憲政の大義を乱るの甚しきものであつて、国民の断じて看過する能はざる所であります。私は斯の如き現状の継続することを以て、国家の為め深く憂慮するものであります。我党は飽く迄鞏固なる信念の下に、現内閣の非違を糾弾して、国民の輿望《よぼう》を荷ひて、局面展開に当る重責があると信ずるのであります。

（『浜口雄幸氏大論弁集』）

一七　年頭所感

［一九二九年（昭和四年）一月、民政党機関誌論説］

聖上陛下御即位の盛儀を終へさせられて数旬、茲《ここ》に融《あきら》かなる昭和四年の瑞陽を拝することは、陛下至治の化六合に洽《あまね》く、宝祚の栄えまさんこと天壌無窮の象徴として、吾人は八千万国民と共に虔《つつし》んで此の慶びを頌たんとするものである。

惟《おも》ふに我国の国是は日に進むにあり、月に新なるに在り。今や会通の運に会し、内外共に一大飛躍を為すべきの秋に当り、内には政治経済の難局あり、外には対支外交の失敗に伴ふ国際関係の悪化あり、日進の国是終に之を展ぶるの余地なき状況に置かれて居ることは、国運の前途、民命の将来に稽《かんが》へ、吾れ人共に、寔《まこと》に深き憂を致さなければならぬことであると思ふ。殊に畏くも明治大帝夙に立憲の遠猷を敷き給ひてより、茲《ここ》に四十年我国の立憲政治は、之に携はれる低級愚劣なる政治家に依つて、愈々《いよいよ》腐敗堕落の深淵に沈淪せしめられ、嘗て「政治は力なり」と高唱せる政治家の有るに驚かされたる国民が、今や「政治は金銭なり」との政治的信条の行はるるを怪しまざるに至つたことは、為政家良心の麻痺、延いて我国民精神の弛緩に慨歎せざるを得ないのである。

吾人は「政治は最高の道徳を行ふものでなければならぬ」と信ずる。然るに今日滔々《とうとう》たる政治家の態度、多くは不謹慎、不真面目にして人を憚らず神を恐れず、殊に其の出処進退を決するに当つて、頗る公明正大を欠き、身辺常に幾多の醜事実の纏綿するが如きは、国民思想上、国民道徳上、将た又社会風教上に害毒を流すこと、実に甚大なるものがある。或者は之を以て政治的国難なりと喝破した。吾人は必ずしも此の言の全部を承認する者ではないが、現代政治に伴ふ幾多不愉快なる現象が、昇天の勢にあるべき帝国の国運を悲境に導くの虞《おそれ》あることを日夜考へずには居られないのである。吾々身を政界に置く者は国家民生の為め不退転の勇猛心を以て、一日も速《すみやか》に政局の現状を打開し国運の進転に貢献することに向つて全力を傾注せなければならぬと信ずる。若し何等か意義ある活動を以て真に昭和維新の時代を画することが出来るならば、吾人は政治道徳の向上に依て我国政界の堕落を救ひ、公明正大なる政治を実現することを以て、此の標榜としたいのである。是れ実に聖旨に奉答する所以の第一義的要件なりと信ずるからである。

御大典直後の新年を迎ふるに当り、速《すみやか》に清く明るき政治の国民の前に展開せらるるに至らんことを衷心より望んで息《や》まないものである。

（『民政』）

一八　暗黒政治打開の一戦

［一九二九年（昭和四年）一月二〇日、民政党大会での演説］

茲《ここ》に第五十六議会の再開に直面し、立憲民政党の大会を開催して我党の態度を天下に宣明するに当り、内外の時局に対する所見の一端を陳述するの機会を得ました事は、自分の最も欣懐《きんかい》とする所であります。我国は今や、内外共に最も重大なる時機に際会して居るのであります。対支外交は現内閣失政の結果殆んど収拾するに由《よし》なく、東亜の大局に極めて憂慮すべき陰翳を投ずるに至つてをります。政府の財政経済政策は財政の破綻と財界の不安とを招来すべき傾向歴然たるものがあるのであります。憲政の大義を無視し、国民道徳を破壊して顧みざる現内閣の暗黒政治は、国民の公憤を招き、所在に不穏の空気を漲《みなぎ》らすに至つて居るのであります。斯の如き形勢の下、非常なる緊張裡に再開せられんとする第五十六議会こそは、実に我党が国民の意志を代表して政府の責任を糺弾し、以て天下の信頼に酬ゆべき絶好の機会であります。

悉く失敗を重ねた対支外交

対支外交は帝国外交の基調たるべきものでありまして、世界の大勢を洞察し、支那民心の傾向を理解し、帝国固有の立場を自覚するものに取りては、之が根本方針は極めて直截簡明であります。即ち我党が対支方針の動かすべからざる鉄則として掲ぐる所のものは、第一、支那の和平統一の為に十分の機会を与ふること、第二、支那の正当なる国民的宿望に対しては、及ぶ限り之が実現に協力すること、第三、支那に於ける我が権利利益は、合理的手段を以て極力之を擁護し、経済上に於ける両国の関係を益々増進すること是れであります。

以上の方針は、機会ある毎に屡々吾人の声明せし所でありまして、対支政策上我党諸般の主張は皆之に基づくのであります。第一に支那の和平統一は現代支那に動き始めたる国民的運動の大勢でありまして、これに向つて、妄りに掣肘を加ふることなく、之が目的の達成に十分なる機会を与ふることは、我外交方針の基調でなければなりません。支那に和平が持続せらるる時、我国の対支貿易は無限の販路をそこに拡張し、支那の統一が完成せらるる時、我国は統一せる支那と初めて、全民族的の握手を実現すべき、機会を捉へることが出来るのであります。

熟々《つらつら》現内閣の為す所を見るに、不幸にして支那の和平統一を妨ぐることに依つて、我国の権益を擁護し得べしとの謬見《びゅうけん》を懐き、之に基づきて一切の対支政策を行はんとし、其結果遂に今日の行詰りを見るに至りたることは、国家の為め遺憾に堪へざる所であります。我政府が昨年の夏、東三省当局に対して、国民政府との妥協中止の勧告を敢てしたるが如きは、支那の大勢に対する認識の錯誤に基づくものでありまして、之が為め日支両国の国民的感情に尠なからざる疎隔を生ぜしめ、しかも今日に於て我政府当局の勧告を無視して、青天白日旗は全東三省に翻るのみならず、東三省の外交権は挙げて、国民政府に移動せらるるの形勢を馴致するに至つたのであります。此の如き侮辱を蒙り乍ら、現内閣は手を拱《こま》ねいて此の現状を認容するの外なき、窮境に陥つて居ることは何たる失態であるか、抑々《そもそも》支那の大勢が今日あるに至るべきは、最初より予見し得べき事態でありまして吾人が全国各地に於ける我党大会の演説に於て、厳粛に政府に警告したる所であつたのであります。此の如き事情の下に於て、現内閣の手に依て満蒙問題の円満なる解決をなすことは、到底望み得べからざることと思ふのであります。

第二に肝要なるは、支那の正当なる国民的要望に対しては、及ぶ限り之が実現に協力することであります。

吾人は支那が速《すみやか》に国際上に於ける正当なる地位を確保し、新支那建設の大業を成就せんことを衷心より希望するものであります。

吾人が往年通商条約の改訂、関税率の改正等に関し、列国に率先して之れが解決に協力せんとしたるは、支那の正当なる国民的宿望に進路を与へて、和衷《わちゅう》提携、以て両国相互の利益を増進せんことを欲したが為であります。然るに此根本的方針に関し政府当局に確乎たる信念なく、其の結果重要案件に対する政府の態度動揺して定まらず、諸般の交渉は為に停頓の状態に陥り、現に国民政府が二月一日を期して自主的に実施せんとする新関税率の問題に対しても、既定の方針に従て満足なる解決を為し得るの見込がないと聞くに至つては、非常なる失態と謂はなければなりませぬ。

現内閣に外交担任の資格なし

吾人は前述の如く新支那建設の運動に向つて、十分なる理解と同情とを有するものであるけれども、感情の激発するところ、其国民的運動が或は国際信義を無視し、不法過激の行動に亙《わた》る場合に於ては断乎として、彼の反省を促さねばならぬことは申す迄もないことであります。この事は此場合特に一言して置く必要があると考へます。

第三に吾人の重要視せざるべからざるところは、支那に於ける我権利利益の確保であります。我国の支那に於ける既得の権利利益はあらゆる、合理的手段を尽して之を擁護すべきは勿論の次第でありまして、支那政治組織の如何に拘らず、苟《いやしく》も之を破壊又は侵害するが如き行動は、我国民的信念の断じて許さざる所であります。只《ただ》我国の権益は之を更生支那の新秩序の中に於ても、完全に確保発育せしむべきものでありまして、特に頽廃せんとする旧組織の中に於てのみ、我権益安住の地を見出さんとするが如きは、時代錯誤の謬見であると思ひます。現内閣は組閣以来前後二回に亙り山東に兵を出したのであります。然るに其の軍事行動を執るに先だち、予め尽すべきの手段を尽さず、周到の用意を欠きたるの結果、我国が支那の内政に干渉して其統一運動を阻止するの意図あるかの如き誤解を招き、無用の反感を挑発して、却て現地保護の目的に反する不祥事を惹起したることは、実に痛恨の極みであります。加之《しかも》、政府が曠日彌久《こうじつびきゅう》徒らに問題解決の機を逸したる結果、済南出兵事件は今や日支問題解決の癌となり、全支那排日の導火線となり、諸般の交渉全く停頓するに至りたるのみならず、形勢は次第に悪化の傾向を帯ぶるに至りたるは、現内閣の重大なる失態たることは云ふ迄もなく、日支両国の将来の為、深く遺憾とする所であります。

顧みれば現内閣成立以来、或は東方会議を開催して、満蒙積極政策を高調し、或は兵を山東に出して対支強硬政策を標榜し、或は不用意なる南北妥協中止の勧告を試みて、和平統一に反対するものの如き態度を示す等、何等帝国の実益を収むることなくして、徒に隣邦の感情を刺激し、其動揺して定まらざる態度方針と、驚くべき時代錯誤の軍閥外交とは、益々彼れの軽侮と疑惑とを招くの原因となり、遂に一切の対支外交をして、今日の如き状態に陥らしめたるは、現内閣が外交を担任するの資格なきを立証するものであります。政府当局は宜しく其責任を自覚して、速《すみやか》に適当なる考慮を為し、日支両国の関係を外交の常道に復せしめ、東亜大局の康寧を企図すべきであると信ずるものであります。

杜撰極まる財政計画

財政経済に関する吾人の意見は、機会ある毎に屢々之を発表し、既に天下周知の事実に属するが故に、茲に之を詳論するの煩《はん》を避けたいと思ひます。一言にして云へば、公債政策を中心として財政の整理を行ひ、金解禁を中心として財界の立直しを行ふの外、今日の財政経済問題に善処するの良策なしと考へます。而して此の二大問題を解決するが為には官民共に十分なる決心と相当の準備とを必要とするのであります。然るに政府は昭和四年度予算の編成に当て、財界の不況に基く歳入自然増収の不如意と、前年度剰余金の枯渇とに拘らず、政党の行懸りに囚はれ、国民経済の実情を無視して、杜撰極まる所の財政計画を立て、国家財政の基礎を危からしむるのみならず、将来に向て増税若くは公債増募の禍根を貽《のこ》し、財界の不安を招き国民の生活を脅威するが如きは、吾人の同意する能はざる所であります。

党略的両税委譲の危険

吾人は全体として政府の財政経済政策に同意することが出来ませぬが、政府の重要政策の一部たる地租、営業収益税委譲の問題に就ても亦反対の意見を有する者であります。

両税の委譲案は殆んど現内閣唯一の具体的高等政策なるに拘らず、其根拠は極めて不明瞭であります、両税委譲と地方分権、地方財源の供給、地方税整理等との関係に就ての説明は、其論理の上に矛盾撞着の点が頗る多く、毫も識者を首肯せしむるに足りませぬ。特に政府の説明の如く地方に独立の財源を与ふることが、両税委譲の眼目でありとすれば、将来に亙つて地方財政の膨脹は停止する所を知らないのであります。今となりて当局者も各方面の質疑に対し、弁解に窮して居るやうに見受けるのであります。其内吾人が最も不安に感ずる点は財源の問題であります。両税委譲の為に国庫の失ふ所の恒久的収入は実に一億二千九百万円の巨額に達します。

政府は四年度予算に現れたる頭小尾大の幾多の積極政策の要求と相俟て、両税委譲の財源を捻出せんが為めに、種々なる無理算段を試み財政の計画を立てたる結果、所得税の六年度よりの増税となり、競馬法の改正となり、特別会計よりの国債償還元竝《ならび》に恩給支払元の繰入れとなり、公債の増発となり、剰余金の全部使用となり、其他財政計画上幾多の弱点と欠陥とを包蔵し、財界の将来に対する重大なる脅威となつて居るのであります。特に金解禁問題の解決に当面して、此の如き財政経済上の危険を冒してまで、今日両税の委譲を行ふの必要が、政党の行懸り以外果して何処にあるのでありませうか。況《いわ》んや我国の税制は両三年前相当大規模に整理せられたばかりの今日に於て、徒らに政友会の面目を立つるが為、国家経済と国民生活とに密接重大の関係を有する租税の制度を根本的に覆へさんとするが如きは、決して国務に忠実なるものと言ふことは出来ないのであります。吾人は政府が断然其非を改めて、両税委譲の計画を撤回せられんことを希望するものであります。

金解禁に逆行する公債増発

現内閣の財政計画上最も憂ふべき点は、積極政策と両税委譲とを併せ行はんとする結果、公債増発の勢を将来に胚胎せしむることであります。前内閣の計画に依れば、一般会計に於ける公債の発行は帝都復興費に限り、昭和四年帝都復興事業の完了を期として、一般会計の公債発行を打切ることとなつて居つたのであります。然るに現内閣の計画に依れば昭和四年度の公債発行額は、一般会計に於ては帝都復興費の外震災復旧諸費をも加へ、之に特別会計の分を加へるときは、公債発行の総額は一億九千八百万円となるのであります。それに昭和五年度からは新たに巨額の電話事業公債を認め、今後数年間は引続き公債発行額、毎年一億七八千万円の巨額に上る計画であります。

財界の現状竝に将来を推すに、斯の如き長期に渉れる巨額の公債計画は断じて不可なりと信ずるものであります。公債の現在高は約五十八億円でありまして、遠からず六十億円を突破し戦前の二倍半にも達すべき勢を示して居る。斯の如き状勢の下に於て政府の計画の如く、益々公債を増発することは、国家の歳出を膨脹せしめ国民の負担を加重するものでありまして、財政整理上極めて不可なるのみならず、金解禁問題の解決に直面して、我財界立直しの要求に逆行するものであります。

次に現下の重要問題たる金輸出解禁の急務たることは、識者の定論となり財界の要望となって居るのであります。我国の財界は一昨春に於ける大動乱の洗礼を受け、従来解禁の実行を困難ならしめたる特殊の事情は大いに緩和せられて居ります。此上は官民一致努力して速かに解禁の為必要なる諸般の準備を整へ、適当の時機を見て之が断行を為すべきであります。之が為に実行の局に当るものは、十分の覚悟と細心の注意とを以て、解禁の準備に当り、解禁に依る財界の打撃を出来得る限り軽減せなければなりません。乃ち財政整理緊縮の方針を確立して、国民をして嚮《むか》ふ所を知らしめ、公債の新規発行を抑制してこれが整理の方針を定め、特別融通回収の大体計画を立てて日銀の通貨統制力を恢復し、国際貸借の改善に向つて全幅の努力を為すは、実に金解禁実現に対する必要条件であります。然るに政府の財政経済政策は、悉く叙上の条件に逆行し之がために、解禁の時機を遅延せしむるの傾向あるは、吾人の遺憾に堪へざる所であります。

以上は二三の重要なる政策問題に付て自分の所見を述べたのでありまするが、右の外関税政策に関する問題、各種の補助費整理に関する問題、義務教育費中の教員俸給負担に関する問題の如きは、是れ迄機会ある毎に屢々之を説明し、既に天下周知のことと思ひ、又其他各種の政策問題に就ても、今回決定せられたる我党の政策に依て明白なりと信ずるに依て、茲には説明を省略することと致します。

暗黒政治の打開は我党の重責

之を要するに、現内閣は其唯一の抱負たる対支外交に於て事毎に失敗を重ね、今や全然行詰りの窮境に陥り、現状の継続する限り、外交の局面は到底円満に展開するの見込はないのであります。又其財政経済政策は国民経済の実情を無視して、財界の堅実なる発達を妨げ、両税の委譲に依て財政の基礎を危からしむる等、現内閣の重要政策は益々内外の憂患を深からしめ、国家の前途を不安に導きつつあるのであります。政府の失態は独り之に止まらず、常に国民精神の振作を口にし、思想の善導を唱へ乍ら、其の為す所は責任政治の大義を没却して、政治道徳の破壊を顧みず、或は金銭万能の暗黒政治を敢へてして議員の節操を蹂躙し、政界の溷濁《こんだく》世相の不穏、実に名状することの出来ないのが今日の状態でありまして、組閣以来累積したる政治上の罪悪は、国民の断じて許すべからざる所であります。

我党は第一次の普選に当り、内外の重要問題に対する我党の主義主張を明かにし、政府空前の干渉にも拘らず、力戦奮闘克《よ》く国民の信頼を贏《か》ち得て、在野党としては空前の成績を収めたるのみならず、得票数に於ては優に政府与党を凌駕したのであります。其後政界に於ける一部の離合集散が行はれたことは事実でありまするが、現内閣に対する国民の不満が益々甚しきを加ふると共に、今や天下の同情と共鳴とは翕然《きゅうぜん》として我党に集中せらるるの勢を示して居るのであります。我党は昨年の総選挙後、種々不愉快なる事情の為に、若干の議員を失ひましたけれども、それは断じて総選挙に於て表現せられたる、我党に対する国民の信頼を覆すものではありません。過般の総選挙に当つて理性的に我党の態度と政策とを支持せし所の多数の国民は、今や憂国の熱情を傾けて、我党の奮闘を翹望《ぎょうぼう》し其成功を期待して居るのであります。此貴き国民的付託が酬ゐらるるや否やは、一に本議会に於ける同志諸君の努力如何に依りて決せらるるのであります。

本議会に対する我党の態度は今回発表したる宣言に依て極めて明瞭であります。我党の同志諸君願くは既定の方針に則り、飽く迄勇往邁進、所期の目的を達成せられんことを、国家の為切望に堪へざる次第であります。

（『浜口雄幸氏大論弁集』）

一九　国民的判決の前に自決せよ

［一九二九年（昭和四年）三月二六日、民政党議員総会での挨拶］

諸君。此度の議会は現内閣成立以来始めての長期の議会であつて、現政府二ケ年の功罪を国民が厳粛に審判する絶好の時であつたのであります。而してその結果は、果して完全にその任務を遂行し、厳粛なる国民的判決は現内閣の頭上に下され、政府は愈々その存立の意義を失つたのであります。即ち現内閣の生命ともいふべき、重要なる政策は殆んど全部破滅の運命に陥つたのであります。

云ふまでもなく政党内閣の生命は政策にあります。よつて政策の破滅は所謂内閣の破滅であります。まづ現政府の重要政策の第一は、両税委譲案、次ぎにその姉妹案とも称せられたものに自作農肥料管理の両法案があり、又宗教団体法案或は鉄道法案、国際汽船の整理案等が挙げられます。然るに右重要法案はことごとく枕をならべて壊滅したのであります。ただ通過したものの中でやや重要なる政策と称せらるるのは米穀法、関税一部の改正案、救護法案等でありますが。然しながら此等は決して所謂重要法案ではないのでありまして、重要政策は審議未了といふも否決同様でありまず。即ち其一枚看板と称する両税委譲案は、去る一月二十六日衆議院に上程され、二月二十一日には衆議院を通過し、同二十六日には貴族院に上程されてをります。よつて貴族院にては、閉会まで約一ヶ月の審議期間があつたのであります。

然るに貴族院がこれを握り潰したのは、とりもなほさず否決の意味を含んでゐるのであります。勿論自作農案、肥料法案は提出がおくれましたが、これは閣内不統一のため法案の作成がおくれたからであります。若し政府が審議期間の不足のため、通過困難と認めたら、何故会期の延長をなさないのであるか、これ即ち通過の見込みなく、ことごとく否決さるる事を発見したためであつて、実質的に否決同様の審議未了なる事は明かであります。よつてかく重要政策案の実質的否決をみた以上、政府は直《ただち》にその進退につき適当の考慮をなすべきが当然であります。若し斯の如くにして、尚ほ且つその進退を考慮せざるならば、之れ正に憲政の逆転であり、憲政の運用を阻止するものであつて、我々は断じてこれを許す事が出来ません。

政府は或は予算案の通過を云ふかも知れませぬが、予算案のうちその重要政策に関する予算を除けば実質的に何が残るのであるか。予算はその政策に関する法案が伴うて始めて意義がある、政策を内容とせざる予算は単なる数字の羅列でありまして、所謂魂のない仏であります。かくの如き生命のない残骸たる厖大予算を懐いて現内閣はどこまで行くのであるか。諸君、自分はこの場合、今議会における貴族院の行動に関して一言する必要を感じます。普通の場合即ち衆議院にて十分審議をつくした場合、殊に国民の負担に関する法案に対しては、貴族院はこれを通過せしむる事が当然であります。これが通常の場合に於ける原則であります。しかるに今回の衆議院は偽造された不自然の多数をもつて専恣横暴を極めて通過せしめました。この時貴族院が国家のためこれを阻止する事は当然の態度であつて、これ二院制度存立の意義よりして妥当なる処置であります。ある者は今回の行動を以て貴族院の政党化といふものがありますが、かかる俗論に耳を傾ける必要はありません。又政策を超越したる重大問題即ち貴族院に於ける優諚《ゆうじょう》問題決議案の通過は、全く内閣の致命傷であつて、此事のみを以つてしましても、政府は直にその進退を決すべきであつたのであります。

要するに現内閣は全然国民的に不信任に遇つたものであつて、之が議会に反映されたと確信いたします。而かも議会は終つたが更に政府が逢著すべき二つの重大問題が眼前に横《よこたわっ》てをります。一は満洲重大事件解決であり、二は不戦条約批准に関する解決であります。恐らく政府は此二大事件の解決に堪へる事は出来ますまい。又現内閣をして解決せしむる事は国家の不幸であります。自分は最後に我党に対する世間一部の非難に付き弁じたい。それは我党は何等の主張なく又何等の信念がないと称するものがあります。之れは悉く誤解であつて、我党は結党以来、確固不動の信念をもつて終始一貫し、又議会にも臨んだのであります。例へば満洲重大事件に関しても世間では暴露戦術を用ゐるなどと中傷しました。我々は国家のために考慮する所あつて、その有する調査材料を表示する所なく、之が取扱ひに深甚の注意を払ひました。又選挙法改正案が突如として提案された時に当つては、政府の横暴なる態度に対し極度の昂奮を感じ、其防止に努めました、これ凡て憲政に対する確固たる信念より出でたるものであります。我々は決して政権争奪の為反対せんが為に反対した者ではありません。又内外に対する我党の主義政策は既に明かで有《あっ》て、今日喋々《ちょうちょう》を要しない次第であります。

今や現内閣は何等国政を担当し得ざる所謂生ける屍に過ぎません。吾々は此の残骸に対し飽くまで追撃する必要があります。而して将来の政局は帰著すべき所に帰著する、その理由を殊更述ぶる必要はありません。自分はこの機会に於て、幹部を始め党員諸君が終始稀に見る結束を堅くし、凡ゆる犠牲を忍んで奮励努力された事に対し、万腔の謝意を表《あらわ》すると同時に、今後もその態度を持して政局を監視し、国家の為めに奮闘せられんことを希望するものであります。

（『浜口雄幸氏大論弁集』）

二〇　緊縮政策と金解禁

［一九二九年（昭和四年）六月五日、民政党臨時議員総会での演説］

本年度の予算は未曾有の大予算で政府からあらゆる無理算段を尽して編成したるものである。剰余金ほとんど使用し尽され、自由財源たるべきものは最早幾何もない。大蔵省証券の発行所要額は一億円を算し、それに二億円近くの新規公債発行あり、更に借入金交付公債昨年度末発行の分の公債、借換公債差増等を合算すれば、総額五億円に近き巨額におよんでゐる。その上本年度内に借換すべき公債は尚約二億円（過般の借換一億四千万円の外）を数ふるのである。かくの如き巨額の起債や借換が果して予定通りに行はれ得るや否や疑なきを得ない。若し夫れ在外正貨に至つては累年逓減して最近発表されたる現在額は九千百万円に過ぎない。仮令政府所有の外貨公債を利用して之を補充するとするも長く政府の海外払を支ゆることは出来ないのである。政府は如何にしてこれを補充せんとするか。

近時における財界の不振は説明する迄も無く、特に甚しいものがある。輸入超過の額は昨年よりも多く為替相場は逓落し、今や対米為替四十四ドルを割るに至つたのである。それにも拘らず、去る四月中旬より下旬にかけ、又五月中旬より下旬にかけ金解禁が実現せられるであらうといふ空気が太く財界を驚かし、公債や株式は惨落し、有価証券市場はほとんど大恐慌に陥り、一般の商取引も一層萎縮するの有様となり、ここにいはゆる財界不安の状態を呈するに至つたのである。その由つて来る所を見るに政府の閣僚の中に金解禁即行をほのめかす者があつたので、神経過敏の財界においては、これを信ずる者少くなかつたのみならず、無定見無方針無責任なる内閣の事であるから、あるひは在外正貨の行詰りと人気転換策とを結びつけて何等の準備なきに拘らず、捨鉢的に解禁を敢行するのではないかといふ懸念が財界に起つたことは争ふべからざる事実である。これ即ち金解禁といふが如き国家重要の問題に対し、現内閣が一定の方針を有せざる証拠であつて、最近における財界不安の原因はけだしここに存するのである。然しながら近時における財界不安の根本的原因に至つてこれを政友会内閣の伝統的財政経済政策に帰せざるを得ない。即ち政府の財政政策特にその公債政策がさなきだに疲弊せる我財界に向て更に重大なる圧迫を加へて疲弊困ぱいの度を深からしめ、特に金解禁問題に対する政府筋の軽率なる言動に刺激せられて、金融市場の過般の動揺を見たるものであつて、財界不安の真因は政府の財政経済政策、特にその公債政策と金解禁に対するその態度とにありと言はなければならぬ。

我党の公債政策一面においては財政の緊縮によつて、極力新規公債の増発を抑へ他面においては公債の償還額を多くすることを趣旨とするのである。この方針によれば帝都復興費が来年費か来年度より激減するが故に、特別会計に属する起債を適度に抑制してゆくならば、行政財政の整理に努力する限り公債の新規発行額をしてその償還額より多からしめざることが出来ると思ふのである。即ち我党の公債政策は原則として少くとも公債の総額を現在額よりも増加せざることを期し、更に進んで相当の方法を設けて公債の総額を逓減して行くことに努力すべきである（法律上の義務に属する規定の交付公債、金融調節のために将来ある発行することあるべき短期公債等の額は別とす）。これは公債整理の目標としてもつとも妥当なるものであつて、実行上可能性を有するものであると信ずる。

我党の財政政策は公借整理政策を中心として財政の整理をなすといふに存するのである。それは又金解禁を達成するための手段の主なる一となるのである。然るに政友会内閣の財政政策は公債増発政策に外ならぬのであるから、金解禁には逆行するものである。故に現政府にしてその伝統的政策を根本より変更せざる限り現政府の手によつて金解禁の実行は出来得ないといふことを信ずるものである。然るにも拘はらず、政府は議会において金解禁の速に実現せられんことを方針としてその時期方法を誤らんことを期すと声明し、最近に至てはあるひは金解禁を即行するにあらずやと疑はしむるの態度に出で更に客月末に至つて、大蔵大臣は経済聯盟の代表者の質問に答へて、財界の現状では金解禁は軽々に出来ぬ旨を声明し、政府は既定の方針で進むのであると釈明して居るが、そのいはゆる既定の方針そのものが、実は甚だ明瞭を欠いで居る。これが不明である限り蔵相最近の釈明によつて株式界の波らんは一時沈静に帰したりといふも、財界の不安そのものは決して一掃することが出来ない。政府にして真に解禁実現の決心があるならば、何故に速かに進んでその決心を証明すべき証拠を示しその証拠によつて国民を指導しいはゆる挙国一致の範を示さないのであるか、証拠を示さざる空の決心は実際政治として一文の価値もない。

近頃金解禁の前提として両税委譲の放棄が問題になつてゐるやうであるが、一体両税委譲は公債整理と両立せざるのみならず、財政の現状とも両立せないのであるから最初より計画したことそれ自身が大なる誤であった。故に金解禁問題に関係なくともこれを放棄せねばならぬのであるが、況んや金解禁の実行する決心があるならばその証拠として、両税委譲の如きは最先にこれが放棄を声明すべきである。しかしながら両税委譲を放棄さへすれば、この一事にて直に公債整理の成案を得べしと考ふるのは誤りである。これと同様に公債整理の案さへ立たば、この一事にて直に金の解禁成るべしと考ふるも又誤りである。即ち両税委譲の放棄は単に公債整理の第一歩に過ぎない。公債整理の成立は金解禁に入る第一歩に過ぎないのである。思ふに公債整理のためには両税委譲放棄以外に財政整理緊縮に関し断行を要する事項が多々ある。一言にしていへば積極政策の放棄であり、緊縮政策の厳守である。特に公債支弁事業に関する誤つたる観念の放棄である。生産事業のためならば公債は幾ら特発しても差支ないといふ如き考をこの際断然放棄するにあらずんば公債の整理は到底出来るもので無い。

政府当局は信念に基づかざる言動をなして徒らに財界を翻ろうすることを止め、慎重なる用意をもつて当面の重要問題に関する廟議を一決してその態度を確定し、実行的計画を定めて国民に示し、その決心と用意とを促がすべきである。まづ第一に速に閣議を定めて両税委譲の放棄を声明すべきである。延期といはず放棄すべし。又予算編成期を待つ必要は少しも無い。又その暇も無い。即刻これを声明すべきである。第二にこれ又閣議を開いて、積極政策の放棄と緊縮方針の採用を声明し天下に向て従来の方針の誤れるを謝すべきである。その第三に右の緊縮方針に基いて速《すみやか》に本年度実行予算を編成し、特に出来得る限り公債発行額を減少すべきである。第四に経済審議会の答申を待つまでも無く自発的に速かに国債整理の大方針を立て、これを声明すべきである。その内容はまづもつて少くとも国債の総額を増加せざることを目標とせなければならぬ。政府が右の如き声明をなしてその決意を示すにおいては、金解禁に対する政府の態度はここに始めて明瞭となり、国民も又大なる決心をもつて真剣にその準備に急ぐこととなるであらう。随《したが》つて今日財界に低迷せる暗雲を一掃し我財界はいよいよ堅実なる立直しの機会をとらへることが出来るのである。これ政府として当然尽すべきの責務である。若し現政府にしてこれを為すを難んせば速かに印綬を解いて去るべし。若し又これを為すに決意したりとするも政友会内閣より見れば正しくその伝統的重要の放棄であり国民に対する公約の放棄である。これに対して重大なる責任を負はなければならぬことは固より当然であつて、更めて論ずるまでもない。

（青年雄弁会編『浜口雄幸氏名演説集』、春江堂、一九三〇年）

二一　内閣成立に当りて

［一九二九年（昭和四年）七月三日、民政党内閣成立祝賀会での演説］

不肖、今回測《はか》らずも大命を拝して、内閣組織に着手し、即日親任式が挙行せられ、ここに民政党内閣の成立を見た。事ここに至る所以は、政友会内閣の非政甚しく全国三百万有余の党員は固より、余籍を有すると否との論なく、国民一致の反対と、社会の木たくたる言論機関の権威ある評論によることは、疑ふべからざる事実である。ここに於て、新内閣の責任はますます重大である。これより後、我々は廟堂に立つて、民政党がかねて声明した諸般の政策の実行に全力を尽すつもりである。如何なる障害にあつても、全力を尽し、君国のためこれを突破する覚悟あるは勿論である。この目的のためには、党の援助はもとより言論機関の後援による外はないと信じてゐるから、その後援によつて、内外重要政策の実行を期する次第である。

（『浜口雄幸氏名演説集』）

二二　施政方針に関する首相声明

［一九二九年（昭和四年）七月九日］

茲《ここ》に内閣成立の初に方《あた》り、政府が之れより実行せむとする当面の政綱を声明す。現内閣施政の方針は、立憲民政党が、累次発表したる綱領、政策等を綜合したるものなり。唯、事を行ふ自ら緩急あり。今茲に其の最も緊急を要すと認むる諸点を明にし、之れが実現を期す。

㈠　政治の公明は立憲政治の根本要件たり。政道晦昧《かいまい》にして百弊此に生ず。政治をして国民思想の最高標的たらしむるに於ては、政治上幾多の弊竇《とう》は自から一掃せらるべきなり。政府は専ら政治の公明を旨とし、政治の基調を向上せしめ、以て庶政の皇張を期せむとす。

㈡　輓近《ばんきん》世相の変遷に伴ひ民心漸く軽佻放縦に流れ、思想動《やや》もすれば中正を失する者を生ずるに至れるは深憂に勝《た》へざる所なり。政府は益々国体観念の涵養に留意して国民精神の作興に力め、経済政策の確立と相俟つて時弊の匡救《きょうきゅう》に努め、民心の一新を図らむとす。

㈢　近時綱紀の弛緩漸く甚しきものあり。為に国民思想上不良の影響を及ぼすは蓋し已むべからざる所なり。今に於て厳に綱紀を粛正するにあらずむば民風の頽廃遂に済ふべからざるに到らむとす。政府は深く自ら警めて官紀を厳粛にし敢て犯すなからむことを期す。苟《いやしく》も犯す者あるに於ては毫も仮藉する所なく其の非違を匡し、以て風教の振作人心の緊張に資せむとす。

㈣　日支の国交を刷新して善隣の誼を敦《あつ》くするは刻下の一大急務に属す。所謂不平等条約の改廃に関し我国の支那に対する友好的協力の方針は、曩《さき》に関税特別会議並に治外法権委員会の開かるるに当り如実に証明せられたる所にして、政府は爾来支那に於ける時局の進展に徴し、益々同一方針を貫徹するの必要を認む。凡そ両国間の案件に付ては、雙方共に自他の特殊なる立場を理解して同情的考量を加へ、以て中正公平なる調和点を求めざるべからず。徒らに局部的の利害に跼蹐するは大局を保全する所以に非ず。軽々しく兵を動かすは固より国威を発揚する所以に非ず。政府の求むる所は共存共栄に在り。殊に両国の経済関係に至りては、自由無碍の発展を期せざるべからず。我国は支那の何れの地方に於ても、一切の侵略政策を排斥するのみならず、更に進んで其の国民的宿望の達成に友好的協力を与ふるの覚悟を有すと雖《いえども》、我国の生存又は繁栄に欠くべからざる正当且つ緊切なる権益を保持するは政府当然の職責に属す。支那国民亦能く之れを諒とすべきことを信ず。帝国と列国との親交を増進し、併せて相互通商及企業の振興を図るは、政府の重きを置く所なり。政治関係の見地に偏して、経済関係の考察を軽んずるは、深く戒めざるべからず。我国際貸借の趨勢を改善するは、主として通商及海外企業の平和的発達に待つ。之れと同時に今日帝国の列国間に於ける地位に顧み進んで国際聯盟の活動に協戮し、以て世界の平和と人類の福祉とに貢献するは我国の崇高なる使命に属す。政府は国際聯盟を重視し、其の目的の遂行に鋭意努力せむことを期す。

(五)　軍備縮少問題に至りては今や列国共に断乎たる決意をもつて、国際協定の成立を促進せざるべからず。其の目的とする所は単に軍備の制限に止まらず、更に進んで其の実質的縮少を期するに在り。本問題に対する帝国の真摯なる態度は既に屢々表明せられたる所なり。本件協定の企図は従来累次の難関に逢着せりと雖、世論の要求益々熾烈にして実行の機運亦漸く熟するの状あり。此際列国何れも率直に各国の国情を参酌し、等しく国家の安全を期するの精神を基調とし、交譲妥協の誠意を以て事に当らば、此世界的大事業の完成決して難事に非ざるべきを信ず。

(六)　戦時好景気時代に馴致せられたる浮華の弊風は、経済的反動及大震火災に遭遇するも多く減退する所なく、近時却て甚しきを加ふるが如し。社会の指導的地位に在る者宜しく率先して、勤倹力行以て一世を警醒するの覚悟あることを要す。即ち政府自ら中央地方の財政に対し一大整理緊縮を断行し、依て以て汎《あまね》く財界の整理と国民の消費節約とを促進せむとす。財政の整理を実現するに当り陸海軍の経費に関しても、国防に支障を来さざる範囲に於て大に整理節約の途を講ずる所あらむとす。斯の如きは実に国民経済の根底を培ふ所以なるのみならず、又以て国家財政の基礎を鞏固にし、他日大に伸びんとするの素地を作る所以なり。若し夫れ整理緊縮の全豹に至りては、昭和五年度予算編成に於て之が実現を期すべしと雖現行年度に於ても亦極力之が実現を期すべし。

㈦　我国債の総額は世界の大戦開始以来非常の勢を以つて増加し今や六十億の巨額を算す。而かも現在の財政計画に於ては、其の増加は殆んど止まる所を知らず。為に財政の基礎を薄弱ならしめ財界の安定を脅威し公債の信用を毀損すること実に甚しきものあり。依て政府は昭和五年度以降一般会計に於ては新規募債を打切るべく、特別会計に於ても其の年額を既定募債計画の半額以内に止めむことを期す。又国債償還の歩合は之れを増加するの方針を執り、独逸国より受領する賠償金は、之れを国債償還に充当するの方針を樹つべし。斯くの如くにして国債の総額は昭和四年度末現在額より増加せざることを期し、更に進んでその総額を逓減することに努むべし。但し法律上の義務に属する既定の交付公債及借換差増等は前述の限りに在らず。地方債に至りても亦国債に準じ、極力之れが抑制を断行せむとす。上述せる所昭和五年度以降のことに係ると雖、現行年度に於ても、亦実行予算の編成と相俟つて、出来得る限り募債額の低減に努むべきは言を須《もち》いざる所なり。

㈧　金輸出の解禁は、国家財政及民間経済の建直しを為す上に於て、絶対必要なる基本的要件たり。而かも之れが実現は甚しく遷延を容さず。上述財政経済に関する諸項は、啻《ただ》に我財政経済を匡救する上に於て、必要なるのみならず金解禁を断行する上に於て、必要欠くべからざるの要件たり。政府は斯くの如く諸般の準備を整へ、近き将来に於て、金解禁を断行せむことを期す。是れ即ち我財界を安定し、其の発展を致す唯一無二の方途なるを信ず。

㈨　社会政策の確立、国際貸借の改善、関税の改正は、共に現下緊要の時務に属す。政府は各事項別に学識経験ある少数の委員会を設け、其の調査審議を託する所あらんとす。しかして其の調査は、何れも六ヶ月を超えざる期間内に之を完了せしめむことを期す。

㈩　教育機能の更新、社会政策的見地に本《もとづ》く中央地方税制の整理、財政の緩急を計りて実行すべき義務教育費の増額、農漁山村経済の改善、金融制度の改善、殊に中小農工商に対する金融機能の整備等、自余諸多の政策に至りては、機に臨み事に応じ、更に声明実行する所あるべし。

今や時局内外の情形頗《すこぶ》る重大なるの秋《とき》、幸に闔国《こうこく》の協戮に倚頼し、此の難局を打開し以て宏謨を翼賛せむことを期す。

（『官報』第七五八号、一九二九年）

二三　財界立直しの急務と整理緊縮

［一九二九年（昭和四年）七月一六日、民政党両院議員評議員連合会での演説］

諸君、不肖去る七月二日内閣組閣の大命を拝しまして、即時閣員の銓衡《せんこう》を了《お》へ、午後九時親任式を挙げさせられ、茲《ここ》にわが民政党内閣は日を移さず、即夜成立を見たのであります。越えて九日、内閣は施政方針に関する声明書を決定し、政府の将《まさ》に実行せんとする政綱政策中、特に緊急を要するもの十項を掲げて之を天下に公表いたしました。今其の要点を述べますれば、

第一、政治の公明を期することであります。

第二、国体観念の涵養に留意し、国民精神の作興に努力することであります。

第三、綱紀官紀を粛正することであります。

第四、日支の国交を刷新して、善隣の誼を敦《あつ》くすることであります。

第五、軍備縮小問題に対しては、交譲妥協の誠意を以て之に当り、此の世界的大事業の完成を期することであります。

第六、財政の整理緊縮を断行し、一面財界の整理を行ひ、他面国民の消費節約を促進し、以て国家財政の基礎を鞏固にすると同時に、国民経済の根柢を培《つちか》ふことであります。

第七、公債を整理することであります。

第八、諸般の準備を整へ、近き将来に於て金解禁を断行することであります。

第九、社会政策を確立し、国際貸借を改善し、関税を改正する為め委員会を設けて慎重に審議し、速《すみや》かに之を実行す

ることであります。

第十、教育機能の更新、中央地方税制の整理、財政の緩急を図りて実行すべき義務教育費の増額、農漁山村の改善、金融機関の刷新、殊《こと》に中小農工商に対する金融機能の整備等我党の政策は、他日機《き》に臨《のぞ》み事に応じて、実現を期することであります。

以上述ぶる所の十大項目は、時弊を匡救し現下の難局を打開する為極めて重要なる政策であります。特に其の内第六項に掲げたる整理緊縮の事は、財界を根本より立直す為に一日を緩《ゆる》ふす可からざる喫緊事であるに拘らず、世間動《やや》もすれば之を誤解し、濫りに恐怖心に囚はれ、前途を危惧する者のあることは私の最も遺憾とする所であります。

戦時好況時代に馴致せられたる軽佻浮華の弊風は、既に其の後十有余年を経過し、其の間経済的反動期の襲来及空前の大震火災等、幾多の難関に遭遇しながら、少しも減退する模様なく、近時却て甚だしきを加へまして、国家財政も国民経済も漸次破滅に近き道程を辿《たど》りつつあつた事は、識者の夙《つと》に之を認めて、日夜憂慮しつつあつた所であります。此の弊習を矯《た》めず、其の儘に放任して財界の匡救《きょうきゅう》を図ることは、恰《あたか》も木に縁《よ》つて魚を求むるの類《るい》であります。

併し整理緊縮と云ふ声は、一時世の不景気を招来することがないとも云へませぬ。之が為め或る方面には仮令《たとい》一時的にもせよ、多少影響を受くる所があるかも知れませぬ。さりながら整理緊縮の前途には確に光明が輝いて居ります。現下の一時的苦痛は所謂生みの悩みに過ぎない。この悩みを体験することに依りて、我国は始めて光輝燦爛《さんらん》たる目的地に、到達することが出来るのでありまして、将来に於て伸びんが為め現在に於て縮むのであります。

従来の如く無方針にて財界に臨み、其の日暮しの政策を取るに於ては、前途は暗澹として国民は全く其の向ふ所を知らず、財界は永遠に隆昌の曙光を認むることは出来ないでありませう。整理緊縮は無方針の財界に対して一定せる航路を示すものであります。仮令其の道程に多少の障碍はあつても、行く可き道は定つたのであります。斯《か》くて六十億と云ふ厖大の数字を示す我が国債を整理することも、又金輸出の解禁を為すことも、之を断行する楷梯に、一歩を踏み入れることが出来るのであります。茲《ここ》に至つて、本邦財界の立直しは始めて、其の合理的基礎を確立し得ると信ずるのであります。

然るに世間動《やや》もすれば此の真相を理解せず、濫《みだり》に財界の前途に恐怖心を抱く者があると承ります。是れ全く謂れなき誤解に基くものであつて、国民相互に深く警《いまし》めなければならぬことであります。其他の項目に付きましては他日説明する機会がありませうから、本日は之を省略することといたします。終りに臨んで我党三百万の党員諸君が、昭和二年四月の政変以来、在野党として約二年有余に亙り、困難と戦ひ圧迫と争ひ隠忍自重して能く党勢を維持し以て今日に至れる事は私、立憲民政党総裁として衷心より深く感謝する次第であります。

（『浜口雄幸氏大論弁集』）

二四　政府の財政に関する施政要綱

［一九二九年（昭和四年）七月二四日、大阪商工会議所での演説］

本日は大阪の財界に於ける有力な御方々を全部網羅されましたところの、此の集会に出席をいたしまして、政府の政策の一端を申述べて参考に供する機会を得ましたことは、私の最も欣幸とするところであります。

只今稲畑さんからお話のありました通り、私共の内閣は、去七月九日に施政の方針に関し声明書を発表いたしまして、政府がこれから実行せんとするところの政綱政策のうち、最も急を要すると認めたものを、十ヶ条列記いたして、これを天下に公表したのであります。その十ヶ条の項目に就て、此場合一々を申上げるつもりではありません。又その必要もなからうと存じます。私の申述べたいことは、その十ヶ条の政策のうち、財政経済に関する政府の方針、その一点に局限をいたして、聊《いささ》かその大要を申述べたいと思ひます。私の申上げますことは素よりその大綱に止まります。その詳細に至つては、何れ遠からざるうち大蔵大臣が西下されることと存じますから、大蔵大臣から詳細に申し上げることにならうと存じます。

諸君、世界の大戦後、歳を閲すること既に十年であります。その間、欧米の交戦諸国及び中立の諸国は万難を排して、その財政経済の立て直しを断行し、何れも着々として戦後経営の緒に就いて居るのであります。米国の異常なるところの経済的の繁栄は暫く別といたしまして、英国は戦争によるところの深甚なる打撃にも拘らず、夙《つと》に財政を整理し、幣制の改革を行ひ、経済力を回復して、再び世界の金融中心市場たる地位を確保するに努力しているのであります。佛蘭西は戦後に於て、戦後財政の整理、幣制の改革が最も遅れまして人をしてその経済的将来を懸念いたさしたのでありますが、大正十五年金本位復帰を目標とするところのポアンカレー氏の挙国一致的の内閣が出来まするや、遂に幾多の非常手段を講じまして、財政を整理し、幣制を改革し、金の輸出禁止を解くに至つたのであります。爾来同国の財政の改善及び対外貿易の発展は頗る顕著なるものがあるのであります。伊太利《イタリア》は御承知の通り、戦争の打撃を受けることが極めて大でありまして、加ふるに伊太利は天然の資源に乏しく、国情の甚だ不利なるものがあるに拘らず、政府と国民とが互ひに一致協力いたしまして、勤倹力行を旨として、その経済力の回復に努め成績頗る見るべきものがあります。獨逸は戦敗国として、領土、炭坑、船舶等を割譲し、加ふるに年々少なからざるところの賠償金を課せられたに拘らず、国民は少しも失望の色なく、挙国一致の努力によつて、その国運を挽回せんとするの意気は、誠に驚嘆に値するものがあります。宜《うべ》なる哉、同国は既に財政の基礎を立て直し、幣制の根本的改革を断行し、今や秩序整然として経済更生の途を進みつつあるのであります。その他の交戦国及び中立国も、何れも幾多の困難を排して財政を整理し、幣制の紊乱を匡正して経済的の立て直しを行ひ、相競ふて戦後の発展に邁進していることは諸君の御承知の通りであります。

さて翻つて我国の現状如何ということを見るに、産業は衰微して振はず、貿易は比年入超を重ね、為替相場は下落し、経済界は挙て不況に沈淪しつつあるのであります。金の輸出解禁は我国経済界立て直しの根本的要件たるに拘らず、今尚ほ之が解決を見るに至りません。然るに国民の多数は経済界の現象に就て殆ど徹底的の理解を有しない。依然として戦時好況時代に馴致せられたる奢侈放縦の弊害に囚はれ、その消費経済をして各自の収入に適応せしむるの途を講じません。所謂入るを計つて出づるを制することが出来ない状態に、自ら苦しみつつあるのであります。

独り個人の家庭経済に止まらず、諸会社の経営方針亦時勢の要求に適合せず、財界の整理ために未だ全きを得ないといふことは、寔に御同様遺憾に堪へざるところであります。国家の財政も亦如上の弊を免ることが出来ません。財界の不況に伴つて、歳入減退の趨勢にあるに拘らず、その歳出は益々膨脹に膨脹を重ね、歳計の均衡を維持するの必要上、結局公債の増発となり、ために財界の基礎を薄弱ならしむるのみならず、ために財界に脅威を与へ、その安定と回復を阻碍すること尠少《せんしょう》でないのであります。

斯の如く我公私経済が久しきに亘つて収支の均衡を失すると云ふ事実は、今日に於ける経済上社会上百弊を生ずる原因であつて、ために物価は国際的の平準を失ひ、貿易の入超は熄《や》まず、為替相場の低落を見、国家の財政的信用を失墜すること、頗る大なるものがあるのであります。個人にありてはために生活の安定を奪はれ、不健全なる思想、その間に胚胎し、各種社会問題の端を開き、諸般の弊害之に伴ひ、邦家の前途漸く多事ならんとするのであります。斯の如く我国の公私経済は、その根柢に於て頗る憂慮すべき状態にあるのであります。若し現状のままに推移するに於ては、その病根益々深きを加へ、我が国民経済の立て直しは遂に期待することが出来ません。延いて、思想問題社会問題の解決も亦頗る困難に陥るのであります。即ち今や吾々は断乎たる決意を以て、現下の難局を打開し経済界の立て直しを行ひ、国民生活の安定を図り、国民思想の健全なる発達に努め、以て国家百年の計を樹つべき重大なる時期に直面していると思ふのであります。私、不敏なりと雖も、一度び大命を拝し、国政燮理《しょうり》の重責を辱ふした以上、及ばずながら心身を捧げて現下の難局に当り国民と一致の協力によつて時弊を匡救《きょうきゅう》し、以て国運の進展に貢献せんことを期している次第であります。

政府が着手せんとするところの時弊匡救の第一は、財政の整理緊縮にあるのであります。欧米の諸国は万難を排して戦後の歳計を緊縮し、公債の償還に努め来れるに反して、我国は戦後に於て、却つて益々財政の膨脹を見るに至つたのであります。即ち昭和四年度の予算は、欧洲戦争終了の年たる大正七年度の予算に比較致しまして実に七億五千余万円を激増しているのであります。戦後財界の反動及び震火災の創痍極めて深く財界不況に沈淪せるの今日、斯の如き財政の膨脹といふことが、国民経済の実勢に逆行しているといふことは、これは言を俟ざるところであります。

従つて従前の如き財政政策の継続は必然的に公債の増発となり、財政の基礎を薄弱ならしめ、国民の負担を加重するのみならず、ために財界の安定恢復を阻碍し、遂には恐るべき国家経済上の憂患を招来するの虞《おそ》れがあると思ふのであります。今に於て財政の整理緊縮を行ひ、将来の禍根を除くといふことは、実に現下国家喫緊の急務と思ひます。

しかのみならず政府の歳出は一般会計、特別会計を合計いたしたるその総額実に三十八億円を超へて居ります。政府は即ち、国民経済に於けるところの最大の消費者であります。故に財界の整理を行ひ、国民の消費を節約するの急務なる今日に於て、政府は自らその財政を整理緊縮し、範を国民に示すの必要あることは言を俟たないところであります。

財政の整理に当り、従来至難の事業とされてゐたことは、即ち陸海軍費の節約であります。苟《いやしく》もこの点に手を着くるに非ざれば財政の整理は、その目的を達することは出来ないと思ひます。よつて政府は国防に支障を来たさない範囲内に於て、出来得る限り、軍事費の整理緊縮を行ふ決心をして居ります。その他一般の経済に於きましても、極力整理節約の方法を講じ、財政緊縮の途を講ずることにいたして居ります。中央財政と相俟つて地方公共団体の財政に就ても亦同じく整理緊縮の方針を遵守せしめ、中央地方相率ひて整理緊縮の目的の達成に努力せんことを期している次第であります。

さて財政整理の具体的目標として、政府の最も重きを置きます点は国債の整理であります。国債の現在額は御承知の通り五十八億六千余万円であります。これが利払ひ年額は約三億円を算して居ります。もとより欧米の主要国何れも多額の公債を負担して居りますから国債の多いと云ふことは必ずしも我国特有の現象ではありませんけれども、欧米主要国の国債増加は殆ど全部世界大戦の已むを得ざる結果でありまして戦争の終るや否や、各国の政治家は何れも断乎たる決心を以て国債の整理に努め、その成績極めて顕著なるものがあるのであります。然るに我国は戦後に於て却つて国債の増加を来たし、今や国債の現在額は、世界大戦終了の年たる大正七年度末に比して、殆ど倍額に近い増加を示して居ります。而も従前の財政計画を踏襲する時は、国債増加の趨勢は殆んど止まるところを知らないのであります。斯の如き国債の増発は国民負担加重の原因となるのみならず、金融市場を圧迫し、産業の発展を阻碍し、或は通貨膨脹の素因を作り、物価の騰貴を招いて国民の生活を脅威し、輸入超過の趨勢を助長して正貨流出の危険を大ならしむるのであります。況んや近き将来に於て金解禁の実行を控へたる今日の場合に於て、国債の根本的整理の計画を樹て、以てその信用を維持することは洵《まこと》に刻下の急務なりと云はざるべからずと思ふのであります。

依つて政府は本年度実行予算の編成に当りまして、公債支弁の事業は中止又は繰延べを行ひまして公債の発行額を極力減額することにいたしまして、明年度予算編成に際しても、一般会計に於ては全然公債を発行いたしません。特別会計に於ては、その発行額を従来の予定額の半額以下に減少するの方針を決定し、これを天下に声明したのであります。斯の如くにして政府は国債の総額を、本年度現在予定額たる六十億円以上には絶対に増加せしめないのみならず、更に進んで漸次之を減少するの計画を樹てるつもりであります。国債整理の方法に就ては世上幾多の議論がありませう。けれども政府のこの方針は極めて実際的でありまして、私が首班たる内閣の存続する限りこれが実行を言明して憚《はばか》らざるところであります。この案によりますれば日本銀行特別融通損失補償公債等政府の法律上の義務に属する既定の交附公債及借替差増を除けば、来年度以降我国の国債額は、啻《ただ》に増加いたしませぬのみならず、却つて年々これが逓減を見るに至ると思ひます。これは国債の話でありますが、地方債の増加は、国債に於けるよりも尚ほ著しく、大正七年度末に於て四億円未満でありましたものが、昭和二年度末に於ては十八億円余に上り、尚ほ今後激増を見るの趨勢にあるのであります。故に政府は、地方財政に就ても亦緊縮の方針を徹底せしめ、極力地方債の増加を抑制せんことを期している次第であります。

金の輸出解禁の実現は私の内閣の最も重要なる使命とするところであります。抑《そもそ》も一国貨幣制度の良否が国民生活及び国家経済の消長と密接至大の関係を有することは古今の歴史に徴しても極めて明かなるところであります。而して世界文明国の殆んど全部が金本位制度を採用している所以のものは多年の経験に於て該制度の最も優越せることの証明せられたる結果に外ならないと思ひます。我国に於ても明治初年以来幾多の論議を重ね、多大の困難を冒して明治三十年金本位制度を確立し、帝国の経済的安固発展の基礎を築きたることは世人の記憶に新たなるところであります。然るに大正三年、世界の大戦勃発するや、交戦諸国及び中立諸国は相亟《つ》いで金の兌換又は輸出を禁止し、我国も亦大正六年九月米国の金輸出禁止に刺戟せられて金の輸出を禁止し、以て今日に至つているのであります。然るに欧米各国は戦後経営の第一着として財政の徹底的整理緊縮と相俟つて、金の輸出解禁を企画し今やスペイン其他一二の国を除き、世界文明国の全部は、戦時中破壊せられたる幣制を改革し、金本位制度復帰の目的を達成し、これによつて産業発展、経済力回復の基礎を確立するに至つたのであります。独り世界の一等国として、中外に誇る我国のみが、戦後十年にして未だこの国家的重大問題を解決することが出来ないといふことは、真に遺憾とするところであります。金の輸出禁止の齎《もたら》す経済的損失、其他各方面に及ぼす悪影響に就ては、世上既に論議を尽し、多年の経験によりて十分に立証せられたところでありますから、茲《ここ》にこれを詳述するの必要は認めませんけれども、これがため為替相場の動揺を頻繁且つ激甚ならしめ、通貨の自働的調節作用を妨げ、物価の調整を害し、対外貿易の発達を阻害し、産業の基礎を不安ならしめ、国家の信用を毀損し、対外債務の負担を加重する等、財政経済上の弊害挙て数ふることが出来ないのであります。のみならず、久しきに亘りてこの問題を解決せざるときは、通貨其物に対する国民的信仰の観念を破壊し、その結果は想像するだに恐るべきものがあると思ふのであります。故に今日に於て天下何人と雖も、主義として金の解禁に反対する者はありません。只世上徒らに解禁の影響を過大視し、今尚ほ之を忌避せんとする者が少くないのであります。もとより何等準備を為すことなく、突如として解禁を行ふが如きは、無謀の極であつて、その影響恐るべきものがありませう。けれども適当なる準備を整へ諸般の事情をして解禁に適合せしむるときは、解禁の影響決して深く憂ふるに足らないと信ずるのであります。

欧洲戦後金の解禁を断行せる国は幾十を以て数へられて居ります。而して解禁に至る迄の間、或は財政の緊縮或は国債の整理、其他諸般の準備を整へ、其上解禁を実行せるが故に解禁によつて財界に大なる衝動を与へたるが如き事例があつたことを曾て聞きません。我国に於ても明治三十年始めて金本位制度を実施せんとするに当り、その影響につき危惧する者が尠くなかつたのでありますが、実施の結果は平穏無事なることを得たのであります。今回金の解禁を実行するに当つても、適当なる準備に於て欠くるところなくんば、敢て影響を憂ふべきものなきことを信ずるのであります。特に為替相場の如き一挙に平価近く迄回復するときは輸出入業者其他の関係者に相当の影響を及ぼすでありませうけれども、相当期間に亘り徐々に且堅実に相場が回復するときは、これによつて生ずる経済上の影響といふものは、挙て論ずるに足らんと思ふのであります。

金解禁の断行に相当の準備を要することは、今申述べたところでありますが、その最も重要なる根本的要件は何であるかと申せば即ち国民精神の緊張にある。その具体的表徴としては、政府は大なる決心を以て財政を緊縮し、国債を整理し国民は固き信念に基いて消費を節約し、勤倹を励行するにあると思ひます。財政の緊縮と、国債の整理とは、夫れ自体に於て時弊匡救の要務なること今申述べた通りでありますが、特に金解禁のためには緊切欠くべからざる必要条件でありまして、財政の緊縮、国債整理に対する政府の態度如何は、即ち金解禁に対する政府の誠意を計るべきバロメーターであると言ふべきであります。蓋し財政を緊縮し、国債を整理することは、通貨膨脹の源を断ち、物価を調節して国際収支の均衡を保持すべき素因を作るのみならず、国家の信用を高め、国債市価の低落を防ぎ、為替相場の漸騰を招き解禁の影響を緩和し、その実行を円滑ならしむる所以に外ならぬのであります。然れども政府の歳計はその額大なりといふも、これを国民経済の収支の全体より観ればもとよりその一部分に過ぎないのであります。故に政府の財政緊縮のみを以て金解禁に対する吾人の目的を達成せらるべきものではありません。広く国家の現状に対する国民全体の徹底的理解を得て、闔国《こうこく》の人心を緊張せしめ、国民自ら奮起して時局匡救のため消費節約の徹底を期し、茲に始めて、前に述べた通り金解禁の目的を達し、其の実行を円滑ならしむることが出来ると思ふのであります。故に政府財政の緊縮は、精神的に消費節約の範を示すことに於て重大なる意義があると信ずるのであります。斯の如くして諸般の準備を講じ、その効果現はれる時は、即ち財界の状勢金解禁に適せる時でありまして、その機に於て解禁を行へば、その影響は殆ど言ふに足らないと信ずるものであります。もとより公私経済の整理緊縮は、各方面に仮令一時的にもせよ相当の苦痛を与ふることを否むことは出来ません。元来金解禁の如き大事業が何等の苦痛なしに達成せられんことは、これは望んで得べからざるところでありまして、国民として一時の犠牲は将来のため、これを忍ぶの覚悟を要すると思ひます。世の中には一時の苦痛犠牲をもこれを免がれんとし、解禁の実行を好まざる者があるようであります。けれども茲《ここ》に問題は我国の現状が、今後永く解禁問題解決の遷延を許すや否や又これを遷延して果して将来適当なる時機が自然に到来するの見込みありや否やの点であります。吾人の観るところを以てすれば、解禁問題の解決は今日既に遅きに失し今後甚だしく遷延を許さぬ問題であります。若し現状のまま推移するに於ては、屡々繰返して申上げます通り物価は国際的平準を離れ、産業の基礎は安定せず、在外正貨減少の今日、対外信用は益々低下して為替相場は更らに低落を免れません。斯の如くにして解禁の実行遅延は、財界に及ぼす弊害を激成し、将来解禁の実行を加速度的に困難ならしむるに過ぎないと信じます。これ吾人が一時必然の苦痛を忍び、敢て本問題解決の促進を図らんとする所以であります。現下の難局を打開するの途は、これを措いて他に無いと私は確信するものであります。論者或は申すでありませう。我国は現在既に著しく財界の不況に苦しんでいる、今茲に公私経済の緊縮節約を行ひ金の解禁を為さば、財界の不景気は更に深刻になるではないかと。然しながら、今日の財界の不況はこれを現状に放任して決して自然に転換し得べき性質のものではない。放任して置けば置く程、不況は不況を産み、不安は不安を生じ、我国家経済と国民経済とは遂に収拾すべからざるに至ることは火を見るよりも明であると思ひます。ここに於て、挙国一致緊張したる精神を以て消費を節約し、貯蓄を増加し、国際貸借の均衡を図り、金解禁によつて経済組織を常態に復し、その基礎の上に更始一新の国民的努力を払ふことによつて、始めて合理的に景気回復の時期を迎へ得るものと思ふのであります。これを要するに、緊縮による一時の苦痛は将来の発展ためお互ひに忍ばざるべからざる一時の過程であります。

　諸君今や我国は国民的決意を要する重大なる岐路に立つているのであります。従来の惰性に捉はれ、苟且偸安の途を採らんか、我国の前途をどうしようとするか。吾々は現下の難局を坐視するに忍びず、凡ゆる艱難と戦ひ、凡ゆる犠牲を意とせず、これが匡救の目的に向つて邁進するの外なき場合に直面しているのであります。我々と憂ひを共にされるところの天下の大衆幸ひに吾々のこの決意を諒とせられ、進んで協力を与へられ、与に共に国運の進展に貢献せられんことを希望［する］にたへざるところであります。我国民は明治維新の大業を成就し、開国進取の国是を恢弘し、爾来六十年の間、幾多の困難と戦つて悉くこれを突破し、今や名実共に世界の一等国の伍班に列して、居然として天下に雄を称ふる国民であります。洵《まこと》に頼もしい、力の強い、堅忍不抜の精神を有つて居る国民であると思ひます。此強い国民が何ぞ独り経済上社会上の難局を打開し得ざるの道理がありませう。私は必ずや全国民が政府と共に協心戮力克《よ》くこの大業を成就し得ることを確信して疑はざるものであります。今日この席にお集りになつて居られる諸君は、何れも財界に於けるところの有力なる諸君であります。即ち天下の識者であります。私が申上げましたことは、もとより疾《と》くに御承知の通りであります。今日諸君に申上げました事は、諸君に申上げて諸君の諒解を求むるといふ主意ではありません。諸君の如き財界の有力者を通じて、広く全国の国民に向つて此政府の決意の存する所をお伝へ願ひ、又今日我国の財政経済の状態がどうなつているかといふことを、徹底的に理解せしめ、相共に協心戮力して此の難局を打開するよう御尽力を願ひたいといふ考へから申上げるのであります。誠に纏らない話を長時間に亘つて御清聴を煩はしまして恐縮に存じ御清聴を深く御礼申上げます。

（大阪商工会議所『月報』二六七号、一九二九年）

二五　綱紀粛正及び財政緊縮と金解禁

［一九二九年（昭和四年）八月五日、地方長官会議での演説］

政府の施政方針に関する声明書は去月九日之を公表し、翌十日の官報に全文を掲載せるを以て、各位は既に其内容を知悉せらるることと信ず。掲ぐる所の政策凡そ十項、其内施政の根本に関するもの三件、外交及び軍備問題に関するもの二件、主として財政経済に関するもの五件、皆これ立憲民政党が累次発表したる政綱中、特に急施を要すと認むるものを抽出したるものなり。外交の事は外務大臣に譲り、茲《ここ》には施政の根本要件及び財政経済に関して一言する所ある可し。

綱紀粛正

政治の公明と綱紀の粛正とは、現内閣施政の根幹を成すものにして、之に依つて従来の弊害を一洗し官場を廓清し、以て政治の基調を向上せしめ、政治をして国民道徳の標的たらしめむとす。思ふに近時綱紀の頽廃甚だしく、官紀の弛緩言ふに忍びざるものあり。政府夙に此点を憂慮し、深く自ら警《いまし》めて綱紀官紀の粛正の念を敢てし、自ら犯すなからむことを期す。之と同時に国民精神の作興に全力を注いで民心の倦怠を除き以て更始一新の実を挙げむことを期す。参集の各位深くこの点に留意せられ、この趣旨を体して厳に部下の吏僚を戒飭《かいちょく》せらるると共に、一般国民も亦克《よ》く政府施政の方針を諒解し、相率ゐて興国の機運を振作するやう、指導誘掖せられんことを望む。

財政緊縮

政府が時局匡救の対策として最も力を注がむとする所は、財政の整理緊縮にあり。帝国の財政は世界大戦を分界線として、その前後に著しき懸隔あり。即ち大戦開始の年たる大正三年度の歳出は約六億五千万円（決算）に過ぎざりしもの、大戦終了の年たる大正七年度に於ては十億二千万円（決算）に上り、本年度（昭和四年度）に於ては実に十七億七千万円（予算）を突破するに至れり。故に本年度の予算は大正三年度に比して十一億二千万円を激増し、大正七年度に比するも尚ほ且つ七億一千万円を増加せり。戦後欧米各国が官民一致断乎たる決意を以て経費を節約し、財政を緊縮して財界の立て直しを敢行したるに反し、独り我邦のみは此大勢に逆行して、戦後却つて歳出の増加を見たるが如きは、国民経済の実勢に適合せず、財政の基礎を危殆ならしめ、財界の安定回復を阻害するの甚だしきものにして、帝国の前途洵《まこと》に寒心に堪へざるなり。若し夫れ地方財政の膨脹に至りては、更に喫驚すべきものあり。大正三年度に於いて各道府県市町村の歳出総計三億二千万円に過ぎざりしもの、大正七年度に於いて約五億円に達せんとし、昭和三年度に於いては、約十五億円の巨額を算するに至れり。しかも歳入の財源は愈々枯渇して、歳出は益々滋からむとし、地方公共団体の財政殆んど危機に瀕せむとす。茲《ここ》に於いて政府は先づ昭和四年度一般会計の予算に対して大斧鉞を加へ、九千余万円に達する節約又は繰延べを行ひ、更に明年度（昭和五年度）予算の編成に当りては、一層の緊縮を加へむとするの用意あり。是政府率先して先づ範を国民に示し、以て財界匡救の難局に当るの決意を表明するものにして、将来に伸むが為現在に屈し、前途の光明と発展とを望んで相共に一時の犠牲を甘受せむとするものなるが故に、各位に於ても能く政府の意の存する所を諒とせられ、整理緊縮を旨として各地方団体の予算編成に当り、中央地方相俟つて帝国財政の立て直しに全幅の力を致されむことを望む。

募債抑止

国債の現在高は今や五十八億六千余万円を算し、此が利払のみに一年約三億円を要す。国債の増発は金融市場を圧迫し、同産業の発達を阻害し、一面国民の負担を加重すると同時に他面通貨膨脹の素因を作り、物価の騰貴を招いて国民生活を不安ならしむるものなり。因つて政府は本年度実行予算を編成するに当り、公債支弁の事業は中止又は繰延を行ひて、公債の発行額を極力減額することとし、明年度予算の編成に就いても、一般会計に於いては全然公債を発行せず。特別会計に於いては、予定額の半額以下に減少するの方針を決定し、国債の総額を増加せざるのみならず、更に進んで漸次其総額を逓減するの計画を立て、之が実行に移らむとす。国債整理に関する此方針と相俟つて、地方債の増加を抑制せざるべからざるは蓋し当然の結論なり。地方債の増加は近時極めて著しく、大正七年度末に於いて四億円未満なりしもの、昭和二年度末に於ては十八億円以上に達し、今後益々激増するの趨勢にあり。因つて政府は曩に地方債許可に関する方針を決定して、主務大臣より之を各地方長官に訓示したり。庶幾くは各位に於いても政府の方針に順応し、地方債の増発を制止するに十分の尽力あらむことを望む。

政府の使命

金の輸出解禁を断行するは現内閣の使命とする所なり。我邦は世界大戦中他の交戦国の例に倣ひ、大正六年九月金の輸出を禁止したるも、交戦諸国は戦後相次いで解禁を行ひ、戦前の常態に復したるに拘はらず、今日尚ほ之が解禁を行はざるもの我邦の外は僅かに二三の小国に過ぎず。改めて論ずるまでもなく、金の輸出禁止が事実上金貨本位制の一時的停止にして、此の停止が招来する国家及び国民の損害は対外的信用の失墜為替相場の乱高下、通貨の調節機能喪失、物価の動揺、外国貿易の不振、産業の不安、対外債務の負担加重等挙げて算ふ可からず。

今後久しきに亘り金輸出禁止のままに推移するに於ては、啻《ただ》に前記の弊害を加重し、財界安定回復の曙光を望むべからざるのみならず、遂に通貨に対する国民の信念は根柢より毀損せらるるの虞《おそ》れなしとせず。故に此の問題を解決し、我国民経済をして合理的基礎の上に安定せしむるは今や一時も緩くす可からざる焦眉の急務に属す。是を以て政府は先づ財政を緊縮し、自ら基準を国民に示して解禁に対する具体的準備を急ぎつつありと雖も、政府の歳計は之を国民経済の全体より観るときは僅かに其一部分に過ぎず。国民全体が財界匡救の急務を徹底的に理解し、其理解に基づいて緊張せる精神の下に消費節約を励行し、国際貸借の均衡を俟つの素地を作るにあらずんば、金輸出解禁の大業は到底円満なる実行を期すべからず。各位は地方の行政に長たり。有らゆる機会に於いて我国民経済の現状と之に対する政府の決意の存する所を国民に徹底せしめ、官民協戮して消費節約を行ひ、勤倹貯蓄を勧奨して本問題の解決を促進し、之が実行を円滑ならしめ、以て難局を打開し、財界安定のために努力せられむことを望む。

（高橋亀吉編『財政経済二十五年史』、実業之日本社、一九三二年）

二六　地方長官会議午餐会での挨拶

［一九二九年（昭和四年）八月五日］

現内閣の方針は前任者と著しくその趣を異にして居りますから特に繰返して各位の御諒解を得て置きたい事は財政経済の整理緊縮及び国民の消費節約につき国民の間に誤解なきやう十分その主旨を徹底せしめたいことであります。いふまでもなく国家の生命は永遠でなければなりません、政治家は目前の利益のみに眩惑せられ百年の長計を忘れましたならば国の前途は知るべきのみであります。又日本だけの立場を知つて世界列強の存在を忘れましたならば災禍立どころに到る事を覚悟しなければなりません。今日一国の財政経済は時間的には過去、将来にわたつて或る連続性をもつて居ると同時に、国際的には列国と離れ難き関聯をもつてをります。昔の如く自国限り孤立しその日暮し政治を行ふことは出来ません。これ現内閣が金輸出解禁を急ぎ国債整理に触れ、然して財政の整理緊縮を敢行、国民の消費節約を奨励する所以であります、国家百年の長計を思ふが故にこれを実行するのであります。日本の国際的地位、国際的信用を深く顧慮するが故にこれを高潮するのであります。一言にしてこれを蔽へば将来の国民の福利を思ふが故に眼前或は有り得べき多少の犠牲をも忍ぶのであります。苟くも日本の国情を直視する者はこの点に何等の誤解を持ち得ないことと信じます。尚現内閣は明るき政治、正しき政治を実行致したいと思ふのであります。明るき政治は弱き政治なりといふ者がありますが私は決してさう考へない。正しい政治ほど強いものは無いと思ひます。この点も特に各位の御諒解を得て置たいと思ひます。

（浜口内閣編纂所編『浜口内閣』、浜口内閣編纂所、一九二九年）

二七　社会政策審議会での挨拶

［一九二九年（昭和四年）八月九日］

現内閣は成立の初に当り声明を発して当今の時局に鑑みその緊急実施を要すと認むる十政綱を提唱致したが社会政策の確立は現内閣の最も力を注がんとする政綱の一つである。今日の社会の実情を観るに都市農村を通じて貧富の懸隔漸く甚しからむとし、労資の間動《やや》もすれば相反目するの勢を示し、加ふるに失業の発生小作争議の頻発は愈々社会各方面に於ける事端を繁からしめ、所謂社会問題は日に益々複雑と深刻の度を増すの状況である。これを矯正防止して共同生活に偕和協調の精神を齎《もた》らし、社会生活に平和安定の基礎を与へて国民全部が相率ゐて国運発展の責任を負担する様に導くことは、我国刻下の喫緊事と考へる。尤もこの点に関しては従来と雖もその施設全く無いといふ訳ではないが、今の時期は一層これを拡充すると共に更に一段の努力を致し、社会政策的施設の更張革新を計る必要があると思ふ。然しながら社会政策の事たる極めて多方面に渉るものであつて、為すべき施設に付ても自ら軽重緩急あり、且つこれが実現の方策に関しても所論必ずしも帰一せざるものがある。然して要は言論よりも実行に存するものと考へて居る。今回差し当り御諮詢した三事項はいづれも政府の見て以つて刻下の急務となし、これに対する具体的政策の決定を必要とする事柄である。右の次第なるにより委員各位に於かれても十分審議を尽され遅くとも十一月中には答申の運びに至る様御尽力あらんことを望む。

（『浜口内閣』）

二八　国際貸借審議会での挨拶

［一九二九年（昭和四年）八月九日］

茲《ここ》に国際貸借審議会の第一回会合を開くに当りまして一言挨拶を申述べます。欧洲大戦中に於て我国の輸出貿易は非常なる発展を遂げまして毎年巨額の輸出超過を示し、貿易外の収支に於きましても海運の好況其他の原因に基き、連年多額の受取超過を示すに至りまして、我国際貸借は非常なる好調を呈し為替相場は騰貴し、正貨は激増し、国内産業は勃興し、財界は未曾有の好況を実現したのであります。

然るに大戦後に於きましては形勢忽ち逆転し、貿易は毎年入超を重ね、関東大震災以後其の傾向殊に著しく、大正八年以降昭和三年迄の入超額累計は朝鮮台湾の分を合せ合計四十二億余万円となり、一ヶ年平均四億二千余万円の巨額を算して居るのであります。貿易外の収支に於きましても資本の移動関係を除きたる経常的収支の受取超過額は戦時中に比し激減致し近年では一億数千万円を算するに過ぎないので到底貿易の入超を相殺するに足らないのでありま す。之が為め戦事中蓄積したる正貨は漸次減少し、為替相場は低落し、国内の産業は萎縮し、財界は多年不況に沈淪して居るのでありまして、我国経済界多年の重大懸案たる金解禁問題も今以て解決を告ぐるに至らないのは寔に遺憾に堪えざる所である。

政府は財界の行詰まれる現状を打開し経済界の根本的建直しをなすが為、各方面に亘つて鋭意施設経営に努めて居りまするが、国際貸借の状勢を改善することは其の最も緊要なる根本策であると考ふるのであります。即ち我国の如く産業組織の基礎を輸出入貿易に置く国に於て、其の経済的繁栄を図り国力の増進を期するには、是非共国際貸借の改善に俟たねばならぬことは寔に当然の次第であります。殊に今や金輸出解禁と云ふ極めて重要なる問題を解決することの急に迫られて居るのでありまして、之を円滑に実行し且将来に亘つて金本位制を完全に維持する為には、国際貸借改善の有効適切なる方策を講ずることが最も必要と信ずるのであります。

故に政府に於きましては之が実現の為有ゆる努力を払ふ決心でありまして、中央地方の財政を整理緊縮し、又国民に対して消費の節約を求めて居るのも其の目的の一半は実に此国際貸借改善に資せむとするに外なりませぬ。然し乍ら此の問題は貿易及貿易外に亘り関係する所頗る広汎でありますから、各方面に於て学識経験ある各位の御意見を伺ひ有効適切なる方策を樹立することを以て、政府の重要政綱の一となし曩の声明に基き本審議会を設けたる次第であります。炎暑の折柄誠に御苦労には存じますが、何卒邦家の為速に攻究論議を重ねられ遅くとも十一月中には答申の運びに至る様御尽力あらんことを切望する次第であります。

（『浜口内閣』）

二九　関税審議会での挨拶

［一九二九年（昭和四年）八月九日］

関税政策は国民の経済生活と密接重大なる関係がありますので、常に能く国民経済の実情に順応して苟くもその施設を過たざるやう案配するの必要がある。然して我国現行の関税には産業保護の政策に基いて設けられて居るものが相当あるが、この産業保護が果して適当に行はれて居るかどうか、国民生活に却て有害なる影響を与へて居るやうなことは無いかどうか、といふが如き事柄を根本的に調査考究するの必要があると思ふ。関税率中に徒らに適当なる保護を与へ、又は既に保護の必要を失ひたるに拘らず尚これを改訂せざるものあるが如きは、決して国利民福に合致する所以ではない。尚政府は金輸出解禁といふ当面の重要政策を控へて居るのでありまして、この点からも関税政策に関して相当考慮を払ふことが必要にあらずやと思ふ。斯くの如き当面の問題と共に関税政策に関する根本方針として保護政策の整理といふ事柄を考究するの必要ありと思ひ、本会の御審議を煩はす次第である。従来の調査会が関税率に関する調査を目的とする常設機関であるに反し、本審議会は前述の趣旨により関税に関する重要事項をこの際急速に審議することを目的として居るのである。本審議会に提出された諮問事項に関する審議の結果は、時局の必要に鑑み出来るだけ早く主要なる事項に就き成案を具して御報告を願ひたいのであつて、御報告の期間は大体来る十一月一杯と定めて置き、この期間内に審議を完了したいと思ふのである。本審議会の成案はそれぞれ必要なる手続を経てこれが実現を期する考へで、政府としては本審議会の答申に多大の期待を有して居るから諸君に於かれても何卒御励精の上審議を進められんことを希望する。

（『浜口内閣』）

三〇　合理的景気回復の基調

［一九二九年（昭和四年）八月一三日、東京での金解禁に関する遊説演説］

金解禁は現内閣の重要使命

諸君。金の輸出解禁の実現は、現内閣が最も重要なる使命とするところであります。

抑々《そもそも》一国貨幣制度の良否が、国民生活及び国家経済の消長と、密接至大の関係を有することは、古今の歴史に徴して明かなる所であります。而して世界文明国の殆《ほと》んど全部が、金本位制度を採用しました所以は、多年の経験に依つて其の制度が最も優越して居ることが証明されたからであるのであります。我国に於きましても明治初年以来、幾多の論議を重ね、多大の困難を冒して明治三十年に金本位制度を確立し、帝国の経済的発展の基礎を築いたのは、周知の事実であります。

抑《そもそ》も大正三年世界の大戦が勃発しまするや、交戦諸国及び中立諸国は相次いで金の兌換又は輸出を禁止し、我国も亦大正六年九月、米国の金輸出禁止に刺激されまして、金の輸出を禁止し今日に及んだ次第であります。しかれども欧米各国に於きましては、戦後経営の第一著として、財政の徹底的整理緊縮と相俟《あいま》つて金の輸出解禁を企画し、今やスペイン其他一二の国を除きましては、世界文明国の全部は、戦時中に破壊されたる幣制を改革し、金本位制復帰の目的を達し、之に依つて産業発展、経済力回復の基礎を確立するに至つたのであります。

然るに世界の一等国として誇る我が国が、戦後十年にして未だ此の国家的重大問題を解決する能はざるは、真に遺憾に堪へない次第であります。

解禁の影響を過大視するな

諸君。金の輸出禁止の齎《もた》らす経済的損失、其の他各方面に及ぼす悪影響に就きましては、世上既に論議を尽くし、又多年の経験に依りて、十分に立証せられたる所でありまして、茲《ここ》に之を詳述するの必要はありませんけれども、之が為為替相場の動揺を頻繁且つ劇甚《げきじん》にし、通貨の自動的調節作用を妨げ、物価の調整を害し、外国貿易の発達を阻害し、産業の基礎を不安ならしめ、国家の信用を毀損し、対外債務の負担を加重する等、財政経済上の弊害は数ふるに遑《いとま》なき程であります。加之《しかのみならず》永く此の問題を解決せずに置きますは、通貨其の物に対する国民的信仰の観念を破壊し、其の結果は想像するだに恐るべきものがあります。故に今日に於て、天下何人と雖も主義として、金の解禁に反対するものはないと確信するものであります。

唯だ世上徒《いたず》らに解禁の影響を過大視し、今尚ほ之を忌避せんとする者が尠くありません。固《もと》より何等の準備もなく、突如として解禁を行ふが如きは無謀であつて、其の影響が真に恐るべきものであることは云ふ迄もありません。適当なる準備を整へ諸般の事情が解禁に適合した上で、解禁を行へば其の影響は決して憂ふるに足らぬと確信いたします。

欧洲戦後、金の解禁を断行した国は今日迄に幾十を以て数へられてをります。而して解禁に至るまでの間、財政の緊縮、国債の整理、其の他諸般の準備を整へて実行いたしましたから、解禁に依つて財界に大なる衝動を与へた例はありません。我国に於ても明治三十年初めて、金本位制度を実施せんとするとき、其の影響に就て危惧する者も尠くありませんでしたが、実施の結果は平穏無事なるを得たのであります。

故に今回金解禁を断行するに当りましても、準備に於て欠くる所さへなければ、影響の憂ふべきものはないと信ずるのであります。特に為替相場の如きは、一挙に平価近くまで回復するときは、輸出入者其の他関係者に多大の影響を及ぼしますけれども、相当期間に亙り、徐々に且つ堅実に回復すれば、経済上の影響は論ずるに足らぬのであります。

解禁の為めの整理緊縮

諸君。金解禁の準備中最も重要なる基礎的要件は、国民精神の緊張に在ります。その具体的表徴としては、政府は大なる決心を以て財政を緊縮し、国債を整理し、国民は堅き信念に基いて消費を節約し、勤倹を励行するに在ります。財政の緊縮と国債の整理とは、夫《そ》れ自体に於て、時弊匡救の要務なることは、前に述べた通りでありますが、特に金解禁の為には緊切なる必要条件でありまして、財政の緊縮、国債の整理に対する政府の態度如何は、即ち金解禁に対する政府の誠意を計るべき、バロメーターたりと謂ふべきであります。蓋し財政を緊縮し国債を整理することは、通貨膨脹の源《みなもと》を断ち、物価を調節し国際収支の均衡を保持するの素因を作るばかりでなく、国家の信用を高め、国債市価の低落を防ぎ、為替相場の漸騰を招き、解禁の影響を緩和し、其の実行を円滑ならしめる所以に外ならないのであります。

然《しか》し乍《なが》ら政府の歳計は其の額は大きいと申しましても、之を国民経済全体の収支から観れば固より其の一部分に過ぎません。故に政府の財政緊縮のみを以て、金解禁に対する吾々の目的は、到底達せられるものではないのであります。広く国家の現状に対する国民全体の理解を得て、闔国《こうこく》の人心を緊張せしめ、国民自ら奮起して時局匡救の為め、消費節約の徹底を期し茲《ここ》に初めて前述の如き目的を達し、解禁の実行を円滑ならしめることが出来るのであります。故に政府財政の緊縮は精神的に国民に消費節約の範を示すことに於て重大なる意義ありと信ずるものであります。斯くの如くにして諸般の準備を講じ其の効果顕れるのときは、即ち財界の状勢金解禁に適せる時でありまして、其の機に於て解禁を行つたならば、其の影響殆んど言ふに足るものなきを信ずるのであります。

国民として一時の苦痛を忍べ

固《もと》より公私経済の整理緊縮は一時にもせよ、各方面に相当の苦痛を与ふることを否むことは出来ますまい。元来金解禁の如き大事業が、何等の苦痛なしに達成することは、望んでも得られないことでありまして、国民として一時の犠牲は、将来の為に忍ぶだけの覚悟がなければなりません。世上には一時の苦痛犠牲を免れやうとして、解禁の実行を好まない者があるやうでありまするが、茲に問題は我国の現状が、今後永く解禁問題解決の遷延を許すかどうか、又之を遷延して果して将来適当なる時機が、自然に到来する見込みがあるかどうかの点に在るのであります。

吾人の観る所を以てしますれば、解禁問題の解決は今日は既に遅く、今後甚しく延ばすことは許されません。若し現状の儘《まま》推移するとすれば、物価は国際的平準と離れ、産業の基礎は安定せず、在外正価減少の今日、対外信用益々低下して為替相場は更に低落を免れず、斯の如くにして解禁の実行遅延は、財界に及ぼす弊害を激成し、将来の解禁の実行を加速度的に困難ならしめるに過ぎずと信ずるものであります。これは吾人が一時必然の苦痛を忍び、敢《あえ》て本問題解決の促進を図らうとする所以《ゆえん》であつて、現下の難局を打開するの途は、この外にないと確信するものであります。

論者或は言ふでありませう。我国は現在既に著るしく財界の不況に苦んで居る、今茲《ここ》に公私経済の緊縮節約を行ひ、金の解禁をしたならば、財界の不景気は更に深刻となるではないかと。然れども今日の財界の不況は、之を現状に放任しては決して自然に転換し得べき性質のものではありません。放任して置けば置く程不況を産み、不安は不安を産み、我が国家経済と国民生活とは、終に収拾すべからざるに至ることは火を睹《み》るよりも瞭《あきら》かなことであります。是に於て挙国一致緊張したる精神を以て消費を節約し貯蓄を増加し、国際貸借の均衡を図り、金解禁に依つて経済組織を常態に復し、其の基礎の上に更始一新の国民的努力を払ふことに依て始めて合理的に景気回復の時期を迎へ得るのでありませう。之を要するに緊縮に依る一時の苦痛は、将来発展の為に忍ばねばならぬ過程であると信ずるものであります。

国家的大業の成就に戮力《りくりょく》せよ

今や我国は国民的決意を要する重大なる岐路に立つて居ります。従来の惰性に捉はれて偸安《とうあん》の途《みち》を採つたならば、我が国運の前途は果して何うなるでありませう。吾人はあらゆる艱難と戦ひ、あらゆる犠牲を意とせず、之が匡救の目的に向つて邁進せんとするものであります。吾人と憂を共にせらるる天下の大衆諸君。幸に吾人の此の決意を諒とし、進んで協力を与へられ、与《とも》に共に国運の進展に貢献せられんことを熱望する次第であります。

今や我国民は明治維新の大業を成就し、爾来六十年、幾多の国難を突破して、名実共に世界の一等国として万邦の間に雄を称ふる国民であります。何ぞ現下経済上社会上の難局を突破し得ざるの理がありませうか。吾人は必ずや全国民が協心戮力《りくりょく》して、克《よ》く此の大業を成就し得ることを確信して疑はないのであります。

（『浜口雄幸氏大論弁集』）

三一　全国民に訴ふ

［一九二九年（昭和四年）八月、経済対策リーフレット］

我国は今や経済上実に容易ならざる難局に立つて居るのであります。世界大戦の当時我経済界は空前の活気を呈し、国内産業も外国貿易もすこぶる好況を示したのでありますが、戦後情勢は一変して産業は萎微沈衰し、貿易は連年巨額の輸入超過を続け正貨は減少し、為替相場は低落し、加ふるに大震災によりて未曾有の打撃を蒙り経済界の不況はいよいよ深刻に赴き、若し現状のままに推移するにおいてはこれが回復は到底望むことが出来ないと思ふのであります。かくの如く財界の不況が長きに亘つて深刻を極めたるが為め、国民の所得は著しく減少し、国、府県、市町村等の歳入もまた従つて減少して居りますから、これに応じて公私共に思ひ切つて支出の減少を図らねばならないのであります。

然るに国民生活の実際を見れば奢侈浪費の風なほ改まる所なく、中央地方の財政も却つて、膨脹の趨勢を続け公債の増発によつて辛うじて収支の均衡を保つて居るといふ有様であります。従つて国債の総額は次第に増加し今や将《まさ》に六十億円に達せんとし、また地方債の額も二十億円に上るといふ状況でありまして、中央の財政も地方の財政もこのままでは到底立ち行く筈がないのであります。よつて政府は大なる決心を以て財政の整理緊縮を行はんとし、先づ以て本年度の予算において一億四千七百万円の節約を行ひましたが、更に来年度予算の編成に当つても出来る得る限りの整理緊縮を実現する積りであります。

国債についても、これが総額を増加せざるのみならず、更に進んでこれを減少するの計画を樹てました。また地方財政についても同様整理緊縮に努めつつあるのであります。事業会社、銀行等は固《もと》より一般国民諸君においても能く政府の決意の存する所を諒解せられ、出来得る限り消費を節約して、事業の基礎を強固にし、貯蓄を増加し将来の発展に資せらるるやう努められんことを望むのであります。かくして財政の緊縮と消費の節約とが充分に実行せらるるに至りますならば、ここに初めて経済立直し国民生活安定の必要条件であり且つ財界年来の懸案たる金輸出の解禁も断行することが出来るのであります。我国は世界大戦当時の非常措置として金の輸出禁止を行ひ既に十二年を経て居ります。これがため為替相場は動揺甚だしく、通貨及び物価の自然の調節を妨げられ、且つ産業貿易の堅実なる発達を阻害せられ、公私経済の膨脹と相まつて、財界今日の不安の状態を惹起してゐることは、諸君御承知の通りであります。諸外国において戦後の疲弊甚だしきものありしに拘はらず、官民一致非常なる決心を以て財政の整理と消費の節約とに努め、相次いで金の解禁を断行し貨幣制度の基礎を確立して財界を常道に復せし〔め〕たのでありまして、今日の処、未だ金の解禁を行はざる国は我国を除いては僅に二、三の小国に過ぎないのであります。故に我国としてはこの際万難を排し、一日も速かに金の解禁を断行して国際経済の常道に復し、産業貿易の健全なる発達を図り以て国運の進展に資することが刻下の急務であると深く信ずるのであります。しかしながら金解禁は何等の準備なく、卒然としてこれを行ふときは、解禁当時は固より解禁後においても経済界に容易ならざる影響を与ふるのであります。故にこれが準備として先づ以て公私の経済を極力緊縮し、物価の下落及び輸入超過の減少を図り、その結果として、為替相場をして徐々に回復せしむることが、最も必要であります。国民経済の立直しが焦眉の急務であることは論を待たぬ。しかしこの目的を達成するには、公私経済の緊縮節約を図り、金解禁を断行するより外に途はありませぬ。よつて政府は現に率先して財政の整理緊縮を実行しつつあります。しかしながら政府の財政も国民経済全般の上から見ますれば、その一小部分に過ぎませぬ。従つて国民全体が協力一致消費を節約し、勤倹力行に努め、以て貯蓄の増加を図り、初めて能く現下の難局を打開し、将来に向つて国力の充実伸張を期することが出来るのであります。緊縮節約はもとより最終の目的ではありませぬ。これによつて国家財政の基礎を強固にし、国民経済の根底を培養して他日大に発展するの素地を造らんが為であります。明日伸びんが為めに、今日縮むのであります。これに伴ふ目前の小苦痛は、前途の光明の為めに暫くこれを忍ぶの勇気がなければなりませぬ。願はくば政府と協力一致して、難局打開の為めに努力せられんことを切望致します。これ決して政府の為ではありませぬ。実に国民全体の為であります。

（『浜口雄幸氏名演説集』）

三二　経済難局打開に就いて

［一九二九年（昭和四年）八月二八日、東京中央放送局よりのラジオ放送演説］

私は唯今御紹介を受けました濱口であります。今夕は経済難局の打開に就いてといふ演題の下に私の考への一端を申述べて見たいと存じます。

暫くの御清聴を煩します。

サテ大正三年に世界の大戦争が始まりまして以来、我国の経済界は非常なる好景気が続きましたので、その結果、政府の財政も、民間事業の経営振りも、国民一般の暮し向きも、急激なる膨脹をいたしたのであります。

先づ国家の財政に就いて申しますれば、戦争の始まりました年、即ち大正三年度から今日に至りますまで十五年の間に、殆んど三倍に近い増加を告げたのであります。また個人の経済に於きましても、これを戦争の前に比較いたしますれば、その経済は大変に膨脹いたしまして、中には数倍の多きに上つたものも少くない有様であります。然るに、好景気時代に於ては、政府の歳入も個人の収入も大変に増加いたしましたので、人情の弱点と申しませうか、当時の政治家或は一般国民の不用意と申しませうか、知らず識らずの間に、その経済は放漫に流れ、非常なる増加を告げたのであります。然るに、この好景気は元々戦争に基くところの景気でありますので、決して長く続くものではありませぬ。間もなく反動が参りまして、遂に大正九年の大恐慌となり、その創痍がまだ癒へない内に大正十二年の大震災に出会ひまして、打続く不幸なる出来事の為めに、我が経済界は非常なる打撃を蒙り、深刻なる不景気に襲はれ、産業は振ひませず、貿易は年々輸入超過を続け、為替相場は著しく低落いたしまして、我国の財界は、遂に今日の如く不況のドン底に沈むに至つたのであります。

然るに我々の最も遺憾と思ひますることは、国民の多数が未だこの財界の現状を、充分に理解してゐないことであります。好景気時代に馴致せられましたる奢侈放縦の弊風を、脱することが出来ませぬ。収入は減じましても、これに伴ふて消費を節約することをいたしませぬ。国家の財政も、また兎角放漫に流れまして、歳入の状況が悪くなつたのに伴ふて歳出を切り盛りすることをいたさなかつたのであります。その結果、年々少からざるところの公債を補つて、漸く歳入の不足を補つて参つたといふ状況であります。

斯の如く、政府の財政も国民の経済も、その収入と支出とが均衡を失ひまして、政府も国民の多くも、共に借金に苦んで漸くその日暮しの生活を営んでいる、と申すやうな状態でありまして、然かもその借金は、年々歳々増えて参る一方であります。今日の如く、官民共に、無自覚無理解の儘、何等の整理もすることなくて参りましたならば、財政経済上の病根は愈々深く相成りまして、世の中の不景気は終に回復するの時がなく、我国経済界の建直しも、国民生活の安定も、到底不可能と相成り、延いては、国民思想の不安動揺を招き、幾多の社会問題の解決も出来なく相成るのでありまして、斯くては、国家の前途果して如何に成り行くべきや、洵《まこと》に心配に堪へない次第であります。今や我国は、朝野を挙げて断乎たる決心を以て、この行詰つている経済界の建直しを行ひ、国民生活の安定を図り、国家百年の長計を樹てなければならぬといふ、極めて重大なる場合になつて居るのであります。

この時局を救ふが為には、官民一致、大なる決心と協力とを要すること勿論でありますが、先づ政府に於て着手いたしましたことは、財政の整理緊縮であります。我国の財政は近年非常なる膨脹をいたしたのであります。前に申したことを繰返すやうでありますが、大正三年度に於きましては、我国の歳出は六億四千八百万円に過ぎなかつたのが、それより十五年の後の昭和四年度には実に十七億七千万円といふ大なる数字になつて居ります。而して歳入はどうかと申しますれば、戦争中は勿論のこと、戦後暫くの間は非常に好成績でありまして、毎年毎年政府には数億円の金が余つて、翌年度に繰越すといふやうな有様でありました。けれども戦争気分が漸く終りを告げ、追々と好景気の反動が現はれて参りますと共に、政府の歳入状況は段々に悪くなつて参りまして、歳出に対して遂に不足を生ずるといふことになりましたが為に公債即ち借金をして漸く予算の辻褄を合せて行かなければならぬこととなつたのであります。斯の如き財政の膨脹が我国今日の窮迫して居る所の国民経済の実際の状態に照らしまして、如何にも無理であるといふことは、蓋し何人も異論のないところであらうと存ずるのであります。

斯の如き放漫なる財政々策は、その当然の結果としまして、公債の増発を惹起し、財政の基礎を薄弱ならしめ、民間の事業資金を奪ひ、物価の騰貴を促し、国民の負担を増加せしめ、輸入超過の勢ひを助くるものであります。かかるが故に、今日に於て思ひ切つたる財政の整理緊縮を行つて、将来の禍ひの根を絶つことが最も必要であると思ひます。ここに於て、政府は、この年度に於ては既に年度の三分一を経過いたして居りますに拘らず、緊縮の方針に基いて実行予算を作りまして、一般会計、特別会計を通じて一億四千七百万円の節約を行つたのであります。また明年度の予算編成に就きましては更に一層整理緊縮の方針を徹底する決心であります。また中央の財政と同様に、府県市町村等地方の財政に於きましても、出来得るだけ緊縮の方針を守らしめまして、中央、地方相率いて財政整理緊縮の目的を達せんことを期して居るのであります。

我国の国債は、歳入の減少、歳出の増加に伴ふて近年著しく増加したのであります。大正三年二十五億円でありましたものが、今日では実に五十八億円に達して居りまして、これを内地六千万の人口に割当てて見ますれば、実に人口一人に対して百円に当ります。一家五人と計算いたしますれば、一戸当り実に五百円といふ重い負担となつて居ります。従て国債の利子額も非常なる額に達して居りまして、毎年三億円近くの利子を支払はなければならぬのであります。

若しこれまで通りの方針で参りましたならば、公債元利の負担は段々と増加いたして止まるところを知らずといふ状態であります。我国民経済の現在の状態に於て、斯の如き負担の増加は到底その堪ゆるところではないのであります。申すまでもなく、公債の増発は国民負担の増加となり、金融市場を圧迫し、通貨の膨脹を招き、産業貿易の発達を妨ぐる等、経済上非常なる弊害を生ずるのみならず、これから愈々金解禁といふ大事を実行いたし、尚将来に向つて我国の貨幣の制度を完全に維持しますが為には、この上国債を増加するといふことは特に差控へなければならぬ事柄であります。

依つて政府は、将来の財政計画を建てまする上に於て、国債の総額を六十億円以上に増加せしめないのみならず、更に進んで逐次これを減少する決心であります。これと同様に、府県市町村等の地方債に対しましても、極力その増加を抑制いたしまして、その整理償還を促す方針であります。

我国今日の重大なる問題は、金の輸出禁止を解除するといふ問題であります。大正三年世界大戦の勃発いたしまするや、欧羅巴の各国、続いて米国もまた金の［輸出］禁止を断行したのであります。抑々《そもそも》、これらの国々が、何故に金の輸出を禁止したかと申しますれば、是等の国々は我国と同様、中央銀行に相当の金貨と金の地金とを持つて居りまして、これを引当として、兌換銀行券、即ち俗に所謂紙幣を発行いたして居るのであります。即ち、何時でもこの兌換券を持つて参つて金貨と引換へを請求する者がありますれば、直にその引換へに応ずることの出来る準備をいたして居るのでありまして、これを正貨準備といふのであります。

然るに、貿易の関係等のため外国に段々金貨が流れ出て参りますれば、その国の正貨準備は次第に減少いたしまして、その減少の程度が甚しくなりますれば、終にその国の貨幣制度に対する内外の信用が無くなり、貨幣制度の基礎が動揺するに至りまして、財界は非常な混雑を生ずるやうになるのでありますから各国共金の輸出を禁止するといふやうな非常手段を取るに到つたのであります。

我国に於きましても、大正六年に米国が金の輸出禁止を行ひまするや、終に已むことを得ず同年九月大蔵省令を以て、金の輸出制限、俗に申しますところの金の輸出禁止を行つたのであります。欧洲各国に於きまして、金の輸出禁止を行つた結果はどうであるかと申しますれば、成ほど金の無制限なる輸出は法令の力によつて留まりましたけれども、外国との貿易関係が根本的に改善をされない以上は、外国からの輸入超過となつた分だけ、その代金は何等かの方法を以て正貨即ち金で支払はなければなりませぬから、或は外国で公債を起すか、借入金をするとか、有価証券の輸出を行ふとか、或は外国に信用を設定するかいたしましてこれを彌縫《びほう》いたして参りましたけれども、これらの方法は到底長くこれを続けることが出来ませずして、終にこれを中止するに至つたのであります。さういたしまするといふと、その当然の結果といたしまして、その国の外国為替相場は次第に低落いたして参りまして、或は平価の二分の一、或は三分の一に下るものもあれば、甚しきに至つては十分の一以下にも崩落し、独逸のマルクの如き殆んど想像にも及ばぬほどの下落を告げたことは、お互ひの記憶に新たなるところであります。

尚為替の崩落と同様に産業上、貿易上非常に困りますことは、為替相場の変動即ち高下といふことであります。金の輸出が自由でありまするならば、国と国との貸借関係が平均を失つて一方に傾きました時例へば輸入が輸出に超過して、その平均が失はれた時は、金貨を外国に輸出することによつて自然の調節が行はれまして、為替相場の乱高下といふことは起らないのでありますけれども、金の輸出を禁止してしまつて、この自然の調節といふものが行はれなくなりますと、国際貸借の平均を失ふにつれまして、為替相場は非常なる乱高下をなすに至るものであります。為替相場の崩落の上に、更にその乱高下といふことが二重になつて参りましては、当業者は、安心して外国貿易に従事することが出来ませぬから、到底貿易の振興を望むことは出来ないのであります。従て産業の発達を期することは出来ないのであります。そこで各国とも到底その弊に堪へることが出来ぬので、政府も国民と共同一致いたしまして、大なる決心を以て政府に於ては財政の整理、緊縮を断行し、国民もまたこれに共鳴して非常なる消費の節約を行ひまして物価の下落、貿易の改善、為替相場の安定を図り、為替の相場が漸次回復するやうに仕向けます等、金輸出解禁の準備に全力を挙げまして、その準備が出来まするや、米国は大正八年六月に、英国と和蘭とは大正十四年四月に、仏蘭西は昭和三年六月にそれぞれ金の解禁を断行いたしまして、今や世界列国中いまだ金の輸出解禁を行つて居りませぬ国は我が日本を除くの他は僅に、一、二の小国に過ぎないといふ有様であります。

我国に於きましても、金の輸出を禁止いたしました結果財政が膨脹して已まないといふこと、国民の消費が衰へないこと、相俟つて物価の不自然なる騰貴を招き、為替相場の急激なる変動を生じ、為に外国貿易は、恰《あたか》も投機事業のやうになりまして、大いにその発達を妨げられ、これが為に一般産業の基礎を不安ならしめ、久しきに亙つて経済界の非常なる不景気を招きましたのみならず、外国に対する帝国の信用を失墜いたしましたることは、今日お互が痛切に感じて居るところであります。従て我国経済界の難局を打開し、その建直しをするが為には金の輸出禁止を解除して、速に財界の安定を期することが、何よりも急務であるといふことは、天下何人も異議のないところであると存ずるのであります。

政府はこの現状に鑑みまして、速に金の輸出解除をするといふ決心をいたしたのであります。併しながら金輸出が禁止されまして以来、既に十二年も経過し、財界も大分この輸出禁止の状態に馴れ来つて居りますによつて、今日この禁止を解くといふことを、ただ率然と何等の準備なしに行ふといふ訳には参りませぬ。我々はこの準備の為に絶大の努力を払はなければならぬのであります。

その準備と申しましても、種々ありますけれども、その最も大切なるところの根本的要件は何かと申しますと、国民精神の緊張であります。これを具体的に申しますれば、政府に於ては大なる決心を以て、財政の緊縮、公債の整理を行ふことであります。国民一般に於ては、これまた大なる覚悟を以て、或は事業の整理を行ひ、或は消費の節約をなし、勤倹力行を励むといふことに帰着いたすのであります。

政府の財政を緊縮し、国債の整理を行ふことが、金解禁の問題を離れても是非とも行はなければならぬといふことは申すまでもないことでありますが、金の解禁を行ふ為には、この事が特に必要欠くべからざる要件であります。何となれば政府の財政を緊縮し、国債を整理することによつて、通貨の膨脹を抑へて物価の下落を促し、外国への輸出を盛んにして、外国からの輸入を防ぎ、以て国際貸借の均衡を回復するの素地を作り、外国に対する日本の信用を高めて、為替相場が次第次第に回復するやうにいたし、以て金の解禁によるところの一時的悪影響を予防すると同時に、解禁後に於ても長く財界の健実なる発達をなすことが出来るのであります。

併しながら単《ひと》り政府が自分の財政を緊縮するだけでは、到底この目的を達することは出来ませぬ、政府の一年間に使ふところの金は三十七、八億といふ大なる金額でありまするけれども、国民全体の使ふ金に比較いたしますれば実に九牛一毛に過ぎませぬ。そこで広く国民一般はこの政府の政策に共鳴して、一大決心を以て消費を節約し、勤倹力行を励むことによつて、初めてこの金解禁の大目的を円満に達成することが出来るのであります。

世間には財政の緊縮、公債の整理といふことは、成ほど一部の人々に利益ではあらうけれども、多数国民の懐中には何等関係がないかのやうに心得てゐるものがあるやうに承知いたしますが、これは大なる間違ひであります。緊縮や、節約や、金の解禁によるところの一般財界の建直しから来るところの国民全体の幸福利益は暫く別といたしましても、公債の増発によつて尨大なる財政の計画を立てました後、経済界の状況によつて公債募集が思ふやうに出来なかつたときは、これは勢ひ増税を行つて国民の負担を増加する他はないのであります。また公債の募集が出来るといたしましても、その公債の元利の支払ひは、結局国民の租税によることになるのであります。また消費の節約は物価を下落せしめ、国際貸借の関係を改善し金解禁の実行を円滑ならしむるが為に必要である、といふことは諒解するけれども、それ以外に一般国民として抑《そもそ》も何の利益があるかといふやうな奇妙な質問を受けることがありますが、消費を節約する結果は、即ちその人の家政の整理となり、貯蓄の増加となりますので、家政の整理が出来、貯蓄が増加いたしますれば、ここに生活の安定が得られるのであります。生活の安定は延いて健全なる思想を養成します基《もと》ひになるのであります。国民の各自が生活の安定を得た場合に、何処に危険思想の侵入する余地がありませうか。また国民全体から申しますれば、貯蓄の増加は即ち資本の増加となるのであります。資本の増加は即ち産業振興、国富の増進の源泉であります。産業が振興し、国富が増進して、ここに所謂失業問題の解決の困難も、よほど緩和されるのであります。

斯やうに申して参りますれば、財政の緊縮、消費の節約は、金解禁の問題と離れて考へて見ましても、民力涵養、生活安定の為に必要であるといふことは、極めて明瞭になつて来るのであらうと思ひます。世間には金の解禁を行ひますれば、如何にも経済界の大変動が来るもののやうに誤解をいたし、杞憂を抱いて居る向があるやうでありますが、若しこの金の解禁といふことを、何等の準備なくして急激に行ひますれば為に財政は相当の混乱を捲き起すことは、これは免れ難いと思ひまするけれども、私が前に申しましたるが如く、充分の準備を整へまして、これならば愈々解禁を断行いたしましても差支へないといふところまで、官民一致の努力によつて我国の経済界を導いて置いて、それから解禁いたしまするならば、それこそ財界には何等憂ふべき変動もなく、円満に解禁が行はれるのみならず、解禁後に於ても、貨幣制度を維持する上に於て、また財界の発達を期する上に於て、少しも心配するに及ばぬといふことを私は信じて疑ひませぬ。英国といはず、米国と云はず、仏蘭西、独逸、伊太利の各国に於ても、解禁の結果財界に何等特記すべき変動がなかつたと云ふことは、諸君も御承知の通りであります。

また金解禁の準備として政府が財政を緊縮し、国民が消費の節約をいたしまする結果、物価は下落し、一層不景気が濃厚になつて参つて、果ては大恐慌でも起りはせぬかと心配する人もあるやうでありますが、成程緊節約の結果、一時は一層不景気となるやうなことがありませうけれども、若し今日の状態といふものを、この儘に放任して置きましたならば、今日の不景気は益々甚しくなるばかりでなく、いつになればこの財界は安定し景気が回復すべきか、全く見極めがつきませぬ。けれどもこの緊縮、節約、金解禁のために起るところの不景気はこれは一時的の不景気でありまして、この一時的の不景気を乗切ることによつて、始めて本当の景気の回復が期し得られるのであります。言ひ換へて申しますれば、今日の儘の不景気は底の知れない不景気であります。安定しない不景気であります、前途暗澹たる不景気であります。これに反して緊縮、節約、金解禁によるところの不景気は底をついた不景気であります。安定したる不景気であります、前途に皓々たる光明を望んでの一時的の不景気であります。即ち財政の緊縮といひ、消費の節約といひ、勤倹力行といふことも畢竟するに将来大に伸びんとするために一時屈するのであります。

我々は国民諸君と共にこの一時の苦痛を忍んで、後日の大なる発展を遂げなければなりませぬ。

私はわが大和民族の偉大なる国民性に対して全幅の信頼を置くものであります。我国民は鎖国三百年の夢を破つて、明治維新の大業を成就したる偉大なる国民であります。西南戦争以後、久しきに亘つて混乱に混乱を極めたる貨幣制度を改革し、万難を排して始めて今日の兌換制度を確立したるところの光輝ある歴史を有する国民であります。我々は明治二十七、八年の戦役以来、刻苦経営未曾有の国難を突破し、世界列強の班に列したのではありませぬか。今を去ること六年前曠古の大震災に見舞はれ、帝都を挙げ灰燼と化したるに拘らず、官民一致、努力奮闘の結果、今や殆ど帝都復興の大業を完成したではありませぬか。これ等の名誉ある歴史的事実を思ひ起し、且つは我々の目の前に横はつて居る光輝ある現象を目撃する時に、何人か我が国民性の偉大なるに驚嘆しないものがありませうか。

由来堅忍不抜にして秩序を重んじ、統制を尊び、あらゆる艱難を突破して劃時代的の大事業を成就するのは、実に我が大和民族の特長でありまして、この特長こそ、以て世界万国に誇るに足ると思ふのであります。

斯の如き光輝あり、名誉ある我が日本国民が、単《ひと》り現下の経済難局を打開することが出来ないといふ道理がありませうか。これが出来ないといふのは自ら侮るの甚しきものであります。我が国民は、必ずやよく伝統的の国民性を発揮して、金解禁を円満に成就するに至るべきは、私の心の底から深く深く確信して疑はざるところであります。

今や我国は、実に国民的大決心を要するところの、極めて重大なる岐路に立つて居るのであります。私は、我国今日の経済的難局を座視することは出来ませぬ。ここに諸君と共に、大なる決心と大なる覚悟とを以て目下の難局を打開し、国運の発展に貢献せんが為に努力奮闘したいものと思ひます。幸に、諸君の充分なる御協力あらんことを、切に希望する次第であります。これで私の講演を終ります。

（尼子止『平民宰相浜口雄幸』、宝文館、一九三〇年）

三三　震災六周年記念日に際し一段の努力を望む

［一九二九年（昭和四年）九月一日］

関東大震災の後ここに満六年の歳月を閲して災害地の復興事業着々進行し、横浜市は既に予定の計画を終了し、帝都又殆んど復興の完成を見るに到つたことに対しては、私は両市々民並に一般国民が如何に復興に専念し、如何にその努力を傾倒し且つ如何にその精進を継続しつつあるかを目撃して心から誠に敬服の念に堪へないのであります。

併しながら翻つて思ふにこれを帝都の旧観回復のみに就いて見るも、尚幾多の施設を要するのであります。況《ま》して真に首都としての態様と内容とを充実せしむるには更に一段の努力を必要とします。而も今日の急務はひとり帝都復興の事業のみではありませぬ、我々は更に進んで経済上、思想上の難局を打開しなければなりませぬ。これが実に今日の大問題であります。然るに人心は機微の間に変転します。六年前の今月今日悲惨を極めた災厄当時、涙ぐましき程に緊張したる人心も漸次緩み来つて歳月の経過と共に浮華軽佻の風を生じ、頽廃せる思潮の流れをさへ見るに到つたことは帝都復興の為め、帝都興隆の為め、大なる障害をなすのでありまして誠に残念に思ふ所であります。

我々国民は互に深く相警《いまし》め、緩るむ心を引き締めて飽くまでも真個不退転の大勇猛心を振ひ起して、所期の目的に邁進せなければならぬのであります。世態の現状に鑑み私は此の場合更に一層の国民的努力を希望しない訳にはまいりません。

本日は大震災記念日であります。国民的緊張心を喚起するに於いて、最も好機会を得たる事を信ずるのであります。願くば我が国民は更に一段の精神的緊張を以つて復興事業最後の完成に鋭意すると共に、刻下当面の経済的、思想的難局に対処して最善最大の努力と精進とを期せられんことを国家のため切望に堪へない次第であります。これと同時に私は我国民がこれ等の大事業を成し遂ぐるだけの実力を有して居ることを確信するものであります。

（『浜口内閣』）

三四　財政及び財界の建直し

［一九二九年（昭和四年）九月二六日、東京銀行倶楽部閣僚招待晩餐会での挨拶］

今夕は御招待を蒙りまして、此盛宴に列することを得ましたことを深く感謝致します。之と同時に久し振りでこの銀行倶楽部に罷《まか》り出まして、我国の金融の枢軸を握られて居る有力なる諸君と一堂の下に相見《まみ》えまして、種々意見を交換する機会を得ましたことを、これ亦深く感謝致します。

只今鈴木委員長より御鄭重なる御挨拶がありました。目下の重要なる経済上の諸問題に就いて、頗る詳細に亘つてお話があつたのであります。固《もと》より是等の点に就きましては、同僚の大臣よりお話があらうと存じまするに依つて、私は総て之を差控へまして、唯簡単に御挨拶を申述べるに止める次第であります。

国民精神緊張を要するの秋《とき》

扨《さ》て今日の我国の状態は、建直しを要すべき事柄が少なからぬのであります。独り財政経済の問題に限りませぬ。総ての問題に於て根本より建直しを要する点が極めて多いのであります。斯くの如く根本的に建直しをせねばならぬやうになりましたその原因に就いては、固より種々あるでありませう。一言にして申しますれば、人の心が弛んで来た、即ちむづかしい言葉で申しますれば、国民精神の弛緩であります。世界の戦争が始まりまして間もなく、我国は非常なる僥倖と私は申しますが、好景気が続いたのであります。其結果として人の心に非常なる弛みが出来た。即ち精神の弛緩を生じたのであります。財政の継続的膨脹もその心の弛みの現はれの一つであらうと存じます。又個人の消費経済に於ける所の異常なる膨脹と云ふことも、これ亦人間の心の弛みの現はれの一つでなくてはならぬと存じます。それと同時に所謂綱紀風紀の弛緩頽廃と云ふ事も、これ亦国民精神の弛緩の現はれの一つであると思ひます。その国民精神の弛緩の原因は種々あるでありませう。固《もと》より一言にして之を蔽ふことは出来ますまい。或る人々は日本には哲学が無い、哲学の欠乏と云ふことが、人間の精神の弛緩を生ずると申す者もあるやうに承る。また或る種類の人々は、日本には宗教が無い、宗教の欠乏と云ふことが、国民精神の弛緩の根本原因であると申す者もあるやうに承知致しますが、私はさう云ふことは全く素人でありますから何とも批評を致す考へは無いのであります。然しながら其原因の如何に拘はらず、結果は即ち心の弛み精神の弛緩であります。此精神の弛緩と云ふことを、どうしても今日は引締めなければならぬ、之を緊張せしめなければ国が危いと私は考へて居る。

財政の整理緊縮と金解禁の準備

他の事柄に就いては今夕の集会の性質上暫らく申述べるのを差控へることが適当であらうと存じますが、当面の問題たる財政経済上の行詰り――今日の日本の財政経済が非常な行詰りの状態に陥つて、速かに之が建直しをせなければならぬと云ふことは、恐らく万人の一致したる意見であらうと存じます。私共の内閣は此の趣意に基づいて、組閣早々只［今］鈴木委員長から引用されました通り、十箇条の施政の方針の大綱を決定いたしまして、之を声明したのであります。十箇条の施政の方針は固より政治の各方面に亘つて居ります。他の事は申上げませぬが、財政経済に関する部分のみを申しますれば、即ち財政の整理緊縮を為すこと、公債整理の方針を確定すること、国民に消費の節約を奨励すること、必要なる準備を整へて速かに金の解禁を行ふこと、是は言葉通りではありませぬが、さう云ふ意味のことを、財政経済の方面に就いては声明して居るのであります。爾来今日に至るまで八十四五日を経過致しますけれども、吾々一同同心協力致しまして、之が実行に努力を致して居る場合《ところ》であります。固より三月足らずの短時日の間でありますから、今に於いてその成績を申すことは頗る早計であります。然しながら大体から申しますれば、幸ひにして吾々の成績は、先づ今日の所では短時日の割合には順調に進行しつつあるやうに私は考へて居ります。是は決して此の内閣の力ではありませぬ。此席に御集会になつて居ります所の諸君の御心配は勿論のこと、広く申しますれば国民全体が今日の国家の状態に目醒めまして、自覚反省をすべき所の機運が正に到来して居つた為であらうと私は思つて居ります。然しながら吾々は過去二箇月有余の状況が、稍々予期の如く進行しつつあると云ふことを以て決して満足すべきでありませぬ。前途には尚ほ幾多の難関が横たはつて居ります。過去を顧みて油断すべき時ではありませぬ。唯々後を顧みる暇なく、驀地《ばくち》に真正面に向つて、必死の努力を以て前進すべき場合であります。此点に就きましては吾々の内閣は、相当の決意を以て事に当つて居る積りであります。

協力を切望す

不肖でありますけれども一たび大命を拝しまして、今日の難局に直面して内閣を組織致し、其責任を取りました以上は、力の及ぶ限り全力を挙げて、努力奮闘すると云ふ決心だけは持つて居るのであります。然しながら時局は極めて重大であります。此重大なる時局を打開して、国運の発展——いま少しく細かに申しますれば、産業貿易の堅実なる発展を期するが為には、又国民生活の安定を図りまするが為には、何と致しましても今夜お集まりになつて居る如き有力なる諸君の御援助と御協力とを、絶対に必要とするのであります。幸ひにして現政府の方針政策に対して、諸君の御賛同を得ることが出来ましたならば、願はくは私共に向つて此上とも十分なる御援助と御協力とを与へられんことを、此機会に於て切に希望致す所であります。今夕の御招待に対しまして重ねて深厚なる謝意を表すると同時に、茲《ここ》に盃を挙げて委員長初め会員諸君の御健康を祝します。

（東京銀行集会所『銀行通信録』）

三五　経済難局打開の使命

［一九二九年（昭和四年）一〇月一三日、民政党東海十一州大会での演説］

神宮遷御の儀

諸君。我が国至高至貴の祭典たる神宮式年遷宮《しきねんせんぐう》の大儀が、本月初旬滞《とどこおり》なく終了しましたことは洵《まこと》に御同慶に堪へざる所であります。私は供奉員として親しく此の式典に奉仕し、皇恩の宏大無辺《むへん》なるに感泣した次第でありまして、国民亦赤誠を捧げて奉祝の至情を披瀝し、益々《ますます》敬神崇祖の信念を鞏固にし得たことを、衷心より喜ぶものであります。

帝国の使命

諸君。我国は欧洲大戦後、急速の変化を告げつつある世界の情勢に対しまして、国民的一大飛躍を為し、内外の時局に善処すべき必要に迫られて居るのであります。我党内閣が成立以来夙夜尽瘁《しゅくやじんすい》して、須臾《しゅゆ》も懈《おこた》らないのは、一に全国民と艱難辛苦を共にして、当面の難局を打開し、国家将来の大計を樹立せんが為であるのであります。

帝国は極東海陸の要衝に位して、東洋の平和を確保し、世界の文化に貢献すべき重大なる責任を有するものであります、而して聡明にして、堅忍不抜なる我国民は、此の重責を果すに足るべき十分の素質を備ふるものと信ずるのでありります。即ち現代人類の間に磅礴《ぼうばく》たる平和愛好の精神を象徴して、我が外交政策の基調と為し、以て世界の進運に貢献しながら、洋々たる帝国の前途を開拓することは、実に吾人の大なる使命であるのであります。

軍備縮小問題

帝国の外交は今や極めて順調でありまして、何等懸念すべき状態はないのであります。現下世界の耳目を聳動《じゆうどう》しつつある軍備縮小の問題に対しましては、我国の態度は予め確定して動かざるものがあります。即ち日本の海軍力は第一に世界の何れの国に対しても、脅威を加へざると共に、何れの国からも決して脅威を受けざることが、本問題の前提でなければなりませぬ。第二に国際平和の精神に徹底し、各国民負担の軽減を図《はか》らんが為、単に軍備を制限するに止まらず、進んで相対的に軍備縮小の実を挙ぐることを要務とすべきであります。此等の主張よりして軍艦の比率は英米より低きを厭ひませぬ。併《しか》し乍《なが》ら其の制限は万一の場合、我が国が其の存立を脅かされざる自衛の力を維持することにあることは勿論であります。此の如きは我国歴代の内閣が、把持《はじ》し来たつたる不変の方針でありまして、世界列国の諒とする所であると信じます。現内閣も亦同一の方針に則《のっと》り、熱誠を傾けて人類平和の事業に協力する考へであります。

海軍々縮会議は已往数回の会合を重ね、相当の成績を収めたのでありまするが、特に今回は英米共に非常なる熱心を以て、慎重に交渉を進め来つたのでありまして、軍縮会議正式の招請状は已に我国にも到達して居るのであります。我国は此の好機に乗じ、平素の目的を達成すべく大に努力しなければならぬと考ふるのであります。明年一月に開かるべき軍縮会議が、列国の協調に依つて幸に其の目的を達するに至つたならば、軍縮問題は茲《ここ》に愈々《いよいよ》新生面を開くことと相成り、世界平和の為め真に慶賀に勝《た》へざる所として、今より其の成功を祈る次第であります。

対支問題

次に我国民の常に忘るることの出来ないのは支那問題であります。対支政策の要諦は、日支両国根本の利害に立脚し、百年の長計を把握して、当面の問題に善処するにあるのであります。眼前に展開し来る個々の現象に就《つい》て極論しましたならば、両国相互に不満の点もあるのでありませうが、併し乍ら眼孔を大にし、眼界を遠くして静に両国共通の利害を洞察する時は、結論は自ら両国民の頭に明瞭ならざるを得ないのであります。大局の利害を忘れて区々たる小問題に没頭することは、東洋平和の為に執るべき方策ではありません、大処高処に立脚して、互に疑念を去り胸襟を抜《ひら》き、極東の平和を維持し、両国の使命を全うする所以を究め、之を目標として進むことが、賢明なる国民の執るべき態度であると信じます。

若し日支両国民が互に相戒めて、侮らず恐れず傲らず疑はざる、真個の親善関係を以て、相交はることが出来まするならば、東亜の前途は実に洋々たるものがあるのでありまして、両国の幸福之より大なるものはないと思ふのであります。具体的の問題は暫く論ぜず、予は大体此の如き方針を以て、対支外交の事に当り度《た》いと信ずるのであります。

整理緊縮と金解禁

諸君。現内閣が国民経済の根本的建直しを行ひ、産業貿易の振興と国民生活の安定とを企図せんが為め、財政の整理緊縮を断行し、国民の消費節約を勧奨し、財界安定の先決問題たる金の解禁を実現すべく著々準備の歩を進め来つたことは御承知の通りであります。財政の整理緊縮と云ひ、国民の消費節約と云ひ、決して萎縮退嬰《たいえい》を意味するものではありません。世界の大戦後不自然に膨脹したる我国の財政経済は、其後幾度かの難局に遭遇したるに拘らず、大体に於て合理的整理を遂ぐるに至らず、好景気時代の惰性に馴致されて依然として膨脹放漫に流れ、一般人心の弛緩と相俟つて、経済上社会上の危機を醸成したのであります。整理緊縮、消費節約は此危機を匡救すべき絶対必要の手段方法であつて、而かも其時機既に頗《すこぶ》る遅れたる感があります。今にして国民一致の努力に依り之を断行するにあらざれば、財政経済は云ふに及ばず、社会上、思想上実に容易ならざる結果を招くに至るのであります。仍《よっ》て時局匡救の唯一の手段方法として、何よりも先づ財政の整理緊縮と国民消費の節約を行ひ、金輸出の解禁を実現しなければならぬのであります。之等の手段方法を実行することに依つて、現下の難局を打開し、国民経済の建直しを行ひ、国民生活の安定を図ることは、即ち産業貿易の堅実なる発達を図り、国運を進展せしむるが為の、必要なる準備であるのであります。整理緊縮、消費の節約はそれ自体が目的にあらずして国運発展と云ふ目的の為の手段であります、言葉を換て云へば、他日伸びんが為に今日縮むのであります。国運の大なる発展は大なる整理緊縮、消費節約の後に始めて来るのであります。

現内閣は整理緊縮の方針の下に、昭和四年度の実行予算を作成し、之と同一の方針を以て、今や昭和五年度の予算を編成しつつあるのであります。

現内閣の方針によりますれば、累年増加して将《まさ》に六十億に上らんとする国債濫発の勢は阻止せられ、明年度より国債の総額は幾分づつ毎年減少することになるのであります。今や時勢の然らしむる所と云はうか、国民の自覚に基づくと云はうか、消費節約は全国の都鄙に渉《わた》つて大分普及徹底したる感がありますので、政府は其努力の空しからざるを喜んで居る次第であります。

若し国民の消費節約が、今日迄の勢を以て此上一層広く且つ深く行はれ、更に明年度の予算が幸に政府の方針通り編成することが出来ましたならば、経済難局打開に対する官民の努力は大体に於て好結果を収め、金解禁の機運も愈愈熟しつつあるものと云ふことが出来るのであります。財政の整理緊縮と国民の消費節約とが、金解禁の準備として相当の効果のあることは、今や議論の問題にあらずして、実際の結果となつて吾人の眼前に現はれて居るのでありま す。現に物価は漸落《ぜんらく》し、輸入は減少し、国際貸借は次第に改善せられ、日本の対外信用は昂上し、為替は堅実なる歩調を以て恢復しつつあることは、日々の新聞記事に依つて明かに御承知の次第であると思ひます。乃《すなわ》ち経済上に於ける内外の状況は、我党内閣の政策全く適中せるを立証するものでありまして、予は諸般の状況が寧ろ政府の予期以上に進捗しつつあることを喜ぶものであります。併しながら財政の整理と云ひ、消費節約と云ひ、金解禁の前提として啻《ただ》に必要なるのみならず、金解禁の善後策としても亦同様に必要であつて、金解禁の実行と共に打切るべきものでないことは、国民として堅く牢記《ろうき》して置かなければならないのであります。

綱紀粛正と政党政治の信用

最後に一言すべきは綱紀粛正の問題であります。言ふまでもなく綱紀の振粛、国民精神の緊張は実に国家興隆の第一要件であります。而して国民精神の緊張を経済的に解説すれば、整理緊縮、勤倹力行となり、政治的に解説すれば綱紀粛正、風紀振作となるのであります。

挙世滔々綱紀の紊乱を敢てして恥づる所なくんば、国家は衰亡の一途を追ふの外なきことは、古今東西の歴史の証明する所であります。一部の人々が綱紀を紊《みだ》り、不正の利益を貪るの時に当り、同じ帝国の同胞中多数の者が失業に脅かされ、衣食に窮するが如き状態の下に於て、社会問題の頻発を抑へ、国民思想の悪化を防ぐは実に至難の事業であります。凡そ社会の上流を以て自ら居り、天下の儀表たるべき人々は、平常に於ても天下の憂に先だちて憂ひ、天下の楽《たのしみ》に後れて楽むの心掛が必要でありますが、今日の如き内外の難局に直面し、非常の政策を行つて、国民に節約を奨励しなければならぬが如き、容易ならざる場合に於ては、特に戒心反省すべきであります。予は近時《きんじ》の状態を見て実に深憂に堪へざるものがあるのであります。

我国に政党内閣制が確立せられたのは、僅に最近の事であるに拘らず、国民は政党の美点を認識する前に、先づ政党の欠点を見せつけられた感があるのであります。斯くては政党政治に対する国民の信用を繋ぐ所以《ゆえん》ではありません。由来政治は信用を以て行はるるものであります。国民が政党を信用せず政治家を信用せざるやうでは、立派なる政治は到底行はるるものではありません。若し国民が政党政治を信ぜぬことになれば、憲政は再び逆転せざるを得ないのであります。今日の如き社会状態の下に於て、又今日の如き思想混乱の下に於て、憲政の逆転を繰返すことあらんか、其結果は真に恐るべきものがあるでありませう。斯様に考へて見ますれば、我国の憲政は決して、未だ安定の域に達せりと云ふことが出来ないのみならず、憲政の危機今日に在りと云ふも、必ずしも過言にあらずと思ふのであります。此時に当つて政党の品位を昂め政党政治の信用を恢復して以て憲政有終の美を済《な》すは、実に我党の重大なる責任であります。予は党員諸君と共に身命を君国に捧げて強く正しく明るき政治を行ひ、憲政発達の為めに尽瘁《じんすい》せんことを誓ふものであります。

我党の覚悟

我党の政策は相当機関の議決を経て従来之を公表したものがあります。又内閣成立直後に於て天下に声明したものもあります。是等は緩急を計つて逐次之を実現せんことを期するものでありますが、今日は明年度予算の編成中であるから、自分としては未だ之を具体的に言明する時機に達して居ないのであります。今や時局は極めて多事多難であります。此時に当つて内外の難局を打開し、時弊を匡救するの責任は、実に我党の雙肩に懸つて居ります。国民の期待も亦此に在りと信ずるのであります。我党の諸君、其責任の重大なるに顧み、国家の為益々努力奮闘あらん事を切望する次第であります。

（『浜口雄幸氏大論弁集』）

三六　政府減俸案撤回に関する声明

［一九二九年（昭和四年）一〇月二二日］

十月十五日閣議において決定したる官吏の俸給在勤加俸等の整理減額の件は世論のすう向に顧み本日の閣議においてこれを取り止めることとせり。

（『東京朝日新聞』、一九二九年一〇月二二日）

三七　金解禁に関する首相声明

［一九二九年（昭和四年）一一月二一日］

現内閣は金の輸出禁止を解き、これによつて財界の安定を計り、国民経済の建直しを行ふをもつて、その重大なる使命となし、速にこれを実現すべき旨、組閣の当初において声明する所ありたり。以来政府は解禁問題の解決をもつて、あらゆる財政経済政策の目標となし、鋭意準備の歩を進め、極力財政を緊縮し、国債の整理を計ると共に、地方公共団体の財政についても、又同一の方針を遵守《じゅんしゅ》せしめ、一般国民に対しては経済難局の実情を力説して、その自覚を促し、もつて消費節約の奨励に努めたり。

この政府の方針は、幸にして国民の理解と輿論の後援とを受け、人心頓《とみ》に緊張を加へ、勤倹節約の精神は、全国を風靡し相率いて難局の打開に猛進するの気運を醸成せり。この一般国民の自覚と協力とは、比較的短日月の間によくその効を奏し、ために財界に好影響を与へたる所少からず。特に貿易の入超は激減し、為替相場は漸騰し、物価は漸落の傾向を示す等、経済上諸般の状況は、解禁の実行にすこぶる有利に展開するに至れり。然して、政府および日本銀行は、七月以来為替相場のすこぶる強調なるに当り、正貨の充実に努めたるをもつて、今や我在外正貨の額は三億円に達し、その地位極めて安固なるものありといへども、更に横浜正金銀行は、政府および日本銀行の援助の下に、今回英米銀行団より、一億円の「クレヂツト」を与へらるべき契約の締結に成功せり。

かくて外国財界の変遷と相俟つて内外諸般の準備全く成り、今や解禁を行ふも、経済上何等憂ふべき事態の発生せざるべき確信を得たるをもつて、ここに金の輸出取締を撤廃する大蔵省令を発布し、明年一月十一日以後、金の輸出禁止を解除することとなせり。即ち我財界多年の懸案たる金解禁の問題は、ここに漸く解決を告げ、我国民経済は、初めて更生の第一歩に就くを得たるは、邦家のため慶賀に堪へざる所にして、かくの如き大問題が極めて好都合に解決を見るに至れるは、主として有力なる輿論の支持と熱誠なる国民協力の結果に因るものにして、政府の深く感謝する所なり。

然りといへども、政府も国民もこれをもつて能事了れりとして、心を安んずべきにあらず。金の解禁は国民経済発展の行路に横はれる第一の関門を突破し、我国の経済をして、世界経済の常道に復帰せしめたるに過ぎず。今後益々国際貸借の関係を改善し、金本位制を擁護し、もつて財界の回復とその健全なる発展を計るがためには、今日までの国民的努力は、将来に向つてこれを継続するの要あり。即ち政府は引続き緊縮の方針をもつて財政の基調となし、これと同時に適切なる方策を講じて国力の培養に努むべく、国民も亦今日の緊張せる気分を失ふ事なく、いよいよ勤倹力行の精神を発揮し、もつて産業貿易の堅実なる発達に向つて、真剣なる努力を傾注せんことを望むものなり。

（『東京朝日新聞』、一九二九年一一月二二日）

三八　大阪経済更新会発会式での挨拶

［一九二九年（昭和四年）一一月二七日］

現内閣は我国民経済の過去を顧み、現在に鑑み将来に渉《わた》つて深く考慮する所あり、速にこれが方針を定め万難を排して実行に着手するを以て目下の急務なりと認め、組閣の始めにおいて中央及び地方の財政を整理緊縮し、公債政策を確立し、国民に対して消費節約を奨励して以て公私経済の立て直しを行ひ、多年の懸案たる金解禁を断行して、我経済界をその常道に復せしめ、財界の安定とこれが堅実なる発展とを図るためあらゆる努力をなすべきことを天下に向つて声明したが、これ等の諸政策は幸にして一般国民の熱心なる共鳴と協力とを得、ために公私経済の整理緊縮は理想的に行はれ、随つて海外の信用を恢復することが出来、その結果金解禁に対する内外諸般の準備も比較的速かに整ひ、政府は本月二十一日を以て短期期限付の解禁を公布することを得たのは国家のために喜びに堪へない所である。併しながら政府及び国民の緊張と努力とはこれを以て一段落を告げたりと申す訳には決してまいらぬ。金解禁の断行は久しきに渉りて岐路に迷つてをつた我国の経済を漸くにして世界経済の常道に復帰せしめ財界安定に向つて僅に一歩を印したるに止まるのである。解禁後における金本位の制度を擁護し我国民経済の堅実なる発達を期するためには、今日迄の国民的努力を一層力強く将来に向つて続行することが絶対に必要である。即ち公私経済の緊縮を継続することによつて徐々に物価の低落を促し、一面国民生活の脅威を除き、他面我国の物価を国際的水準に接近せしめ、輸出の増加、輸入の抑制を期すると共に、国民の勤倹力行に依り資本の蓄積を行ひ国力培養の基礎を造ることが最も緊要なる方法であると信ずる。政府は今後においても引続き財政の整理緊縮を行ふ決心であるが故に、一般国民に於ても勤倹力行を持続し相共に大なる覚悟を以て国民経済立て直しの事業を完成しなければならぬと考へる。もし然らずして金解禁の実行を以て能事了れりとなし国民精神の弛緩を来し再び公私経済の膨脹を見るが如きことあらば、我国民経済は遂に収拾すべからざるに至ること火を睹《み》るよりも明かである。政府としてはいまだ具体的に意見を陳述する時機に達してはをりませぬが抽象的に一二の重要なる事項を例示して見ますれば、産業の合理化、能率の増進、国際貸借の改善、国産の奨励、交通政策の改善等を挙ぐべきである。我国産業界の現況を見るに、世界大戦中及び大戦直後の好況時代に乗じて計画せられたる各種の事業は洵《まこと》に雑然として何等の秩序もなく統制もなく動《やや》もすれば資本及び能力の莫大なる浪費となつているものが少くない。よつてこれ等の事業に対して合理的統制を加へ無益有害なる競争を避け事業の科学的経営と機械の応用とによつて能率の増進を図り最も有効なる産業の組織を確立し、生産費の低減と製品の斉一とによつて国民生活の安定と海外販路の拡張とに努め産業貿易の発展に寄与したいものと考へる。その他国際貸借の改善、国産の奨励、或ひは社会政策的、産業政策的はたまた農村政策的の目的をもつてする所の鉄道運賃政策の改善等何れも産業の振興上極めて必要のことであるが、ここには詳細なる説明を省略しただその題目を掲ぐるに止める。凡そこれらの方針を立ててこれが成果を収むるがためには官民一致協力いはゆる国民的の努力にまたなければならぬことは勿論であるが、実業界に多年の経験を有せられ各種事業の枢軸を握つていられる各位の御協力にまつところが頗《すこぶ》る多いと信ずる。

（『大阪朝日新聞』、一九二九年一一月二八日）

三九　軍縮会議と我国の態度

［一九二九年（昭和四年）二月、民政党機関誌論説］

現下世界の耳目を聳動《しゅうどう》しつつある軍備縮小の問題に対しては、我国の態度は予め確定して動かざるものがある。即ち日本の海軍力は

第一に、世界の何れの国に対しても脅威を加へざると共に、何れの国からも決して脅威を受けざることが、本問題の前提でなければならぬ。

第二に、国際平和の精神に徹底し、各国民の負担の軽減を図らんが為め、単に軍備を制限するに止まらず、進んで相対的に軍備縮小の実を挙ぐることを要務とすべきである。此等の主張よりして、軍艦の比率は英米より低きを厭はぬ。併し乍ら其の制限は万一の場合、我が国が其の存立を脅かされざる自衛の力を維持するにあることは勿論である。此の如きは我国歴代の内閣が把持し来りたる不変の方針であつて、世界列国の諒とする所であると信ずる。現内閣も亦同一の方針に則り、熱誠を傾けて人類平和の事業に協力する考へである。

海軍々縮会議は既往数回の会合を重ね、相当の成績を収めたのであるが、特に今回は英米共に、非常なる熱心を以て、慎重に交渉を進め来つたのであつて、軍縮会議正式の招請状に対しては、欣然之に参加するの回答を発して居るのである。我が国は此の好機に乗じ、平素の目的を達成すべく大に努力しなければならぬ。明年一月に開かるべき軍縮会議が、列国の協調に依つて、幸に其の目的を達成するに至つたならば、軍縮問題は茲《ここ》に愈々新生面を開くことと相成り、世界平和の為め真に慶賀に勝《たえ》へざる所として、今より其の成功を祈る次第である。

（『民政』）

四〇　当面の国情と金解禁後の対策

［一九二九年（昭和四年）一二月一六日、民政党関東大会での演説］

我が国は、欧洲大戦後急速の変化を告げつつある世界の情勢に対照し、国民的一大飛躍を為して、内外の時局に善処すべき必要に迫られて居るのである。現内閣は成立以来全国民と一致協力して各方面における現下の難局を打開し、相共に国家将来の大計を樹立せんが為め、夙夜《しゅくや》刻苦精励しつつあるのである。

帝国は東亜海陸の要衝に位して東洋の平和を確保し、世界の文化に貢献すべき重大なる責任を有するものである。而して建国三千年の試練を経たる我が国民——聡明にして堅忍不抜の精神に富める我が国民——は、此の重責を果たすに足るべき、十分の資格を備ふることを私は確信するのである。即ち、過般締結せられたる不戦条約の文面に表明せられたる如く、現代人類の間に磅礴《ほうばく》たる平和愛好の精神を具体化して、わが外交政策の基調と為し、以て世界の進運に寄与しつつ帝国の前途を開拓することは、実に吾人に与へられたる所の大なる使命であると信ずる。

帝国の外交は、各方面とも極めて順調であり、何等懸念すべき状態はないのである。現下世界の耳目を聳動《しゅうどう》しつつある海軍軍備縮小の問題に対しては、我国の態度は、予め確定して動かざる一定の方針が存する。即ち先づ第一に日本の海軍は、世界の何れの国に対しても、決して脅威を加へないと共に、世界の何れの国からも決して脅威を受けないことが根本の方針である。第二に、国際平和の精神を貫徹すると共に、国民負担の軽減を図らんが為、単に軍備を制限するに止まらず、進んで相対的に軍備縮小の実を挙ぐることが今日の要務であると信ずる。此の主張を根拠として、帝国の保持すべき海軍力の比率は、必ずしも英米より低きを厭はぬ。併し乍ら比率の限度は万一の場合に於て、我が国が其の存立を脅かさるることなき自衛の力を維持するにあることは論を俟たぬのである。斯の方針は、我国歴代の内閣が取り来りたる確固不変の原則であつて、世界列国も斉しく諒とする所であると信ずる。現内閣も、之と同一の方針に則り、熱誠を以て、人類平和の事業に協力する考である。元来海軍々縮のことは、華府《ワシントン》会議と云ひ、寿府《ジュネーヴ》会議と云ひ、是まで数回の会議を重ねて、相当の成績を収めたのであるが、特に今回は、英米両国共に非常なる熱心を以て、慎重に交渉を進め来つたので、軍縮会議開催の招請状に対し、我が国は喜んで之に参加する旨を回答し、既に全権委員及随員の任命を了し、去る三十日横浜解纜《かいらん》のサイベリヤ丸にて会議地たる倫敦《ロンドン》に向け出発したのである。我が国はこの好機に乗じ、平素の目的を達成すべく、大に努力しなければならぬ。随て明年一月中旬に開かるべき軍縮会議が列国の協調に依つて、幸に満足なる解決を告ぐるに至つたならば、軍縮問題は茲《ここ》に愈々新生面を開くことと成り、世界平和の為め画時代的の大事業として、真に慶賀すべきことであるから、我が国としては万難を排して会議の成功を期して居る次第である。

次に我国に取て最も重要なる外交問題は、支那に対する各種の案件であると信ずる。元来対支政策の要諦とする所は、日支両国に共通する根本利害に立脚して百年の長計を定め、之を基調として当面の各種問題に善処するにあると信ずる。日夜吾人の眼前に展開し来る個々別々の出来事に就て、極端に議論をしたならば、両国共に不満の点も多々存することであらうと思ふ。併し乍ら、眼界を広くして、静に両国共通の利害と使命とを考察するときに於て結論は自ら両国民の頭の中に明瞭となつて来ざるを得ないのである。大局の利害を忘れて、互に区々たる小問題のみに没頭することは、東洋平和の為に執るべき方策ではなく、大処高処に立脚して、互に疑念を去り、互に胸襟を披《ひら》いて、如何にすれば東洋の平和を維持し、両国の使命を全ふすることが出来るかと云ふ原因を究め、之を目標として進むことが賢明なる両国民の執るべき態度であると信ずる。若し日支両国民が相戒めて互に侮らず疑はず、真個和気靄々《あいあい》たる親善関係を以て、相交はることが出来るならば、諸般の懸案も自ら解決の途を見出すことが出来る。かくて東亜の前途は、実に洋々として両国の幸福之より大なるものはないと思ふのである。各個の具体的問題に関しては、今日暫く論ずることを避けるが、私は大体右述ぶるが如き方針を以て、対支外交の解決に当り度いと思ふ次第である。

現内閣が久きに亙つて行詰りの状態になつて居る我が国民経済の根本的建直しを行ひ、産業貿易の振興と国民生活の安定とを企図せんが為、全力を挙げて財政の整理緊縮を断行し、国民の消費節約を奨励し、財界安定の先決問題たる金の輸出解禁を実現する為め、組閣以来着々準備の歩を進め来つた事は、御承知の通りである。財政の整理緊縮と云ひ、国民の消費節約と云ひ、決して世間の一部で申すが如く萎縮退嬰を意味するものではない。世界の大戦後不自然に膨脹し不合理に発展したる我国の財政経済は其後屢々難局に遭遇し、建直しの好機会を捉えたるに拘らず大体に於て合理的整理を遂ぐるに至らず、好景気時代の惰性に囚はれ、依然として膨脹放漫に流れ、一般人心の弛緩生活の不安定と相俟つて、経済上、社会上各種の危機を醸成したのである。整理緊縮、消費節約は此危機を匡救すべき絶対必要の手段方法であつて、而かも其時機既に頗る遅れたるの感がある。今にして国民一致の努力に依り、思ひ切つて之を断行するにあらざれば、財政経済は申すに及ばず社会上から言つても思想上から言つても、実に容易ならざる結果を招くに至るの虞《おそれ》が十分にあるのである。仍《よっ》て時局匡救の唯一の手段方法として、何よりも先づ、財政の整理緊縮と、国民消費の節約を行ひ、金輸出の解禁を実現しなければならぬ。之等の手段方法を実行することは即ち現下の難局を打開し、国民経済の建直しを行ひ、国民生活の安定を図る所以であつて、産業貿易の堅実なる発達を図り国運を進展せしむるが為の必要なる準備である。整理緊縮及び消費節約は、それ自体が終局の目的にあらずして、国運の興隆国運の発展と云ふ大なる目的を達成するが為めの手段に過ぎないのである。言を換えれば、他日大に伸びんが為に今日縮むのである。国運の大なる発展は、大なる緊縮及び節約の後に始めて之を実現することが出来るのである。現内閣は整理緊縮の方針の下に、昭和四年度の実行予算を作成し、之と同一の方針を以て、昭和五年度の予算を編成し、一般会計に於て歳出を十六億八百万円に緊縮し、昭和四年度の予算に比較して一億六千万円を減額することが出来た。而してこの予算には公債及び借入金による歳入を絶対に計上して居ないのである。この厳粛なる事実は大正四年度以降、約十五箇年間全く無かつた現象であつて、累年増加して将《まさ》に六十億に達せんとしたる我が国公債濫発の勢は、茲《ここ》に全く阻止せられ、其上明年度より、国債の総額は幾分づつ毎年減少することとなり、国債の信用は次第に恢復せらるることになるのである。今や時勢の然らしむる所と云はうか、国民の自覚に基づくと云はうか、国民精神の緊張と共に消費節約は、全国の都鄙に渉《わた》つて大分普及徹底したる感があるので、政府は其努力の空しくなかつたことを国家の為に喜んで居る次第である。

斯くて一般国民の自覚と其自覚に基く協力とは、比較的短日月の間に克《よ》くその効を奏し、財界に好影響を与へたること尠くないのである。特に貿易の入超は激減し、為替相場は漸騰し、物価は漸落の傾向を示す等、経済上諸般の状況は解禁の実行に頗る有利に展開するに至つたのである。而して政府及日本銀行は七月以来、為替相場の頗る整調なるに当つて、正貨の充実に努めた結果、今や我在外正貨の額は二億円を突破せんとし、その地位極めて鞏固を加へたのであるが、更に海外金融中心市場との関係を密接ならしめ、且つ国民に十分の安心を与ふる為め、横浜正金銀行は政府及日本銀行の援助の下に、今回、英米銀行団より一億円のクレヂットを設定する契約の締結に成功したのである。

右の如く内外諸般の準備全く完了して、今や解禁を行ふも経済上何等憂ふべき事態の発生せざるべき確信を得たるに依て、昨年十一月二十一日金の輸出取締を撤廃する大蔵省令を発布し、本年一月十一日以後金の輸出禁止を解除することとしたのである。即ち我財界多年の懸案たる金解禁の問題は、茲に漸く解決を告げ、我国民経済は始めて更生の第一歩に就くを得たことは、邦家の為め洵《まこと》に慶賀に堪へざる所である。元来斯くの如き重大な問題が、比較的短時日の間に極めて好都合に解決を見るに至りたるは、主として有力なる輿論の支持と、熱誠なる国民協力の結果に因るものであつて、此点は政府の深く感謝する所である。

併しながら政府も国民も之を以て能事了れりとして、心を安んずべき場合ではない。金の解禁は国民経済発展の行路に横はれる第一の関門を突破し、我国の経済をして世界経済の常道に復帰せしめたに過ぎないのである。今後益々国際貸借の関係を改善し、金本位制を擁護し、以て財界の回復とその健全なる発展を図るが為めには、今日迄の国民的努力を尚ほ将来に向つて継続する必要が存するのである。即ち政府は引続き緊縮の方針を以て財政の基調と為し之と同時に適切なる方策を講じて、国力の培養に努めなければならぬ。国民も亦今日の緊張せる気分を失ふことなく愈々勤倹力行の精神を発揮して、以て産業貿易の堅実なる発達に向つて、真剣なる努力を傾注せむことを望むものである。

若し夫れ金解禁は時期尚早なりとし、今日猶ほ之に向つて悪声を放つ者があるに至つては、実に驚く可き時代錯誤と云はなければならぬ。是れ洵《まこと》に国家を思はざるの甚しきものにして、所謂反対せんが為めの反対と見るの外はない。これ等の人々が、国民に見放され時代の落伍者となることは極めて近き将来であらうと信ずる。

金解禁後における国力の培養に関しては、施設す可き事柄が尠くないのである。その内最も重要なるものは、産業の合理化であらうと思ふ。元来産業合理化運動の目的とする所は、出来る丈け優良なる品質の商品を出来る丈け安価に生産し之を出来る丈け経済的に需要者に分配することに在ると思ふ。而してこの目的を達成する手段としては、一面に科学的管理方法を採用し、且つ規格の統一や、工場施設の単純化を行ひ、以て能率の増進を図ると共に、他面事業の合同及び協定を促進して、無駄排除に全力を尽す必要があると思ふのである。世界大戦中及び大戦後に於て、各種の事業が何等の成果もなく濫設せられて、その間聯絡も統制もなく、放漫なる競争を行ひ、弊害の究極する所同業相食み、国民経済の合理的進展を妨げたること尠しとせないのである。併し各種の事業は夫れ夫れ事業特有の沿革と事情の下に計画せられ発達し来れるものであつて、且つ人事上又は資本系統上の情実関係も纏綿して居るから、口で簡単に事業の合同又は協定を唱へても、実際問題としては頗る至難のことに属するのである。併しながら経済上の難局打開を図る為め、最も有力なる方策として、是非之を実行しなければならぬことと信ずる。

次に我国の産業は一般に規模小にして、而も重要輸出貿易品の大半は、悉く之等中小産業の生産に掛ると云つても差支ない状態である。然るに之等の中小産業は雑然として計画せられ、漫然として経営せられ、企業の間に何等の統制がないので常に粗製濫造の禍根を為し、わが海外貿易の発展を阻害すること頗る大なるものがある。故に之等中小産業に対し、規律統制を与ふることは、わが産業貿易の発展を図る根本義と云はなければならぬ。而して一面之等の中小産業は、最近頗る金融難に陥つて、疲弊困憊の極に陥つて居ることは隠れもない事実であるから、政府は近き将来にこの方面にも意を用ゐ、事情の許す限り各方面と連絡を取つて、金融の円滑を図り以て大に国産を奨励したいと考へて居るのである。農業養蚕其他各種の原始的産業に就ても、近代工業の知識経験を応用することが極めて必要であるから、政府としても此点に深甚の注意を払つて居る次第である。尚ほ近代産業の発達は、各種の試験所及び研究機関の活動に負ふ所極めて多いのであるが、各機関の間に系統的連絡を欠く為め、或は重複し或は反目し、大局より見て十分なる能率を発揮し得ざる憾《うら》みなしとせないのである。故に試験所及び研究所に対しては、特に或る中枢機関を設置して之を指導し、之を統一することが必要であると思ふ。尚ほ又社会政策及農業政策並に経済的見地より見て、各種の日用品に対し鉄道運賃の値下を断行して、生活必需品の物価低落を誘致することが極めて必要であると思ふ。鉄道の収入著しく減少したる折柄、運賃の値下は政府の頗る苦痛とする所であるが、国民生活の安定を図る為めには是非断行しなければならぬことと考へる。

最後に一言しなければならぬことは、近頃疑獄を利用して内閣の倒壊を図らんとする陰謀が行はれつつありとの風説を聴くことである、今更ら改めて云ふ迄もなく、綱紀の振粛、国民精神の緊張は、実に国家興隆の根本要件である。而して国民精神の緊張を経済的に解説すれば、整理緊縮、勤倹力行となり、政治的に解説すれば綱紀粛正、風紀振作となるのである。現内閣成立後、司法部は独立不覊の権能を以て各種の犯罪を摘発し、社会の耳目を聳動したのである。併し吾々は絶対に司法権を信用して居るから、捜査の結果被疑者が何の方面から出ようとも、司法部に対する信頼は些の動揺を感じないのである。政府は司法部の活動に対し何等の掣肘を加へざるのみならず、この上とも益々司法権の威厳を確立することに努力しなければならぬ。唯近頃或る方面の人々が、この疑獄を利用して内閣倒壊の陰謀を廻《めぐ》らしつつありとの流言蜚語に対しては、甚だ遺憾の意を表明しなければならぬ。現内閣は陰謀に依りては、断じて瓦解するものでは無いと云ふことを茲《ここ》に言明して置く。

我国に於て政党内閣制が確立せられたのは、僅かに最近の事であるに拘らず、国民は政党の美点を認識する前に、先づ政党の欠点を見せつけられた感がある。斯くては政党政治に対する国民の信用を繋ぐ所以ではないのである。由来政治は信用を以て行はるるものにして、国民が政党を信用せず、政治家を信用せざるに立至つては一国の政治は到底行はるるものではない。若し国民が政党政治を信ぜぬと云ふことになれば、折角発達の緒に就きかけたる我国の憲政は、再び逆転せざるを得ないのである。今日の如き社会状態の下に於て、又今日の如き思想の混乱したる時代に於て、憲政の逆転を繰返すことになつたならば、其結果は真に恐るべきものがあるであらうと思ふのである。斯様に考へて見れば、我国の憲政は決して未だ安定の域に達したりと云ふことが出来ないのみならず、憲政の危機今日に在りと云ふも、必ずしも過言にあらずと思ふのである。此時に当つて政党の品位を昂め、国家の為善良なる政策を行ひ、政党政治の信用を恢復して、以つて憲政有終の美を済《な》すは実に我党の重大なる責任である。私は党員諸君と共に身命を君国に捧げ、陰謀を排斥して強く正しく明るき政治を行ひ、憲政発達の為めに尽瘁せんことを冀《こいねが》ふものである。我党の政策は相当機関の議決を経て従来之を公表したものもあり、又内閣成立直後に於て天下に声明したものもあるのであるが、今日之を繰返すまでもないことである。是等は緩急を計つて、逐次実現せんことを期するものである。

今や時局は極めて多事多難である。此時に当つて内外の難局を打開し、時弊を匡救するの責任は、実に我党の双肩に懸つて居るのである。国民の期待も亦茲《ここ》に在りと信ずるのである。我党の諸君其責任の重大なるに顧み、国家の為め、益々努力奮闘あらんことを切望する次第である。

（小柳津五郎編『浜口雄幸伝』、浜口雄幸伝刊行会、一九三一年）

四一　金解禁実施に関する首相声明

［一九三〇年（昭和五年）一月一〇日］

我国の財界に取つて大正六年以来の最大懸案であつた金輸出解禁の問題も、いよいよ本日を以て其解決を見るに至つたことは、邦家の為めに洵《まこと》に同慶に堪へない所である。現内閣成立以来政府は本問題の円満なる解決を期するため、諸般の準備の完成にひたすら努力し、自ら財政の整理緊縮、国債の整理を行ふと共に、地方公共団体に対しても又財政の緊縮を実行せしめ、同時に一般国民に対し消費節約勤倹力行を勧めたのである。政府のこの態度方針は、幸にして国民全般の大なる共鳴協力を得、比較的短期間に緊張したる気分が、全国に波及するに至つたのである。かくの如き好成績を見るためには、政府においても万般の施設に就き、遺漏なきを期したる事はもちろんであるが、その主たる原因は国民自体が、現下の経済的難局を自覚し、一斉に奮起したるに因るものであつて、困難に臨んで、益々其光輝を発揮する我国民性の賜といはねばならぬ。公私経済の緊縮の徹底は、直に経済界に好影響を与へ、昨年の海外貿易は近年になき好況を示し、物価も漸落し、海外における本邦の信用も、従つて著るしく昂上し、為替相場は騰貴し、在外正貨も充実するに至つたのである。

政府が昨年十一月二十一日、金輸出取締令を本日を期して撤廃する旨の声明をなしたのも、かくの如く内外諸般の情勢が既に解禁に熟し、各種の準備完了するに至つたが故である。随つて本日解禁を決行するも、財界に対し何等憂慮すべき影響をもたらすが如きことは無いと確信して居る。然しながら、金解禁問題が解決せられたからとて官民共に徒《いたずら》に楽観に過ぎて、緊縮の気分をゆるめるが如きことは、深くこれを戒めなければならぬ。今や我国財界は、解禁に依て国際経済の常道に復帰するに至つたのであるが、これをもつて完全に経済難局より脱出し得たものと考へることは勿論早計である。真に我財界の堅実なる発達を計るためには、今後においても官民一致緊張したる気分を持続し、国際貸借の改善を計り、金本位制の擁護に努むる事がもつとも肝要である。金解禁の決行は我国経済界の基礎の建直しである。今後はこの建直されたる基礎の上に立つて、大いに産業の振興、貿易の発達を計り、国民経済の更生を期せねばならぬ。私は堅忍不抜なる我国民性に対して、深き信頼を置くが故に、この難事も必ずや見事なる成果を見ることと信じて疑はぬのである。終りに臨んで、私はくり返して、昨年七月以来の国民的努力を、将来に向つて継続せんことを切望する次第である。

（『東京朝日新聞』、一九三〇年一月一一日）

四二　強く正しく明るき政治

［一九三〇年（昭和五年）一月二八日］

立憲治下に於ける政戦は極めて簡単である。即ち政策を掲げ、言論文章を武器として国民に訴ふる外に手段はないのである。然るに、最近に於ける政党の争が政策を度外視し、陰謀や、切崩、買収、干渉及圧迫等の有らゆる醜悪陋劣なる手段に依つて行はれたことは立憲政治の発達を蠹毒《とどく》するものであつて、実に痛嘆に堪へない次第である。之畢竟するに近時に於ける政治の基調が著しく低下し、目的の為めに手段を択《えら》ばざるに至つたことを意味するものであつて、現状を以て推移せんか、邦家の前途真に寒心すべきである。政治の公明は立憲政治の根本要件であつて、政道乱るるに於ては百弊之より生ずる。政治をして国民道徳の最高標的たらしむるに於ては、政治上幾多の弊害は自ら一掃せらるべきである。余は強い、正しい、明るい政治を行ふことを旨として、政治の基調を向上せしめ、以て政党の信用を恢復し、我が憲政発達の為めに貢献せんことを期するものである。今や議会は解散せられ国民の総意によつて、政界の浄化を計る可き総選挙に当面し、聊《いささか》か余の抱懐せる主義、政見を開陳して、普《あまね》く全国民の批判を求め度いと思ふ。

国際的難局に直面して

欧洲大戦後における世界の情勢は、実に変遷極まりなく、我が国は内外共に極めて重大なる時局に際会し、これが対応策を誤まらず、国難打開のために善処すべきであつたに拘らず、近時の政道は遺憾ながら、概《おおむ》ねその宜しきを得なかつたのである。為に、各方面に於ける難局は、年と共に益々甚しきを加へ、之れが打開は、今日となりては、真に容易ならざるに立ち至つたのである。

然るに、吾々は此難局に際し、計らずも大命を拝し昭和四年七月上旬民政党内閣を組織したのである。而して組閣直後、我々は年来の主張に基き、此難局を打開すべき当面緊急の施政方針として、所謂十大政策を決定し、天下に声明したのである。即ち

民政党内閣の十大政綱

一　政治の公明

政治の公明は立憲政治の根本要件たり。政道曖昧にして百弊此に生ず。政治をして国民思想の最高標的たらしむるに於ては、政治上幾多の弊害は自から一掃せらるべきなり。政府は専ら政治の公明を旨とし、政治の基調を向上せしめ、以て庶政の皇張を期せむとす。

二　国民精神作興

輓近世相の変遷に伴ひ民心漸く軽佻放縦に流れ、思想動《やや》もすれば中正を失する者を生ずるに至れるは深憂に勝《た》へざる所なり。政府は益々国体観念の涵養に留意して国民精神の作興に力《つと》め、経済政策の確立と相俟つて時弊の匡救に努め、民心の一新を図らむとす。

三　綱紀の粛正

近時綱紀の弛緩漸く甚しきものあり。為めに国民思想上不良の影響を及ぼすは蓋し已むべからざる所なり。今に於て厳に綱紀を粛正するにあらざれば民風の頽廃遂に済《すく》ふべからざるに到らむとす。政府は深く自から警《いまし》めて官紀を厳粛にし敢へて犯すなからむことを期す。苟も犯す者あるに於ては毫も仮藉する所なく非違を匡し、以て風教の振作人心の緊張に資せむとす。

四　対支外交刷新

日支の国交を刷新して善隣の誼《よしみ》を敦《あつ》くするは刻下の一大急務に属す。所謂不平等条約の改廃に関し我国の支那に対する友好的協力の方針は、曩《さき》に関税特別会議並に治外法権委員会の開かるるに当り如実に証明せられたる所にして、政府は爾来支那に於ける時局の進展に徴し、益々同一方針を貫徹するの必要を認む。凡そ両国間の案件に付ては、雙方共に自他の特殊なる立場を理解して同情的考量を加へ、以て中正公平なる調和点を求めざるべからず。徒《いたず》らに局部的の利害に跼蹐するは大局を保全する所以に非ず。軽々しく兵を動かすは固《もと》より国威を発揚する所以に非ず。政府の求むる所は共存共栄に在り。殊に両国の経済関係に至りては自由無碍の発展を期せざるべからず。我国は支那の何れの地方に於ても一切の侵略政策を排斥するのみならず、更に進んで其の国民的宿望の達成に友好的協力を与ふるの覚悟を有すと雖、我国の生存又は繁栄に欠くべからざる正当且緊切なる権益を保持するは、政府当然の職責に属す。支那国民亦能く之を諒とすべきことを信ず。

帝国と列国との親交を増進し、併せて相互通商及企業の振興を図るは政府の重きを置く所なり。政治関係の見地に偏して、経済関係の考察を軽んずるは深く戒めざるべからず。我国際貸借の趨勢を改善するは主として通商及海外企業の平和的発達に待つ。之れと同時に今日帝国の列国間に於ける地位に顧み、進んで国際聯盟の活動に協戮し、以て世界の平和と人類の福祉とに貢献するは我国の崇高なる使命に属す。政府は国際聯盟を重視し、其の目的の遂行に鋭意努力せむことを期す。

五　軍備縮小の完成

軍備縮小問題に至りては、今や列国共に断乎たる決意を以て国際協定の成立を促進せざるべからず。其の目的とする所は単に軍備の制限に止まらず、更に進んで其の実質的縮小を期するに在り。本問題に対する帝国の真摯なる態度は既に屢々表明せられたる所なり。本件協定の企図は従来累次の難関に逢着せりと雖も、世論の要求益々熾烈にして実行の機運亦漸く熟するの状あり。此際列国何れも率直に各国の国情を参酌し、等しく国家の安全を期する精神を基調とし、交譲妥協の誠意を以て事に当らば、此世界的大事業の完成決して難事に非ざるべきを信ず。

六　財政の整理緊縮

戦時好景気時代に馴致せられたる浮華の弊風は、経済的反動及び大震火災に遭遇するも多く減退する所なく、近時却て甚しきを加ふるが如し。社会の指導的地位に在る者宜しく率先して、勤倹力行以て一世を警醒するの覚悟あることを要す。即ち政府自ら中央地方の財政に対し一大整理緊縮を断行し、依て以て汎《ひろ》く財界の整理と国民の消費節約とを促進せむとす。財政の整理を実現するに当り陸海軍の経費に関しても、国防に支障を来さざる範囲に於て大に整理節約の途を講ずる所あらむとす。斯の如きは実に国民経済の根柢を培ふ所以なるのみならず、又以て国家財政の基礎を鞏固にし、他日大に伸びんとするの素地を作る所以なり。若し夫れ整理緊縮の全貌に至りては、昭和五年度予算編成に於て之が実現を期すべしと雖も、現行年度に於ても亦極力之れが実現を期すべし。

七　国債総額の逓減

我国債の総額は世界の大戦開始以来非常の勢ひを以て増加し、今や六十億の巨額を算す。而も現在の財政計画に於ては其増加は殆んど止まる所を知らず。為に財政の基礎を薄弱ならしめ、財界の安定を脅威し、公債の信用を毀損すること実に甚しきものあり。依て政府は昭和五年度以降一般会計に於ては新規募債を打切るべく、特別会計に於ても其年額を既定募債計画の半額以内に止めむことを期す。又国債償還の歩合は之れを増加する方針を執り、独逸国より受領する賠償金は之れを国債償還に充当する方針を樹つべし。斯くの如くにして国債の総額は昭和四年度末現在額より増加せざることを期し、更に進んで其総額を逓減することに努むべし。但し法律上の義務に属する既定の交付公債及び借換差増等は前述の限りにあらず。地方債に至りても亦国債に準じ極力之れが抑制を断行せむとす。上述せる所昭和五年度以降の事に係ると雖も、現行年度に於ても亦実行予算の編成と相俟つて出来得る限り募債額の低減に努むべきは言を須《もち》いざる所なり。

八　金解禁の断行

金輸出の解禁は国家財政及民間経済の建直しを為す上に於て、絶対必要なる基本的要件たり。而かも之れが実現は甚しく遷延を容《ゆる》さず、上述財政経済に関する諸項は啻《ただ》に、我財政経済を匡救する上に於て必要なるのみならず、金解禁を断行する上に於て必要欠くべからざる要件たり。政府は斯くの如く諸般の準備を整へ近き将来に於て金解禁を断行せむことを期す。是れ即ち我財界を安定し其の発展を致す唯一無二の方途なるを信ず。

九　社会政策の確立

社会政策の確立、国際貸借の改善、関税の改正は共に現下緊要の時務に属す。政府は各事項別に学識経験ある少数の委員会を設け、其の調査審議を託する所あらんとす。而して其の調査は何れも六箇月を超えざる期間内に之れを完了せしめむことを期す。

一〇　其の他の政策

教育機能の更新、社会政策的見地に基く中央地方税制の整理、財政の緩急を図りて実行すべき義務教育費の増額、農漁山村経済の改善、金融制度の改善殊に中小農工商に対する金融機能の整備等、自余諸多《あまた》の政策に至りては、機に臨み事に応じ更に声明実行する所あるべし。

今や時局内外の情形頗る重大なるの秋《とき》、幸に闔国《こうこく》の協戮《きょうりく》に倚頼《いらい》し、此難局を打開し以て宏謨《こうぼ》の翼賛せむことを期す。

以上の十項目である。

爾来満六箇月を経過し、其の政綱の重要なるものは、多くは之れが実行の緒に就いたのみならず、其の最も急施を要するものは、既に之れが解決を告げたものも尠くなく、解決せざる懸案に対しては全力を傾到してこれが実現に努力しつつあるのである。

平和愛好の精神

我等は世界人類の間に、磅礴《ぼうばく》たる平和愛好の精神を具体化して、我が外交政策の基調と為し、以て世界の進運に寄与しつつ、堂々として、帝国の前途を開拓することを以て、我国の使命となすべきであると信ずるのである。之れと同時に世界列国は、常に国際信義を尊重し、相互信頼の誠意を、披瀝するにあらずんば、到底国交の円満を期待することが出来ないことは、極めて明白なる事柄である。特に日支両国近時の実状並に関係に顧みて、一層此の必要を痛感するものである。

隣邦支那の現状と当路者に対する我等の希望

先づ我が国と最も密接なる関係を有する隣邦支那に於ては、従来国内の争乱年々相踵《つ》ぎ、之が為同国民の艱難は云ふ迄もなく、我国に取つても同国との政治上竝に経済上の関係に於て極めて不利なる影響を受けたのである。然るに一昨年に至つて、国民政府の非常な努力に依り、国内統一の大事業が一段落を告げたので我々は何よりも之を祝福したのである。固《もと》より支那の歴史地理上、其他諸般の事情を考察すれば、其全国に亘る和平統一の完成は、一朝一夕にして期待し得られるものでないのは勿論である。昨年の春頃から同国の政界は又々動揺を始め、最近には形勢漸く緩和された様であるが、而も今後とても多少の波瀾は或は免れないかも知れないのである。此際我々としては目下の時局を収拾するの任に当る人々の、一方ならざる苦心努力に対し、同情と忍耐とを以て、其成功を祈るの外ないのである。唯我々の憂ふる所は、何れの国でも同様の難局に直面すると、当局者は民衆の注意を、内政問題より外交問題に転ぜむが為に、対外関係に於て、冒険的の政策を執る誘惑が強くなることは、屢々歴史の示す所である。今日の時勢に於て妄りに横車を押す様な外交政策は、国家の威信を高める所以でなく、又容易に其目的を達し得らるるものではない。我々は支那の政治家が、斯かる誘惑に陥らず、飽く迄も堅実妥当なる方法に依つて、其国運の前途を開拓せむことを、切望せざるを得ないのである。

対支問題の解決に処す可き帝国の態度

今後に於ける日支国交の大勢に就いては、種々の観測や、意見が行はれて居るが、要するに我々の採らんとする方針は、畢竟《ひっきょう》両国民が、共存共栄の基礎の上に永遠の親交を、確立せむとするに外ならないのである。大局の上に於ける日支の利害は、毫も相反する所無く、政治上に於ても、経済上に於ても、相互の提携協調が、円滑に行はれてこそ、始めて両国民の繁栄竝に極東の平和は、保障せらるべきものである。我国の支那に対する、一切の政策行動は、常に此の一般的見地を考量に加へなければならないのである。随て我国としては、一面我正当なる権益は、之を保持するの必要があることは、言を俟たない所であるが、之と同時に他面、支那が健全なる進歩政策に依つて、庶政の改善と、国際的地位の向上とを求むる、真面目なる努力に対しては、深き同情を以て、其の成功を祈るのみならず、更に進んでは、及ぶ限り之に対して友好的協力を与ふるの用意がある。通商条約の規定する治外法権制度、其の他所謂不平等条項の撤廃問題に就ても、吾人の態度は、以上の方針に依つて、終始せむとするものである。固《もと》より我国の生存発達に必要なる権益は、之を犠牲に供し得るものではない。之と共に支那の正当なる立場も、十分に之を尊重することが、当然であると考へる。此の両国の立場の間に、公平中正なる調和点を求むる所に、我々の方針が存するのである。

海軍軍備縮小問題

現下世界の視聴を集中しつつある、倫敦《ロンドン》における海軍軍備縮小問題に関しては昨年十月七日英国政府より、在英帝国大使に対し、公文を以て華府《ワシントン》会議において決定した条約に、規定せられて居ない艦種、即ち補助艦に対する、各国の保有す可き勢力を考究し、列国間の造艦競争を防止すると共に、同条約第二十一条第二項に規定せられた問題の準備、並に処理の為、主要海軍国たる日、英、米、仏、伊の五箇国会議を倫敦に於て開催し度きにより、日本政府も同会議に、代表者を派遣せられんことを望む、旨の招請があつたのである。而して、此の会議の開催に就き、英国首相マクドナルド氏が、非常なる熱誠を以つて苦心努力せられたることは、洵《まこと》に敬服措く能はざる処であつて、我々は右の招請状に接するや、慎重考究の上、昨年十月十六日欣然会議に参加する旨、英国政府に回答したのである。次いで我々は若槻禮次郎君以下の委員を任命派遣し、茲に倫敦《ロンドン》海軍会議は愈々二月二十一日を以つて開会せらるることとなつたのである。

抑《そもそ》も華府《ワシントン》会議においては、主力艦と航空母艦とに関しては、各国の保有すべき勢力の縮小竝制限を協定して、列国間の造艦競争を防ぐの目的を達したのであるが、補助艦に関する同様の協定は、遂に成立に至らなかつたのである。尤も巡洋艦は口径八吋《インチ》以上の砲を備へてはならぬ、又一隻の排水量一万噸《トン》を超えてはならぬと云ふが如き、若干の制限を加へたのであるけれ共、爾来軍艦竝に兵器を製造する技術の進歩に従つて、華府条約の制限内に於ても巡洋艦の威力は著しく加はつたのである。茲《ここ》に於て、補助艦に付ても速に造艦競争を防ぐの方法を講じなければならぬと云ふ世論の要求が勢を得て、昭和二年日英米三国は寿府《ジュネーヴ》に於て会議を開くことになつたのであるが、不幸にして同会議は不成功に了り、世論の失望を買つたのである。然るに、昨年米国に於ては、フーヴアー大統領の就任があり、又英国に於て労働党内閣が組織せらるるや、再び軍縮問題の気運が全世界を風靡して、遂に今回の倫敦会議が開かれることになつたのである。

軍縮に対する余の態度

而して倫敦海軍会議に対する我々の方針に関しては、内は国防の安固を期すると共に、国民負担の軽減を図り、外は列国の間に平和親交の関係を増進するに在ることは論を俟たない所である。而して国防の安固とは、如何なる場合に於ても決して他国の脅威を受けぬことである。各国が相互に他国に対して脅威を与へず又、他国より脅威を受けぬと云ふ情勢を確立することが、海軍協定の眼目であらねばならぬと信ずるのである。斯の如く、列国が各々国防上の安全保障を得て、始めて国際間に真実の親善関係を樹立することが出来るのである。海軍軍備の制限又は縮小が、国家の財政に重大なる関係を有することは、今更多言を費すまでもないことであつて、各国一律に軍備の縮小を行ふことになれば、国防の安固を害することなくして、国民負担の軽減を期することが出来るのであると同時に、世界平和の保障は一層強固を加ふる次第である。我々が今回の倫敦海軍会議に際して単に海軍軍備の制限に止まらず、進んで之が縮小の実現を主張する所以は、実に茲《ここ》に存するのである。従つて此度の海軍会議が列国の協調によつて幸に満足なる解決を告ぐるに至つたならば世界の平和国民負担の軽減のため真に慶賀すべき事である。我々は右述ぶるが如き方針を以て、倫敦海軍会議に臨み、其の成功の為最善の努力を為すの決心を有するものである。

財界安定国運発展の根本的政策

我々が内閣組織以来、全力を挙げて之れが解決に努力し来つたものは、実に金輸出解禁の実現である。而して此事たるや、又実に民政党の重要政策の一であつたのである。即ち、組閣当初の政綱に示せるが如く、政府は我国民経済の現状に鑑み、財政の整理緊縮を断行し、国民の消費節約を奨励し、国民経済の建直しを行ふと共に、速《すみやか》に金の輸出解禁を実現せんが為め、昨年七月以来着々準備の歩を進め、一切の財政経済的施設を、本問題解決の為めに集中したのである。世界の大戦後不自然に膨脹し、不合理に発展したる我国の財政経済は、其の後累次の難局に遭遇したにも拘らず、大体に於て、合理的整理を遂ぐるに至らず、好景気時代の惰性に囚はれ、依然として膨脹放漫に流れ、一般人心の弛緩、生活の不安定と相俟つて経済上社会上言ふべからざる危機を醸すに至つたのである。整理緊縮、消費節約速かに此危機を匡救すべき、絶対必要の手段方法であつて、而かも其の時機、既に遅れたるの感があつたのである。今にして国民一致の努力に依り、思切つて之れを断行するにあらざれば、財政経済上は申すに及ばず、社会上、思想上実に容易ならざる結果を招くに至るの虞《おそれ》があるのである。仍《よつ》て我々は組閣と同時に何よりも先づ財政の整理緊縮と、国民消費の節約を行ひ、国民経済の更生を期すると共に、金輸出の解禁を実現しなければならぬと云ふことを決意したのである。

財政の整理緊縮、国民消費の節約及其の結果たる金解禁の実行は、それ自体が終局の目的に非ずして、財界の安定、国運の発展と云ふ、大なる目的を達成するが為めの手段に外ならないのである。

我等は斯く予算を編成したのである

我等は右の方針に基き、昭和四年度の実行予算を作成し、多大の困難を踏み越えて緊縮の実を挙げたのであるが、更に進んで、之と同一の方針により、昭和五年度の予算編成をなしたのである。

即ち、昭和四年度予算の実行に当つては、一般会計に於て九千百余万円、特別会計において五千五百万円、合計一億四千七百余万円を節約したのである。而して昭和五年度予算の編成に当つても亦、極力緊縮の方針を採り、既定の経費に対しては出来る限り節約を加へ、新規の事項は努めて之が計上を見合はせ、一般会計に於ては、歳出予算の財源としては、全然公債を発行せざることと致したのである。我国の財政計画に於ては、大正四年度以来、毎年度借入金又は公債を計上して、歳入歳出の均衡が得られて居り、殊に近年は公債額が増加し、昭和五年度には八千五百万円に達し、爾後は毎年七八千万円の公債が予定せられて居つたのであるが、茲《ここ》に始めて、公債を計上せざるところの予算を編成することが出来たのである。

斯くして編成せられたる昭和五年度総予算は、歳入歳出各十六億二百六十余万円であつて、之を前年度予算に比較すれば一億七千八十余万円の減少である。

先づ歳入に付て説明すれば歳入経常部は十五億二千五百四十余万円、同臨時部は七千七百二十余万円であつて、之を前年度予算に比較すれば経常部に於ては千八百八十余万円を増加し、臨時部に於ては一億八千九百六十余万円を減少し、経常部及臨時部を通じて一億七千八十余万円の減少となつて居るのである。

歳入予算に付いて主要なる事項を前年度予算に比較すれば、経常部中租税収入の予算総額は九億五百九十余万円であつて、之を前年度予算に比較すれば、八百三十余万円の増加である。然しながら、前年度歳入予算には両税委譲に伴ふ経過的減税の金額を加へて計上しなければならぬのである。即ち第五十六議会に提案せられた両税委譲の法律案は、昭和六年より施行せらるることに予定してあつたので、昭和四年分及同五年分に付ては経過的の方策として、地租及営業収益税を減税することとなつて居たのであるが、此両税委譲の法律案及之に伴ふ経過的の減税案は共に議会に於て審議未了となつたが為に、昭和四年度に於ては、其の減税額に相当する金額だけ歳入予算が増加する訳である。従つて、此増加を見込みたる昭和四年度の歳入の実行予算に昭和五年度予算を比較して見なければならぬ。然るときは昭和五年度に於ては、租税収入は三百四十余万円の減収となる計算である。尚地租改正に伴ひ納期の関係から昭和五年度限り百七十余万円の一時的増収があるから、之を通算するときは、昭和五年度の租税収入の予算額は前年度の実行予算に比し、五百二十余万円の減少となり、尚昭和四年度予算審議に際し示されたる昭和五年度の概計額を基として計算するときは、六百六十余万円の減収となる次第である。

斯の如く減収となるのは財界の不況に伴うて、第一種所得税、営業収益税、酒税、砂糖消費税、織物消費税、取引所税、関税等の諸税に於て相当の減収を見込んだ為であるのである。

又官業及官有財産収入は前年度予算に比し、千二百五十余万円を増加し、雑収入に於て百四十余万円を減少して居る。其の内専売局益金に於て五百九十余万円の増加になつて居るのは、主として経費節約より生じた結果である。

次に歳入臨時部中、官有物払下代に於て千六百三十余万円、公共団体工事費納付金及同分担金に於て五百四十余万円、特別会計資金繰入に於て二千二十余万円、前年度剰余金繰入に於て五千七百五十余万円を前年度予算に比して何れも減少して居るのである。尚公債を一般会計には全然計上致さないことは前述の通りである。

次に歳出に付ては、歳出経常部は十二億二千七百三十余万円、同臨時部は三億七千五百三十余万円であつて、之を前年度予算に比較すれば経常部に於て五百余万円、臨時部に於て一億六千五百八十余万円、計一億七千八十余万円の減少である。

昭和四年度の予算は十七億七千三百五十余万円であつたが、之に対して既定の計画により又は法律の結果として当然に減少する額一億九千五百九十余万円、同じく当然に増加する額八千二百八十余万円であつて、右を差引すれば一億千三百十余万円の減少となつて居る。此外に我等は前に説明致したる理由により出来る限り既定経費の整理節約に努めたが、其の整理額は節約額六千八百余万円、繰延額五千七百四十余万円、計一億二千五百四十余万円に達したのである。尚右の外各省の要求減額に係るものが六百八十余万円あるのである。

又新規増加に係るものは極力之が要求を見合はせて、真に緊急已むを得ざるものに付てのみ新に経費を計上し又は前年度予算額を増加したのである。其の金額は合計七千四百五十余万円である。

以上増減を差引すれば、昭和五年度予算は、同四年度予算に比し前述の如く一億七千八十余万円の減少となるのである。

右の一般会計の節約額一億二千五百四十余万円に、特別会計の節約額一億三千四百六十余万円を加へると、昭和五年度に於て既定予算を節約したる総額は二億六千余万円に上るのである。

予算の特徴と新政策の実現

而して昭和五年度の予算案は之を前年度の予算に比較致しますれば幾多重要なる特徴を持つて居るのである。歳出の緊縮、国債の整理、地租の改正、義務教育費国庫負担金の増額、鉄道運賃の引下げ等は其の主要なるものである。今此等の諸点に就き一応の説明を加へて見度いと思ふ。

歳出の緊縮

昭和五年一般会計の予算は前年度予算に比較して約一億七千余万円の減額を示し其の歩合は約一割に当つて居るのである。是れ政府が既定経費に対して出来得る丈けの節約を加ふると共に新規事項に就ても極力之を抑制したが為である。而して其の節約したる金額は節減額六千八百余万円、繰延額六千七百余万円であつて合計一億二千五百余万円の多きに上つて居るのである。更に各特別会計に至つては節減額四千四百余万円、繰延額八千九百余万円、合計一億三千四百余万円であつて、之を一般会計の分と通計すれば昭和五年度の整理額実に二億六千余万円の巨額に達するのである。

国債の整理

昭和五年度一般会計予算に於ては公債又は借金に依る財源を全然計上致さなかつたのである。云ふ迄もなく我国の財政は久しきに亙つて年々尠からざる公債又は借入金を財源と致し辛うじて歳入歳出の均衡を維持し来つたのであつて、現に昭和四年度予算に於ても九千百余万円の公債発行を予定して居つたのみならず既定の財政計画に依れば昭和五年度以降に於ても毎年相当巨額の公債財源を要することになつて居つたのである。此の事たるや実に帝国財政の非常なる弱点であつて内外の信用に影響すること尠からざるのみならず、特別会計に於ける公債新規発行額の累増と相俟つて国債総額の逓増は、殆んど其の止まる所を知らず、為に財界を圧迫して、産業の発達を阻害し、公債の信用を毀損し、公債の元利払に対する国民の負担を加重するに至るのである。故に政府は昭和四年度予算を実行するに当り、緊縮節約に依つて、公債の発行を出来る丈け減額し、更に昭和五年度一般会計予算の編成に当つては、前述の如く国債財源に依ることを全然廃止して了つたのである。此の如きは大正四年度以来十五箇年の間絶えて見るを得なかつた現象であつて、我々は昭和五年度予算の編成に臨み断乎たる決心を以て之を遂行した次第である。公債又は借入金を全然計上せざる予算が、如何に財政の基礎を鞏固ならしめ、如何に帝国の経済的信用を高むるに効果があつたかと云ふ事は茲《ここ》に多言を要せぬ事柄であつて、財政緊縮の断行と相俟ち金解禁の実現に向つて極めて良好なる効果を齎《もたら》したことは天下周知の事実である。而して政府は将来に向つて尚ほ此の方針を持続する決心である。又特別会計に於ても公債発行予定額を半減致し、総額五千五百余万円の程度に止めたのである。此の如く政府は昭和五年度予算の編成に当り国債整理の計画を樹て、原則として其の総額を昭和四年度末の現在予定高即ち約六十億円より増加せしめないのみならず、却つて漸次之を減少せしむるの方針を立てたのである。即ち昭和五年度に於ける国債の償還額は従来の規定に依る分八千四百余万円の外に、新に独逸より受取るべき賠償金年額六百余万円を充当することとし、結局国債償還総額は九千余万円と成り、同年度に於ける特別会計新規発行公債五千五百余万円を差引くも、三千五百余万円丈け、此の関係に於ては国債の減少を見る計算であつて、国債政策上一新紀元を画することとなるのである、尚ほ、公債整理上の懸案であつた各特別会計よりの国債償還金の繰入は、愈々昭和五年度より実行することとて、多年の問題は茲《ここ》に解決を告ぐることとなるのである。

地租の根本的改正

地租の課税法を改むることも亦昭和五年度の予算案に現れたる一の新事実である。大正十五年の一般的税制整理に際し、地租の課税標準を土地賃貸価格に改むる方針を樹て、土地賃貸価格調査法を制定し、之に基いて賃貸価格の調査を致したのであるが、其の調査も已に昭和二年度末迄に終了を告げたのであるが、内閣の更迭により其実行を見ず今日に及んだのである。我々は之が実施の急務なるを認め、右の調査に準拠して賃貸価格を以て課税標準とする地租法を近く提案し、国民負担の公正を図る考である。

国民負担の現状に顧み義務教育費国庫負担金の増額

我等は国民負担の現状に顧み、義務教育費国庫負担金を増額することが、極めて緊要の政策であることを認めて、現在の負担額七千五百万円に、更に一千万円を増加して八千五百万円と為し、之に依つて生ずる地方財政の余裕を以て地方税の軽減を為さしむることと致したのである。義務教育費国庫負担金は大正七年始めて一千万円を計上し、大正十二年に三千万円を加へ大正十五年及昭和二年に三千五百万円を増額し、現在に於ては合計七千五百万円を国庫より支出して居るのである。然るに近時義務教育費の増加に伴ひ市町村税の負担著しく加重し、之が軽減緩和の途を講ずるの必要を認めたので今回更に一千万円の増額を計上したのである。

社会政策の見地に立てる鉄道運賃の引下

之は特別会計の関係であるが、我々は国民生活の安定を図り産業の発達に資するが為に、各種重要貨物の運賃引下げを行ふの必要が極めて緊切であることを認め社会政策の立場から生活必需品に対し、又産業政策の立場から重要原料品に対し、更に農村振興の立場から肥料等に対し、鉄道財政の堪へ得る範囲内に於て総額約六百余万円の運賃引下げを行うて昭和五年度より実施することとしたのである。

以上は中央財政に関する重要なる事項である。我々は内閣組織以来中央財政に対すると同一なる方針の下に多年膨脹に膨脹を重ねて来た地方財政に対しても亦一大整理を行ふの急務なることを認めて、各地方公共団体に対し財政の整理緊縮並に地方債の許可方針に関する訓令を発すると共に昭和四年度予算の経理に付、極力緊縮の方針を執るべきことを勧告した結果、道府県市町村を通じ昭和四年度の規定予算総額十八億九千二百余万円に対し、二億三千九百余万円即ち総額の約一割二分を節約することを得たのである。尚ほ昭和五年度予算に就ても更に一層緊縮の実を挙げしむることに努力し、七千五百万円の節約を行つたのであるから比年放漫に流れ来つた地方の財政も、茲《ここ》に全く膨脹の勢を阻止せられ、其の基礎を鞏固にすることが出来ると信じて居る次第である。又地方債の許可に関しても真に緊急避くべからざるものの外は之を許可せざることとして、地方債増加の趨勢を緩和するの方針である。

我々は前述の如く自ら中央地方の財政を緊縮し、公債を整理したるのみならず財政経済上の難局に対する一般国民の自覚を促し消費節約、勤倹力行を奨励し以て金解禁の準備に資すると共に、国民経済の根柢に培ひ、国力伸展の素地を造るの極めて緊切なることを認めまして、全力を挙げて之が実現に従事したのである。之と同時に、公私経済緊縮委員会を設置し、中央地方相呼応して、本運動の実効を収むるに勉めたのである。此の運動は幸にして多数識者の協力と国民全般の理解とを得まして、比較的短時日の間に、人心の緊張を見て克《よ》く其の効果を奏し、消費節約勤倹力行の気分は全国を風靡するに至り、金解禁問題解決の機運を促進するに与つて大に力があつたことは、何人も否むこと能はざる所の事実であると信ずるのである。

金解禁の断行国際経済常道に復す

金の輸出解禁の実行は政府重要政策の一として、夙《つと》に之を中外に声明し、内閣成立以来著々之が準備を整へ、既に申述べたる通り財政緊縮、公債整理、消費節約の諸事項を実行すると共に、漸を逐うて在外正貨の充実を図り、昨年六月末、即ち内閣成立の直前に於ては、其の総額が僅に八千三百余万円に過ぎなかつたものを、其の後為替相場の強調なるを機として徐々に在外資金を増加せしむるに勉め、昨昭和四年十一月金解禁に関する大蔵省令発布の当時に於て、其の総額既に三億円を突破することに成つたのである。此の如く、我在外正貨の地位は極めて鞏固となるものあるに加へ、尚ほ海外金融中心市場との連絡を密接にし、且つ一般国民に十分なる安心を与ふる為、別に英米両国の市場に於て、横浜正金銀行と英米銀行団との間に、一億円の信用設定契約を締結し、又英米の中枢銀行からは特に日本の金解禁に対し、精神的の協力支援を吝《おし》まざる旨の好意を表明されたのである。一面に於て昨年の外国貿易は著しく改善せられ、輸出入の総額四十三億六千四百余万円に達したるに拘らず、輸入超過の金額は六千七百余万円に過ぎなかつたのである。之を一昨昭和三年の輸出入総額四十一億六千八百余万円に比較しますれば貿易総額が増加したるに拘らず、輸入超過の金額は一億五千六百余万円を減じ、尚ほ昨年の内地入超額に朝鮮台湾の分を加算しましても入超の総額は一億七千余万円に止まり、国際貸借上の改善は洵《まこと》に顕著なるものありと申さなければなりませぬ。斯くて各種条件の好転に伴ひ為替相場は堅実なる歩調を以て漸騰し、次第に平価に接近して参つたのであります。此《ここ》に於て内外諸般の準備全く整ひ、今や金解禁を実行するも之が為経済上憂慮すべき事態を惹起するの虞《おそれ》なしとの確信を得たるに因り、政府は昨年十一月二十一日金の輸出取締解除に関する大蔵省令を公布し、本年一月十一日より解禁を実行したのである。斯くて我国は茲《ここ》に名実共に完全なる金本位制度の復活を見るに至つたのでありまして、大正六年九月以来茲に十二年来の星霜を経て金輸出禁止の障壁は撤廃せられ、国際経済の常道に復することが出来たのであつて、邦家の為同慶に堪へざる次第である。是れ国民全体の理解と協力との賜であつて、私の衷心より深く感謝の意を表する所である。

解禁は財界更生の第一歩

金解禁の実行に当つては、前述の如く官民の協力一致を以て十分なる準備を整へたのであるから、解禁に伴ひ何等憂ふべき情勢を生じないことは、我々の疑はざる所でありましたが、昨年十一月解禁予告後及本年一月十一日解禁実施の当時竝に其の後の財界は大体に於て、平穏順調に推移しつつあるのであつて、此の点は我々の最も満足する所である。併しながら金解禁は我財界が経済の常道に復帰せる更生の第一歩に過ぎないのであつて、我国民は是れより此の更生したる基礎の上に立ち、国民経済の堅実なる発展に向つて真剣なる努力を継続し、以て国際貸借の改善、金本位制の擁護に勉めなければならぬと考へるのである。是れ実に官民共同の責任であるのである。故に今後に於ても我々は中央地方の財政に対して、緊縮の方針を持続し、更に進んで国民と共に、産業の振興貿易の発展に向つて、専ら努力を致さんと欲するものである。

産業合理化の提唱

此の趣旨に基いて、産業の合理化、其の他産業の振興に関する重要事項を調査審議するが為、政府は臨時産業審議会なるものを設け、尚ほ之が実行機関として政府部内に別に一部局を設置することを決定したのである。而して政府が差当り緊急と認めて審議を求めんとする事項は企業の統制、能率の増進、基礎工業の確立、原始産業の経営改善、国産品愛用の奨励、産業金融の改善、販売方法の合理化等の諸問題でありまして、本邦産業界の如く乱雑にして、規律に乏しく、互に無理の競争を事として粗製濫造の弊に陥り易き現状の下に於ては、投資の重複を排除し、生産費の低下を図り、品質の整齊、優良を期するが為、企業の合同、又は聯合を促して、之を統制するの必要があると考へます。唯不当なる操業の短縮や、売価の協定に依つて、濫りに消費者を圧迫するが如き弊害は、勉めて之を避くべきことは勿論である。能率の増進に就きましては、事業の科学的管理経営、製品の規格統一、製品及生産過程の単純化等考究すべき事項は極めて多いのである。若し夫れ産業金融の改善に関しましては、中以下の農工商業者の金融を円滑ならしむることが、最も切実なる問題であると思ふのである。之が為には低利資金の融通、信用組合の改善、公益質屋の増設等、各種の案を講究実行せなければなりませぬけれども、普通銀行をして適当の方法に依つて、其の方面の金融を為さしむることも亦有効なる方法の一であると信ずるのである。我々は此の点に就きましても鋭意講究を懈《おこた》らない方針である。之を要するに本邦商品の生産費を低減せしめ、世界的貿易市場に於て各国の商品と競争して、優勝の地位を占むるにあらざれば、国際貸借の根本的改善は望み得られないのであるから、我々は凡ゆる方法を以て国民と協力し、其の目的の達成に勉むる考である。

輸出補償制度、船舶金融施設

尚ほ我々は昭和五年度予算に於て国産振興に関する経費を増加し、重要なる基礎工業の製造奨励金を増額すると共に、輸出補償制度を実施するが為、別に予算を要求致したのである。思ふに国際貸借改善の一方策として、本邦商品の販路を開拓し、輸出貿易の振興を図るが為、輸出補償制度を実施することは、最も時宜に適したる政策と信ずるのである。又我貿易外収入の大宗たる海運の発展を図る為、我々は国際貸借審議会の答申を基礎とし多年要望せられたる船舶金融に関する施設に付計画を樹立しつつある次第である。

失業対策に万全を期す

失業問題の解決が、各種社会政策的施設の中最も重要なる部分を占むるに至るの趨勢に在ることは、近時に於ける社会上、経済上の状態に照し極めて明瞭であると信じます。元来此の問題の根本的解決は財界の安定、産業の繁栄に俟つの外良策はないのである。随つて我々は金解禁問題の解決を始め、財政経済上諸般の政策を講究実施して、鋭意国民経済の更生と、産業貿易の堅実なる発達とに努力するの方針であるが、尚ほ当面の失業防止及救済に関しても之が対策の講究施設を懈《おこた》らないのである。即ち昭和五年度予算に於ては一般に緊縮の方針を厳守したるに拘らず、新に職業紹介事務局を増設する等、公益職業紹介機関を整備充実し其の機能の発揚に勉むるの外、更に社会政策審議会答申の趣旨を採用して、先づ中央竝に主要地方に事業調節委員会を設置し、公私事業の調節に関する事項を調査講究致して以て失業の緩和に資するが為、既に昭和四年度より之を実施し、昭和五年度に於ても、夫々之が予算を計上したのである。尚ほ大正十四年度以来毎年冬期に六大都市に於て、自由労働者の失業救済に付相当の施設を行つて居るのであるが、我々は本年度から其の施行の時期、地域、事業の種類竝に救済せらるべき失業者の範囲等に就て相当の拡張を為し、一層救済の実を挙げるに勉めて居るのである。其の他失業の防止殊に救済に関しては、社会政策審議会より適切有益なる答申に接して居るから、我々は右答申の趣旨を参酌し、事情の許す限り、適当なる施設を講ぜんことを期して居る次第である。又救護法に関しては、財政上の都合付き次第実施する考へである。

労働組合法の制定

労働組合の健全なる発達は、産業の平和的進展の基礎を成すものであるから、組合法の制定に就いては、社会政策審議会の答申に基き各方面の意見を参酌し、関係当局に於て目下慎重に講究しつつあるので遠からず実現せしめ度いと考へて居る。

船員保護制度の確立

次に海運業の発達は我国力の消長に影響する所極めて大なるものがある。而して海運業を隆昌ならしむるには、船員の保護を厚くし、安んじて其の職務に従事せしむるの必要がある。然るに現在の船員保護の制度は未だ十分なりと謂ふを得ざるのみならず、陸上労働者に対する保護に比して、権衡を失する事頗る大なるものがある。海運政策上より言ふも、又社会政策の見地よりするも、適当なる船員保護制度を確立することは、刻下の急務であると信ずるのであるから、船員保険法案を近く議会に提出する見込を以て目下準備中である。

米穀調節問題

米穀調節の問題は、農家経済及び一般国民生活の安定と離るべからざる重大の関係があるのであつて、之れが根本的調査を遂げ、確乎たる政策を樹立することは、緊要欠くべからざる時務と信ずるので、現内閣は米穀調査会に対する前内閣の諮問を継続し、同調査会も亦其の意を体して鋭意調査研究中であるが、何分にも問題の性質が重大且複雑なるが為、未だ答申に接するの運びに至らぬが、我々は近く其の答申を待ち適切なる方策を講ずる考である。

小作問題

小作問題に就きましては、我国現在の法制が小作事情に適切ならざるものあるを認めまして、我々は小作調査会の答申に係る小作法制定要綱に基いて、研究を進むると共に、社会政策審議会に諮問したのであるが、同審議会は右要綱に由つて小作法制を整備すべき旨を答申して来たのであるから、我々はその成案を得次第小作法案を議会に提出しその達成を計る考へである。

肥料の配給方法

肥料は農業生産中最も重要なる地位を占めて居るのであるから、之が廉価供給を実現することを得ましたならば、農家経済の改善上、其の効果頗る大なるものがあると信じます、因つて我々は前に述べたる鉄道運賃引下げの外に、更に肥料に関する対策の一つとして、其の配給改善の方策を樹て、之に要する経費を追加予算として議会に提出する予定である。

綱紀の粛正と選挙の革正

綱紀の粛正は庶政更張の基調を成すものであつて、又実に民心を振作し、思想を啓導する所以である。犯罪に関する事柄は、公正なる司法権の発動に依つて厳に之を処断す可きでありますけれども、綱紀問題は単に司法権の手にのみ委ねて晏如《あんじよ》たる可きではないと考へます。朝野心を一にし、官民相警《いまし》め進んで風教を振作し、社会各方面の浄化に努力しなければならぬと思ふのである。近時に於ける政界の汚濁は、我国憲政の為洵《まこと》に遺憾に堪へざる所である。其の原因固《もと》より一にして足らないと考へまするけれども、教育を始めと致し、直接又は間接に選挙に関係を有する諸般の制度が不完全なることと、選挙費用が多額に過ぐることとが最も大なる原因を成すものであることは、世上の定論と申しても差支ないと信じます。是の故に政界を根柢より廓清せんとするには教育、其の他選挙に関係を有する諸般の制度を革正して此等の弊竇《へいとう》除去するのが最も急務であると信ずる。併しながら此の種の調査は、研究事項の範囲頗る広汎複雑に渉《わた》り、政府当局の単独なる力を以て之に当ることは、不十分なるを免れませぬから、広く各方面の智識経験を網羅し、慎重なる調査研究を遂ぐるの必要があるのである。仍《よつ》て我々は深く此に稽《かんが》ふる所がありまして、衆議院議員選挙革正審議会なるものを設け、選挙革正に関する諸般の事項に就き十分なる審議を遂げしめ、其の結果を実行することに依つて、政界の浄化を図り、以て憲政の発達と綱紀の粛正とに、貢献したいと考へて居る次第である。近来世局の変転に伴ひ国民思想の動揺を来し、矯激なる外来思想の影響を受けて、動《やや》もすれば我国体並に国情と全く相容れざる共産主義を信奉して、刑辟に触るる者を生ずるに至つたことは邦家の為洵に痛恨に堪へざる所である。

危険思想対策と政治の公明

元来危険思想の防遏に就ては、其の発生の原因を根本より闡明して、之を一掃するの途を講ずるの必要があるのである。仍て我々は政治上教育上及社会上其の他諸般の施設を講じて、益々国体観念の涵養に留意し国民精神の作興に勉め、又公明なる政治を行ふことに依つて、国民思想を啓導することに専念致して居るのである。之と同時に苟も我国体の大本を破壊せんとするが如き、不逞不法の行動を為す者に対しては、法の命ずる所に従ひ断乎たる態度を以て、徹底的に之が取締を励行して居るのである。然るに近時青年学生にして、共産党事件に連座せる者多数を見るに至りましたことは実に　聖代の不祥事でありまして邦家の為深憂に堪へざる所である。我々は此の際特に意を教育に用ひ、青年学生の思想を善導して、健全なる智識の修得と、訓育の徹底とを期せんが為、夫々適切なる対策を定め、以て教育の真目的を達成するに努力しつつある次第である。

帝都復興事業は世界に類例なき曠古の難事業でありまして、著手以来国帑を費すこと約八億円、歳月を経ること約七年而して昭和四年度を以て殆んど竣成を告げんとして居るのである。回顧すれば大正十二年九月、稀有の大震災関東を襲ひまして、家屋の倒潰夥しく、人命の損傷亦幾万なるを知らず、つづいて帝都は猛火に包まれ、其の大部分を挙げて焦土と化し去つたのである。当時の政府はただちに臨時議会を召集し、其の協賛を経て、復興の事業に著手し、爾来歴代の内閣の手に依り、略《ほぼ》予定の歳月を以て之れを成就し、来る三月下旬には復興帝都に畏くも　陛下のご巡幸を仰ぎ奉り、尚ほ復興完成式典にも御親臨を御願ひ致し御嘉納あらせられたる旨御内沙汰に接したと申すことでありまます。寔《まこと》に感激に堪へざる所であります。惟ふに斯くの如く短時日の間に克《よ》く帝都復興の大業を完成したることは、是れ全く官民一致努力奮励の結晶ともいふべきものでありまして、此の事実を茲《ここ》に報告し得ることは我々の深く喜びとする所である。以上は内外重要の国務に関し吾人の所見の大要を申述べた次第である。

強く正しく明るき政治を行ひ国民の待望に添はん

以上述べ来りたる所と、同時に民政党内閣成立以来、今日に至るまでの成績は国民諸君の周《あま》ねく知らるる所であるが、今や内外の時局は多事多難であり、将来に向つて施為すべき事項は尚頗る多いのである。是等は緩急の計り宜しきに従つて着々実行し度いと考へて居る。

随つて吾人の責任の極めて重大なることを感ずるものである。吾人は現下の難局に処して我々のモットーたる、強く、正しく、明るき政治を行ひ、以て国家の進運に貢献せんことを期するものである。此の如きは実に我等の信条たるのみならず、国民の待望せらるる所も亦此処に在りと信ずるものである。

総選挙に臨みて

解散理由は国策遂行のため

衆議院は一月二十一日解散を命ぜられたのであるが、政府の解散奏請の理由は極めて簡単明瞭である。別項の声明書で尽きてゐるので今これを補足の必要はない。

回顧すれば昭和三年春の総選挙の成績は、衆議院事務局の調べでは政友二百十七、民政二百十六、投票総数は民政党が多数であつたのである。その総選挙より今日までの政界の変遷を考ふれば、転《うた》た感慨に堪へぬものがある。最近の分野は政友二百三十七、民政百七十三となり、政友会が絶対多数を占むるに至つてゐる。かくの如く政友会が多数になり、民政党が減少した理由と事情に至つては云ふ必要もなく、又云ふ事を余は欲しない。この絶対多数の政友会が現内閣の政策を支持する道理は断じてない。故に第五十七議会がこのまま続いたならば、必ずや事毎に支障を来たすことは明瞭である。自分は不肖の身でありながら已に大命を拝して国政爕理《しょうり》の大任を帯びて居る、此大任を果さんには此故障を大排除しなければならぬ。安心して思ふ存分其所信を実行する為には解散を奏請して総選挙により国民に信を問ふ他なしと決心した次第である。これ解散の根本理由である。

内容空疎な犬養君の質問演説

政友会の宣言には公明なる襟度を以て政府の政策を検討し、慎重審議するといつてゐる、世にこれを無抵抗主義と謂はれて居るが、政友会と民政党とは根柢に於て主義方針を異にして居る。この反対党が現内閣の政策を支持する道理はない。果せるかな、一月二十一日衆議院に於ける犬養総裁の質問演説は明白なる弾劾演説であつた。公明なる襟度云々の舌根未だかわかざる中に政友会を代表して演壇に起つた犬養君政友会の宣言を全然裏切つたのである。自分の貴衆両院に於ける施政方針の演説が歴代総理の型を破つて、長時間に亘つて主義政策を詳細に説明したのは、自分としては観る処があつたからである。その観る処とは我々の主張に対し政友会を代表して相当の大人物が出て充分なる反駁があることを期待したからである。それによつて政友会の主義政策も極めて明瞭に国民に説明されるであらうし、応答を重ねたならば両派の主義政策の相異が悉く明瞭にされると考へたのである。これは確かに議会の任務でなければならぬ。政友会が何人を立てるか始めはわからなかつたが、開会間際になつて犬養総裁が立つと聴いて自分は非常に悦んだのである。これによつて政友会の主張は披瀝され、これなら立派な太刀打が出来ると思つたのである。ところがその結果は全く失望に終つた。

内外の政務に関する政友会の主義方針、犬養君の経済的抱負経倫には一切触れる処なく、僅かに行政整理、失業救済、減税等について簡単な話があつただけである、犬養君が主力を注いだ点は、軍縮会議要求比率の問題、小橋前文相の責任問題である。それもよろしい、只自分は一時間を費して主義政策を説明したのだから、犬養君からも相当に抱負と緻密な徹底した質問を聴きたかつた、この点政友会の為に惜しまざるを得ないと同時に、国民の失望も大きいであらうと思ふ。

解散は軍縮と金解禁に無関係

世間には議会解散と軍縮会議をむすびつけて考へるものがある、これは非常な俗論である、解散は天災事変の如きものではない。解散によつて国民の帝国全権信頼に影響を及ぼすが如き事は断じてない。更に驚くのは解散と金解禁をむすびつけることである、これはより以上の俗論であつて、選挙は僅々一箇月の仕事、金解禁善後策後は半永久的のものでこれと何等の関係をも見出す事は出来ぬ。

政友会には金解禁の対策なし

政友会の宣言ではいかにも政府をして政友会の政策を行はしむるかの如くいつてゐるが、これは何のことか意味が解らぬ。元来金解禁を実行するには一定の考へがなければ善後策は生れては来ぬ、試みに金解禁に対し絶対反対なら論外であるが、さうでないとすれば、

一、金解禁は主義として良い。しかし準備が出来ねば自然に準備の出来るのを待つて政府が実行する。

二、金解禁は主義として必要だが、準備は自然に出来るものでないから官民協力し政府が音頭をとつて準備する。

しかし今は準備は出来てゐない、即ち尚早とする。

三、金解禁には準備が要る。依つてこれに着手し準備が完成したからこれを実行した。

この三つの考へ方しかないのである、政府は第三である。政友会は果してこの三者のどれに当るのか甚だ疑問である、恐らく第一であらうと思ふが、政友会自身は自ら第二だといふのであらう。

しかして自分には左様には観てとれないのである、若し必要を認めて準備をするのならば、政友会は在朝二年二箇月の間に何か準備らしきことをしたか、自分が野に在つて観た処では何にもしなかつたのであるが、その後内閣を引受けて政友会のやつた後を検討して、何等の準備をもしてゐないことが明瞭にされたのみならず肝腎の在外正貨は僅かに八千三百万円を残したのみで、内閣を明渡してゐるではないか。大体貿易関係を除外し政府の支払関係のみからしても、一箇年一億二三千万円を要し、その上に貿易の入超がある、これ等一箇年に支払ふ可き正貨は非常な多額であるに拘らず右の仕末であつた。これが解禁の準備をして居ない何よりの証拠ではないか。しかも三土蔵相の在任中その一顰一笑にすら為替相場は変動し、株式は動揺する、事業は算盤《そろばん》がとれず産業貿易は不振の極に陥つたのである、今に至つて政友会に金解禁に対する一定の意見の有りやうがないのであつて、仮りに第五十七議会で内閣を支持するなどといつた処で、絶対に信用し得るものではない。われわれは斯の如き政友会と力を合せて金解禁の善後策を研究しようといふ如き勇気は持合せがないのである。

政民両派の政策相違点

しかしてそれは独り金解禁のみでなく、我々と政友会とは内外の諸政策について大なる相違がある。

第一に外交問題である。殊に田中内閣二箇年の対支外交が如何であつたかは実に云ふに忍びないものがあつて、全然相容れないのである。

第二は選挙区制問題であつて、政友会は小選挙区制論で、民政党は現行中選挙区制を維持せんとして居るので、根本的に意見の相違がある。これは単なる区制問題として看過す可きものでなく、選挙界に重大なる影響を与ふ可き政治的大問題である。

第三には両税委譲問題である。我々は飽く迄これに反対の方針であるが、政友会は依然として地方分権といふやうな名目でこれを強行せんとして居る。

第四は公債政策である。これは財政経済政策上根本的相違をなすものである。

その他幾多の重要政策に於て根本的意見の間隔あることは今更論ずるを要しない程明かである。

戦ひは公明正大に政策を以て争はん

いよいよ政戦は開始せられた。来る二月廿日を以て国民の審判が行はれる。

政府の選挙に対する態度は素より公正厳明でなければならぬ。また断じてその通り実行する決心である。

われわれが選挙革正に熱意を持つて居ることは、既に政府部内に選挙革正審議会を設けた事によつても明かである。今度の選挙に臨んでも法律に関係のない事柄については、出来得る限り革正の実を挙げる可く努力する考へである。

政戦場裡に臨むに当り全国民は先づ第一に民政党、政友会、無産党が、国政を執る上に於て、これ迄顕示し来つた態度並に心事が如何なるものであつたか、その根本的相違を検討し、誤らざる審判を下されん事を望むのである、第二に各政党の抱持する主義政策を批判し我が国刻下の経済国難を打開する重責を負ふに足る政党は何党であるかを、公明なる愛国的良心を以て断定せられん事を切望する次第である。

（神田豊穂編・浜口雄幸著『強く正しく明るき政治』、春秋社、一九三〇年）

四三　内閣の信任を国民に問う

［一九三〇年（昭和五年）二月一二日、東京での選挙遊説演説］

諸君。議会解散の理由は極めて明瞭であります。政府の反対党が衆議院に於て絶対多数を擁する状態の下に於ては、政策の遂行に障害多く、到底完全に国政燮理《しょうり》の責任を尽すことは出来ません。加之《しかのみならず》、反対党の絶対多数は総選挙の結果に依らざる所謂不自然なる多数でありまして、国民の総意を反映するものと認むる事は出来ません。故に新たなる総選挙に依て、内閣の信任を国民に問ふは政府当然の措置にして、憲政の本意に合致するものと信ずるのでありま す。然るに、今回の解散に対して世上或は兎角《とかく》の批難を試み、或は其の不意打に驚くものあるが如きは、憲政の常道を解せざるものにして、吾人の寧ろ意外とするところであります。

或は曰はん、仮令反対党と雖も政府と政策の一致する以上は、強ひて議会を解散するの謂はれなしと。然れども現内閣の政策と政友会の政策とは、決して相一致するものではありません。

第一に外交に於て異なつております。特に対支外交に於て甚しく異なつております。

政友会内閣二年間の対支外交は如何でありますか。妄《みだり》に積極外交を強行せんとして、徒らに事態を紛糾せしめ、二回迄も兵を山東に出し、各種の難問題相踵《あいつい》で起り、之が為め日支間の関係は極度に悪化し、現内閣は之が跡始末に苦心を重ねつつあるのであります。

一言以て之を蔽《おお》へば、政友会の対支外交は常に、局部的又は局地的の問題に没頭して、大局の利害を誤るの傾があります。

第二に財政政策に於て相容れません。政友会は積極政策と称して、頻りに財政を膨脹せしめ、為めに昭和四年度の歳計は十七億七千余万円の最高記録に達し、公債を増発して六十億の多きに上らしめ、而かも尚年々二億円内外の新規公債を発行するの計画を樹てました。公債の元利払に対する国民の負担増加は勿論のことでありますが、此の公債政策にして一たび行詰らんか、遂に増税を余儀なくせしむるに立ち至りませう。如此《かくのごとく》にして国民の負担は増加し、公債の価格は下落し、物価は国際的平準以上に騰貴し、貿易の逆調甚しきを加へ、為替相場は低落の上に動揺甚しく貿易業者の採算は困難となり、金解禁の時機は益々遠く離れ行かんとするの状態にあつたのであります。

私は此の如き財政政策を指して、虚偽にして根柢を有せざるものと申します。此の如く虚偽にして根柢を有せざる経済状態の下に於て、外国貿易は一種の投機取引と化し、内地の産業も亦其の余波を受けて投機的性質を帯び来り、堅実なる発達を遂ぐることは出来ません。政友会は抑《そもそ》も何の見る所ありて此の如き財政政策を遂行したるものでありませうや。国家本位より観察するときは、到底之を理解することが出来ないのであります。

之に対する我が民政党の財政政策の截然《せつぜん》たる相違は、過去の主張に於て国民の斉《ひと》しく認むる所、又既往七ヶ月間に於ける民政党内閣の施設が明かに之を証明して居ります。一二の数字を挙げて申しますれば、歳計十七億七千三百万円を十六億二百万円となし一般会計に於て、公債の新規発行を全然打切りました。

第三に金解禁問題に対する政策の相違であります。此問題に対する政友会内閣の態度は、曖昧にして不徹底を極めました。金解禁をやるが如く、又やらざるが如く、政府当局の顔色如何にて為替は動揺し、有価証券市場は変動したる事諸君の経験せられたる所であります。彼等は解禁は主義に於て可なるが故に、時機さへ熟したならば解禁可なりと申しましたけれども、其の時機は無為無策にして自然に到来するものではありません。

政府の努力を以て積極的に進んで其時機の実現を期せなければならないのであります。政友会内閣二年の間金解禁の準備の為め果して何事を為しましたか。彼等は国際貸借の関係が何等の施設を為さずして、自然に改善さるるものと思考したのでありませうか。濫《みだ》りに公私経済を膨脹せしめ、物価を騰貴せしめておきながら、貿易の逆調が自然に転廻するものと思はば、誤れるの甚しきものであります。政友会の財政経済政策は、凡ての点に於て、金解禁の機運促進に逆行するものであります。金解禁の準備として現内閣が実行したる政策は、実に解禁準備の定石でありまして、現内閣は此の定石に従つて著々準備を進め、機熟して遂に解禁を断行したのであります。

政友会は之を以て時機尚早なりとし、今尚非難の声を挙げつつありと聞くに至りましては、まことに吾人の諒解に苦しむ所であります。

現内閣は、昨年七月政友会内閣の後を受けて、具《つぶ》さに財界行詰りの状態を精査いたしましたる所、本問題の解決最早遷延を許さざることを確認し、約半ケ年の間内外諸般の準備を整へ、国民の協力を得て愈々《いよいよ》之を断行したのであります。扨《さて》、之より解禁の善後策を講究実行すべき時代と相成りました。金の解禁に依て、我国の経済は始めて世界経済の常道に復し、国民経済更生の第一歩に入りましたが、今日以後は此の確立されたる財界の基礎の上に立ち、産業貿易の堅実なる振興を計らなければなりません。其の方策は他に奇を用ゆる必要がありません。概括して言へば官民一致協力非常なる決心を以て、国民的努力を継続すべく、其の間一点の弛緩を許しません。即ち、

一、政府に在ては中央地方の財政を緊縮し、公債を整理して国民負担の加重と民間事業に対する財政の圧迫を排除す。

一、民間に在ては産業の合理化、能率の増進に努め、組織的に財界の整理発達を遂げしめ生産費の低廉と品質の斉一優良とを図り、内に在つては物価の低落に依る国民生活の安定を得しめ、外に向つては輸出貿易の増進に努め、以て国際貸借の関係を改善し、金貨本位制度の擁護を期せなければなりません。

一、一般国民も亦解禁後に於ける我国民経済の前途の極めて重大なることに深く思を致し、大なる決心を以て消費節約勤倹力行を励み、生産資本の蓄積に力《つと》め、一面旧来の陋習《ろうしゅう》を破り国産品愛用の美風を奨励し、以て輸出の増進、輸入の減少に協力すべきであります。

政府は組閣以来此の方針を以て財政経済の政策を遂行し、今日以後も亦此の方針を以て国民と協力して、解禁善後

の事に当るの決意を有して居るものであります。此の如く国民全体が一致協力大なる覚悟を以て経済の難局に処するに於ては、我国の産業貿易は茲《ここ》に始めて堅実なる発達を遂げ、国際貸借の関係は改善せられ、金貨本位制の妙用は、長く発揮せらるべきを信じて疑はないのであります。要するに今日は実に、我国民経済建て直しの重大なる分岐点に立てるものであります。右すれば坦々たる大道、左すれば千仞《せんじん》の谿《たに》、其の何れを選ぶべきかは実に国民精神の緊張如何、国民的努力の程度如何に依て決せらるべきであります。

然るに此の重大なる時局に処すべき政友会の政策如何と見るに一定の方針に依らず、確乎たる信念に本《もと》づかず、動《やや》もすれば矛盾撞著の弊に陥り、国民精神の緊張を弛緩せしめ、国民的努力の信念を動揺せしめ、金解禁の善後策を誤まるに至らんことを惧るるものであります。

例へば官業の整理、行政整理を主張するは、財政緊縮の目的に出づるが如くでありまするけれども、一方之に依て得たる資金を以て産業の助成、治水、港湾、道路其の他各種の積極的政策を行ふべしと云ふが如きは方針の一貫を欠き、政友会の伝統たる積極政策を改むるの意志なく、其結果財政膨脹の勢を再現するものといはなければなりません。

又一方に減税を主張しながら他方に公債の増発を認むるが如きは、是れ亦矛盾の誹《そしり》を免がれざるものと云ふべく、今日の場合、国債濫発の端を啓《ひら》くときは、其の勢停止する所を知らず、財界に大なる害毒を流すものにして、金解禁の善後策と両立すべくもありません。更に驚くべきは消費節約の打切りを高調せる一事であります。成程消費節約の風は、天下を風靡しましたけれども素《も》と是れ国民の自覚に本づくものでありまして、政府の強要に依るものではありません。

今日の国民は政府の強要なくとも、現下経済上の難局を自覚し、自ら進んで消費節約勤倹力行に精進するの見識と勇気とを有つてをります。今日の場合、消費節約の打切りを高唱して国民に向つて恰《あたか》も消費を奨励し、節約を無用視するが如き政策を掲げまするは、現下の経済難局打開に対する熱烈なる国民の努力に向つて、三斗の冷水を浴せ掛《か》くるものでありまして、吾々が過去七ケ月の間国民の協力に依り、折角築き上げたる国民経済更正の基礎を破壊するの結果を招くものであります。吾人は此の如き確乎たる方針を有せざる政策が金解禁の善後策として甚だ危険なることを断言して憚《はばか》らざる所であります。

両党政策の第四の相違は両税委譲問題にあります。両税の委譲は政友会唯一の最高政策として多年之を天下に標榜いたしましたが、第五十六議会に於ける蹉跌の結果之を放棄したるものと考へましたが、今尚之を固執しつつある者のよしであります。果して何時の時代に之を実行する積りであるかは知りませぬが、我党が本問題に絶対反対の意見を有する事今更ら言ふ迄もなき所であります。

政策の第五の相違点は選挙区制の問題であります。区制の大小及比例代表制の採用と否とは、選挙革正と重大なる関係を有してをります。我党は中選挙区制を主張して之を実行し、更に進んで比例代表制の利害を講究しつつあるに反しまして、政友会は昨年春の議会に於て小選挙区制を提出し、力を極めて之が通過を計らんとしたるは天下周知の事実であります。何人と雖も当時の事実を記憶し更に最近に於ける犬養総裁の演説を聞くときは、区制問題に対する政友会の方針の孰《いず》れにありやを諒解することが出来なからうと信じます。

政友会にして、若し真に小選挙区論を放棄せんとするならば、速《すみやか》に党議を以て之が放棄を公然天下に声明せなければなりません。

凡そ政党の政策及其の行動は、現在に即し将来に渉て之を批評すべく、過去のことは一切之を水に流すべしとの犬養君の主張は、一面に於て相当の真理あるを認めまするも、政党が其の標榜する政策を将来果して責任を以て実行するの誠意ありや否や、又実行力を有するや否やを国民が判断するには、其の政党の過去に於ける態度と行動とを十分に検討し、然る上にて之を判断するの外はありません。一言にして曰へば国民が其の政党其ものを、信用するや否やの問題に帰著いたします。此の点に於て、過去のことは一切之を水に流すべしとの注文には、国民は恐くは同意を表するに躊躇するでありませう。

私も余り遠き過去のことは申しますまい。唯々政友会が政権を握りたる最近二年間の治績はどうでありますか。内治外交上如何《いか》なる政策を行ひ、如何なる成績を挙げましたか。対支外交は如何《いかん》、人事行政は如何、金解禁の準備は如何、両税委譲問題の始末は如何、政治を行ふの態度と其心事とに対する国民の印象は果して如何。私は之れ以上深く論究することを避けますが、過去の行状や成績に対する国民の信用如何を問はずして、将来に対する紙上の声明丈を以て国民に信用を強要する訳には行きません。況《いわ》んや其の声明せる政策にも前述の如く大なる矛盾と不統一との存するに於てをやであります。又政友会の政策は其の言ふ所如何にも茫漠として抽象的なるを遺憾といたします。官業整理と云ふも如何なる官業を如何に整理するか明かでありません。国防の経済化は経済化と云ふ名称は兎も角も主義に於ては敢て異議はありません。のみならず青年訓練及之に伴ふ所の在営年限の短縮に於ては、既に数年前より実行の緒に就き将来に向つて続行すべきは勿論、尚軍制改革の点に付ては目下慎重調査中に属してをる事柄であります。又五千万円程度の減税を声明してをりまするけれども、其の根拠は頗る不明瞭であります。已《すで》に結論に於て数字を明示したる以上は、其の前提たる財源に就ても亦数字を以て示さざる以上は、折角の減税論も更に意義をなしません。尚政友会の政策中には選挙の革正、産業の統制、国産の奨励、米穀の調節、産業金融の改善、輸出の振興等、政府に於て既に実行し若くは実行講究に著手しつつあるものも尠くありません。是等に対する政府の所見は、私が解散議会に於ける施政方針の演説に於て述べたるとほりであります。

以上何れの点より見まするも政友会の諸政策に対しては、一たび過去の態度及実績を顧み政策実行の可能性如何を検討し来るの時、又政策の内容が甚しき矛盾撞著に陥り、今日の時勢に却て有害なることを思ひ、更に其の政策が抽象的にして徹底を欠く点に照し、私は国民の一人として断じて之に向て賛意を表することは出来ません。現内閣過去七ヶ月間の努力の成績は現に事実の上に証明せられ、国民亦斉しく之を諒とすべきを信じます。尚今後の施設に就ても国家の為めに最善を期せんとするものであります。要するに現内閣は選挙の革正と金解禁の善後策とに其の重点を置き、国民の協力を得て国民経済の建直しと、産業貿易の堅実なる発展とに主力を集注するにあることは、前に述べたるとをりであります。

尚減税に関しては已《すで》に民政党の政策に明記してあるのみならず、現内閣に於ても義務教育費国庫負担金の増額、鉄道運賃の引下等に依り、具体的に国民負担の軽減を見る事を確信するものでありまするが、其外地方財政の緊縮に依り明年度より、相当地方税負担の軽減を計画したるが、将来国税として果して何千万円の減税を実行すべしとの声明は、責任を重んずる政府としては、今日之を言明することは出来ません。

諸君。世に不景気論をなすものがあります。彼等は現内閣の緊縮政策と金解禁の結果不景気は益々深刻となつた、故に景気を恢復せんとせば内閣の更迭を促し、其の政策を変更せざるべからずと申してをります。然れども金解禁の断行は、内外の経済状況の下に於て一日を緩《ゆる》ふすることは出来ません。当時金輸出禁止の下に於て貿易の入超は甚しく、為替相場は低落且動揺して貿易は振はず、産業は興らなかつたのであります。此大体《だいたい》論の外に、在外正貨は殆んど尽くに垂《なんな》んとして、外債の募集又は外資の輸入は、金輸出禁止の儘にては信用がありませんから、到底相談になるべくもありません。解禁に依て此の行詰れる局面を転回するの外、他に策がなかりしこと。今一点は四分利英貨公債借換の事であります。此の二点は国民の頭に確《しか》と諒解せられんことを望みます。

既に解禁を行ふべしと決したる以上は、之が絶対的必要なる準備行為、即ち亦同時に善後の良策として極力公私経済の緊縮を図るの外ありません。此の緊縮政策が徹底的に行はれたればこそ金解禁も行はれ、金解禁が出来たればこそ、此処に国民経済更生の基礎が出来たのであります。故に金解禁と緊縮政策とを批難するは全くの見当違ひであります。

抑《そもそ》も財界の不景気は由来する所久しく、決して一朝一夕の故ではありません。遠く其の原因を求めますれば、戦時好況時代に於ける官民雙方の不用意に基ける放漫政策にあります。政友会の諸君は如何に之をお考へになつて居らるるのでありませうか。政友会の諸君は金解禁を行はざれば景気は好転するものと考へて居られるのでありませうか。果して然らば政友会内閣の下に於ても同様不景気であつた理由は如何。同じく不景気と曰ふも従前の儘の不景気は安定せざる不景気であります。前途暗澹たる不景気であります。努力の仕甲斐なき不景気であります。解禁後の不景気は安定したる不景気であります。前途に光明を認めたる不景気であります。努力の仕甲斐ある不景気であります。聡明なる日本国民は一日の安きを偸《ぬす》んで、国家百年の悔を貽《のこ》すに忍びず、堅忍不抜の精神を鼓舞して国民経済の更正、真の景気招来の為に全力を傾注すべきであります。此の如くにして怠らずんば、其の結果必らずや産業貿易の堅実なる発展を見ることを信じて疑ひません。私は国民経済建て直しの基礎となるべき金解禁に反対したる政友会に、景気恢復を説くの資格ありや否やを疑ふものであります。凡そ経済上の問題は極めて重要にして複雑且微妙を極めて居ります。此の如き問題に対して我党内閣成らば直に景気恢復すべしと云ふが如き、低調軽薄なる態度を以て選挙に臨むが如きは、国民を愚にするの甚しきものであります。若し今日の場合一時民心に迎合するが為めに中間景気の煽揚を策するが如きことがありましたならば、再び惧るべき反動を繰返すこととなり、我財界は遂に収拾すべからざるに至ること火を睹《み》るより明らかであります。

大戦以来、御互にこれ迄随分苦《にが》き経験を嘗め尽しました。今日以後は真面目にやらなければなりません。真剣に努力いたしましたならば、前途決して悲観を要しませぬ。

諸君。最後に海軍々縮問題に関して一言いたし度いと存じます。海軍々縮問題に対する帝国政府の方針に付ては、各種の機会に於て繰返し言明せる所でありまして、今や帝国の全権は政府訓令の旨を含んで、倫敦《ロンドン》に於て樽俎《そんそ》折衝甚だ力めつつある時であります。我国民は全権の絶大なる努力に対して満腔の謝意を表すると同時に、会議の重大性に鑑み、最も慎重なる態度を持して会議の経過を注視し其の円満なる成功を期待しなければなりません。

然るに一月二十一日恰《あたか》も倫敦海軍会議が始めて開会せられたる当日、此の重大なる外交問題に付て、帝国議会の公開したる議場に於て、全権に交付しある政府訓令の内容に付て、政友会が公然言明を要求するが如き態度に出でたるは、国家の為め吾人の採らざる所であります。

私は此の問題に付て犬養総裁を二回迄も壇上に送りたる政友会の態度に付き、国家の為め深き遺憾の意を表するものであります。若し誠心誠意国家の為め、全権をして十分に其の手腕を発揮せしめ、会議の成功を収めんとしまするならば、其の方法は彼の時に於ける議会壇上の質問討論にあらずして、自ら他に適当の時機と方法とあるべきを信じます。要するに政党政派を超越せる重大なる外交問題に対する態度は、成るべく冷静に、成るべく沈著ならん事を希望せざるを得ません。

諸君。今日の時局は極めて重大であります、而して此重大なる時局に当て総選挙が行はれるのであります。選挙民諸君。諸君は朝野両党が国政の上に貢献したる過去の努力を比較検討し現在の国情に照して、何れの政党の政策が最も適当にして且つ必要なりや、何れの政党の態度が最も信頼するに足るべきやの諸点に就き、公平なる判断を下されんことを切に希望する次第であります。

（『浜口雄幸氏大論弁集』）

四四　総選挙に向けての首相声明

［一九三〇年（昭和五年）二月一九日］

第十七回総選挙はいよいよ明二十日執行さるることとなつた。選挙民は何人をその代表者として議会に送るかは今夜をもつて最終の決心をすることであらう。今更申すまでもなく選挙権の行使は立憲国民の貴き権利であると同時に貴き義務であつてその一票の力は実に国家興廃のかぎを握るものである。従つてこれが行使はあくまでも自由であり公正でなければならぬ。一切の情実を排し自己の所信によつて投票しなければならぬ。前回の総選挙には棄権者の率が相当高かつたがこれはまことに遺憾千万な事であつて今回は左様なことのないことを希望する。棄権は実に立憲国民の恥辱であり同時に罪悪であるといひ得るのである。諸外国に対しても誠に面目ない次第であるから特にこの点に注意し万障を排し奮つて投票せられんことを希望する。

（『東京朝日新聞』、一九三〇年二月二〇日）

四五　総選挙の結果と施策の遂行

［一九三〇年（昭和五年）二月二三日、民政党機関誌論説］

現内閣は成立以来常に強く正しく明るき政治を高調して時局に善処し、以て君国に尽くさんことを期して居る次第である。今回の総選挙に対しても特に政界の浄化に重きを置き、自由公正な選挙権の行使に依つて、国民の真の意思の存する処を議会に反映せしむることに努めたのは、天下の均しく認むる処と信ずるのである。

選挙の結果は今日まで内務省の調査した処に依れば、政友会百七十四名、対し民政党は二百七十三名を獲得し、其の差は九十九名の多きに達し、衆議院定数の半数たる二百三十三名を突破すること正に四十名であつて、政局はここに全く安定を得たりと云ふべきである。従つて先きに現内閣が解散を奏請したる理由の全部を解決し得たる点に於て、自分は一先づ重荷を下ろした感がするのである。これ全く現内閣の主義政策が徹底的に国民の諒解と共鳴とを得たるが為であつて、此の選挙に当つて朝野二大政党は正々堂々その主義政策を国民の前に披瀝し、その公平なる判断を求めた結果ここに到達したのである。我々は今更輿論の力の偉大なるを感ぜざるを得ない。

改めて申す迄もなく、政府今日以後の使命は、昨年七月組閣直後中外に声明したる十大政綱に基づき政策の遂行に精進する事であつて、我々は此の責任の益々重大なることを痛感するのである。それに就ても今回の総選挙に於て喜ぶべき現象は、

第一に国民が二大政党の対立を是認し、主義政策の明瞭ならざる中立議員の選出に興味を持たなかつた点にある。

第二に中選挙区制の下に於ても一の政党が他の政党に対して、断然たる圧倒的勝利を獲得する事が実証されたこと

である。ここに総選挙の戦績を顧みて現内閣は惨として驕らず、よく内部を統制していよいよますます真面目の態度を持して、思ふ存分にその政策を遂行し、以て憲政の発達に寄与し国運の進展に貢献したいと思ふのである。

（『民政』）

四六　政党政治の美果を収めむ

［一九三〇年（昭和五年）三月一〇日、衆議院総選挙民政党当選議員総会での演説］

愉快なる圧倒的勝利

諸君。今回の総選挙に於て三旬の激烈なる政戦を経て、立派に当選の栄を荷はれ、新に立法府に列せられたる諸君に対し、改めてお喜びを申上げると共に、総選挙に於ける諸君の御努力に感謝の意を表する次第あります。忘れもしませぬが、去る一月二十二日即ち衆議院解散の翌日、東京会館に於ける前代議士会の席上、私は前代議士諸君は必ず来るべき選挙に全部当選することは勿論、新たに多数の同僚を伴はれ、再び本部又は此の場所でお目にかかることを希望し、且つ期待する事を申し述べました。然るに選挙の結果、前代議士にして不幸十数名の落選者を出しましたることは、諸君と共に遺憾とする処でありまするが、其の代り新代議士の多数を得て、衆議院定員の半数を超過することと正に三十九名の多きに上り、圧倒的多数を得たることは、お互に御同慶に堪へない次第であります。

普選第二次選挙の特徴

総選挙の跡を静かに顧みますれば、今回の選挙には幾多の特徴がありました。先づ第一に敵味方共よく戦つたことであります。解散前の形勢から見て、或は多少不純なる言論を交へるものがないかとの懸念もありましたが、幸ひにして泥試合といふが如き言論戦がなく、共に正々堂々主義政策によつて戦ひました。これが、全国の津々浦々に至るまで充分に徹底して、選挙の勝敗が決したのでありまするから戦に敗れたる政友会と雖ども遺憾はないことと思ひます。

第二に言論の自由が十分尊重せられた点であります。普選第一回の総選挙に於ては、可なり此の点に非難がありましたに拘はらず、今回は十分に言論を尊重し遺憾なく議論を戦はしめました。即ち未だ嘗て見聞した事のなき明るい、清い、穏かな正しい選挙が行はれた事は、第一回と非常なる相違でありました。

第三は中立議員の凋落であります。これを換言すれば政党主義の勝利であります。政党内閣の今日旗幟の鮮明を欠く灰色議員が、多数当選することがありますれば、政党政治の発達は望めませぬ。今回の選挙に是等灰色議員が殆ど落選したることは、我国民が政党政治に適していることを証拠立てるものであつて、政党政治発達の為に喜ばねばなりませぬ。

第四に前回の選挙後、ほしいままに党籍を離脱し、選挙民に何等の諒解を得ずして、党籍を変更したる議員が今回の選挙に於て、当選者の極めて少かつたといふ現象は著しき特徴の一つであります。一定の政党に属し其の主義政策に共鳴して立つた者が、重大なる理由なくして党籍を変更し、再び選挙に立候補し、何等問題なく当選して来ていると云ふことがあつたならば、そこに我国の政治道徳の発達といふことは見られないのであります。今回の選挙の跡を顧み、政治道徳上まことに喜ぶべきものがあると考へます。

第五は棄権率の減少であります。前回の一割九分に比し今回は一割六分でありまして、その間約三分の相違があります。これ国民の政治思想の発達と政治的自覚を明かにしたものであります。

第六は無産党の進出が彼等の予期に反して十分でなかつたことであります。その原因に関しては私は批評する意思は持つてをりませんが、無産党の諸君が深く反省すべき事柄であらうと思ひます。かかる特徴を有した総選挙も、窮極の目的とする処は、現内閣に対する国民の信任を問ふ一事にありました。而して選挙の結果政府は完全に国民の信任を得たのであります。

政党政治の信用回復

之を畢竟するに、今回の総選挙はその解散の理由書にも明白なる如くに、現内閣が進んで国民に向つてその信任を問うたのであつて、選挙の結果により政府は絶対的信任を得たことになりました。この理由は之を消極、積極の両方面から論ずることが出来ます。消極的理由は、政友会が過去二ヶ年余の間に於ける失政に対する反動であります。積極的理由は、我民政党の主義政策が国民の共鳴を得たといふことであります。大勝利を得た今日に於て、政友会内閣の失政を改めて申上げる必要はありませんが、我党としてはこの政友会内閣の失政を顧みて、その轍を踏まざるよう深く自ら戒めなければならぬと思ふのであります。総選挙直後、私の名を以て発表いたしましたる声明書中にも明白なる如く、我々は勝つておごらず、一党一派の私《わたくし》を捨て国家の公《おおやけ》に殉じ、誠心誠意君国のため誠忠を尽すことを考へねばならぬ事、第一であります。第二には所謂多数横暴の弊を矯《あらた》め、政党政治の信用を回復することに、一路邁進せなければならぬことであります。

我国の政党政治は形式的には、大体に於て確立して居ると言へるかも知れませんが、精神的には断じて確立したと言へぬのであります。憲政布かれて四十年政党政治は幾多の変遷を経たのでありますが、理論はともかく実際の上に政党政治以外に執るべき途はないのであります。従つて現在の国民が政党政治を信頼せぬ事が事実であるならば、日本の政治の将来は暗黒であります。またさうなれば国家の将来が如何になり行くか、殆んど悚然《しょうぜん》として膚に粟を生ずる感があります。今や我党は圧倒的多数を占めて国政を担当するの基礎が固まりましたから、これを機会に過去の誤まれることを矯め、国民の間に信用を回復し、以て政党政治を向上することに、全力を傾注したいと思ふのであります。

政友会に望む

次に多年国民に向つて公約したる政策の実行でありまするが、固より多年の間相当の機関を経て調査研究し、国民に向つて声明したる政策も少くありません。之を実行するに当つて一時に総てを遣《や》らうとすれば跪づきます。急がず、騒がず、国家の大局から緩急を図つて著々実行せねばなりません。我党は総選挙に非常な好成績を得たが、凡そ政党政治の完全なる発達は有力なる反対党が正面に立つているといふことが必要であります。この意味に於て私は、政友会の更生と健全なる発達を衷心より希望する次第であります。

一致結束国政に当らむ

特別議会は四月二十一日召集せられまするが、我党の議会に臨む態度方針は何れ適当の機関によつて決定する筈でありります。思ふに多数党の一番の悩み即ち受難の原因は、外にあらず内にあるといふことであります。内部の結束の緩みが一番の悩みである。二百七十二名が同心一体となつて完全なる統制を保ち、非常なる強い力、強い決心を以て国政に当らねばならぬと考ふるのであります。

（『浜口雄幸氏大論弁集』）

四七　帝都復興完成に関する首相声明

［一九三〇年（昭和五年）三月二二日］

くわう《[曠]》古の難事業たる帝都復興の大業は六年有半の歳月を費し八億の巨費を投じ予期の如く進行してここに漸く大成の域に達することを得たのであります。

おもふに大正十二年九月の大震火災は史上まれに見るの惨事でありまして帝都は一夜にしてほとんど壊滅に帰したのであります。この秋《とき》に当り畏《かしこ》くも聖上陛下には深くえい《[叡]》慮を悩まし給ひ帝都復興に関する優あく《[渥]》なる詔書をくわん《[渙]》発あらせられ民心の帰すう《[趨]》を御示しになつたのであります。政府も又優詔を奉体して応急救護の処置をとり鋭意復興の業を画策し歴代内閣相継で事業の遂行に全力を傾注したのであります。帝都市民は固より一般国民も聖旨の厚きを奉体して協心りく《[戮]》力もつて事に当り遂によくこの大業を完全することが出来たのであり、然してここにかうく《[惶懼]》の面目全く一新せる帝都に畏くも陛下の御巡幸を仰ぎ奉りかつ復興完成式典に御親臨を忝《かたじけの》うするの光栄に浴したることは誠に恐《きょう》く《[懼]》おく能はざる所正にこれ昭和の一大盛事として国民の均しく歓喜感激に堪へざる所であります。

ここに復興の完成に当り着手以来能く本事業の達成に努力せられたる東京市民諸君並に関係諸氏一同に対し微《び》ちう《[衷]》を披れきして満こう《[腔]》の謝意を献ぐると共に震災以来多大の後援を与へられたる全国民並に救援と好意とを惜しまれざりし友邦の官民に対して絶大の敬意を表する次第であります。

（『東京朝日新聞』、一九三〇年三月二三日）

四八　帝都復興事業完成祝賀会での首相祝辞

［一九三〇年（昭和五年）三月二六日］

茲《ここ》に帝都復興事業完成の祝賀会に御招待を受けましたる一同を代表致しまして、一言御挨拶を申述べ様と存じます。曠古の難事業でありました、帝都の復興が六年有半の歳月と巨額の経費とを費しまして、今や完成を告ぐるに至りましたことは、洵《まこと》に御同慶に勝《た》へざる所であります。

畏《かしこ》くも天皇陛下におかせられましては一昨廿四日親しく復興事業完成の実情を臠《みそな》はせられ、更に本日は早朝宮中三殿に御親告を行はせられましたる上、帝都復興完成式典に臨御遊ばされ、且優渥なる勅語を賜はりましたことは、国民の斉しく感激措く能はざる所であります。特に輦轂《れんこく》の下に在る東京市と致しまして、宏大無辺の聖恩を忝《かたじけの》うしましたる上に、復興完成の歓喜をも加へましたので、これに越したる光栄とこれに優るの感激はないことと存ずるのであります。

今より七年の前、彼の焦土の中に立つて誰れか今日の光輝ある復興の帝都を想像し得たでありませうか。思つてここに至りますれば、人間の協同一致の努力程その効果の偉大なるものはないといふことを感ぜざるを得ないのであります。復興事業の今日の完成を目撃するにつきましても、東京市民諸君の多年の間の忍耐と其勇気とが、如何に絶大なるものであつたかはほとんど想像だも及ばぬ所であります。これと同時に東京市当局の苦心励精とは、これまた異常なるものであつたことと考へます。更にただ今市長の御挨拶にもありました通り、復興の完成につきましては、東京市がこれまで蒙りました所は極まりなき皇恩を拝謝致しまするると共に、内外の同情と国民全体の後援との、深く且大なりしことを感謝せざるを得ないと思ふのであります。しかしてこれに酬ゆるが為めには、今日まで復興事業の完成に努力せられたると同様の緊張味を以て、将来益々精神的及経済的の復興発展に全力を傾注せられ、政治経済の枢軸たり、国民文化の源泉たるべき帝都の内容を遺憾なく充実することが、極めて肝要であると信ずるのであります。今朝復興完成式典の際に、下し賜はりましたる勅語の聖旨に副ひ奉るゆゑんの途もまた実にここに存することと思ふのであります。従ひまして市当局及び市民諸君の一層の緊張と奮励とを祈つてやまざる次第であります。

ここにこの盛大なる祝賀会に御招きを受ると共に、帝都復興事業の完成について東京市のために衷心より祝意を表するものであります。

終りに臨んで此処に御集りの諸君と共に東京市の万歳を三唱致したいと存じます。何卒御唱和あらんことを望みます。

（『民政』）

四九　国民負担の軽減と社会政策の実行

［一九三〇年（昭和五年）五月一五日、民政党議員総会での演説］

諸君。今回の特別議会は会期僅かに三週間に過ぎない短期議会であつたに拘はらず、諸君が能く大政党たるの権威と襟度とを遺憾なく発揮せられたることに、私は深く感謝するものであります。而して政府が最も緊急なりと認めて提出いたしました各種法律案、就中《なかんずく》予算が滞りなく無事通過したることは国家の為め同慶の至りであります。

今期議会での重大なる問題は、予算法律案の外に於ては一つは、海軍々縮の問題であり、一つは経済上の問題であつたのであります。而かも此の二大問題が主として貴衆両院を通じて、盛んに論議されたのであります。

軍縮問題の実質論と形式論

軍縮問題に就いては、両院に於て条約の実質論と形式論の両面から、がうがうたる非難を受けました。即ち実質論としては条約に包含する帝国海軍の兵力量では国防上不安であり、欠陥はないかとの議論でありましたが、これに対する吾々の見解は、若し此の条約が一千九百三十六年以後の事態を永久に律せんとするものならば、或ひは然からんも、条約は暫定的のものであるから、此の条約の存続する限りに於ては、国防には断じて欠陥を生じない事を、数字を挙げて説明したのでありますが、反対党は或ひは種々の断片的の参考書類により、或ひは道聴途説を基礎として、国防の不安を頻りに論じたが、政府は左様なものは毫も採るに足らぬものと認めました。

政府は軍部の意見を十分に聞き、閣議に於て慎重考究の結果、国家のため断じて適当なりと判断して調印したのであります。かくして国防上欠陥なしと認めて調印した上は、その責任は政府がとるべきことを明言して置いたのであります。

次に形式論としては統帥権問題が繰返されました、即ち政府と軍部との関係に於て、憲法第十一条と第十二条との解釈問題が論議されたのでありますが、吾々のこの問題に対する立場は抽象的の憲法論をするの必要を認めず、依つてその答弁を与へなかつたのであります。ただ問題の要点結論として申し述べたことは、ロンドン条約に調印する場合に於て、条約の中に包含せる帝国海軍の兵力量に関しては、軍部の専門的意見を十分斟酌し、然る上に政府が之を決定した。既に政府が決定した以上は其の責任は政府がとるのである。其の決定に関し、憲法第何条に因つたかと云ふ如き憲法上の学究的論議は、銘々の研究に委すべきもので、吾々に其の暇はないと答へたのであります。

斯かる形式論が貴族院に於て起ることは深く怪しむに足りませんが、民意を代表する衆議院に於て、而かも在野の大政党が盛んにこの問題を捉へて、短期議会の上半期の殆んど大部分を之に終始せしむるに至つたことは甚だ不可解であると思ふのであります。

吾々は常に議会の争は政策を以て堂々争ふべきであると主張し、かねがねその実現の如何を興味を以て期待していたのであります。然るにその実際に於てはこの議会の前半は憲法上の形式論に終始し、後半は小橋［文相］問題に費して了つたのであります。固よりそれも必要でありませうが、然し国民生活に即せる実質的政策論は、その中間の僅かの期間に論議されたに過ぎなかつたのであります。私は之を衆議院の為め遺憾に思ひ、政友会の為めに深く惜しむものであります。

兌換制及び金本位制の擁護

経済問題の要点は金解禁の問題と財界の景気回復とが併せ論ぜられました。併し政友会の財政経済政策には、毫も一定の方針と認めらるるものが発見せられないのみならず、彼等は金解禁に反対なるや賛成なるや、今以て解らないのであります。反対なるが如く賛成なるが如く、其の態度が明かでない為に、其の議論も明確を欠くのみならず、政友会の代表者の演説を聞き、最も遺憾とするのは、我国民経済の直面せる現在の地位を、徹底的に自覚しないといふ点であります。金解禁が既に実行されている以上は、之に反対すると否とに拘はらず、今日はその善後策に向つて政策を集中すべきであります。

即ち兌換制度の維持、金本位制の擁護に努力せねばなりませぬ。反対党は景気復活策を強調せんがために、或は積極政策の復活を唱へ、公債政策の還元を主張する。それも金解禁前なればしばらく別としまするも、金解禁後の今日の地位に於て若しも緊縮政策を解き、公債濫発に依る事業振興策を執るならば、その結果は推して知るべしであります。反対党の人々は口を開けば、解禁後の金貨流出が二億円に達したと云つて、非難して居りまするが、吾々は此の程度の流出に驚くものではありません。若し此れ位の現象に驚いて積極放漫の政策を執るならば、通貨を膨脹せしめ、物価を騰貴せしめ、貿易の逆調を甚しくして、金の流出は二億や三億に止まりません。

斯くして如何にして兌換制、金本位制を維持することが出来ますか。而して金の流出が盛んになれば、通貨は収縮し金利は暴騰し物価は崩落し、其の結果は貿易上、産業上非常なる現象を呈し、遂には我が国産業の破壊となります。反対党は景気回復と失業救済とを叫びながら、その主張する所は全然之と反対に、産業の破壊を招くが如きことを考へているのは、何としても吾々の諒解出来ぬ所であります。

当面の諸政策と失業対策

更に吾々の諒解に苦しむ点は、政府が産業振興、貿易改善の為めに、現に行ひつつある政策、並びに将来に実行せんとする政策に対し、政府の要求する予算が余りに少額にして、到底実行不可能のものなりとしている点であります。追加予算に現れて居る政策の主なるものを挙ぐれば、輸出補償制度、船舶金融制度、国産品愛用奨励、産業合理局の設置等で、予算面外のものでは鉄道運賃の引下げ、同じく払戻し、船舶運賃引下げ、其の他各種の重要事業の整理促進であります。反対党の所謂反対論は、之等の施設に対する予算が少額で、其の目的を達成することは出来ぬと云ふに在りまするが、国産奨励とか産業合理化とかいふが如き仕事は、単に予算額に依つて施設の如何を決定することは出来ませぬ。政府は之に依つて国民的運動の導火線たらしむるを得ば結構であります。要は国民総動員にて其の目的を達成せねばなりません。

失業問題は文明各国共通の悩みで、その由来するところ遠く且つ深いものがあります。政府がこの問題に当面して、相当の責任をもつて当たることは勿論であります。産業振興貿易改善の施設をなす所以のもの、また根本に於て、失業問題の解決に資せんがためであります。然し其の応急対策としては職業紹介所の増設、事業調節委員会設置による事業調節、失業救済事業の起工及び振興、土木事業費起債方針の緩和、知識階級失業救済等があり、更に進んで政府は財政事情の許す限り、国民経済の大方針を痛めぬ範囲内において、出来る丈け失業救済に努力すべきことは、両院に於て屢々言明した通りであります。

国民の負担軽減と社会政策の実行

諸君。是れから政府竝びに与党は如何なる覚悟を以て、如何なる仕事をなすべきかを考慮する必要があります。恰《あた》かも金解禁が現下の国民経済建直しの第一関門であつた如く、これまでの仕事は総て吾々が将来に向かつて行はんとする仕事の第一関門であつたに過ぎませぬ。また今度の議会は吾党内閣が将来に向かつて、永く政治的活動を開始せんとする第一歩に過ぎません。

僅かに三週間の短期議会が滞りなく済んだからとて一点の緩みを生じてはなりませぬ。これから第一にロンドン条約批准問題がある、従つて之が実行実施に向つて全力を傾注すべきであります。次には綱紀粛正の問題である。不幸にして最近政界に綱紀紊乱《ぶん》の事実が、続々眼前に現はれたることは遺憾千万でありまするが、既に発生せる事実は、之を表面に現して将来を警《いま》しむる処なくてはなりませぬ。吾々は今後挙党一致綱紀の粛正と風教の作振に邁進したいと思ふのであります。殊に選挙の革正は、この内閣の最も重きを置く一点であります。

議会前政府は選挙革正委員会の第一回総会を開きましたが、之から続いて委員会を開会し、選挙革正事業の成就に努力する決心であります。次にお互の最も留意すべきことは、国民負担の軽減であります。今期議会には取敢《とりあ》へず義務教育費国庫負担金の増額によつて、市町村の負担軽減を図る事が出来たのは誠に結構であります。然し乍ら負担の軽減といふことは、決してかかる程度に止まるべきではありません。将来に向かつてあらゆる方法を以て、端的に言へば減税に向つて努力したいのであります。次に財産の緩急を図り、国の内外の経済状態の推移に鑑み、各種の社会政策の実行を期さなければなりませぬ。以上の事柄は目下の国情に照らし、最も緊急なる事項と考へますから、互に協力一致して、其の実現を期したいと思ふのであります。

絶対多数は伊達ではない

我党は二月の総選挙において二百七十三名の多数を得て、衆議院に於て圧倒的勢力を有することとなりましたが、此の絶対多数の勢力はただの伊達《だて》や見栄ではありません。実力の伴ふものでなければなりません。この実力を以て各種の重要なる国務を遂行し、其他国利民福を図るべき諸政策の実現を期せんことを、此の機会に諸君と共に国民の前に誓ひたいと思ふのであります。

（『浜口雄幸氏大論弁集』）

五〇　回訓案決定の件説明原稿

［一九三〇年（昭和五年）六月一八日、ロンドン海軍軍縮条約についての政府回訓関係文書］

本文は昭和五年四月一日午前八時半より官邸日本間の応接室に岡田軍事参議官、加藤軍令部長、及《およ》び山梨海軍次官を招致し、回訓案（閣議提出案）決定の次第を説明して之を提示したる時、約一時間に渉つて説明したる原稿控へを後日保存の為自ら浄書したるものなり。（五［年］の六［月］の一八［日］）

一、外交上の見地

英米両国政府共数ヶ月に亙り必死の努力を以て軍縮の達成に努力（無論日本も亦然り）しつつある際、今回の請訓案一名妥協案に対する日本の不同意の結果、協定決裂に赴くときは英米対我国の外交上の空気が相当悪化することは免るへからすと思考す。往年寿府《ジュネーブ》会議の決裂に帰するや英米間の関係頗る悪化し、両国民中動《やや》もすれば英米戦争の起り得へき可能性を信するものをすら生するに至り、英国労働党内閣の成るや、甚しく之を憂へ、米国との国際関係を回復するを以て其重要政綱の一となし、此目的を達するが為に「マ［マクドナルド］」首相が英国の輿論を圧して自国従来の主張を抑制し、率先軍縮会議の開催を主唱し自ら米国に渡りて先づ両国民間の空気を緩和せしめ、次で倫敦《ロンドン》に於ける五国全権の会合を見るに至れり。右は協定決裂が国際間の関係に悪影響を及ぼせる最近に於ける顕著なる例証にして、同時に各国が今回の倫敦会議成功に努力し之が決裂を防止する所以にして、特に日本の働きかけに依て会議を決裂に導くことの極めて不可なるを信ずる所以なり。世界平和の維持増進、文化の発達は今日に於ても然るが如く将来に於ては一層日英米三国の共同の力に依て之に当らざるべからず。若し非常緊急の理由なくして日本が故《いたず》らに三国協調の「リング」を離れて孤立の地位に立つのみならず、日本自身の働きに依て英日との国際干係《かんけい》を悪化せしむるときは、我国は将来種々の関係に於て、国際上云ふべからざる窮境に立つべし。例へば(1)支那に於ける各種問題の取扱方にしても、英米の反感を買ひ、其妨害に遭ふときは事毎に左支右吾して我国の正当なる権利を防護し、経済上貿易上の利益を発展せしむる上に於て言ふべからざる不便不利を蒙るべく、(2)又日米の干係に就て言へば移民問題と称する不愉快なる問題の解決を益々不利に導く虞あるが如き、(3)日英の干係に就て言へば我経済上、貨幣制度上至大の関係ある明年一月一日を期限とする第二回四分利英貨公債の借換問題を不利に導く（金利の高低の問題にあらずして借換の能不能の問題となる虞なきにあらざるべし）が如き、(4)気まぐれなる米国との造船競争発生の可能性の如き其他将来年々歳々陸続として生起することあるべき諸般の外交問題、国際問題の処理解決に当て生すへき不利不便は極めて多かるべし。

二、財政上の見地

次に倫敦《ロンドン》海軍会議の成否に依る財政上の負担に就て述べむに寿府《ジュネーブ》会議の結果、主力艦の代艦建造は昭和六年度より着手することとなり居れり。而して今回の倫敦会議の情況より推測するに、主力艦の代艦建造を昭和六年以後五ヶ年間延期するは各国間に異議なく協定せらるるものと考へらるるも、今回会議の主題たる巡洋艦以下補助艦の協定は右の代艦建造の延期と不可分の問題となり居るを以て、若し軍縮会議不調に了らば昭和六年度よりの主力艦建造は勿論、同時に少くとも従来海軍に於て計画せられたる補助艦の建造遂行を必要とすべし。勿論軍縮会議の決裂を仮定したる場合、英米両国が華府《ワシントン》会議協定以外の艦艇に付て如何なる態度を採るべきか、今日より逆睹し難しと雖も、今茲に唯単に倫敦会議を予想せざりし以前に我海軍の計画したるものに依りて之を見れば、昭和五年度以降昭和十一年度迄七ヶ年間に主力艦建造費として三億四千百余万円、補助艦艇建造費として四億八千二百万円、水陸設備費として千九百余万円、此他航空隊設備費として三千二百余万円合計八億七千七百余万円の経費を要する計算なり。大蔵省は右に対する財源として目下の財政状態の許す範囲に於て相当額を留保しあることは勿論なりと雖も、此海軍当局の所望を充すに足らさる状況にあり。仍《よっ》て海軍と交渉の上、相当巨額の査定を加へて総額を五億千四百余万円とし漸く財政計画を立てたる次第なるが、現に過般の解散議会に提出されたる五年度予算に伴ふ八年間計画表に見るも今後数年間は殆んど厘毛の歳入残額を見ざる状態なり。其後更に歳入の減少は免れざるべく、此上海軍費の増加は到底我国財政の堪ゆる所にあらさるを恐る。若し今回の軍縮会議が不幸にして決裂したる場合に、反動的に起ることを覚悟せざるべからざる米国の建艦計画（議会の協賛を経て法律となれるもの）が遂行せらるる場合に於て我国が之と七割の比率を保有するが為には大巡丈《だ》けに付て見るも、米国の二十三隻二十三万屯（無論仮定）に対して十六万千屯の勢力を要す。即ち我国の現有勢力十万八千四百屯に対して五万二千六百屯即ち一万屯級五隻強（一億四千四百万円）の増加を要することとなるべし。軽巡以下之に称《かの》ふて増艦することとなり、之が維持費亦当然増加を要すとせば、政府は殆んど他の一切の施設を中止して尚足らず。到底増税に依るの外なかるべし。然るに今日より数年を経過して国力幾分充実したる後は兎も角も、目下の経済上の状態の下に於ては、此の如きは到底国力の許さざる所［なり］。国力の許さざる軍備の拡張は、無理に之を行ふとも、実際に国防の用をなし難し。減税の要求、社会政策の要求、失業救済施設の要求盛なる今日、一切を犠牲として軍艦建造の競争をなすは国家の大局の為、採らざる所なり。政府は独り財政問題としてのみならず広く国内的の問題として深き考慮を要すべし。

倫敦《ロンドン》会議の決裂が（第一）外交上、（第二）財政其他の内政上、前述の如き困難にして忍ひ難き結果を招来することに思を致し、且つ今回の会議の使命、目的と請訓案を得るに至る迄の交渉の経過と、全権の絶大なる努力の結果たる米国側の譲歩とに思を致し、請訓案の内容を精査し、極めて冷静沈着に国家大局の上より諸般の点を総合して判断を下すときは、帝国現在の立場としては右案の骨子を条約案の基礎として承認することとし、別紙の如き回訓案を以て本日の閣議に臨むことに自分としては決心するの外なきに至れるに付左様承知せられたし。固より此決心に到達するまでには此処に御列席の軍部首脳部の人々とは数回に渉て会見を遂げ、十分に専門的見地よりの意見を承はり、特に財部海軍大臣よりの来電には最も重きを置きて深甚なる考慮を加へたり。然るに国家の大事を決するには独り軍事上の見地のみならず、前述外交、財政、経済、思想等諸般の観察を総合して大局より判断を下さざるべからず。其判断の結果が軍部専門家の従来の意見を十分に満足せしむる能はざりしは予の最も苦痛とし遺憾とする所なるも、若し予の期待するが如く、本日の閣議の結果此回訓案を可決し、上奏の上、倫敦に発電し、事態一たび確定したる以上は、軍部当局としては其確定したる事態の上に立ち、其範囲内に於て君国の為最善の努力を尽し其職務に尽《じん》瘁《すい》せられんことを切望す。尚軍事上の専門的見地よりする軍部の意見は海軍次官をして閣議の席上に於て十分陳述せしむることとすべし。回訓案の文章は簡潔なるも意味は必すしも然《シカ》〔ママ〕く簡単ならず。本文は只今海軍次官に手交すべきも此席に於て一応自分より其意味を述ぶることとすべし。

回訓案文（本文限り）朗読

付言――回訓に付帯して外務大臣より別途全権に発電する積り

1、第三項の留保方式は稟申せしむ

2、第四項の所謂「何等かの方法」の例示

3、本協定の有効期間の明示（条約面に於ける）

（終）

（高知県立自由民権記念館所蔵）

五一　軍事参議院奉答文にたいする敷奏文

［一九三〇年（昭和五年）七月二六日、ロンドン海軍軍縮条約批准関係文書］

今般閲覧せしめられたる倫敦《ロンドン》海軍条約に関する軍事参議院の奉答に付恭《うやうや》しく案するに、帝国軍備の整備充実は之を忽《ゆるがせ》にすべからず。軍事参議院の奉答せる対策は洵《まこと》に至当の儀と思料するを以て倫敦海軍条約御批准を了せられ実施せらるる上は本大臣は該対策の実行に努むべく、而して之が実行に方《あた》りては固より各閣僚と共に慎重審議し財政其の他の事情を考慮し緩急按排《あんばい》其の宜しきを制し、更に帝国議会の協賛を経て之が実現に努力し最善を尽して宏謨を翼賛し奉らんことを期す。臣雄幸恐惶頓首謹て奏す。

昭和五年七月二十六日

内閣総理大臣　浜口　雄幸

（加藤寛一編『昭和四年五年倫敦海軍条約秘録』、私家版、一九五六年）

五二　ロンドン海軍軍縮条約批准に関する首相声明

［一九三〇年（昭和五年）一〇月二日］

国際間の親善を計り、世界の平和を確立することは、帝国外交のかはらざる方針であつて、又国民の挙《こぞ》つてげう〔翹〕望する所であると信ずる。この崇高なる事業に多大の貢献をなすべき、「ロンドン」海軍条約が本日を以て御批准あらせられたることは国家のため誠に祝着に堪へざる所である。

本条約が、その目的たる競争的軍備に伴ふ危険を防止し、かつ国民負担の軽減を計るものたることは言をまたざる所なるも、吾人が特に祝意を表する所以のものは、その道徳的効果の重大なることにあるのである。即ち本条約の成立は列強間のさい疑不安の念を一掃し、その相互信頼を増進せしめ得るのみならず、更に進んでは、一層効果ある平和的事業の完成をも企図し得べしと信ずるがためである。本条約は要するに関係各国が交譲妥協の精神を発揮して、これが協定に成功したるものである。然る上は我々は誠心誠意その目的の遂行に努め、国防の安固を期すると共に、更にその精神を拡充し、外は世界平和の確立に貢献し、内は国民負担の軽減を実行せむことを期すべきである。

回顧すれば昨秋英国政府より、海軍軍縮会議開催の招請を受けてより、ここに約一年、その間幾多の難関に遭遇したるも、よくこれを突破して終に今日御批准を仰ぐを得るに至りたるは、ひつきやう国民一致の後援支持によるものであつて自分はこの機会において深く感謝の誠意を表する次第である。

唯《ただ》回訓前後の事情に関聯して、世上の物議を醸すに至りたるは、その原因の如何を問はず当時海軍の事務を管理したる自分として顧みて遺憾に思ふ。いづれにするも、関係諸官の終始一方ならざる苦心努力は、全く国を思ふの至誠に出でたるものとして、自分の深く多とするところである。本条約は、日米既に批准を了し英国また日ならずしてその手続を完了すべく、随て条約の効力を発生するまた遠きにあらざるべし。かくの如くして世界の平和と人類の進歩に一新紀元を画することを得れば、天下万衆と共に慶賀してやまざる所である。

（『東京朝日新聞』、一九三〇年一〇月三日）

五三　国務の現状及び将来の施政

［一九三〇年（昭和五年）一〇月一〇日、地方長官会議での演説］

一

諸君。今回倫敦《ロンドン》海軍条約の御批准を機といたしまして、茲《ここ》に時務の現状及将来の施政に対し、政府所信の一端を披瀝することは、私の衷心より満足する所であります。

倫敦海軍条約は本月二日を以て御批准を終つたのであります。本条約は競争的軍備に伴ふ危険を防止すると共に、国民負担の軽減を図るの目的を有するものでありまして、本年四月二十二日、日、英、米、仏、伊五国全権の間に調印せられたものでありまするが、其の中《うち》、日、英、米三国に関する限り、従来の軍縮会議に於て、実現を見るに至らざりし補助艦の制限を協定するに成功したのであります。元来補助艦保有量の制限に関する協定は、主力艦の場合に比して、一層複雑したる難問題を含み、今回の倫敦会議に於ても、之れが交渉に幾多の紆余曲折を重ね、終に仏伊の参加を見るを得なかつたことは遺憾でありまするが、日、英、米の三国は大局より考察して互譲妥協以て協定の成立を見るに至つた次第であります。本条約は米国既に批准を了し、全英聯盟各邦も或は批准済或は批准準備中でありますから、条約は遠からず実施の運びになることと考へます。

回顧すれば昨年十月会議参加に就き英国政府の招請を受けましてより、此の度最後の手続を終了するに至る迄約一年、此の間内外共に幾多の問題に遭遇し、時に或は協定の成立を危ましめたることないではありませんでしたが、我が全権の努力と国論の支持とに依つて、遂に克《よ》く協定の目的を達することを得たのであります。

又条約調印後に於ても、事態の進行に時日を要したるが為、政情を不安に導き延いて財界の安定を妨げ、情勢頗る憂慮す可きものがあつたのでありますが、幸ひに枢密院は本月一日を以て本案を可決し、翌二日愈々条約の御批准を了せられましたので、政局は全く茲に安定を見、一般の人心亦平静に帰するに至つたのであります。政府は是れより全力を傾注して予算の編成、財界の対策を始め益々諸般の政策の実行に努め、以て重大なる時局に善処する覚悟であります。

思ふに本条約の成立に依り、国際間の和親を増進し、世界平和の確立に貢献することを得るに至つたことは、洵《まこと》に慶賀に堪へざる所であります。政府は本条約の実施に依りて生ず可き余剰財源を以て、一方に於ては海軍補充計画を適当に遂行すると共に、他の一方に於ては国民の負担を軽減して、条約の目的を達成するの決心を有するものでありまして、目下著々講究を進め、一般予算の編成に伴ひ、之れが具体案の完成を急いで居る次第であります。

失業対策に関しましては、政府は経済上社会上、問題の極めて重大なるに鑑み、常に事態の推移に留意し財界の安定、産業の発達、貿易の振興等、力を失業防止の根本方策に致すと共に、失業防止委員会を常設して、之れが対策の樹立実行に努めつつあるのであります。

尚ほ必要と認むる地方に対しては、起債制限の方針を緩和して各種の事業計画を認容するのみならず、進んで之れに財的援助を与へ、以て失業者授職の方途を講じ来れる処、今後の状勢に依りては更に適当の施設を為し、以て其の急に応ずるの用意を怠らない考へであります。

農漁山村其の他地方の疲弊匡救に関しましては、政府は産業振興、失業救済の為相当の施設を講ずるの急務なるを認めまして、今回其の応急対策として、大蔵省預金部より低利資金七千万円を融通することに決定し、地方に於ける各種緊要なる事業に充当せしむることとしたのであります。

現下世界的不況の時代に於て、特に金解禁後の時局に処し、此難関を打開して、国民経済の建直しを図るが為めには一定の方針に従ひ、堅忍不抜以て経済の常道を進むの外はないと考へます。一時的景気を煽揚して、禍根を将来に貽《のこ》すが如き政策は、堅く之れを戒めなければなりません。政府は之れが対策として、財政の方面に於ては出来得る限り、整理緊縮の方針を持続すると共に、経済の方面に於ては、主として産業合理化の促進を図り、国産愛用の徹底を期する為目下鋭意施設中であります。併し乍ら産業の合理化と云ひ、国産の愛用と云ひ、独り政府の力のみを以てしては、到底充分なる効果を期待することが出来ないのであります。官民一致、上下協力して之れが実行に努力しなければならぬと信じます。

最後に文教上の施設に就き一言致したいと思ふのであります。来る十月三十日は教育勅語渙発満四十年に相当するのであります。教育勅語は万世に渝《かわ》らざる本邦徳教の大本を、明示せられた聖訓でありまして、帝国の教育は此の勅語の御趣旨に基いて、行はれつつあるのであります。

茲《ここ》に勅語渙発四十周年の当日を期して、中央地方一斉に厳粛なる記念式を行ひ、国民一同をして感激を新にし、聖訓の体認実行に努力せしむることは、極めて有意義の事であると信じます。又大正九年今上陛下が東宮に在らせられた頃、青年団に対して優渥《ゆうあく》なる令旨を下し賜つてより、本年は恰《あたか》も十周年に当るのであります。帝国の青年をして、奮つて修養に心掛け健全なる国民、善良なる公民の素質を充実せしむることは、国運進展上最も大切なることでありまするが故に、茲に令旨奉戴十周年を記念すると共に、一層青年の意気を鼓舞して、修養に精進せしむる様にしたいと思ふのであります。畏《かしこ》くも陛下に於かせられましては、其の趣旨を御嘉納あらせられ、来る十一月三日特に全国男女青年の代表者を御親閲あらせらる可き旨、御内沙汰を拝しましたことは、感激措く所を知らざる次第であります。

近時社会民心の推移に関しては洵《まこと》に憂ふ可きものがあります。殊に国家の将来を雙肩に荷へる青年学生の思想が、動《やや》もすれば其の中正を失し、或は不穏の運動に参加し、或は不純の享楽に耽溺する等、不健全なる傾向を見ることは最も痛心に堪へざる所であります。故に政府は此の際に於て国民一般に対し、普《あまね》く聖訓の徹底を期し、且つ青年の志気を鼓舞することは、喫緊の要務なりと信ずるのであります。

（『浜口雄幸氏大論弁集』）

五四　人類文明の一新紀元

［一九三〇年（昭和五年）一〇月二七日、日米英首脳世界同時中継ラジオ放送での演説］

ここにロンドン海軍条約の御批准書寄託に方《あた》つて、いささか所感を申し述べたいと思ふのであります。

大正十年から同十一年にわたつて、開催せられたるワシントン会議の結果は、戦争のために疲弊している所の世界の各国に対して、十分の休養を与ふるに足らなかつたのみならず、会議の当時は予想せられなかつた所の大巡洋艦の建造競争が、其後間もなく開始せらるるに至つたのであります。備砲においても速力においても、装甲においても非常なる威力を有する大巡洋艦は、各国の海軍力を比較する上において極めて重要なる要素となりましたるが故に、此種艦船の建造競争は、漸く世人の注意を引きまして、之に伴ふ所の危険と困難とは、時を経ると共に益々明瞭に意識せらるるに至つたのであります。この難問題を解決せんがため、各国は努力を怠らなかつたのでありまするが、その努力は、何の効果もなく、主要海軍国は策の施す所を知らずして、結局ワシントン条約によつて、一時抑制せられたる無益なる建艦競争と、これに伴ふ所の過重なる国民負担とを、再び繰り返すの外なき状態に陥らんとしつつあつたのであります。然るに幸にして、この危険は今回のロンドン会議において、全く一掃せられたのであります。顧みれば、昭和二年の寿府《ジュネーブ》会議は仮令成功はしなかつたとはいへ、必ずしも無益ではなかつたのでありまして、この会議における各国の努力が素地となりまして今回の会議において、日、英、米三国の間に、一切の補助艦の建造競争を廃するの協定が成立したのであります。尚、ロンドン会議の重要なる収穫としては、ひとり補助艦に関する三国間の協定に止まりませぬ。即ち軍備縮小の高遠なる目的の達成を念とする日、英、米、仏、伊の五箇国の間には、ワシントン条約において定められたる海軍軍備の縮小を、更に徹底せしめ、かつ人道的精神に基いて、潜水艦の活動を制限すべき規定を含む条約が、作成せられたのであります。私は日本帝国の首相として、この満足なる結果に対し、いささかたりとも貢献することを得ましたことを、大なる光栄と感ずるものであります。しかしてこの新条約が、世界各国の人心に及ぼす所の精神的効果は、けだし偉大なるものがあると考へるのであります。本条約は各国民間相互の信頼と、友誼とを明確に表示するものでありまして、私は今回の如き歴史的大事業が完成されましたことに対し、関係各国の政府並に国民と共に、衷心より祝意を表する次第であります。固《もと》より日本国民としては、自国の安全と国際の平和とをこひねがふの外に何等他意あるものではありませぬ。我々は更に進んで今回の条約に示されたる軍備縮小の精神を、一層拡充徹底せしむべき、最好の機運に際会せるものと考へるのであります。ブリアン、ケロツグ両氏の提唱に係る不戦条約は、戦争を絶対に否認したるものでありまするが故に、いやしくもこの厳粛なる約束に違反するものがありまするならばその国はもちろん全世界を敵とすることになるのであります。即ちその場合世界の各国は、侵略せられたる国を積極的に援助するか、又は援助を与えないとしても少くとも不戦条約に違反したる国が、戦争遂行のため他国の貿易を妨げ、若くは交戦国としての権利を行使することを、傍観するものとは思はれないのであります。かくの如き戦時における各国共助の問題を離れましても、今日の国際関係においては、善隣の精神といふものが、昔日の嫉妬猜疑の念に代りつつあることを、十分に認むることが出来るのであります。近く開催の予定となつて居りまする国際聯盟軍縮準備委員会も、又ロンドン会議を成功に導きたるこの精神の下に行はれなければならぬと思ひます。私は将来に対するこれ等の期待が、必ずや裏切られないといふことを確信して疑はざるものであります。ロンドン海軍条約は、人類の文明に一新紀元を画したるものであります。現在の世界は列強互に相敵視して、動《やや》もすれば力に訴へてまでも自国の利益を開拓せんとしたるいはゆる「冒険時代」を既に経過しまして、今や各国互に相信頼して共存共栄を計る所の「安定時代」に到達して居るのであります。今回のロンドン海軍条約は、実にこの時代の大勢に順応して、国際的平和親善の確立に向つて大なる一歩を進めたるものでありますが、我々は今後益々この崇高なる事業の進展を、切望してやまざるものであります。

（藤村健次『浜口雄幸』、日吉堂本店、一九三〇年）

五五　教育勅語渙発記念祝辞演説

［一九三〇年（昭和五年）一〇月三〇日、教育勅語渙発満四十年記念式典］

本日は、教育勅語が渙発せられましてより満四十年に当りますので、茲《ここ》に厳粛なる記念式を挙げられますことは極めて意義深き催しでありまして洵《まこと》に慶賀に堪へない所であります。

教育勅語は畏くも明治天皇が維新以後に於ける人心の趣向に就いて深く叡慮を悩まし給ひ、明治二十三年の今月今日を以て国民道徳の根本義を我等臣民に垂示せられたものであります。爾来教育の方針とする所は此の勅語の御趣旨を奉体して之を国民に実行せしむるに在るのであります。故に我々国民たる者は常に勅語の精神を服膺《ふくよう》し実践躬行に努めなければならぬことは勿論でありますが、殊に本日の記念式に際しては更に感激を新にし、之が実行に就いて一層の努力を為すべきであると信ずるのであります。

回顧すれば明治二十二年及び同二十三年は我が国史の上に特筆大書すべき重要事項が相尋《つ》いで定められた年でありまして帝国隆昌の基礎は此の時に於て更に鞏固を加へられたやうに考ふるのであります。即ち明治二十二年には国家統治の根本法たる帝国憲法が、皇室に関する大法たる皇室典範と共に宣布せられ、同二十三年には国民道徳の根本義たる、教育勅語が渙発せられ、我が国の政治及び道徳の大本が茲に確立せられたのであります。由来政治は道徳と相待つにあらざれば国家興隆の美果を結ぶことは出来ないのであります。之れ即ち政治が国家最高道徳の標準なりと云はるる所以であります。加之《しかのみならず》法は運用其の人を得なければ如何に法典のみ完備して居りましても結局一片の空文に過ぎないのでありまして、千載不磨の大典たる帝国憲法と雖も国民智徳の発達に待つにあらざれば充分に国家の進運を図り国民福利の増進に貢献することが出来ないのであります。聖慮を推測し奉るは余りに畏れ多いことでありますが、憲法の宣布に次いで教育勅語を渙発せられましたことは両々相待つて国運の進展に寄与せしめんとする深遠なる大御心に出でさせられたることと拝察致しまして今更ながら感激に堪へざる次第であります。

謹んで按ずるに教育勅語には「我カ皇祖皇宗国ヲ肇《はじ》［ム］ルコト宏遠ニ徳ヲ樹ツルコト深厚ナリ我カ臣民克ク忠ニ克ク孝ニ億兆心ヲ一ニシテ世々厥《そ》ノ美ヲ済《な》セルハ此レ我カ国体ノ精華ニシテ教育ノ淵源亦実ニ此ニ存ス」と宣はせられ、又「斯ノ道ハ実ニ我カ皇祖皇宗ノ遺訓ニシテ子孫臣民ノ倶《とも》ニ遵守スヘキ所」と仰せられてあります。これは明かに我が国民道徳が国固有の国体に淵源し、皇祖皇宗の御遺訓に遵由することを示されたものであります。而して帝国憲法に関しては其の発布の際の御告文に於ては「此レ皆皇祖皇宗ノ後裔ニ貽《のこ》シタマヘル統治ノ洪範ヲ紹述スルニ外ナラス」と宣はせられ、又発布の勅語に於ては、「我カ祖我カ宗ハ我カ臣民祖先ノ協力輔翼ニ倚リ我カ帝国ヲ肇造シ以テ無窮ニ垂レタリ」と仰せられ、憲法の条章の上に我が帝国固有の国体を宣明せられ以て皇祖皇宗の御遺訓を明徴にせられたのであります。斯く看来れば憲法制定の精神は教育勅語に示させられたる所と其の本源を同じうせらるるものであると拝察する次第であります。随つて我が国の憲政は国民道徳と相表裏して始めて其の美を済すことが出来ると申さなければなりません。抑も憲政の美を済すと云ふことは我が国民の重大なる責任でありまして畏くも明治天皇が帝国憲法を欽定せられましたのは、我等臣民が皇祖皇宗の忠良なる臣民の子孫であることを思召され、又和衷協同して国政に参与し能く帝国の光輝を中外に宣揚するの負担に堪ふる者たることを御確信あらせられました為でありますことは当時の聖勅に依つて十分に之を窺ひ奉ることが出来るのであります。然るに憲政実施以来既に四十年、固より相当の成績を挙げつつあることは之を認むるのでありますが、当初の御期待に副ひ奉らんとするには我々国民は今後更に一層教育勅語の精神を徹底的に実行することに努力し以て国民道徳の進歩を促し如斯《かくのごと》くして我が国憲政有終の美を済すことに精進せんければならんと思ひます。

近時に於ける世相を視るに、不健全なる文芸が漸く青年男女の間に浸潤し、享楽に耽溺する風都鄙に瀰漫せんとするの傾向あり。又世界大戦前後より、欧洲の社会に於て漸く旺盛となりました危険矯激なる思想が我が国に波及して、国民の中之に感染し動《やや》もすれば現在の経済組織の破壊を企て、或は我が国体観念に反するが如き思想を抱く者を生ずるに至つたことは、洵に憂慮に堪へない所であります。今日我が国が直面する財界の難局は世界一般の不況に因つて一層深刻となりましたことは勿論でありまするが、国民が奢侈に流れ勤倹力行の美風を失ひたるの結果に因ることも亦少くないと思ひます。又思想上の難局は右に述べました如く外来思想の誘惑に因るのでありますが、国民の精神の内に之に誘惑せらるるだけの間隙のあることも亦其の大なる原因であると考へられます。斯かる世相に対して速に之が匡救の道を講ずることは国家の為に真に喫緊事なりと謂はねばなりません。

惟ふに我が国が明治維新以来六十年の間数回の大なる試練を経て今日の如き国際的地位を占むるに至つたことは我が国民が三千年来養ひ来りました独特の国民精神を発揮し一難を経る毎に益々其の精神を旺盛ならしめ上下一致して国運の伸張に力を致したる結果に外ならないのであります。然るに近来は民心一般に弛緩して国民精神の緊張を失ひたる感なきを得ないのであります。是即ち経済上及び思想上幾多の難問題を惹起するに至りたる一大原因でありまして洵に寒心に堪へざる次第であります。

併しながら黙つて之を思ふに時勢の推移に依つて社会事情の変遷を来すことは避け難きところであります。又広く知識を世界に求め、断えず外国の文化に接触することは、国家の進展上極めて必要でありまして益々之を努めねばなりませぬ。只之と同時に、我が国特有の国民精神は固く之を保持することが肝要であります。即ち国民精神の本領を保持しつつ時勢の進運に応じ、外国の長所を採ることが健全に国運を隆昌ならしむるの道であります。何れの国の制度文物の進歩発達の状況を観ましても、一般に其の時代に適応したる方針を採ると同時に、其の国固有の特徴を発揮して各々其の異彩を放ちつつあるのであります。明治年間は盛に西洋の文物を輸入しましたが、之と同時に我が国民は熱烈に国民精神の本領を発揮するに努めました為に、我が国の文化は今日の如き長足の進歩を遂ぐることを得たのであります。凡そ国民精神の本領を忘却して徒に外国の文物を迎ふるに急なるは単なる模倣に過ぎないのであります。

模倣の極は遂に其の国文明の本質を失はしむることとなるのであります。内に固有の文明を発達せしめ外に他国の文物の長所を容るるに於て初めて自国の文化を創造することが出来るのでありまして、之に依つて国運の日進月歩を期することが出来るのであります。今上陛下御践祚の後朝見の儀に於て賜りたる勅語に「模倣ヲ戒メ創造ヲ勗《つと》メ」と仰せられましたことは国民の夙夜に服膺《ふくよう》して寸時も忘るべからざる大訓と存ずるのであります。

之を要するに民心を振作して国民精神を旺盛ならしむることが当代の急務であります。之れ即ち時弊を匡救し以て目下の経済上及び思想上の難局を打開するの所以でありますばかりでなく、進んで我が国憲政の美を済し国家の隆昌を致すの根本であります。之が為には国を挙げて勅語の精神を発揮することに徹底することが最も肝要であると信じます。

茲に本日の記念式に臨み聊か所懐の一端を述べまして祝辞となす次第であります。

（浜口雄幸『随感録』、三省堂、一九三一年）

五六　昭和六年度予算の編成を終りて

［一九三〇年（昭和五年）一一月一一日、民政党機関誌論説］

昭和五年度の歳入は著しき減少を予想せらるるを以て、政府は行政の経済化を図り、極力経費を節減して歳入、歳出の均衡を保たしめて居るのであるが、昭和六年度の歳入は昭和五年度最近までの実績より推して、更に多額の減少を予想せらるるのである。

昭和六年度歳入の概算は、これを昭和五年度の実行予算に比較するに、租税収入に於て一億二千万円、その他の経常収入に於て三百余万円の減少を示し、加ふるに歳出の財源に充つべき前年度剰余金は皆無なるを以て、予算編成上多大の困難を来したのである。又ロンドン海軍条約は軍備の制限による平和の確保と国民の負担軽減とを目的とせるを以て、海軍補充計画のため従来留保しありたる財源は、これを条約に基く軍備の補充確立と国民の負担軽減とに充当しなければならぬ。国民の負担軽減は今日の財界に処する対策としても、是非共これを断行するの必要がある。

依つて両者を適当に按排して、昭和六年度より昭和十一年度に至る海軍の補充計画に充当すべき金額を三億七千四百万円、減税に充当すべき金額を一億三千四百万円と定めたのである。又歳入の減少に対応する為め既定経費に付いて極力節減に努力した結果、各省を通じての節減額は一億二千七百余万円に達しここに歳入歳出の均衡を得たのである。斯くて昭和六年度の概算額は十四億四千万円となつたのである。これを昭和四年度の予算総額十七億七千余万円に比較すれば、実に三億三千余万円の減額となる。

斯の如く急激に減少せる国費と、国務執行との調和を計り、更に進んで今日の行政組織を改革して、国民経済の現状に適合せしむることは刻下の急務である。又現行租税制度は国民負担の実際に相応ぜざる点少からず、依つて行政、財政及び税制の整理に付き慎重に審議せしむる為め、調査会を設置することを本日の閣議に於て決定し、行政の合理化を計ると共に国民の負担を公正ならしめ、且将来に於ける財政の基礎を強固ならしめんことを期したのである。

（『民政』）

五七　民政党関東大会へのメッセージ

［一九三〇年（昭和五年）一二月一四日］

諸君、本日、我が党の関東大会が開催せられましたことは、欣快に堪へない所であります。私は過般遭難致し、加療中の為、不幸にして出席することの出来ないのは、洵《まこと》に遺憾に存ずる次第であります。

現下のわが国は、内外多事、思想に経済に、重大なる難局に直面致して居りますことは、諸君の御承知の通りであります。現内閣は組閣以来、一年有半先に声明致しました重要政綱に関しましては、着々之を実行しその成果を収めつつあることは、国民の斉しく之を認むる所であります。併しながら、尚時勢に応じて実行致すべき政策は、多々ありますので、この難局に処してわが党の責任は、重且《かつ》大なるものがあるのであります。私の負傷につきましては、諸君の非常なる御高配を煩はしましたが、その後の経過頗《すこぶ》る良好でありまして、遠からず諸君と共に君国のために尽瘁《じんすい》することを、得るに至ることと確信するのであります。今日は第五十九議会に臨まんとする重大なる時機でありまして、諸君の益々一致結束、わが党政策実現のために、奮闘努力せられんことを望んでやまない次第であります。一言以て御挨拶と致します。

（小柳津五郎編『浜口雄幸伝』）

五八　新春所感

［一九三一年（昭和六年）一月、民政党機関誌論説］

昭和六年の新春を迎へて、私は上宝祚の無窮、聖寿万歳を寿《ことほ》ぎ奉ると共に、下国民の発展と幸福とを祈つて止まぬものである。茲《ここ》に希望に輝く新年を祝福し、所懐の一端を述べんとするに当り、先づ私は昨年十一月に於ける遭難に際し、我が党員を初め、多数国民より披瀝されたる熱誠なる御同情と御親切とに対し、万腔の謝意を表するものである。

顧れば一昨年七月、我党が内閣を組織してから一年有半、此の間に於て外は英米と共に海軍々縮条約を締結して世界平和に貢献し、加之《しかのみならず》益々列国との親睦協調を致し、内は国民経済の根本的建直しの為に、財政の整理緊縮、金解禁の断行、産業貿易の振興を図る等、組閣当初に於て天下に声明せる所謂十大政綱実現の為に努力し、之を着々実現しつつあることは多数国民の斉しく認むる所である。

唯だ遺憾なるは昨年に於ける我が国の財界は米国財界の恐慌並に之に次ぐ世界的不景気の襲来を受けて、其の不況の度を増したることであるが、由来好景気の永続せぬと同様、不景気も亦決して永続するものではない。我が国が一陽来復の春を迎へることも左程遠くはないと信ずる。而も此の際極端なる楽観は禁物であると同時に、又無暗に悲観することも良くないと信ずる。要するに現実の真相を直視して之れを正当に理解し、恐れず驚かず一定の方針の下に堅忍不抜の精神を以て、此の難局打開に国民を挙げて共同戦線に立つべきであると思ふ。

惟《おも》ふに現下の情勢は、内外多事、時勢に応じて施設すべき政策は枚挙に遑がない。吾々は年を新にして大に国民の期待に副はんとする計画を実施せなければならぬ。国民に於かれても亦新春を迎へると共に、甦生の意気を以て益々社会各般の事業に努力奮闘され、国運の進展に寄与されんことを望むものである。

（『民政』）

五九　来年度予算通過に関する首相声明

［一九三一年（昭和六年）三月一四日］

昭和六年度予算は五旬の長きにわたり貴衆両院において慎重審議せられ十三日貴族院を通過したのであるがその特別会計は一部分修正せられたので即日衆議院に回付せられ十四日衆議院においてこれに同意を与へ昭和六年度の総予算並に各特別会計および予算外国庫の負担となるべき契約を要する件はここに両院の協賛を経たのである。この予算は組閣後始めて成立した普通予算であつて海軍軍縮補充計画、減税等その他現内閣の政策を折り込みたる極めて有意義なる予算であることは申すまでもない。従つてその成立は邦家のため誠に慶賀に堪へざるところである。尚追加予算は目下衆議院で質問応答中であるが遠からず審議終了両院を通過するものと期待している。

（『東京朝日新聞』、一九三一年三月一五日）

第二部　民政党総裁就任以前

一　消極政策と積極政策

［一九一五年（大正四年）三月、高知市での衆議院議員立候補演説］

満場の諸君、近来世の中に於て経済財政の方針につき消極と云ひ、或は積極と云ふ言葉を聞きますが、殊に彼の政友会の云ふ所を聞くと、大隈内閣は消極策である、而して政友会は積極政策にして日本今日の発展は此積極政策のお蔭であると云ひ、甚しきに至りては今日の不景気は全く大隈内閣消極政策の然らしむる所で、不景気を好まざるものは政友会を扶《たす》け、不景気を好むものは大隈内閣を助けよなどと云つております。而かも此言葉が実に前大蔵大臣にして政友会幹部の位地にある高橋是清君の口よりして聞くに至つては驚くの外ありません。

惟《おも》ふに今日の不景気は山本内閣時代より起り、而して之に加ふるに欧亜の動乱による世界的一般の現象として現来つたのである。英仏独露墺の如きは何れも世界文明の中心にして、英仏は世界の金融及経済の中心地であるが、其国の動乱が世界に及ぼす経済的影響の大なることは言を待たずして明らかにして、已《すで》に倫敦《ロンドン》の株式取引は停止せられ仏国にても又然り、独、露は兌換発行を停止し、更に戦禍以外に立てる米国紐育《ニューヨーク》市に於いても取引所は閉鎖されておるに反し、日本の影響は最も少ないのであります。若し政友会の高橋君の言を以てすれば世界を通じての不景気も亦大隈内閣の為であると云はねばならぬ。

果して然らば大隈内閣の勢力も亦偉大也と云はねばならぬのであつて、秋田の石油の噴出や、昨年の米の豊作も大隈内閣全盛の為と云はねばならぬ。そして米価の下落も亦た大隈内閣の為だといつて攻撃材料とするものがある。米価の下落は事実であるけれども、それは昨年米の豊作に原因しております。而して現内閣の政略といふ者があれど、右の調節議案は三十五議会に於いて昨年十二月二十五日に議会へ提出した予算の審査期間を三日も余せるその間に於てかの蚕糸救済問題と共に全く不問に付し去つて［陸軍］増師のみに反対せるは、政友会が米価調節策に対して何等の誠意もなき理由である。次に彼等がその金科玉条とするその積極政策とは果して如何なるものなるか。凡そ積極政策とは増税を意味するか然らば国民を毒するものである。また積極政策とは行政膨脹を意味し、消極政策が行政の整理であれば、彼等の積極政策は即ち国家を害するものである。

又積極政策が只徒らに入るを計らざる一方に於いて、鉄道、電信、道路、橋梁の拡張新設をのみ意味するか、之れ又明かに有害。公債を外国に募集するものであるなら、これも亦日本の信用を落すものである。ただ外国の資本を借ることを能事とすれば、これまた国民の経済を無視するものである。要するに積極論といひ、消極論といひ畢竟学者が机上の空論に過ぎずして、政治の要義は国力の如何、時勢の推移に依りて変化するものであつて、過去十年間に於る日本の積極政策は国民を苦しめ、今日は其極に達しておるから、今日はこの点に於いて大に考ふべき時期であつて、惟ふに国民は今や経済的に自覚し、決して彼等の積極政策なる大言壮語に迷はざることがないと信ずる。若し政友会の政策にして行はるるに於ては、その積極政策は国家を焼き尽さずんば已《や》まざるであらふ。それで国民も今や漸く自覚し、政友会も亦た一時稍《や》や自覚せる観がある。即ち西園寺内閣の下に於ける大蔵大臣たりし山本達雄氏は有名なる消極論者にして、その議会に於てなしたる「今日の積極政策を以て永久推移すれば日本は経済的に破綻すべし」との演説は電報により海を通して英国倫敦《ロンドン》に至り、直ちに同地に於る日本公債の価格を暴落せしめ元老の怒りを招いたとの事であった。所が高橋是清君の山本内閣に大蔵大臣たるや、積極政策を以て大正元年度に於て三千四百万円の外債を募る案を立てたが、今日に於て其外債が出来るか否か、事実は出来ないのに拘らず、高橋君は何の顔色ありて国民の前に積極政策を説き、又不景気は大隈内閣の為めなりなどと云ひ得るであらふか。

殊に山本内閣当時より不景気は起つておる、私は現に其証拠を握つておるのである。第一に不景気は通貨の収縮、即ち日本銀行兌換券の減少を来すのである、所が兌換券は大正二年二月山本内閣成れる月より減少して居る。疑があるなら表に於て見れば明瞭である。次には物価の下落である。山本内閣成立の前後に於て大正元年十二月から大正二年一月が物価の最も高き時で、超へて二月となり山本内閣成りてより急に下落し初めたのである。更に新事業計画の投資高はこれまた大正二年二月より減少して居る。第四の証拠に於ては会社の基本金の表、会社の払込金が減つて居る。以上歴々たる証拠がある。高橋君の所謂不景気は大隈内閣の為め也といふ、国民を誣《し》ゆるも亦甚しと云はねばならぬ。私は漫然政友会を攻めるのではない。以上歴々数字の上より事実を事実として観察するのである。之れを要するに今日は彼等の積極政策を施すべき時期でなく、即ち大隈内閣の政策が今日の財界に対する最も適当なる施設であると断言するに憚《はば》からぬ所である。

（『浜口雄幸氏名演説集』）

二　我が党の財政政策と所謂妥協案

［一九一六年（大正五年）四月、同志会機関誌論説］

一、我党の財政計画

大正五年度総予算案が客臘《かくろう》十二月二十五日を以て衆議院を通過し、貴族院に回付せらるるや同院に於ける該案の審査に方《あた》り、貴族院各派の間に公債政策の問題に関し、非常なる議論を惹起し其結果予算の運命頗る危殆に瀕したりしの事実は尚世人の記憶に新たなる処なるべし。

抑《そもそ》も公債政策に関しては五年度の予算編成に際し、鉄道の建設改良資金の財源を公債に依らざる計画を立て、鉄道資金不足額二千万円は之を一般会計よりの貸付金に仰ぎ、更に一般会計にては鉄道への貸付金の財源を得るが為に、減債基金繰入額二千万円を減じて三千万円となしたるものにして、予算計画に於て一般会計よりの国債整理基金繰入額を三千万円に止めたる事㈠、一般会計より鉄道会計への貸付金二千万円を計上したる事㈡、鉄道特別会計の歳入に於て借入金二千万円を計上したる事㈢の三者は、相互に連絡あり系統あり首尾一貫せる組織的財政計画にして、其一又は一を削りて他を存置する能はざるものなり。

右の財政計画は我党多年の主張に係り、現［内］閣成立後直に之を天下に宣言したる公債政策の結果に基くものにして、政府及我党は此主張を以て第三十五議会に臨み、此主張を以て第三十六議会に臨み、更に又此主張を以て第三十七議会に臨みしなり。而して本問題は実に第三十五議会解散の一因をなしたるものにして、総選挙の後を受けたる第三十六議会に於ては、多大の論戦の後本計画は確定し、大正四年度にありては、既に之れが実行を見たり。今期議会にありては衆議院に於て政友会の反対ありたりと雖も、多数を以て之れを可決し、十二月二十五日を以て貴族院に回付せられたる也。

尚政府は如上の財政計画に基く総予算案を提出すると共に、旧臘《きゅうろう》を以て時局の結果増殖したる正貨の一時処分策、並に時局の影響を受けて緩漫に赴ける金融の一時調節策として、仏貨国庫債券三千八百六十万円の内債借款に関する追加予算案を提出し、之れ亦十二月二十七日を以て衆議院を通過し同じく貴族院に回付せられたり。

二、上院各派の反対理由

此政府の財政計画に対し貴族院各派の多数が反対せんとしたる議論の根拠は果して孰《いず》れにありや。公式に之れが発表の機に接せざりしを以て、公然之れを知るに由なきも、吾人の観察する処を以てすれば、各派各人必ずしも一様にあらざりしが如きも、之れを大別して二種となし得べしと信ず。即ち第一種は時局後の経済界に対する極端なる楽観論にして、時局後の貿易、正貨、金融の状態は大体に於て現時の良好なる状態を持続すべしとなすものにして、此説をなすものは極めて少数なりしが如し。第二種は今日の貿易、正貨、金融状態は時局に基く一時の変態にして、戦後永く継続すべきものにあらざる事は之を承認するも、仮令一時的なりとも今日の経済状態は内債募集に適するものなりとなし、而して今日の正貨の増殖を利用して外債償還をなし、以て他日借款の負担を軽減すべき絶好の機会なりとなし、此機会を利用して一面内債を募集して鉄道資金に充て、一面一般会計より鉄道特別会計に貸付くべき二千万円を引上げ、之を国債整理基金に繰入れ、之を以て四分半利付英貨公債の償還額を増加すべしと云ふにあるものの如《ごと》かりき。

三、上院反対理由の批評

右の内第一種の議論は時局に基く経済上の一時の変態を以て、直に永久に渉る常態と速断し、此速断に基いて直に長期に渉る財政計画を変更せんとするものにして、軽率の譏《そしり》を免るべからず。

次に第二種の議論は其前提に於ては、今日の経済状態が一時の変態なる事を承認するに係《かかわ》らず、結論に於ては鉄道の如き長期に渉る財政計画の財源を公債に求めんとするものにして、これ亦矛盾の譏を免れざる也。

論者或は云はん、金融緩漫正貨豊富の時に於ては鉄道公債を募集して基金還元の方法を採り、之れに反して金融並に正貨の状態公債募集に不可なる時は、鉄道公債募集の方法を廃し、一般会計よりの貸付の方法を採り同時に減債基金繰入額を減少せば可なるにあらずや、要は毎年の予算編成期に於て経済状態の如何に鑑みて財政計画を二三にせば可ならんのみと。

然れども斯くの如きは経済財政に対する政府の無方針を示すものにして、経済界をして其適従する処に迷はしむるのみならず、一度募債の例を開く時は経済状態の不可なるに係らず、強いて募債の遂行を為さざるべからざるに至るべく、之れ実に一面国庫の不利を招き、一面経済界を圧迫して事業の発達を阻害するのみならず、延いて公債価格の低落を招き其信用を失墜し既往十数年間に於ける財政経済紊乱の覆轍を踏むに至るべく、吾人は今日の状態の下に於て断じて斯かる姑息の財政計画に賛する能はざるなり。否斯くの如きは決して財政計画と称すべきものにあらずして、寧ろ単に一時の弥縫策而已《のみ》。

四、妥協案の成立

議論は暫く之れを措き、貴族院各派の多数は斯かる形勢の下に、益態度を固め事情は益切迫し、若し此儘に進行せんか、勢の趨く所或は遂に予算の不成立を見るに至らんも測るべからざらんとせり。

抑《そもそ》も大正の御代に入りてより予算の完全に成立せる事未だ之れ無し。大正二年度予算は形式的に成立を見しと雖も、実は殆んど前年度予算の踏襲と異る処なく、三年度及四年度予算案は全く不成立に了れり。予算の不成立は云ふ迄もなく国務遂行国運発展上容易ならざる渋滞を来すものにして、連年斯くの如き結果を見るは上陛下に対し奉りて恐懼措く能はざるのみならず、下国民の依托に負《そむ》くものにして、国家の為真に憂慮に耐えざる処也。

此時に際し平素穏健着実を以て本領となし、至誠国家を憂ふる貴族院の諸氏は事態に関し深く考慮する処あり。予算の不成立を避け時局を円満に解決するの策を講じ遂に一の妥協条件を按出し、政府にして其条件を容るるに於ては、予算案は毫末の修正を加へずして之を通過せしむべしとして政府に交渉し来れり。茲《ここ》に於てか政府は慎重考慮の末遂に貴族院各派の諸氏と其意見一致して、政府対貴族院各派との妥協茲に成立し、其結果として貴族院は一月十二日を以て予算案を通過せり。

斯くの如くして鉄道公債及減債基金の問題に関する政府の財政計画を包含せる大正五年度予算は此に成立するを得たる次第なるが、所謂妥協案なるものは、㈠二千万円の四分半利付英貨公債の内債借替に関する追加予算案の提出及㈡此借換遂行に必要なる単行法律案の提出之れなり。

五、妥協案と吾人の主張

之れに対し吾人の第一に声明せんとする処のものは、本妥協案が吾人平生の主義政策と全然没交渉なる事是なり。吾人平生の主義政策は屢天下に声明したるが如く、我国近時の経済財政状態に適応せる政策として、鉄道資金の為に公債を募集する事なく、鉄道資金の不足額は一般会計よりの貸付金を以て此に充て、其代りとして一般会計より減債基金に繰入るべき国債償還金を三千万円となすにあり。

而して最近に於ける経済状態は、一見鉄道公債の募集を可能ならしむるが如きものあるも、之れ畢竟時局の結果たる一時の産物にして、時局後の貿易、正貨、金融の状態は未だ必ずしも安心すべきものにあらず。要するに我国の経済状態は一言すれば、大々的変遷動揺の時期にして、頗る不安定の状態なり。斯かる一時の変態を見て直に十数年に渉るべき財政計画を改むべきにあらず。一時の変態に対しては自らこれに処すべき一時の手段方法あり。之れ予が昨年十二月二十五日衆議院の予算本会議に於て、予算案賛成演説の際述べたる処にして、我党の主張は全く此に存するなり。

斯くの如くして兎に角予算の成立を見、我党の主義政策が実行せらるるに至りしは喜ぶべき事なり。即ち鉄道資金の為に公債を募集せざるは我党の政策也。而して予算の成立により鉄道公債は之を募集せざる事となれり。次に一般会計の貸付金を以て鉄道資金の不足額に充つるは我党の政策也。而して予算案の成立により一般会計より鉄道資金を貸付くる事となれり。更に又公債償還の為一般会計より減債基金への繰入額を三千万円に止むるは我党の政策也。而して予算の成立により右繰入金は三千万円となれり。

斯くの如く妥協案と我党の主義政策との関係は全然没交渉なり。蓋し主義政策なるものは数年又は十数年に渉るべき財政計画に関するものにして、今回の妥協案は単に時局の変化に応ずべき一時的処分方法に過ぎざれば也。此間の区別は昨年十二月二十五日予算案の討議に際し予の述べたる処にして当時予は次の如く論じたり。

（前略）本員の申す処は将来に渉るべき——数年に亘るべき財政計画の為に其財源を一時の現象から生じた処の財源に採るべからずと云ふ事にある。若し財政計画に関係なく——財政の計画と関係なく只一時限の処分方法として、或は内債を募集し或は外債を償還すると云ふ事に至つては之れは論外である。一時の変態を救ふ為めには自ら一時的の方法がある。仮令如何なる政策を作つて置いても——国家将来の為如何なる政策を作つて置いても其途中に於て一時に変態が生じて来たならば、元極《き》めた政策を其儘遂行するにしても、其変態を処分する一時的政策を採らねばならぬ。手段は採らねばならぬ。これ則ち今回政府の提案された追加予算である、三千八百万円の内債を募集し並にそれにより外債を償還すると云ふ案であると本員は理解する。（中略）今日の状況に於て現在眼前に出て来て居る通貨の増殖とか、金融緩漫、金利低落、有価証券暴騰と云ふ事は、必ずしも当てにならぬ。

其当てにならぬ現象を捕へて数年又は十数年に亘る計画を立てると云ふ事は軽率であると云ふのが、我々の鉄道公債政策に反対する所以である。然しながら一時の現象でも兎に角出て来て居る事は出て来て居る事実である。

此現象により一時限の処分をする事が、則ち今回の内債募集であると思ふ……。

予は当時斯くの如き理由より三千八百六十万円の仏貨国庫債券借換追加予算案に同意を表したりし也。世上或は予の此意見を以て鉄道の如き十数年に亘るべき財政計画の財源は、必ず確定的財源に依らざるべからずとし、公債は不確定財源なるを以て鉄道の財源となすに適せず、必ず確定財源たる租税収入を以て鉄道建設改良の財源に充つべしと云ふにありと思惟するものあるなきを保せず。然かも予の意見は決して然らざる也。即ち鉄道資金は必ずしも一般会計よりの貸付金に限らず、公債募集金を以て充当するも何等差支ある事なし。只其財源を外債に求むるの計画を立つるは、日露戦役以来の経済状態に照して断じて不可なりとす。而して之れを内債に求むるは必ずしも不可なるにあらざるも、我国の経済市場が常態として年々二三千万円の公債の吸収に耐え、然かも経済上格別の弊害を起す虞無きの見込十分に立たば、其財源を公債に求むるも可なるべく、只今日の如きは未だ此時機に達せりと認むる能はざるを以て内債による鉄道計画を不可とするのみ。

前述の如く我党は主義政策とは全然没交渉なる別個独立の問題として、仏貨国庫債券借換問題を処分したり。後の妥協案に対しても亦前回の借換と其性質を同じうするものなれば、之れを我党の主義政策と全然交渉なき別個独立の問題として処理せざるべからざりしは当然也。

六、妥協案賛成理由

凡そ一国が其実力以上余りに巨額の債務を有するは、決して喜ぶべき事にあらず。殊に我国の如く二十五億の公債を有し、其内十五億の外債を有するに於ては、尚更喜ぶべき現象にあらず。況《いわ》んや大正十四年に償還期の到来すべき五億五千万円の外債を有するに於てをや。欧洲各国の戦後の経済状態を按ずるに、我国の信用を以てして斯かる巨額の外債を有利の条件を以て、全部借換を行はん事は決して容易の業にあらざるべし。依つて今日に於て出来得る限り即ち正貨の許す限り内地経済事情の許す限り、之れが償還を行ひ、以て十年後に借換すべき公債総額を幾分たりとも減少し置くは、国家の大局上より見て極めて緊要の事に属し、政府の宜しく努力せざるべからざる処なり。

惟ふに政府今回の借換計画は此主意に出でたるものなるべく、此目的を達するが為には、正貨の現況より見るも内地金融の状況より見るも、誠に適当の機会にして、時局平定後に於ける正貨並に内地経済状態を予想するに、此機会を逸する時は、借換の好機を獲るの望甚だ少しと云はざるを得ず。故に此目的を達するが為に、他の弊害を起さざる限は、之れを断行するは国家将来の為適当の計画と謂ふべきなり。而して吾人は此主旨に於て政府の計画に対し大体に於て賛意を表せし也。

七、実行上考究すべき点

然らば則ち今回の借換は国家将来の目的上大体に於て適当の措置なりとするも、然かも財政経済上の施設計画は、目的の為に手段を犠牲にする能はず。目的と手段と共に善良且適当のものたらざるべからず。将来の借換を容易ならしむるが為になるべく外債の償還に努むるの目的は善良にして且必要なりと云ふと雖も、其手段方法たる内債募集外債買入にして、或は内地産業の発達を阻害するか、或は有利に内債を募集する事能はざるか、或は外債買入価格と利廻はり計算との比較に於て国庫に巨額の不利を及ぼす時は、手段方法の有害拙劣なるが為に、其目的を没却し為に国家に不利となり有害となり、則ち悪政となるの結果を見るべし。此点は政府及国民に於て大に注意研究を怠るべからざる点なるが、予が今此主旨に基き借換案を考究するに其手段方法に於て三箇の研究問題あるを認む。即ち次の如し。

第一、二千万円の内債募集は果して産業の発展を阻害せざるや。

第二、二千万円の内債募集は果して相当の条件を以て成功し得べきや。

第三、借換の利廻計算に於ける損益如何。

八、妥協案と内地産業の関係

若し今回の外債借換を以て内地金融調節在外正貨処分の必要より出でたるものなりとなすものあらば、これ予の首肯する能はざる処也。蓋し今日我国内地の金融は即ち緩漫なりと雖も、未だ内債を募集して之れを調節せざるべからざるの必要はなかるべし。時局発生以来其前途に対する金融業者の警戒と事業家の疑惧心とは、事業界の不振を招き延いて金融の大緩漫を招きたるが、斯かる事業界の没衰を以て安《いずくん》ぞ能く戦後に於ける世界的経済競争に参加する事を得んや。

時局に伴ふ輸入品の杜絶若くは価格騰貴は自ら輸入代用品の製造を刺激したるにも係らず、此種の製造業は更に起らざりき。又東洋或は南洋に対する独逸《ドイツ》及交戦各国の製品の輸出杜絶は是等地方に対する輸出品の製造を刺激したるに拘らず、此種の製造業も久しき間微々として振はざりき。試に一昨年八月戦争開始後一ヶ年間に投資せられたる事業資金の増加額を見るに僅に二億二百万円に過ぎずして、之れを戦争開始前一ヶ年間の事業資金増加額三億五千四百万円なるに比する時は、実に一億五千二百万円即四割強の減少に当るの事実に見ば、蓋し想半ばに過ぐるものあらん。是れ実に事業家並に資本家の極端なる引込思案の結果に外ならずして、邦家経済の前途誠に寒心に堪えざるものありし也。

然るに最近に至り我国経済界が幾分戦争に馴れたる為に、漸次勇気を恢復し来り昨冬以来今春にかけ稍《やや》金融繁忙事業勃興の徴を認むるに至り、新事業の計画次第に多からんとするに至れり。これ国民が其実力を自覚したると、金融緩漫の継続せる結果にして誠に慶賀すべき事なり。大蔵省の見込によれば昨年十二月末日の正貨総額五億一千六百万円にして、大正五年中の受払差引増加額六千六百万円に過ぎざるが如し。此正貨増殖より生ずる内地金融緩漫は、事業発達の必要及金融繁忙の徴候より見る時は、本邦経済界にとり必ずしも過度のものにあらざるべく、唯国家大局の必要上二千万円内外のものを内債により引上げ、之れを海外に出すも為に格別の弊害を認むる事無かるべしと雖も、金融調節の為に内債を募集するの必要は断じて之れ無かるべし。

正貨の処分より云ふも又然り。十二月末の五億一千六百万に六千六百万を加ふれば五億八千二百万円となるも、これ決して正貨過多にあらず。何ぞ必ずしも之れを処分するの必要あらんや。正貨の将来に関する大蔵省の調査にして果して誤無からんか、此内二千万円内外を減ずるも敢て格別事に害無しと謂ふべきのみ。万一大蔵省の見込調査にして、時局の進展上違算を生じ、正貨の増殖意の如くならざるに至るか、若しくは内地経済上の変動により金融繁忙の状態を生ずるが如き事あるに於ては、此借換計算実行上相当の斟酌を加ふるの必要あるべし。

九、内債募集の条件

次に我経済市場は本年度に於て此上更に二千万円の公債を有利に消化し得べきや否や。昨年下半期以来我経済市場は既に相当巨額の公債を消化すべき運命を有したり。即ち甲は英貨鉄道証券三千万円の借換発行、乙は仏貨国庫債券三千八百六十万円の借換発行、丙は露国大蔵証券五千万円の発行にして、此三者を合計する時は一億千八百万円の巨額に上る。此内露国の大蔵証券発行は五千万円の資金を海外に出すものにあらざれば、通貨に対する関係上前二者とは其趣を異にするも、其流動資本市場より資金を引上ぐるの効果に至つては即ち一也。此上更に二千万円の公債を発行すること［と］なるべきが、予は其募集の可能なるは断じて之れを信ずるも、果して有利に募集し得るや否や、之れが為我経済界事業界に不利の影響を及ぼす事無きや否やに関しては世上多少の疑あるものの如し。吾人の頼む処は一に財務当局の手腕にあるのみ。身高処にありて全国経済の大綱を総攬する財務当局が十分の確信を以て縦横の手腕を振ひ、公債募集及払込の時機方法其宜を得て、成るべく有利の条件を以て之れが発行を了せられん事は、吾人の翹望措《お》かざる処にして、財務当局亦吾人の期待に背かざるべきは深く信じて疑はざる処なり。

十、借換より生ずる損失

次の借換より生ずる国庫の損失如何の問題に至つては、政府は既に今回の借換により国庫に多少の損失を蒙るべき事を覚悟し又公債借換の原則たる低利借換の不可能なるを自覚し、之れが為に法律案の提出をも見たる次第なるが、我国にて四分半利以下の長期公債を発行し得べき時機は当分の間望み能はざるべく、其利率は当分五分ならざるべからざるべし。此点より見れば単行法律案の提出は当然にして免る能はざる処なり。

此点は元より吾人の承認する処なるも、其利廻計算上の損失に至つては、借換の時機如何によりて必ずしも避くる能はざるものにあらざるべし。即ち四分半利付英貨公債は償還期限漸次切迫し且年々三千万円の定額償還あるべきを以て、其価格は次第に騰貴の傾向あるは大体に於て免るべからずとするも、時局進展の如何に伴ひ且《かつ》戦後英国の財政整理に伴ひ、高歩公債の発行なきを保すべからず。若し然る時は本邦公債所有者は我公債を売却して自国の公債に応募するものを生ずべきを以て、其価格は低落すべければ、斯かる機会を伺《おもむ》ひ徐ろに之れが買入をなさば低価買入の望無きにあらざる也。

現に昨年六月特別議会に於て現内閣の財政政策を決定すべき減債基金法の議決せらるるや、倫敦《ロンドン》における我公債相場は直ちに騰貴せしに係らず、幾何《いくばく》もなく自国に於て四分半利付公債の発行せらるるや、本邦公債は其影響を受けて著しく下落せるの実例あり。故に英貨公債の買入に就いては十分其時機を選ぶの要あり。此点に関しては政府当局に於ても勿論相当の考案あるべきを信ず。

十一、結　論

要するに今回の公債借換案にして、若し太平無事の日に提出せられたらんには、吾人は損益を斟酌し得失を打算して、本案に対し多少の議論を試みたるやも知れざるも、大体に於て十年後に迫れる巨額の外債の負担を可成《なるべく》軽減し置くは大局上望ましき事なるのみならず、本案が前述の如く貴族院各派との関係に於て予算案成立の事実上の条件たりし関係上、区々たる算盤玉の利害得失は暫く之れを眼中に置かずして、大体上より之れに同意するに至りたりし次第なり。

尚終に臨み一言したきは政府当局に対し本借換の実行については、其時機と方法とに十分の注意を払はれん事にして、当局者の見込に違算を生ずる如き虞ある場合には、適当の斟酌変通の途を講じ、可成《なるべく》経済界の攪乱を避け国庫の損失を少なからしめ、事後の成果により多少存したる世の疑問を釈然氷解せしめられん事を衷心より切望す。

（『同志』）

三　海軍補充問題と財政

［一九一六年（大正五年）五月、同志会機関誌論説］

国防方針の統一

所謂八々艦隊の編成を以て帝国海防の理想的単位となすの議は、日露戦役の日本海々戦の経験に基き久しく朝野各方面に唱導せられたる処にして、彼の陸軍二十五箇師団の議と共に、帝国々防の大方針とせられ、歴代の軍事当局者は之れが実現に努力し来れり。然れども此目的を達するの途中に於て海陸の軍備往々にして統一を欠き、動《やや》もすれば互に相競ふて拙速に其目的を達せんとし、為に外交並に財政との調和を失ふの虞あるに至れり。茲《ここ》に於てか我立憲同志会は其創立の始に当り、率先国防会議の開催を提唱し、依つて以て外交財政との調和を得たる適切なる国防計画を確立せん事を宣言し、之れを同志会の政策中に掲げたり。其後大隈内閣の成立するや、又之れを以て内閣の政綱の一に加へ、後幾何《いくばく》もなく防務会議を起して陸海軍備の統一を計り、外交財政と調和すべき範囲内に於て、漸次既定の方針を遂行すべき順序方法を定めたり。

而して此方針に従ひて陸軍にありては曩《さき》に二箇師団の増設を計画して、大正四年度より既に之れが確定実行を見たるが、海軍にありては既に着手したる戦艦三隻の建造を完成せしむると同時に、第三十六議会に於ては駆逐艦八隻、潜水艇二隻の建造を確定し、更に今回に至り八四艦隊編成の一部として、大正五年度着手大正八年度完了の戦艦一隻、巡洋艦二隻、駆逐艦一隻、潜水艇三隻、特務艦一隻の製造に要する経費四千五百三十二万七千余円を大正五年度予算に於て要求したり。

八々艦隊の一部たる八四艦隊

抑《そもそも》八々艦隊は日本海々戦以来世界に於ける海軍国の等しく採用する処にして、艦隊の操縦、海戦の戦術上最も適当なる艦隊の理想的単位とせらるるものに係り、仮想敵国の如何に拘らず、我国の地形並に実力に鑑み、少くとも其一単位を有する事を希望するものなり。斯くの如く理想とし、将《は》た又目的としては八々艦隊の編成を希望するも、防務会議開催の目的たる所謂財政との調和上、一挙にして八々艦隊の編成を完了するは頗る困難とする次第なり。於茲《ここにおいて》八々艦隊の理想に向つて進むの前国防上欠陥を生ぜざる最小限度の単位たる八四艦隊の編成に着手し、大正五年度より之れが実行を始め、大正十二年度に至りて之れを完成するの議を決したるものなり。

而して右八四艦隊とは三万二千噸級の戦艦八隻、二万八千五百噸級の巡洋艦四隻を以て主力艦隊とし、之れに附属する艦艇として、巡洋艦十一隻、駆逐艦三十八隻、潜水艇二十三隻より成るものにして、之れが完成に要すべき経費は約三億円に達すべし。然るに軍艦の生命は竣工後八年間を以て第一期と成し、第一線に立つて勝敗を決するの任に当るべく、次の八年間を第二期とし予備艦隊の任務に服し、更に次の八年間を第三期とし、近海国防の任務に服すべく合計前後二十四年を以て廃艦に編入せらるべきものたり。従つて今八四艦隊の編成を完了するも、直に之れが補充を要し然かも補充は間断なく之れを行はざるべからざるを以て、八四艦隊補充の為には大正九年度迄は年々約五千三百万円宛大正十年度以降は年々約六千三百万円宛の経費を要すべきを以て、之れが為の国民の負担は決して軽しとなさざるなり。

八四艦隊完成の必要

凡そ国家は其独立を保全し生存を防護するに必要なる最小限度の国防計画の前には、如何なるものをも犠牲に供せざるべからざるものにして、今回の欧洲大戦の経験は之れを実証して余ありと謂ふべく、殊に我国の如く四面環海の国に於て常に相当の海軍力を有せざるべからざるは勿論なり。世上往々にして仮想敵国なるものを云為《うんぬん》するものあるも抑《そもそ》も仮想敵国を設けて之れに対抗し得る丈けの威力を備へんとするの問題は、既に国防の単位を有したる上の事にして我国の如く未だ海軍国防の単一単位すら之れを有せざる国に於て、之れを云為するは贅沢の沙汰と謂はざるべからず。殊に我国の如きは単に我国一箇の独立を防護し、外国の侮を禦ぐの必要あるのみならず、更に東洋の盟主となり東洋永遠の平和を確保すべき使命を有するを以て、もし東洋に於て一旦緩急あらんか帝国の活動は直に其瞬間より開始せられざるべからざるが故に、我が国が必ずや相当の海軍力を備へざるべからざるは、元よりにして若しこれをしも有せざらんか、何によつて能く東洋の盟主となり、且東洋永遠の平和を確保すべき使命を全うすることを得んや。

元来国防なるものは必ずしも戦はんが為の国防にあらずして、光輝あり威厳ある平和を維持せんが為の国防にして一定の軍備なるものは平時にありては国威を宣揚し貿易を保護し、戦時には外敵を防ぎ敵の威力を破砕するが為に、必要欠くべからざるものなり。今日より二年以前に於て何人も夢想するものなかりし欧洲戦争が勃発して、今や多数の国が国命を賭して戦闘に従事しつつあると同じく、今日事無しとして以て国防の事を忽《ゆるが》せにすべからざる也。論して此に至れば我国の国防上欠陥を生ぜざる最小限度の海軍力たる八四艦隊の完成が一日を緩うすべからざるものなる事は自ら明かなる処にして、曩《さき》に防務会議並に内閣が速に八四艦隊の完成を決議し、之れを本年度の予算に要求したるは誠に其宜を得たるものと謂ふべきなり。

八四艦隊完成と其経費

大正十二年度迄に八四艦隊を完成せしめんが為には、今後新に戦艦四隻（外に扶桑、山城、伊勢、日向の四艦は或は既に完成し或は現に建造中なり）、巡洋戦艦二隻（外に榛名、霧島の二隻は既に完成せり）、巡洋艦十一隻（全部新造）、駆逐艦二十八隻（外に浦風、江風の二隻は完成し八隻は現に建造中なり）、潜水艇十八隻（外に建造中のもの五隻なり）を建造せざるべからず。而して之れに要する経費は大正十二年度迄に約三億円を要し大正九年度に於て打切るものとするも尚一億七千三百万円の巨額に上る。

然るに斯くの如き巨額の経費を要するものを、全部之れを一時に計画し一時に実行する事とし、之れに対する財政計画を備へて、全部之れを大正五年度の予算に計上せん事は時局の影響を受けて歳入削減したる現下の財政状態の能く耐ゆる処にあらざるなり。

故に止むを得ずして今回は八四艦隊の一部則ち大正五年度に建造を始め八年度に至りて完成すべき戦艦一隻、巡洋艦二隻、駆逐艦二隻、潜水艇三隻、特務艦一隻に要する経費四千二百三十余万円を五年度の予算に計上したる次第なり。

然るに之れが為に六年度以降に着手すべき八四艦隊の残部の財源に関し、貴衆両院に於て議論を惹起したり。之れ蓋し政府が既に八四艦隊の編成を決定し之れが建造に着手する以上は宜しく其全部の経費を一括計上して、国民の前に提供するは常道なるが、事此に出でずして其一小部分を予算に計上し、その残余の大部分を予算に顕さざりしより、遂に多少の議論を生じたるものなるが、政府が全部の予算を一括要求せざりし所以のものは、六年度以降に於て着手すべき艦艇製造費に要する財源の種類並に性質につき、今日より予め的確なる見込を立つる能はざりしが為にして、これ実に時局の性質上止むを得ざりし事なりと信ず。

八四艦隊一部建造費の計上は何ら支障なし

我国今日の財政困難は全く時局に基く歳入減少に基くものにして、時局にして復旧せば歳入亦復旧すべく、政府は国民と共に一日も速かに平和の克復し歳入の復活せん事を希望するも然かも其時機と程度の如何は予知し得べからざる処なり。若し時局に関係なく我国の歳入状態が常態として今日の如き場合ならば八四艦隊編成の計画を立つるに当りては、其財源を調達せんが為に、或は増税或は募債其他の方法を立てて全部の計画を予算に計上すべき事元より其処なり。

然れども現に激減しつつある我国の歳入の早晩復旧増加すべき事は、蓋し何人と雖も一点の疑無き処なるべく、只其時機と程度について之れを知る能はざるのみなり。事情斯くの如き以上は、今日の歳入の範囲内に於て出来得べき丈けの計画を予算に顕はし、他の残部は歳入復活の後を俟ちて之れを予算に計上するの外其途あらざるなり。而して六年度予算編成期に至らば歳入の相当復活すべき事は政府の予期する処にして、夫れが為に政府は議会に於て六年度予算編成期に於ては、八四艦隊計画の残部に対する財政計画を定めて六年度予算として之れを要求すべき旨を言明したり。尚又若し六年度予算編成期に至り歳入毫も復活せず六年度及其以降に着手すべき艦艇建造費に対する財源が歳入の復活によつて得る事能はざる暁には政府は責任を以て有らゆる手段を講じて財源を調達すべく、所謂財源の調達については最善の努力を尽すべき事既に閣議に於て決定し又議会に対して声明せられたる処なり。然らば議会が八四艦隊の一部分なる四千五百余万円の計画に対し協賛を与へたるは何ら支障あるべき筈なく、此残部に対する財源については政府に信頼して可なりと信ず。

又実行上より之を見るも、八四艦隊計画の一部たる五年度着手八年度完成の分に対しては、五年度予算に於て協賛を与へたれば、之れが実施の上に何等の不都合を来す事無かるべし。嘗ては戦艦三隻の建造に要する経費を要求するに方《あた》り、其一部分丈けを一年度限に打切り要求したる事あり。此場合は建造に着手したる軍艦の半分若しくは三分の一を完成し得る丈けの費用を要求したるものなるが、斯くの如きは政府としても、議会としても共に無責任の譏《そしり》を免る能はざる処なり。然れども今回の四千五百余万円は、全然これと其趣を異にし、則ち戦艦一隻、巡洋艦二隻、駆逐艦二隻、潜水艇三隻、特務艦一隻は、今回の予算により完全に其竣工を見得べきものにして、何等不都合の嫌なく且無責任の譏《そしり》を受くること無きなり。

八四艦隊完成と今後の財政問題

大正六年度予算編成の時期は今や数ケ月の後に迫れり。然かも欧洲戦乱は未だ終熄の曙光を見る能はず。従て政府が最初希望したるが如くに、此時期に於て歳入の多大なる復活を望むべからざるに似たり。斯くの如くして若し来る八九月の候迄に歳入復活の見込立たたざるに於ては、六年度以降に着手すべき艦艇建造費の財源は如何にして之れを調達すべきかの問題を生ぜざるを得ず。之れ元より大問題なりと雖も、然かも予が去る第三十七議会に於て政府が参考として予算委員に配布したる、今後数ヶ年間の歳入歳出概算表を仔細に点検し、且露国に売渡したる軍艦三隻の代金一千五百五十万円の存する事を思ひ、加ふるに本年一月以降の貿易表に於て輸入貿易の前年に比し多大の増進を見たる事に考へ、更に諸般の財政事情を綜合して之れを観察したる処によれば、少くとも大正六年度の予算に於て大正六年度着手九年度完成の艦艇建造費に要する財源丈けは、増税又は募債に依らずして之れを調達し得べき見込十分なるものの如し。

若し夫れ七年度以降に於て着手すべき艦艇建造費の財源については、これを時局終了したる後の歳入復活に求むる事を得るなるべく、果して然らば八四艦隊の編成を完了する上に於て、毫も支障を生ぜざるべきなり。而して万一七年度予算編成期に至るも尚依然として時局終了せず歳入復活の見込を立つる事能はざるに於ては、これが財源の調達については所謂最善の努力を尽し、相当の方法を立つるも敢て遅しとせざるなり。

斯くの如くする時は本年末の第三十八議会に於て、八四艦隊全部の計画を立てざるに対し再び批難を惹起すべきを保し難し。然れども此批難は歳入減少の性質の上より見るも将又《はたまた》八四艦隊編成の実行上より見るも、少しく無理なるものにして、寧ろ難きを強ゆるものにして実行上何等の支障なきに拘らず、必ずしも強いて増税又は募債の方法により全部の計画を一時に要求すべしと云ふが如きは毫も実益なきのみならず余りに潔癖に過ぐるものと謂ふべく、却つて不必要に国民の負担を増加し、不必要に国家の債務を増加するものなりとの譏《そしり》を免るべからず。希くば世の潔癖論者たるもの此点について再思三考せられん事を。

（『同志』）

四　軌制問題に就いて

［一九一六年（大正五年）七月、同志会機関誌論説］

軌制問題に就いては立憲同志会としては元より白紙にして、今日の処未だ何等定まれる方針立たざるを以て、党議を代表して之を論議する事能はざるは勿論なるが、個人としても亦目下諸般の材料を蒐集して之れが研究中にして、未だ意見を定むるに至らざれば、此場合個人としても本問題に対する意見は之れを言明する事能はざるなり。然れども余が本問題の研究中に於て起れる数四の疑問につき研究材料として世に発表するを妨げざるもののみに関し、此に是れを述べて大方の参核に供せんとす。

軌制問題の沿革

今軌制問題大体の沿革を考ふるに古き関係は暫く之れを措き、明治四十四年四月時の政府は広軌鉄道改築準備委員会なるものを組織したるが、本会に於ては調査審議を重ねし結果財政及経済の実況に照し、東京下関間を十二ヶ年間に広軌に改築する事を以て穏当なりとし、且本州全線の広軌改築を建議せり。而して事の此に至りし所以は第二十七議会に於て政府は広軌改築案を衆議院に提出したりしが衆議院に於ては財政及経済上重大なる関係を有する問題なるが故に其実行の順序、及ぼす影響につき更に慎重の研究を加ふるを必要なりとし、政府亦之れに同意を表し遂に広軌改築予算案を撤回し、之れが準備委員会を設くるに至りしに基くものにして、斯くして設けられたる調査委員会は如上の決議を成すに至りしなり。然るに此後内閣更迭し四十四年十二月に至りて、遂に財源の見込み立たずとして、廟議は広軌改築を実行せざるに決したりしが、次いで大正二年六月に至り、広軌改築は勿論之れが準備の事業をも悉く中止するに至れり。

以上の経過より見る時は広軌改築案は既に一度決定し、只実行の時機及順序のみ未定なりとは云ふ能はざるものの如く、則ち我政府としても軌制の問題は尚白紙なりと云ひ得べきなり。蓋し斯くの如く白紙なればこそ今回再び調査会を起して本問題の研究をなすの必要なるを考ふるに至りしものなるべし。

次いで鉄道院に於ては大正三年鉄道の建設改良に関し所謂七年計画なるものを定むるに当り、多年の懸案たる軌制問題を決定するを以て、国家経済上最も緊要なりとし、三年十月鉄道院内に委員を設け更に調査に着手し、爾来一年有余の間審議せる結果、大体広軌制採用の必要を認め、大正四年十月に至り案を具して閣議の決定を請ふに至りぬ。然れども第三十七議会開会の当時にありては、閣議未だ決定せざりしが為に、未だ政府の方針を明示するの時機に到達せざりしが如し。

広軌改築案内容

今広軌改築に関する鉄道院の原案として世上に流布せられあるものを綜合して考ふるに、東京下関間約七百哩を十二ヶ年間に広軌に改築し、四国、九州、北海道を除ける所謂本州鉄道（房総線及軽便線を除く）全部を二十五ヶ年間に広軌に改築せんとするものなるが如く、之れが改築費予算は東京下関間二億三千二百万円、本州の残部線約六億円合計八億三千二百万円を要する見込なりと謂ふ。

而して未成線の建設費としては、大正十年度迄は所謂七年計画に基き年々百万円宛之れを増加し、十年度に至り建設費総額千三百万円に達する計画にして、十一年度以降は年々千三百万円宛支出して未成線の建設に充つる方針なり。鉄道の益金は七年計画の最終年度たる十年度迄は年々二百万円宛増加し、十一年度以降は大事を踏みて百万円宛の増加に止めたり。

広軌改築費の財源

次に此広軌改築の財源は上述せる益金に加ふるに、向ふ二十五年の間年々二千万円宛の確定財源を要する計画なり。若し普通の狭軌鉄道を改良するものなるに於ては、此財源は必ずしも確定的なる事を要せざるやも知れざるも、広軌に改築する場合には一度之れに着手せる以上は、其完成に至る迄は其事業に間断ある事を許さざるを以て、其財源亦必ずや確定不動のものならざるべからず。故に此財源の調達を公債募集に仰ぐ事とすれば、経済市場の状況により必ずしも二十五ヶ年間継続して年々二千万円宛を募集し得る事を予信する能はざるを以て、此二千万円の財源は勢之れを従来の如く一般会計よりの貸付金に仰がざるべからざる次第にして之れ鉄道院が広軌改築に就いて主張する第一の要求なるものの如し。

尚現在の狭軌鉄道を改良する場合と今回の鉄道院の原案たる強度の広軌に改築する場合との工事費の差額如何を見るに改築完了の年に於て普通狭軌を改良するものとせば東京下関間にありては二億六千七百万円を要し、強度広軌改築費は二億九千七百万円を要し、其差は僅に三千万円に過ぎざるが、右は単に東京下関間にして、本州残部線にありては普通狭軌の改良費約三億円、強度広軌の改築費約六億円を要し、其差額は実に三億円に近し。最も鉄道院の主張によれば工事費に於て如上の相違あるも改築改良後の営業費に於ては広軌の方少額なりとの計算なり。

財源問題に対する疑問

軌制問題に対する鉄道院の原案の要領は大体以上の如くなるが、之れに就いては目下各方面より研究中なるが、右研究中に起りたる疑問少なからず。其第一は財源問題なり。上述せるが如く広軌改築をなさんとすれば今後二十五ヶ年間年々二千万円宛の確定財源を一般会計より貸付けざるべからざるが先決問題なり。然かも此事たる我国現下の財政経済の事情より見て果して許さるべき事なりや否や。

抑《そもそ》も鉄道の如き生産的事業に対しては租税より得たる一般収入を使用せずして、公債募集により之れが財源を調達する事適当なりとは、世上に議論の盛なる点にして之れに就いては主義として予も異議なきが只近頃迄は鉄道の建設改良費は之れを公債支弁に俟ちしを廃して、一般会計の貸付金を以て之れに充当する事とせしが、これ元より財政の原則にあらずして我国近時の経済状態が、此事を不適当なりと認めたる結果に外ならざるなり。而して今日は欧洲大戦乱中にして金融緩漫なるも之れ畢竟戦時の変態に過ぎず戦後に至れば経済界は如何に変化すべきや予見し難かりしを以て、今日に至る迄慎重の態度を採りて、公債募集の計画に復旧することを避けんとしたるものして、吾人は此意味を以て昨年末の議会に於ても鉄道公債募集に反対したるなり。然しながら将来我国の経済状態が改善せられ、一年二千万円位鉄道の為めに公債を募集するも、夫れが為に経済界に格別の弊害を惹起する事なくして、其目的を達し得べき見込立つに於ては、鉄道資金は再び之れを公債支弁に仰ぎ、而して一般会計よりの鉄道に対する貸付金は之れを廃して、一般会計に振向くる事となさざるべからず。而して其使途については、或は減債基金を復旧するか或は又海軍の財源に振向くるか、若しくは其他の緊要の歳出に充つるやは別問題として、兎に角鉄道に対する貸付は事情の許す限り之れを廃するの時来るべしと信ぜらる。蓋し然らざるに於ては年々増加し行く帝国の歳出に対して、国民に増税の負担を与ふる事なくして、之れを支弁せん事は困難なるべし。

然るに是等一切の事情を顧念せずして、将来二十五ヶ年間経済状態の如何なるに係らず、又国家事業の如何に係らず、年々二千万円宛を鉄道の為に割くは、財政全般の上より見て果して如何なるべきか。之れ蓋し頗る研究を要すべき点なるべく、吾人は之れを以て広軌改築案に対する第一の疑問として、更に其及ぼす影響如何等について研究を重ねんと欲するものなり。

旅客貨物輸送数量推定に関する疑問

次に財政上の見地を放れて鉄道行政上よりして、広軌改築計画に対して有する疑問は、将来の旅客貨物の輸送量に対する推定の問題なり。鉄道院の原案による時は既往十数年間の実績を基とし、之れを将来に及ぼして大正三十年頃に於ける旅客貨物の輸送数量を各線について推定し、更に之れに要する車輛数及列車回数を算定し、更に之れに因りて狭軌ならば何線路は何線を要し、之れに対し広軌ならば何線にて十分なるべきかを推定し、之れに基きて改築費の差額を算定せるものの如し。

其推定法は一々数字に基礎を置き専門家の調査したるものなるを以て、其計算の上に過誤なきは十分確信する処なるが、将来の旅客貨物の輸送量を推定するに際し、単に数字の計算のみに信頼する事を得べきや否やについては疑問無き能はざる処なり。蓋し既往の実績に基きて将来の発達を推定する事は、死物については数理的になし得べけんも国民経済は元死物にあらずして活物なり。斯かる活物たる国民経済について、其過去に辿りし発達の経路を、同一の比例を以て将来三十年間も辿るべき事、如何にして之れを推定する事を得べきか。今之れを人の身体に就いて考ふるも二十歳頃迄は年々身長の延ぶる事の非常なるも、二十歳を越ゆれば成長の度は次第に減じ、三十歳を越ゆれば遂に一分も加ふる事能はざるなり。更に之れを草木について見るも同じく又然り。国民経済の活物たる事は人間及草木と例を同じうするのみならず、殊に我国は日清日露の大戦役を経て非常なる長足の進歩を国民経済上に遂げ来りたるものなれば、此既往の発達の歴史が将来に於ても、必ず繰返さるるものなりと断定し得べきや否や多少の疑なきを得ざるなり。

斯くの如く見来れば将来の三十年間は、既往の二十年間若しくは三十年間の実績に対し如何程の割引をなして可なるべきか、其額の果して五分にして可なるか、一割にして可なるか、何人か能く之れを推定する事を得んや。若し夫れ之れをしも定めんとするものあらば妄断に陥らずんば幸なり。果して然らば数理を以て推定する能はざる三十年後の国民経済の状況に対し、既往の実績に基く数字を以て之れを算定せんとするは其当を得たるものなりや否や、疑問の存する処にして、吾人は更に一段の研究を重ねざるべからざるなり。

港湾及海運業との関係に於ける疑問

今仮に前項に述べたる数理上の推定は既往の実験に基いて之れをなし得べきものとするも、吾人は此に更に他の疑問を生ぜざるを得ざるものあり。則ち三十年後に於ける旅客貨物の輸送数量を推定するに際し、鉄道院の原案に於ては将来に於ける港湾及海運との関係を考慮して、其推定数量に斟酌を加へたりや否やの点之れなり。新聞紙等に伝へらるる処によれば夫等の説明を欠けるやの疑あり。

然るに港湾並に海運業が荷客の運搬に対する位置は、猶鉄道が荷客の運搬に対する位置と異らず。今国民経済の交通全体としては、三十年後如何なる数量に達するかを推定し得たりとするも、其荷客が幾部分鉄道により幾部分海運によるかは、蓋し重大なる問題ならずんばあらず。今一二の適例を挙げんに四日市港の開港以来名古屋の紡績事業に要する原棉の輸入は、其以前に於けるが如く神戸名古屋間の鉄道によらずして、直に印度より東洋各港を経て四日市に直輸せらるるに至れり。次に静岡の茶の輸出も清水港開港以来は静岡横浜間の鉄道による事なくして、清水港より直に船積せられて米国に仕向けらるるは世人の熟知せる著名なる事実なり。

政府は曩《さき》に窮乏なる財政中より特に繰合せて東北に於ては最近に塩竈、青森、船川三港の築港補助費を支出し、夫れが責任支出の問題として議会を賑はしたるは、尚世人の記臆に新たなる処なるべきが是等の三港にして竣工せば東北地方と東京及関西地方との交通経路に変化を生ずべき事察し難からず。則ち現に十州塩田に産する塩を宮城、岩手、福島各県に回送するに当り鉄道便によりつつあるは、太平洋に面する東北沿岸に良港なきが為なれば、もし塩竈港の築港にして完成せば十州の産塩地より海路直に塩竈に回航し、右三県各地に分配するに至るべし。又船川港の築港成らば秋田米を大阪に出すに鉄道に依らずして、全部海運の便によるべきは見易き事にして、今後港湾の設備は漸を追ふて進歩するに至るべきを以て従つて従来汽車を利用したりし貨物も海運を利用するに至るべし。是等の点は数十年後の将来に於ける汽車による荷客の運搬数量を計算するに当り考量に加へざるべからざる重大なる要素なるが、之れが為に果して相当の斟酌の加へられたるや否や未だ説明を聞くに至らず。

尚又我国今日の造船業は時局の影響による船腹不足の結果を受け、空前の発達を遂げたるが、此現象は独り我国に限らずして、世界各国の造船界亦然るべければ現在の戦争にして一度終熄せば船舶の供給過剰を来すべき恐あり。此時に当りて急に増加せる我国の船舶の一部は或は遠洋航路より駆逐せられて、近海航路又は沿岸航路に其活路を求めざるを得ざるに至る事なきや否や。果して斯かる事実にして生ぜんか此に汽船と国有鉄道との間に運賃の大競争の起るべき事を杞憂せざるを得ず。而して若し斯かる現象の生ぜんか、元より一二年間にして終熄すべくもあらず、恐らく之を機会として沿岸貿易の大発展を来し、鉄道によりたる荷客が船舶に奪はるるの結果を生ずるに至らんも知るべからず。将来に亘つて遠大なる計画を立つるに当りては之れ亦相当考量に加ふべき点にあらざるなきか。

本州未成線に関する疑問

更に吾人は他の疑問を有す。則ち本州に於ける鉄道の未成線処分問題之れなり。東京下関間の幹線、並に房総線軽便線を除く以外の本州線は全部之れを広軌に改築するの計画なりと云ふが、絶対的に之れを考ふれば東北線の大部分と奥羽線の全部及北陸線中央線山陰線の大部分は夫れ自体に於て広軌に改築すべき緊急の必要無きが如きも、只東京下関間の幹線を広軌とする以上は、接続の必要よりして是等の線路をも共に広軌とするものにして、之れ蓋し鉄道の系統上必要とせらるるものに似たり。然れば此事既に多少の考究を要する問題なるが、本州の鉄道網の内第一期線に編入せられつつ未だ完成せられざるもの少なからず、之等については之れを如何にすべきか、鉄道院の原案には未成線を広軌とするの計画は無きものの如きが、接続の必要より云へば、未成線と雖も、東北線、北陸線、山陰線其他の既成線同様に、之れを広軌となすにあらざれば鉄道院の目的は達する能はざるものの如く考へらるるも、未成線全部を広軌とするものとせば、其費用計算は工事費に更に莫大なる増加を要すべきが、是等の点については如何なる計算なるや未だ明かならずして、吾人の疑問を抱く所なり。

私設鉄道との関係に於ける疑問

尚私設鉄道との関係についても疑問あり。即ち国有鉄道が広軌に改築せられたる暁には、私設鉄道もこれを広軌となすにあらざれば、接続上非常の不便を感ずべし。然かも之れをなすが為に私設鉄道会社は増資或は株金の払込によつて、広軌改築をなさざるべからざるが、単に接続上より云へば此必要あるも果して営業上収支相償ふて相当の利益を収め得べきや否や。鉄道院は数千哩の鉄道を有するものなれば仮令一部線路不引合にても、他線の利益によつて之れを補ひ大体上に於て収益を見る事を得べきも、私設鉄道会社は単に其線路のみにて営業するものなれば、他に埋合せをなすべき営業なければ、接続の必要上より広軌となす事により営業上破産の運命に陥る事あるべく、従て営業上の損失を避くる為には接続上の不便を忍ばざる能はずして、孰《いず》れにするも私設鉄道会社の苦痛は甚大なるものあるべきが、鉄道院の計画には如何に認めらるるや未だ研究中なるも疑問とする一点なり。

慎重の研究を希望す

以上は軌制問題に関して研究をなすに当りて想起したる疑問の主なるものにして、今後益研究を進むるに従て尚疑問続出せんとするの状あり。然かも尚研究の中途にあるが為に疑問の全部を提出して、諸君の考究に供する能はざるは遺憾なるが、予は以上の疑問及尚今後の研究中に起るべき疑問については、十分に研究を重ね、以て個人として本問題に対する賛否の意見を決せんとするものなるが、党員各位にありても本問題は財政経済上極めて重大なるものなれば、十分研究の上其意見を決するに至られん事切望に耐えざる所なり。

（『同志』）

五　大正六年度予算と公債政策

［一九一六年（大正五年）九月一〇日、同志会機関誌論説］

来年度予算案

大正六年度予算は目下大蔵省に於て査定案作成中の趣にて、其既に大蔵省の査定会議を終れるや否やを知らず。従て該予算は絶対秘密に附せられつつあり。又当然秘密に附せらるべきものにして、予も元より其内容について何等知る処なし。されば今日に於て明年度予算の内容に関し局外者が種々の揣摩《しま》臆測を以て意見を述ぶるは時機の尚早なるのみならず、穏当を欠くものなりと信ず。然れども頃日《けいじつ》武富蔵相の談として都下諸新聞紙に掲載せられたる処によれば、明年度に於ては朝鮮事業費の財源は之れを一般会計より貸付くる事を廃し公債支弁に移す方針にして、之れに反し帝国鉄道の資金は明年度に於ては依然公債募集によらずして、従来の政策に従つて一般会計の貸付金に仰がんとするやに称せらる。而して右武富蔵相の談話なるものは予の直接に耳にせる処にあらざるを以て、自ら之れを確信する事能はざるも新聞記者に就いて質したる所によれば蔵相は確に斯く明言せられたりと云ふ。然しながら之れ元より公に言明せられたる事にあらざるを以て直に之れを確信する能はざるも、仮に該新聞記事を以て事実なりとせば、嘗て非募債政策を唱導したるものは此事実を如何にして説明せんとするかとは、予の各方面より受けたる処の質問なり。

其質問の要旨は非募債政策は現内閣既定の方針にして、則ち大隈内閣成立の当時に於て既に公債は当分之れを内外市場より募集せず、従つて従来の公債支弁事業たる鉄道資金、朝鮮事業費財源は之れを一般会計の支弁に移すべき事宣明せられ、此宣明に基きて大正四年度不成立予算を編成して第三十五議会に臨めり。而して此議会は解散の運命に陥りしが次の特別議会たる第三十六議会に於ては、此財政方針を含める予算案は通過し、第三十七議会に於ても亦同一の政策を採りて議会に臨み、貴衆両院に於て花々しき論議を見たるは尚世人の記憶に新たなる処なり。然るに大正六年度の予算編成に当り朝鮮事業費財源を公債支弁に移すは、之れ今日まで採り来たりたる其政策に反するものにあらざるなきや。更に又若し公債政策を改むる事を以て政府が相当なりと認むるに於ては、独り朝鮮事業費のみならず、内地の鉄道資金をも併せて公債支弁に移すにあらずんば、以て政策の貫徹統一を欠き一大矛盾を来すにあらずや。此矛盾は如何に之れを説明し、更に朝鮮事業費公債募集の理由は如何に之れを説明するやと云ふにあり。

朝鮮事業費を公債に仰ぐ理由

若し曩《さき》の如き事実ありとせば、斯かる疑問の生ずるは一応の理由なき事にあらざるを以て、茲《ここ》に姑《しばら》く仮定の問題として六年度に斯くの如き財政政策を採るものとして、学術上の見地より之に対し試に予一箇の解釈を下さんと欲す。

朝鮮事業費の六年度以降に於ける年割額は六年度一千七十九万余円、七年度九百八十一万余円にして、六七の両年度を以て完了すべき計画なり。然るに一方帝国鉄道資金は所謂鉄道七年計画に基き大正十年度に至る迄年々二千万円宛の貸付を要するものなり。斯くの如くんば一方は金額も少く且年限も短きに、一方は金額も大に年限も亦長し。而して僅に大正六、七両年度を以て完了すべき事業なれば、少くとも此間は時局の経済上に及ぼせる良好なる影響継続すべきを以て、此間に募債を終るべき結果となる。殊に又其金額も両年度共に僅に一千万円内外に過ぎざれば、公債募集は容易なるべし。然るに之れに反して帝国鉄道資金にありては、六年度より以降五ヶ年間に渉り年々二千万円宛之れを支弁せざるべからざるものなれば、時局による影響が今後五ヶ年間継続すべしとの予想は、尚今日に於て之れをなす事比較的困難なるべく、殊に又其金額も年々朝鮮事業費の倍額を要するを以て、両者の公債募集に於ける難易は決して同日の論にあらざるなり。之れ蓋し此両者の財源について一は募債により一は募債による事を尚早とする学術上の説明論拠の岐《わか》るる処なり。

朝鮮事業費を公債募集に移すを可とする理由

以上に依りて朝鮮事業費資金を公債募集に移し、而して鉄道資金を依然一般会計よりの貸付に仰ぐの理由は之れを説明したるが、更に吾人は根本に遡りて朝鮮事業費を公債募集に移して可なりとの理由に論及せざるべからず。

抑《そもそ》も現内閣が非募債政策を立てたるは時局突発前にあり、而して当時の事情については過去に於て機会のある毎に屢繰返して説けるが如く、我国の近時に於ける財政経済の状態は内外に対し募債に便ならず。則ち貿易は比年入超を続け正貨は頻に流出し動《やや》もすれば中央銀行の兌換維持に不安を感ぜしむる有様にして、正貨補充の為或は外債を起し或は外資を輸入する等不自然なる経済政策を繰返したるが為に内地経済界は非常の変調を呈し、財政経済の非常なる紊乱を惹起せる時にして、而して内地の経済金融市場は資金欠乏金利騰貴し、必要なる事業も起る能はざる極めて不健全なる経済状態なりしは世人の熟知せる処なり。

此不健全なる状態を根本的に改善整理せんが為には勢《いきおい》内外に向つて公債を募集するの政策は断然之れを見合はすべき必要ありしものにして、これ則ち非募債政策を採用せし所以なりしなり。

其後時局突発し其当初に於て欧洲の大戦乱が、世界の財政経済に如何に影響を及ぼすべきや殆んど予測する事能はざりき。故に第三十五議会に於ても、将《は》た又《また》三十六議会に於ても、従前の政策を改むるの場合に至らざりし也。昨年初秋大正五年度予算編成の時に於ては動乱突発後正に一年を経過したる時にして、時局の経済界に及ぼす影響は多少著はるるに至り、則ち貿易の逆調は反対に順調となり、金融は緩漫に赴き正貨は漸次増加し、時局前の経済界に比すれば少なからず良好なる現象を見るに至れり。然しながら其当時に於ける時局の影響は開戦後二年を経たる今日に比すれば、其差雲泥も啻《ただ》ならざるものあり。且又其当時に於ては欧洲戦争の継続する期間も恐らくは余りに長からざるべしと推測せられ、則ち大正五年度予算編成期頃にありては多少平和克復の機運あるにあらずやと予測せられたり。

従て戦局果して大正六年度の予算編成期前に終了し平和克復するに於ては、其後の経済界の反動が如何なる現象に於て顕はるべきかについて、一般に多大の疑惑と恐怖の念を以て迎へられたり。之れを以て大正五年の予算編成に際しては、経済界の前途を虞ふるが為に、未だ非募債政策を変更する事能はざりしなり。

然るに其後戦局は予期に反し長きに渉り、今や開戦後第三年に入れるも欧洲の戦局は遅々として進展を見ず、今後如何に推移変転すべきか何人と雖も予測する能はざる処なり。従て内外の経済に及ぼす時局の影響の程度、並に戦後に於ける経済上の変動に対する見込は、昨年の今日頃考へられたる処と、今日は著しく変更せざるを得ざるなり。これ則ち大体に於て公債政策に関し大正五年度予算編成と、大正六年度予算編成とにつきて、大に其見地を異にせさるを得ざる理由の要旨なり。

時局の対外貿易に及ぼせる影響

茲《ここ》に前言を証せんが為数字に基きて昨年の予算編成期と本年の予算編成期とに於て、内外に於ける時局の影響の変化について説明せんとす。先づ之れを我国の外国貿易に就いて見るに、昨年一月より同八月中旬に至る間の輸出額は四億一百万円なるに対し、本年の同期に於ては六億三百万円に上り、昨年に比し実に二億二千二百万円の増加を示せり。而して輸入額は昨年一月より八月中旬に至る間に於て三億五千八百万円なりしに対し、本年同期間には四億七千七百万円に達し、一億一千九百万円の増加を示し、斯くて輸出入合計に於ては昨年の七億五千九百万円なりしに対し、本年は十一億円に達し、三億四千一百万円即ち殆んど五割に近き増加を示せり。次に輸出超過額を比較せんに昨年は四千三百万円に過ぎざりしもの、本年は既に一億四千六百万円に達し、昨年より一億三百万円を増加し、本年十二月末迄には恐らくは二億五千万円に上るべしと察せらる。我対外貿易の上に於ては、昨年の今日と而して本年の今日との間に、実に斯くの如き甚大の変化を見たり。

更に、輸出品の主なるものに就いて昨年と今年とを比較せんに、生糸は昨年の七千六百万円に対し本年は、一億四千八百万円、棉製品は昨年の三千八百万円に対し本年は四千八百万円、銅は昨年の二千七百万円に対し本年は三千六百万円、棉織物は昨年の二千百万円に対し本年度は三千二百万円、綿メリヤス肌衣は昨年の五百万円に対し、本年は千八百万円、陶磁器は昨年の四百万円に対し、本年は七百万円、燐寸《マッチ》は昨年の九百万円に対し、本年は千百万円に達せるが如く、各長足の増加をなせるを見たり。尚之れを輸入品の主なるものに就いて見るに、棉花は昨年の一億五千四百万円に対し一億八千九百万円、機械類は昨年の五百万円に対し七百万円、塊鉄は昨年の三百万円に対し九百万円、条管板鉄類は昨年の千百万円に対し三千六百万円、鉄釘は昨年の十四万円に対し二百八十万円の輸入額を見たり。

右は単に外国貿易の総額について見たる処なるも、試に支那貿易に就いて之れを考ふるに、対支那の輸出額昨年は七千二百万円なりしもの本年は九千九百万円に達して二千七百万円を増加し、又支那よりの輸入額は昨年の三千八百万円に対し本年は五千四百万円にして一千六百万円の増加を示せり。印度豪洲南洋との貿易亦等しく長足の進歩を示せるを見る。

時局の正貨に及ぼせる影響

第二に正貨の関係を見るに昨年八月末日即ち五年度予算編成期に於ては正貨総額四億四千百万円なりしもの、本年同期には六億二千万円に達し、約一億八千万円を増加せり。偉なりと謂ふべきなり。

時局の事業界に及ぼせる影響

第三に内地事業振興の状況を見るに、本年上半期に於ける事業の新設資金日本銀行の調査によれば八千五百万円、事業拡張資金一億七千六百万円にして、合計二億六千二百万円に達し、之れを昨年の同期間に比する時は新設資金に於て四千六百万円、拡張資金に於て八千二百万円合計一億二千九百万円の増加を示し、殆んど倍額に至れり。更に中に就いて事業別の投資額の最も多額なるもの二三を摘出せんに、其最も多きは製造工業にして新設四千百万円、拡張三千九百万円、合計八千万円にして、次は鉱山業にして新設四百万円、拡張三千百万円合計三千五百万円にして而して紡績業の新設四百万円、拡張二千七百万円合計三千二百万円に達するもの之れに次ぐ。

我経済界の蒙る好影響

斯くの如く貿易総額殊に輸出額従て輸出超過額等に於て、昨年度の予算編成期より本年は非常の増加を示せるが、然かも之れ昨年の予算編成期に於ては到底夢想だもせざりし処にして、之れ皆我国力の発展にして又戦後に於ても我商品の販路を海外に扶植確立する上に非常に有望なる現象をなすものと云はざるべからず。

又正貨の関係に於ても上述せる一億八千万円の増加は即ち過去一年間に於ける国富の増加を示すものにして、之れ亦昨年の今日に於ては予想せざりし数字なりと謂ふべく、事業資金に於ても時局の結果として輸出の増進輸入品の減少の為に、各種事業近来内地に勃興し、殊に上述の如く製造工業鉱業及紡績業に於て増加資金の主なるものを占むるは我国力発展並に時局終了後に於て、海外市場に対する発展上特に注目すべき現象と云はざるべからず。

蓋し斯くの如く戦争が永きに渉れば渉る程、我国の経済界の蒙る処の影響は益良好に赴き、国内に於ける事業の発達し国民の富力の増進すべきは勿論、我国の商品が海外に於て獲得せる販路は、戦争の継続すればする丈け其地位を確固にし、遂に平和克復後外国品の競争に遭ふも容易に一旦獲得せる販路を奪はるるが如き事なく、益之れを拡張するの見込増加すべし。

交戦諸国の状態と我経済界

次に海外諸国の状況如何と見るに、昨年の今頃即ち五年度予算編成期当時にありては、戦争開始後満一年位に過ぎざりしを以て、戦局は尚今日の如く拡大せず、出征軍隊の数亦今日の如く多からず。軍需品亦従て比較的少額を以て足りしが、既に戦争後第三年に入れる今日は戦局非常に拡大し出征軍隊増加し、軍需品亦非常に巨額を要するに至り、国帑を費し人命を損し、国土荒廃鉄道建物の破壊等の損害決して一年前の比にあらず。従て昨年の今日に於ける予想と、本年の今日に於ける予想とに於ては、欧洲交戦国の国力の疲弊は殆んど霄壌《しょうじょう》の差も啻《ただ》ならざるものあるべし。

而して国力の疲弊少なければ少なき程平和克復後の恢復力は速かるべく、之れに反し国力の疲弊多ければ多き程、戦争終了後の恢復力は弱かるべし。其恢復力の速かなるは経済上の戦争に於て我国の頗る不利とする処にして、恢復力の弱きは我国の為に有利なるは疑を容れざる処なり。蓋し吾人は人道の上よりして一日も速に現下の大戦乱の終熄せん事を希望するものなるが、単に経済戦争の上より見れば我国の為には戦争の永続をもつて有利とすべし。

今数字によりて欧洲交戦国の現状を説かんに――正確なるの数字は之れを欠如せるを以て責任を負ふて事実を証する事態はさるも、先づ大体に就き推測上より之れを論ぜんに――開戦以来本年三月末に亘る間の各国戦費を見るに、英仏露伊独墺白塞土勃の各国を合し七百六十億に達すべしと称せらる。然るに其後一日平均の戦費は次第に増加し今日にありては一億六千万円以上に上るべしと推算せらるるが、仮に一日一億六千万円として、右の統計に四月より八月に亘る五ヶ月間の分を加ふる時は、八月末迄に於ける戦費総計は千億以上に上るべき事疑を容れざるなり。之れに対し昨年八月末迄の戦費幾何《いくばく》なりしやは当時の統計を有せざるを以て明にし難きも、昨年十二月末統計に見るに、各交戦国戦費合計五百四十億円と計算せられたれば、之れより遡りて昨年八月末の戦費を推算する時は、三百億より四百億の間にありしものと信ぜらる。今仮に之れを三百五十億とせば、本年八月末の一千億に対比して僅に三分の一に過ぎざるなり。米国のメカニックス、エンド、メタルス、ナショナル銀行の調査に係る本年五月末に於ける英仏露独墺の五ヶ国の国債額は合計八百七十八億円にして、戦前の三百九十二億円に対し四百八十六億円の増加なり。従て戦後に於ける国債利払額は五国の合計に於て五十七億三千万円に達し、戦前の十四億九千万円に比し四十二億三千万円を増す計算なり。又右五国の戦後の歳出額は百五十二億にして国民所得額に比し一割七分八厘に当る計算なりと云ふ。

此の如く今回の欧洲大戦乱が当初の予想外に永く継続せるが為に、交戦国の経済上の疲弊は極めて甚大なるものあり。然かも今後戦局の継続すればする丈け国力を疲弊せしむる事益大なるべく、上述の一千億の軍費は那辺に迄上るべきや計り知るべからざらんとす。

昨年の予算編成期と本年の予算編成期との内外事情の相違

是等の事実を綜合して考ふる時は、昨年の予算編成期と本年の予算編成期とに於て、内外の財政経済上の状態には殆んど比較する能はざる甚大の懸隔の存する事何人も首肯し得る処なるべく、且又戦後の財政経済についても昨年予想せられたる処と、本年予想さるる処とは非常に相違せる観念を以てなされざるべからざることについても異論無かるべし。

以上の大体観念を十分に諒解して来年度の予算編成に臨むに当り、時局開始前に定めたる公債政策、及時局突発当時に主張したる公債政策を戦争の第三年に入れる今日に於て、何等の例外無しに絶対的に之れを墨守固執するの必要は必ずしも存せざるべしと思惟せらる。

而して此際前に述べたる如く六七の両年度に渉り一千万円内外宛を要すべき、朝鮮事業費の公債を募集する事ありとするも、内外経済事情の変化より見て敢て怪しむを須《もち》ひざる事なるべしと予は之れを理解す。

以上の説明によりて非募債政策の一部を改めて、朝鮮事業費財源として公債を募集するも、経済財政上敢て不当にあらずとするの理由及朝鮮事業費と帝国鉄道の財源との間に区別を設くるの理由は大体之れを明かにし得て、世人の之れに対し挟める疑問は之れを氷釈し得たりと信ずるものなり。

鉄道資金財源に就いては尚考究を要す

然しながら以上の如き説明をなす時は、更に又然らば帝国鉄道資金の財源も亦之れを公債募集に求め、一般会計よりの貸付を廃するを可とせずやとの疑問を生ずるに至るべきも、此点については今姑《しばら》く内外の情勢を観たる後にあらざれば、今日の場合未だ軽々に意見を決定する能はざるなり。

所謂還元論は其価値を減ぜり

尚此場合所謂還元論の価値について一言する処あるべし。蓋し還元論は時局開始前は元より時局開始後と雖も第三十五、三十六議会乃至三十七議会の当時に於けるよりも、今日に於ては大に其価値を減却したるものなりと信ず。今其理由を簡単に説明せんか、減債基金五千万円繰入当時に於ても外債償還は事実上年々一千万円に過ぎざりしが、其後五千万円を三千万円に減じたるも今日に於ては、内債償還は毫も之れをなさずして、三千万円の減債基金は其全額を挙げて外債償還に充てつつあるが故に、事実上の外債償還は基金減額前に比し却って三倍の多きに達せるを以て、外債の実際上の償還さへ多ければ、基金繰入高の多少は敢て重を置くに足らざるべく、之れ吾人の従来主張せし処なるが、此議論は時局の影響に関係なきものなるを以て茲《ここ》に之れを繰返すの必要なかるべし。而して此外に於て時局開始後数回に渉り種々の形式に於て外債を償還したるもの既に相当巨額に達し、昨年一月以来約一億六千万円（所謂貴族院との妥協条件とせらるる四分半利英貨公債二千万円、並に本年度定額償還額三千万円を含む）に達し、更に又外国への債権の設定は事実上に於て外債償還と異らざるものなるが、其額亦二億七千万円に上り、此外戦争前に負担したる民間の短期借款全部を時局後償還したるが、此額約五千万円あり。然らば此三者の合計四億八千万円は、我国が従来外国に対して有したる負担を減じたる次第なり。

大正十四年度に償還期の来るべき四分半利英貨公債の償還は、従来外債償還の当面の目的とせられし処にして、貴族院等にありても慎重に論議せられたる処なるが、其額は今日に於て五億七千万円なり。而して国債負担額なるものは必ずしも絶対的数字のみを以て其軽重を定むべきものにあらずして、一面外国との比較をも考慮すべきものなるべし。

我国現有の国債は約二十五億にして之れを国民一人宛の分頭額とせば一人平均約五円に当るべく、之れ決して軽しとせざる処なるも、公債償還論者が公債の負担を説くや単に国民の負担に堪へずとの一事のみを以てせず、例を外国に採り、外国は公債の総額は多きも之れを国民の富力及所得額に対比せば、比較的外国は軽く日本は重しと論断するを常とす。之れ蓋し公債負担額は必ずしも絶対的数字のみにより其軽重を定むべからざるものなるよりして、理由ある推断なるが、然かも今回の戦争の結果は、従来唱へられたる処の日本の公債は絶対的の金額は少なきも、国民の富力及所得額に比せば外国の夫れより重く、外国は公債の絶対的数字は多きも之れを国民の富力及所得額に比せば軽しとの所論は全然顚倒せざるを得ざるに至れり。則ち英仏露独墺の五交戦国の公債負担額は戦前には一人宛百五十円なりしもの、本年五月末の現在に於ては二百三十六円の巨額に達し、其利払額も戦前よりは二倍八割四分の増加を示せるを見る。

今や交戦各国は斯くの如く莫大の戦時公債を負担したるが、今後更に平和克復の後に於ても戦後経営の為め巨額の公債を負担するに至るべければ、公債負担の割合は戦後は戦前と全く日本と外国と其地位を顚倒すべく、従て外国の比較を以て日本の公債負担を重しとなすの根拠は無きに至るべし。

今仮に一歩を退きて日本のみの関係より見るも、貿易の増進、輸出超過、正貨増加、事業振興等の諸因は国民の富力を大に増進せしめ、今後も益増進せしむべければ、此点よりするも、我国債負担額たる二十五億の数字に変動なしとするも、之れに対する国民の負担力及国富は戦前より増大したる事疑を容れざるなり。

故に公債償還については之れに従前と同一の価値を置くの要無かるべしと信ぜらる。元より予は公債の減却、国の債務の減少は最も之れを喜び且又之れを必要とするものなるも、之れ以上になすべき国家進運上重要なる事項多々あるに於ては、宜しく緩急を図り軽重を考へ、先づ其急なるものを先とし、其比較的急ならざるものは緩に従ふは之れ止むを得ざる処なるべし。

是等の諸点を綜合して考ふるに還元論の価値は、之れを時局前及前議会の当時に比する時は、著しく之れを減じたるべき事は否む能はざる処にして、惟ふに貴族院の賢明なる議員諸君も、是等の点については、内外の情勢に鑑みて、十分の考慮を加へられ、適当の判断をなさるべき事吾人の信じて疑はざる処なり。但し予が此言をなす所以のものは決して還元其ものに反対するの意味にあらざるが、只能く緩急軽重の別を過たずして国務の遂行に努めんと欲するが為に敢て此問題を提倡するに過ぎざるなり。看官請ふ之れを諒せよ。

（『同志』）

六　寺内首相の訓示を評す

［一九一六年（大正五年）一一月二〇日、憲政会機関誌論説］

去る十月二十八日寺内総理大臣が地方官会議に於てなしたる訓示演説は吾人が多大の興味を以て期待したる処なりき。蓋《けだ》し寺内伯が一度政権を執りて内閣を組織し、其理想とする政治を行はんとするの希望は、決して一朝一夕に始まりし事にあらずして、予《かね》てより久しく希望したる処なるべきを信ずるが故に、一旦其希望を実現したる暁には必ずや多大の抱負を以て国政に当らるべき十分の自信を有せらるるなるべしと予期したりしより、地方官会議を機会として、十分其自信を披瀝して国民をして其嚮《おも》ふ所を知らしむべしとは、敵も味方も共に俟《ま》ち設けし処にして、之れが為に我憲政会に於ても政策の立案をなすに当り、総理大臣の訓示を見て後に之れを立つるの必要ありとなし、暫く其政策の起草を延期したる有様なりしなり。

然るに其所謂訓示演説なるものを見るに及び、吾人は斯くの如き期待の畢竟空望に終りたるを感じ失望禁ずる能はざるものありき。然しながら既に総理大臣の訓示として顕はれたる以上、吾人は之れに敬意を表するが為に、一言之れが批評を試み、以て我同志諸君の教を乞はんとするものなり。

何ぞ消極退嬰的なる

先づ吾人が此訓示を見るに当り直覚的に得たる印象は訓示の全部に渉りて寺内伯の態度が余り消極的なる事之れなり。即ち今回の訓示中、積極的抱負を述べたりと思はるる点は毫も之れを見出す事能はずして、之を例すれば其結論に於ける「今や治平久しくして安逸に慣れ、紀綱動《やや》もすれば弛廃せんとするの兆あるに方《あた》り云々」と云ふが如き、或は又「官紀を厳粛にして勤慤《きんかく》自から持し至誠事に従ひ云々」「吏僚を戒飭し官紀を厳粛にし秩序を重んじ統属の関係を明かにし云々」「近来の教育が智育に偏し徳育之に伴はず云々」と云へるが如き、或は又特に風規を切論し質実勤樸の風を推奨し浮華軽佻の風俗を指摘したるが如き、財政経済の条下に於て今日の経済上の順調を以て時局に伴ふ一時の変態なりと断定し、戦後に於て近く其反動の来るべきを断言して世人を戒めたるが如き、又貯蓄思想の発達を奨励せるが如き語句に満ち、訓示全体を貫流する精神を玩味し来る時は、何となく消極退嬰の態度の仄くを見るべし。吾人は必ずしも斯くの如き方針に対し異議を挟まんとするものにあらずと雖も、開国進取の国是に従ひ世界に於ける帝国の地歩を進め、以て戦後の計をなさざるべからざる帝国の使命より見る時は、斯くの如き消極退嬰の態度を以てしては、何となく物足らぬ感を催さざるを得ざるなり。

蓋し斯くの如きは寺内伯其人の性格の流露と見るを得べきが、之れを他の閣僚の性格等と併せ見て、現内閣が果して能く一致共同の態度を持続し、寺内伯の流儀とする処を何等障碍なく能く貫き得るや否やについては多少の疑問なきを得ず。

研究材料の提供のみ

次に寺内伯の訓示は外交、対政党関係、国防、教育、経済、財政より社会政策、保健衛生、感化救済、地方自治、交通、行政並に司法警察等殆ど政務の全般に渉り、一も漏らす処なきが如しと雖も、然かも之れ畢竟徒らに題目を掲げて研究の材料を提供したるに過ぎずして、国家重要の問題に対し何等具体的政策を示さざるは、吾人の大に遺憾とする処なり。惟《おも》ふに此訓示を聴きたる各地方官は、其帰任後首相より提供されたる諸般の問題について考究を重ねざるべからざるを覚ゆると共に、其何等具体的の方針を示されざりしを感得して呆然之を久うするなるべし。

日英同盟対支政策

今回の訓示中外交に関しては所論漠として捕捉する処なしと雖も、只吾人の会心に堪えざるは、日英同盟を以て我国外交の機軸なりと断定したるの一点にして、元日英同盟に対しては学者政治家中往々にして異論を挟むものあり。甚だしきに至つては帝国は該同盟の為に英国に対し多大の義務を負担するに拘はらず、英国より之れが報償を受くる事少しとなし、該同盟を以て偏務的のものとなし其改訂若しくは廃棄を得策なりと論ずるものすら無きにあらず。殊に平時ならば兎に角英国が今や世界の大戦に際会し、挙国一致国運を賭して独逸《ドイツ》と輸贏《ゆえい》を争ひつつあり、上下只戦争の外復《ま》た他を顧るの遑なきに乗じ、公々然として日英同盟の廃棄を論議して憚らざるが如き、帝国の面目名誉よりして、実に慨歎に耐えざる処なり。而して吾人の見聞せる所によれば現内閣の閣僚中又稍之れに類する意見を抱きつつあるものなきに非ざりしが如し。然るに今寺内伯が敢然として日英同盟を以て我国外交の機軸なりと断定したるは、国家の為慶賀すべき事にして、之れ実に内閣の議論を統一し民心の向ふ処を知らしめたるものなるべく、吾人は此一点に於て現内閣の外交の大方針に賛意を表するに躊躇せざるものなり。其他時局に対し欧洲戦乱の終局に至らざるを遺憾とし、聯合諸国と共同の目的を達成するが為に、最善の努力を惜しまざるべき旨を言明したるが如きは元より其処なり。

対支外交については単に両者の親善を期し、極東全体の平和を確保すべきを宣言したるは、何人と雖も主義として異論なき処なるべく、要は只如何にして親善を図るべきやの問題にあり、而して其実際の方法については妄りに声明すべからざるものたるを諒とするに吝《やぶさか》ならずと雖も、若し何等新機軸を出すことなくんば内閣更迭の意義を没却するのみならず、対支外交を生命として出現したりと伝へらるる寺内内閣の対支政策としては、単に之れのみを以て足れりとなす能はず。惟ふに今後事実問題に当りて現内閣は、必ずや卓厲風発内閣更迭の意義を国民に明瞭ならしむるが如き具体的方法を示さるるべきを以て、吾人亦徐《おもむろ》に之れを見て更に批評を加ふるの時機あるべし。

立憲の正道を誤る

次に寺内内閣の対政党の方針に就いては論ずべき点少なからず。伯は「立憲の正道を踏み」と云ひ、又「挙国一致をなす」と云ひ、更に又「各政党党派の政見異同に就いては公を秉《と》り平を持す」と云ふも、現内閣成立の本義に於て、是等の希望は全然意義をなさざるものなるのみならず、又若し此希望を達せんとするも悉く失敗に終るべきものなり。

抑《そもそ》も所謂立憲の正道とは何ぞや。既に憲法を布き議会を開きたる以上、政党の発達は事実として避くべからず。而して立憲政治の下に於ては国民の輿論をトすべき機関は議会を措いて他にあるべき筈なく、所謂立憲の正道を踏むとは、民意によりて天皇輔弼《ほひつ》の責任を尽すの意味ならざるべからずして、換言すれば民意の結晶体たる政党を基礎とするにあらずんば、国務大臣の責任を尽す能はずと云ふにありて、之れ啻《ただ》に理論上のみならず、実際上よりするも当然の事なり。吾人の所謂政党に基礎を置くと云ふは、必ずしも多数党を基礎とせざるべからずと云ふにあらず、通常の場合に於て衆議院に於ける多数党は則ち国民多数の意見を代表するものなるにより、立憲の正道を踏まんとせば衆議院に於ける多数党を基とすべき事当然なるも、只彼の山本内閣の末路に於けるが如く衆議院の多数党が国民の輿論を代表せざる反証ある場合には、例外として少数党を基礎として、内閣を組織する事有り得べしと雖も、今日の実際に於ては、衆議院に於ける多数党が国民の輿論を代表せずとの反証あるなし。然かも若し之れを代表せずとなすに於ては、寺内伯は第二の多数党たる政友会を基礎とすべく、政友会亦国民の輿論を代表せずと認むる時は更に第三の多数党たる国民党を基礎とすべく、其孰《いず》れをも基礎とせざる所謂超然内閣を組織したるは、全然民意を無視したるものにして、民意を無視するは即ち議会を無視するものにして、更に又議会を無視するは憲法の精神を無視したるものに外ならず、如何ぞ之れを立憲の正道と云ふを得んや。

無意義なる挙国一致説

又寺内伯は挙国一致を云々するも、今日の帝国の地位は英国等と異り挙国一致の必要を認めず、又其理由を認めざるなり。若し強て挙国一致をなさんとするに於ては、何故に議会に於ける各政党の首領を網羅したる聯立内閣を組織せざるや。世の挙国一致を主張するものは昨年五月英国に起りたるアスキスの聯立内閣を引用して、之れを我国に適用せんとするものの如きも、英国の聯立内閣は決して超然内閣にあらず。則ち自由党保守党及労働党の各領袖を網羅したる聯立内閣なり。其他英国に於て嘗て成立したる挙国一致内閣は固より仏国現時の挙国一致内閣も、亦議会に於ける各政党の領袖を網羅したる聯立内閣なり。若し寺内伯にして帝国今日の地位を英仏等の如く国家非常の場合なりと信ずるならば、何故に百尺竿頭一歩を進めて憲政、政友、国民各党の領袖を網羅したる聯立内閣を組成せざりしか。蓋《けだ》し挙国一致の実を示すべき方法は、之れを措いて他にあるべからざるなり。彼の寺内伯が各政党を無視して超然内閣を組織しながら挙国一致を云々するは是れ超然内閣と挙国一致内閣を混同したるものに外ならす。殊に況んや各政党の政見の異同に対しては公を秉《と》り平を持すと云ふも、各政党は元各其主義政見を異にすれば、議会に臨み政府の方針を公にし、一度之れが実行問題に移る時、必ずや政府の政策を支持するものと、之れに反対するものとを生ずべし。茲《ここ》に於てか内閣は自己の政見を実行し自己の存立を維持するが為に、勢《いきおい》一党を提げて他党に当たらざるべからざるに至るべく、問題毎に一党の賛成を得、一党の反対を買ひ、衆議院に於ける政党の或ものは政府に反対し、或ものは政府に賛成し、議会を終ふる迄斯くの如くして交々《こもごも》各政党の援助を藉り以て自己の政策を遂行し、其存立を維持せんとするも、只全く空想に終らんのみ。従て勢の趨く処必ずや一党一派に偏して、其他の政党を敵とするに至るべき事、従来の議会史に見て免るべからざる勢なり。此時に当り「公を秉《と》り平を持し虚心坦懐、其間に処して趨舎を誤らざらん」とするも豈《あに》夫れ得べけんや。蓋し斯くの如きは理論として云ふべく、実際として行ふべからざる処のものに外ならず。

更に此に注意すべきは、寺内伯が「斯くの如くして上至仁の聖旨を奉戴し、下は忠良なる国民の希望に副はん」と云へる事之れにして、斯くの如くんば恰《あたか》も寺内伯は衆議院を以て忠良なる国民の希望に副はざるものと認めたるにあらずやと疑はざるを得ざるなり。これ即ち忠良なる国民の輿論は、衆議院に於ける多数党によりて代表せらるるものなりとの原則を忘れたるものにして、議会政治の観念を根本より欠如せるものと云はずして何ぞや。斯くの如き旧式の思想が大正五年の今日に尚残存するを見るは吾人の頗る遺憾とせざる能はざる処なり。

茫漠たる国防意見

寺内伯は元軍人出身なるが故に国防の問題については、一隻眼を有せる事当然なれば、国防問題に対しては今少しく明瞭なる意見を有すべきを期待したるに係らず、此点について云ふ処甚だ審《つまびら》かならず、単に「国防は国家自衛の保障にして一日も忽《ゆる》かせにするを許さず」と云へるを見るのみにして、聊《いささ》か失望を禁ずる能はざるなり。殊に不倫なるは国防の充実と産業の発達を直接に結び付けたる事之れなるが、ソハ兎も角も彼の国防を絶対的のものとなさずして国家の実力によりて制限を受くべきものなりとなしたるについては、吾人亦之れに満足を表するに吝《やぶさか》ならざるなり。

実際に触れざる道徳観

次に教育に就いて「智育に偏し徳育之れに伴はず」と断言せられたるは聊か了解に苦しむ処にして、寺内伯は如何なる根拠により斯くの如き言をなせるか。斯くの如く我国の風教及国民の気風に関し余りに悲観的の考を抱かるるは吾人の採らざる処なり。尚伯の訓示に見る時は健全なる思想摯実《しつじつ》なる風俗は上流社会の占有に帰し下層社会は道徳礼俗頗る頽廃せりとの考を有せらるるにあらずやと疑はるるの語気の存するを覚ゆるも、此点に関しては予は最近最も適切なる反証を得たれば、此に紹介すべし。即ち彼の本年十月より実施せられたる簡易保険に於て加入申込者が比較的下層社会のものなるが為に、其申告を偽るもの多かるべきかとは、最初より懸念せられたる処なりしが、其後の実際に見るに彼等は自己の不利となるべきを知りつつ其申告事項を偽る事なく、之れを彼の比較的上流社会のものの加入する普通保険の申告の虚偽の多きに比すべからずと云ふを聞いて、吾人は大に意を強うするものなからずとせず。内閣諸公亦社会の実際に触れらるるに於ては、必ずしも我国風教道徳の頽廃について、さまで悲観的思想を抱かるる事無きに至るべきか。所謂儒者流の偏見に基づける現代道徳嘆息観は百害ありて一利あるなし警《いまし》めざるべけんや。

矛盾せる財政経済政策

最後に財政経済に関する訓示は、数多き訓示事項中稍《やや》具体的に近きものなるに似たり。然れども其唯一の具体的方針なりと見るべきものも頗る明瞭を欠き、又相互に矛盾せるやの感あり。折角の訓示も意義の徹底せざるは遺憾なり。蓋し訓示によれば財政に就いては「国債の整理」に努むる事を主眼とすと云へるが、茲《ここ》に特に「国債整理」と云へるは、勿論減債基金の還元を行ひ、公債償還額を増加せんとするものなるべき事明かにして、現に大正六年度予算に於ては、減債基金を五千万円に増加し、而して七年度以降は減債基金は主義として五千万円に増加するの方針なるやに聞く。公債償還額を増加するとは、云ふ迄もなく、其償還の目的は内債にあらずして全部外債にあるべく、斯くの如く外債の償還をなさば其結果正貨の減少を来すべきは当然なり。即ち現内閣は大正十四年に償還期の来るべき四分半利英貨公債五億円を年々五千万円宛償還し、其償還期に至つては更に残額なからしめん事に努め、為に今後年々五千万円宛の正貨を減少する事を意とせざる方針なるが如く察せらる。

然るに一方寺内伯の経済に関する訓示に於ては、現下の貿易の順調を以て戦乱に伴ふ一時の影響なりとなし、其反動は近く戦後に来るべきを断じ、其結果として此機会に於て正貨の蓄積に全力を尽さん事を求めたり。今日の正貨は六億の多きに達するも、戦後に反動の来るべき事を確信せば、今後十年に渉り五億円の正貨を放出せんとするの計画を立つる事は、これ矛盾にあらずして何ぞや。元正貨の放出と正貨の蓄積とは正反対の事にして両立し得べからず。

然るに其財政に於ては正貨放出の計を立て、経済に於ては正貨蓄積を努むるは、之れ財政と経済とに於て全く両立せざる正貨政策を立てんとするものと謂はざるべからず。伯は訓示の冒頭に於て財政及国家経済は相俟つて其宜しきを得ざるべからずとなせるに係らず、斯くの如き相矛盾せる政策を並び行はんとするに於ては、其折角の宣明も空言に属するに至るべし。

惟ふに現内閣には財政と経済の趨勢に対し、相矛盾したる二つの思想の混合せるなるべく、即ち悲観論者と楽観論者と両々相存するが為に財政方面については楽観論を基礎とせる外債償還増加計画となり、経済方面については悲観論を基礎とせる正貨蓄積論となれるなるべし。斯くの如く政府に悲観楽観両思想の混同すると否とは、元より吾人の関する処にあらざるも、政府の方針を定めて之れを宣明するに方《あた》りては、其孰《いず》れか一に統一せざるべからざるや勿論にして、然らずんば国民は其適従する処に迷ふに至るべく、要するに正貨問題については現内閣に於ては統一せる方針なきものと断定するの外なきなり。

＊　＊　＊　＊

其他訓示に掲げられたる事項は多々あるも、今は暫く繁を省きて以上の重要なる数者について簡単なる批評を試むるに止むと雖も、要するに寺内首相の訓示は所謂多く語りて何事をも云はざるものなりと概言するの外なく、吾人は之れに対して失望を禁ずること能はざる也。

（『憲政』）

七　我党の政策

［一九一六年（大正五年）一二月二〇日、憲政会機関誌論説］

我党の政策は結党の始に当り宣言綱領と共に同時に之れを決定発表せんと欲したりしも、当時其暇無かりしと、政策なるものは元主として来るべき議会に臨むに当り我党の態度を決すべきものなるも、其当時尚議会の問題たるべきもの未だ明瞭ならざりしより、政策は暫く其起草を延期し、次第に議会に切迫して問題の明かとなるを俟ちて之れを定むるを便利としたるより、遂に立党に際し之れを発表するに至らざりしものなるが、更に又寺内内閣の政策なるものは頗る不明瞭なりしより、其施政方針の天下に宣布せらるるを俟ちて後我党の政策を定むるも未だ遅しとなさずと信じたるも、当時強ひて政策を決定せざりし一因なり。

爾来政策案起草者は来るべき議会に顕はるべき問題について研究すると共に、十月二十八日地方官会議席上に於て寺内首相のなしたる施政方針の演説を参考して、遂に之れが起案を了り、十一月四日を以て之れを我党最高幹部会議に附し、翌五日相談役会に附議し、更に十五日を以て政務調査会並評議員議員総会聯合会の議を経て、此に我党の政策を確定し、天下に公にしたる次第なるが、今次に右政策の大体に就いて説明を加へんと欲す。

然れども元より右政策の内容の詳細に関しては、見る人により多少意見の異なるものあるは免れ能はざる処にして、従て茲《ここ》に説明せんと欲する処のものも必ずしも悉く党議を代表せるものと云ふ能はざるなり。勿論予は成るべく党議を代表したるものなりと信ずる意見を述ぶべきも、然かも其細目に至りては、立案者としての予一個の意見の交るへきを以て、希はくは読者之れを諒せよ。

欧洲大戦に関する政策

外交問題に就いては之れを二段に分ち、欧洲大戦に関するものと、東亜並に就中《なかんずく》支那に対するものとなす事を得べく、大体旧同志会の政策と異るものなし。而し欧洲大戦乱に関する政策としては、第一項に掲げたる処は多少抽象的に傾けるやの嫌無きにあらざるも、元外交に関する事は余りに具体的に顕はさんか却つて関係国の誤解を招くの虞なしとせざるを以て、稍《やや》抽象的のものとなしたるも、惟ふに孰《いず》れの政党の政策たりと雖も、其外交に関するものは同様なるべきか。

聯合各国との関係を親密鞏固ならしめ、以て交戦の目的を達するに努むべしと云へるは、主として政治上並に経済上の協力をなすの意にして、其欧洲に出兵して交戦の目的を達すべしと云ふが如き意味なきは元よりにして、例へば兵器並に軍需品供給の交渉を受けたる場合には、帝国の国防計画並に製造能力の許す限り之れに応じ、国防計画に欠陥を来さず且製造能力の許す限は力を極めて兵器軍需品の供給を与国に対してなすが如き、或は又軍需品売却代金の調達に関する交渉に接したる時は、内地金融状態の許す限り努めて之れに応ずる如き、或は又軍需品売却代金の調達のみに限らず、聯合国の正貨維持並為替関係維持改善等の為の短期債券の募集に応ずるが如きものにして、彼の露国大蔵証券の発行の如き、将《は》た又最近に行はれたる英国国庫債券一億円の応募の如き其好適例にして、斯くの如きは我党の政策より見て宜に称へるものなりと信ず。尚将来と雖も斯かる目的の為に内地経済事情の許す限り、聯合国の交渉に応じ、以て交戦の目的を達する事に努むるは最も必要の事なるべし。

其他本年六月巴里《パリ》に開かれたる聯合国経済会議の決議事項の如きも、各国徒らに各自国の利害をのみ標準として論ずる時は、到底完全に其目的を達する事能はざるべきを以て、相互に互譲の精神に基き、自国の利益を或程度迄は犠牲に供し其共同の目的を達する事必要なりとす。従て我国に於ても国権並に国利の許す範囲内に於て互譲の精神を以て決議の実行に努むべきを相当なりとす。聞くが如くんば現政府にありても、巴里経済会議決議の第一項即ち対敵商取引禁止の件に関しては、既に之れが成案を得て、枢府の議に附しつつありと。其内容は未だそれを知るに及ばすと雖も、斯くの如きは可成《なるべく》速に決定して、共同の目的を達せん事に努めざるべからざるなり。

次に時局の推移に応じて帝国の地歩を進め国利を図り国威を宣揚する事を期すべしと云へるは、戦争継続中に於て有らゆる機会を利用して此目的を達する事の当然なるのみならず、戦後の講和会議等に於ても帝国の地位を進め国威を宣揚せん事を期せざるべからざるを意味するものにして、此政策は之れを啻《ただ》に時局中のみならず、延いて戦後の講和会議に迄及ぼさしめん事を期したるなり。

東亜に於ける政策

東亜に於て日英同盟、日仏及日露協約の精神を尊重すべきは、別に説明を要せず当然の事なるが、日露協約等と云へるは、太平洋問題に関するに日米間の取極をも包含せしむるの意なりしなり。

尚日支親善は各政党等しく之れを標榜し、政府亦之れを標榜し、別に他意あるにあらずと雖も、此政策に掲げたる趣旨に就いては多少の説明を要すべし。蓋《けだ》し世上往々日支両国間の関係は、親善其ものを以て目的とするが如くに云《うん》為《い》するものあり。現に政友会の決議等に於ては、親善を以て最後の目的となすものの如きも、吾人の所謂日支親善は親善を以て最後の目的となすものにあらざるなり。若し親善を以て目的とせんか独り日支間のみならず、締盟各国は其敵国ならざる限り、其関係の親善ならざるべからざるや勿論なり。只支那と日本の関係は地理的、人種的、宗教的、経済的、政治的に各方面共に特殊の関係あり、決して他の列国との間の関係と一様ならざるなり。殊に又重を置くべきは両国の経済関係にして、両国の経済関係は相互の経済上の利益を増進して、両国共に其利益に均霑《きんてん》すべきものならざるべからず。而して経済上に於ける相互利益の増進は延いて政治上の相互利益増進ともなるべく、此目的を達せんが為には日支両国の関係にして親善を欠かんか、到底不可能に了るべきなり。則ち特に日支親善と云ふは、両国間の相互利益増進の手段にして、親善其ものが最後の目的にはあらざるなり。

而して経済的に相互の利益を増進するは、延いて政治的にも相互の利益を増進するものにして、其結果は更に東洋永遠の平和の確保となるべく、則ち東洋永遠の平和が吾人の所期する最後の目的にして日支親善は之れが為の手段に過ぎず、惟《おも》ふに此点は現内閣若くは政友会の所謂日支親善とは其選を異にするものなるべきか。

海軍補充費と財政

海軍の八四艦隊計画の遂行は、六年度の予算中最も重を置くべき点にして、従つて又我党政策中の重要なる点なりとす。而して我党政策の第三項たる八四艦隊計画遂行の件は、更に第四項、第五項及第八項等にも関連して分割して考ふる事能はざるものなり。抑《そもそ》も特に此に八四艦隊計画の遂行を確実にすべき旨を明言したるは、之れ決して海軍技術上の問題のみならず、財政計画の事をも包含せしめたるものにして、則ち八四艦隊の完成には大正五年度より十二年度迄八年間を要し、斯くて十二年度に至りて一先づ完成するも軍艦には生命あれば、十三年度以降と雖も断へず之れを補充せざるべからず。

而して大正五年度に於て海軍補充の為に新に要求せる処のものは、四千五百三十余万円にして、之れ実に五年度着手八年度完成の計画のものにして、今回の予算に於て要求せらるべきものとして前内閣の立てたる計画は、八四艦隊完成の総費額より五年度着手の分四千五百三十余万円を控除せる残額二億六千六十余万円を、大正六年度より十二年度に渉る七年計画の継続費として要求せんとするものなり。

斯くて此継続予算にありては、七年間の年割額を明定し確定歳出として之れを要求する事となり居れるものにして、其歳出に於て既に確定的に要求するものなる以上は、これを支弁すべき財源亦確定的のものならざるべからずして、経済界の事情金融の如何により変化を見るが如き不確定財源を以て之れに充つる事を許さざるなり。則ち換言すれば経常的収入を以て之れが財源に充つる計画をなさざるべからざるものにして、公債財源に依る事を許さずとの意味を明かにしたるものなり。

然らば増税によりて此財源を得んとするやを云ふに、吾人は八四艦隊完成の為に国民の負担を増加せんとするに対しては、反対するものにして、これ蓋し吾人は国民の負担を増加せずして他に確定的財源を以て之れを支弁するの途あるを知ればなり。而して其途如何と云へば、此に減債基金問題と相関聯し来るものにして、吾人は減債基金は之れを還元する事無くして現状の儘なる三千万円に止め、今日一般会計より鉄道会計に貸付くる計画となりつつある二千万円を引上げて、これを海軍補充財源に充てんとするものなり。而して大正六年度は尚前年度剰余金もありて、鉄道会計に貸付けたる二千万円を引上げざるも、海軍補充費年割額千四百万円を支弁する事困難ならざるも、七年度以降に於ては此二千万円を一般会計に返戻するにあらざれば、海軍の為に確定財源を得る事不可能なるべしと信ず。

斯くの如く海軍補充費に充て得べき確定財源の存するに拘らず、此確定財源を比較的緊要ならざる減債基金に還元し、其結果として、海軍財源に不足を生ずるより、此不足を補はんが為に増税を行はんとするが如きは、惟ふに国民の挙《こぞ》つて反対する処なるべく、我党亦斯くの如き計画には反対なる旨を茲《ここ》に明かにせるなり。

増税若し不可能なりとせば現内閣は或は自然増収を以て、海軍補充費財源に充てんとするやも未だ知るべからず。然れども元自然増収なるものは、之れを見積るべき当該年度に至らざれば確定する能はざるものにして、六年度予算編成の時に見積り得べき自然増収は六年度のそれに限るべく、七年度以降の自然増収は七年度以降の予算編成期に至らざれば確定せざるなり。故に若し現内閣が六年度予算編成に当り七年度以降の自然増収をも財政計画に計上して、以て七年度以降の海軍財源に対応せしめんとせば、これ則ち不確定財源を以て確定支出に充てんとするものにして、頗る危険なる財政計画なりと謂はざるべからずして、吾人は斯くの如き計画に対しては反対せざる能はざるなり。

加之《しかのみならず》七年度以降に於て其金額は不明なるも相当の自然増収のあるべきは明かなるが、斯くの如く一方に自然増収のあると共に、一方に歳出の自然膨脹も亦免るる能はざる処なり。従来の経験に見るに、歳出の自然膨脹の勢は、却つて歳入の自然増収を凌駕するが如き有様にして、之れ新進の国に於て免る能はざる現象なり。殊に又現下の戦争中及戦後に於ては種々の計画を要し、種々の事業を要し国費益々多端なるべくして、歳出の膨脹は啻《ただ》に従前の比のみにあらざるべければ、此歳出の自然膨脹に対しては、歳入の自然増収を以て之れに応ずる事に努めざるべからず、換言すれば歳入の自然増収は歳出の自然増加に対応せしめて、尚其足らざるを恐るるの有様なりと云ふべく、何の余祐あつて之れを海軍財源に供せしむるを得んや。

政策の第四項に時局の対策及戦後の経営を考慮して財政計画を定むべしとあるは、則ち之れを意味するものにして、自然増収は歳出の自然増加に充つべきものにして、之れを海軍財源に充つべからざるの意を含めるものなり。

減債基金問題

減債基金は当分現状を維持するの方針を採るべしと云へるは、政友会の主張の如く減債基金法の復旧改正をなさんとするに反対し、法律を現状の儘とすべき事を意味するのみならず、又財政計画として減債基金を従来の如く三千万円に据え置くべしとの意にして、これ則ち現内閣と其主張を異にする重要なる一点なり。

減債基金と海軍財源との関係については、現内閣の政策が如何に決定すべきや未だ窺知するを得ずと雖も、内閣諸公は従来の主張あり言責ある事なれば、之れを還元するなるべく、仮令法律の改正をなさざるも少くとも財政計画に於ては、其償還額を年々五千万円となすべしと信ず。斯く減債基金を五千万円となすが為には、鉄道公債を二千万円宛年々募集して、一般会計より鉄道に対する貸付金を引上げて、之れを減債基金に加ふるの外其途無かるべし。

然れども斯くの如く二千万円を減債基金に還元せんか忽《たちま》ち海軍財源に窮するに至るべく、一方海軍の財源は必ずや確定的のものならざるべからざれば、現内閣諸公も或は其従来に於ける主張及言責を一擲《いってき》し去りて、此従来鉄道に貸付けたる二千万円を以て直に海軍財源に振向けんとするに至るべきか。若し夫れ斯くの如くなさんか減債基金還元に充つべき財源を失ふものなるも、我党は之れが還元を主張せざりしより、之れが為に財政計画上何等の支障を見ざるも、現内閣は減債基金還元を主張し来りたる関係上茲に財政計画の行詰を生ずるを免るる能はざるなり。於茲乎《ここにおいてか》坊間伝ふる処によれば、現内閣は減債基金は主義としてはこれを還元すと云へるも、此還元は単に主義としてに止り其主義を現実に実行する能はざるべく、従て実際の償還額は或は五千万円とし、或は四千万円とし或は三千万円に止むべく、要は年々の予算に於て財政上の余裕を生ずれば、公債償還額を多からしめ、余裕なければ、三千万円に止め、而して其余裕なるものは之れを前述せる自然増収に俟たんとするなるべし。然るに自然増収なるものは前述の如く歳出の自然増加に対する担保なるが故に、恐らくは之れを減債基金に振向くる事困難なるべきを以て、茲に至つて現内閣は減債基金は主義としては五千万円となすも、実際に計上し得べきものは三千万円に止るべく、主義と実際とは全然相反するに至るなきやを恐るるなり。

然らば我党の政策に於て減債基金は三千万円の現状を維持せんとするは、三千万円以上は絶対に之れを繰入れざるの意味なりやと云ふに必ずしも然らずして、国庫に剰余金を生じたる場合は追加予算等其他の必要経費に充つるの外、これを国債償還に充て三千万円以上の公債償還をもなさんとするものにして、剰余金の多少によつて或は三千五百万円となり、或は四千万円五千万円となるやも知るべからず。此方針は嘗て大隈内閣の成立当時の地方官会議に於て当時の大蔵大臣より声明し、爾来議会に於ても此主旨を以て説明し来りたる処にして、今日に至るも更に変更を見ざるなり。果して然らば公債償還の実額に至つては、現内閣と我党と何等異る処なきに至るべく、茲に於て現内閣の所謂還元主義は有名無実に終るべきなり。

鉄道軌制問題

鉄道の軌制の財政計画と関係あるは前述せる処なるが、広軌改築をなさんとするには鉄道の益金以外に今日一般会計より貸付けつつある二千万円を、広軌改築完了に至る迄則ち向後二三十年間は之れを据置くを要し、此に鉄道の広軌改築重きか八四艦隊の完成重きかの比較問題となるべきも、之れ多言を要せずして八四艦隊の完成の重要なる事明かなり。此見地よりするも広軌改築は財源の点よりして反対せざるべからず。然れども我党が鉄道の軌制は現状を維持すべしとの政策を定めたる所以のものは、上述の財政上の関係のみならず交通経済詳言すれば、鉄道其ものの上より見て今日に於て広軌改築の必要を認めざるものにして、此点に関しては予は曩《さき》に『同志』第四号に於て之れを詳論したれば茲に再び繰返さざるべし。

斯くの如く広軌改築は交通経済及財政状態に鑑みて、今日に於て之れを決定するの必要をみとめず現状維持を可とすと雖も、他日交通の発達其他の事情により、広軌改築を必要とする時機の到来する事あり得べく、又其時に至らば財政状態改善せられて広軌改築の為に年々二千万円の確定財源を割き得るに至るやも知るべからず。而して其時に及んで広軌改築をなさんとするに当り、橋梁其他総てを広軌に改むるは非常の経費を要すべきを以て、今日より斯くの如き場合を慮《おもんばか》り（一）新線の建設の場合、（二）旧線改良の場合等に於て、少くともトンネル、橋梁等の如きものを広軌、狭軌孰《いず》れにも適用し得るが如く準備し置くは毫も妨ぐる処にあらざるなり。これ蓋し政策に大体に於て現状を維持せんとすと明記したる所以なり。

正貨利用経済調節

政策第六項に於ては正貨利用経済調節のことを挙げたり。凡そ国内の生産資金の今日程潤沢なるはなく、これ以上更に生産資金の潤沢を計るの要なきは勿論なれども、又余りに対外放資、外債償還、内債募集等に偏し、内地資金を市場より引上ぐる事其度に過ぐるが如き事あらば、却つて生産資金の供給を不潤沢ならしめ、遂に内地産業の発達を害するの処無きにあらずして、此点は最も注意を要すべし。

対外放資と云ふは支那の借款に応ずる事其一なり。英仏等の短期公債に応ずる事其二なり。少しく其類を異にするも露国大蔵証券の内地発行に応募する事其三なり。其孰《いず》れを先にし、孰れを後にすべきかは、人によつて見る処を異にすべく、政策に於ては其順序に就いては何等の意見を定めざりしが、之宜しく機に臨み変に応じて適当に取捨選択すべきものなりと信ず。只吾人一個の見解を以てすれば、対支放資を以て最も趣味の豊富なるものなりと思惟す。何となればこれ独り経済的必要のみならず、政治的にも必要なるものにして、政策の第二項に掲げたる相互利益の増進と、東洋平和の確保に貢献すべき最良の方法なりと信ずればなり。英仏等の短期債券に至りては、聯合国の関係を鞏固にし交戦の目的を達する上に於て最も必要なるのみならず、英仏等に対し債権を有するに至るは帝国の誇ともなるべけんも、其再生産力に至つては、対支放資又は露国蔵券の引受に劣るやの感なき能はざるなり。蓋し露国蔵券は独り露国軍需品の供給を円満ならしむるのみならず、直接に内地工業を発達せしめ、又日露貿易の先駆となる等多大の再生産力を有するものなれば、其趣味の津々たるは、対支放資の次位にあるべきものか。

而して外債償還と云ふは其半面に於て内債募集を意味するものにして、即ち外債の借換を云ふものにして、其他適宜の方法あるも此に之れを明言する場合に達せずと雖も、経済の調節の必要上当分の間年一二千万位の公債募集を可とせば鉄道公債を募集して鉄道資金に充つるも可なるべく茲に本項の適用を見るべきなり。

日支満洲銀行

次に日支経済関係の密接に必要なる金融機関の整備を図るべしと云へるは、日支満洲両銀行の設立を意味するものにして、両銀行法案は前議会に貴族院に於て否決せられたるも、其理由を見るに一も首肯するに足るものなく、或は調査研究の時日なきが為なりと云ふものあり、或は日支合弁ならざるが故に不可なりと云ふものあり、或は既設機関の活用により其目的を達し得べしと云ふものあり。其甚しきに至つては其精神に於て調和せざるものありと云ふが如き恰《あたか》も謎に類したる理由により之れに反対したるものあり。更に要領を得ずと雖も、会期既に尽きんとするに際し調査の余日なしとの理由最も多きを占めたるが如し。然るに前内閣は曩《さき》に経済調査会議の開かるるや、両銀行法案を其議に附し、調査会にては東西金融機関の代表者たるべき主要なる人物を網羅したる特別委員会に於て慎重審議の上多少の修正を加へたるも大体に於て、政府の原案を是認し、これを聯合会の議に附し其議決を経たるを以て、現内閣は経済調査会の決議を重んじ、第三十八議会には之れが法案を提出すべしと信じたりしに、頃者《けいしゃ》聞くが如くんば現内閣は之れが提出を見合はせんとするものの如し。若し真に政府が之れを提出せざる時は、我党より進んで之れを提案すべく、本案の如きは日支親善相互利益の増進の目的を達するが為に、最も必要なる事項なるに特に日支親善を標榜して立てる現内閣が、之れに重を置かずして本案の提出をなさざらんとするに至つては、吾人は現内閣の所謂日支親善の意義果して孰《いず》れにありやを疑はざる能はざるなり。

選挙法改正

選挙法改正は独り選挙運動の取締又は罰則を改正するを以て足れりとせず、選挙権の適当なる拡張をも要するものなるは天下の輿論の一致したる処なり。選挙権の拡張に二種あり、一は納税資格の低下にして、二は智識階級の加入これなり。我党の政策には単に選挙権の適当なる拡張をなすべしと云ひて、具体的方法を掲げざるは、拡張方法について未だ党議の決せざるものあるが為なり。然れども政策の解釈としては、納税資格の低下と、智識階級の加入と二つながら之れを行ひ得るの余地を存するものなり。然かも実際問題としては、二つながら之れを拡張すべきか、若しくは其内孰れか一を採るべきか、更に又納税資格を低下すとせば納税資格は五円とすべきか、七円に止むべきか、智識階級を加入せしむとせば智識の程度は中学卒業程度以上とすべきか、高等学校程度以上とすべきか、是等の点は相当の機関に於て幹部の意嚮をも斟酌して調査研究したる上にて決すべきものなり。

教育制度改善

教育制度の改善については此に具体的に挙示する事能はざるも、修業年限短縮の如きは研究の主要なる題目たるべく、単に一個の私見を以てすれば、我国の学校の修業年限は頗る長きに失するものにして、予は事稍《やや》突飛に似たるも、満二十歳にして大学を卒業せしめ、新鮮活発なる青年の意気を以て社会に活動せざるべからざるを信ずるものにして、彼の青年の貴重なる時を空しく学窓に経過して、既に老境に入らんとする三十歳に及んで始めて社会に出で、秩序ある官界実業界に入りて低級の地位より次第に上り行かんとすれば、未だ其頂上に至らずして早くも老衰するに至るべく、斯くの如きは国家進運の為に採らざる処なり。

尚高等教育機関の増設とは主として実業教育を指せるものなるも、然かも普通の高等学校の増設をも意味せざるにもあらず、一に斯くの如くして我国教育の発達を図らんとするに外ならざるなり

＊　＊　＊　＊

其他商工業組織の統一改善に関しては詳細の研究及意見を有する人の我党の幹部にあるあり。又農業経済の改善及移民の奨励の如きは、読んで字の如く別に説明の要なきを以て之れを省略すべし。

（『憲政』）

八　寺内内閣果たして信任すべきか

［一九一七年（大正六年）四月六日、高知市での衆議院議員立候補演説］

一

諸君。一昨年の総選挙に於て、不肖市民諸君の御推挙によりまして当選の光栄を担ひましてから以来、微力を尽して御依托に副はん決心でありました処、任期四年の半を僅に経過せる場合《とき》、御承知の通り解散となり、任務を全ふすることが出来ませず、御依托に対して誠に相済まぬ訳でありますが、之又《これまたや》已むを得ぬ事情であります。今度又た復た候補に御推挙されましたのは私の最も光栄とする処であります。

扨《さ》て今回の総選挙に就ては問題は頗る簡単で一言にして云へば、現内閣を信任するか否かと云ふに過ぎず、そして信任すれば其信任の理由は如何、又信任せねば其理由は如何といふ、二つの極端な題目につき其両説を研究して以て国民はその去就を定むればよいのであります。然る処世間ではこの簡単にして明瞭なる問題を、殊更に婉曲、複雑にし、或は顧みて他を云ひ、毫もこの切要な問題に触れないで騒いでいるのは我々の不思議千万に感ずる処であります。即ち現内閣に対する賛否を決する上に於て何も関係のない大隈内閣の事や、従来の政党につきて論議を費しておるのは何も必要な事ではなく、不可思議千万と思ふ処で、少く共私等の見る処では現内閣を賛成するかせぬかの二つで尽きると思ひます。

云ふまでもなく解散といふ事は重大な問題で、解散の及ぼす国民及び国家の迷惑は一方ならぬので、予算の不成立で国家の新なる活動、新なる発展を少く共一年間延期する事となり、国家の為め容易ならざる損害であります。然るにこの三十八議会に対する解散の責任は誰にあるか、其は現内閣か、又は現内閣のいふ如く衆議院の多数党たる憲政会にある乎《か》之は考慮すべき問題であつて、私等は悉く現内閣責任を負ふべきを確信するものであります。ここについては少しく私の意見を述べることと致します。

抑《そもそ》も現内閣の唯一の生命とする処は挙国一致であり、尠《すくな》く共《とも》言葉の上に旗印の上に挙国一致といふことを標榜して生れ出たものであります。果して然らば此内閣が生れた後に於て其標榜した美言が実際に実現することの出来なかつた場合は当然引責辞職すべきであります。実際の状態に於て現内閣は少くも挙国一致の実挙らず、却つて反対に不一致の事多しといふも差支へないのである。憲政会に於ては昨年十月十日即ち内閣組織の翌日結党式を挙げ、国民に根拠なき内閣には反対であるとの宣言を発表したのは諸君の御承知のことであります。その結果として現れたのは即ち本年一月廿三日の帝国議会に於て憲政会、国民党、公正倶楽部の代議士二百四十名連署より成る政府不信任の決議案でありました。然し乍らこの決議案に署名せぬけれども、採決の時賛成するといふ筈になつていた代議士があつたので、現に今日の政府御用党の政友会議員中にも五六名あつたといふ事は注意すべき事柄で、不信任賛成の除外例を幹部に求めたのであります。

其内に本県選出の白石竹内両代議士も加はつて居た事は諸君御承知の事であります。又た無所属議員で採決に賛成するものもあり、又た決議案提出の日は欠席するものもあり、以て本案に対する実際の賛成者は二百五十名を算したのであります。三百八十一名の議員中二百五十と云へば正しく三分の二の多数に当るのであります。三分の二と云へば憲法上頗る重大の意義を有する多数であります。そして正々堂々閥族の醜団に対して肉迫したのであります。之等の事実を見よ。唯に寺内内閣は挙国一致に反するのみならず、国民の三分の二に公然反対されたのであります。寺内首相たるもの、若し少しにても憲政運用の道を覚り政治家の徳義を知る人ならば、速に闕下《けつか》に伏して辞表を出すべきであります。然るに事ここに出ずして罪を議会の多数党に帰し之を解散するとは何んたる無謀でありませふ。

二

昨年大隈内閣が桂冠の際、後任首相に我憲政会総裁加藤子爵を推薦された事は天下周知の事実であります。然るに元老会議に於て加藤は政党の首領であるから従つて反対党を持つて居る、反対党を持つてる内閣を組織せしむれば国務の一致を欠くのだから、むしろこの際政党などに超越せる者をして内閣を組織せしむるが挙国一致たらしめ得可しとの事で、之はある確かなる筋より聞き得た処であつて間違ひないと信ずる。斯くて元老は加藤氏を排して寺内伯を首相に奏薦し、現内閣が生れたので、この機会に藩閥は其の野望を達した次第である。私はこの際彼等一派の挙国一致といふ言葉に就いて少しく研究して見度い。この一致といふことが内閣の情勢から其様に必要なのであるか、又たこの一致が寺内伯の力などで果して出来るか、疑問であると思ひます。帝国の臣民が忠君愛国の確乎の大精神を持てることは世界に比類がないのである。故に一度国家に緩急あれば其時は元老や内閣や議会が挙国一致を主張する迄もない。国民は進むで挙国一致の実を挙げておるのである。日清戦争の時然り。日露戦争の時然り。然るに現今日本の状態如何と云へば固より内外多事の場合である。国歩艱難政務多端と云つても差支へがない。又日本は交戦国の一なるに違ひないのであるが、然し之を日清日露の両戦争に比すれば頗る趣を異にするのである。青島《チンタオ》に於ける敵陣を殲滅してより以来、太平洋印度洋の敵艦隊を駆逐してより以来、東洋の風雲は極めて穏かであります。日本の岸に打寄する太平洋の浪は極めて静かであります。日本の軍人は耳に弾丸の破裂を聞かず、眼に阿鼻叫喚の戦場を見ることが無いのであります。

又翻て財政経済の状態を見るに是れまた頗る順調で、戦争のお蔭で日本は多くの利益を得、又得つつあります。斯る際無理に挙国一致の実を挙げ、以て何か国家興滅の事変にかんする如きと同様の方針を執るべき必要が何処にありませふ乎。英国などは戦時に際して従来、政治の慣例を破つて今日のロイドヂヨジ内閣が出来ておるが、日本に於ても強て挙国一致内閣を作る必要ありとすれば、其は藩閥内閣、超然内閣でなくて、連立内閣を作るべきであります。

即ち衆議院有力政党の首領株、帝国大学や実業界の一流の人物等を汎く網羅し、国家の大人物をまとめた連立内閣を作る可きであります。

かかるが故に若し寺内伯にして挙国一致の為めに推薦せられたとせば先づ此の連立内閣の組織に向つて手を著く可きであると思ふのである。之が当然の思慮である。義務である。然も寺内伯は毫も其の事をしなかつたのである。憲政、政友、国民三党首領を集めて内閣組織の事を語る可き筈であるのを、唯々僅かに其の三党首領の私宅を訪ふて、今度大命を拝したから何卒よろしくお頼みしますと相談をして廻つたに過ぎぬ。通り一遍の挨拶である。誠に不都合な話と云はねばならぬ。然し翻つて思ふに寺内伯の力で連立内閣を作り得るかと云ふに、之は出来ぬと思ふ。即ちこの理想の内閣組織が成功出来ぬならば寺内伯は大命を拝した時、折角だが臣はその任にあらずとこれを辞退するが当然である。然も現内閣の如き超然内閣を作つたのは頗る不合理な話で、之では憲法政治の運用を滑らかにすることは出来ぬ。欽定憲法の上で不都合でないとかあるとか、そんな解釈論ではない。法律論ではない。私の云はんとする処は事実論であります。実際論であります。今日に於て――大正六年の今日に於て、超然内閣が憲法政治を不円滑ならしむるとか、何とか云ふ議論を憲政の発祥地たる我高知県に於て賢明なる諸君の前に於て論議するといふ事を頗る遺憾千万に感ずるのであります。斯ることは既に過去の歴史に於て試験済みとなつてをります。其何度も我国の過去の大政治家に依つて試験され来つて、然も不可なりといふ断定が下され、結論が出来ておるのであります。私はその試験済みになつたといふ、生きたる証拠を過去の歴史から、抽出し来つてお示しして見たいと思ふ。

三

我国最近の偉大なる政治家と云へば伊藤公であり、次は桂公であります。然るに伊藤公は元来畑は官僚の育ちであります。そして多年官僚政治家として努力したけれども、毎《つね》に失敗に終つた結果、遂に迷夢より覚醒して政党を作り、其を率いて政治をせねばならぬと気が付いたのであります。其処で出来たのが即ち今日の政友会である。次に桂公も元来が官僚のチヤキチヤキであつた。そして苦労努力して政党の操縦策に腐心したが結果は矢張り駄目であつた。次に拠《よんどころ》なく議会の多数党と提携妥協するに至つたが之なら先づ一通り円滑な政務の進行が期待し得たのである。然し之に就いては弊害がある。妥協した政党からは其に対する報酬の要求がある。其に一々応じていては国家が其弊に堪へぬのである。之では不可《いか》ぬと遂に理想的政党を作る必要が分つて来たのである。そして出来た政党が憲政会の前身であります。其で如何にしても政党が基礎となり、政党が根拠となり、政党の力に依らざれば立憲政治は行はれぬといふ事が証拠立てられておるのに拘らず、寺内伯が之に鑑みず大正六年の今日に於て超然内閣を作つたのは無謀千万、之れ程国民の権利を踏み付け、之れ程憲政を侮辱した仕打ちはないのであります。

寺内伯は軍人であつて正直一図の人であり、又忠君愛国の思想に於ては他の国民に劣る事はないのでせふ。然し乍ら之は個人論である。政治家としての力量見識の上から、宰相としての抱負、蘊蓄の上から云へば伊藤公、桂公の脚下にも及ばぬのであります。其後輩中の後輩たる寺内伯が先輩失敗の前例を無視して、彼の秉公持平《へいこうじへい》一点張りで政党を操縦するといふのは己惚《うぬぼれ》の極であつて解釈に苦しむ所であるが、若し知らずして之を行つたとすれば不明である、知りて行つたとせば誠意が無い、何れにしても責任を免れぬと思ひます。斯くの如くして現内閣反対の声は全国随処に猛烈なる烽火を上げたのであります。これ寺内伯自身の罪に非ずして何ぞ、何人の罪にも非ず。斯くて其《その》との詰りは解散となつたのであります。元来元老や――日本の政治に於てのみ見るを得べきこの奇怪なる元老の一団や、立憲代議政治の敵国たる官僚政治家や、彼らは成程国のためといふ精神は幾分持つておるでせう、然しその頭は已に古びて、其思想は極めて固陋旧式で、毫も日進の政治世界に適合せぬ、新しき酒は古き袋に盛る事は、出来ぬのは当然の理であります。

彼等は政党が議会にて民意を基礎として政治を行ふと云へば、目を丸くして愕くので、斯くの如き最近欧羅巴から輸入し来つた新思想の如く思惟し、非常な危険思想の如くに恐るるのであります。然し之れは舶来思想でも何んでも無い、所謂憲政なるものも決して全然舶来種ではないのである。吾が国歴代の天皇陛下の云はれる言葉に「民の心を以て朕の心となす」とか「民と共に立つ」とか「君を立つるは民の為め也」とか、種々あつて、この大御心《おおみこころ》は吾国固有の思想となつて来ておるのであります。即ち二千五百年来綿々として続き来れる立派なる思想で、之れが為め君民一体、世界に比類なき国体をなしておるのであります。そして此思想を天皇陛下より公然と明らかにされたのは彼の明治天皇が明治元年五月公卿諸侯を南殿に会して天神地祇を祭りて公表された五箇条の誓文でありまして「広く会議を興し万機公論に決すべし」の一語に尽ておるのであります。之れ即ち古来よりの思想其物で、帝国憲法も此思想から生れたに過ぬのであります。即ち之舶来に非ず、翻訳に非ず、日本特有の物なりと云ふ次第であります。民意を本とせず、議会を基礎とせずして如何にして合理的政治が行ひ得ませう乎。斯くて超然内閣不信任問題が欽定憲法に反するとか、大権を傷つけるとか国体に悪とか心配するは無用の事であります。私の考へるに寺内首相が辞職する時期が四度あつたのである。即ち一、大命ありし時若し寺内伯にして政界の表裏を知り、当今の時勢を知れば之を拝辞するのが当然であった。二、挙国一致の為めに推薦された寺内伯として連立内閣を作るが当然で、其れが出来なかつた時は当然直ちに大命を拝辞せなければならなかつた。三、然も超然内閣を作つたが直に非常な国民の反対を受けた。即ち議会前［に］辞職せねばならぬ。四、議会の三分二の多数で反対され不信任を受けた時この時こそいかに厚顔なる伯としても辞職すべかりしであつたと、斯ふ挙げれば四度辞職の好機会が与へられてあつたのである。

四

即ち辞職すべき好機会、即ち陛下より大命を拝せる時に於て臣子の分として承諾せねばならぬといふ論があつて、寺内伯は之に似た口吻を訓示の中に洩しておる。即ち万難を排し一身を顧みず国家の為めに尽すといふ意味を述べておるが、成程之は個人として立派な者で、そうでなければならぬかも知れぬ。然し乍ら政治家としての態度としては断じて不可なりである。固より陛下が大権を発することは当然で、其は何人に向つても出来る。然し其を受けた人が国政の運用を滑かにし、確かに国政料理の目算があれば其は受けるが当然、其を一身上の事柄で区々たる私の利害の為に拝辞するなどは以ての外で、斯る際には寺内伯の所謂一身を顧みずといふ見識で受けなければならぬ。然し乍ら之に反し経綸をなすの見込みがなくして受くるは其は国家を毒し帝国の政治の進行を傷づくるもので、拝辞するのが臣子の当然の道である。

即ち之を従来の例に徴しても山本権兵衛伯の内閣が海軍事件で瓦解した際に於ても、後任首相として徳川慶喜公が第一に後継内閣組織の大命を受けたのであるが、臣は其任に非ずと拝辞された。次に清浦奎吾子に大命が下つた。清浦子は一先大命を畏んで組織に手をつけたのであるが、他の閣臣は出来ても、唯一海軍大臣のみどうしても出来ぬ。是が為行詰つて遂に拝辞することとなつたのである。そしてお鉢は遂に大隈伯に回つて之は成功したが、徳川公、清浦子が大命を辞したに就て非難した者が果してあつたか、一人も無かつたのである。斯の如き昭々たる前例があり、寺内伯にして若し自ら計る明があり、政治上の責任を知る人ならば、拝辞するが当然であつたのであります。そして再度も辞職の適当なる時機あるに拘はらず、厚顔その位に蟠居して不信任案を受けては無謀なる解散を敢てし恰《あた》かも切腹すべき人が其九寸五分を自分の腹に突立てず、逆《さかさ》まに刀先を閃かして相手に突掛つたも同然の議会解散を敢てしたのであります。然もこの不信任案を出すは猥りに行ふものに非ず、決して軽々の事柄ではないのであります。即ち本案が出た場合十分に提出者の意見をきき、政府も亦十分の弁駁をして前後左右上下より十分この案に就いて討論駁撃、以て遺憾なからしめた上堂々と採決するが当然であります。其が真の立憲的宰相の執るべき道であります。

然るに何事ぞ、当日の議場に於て国民党の犬養君が提出者として簡単に理由を説明し政友会の元田君が之に対し政府弁護の演説を何やら云ふた。其が済むと首相が何か書き付けを読んでいた。次に吾が憲政会の尾崎君が演壇に駈上り正に口を開かんとした時、政府は尾崎氏を立往生にして解散の詔勅を取り出したのである。陰険極まり、無暴極まる態度で、斯の如くして解散しおき乍ら、その理由として云ふ処は誠に不都合極まるもので、地方官会議の如き総理大臣官邸に於ける公式の会議の席上に於て其の云ふ処は反対党に対する批難に初まり、然して攻撃に終つておるとは何事ぞ。歴代の総理大臣にして斯の如き反対党の攻撃演説を地方官会議でなし間違へる訓示をなしたものは恐らくは一人もない。全く破天荒の事に属するのであります。訓示らしきものをその中に求めば唯だ僅かに選挙取締の事を一口云ふておるのであつて、其の他は悉く憲政会の悪口であります。更に後藤内相の演説なるものに至つては言語道断、沙汰の限り殆ど論ずる価値なしといふべきでありますが、寺内伯の言中到底聞き捨てならぬ問題が一二ある。

その一は何か反対党は至尊の大権を犯し閣臣の任免権に立入るものであるとの断定を下してある事である。之が犯す惧れがあるとか、任免権に立入る嫌ひがあるとか云へばまだしも、斯く明らさまに断定を下しておるのである。何が故に左様であるかと云ふ説明は訓示中には分らぬが、官僚派が平生いふ理想として政党内閣論を持つて居る、吾が憲法の理想として政党内閣を常に吾国政の上に行ふ事は欽定憲法の精神に反すると云ふのである。然し乍ら政党内閣論は憲法の運用問題である。固より陛下は誰に対しても何人に対しても内閣組織の大権を下すことが出来るのであります。然し之は理屈であります。法律的見解であります。陛下が何人に対しても大命を下す事が出来ると云つても然し実際に於ては田吾作杢兵衛に対してお前が内閣を組織せよといふ命令を下す事はない。大概の範囲は定まつてをる。其大概定つた範囲を一層代議政治の理想に向つて進歩せしめる、即ち陛下が多数党の首領に向つて大権を発動せしめるといふ事実を作るべしというのが我々の理想とする処であります。即ち任意に陛下の大命を多数党に向はせらるる様——即ち任意にといふ註釈が入るのであります。明日より直ちに斯く行はねばならぬといふ事はない。以下少しく吾々の之に対する意志を闡明し度いと思ふ。

五

我々がいふ政党内閣主張論は明日直ちに之を行はねばならぬと云ふのではない。現状では先づ政党内閣と云ふではなく、政党主義内閣で満足するのであります。即ち内閣員の全部を政党員より執らねばならぬと云ふのではない。固より陸海軍大臣は制度の上から軍人でなければならぬので、事実上出来ぬ問題外の事柄である。又外交官に於ても其道に経験ある人を取るもよい。また貴族院の権利は衆議院同様で、唯だ後者に先議権があるのみである。其貴族院の勢力を度外にすることは出来ぬ。即ち同院議員の為め一二の椅子を分つて差支ないのである。然し乍ら首相に政党の頭があつて政党に超越せぬ人たる事、又閣臣の多数が政党大臣であるを要する。そして政党の――固より広い意味の政党でなくて、その側に属する政党の主義方針を行ふといふのであればよいのであります。彼の海軍問題で醜態を曝露した山本内閣が政友会と提携して同会の主義を行へるは、即ち私の云ふ政党主義の内閣たる理想に近いのでありま す。又前内閣の大隈首相は政党員ではないのである。政党の名簿には大隈侯の名前は記載されておらない。然し乍ら、大隈侯は政党主義の人であります。その内閣は同志会を基礎として出来ていた。そして同志会の主義政策を執つて行ふといふ約束も出来ていたのである。即ち政党主義の内閣たりである。今日の実際上先づ之れ位の処で満足せなければならぬ。処が寺内首相はどふかと云ふに現役の軍人であつて、極めて政党嫌ひの人である。そして衆議院には一人の与党を有しておらぬ。即ち現内閣の駙馬たる政友会も内閣成立当時に於ては決して与党とは云へぬのである。又現内閣には貴族院出身の大臣があるけれ共、之等の人は何れも貴族院の各派に於て代表的たる人ではなく孤立せる人物のみである。大臣中一人の政党員がない。世間称して斯の如き内閣の出づるは憲政の逆転なりと云ふ。私達も又明らかなる憲政の逆転なりと、思ふのであります。

繰り返して云ふが、先《まず》政党式で行けばよい。政党内閣論といふ訳ではない。其吾等の意志を邪推して政党内閣論は極めたと断定するのは誤りであります。反対党とても同じく陛下の赤子たり。光輝ある帝国の臣民たり。反対党たる為め、唯だ反対党の故を以て大権を犯すとは愕き入る外はない。六千万国民中一人として大権を犯すなどあらふ筈がないのではないか。元来皇室は雲の上の事であります。政治上の事は雲の下の事であります。雲の下の事を議するに方《あた》つて雲の上の事を引合ひに出し、猥りに大権を云々して斯の如き事で言を費やさねばならぬに至つたのを慨嘆にたへぬのであります。斯の如きは以て皇室の尊厳を犯すの言葉でその罪たるや、その被告たるや現内閣である。誠に恐れ多き事であります。斯くて何事あれば直ぐ皇室を引き合ひに出して高く止り、在野国民を罵るの習慣を作ればその世道人心に及ぼす影響たるや誠に恐るべきものがあるのであります。寺内伯が斯る暴挙愚言を為すに至つたは一時の神経興奮の為めであらふと思ふけれ共、過去は致し方なしとして、将来は深く慎まれんことを希望するのであります。

次に寺内伯は反対党は国家を思ふ誠意なしとて二つ程引例してあるが、その二つ共全く事実が異つておる。其を一々反駁する事は余り馬鹿馬鹿しいからせぬが、吾々の夢にも思はぬ事を挙げてあるに愕くのみである。政府に反対するのが国家に対し誠心誠意がないと論ずる寺内伯は政府即ち国家、国家即ち政府と考へ、別に帝国議会なるものがあつて六千万国民を代表してある事は全く度外にしておる。寺内伯のこの意見たるや、甚しき旧式固陋の政治家でも政府と国家を一にして考へる者は恐らくは一人も今迄なかつたと思ふ。寺内伯の如きは憲法政治代議政体を知ること小学生徒にも及ばぬのである。吾々は誠に衷心寒心に堪えぬ。其次に云はんと欲するは寺内伯の議会解散に対する解釈論であります。伯の意見では議会は政府不信任をする権能なしと考へておるらしい。その理由として国務大臣の任免は一に上陛下の絶大なる権利の中に包含されておつて議会が信任不信任を云為する理由が無いといふのである。大臣の任免権は固より吾が一天万乗天皇陛下の大権の発動であつて、即ち私の先に述べた雲の上の事に属するのであります。然し議会が不信任の提案を為すのは何も大臣を免ずるといふのではない、罰しやふとするではない、只だ国民の意志を天下に表明するのである。そして首相が自ら省みて辞表を出すが宜からうと云ふにあるのであります。其を陛下が聴許されると、されぬとは少しも関する処ではないのであります。私は此所が頗る大切の処であると思ふから十分にこの論旨を玩味され度いのであります。

六

凡そ議会の職分は単に政府の出したる議案を賛否するのみと解釈するのは頗る狭い考へである。或は其で事は足るかも知れぬ。然し立法の精神から云へば議会の職分は其が正義法律に牴触せぬ限り成る可く広く考へ広い解釈の下に之を行ふが当然かと考へます。即ち自ら進んで建議案を提出し、又は法律に関する請願を受理採択する事も出来る。議会が政府の不信任を表明する事が出来るとか出来ぬとか何も今日に初まつた問題に非ず。内閣が弾劾された事は屢々ある。第三桂内閣の時の例、また大浦事件に対し政友会が大隈内閣不信任案を提出したこともあつた。それ等の不信任案が内容に於て果して正当か否かは第二として、不信任案を提出する其ことは論議を入れる余地は無いと思ふ。其れを出来ぬ物とか出来る物とか論議するに至つては日本の政治も確かに三十年アト戻りしたものである。政友会が寺内伯は吾人の云はんと欲する処を云ひたりなどと新聞紙に発表してあるのは愕くべし。成る可く議会の機能を拡張せねばならぬものであるのに、寺内伯が懲らしめの為め解散したとの言を甘受する訳が分らぬのである。

次に私は寺内内閣成立以後六月の間何の成績を挙げたかに就て吟味して見度い。之が実際問題で頗る大切な事柄であるが、然し残念にも現内閣は内治に於て外交に於て何事もせぬ。偶々何かしたと云へば其は失政である。先づ議会の解散をした事が第一である。其他の成績一もよろしからず。然し只だ漫然悪口を云つても行かぬので、実際の例から云ふと、先づ外交の上で現内閣は支那に対する方針を変へたといふ積りであるらしい。即ち一月二十三日の議会に於る外務大臣の演説に於て第一支那の内政に干渉せず、第二機会均等領土保全主義をとること、第三満蒙に於ける日本の利権を保護す、第四列国との共同調和を保つといふ四つの事を云つておるが、然し之等は何れも何も新たなことでなく、従来とて其の通りである。又方針は変らぬがよい。外交の事柄などは殊に内閣更迭毎に方針が変る様な猫眼的態度では大変である。即ち方針の変らなかつたが安全で、其が成功と云ふべきである。然かも変つたとて自慢にしておるとは間違つた話と思ふ。此の言につき少しく考へてみると、第一内政不干渉といふ事は或は大隈内閣の対支那内政に干渉した事をいふのであるかと思ふ。是は例の袁世凱に対し帝政延期の勧告を為したといふことが干渉類似の事かも分らぬが、之は露仏英と合同して勧告したので、之には理由ありての事である。即ちかの際直ぐに帝政を行へば支那は大騒乱となり支那在留の日本人の生命財産を安全ならしめる事は出来ぬ。東洋の平和は乱れ、西洋丈けの戦争がさらに東洋にも起るといふ事を憂慮した結果、極めて好意的の勧告に及んだのである。之で問題が起り袁世凱が見合て居る内死亡して問題は済んだのである。之に就いて支那は満足しつつあります。即ちこの勧告は成功であつた。其を失敗として内政不干渉なりとする如きは諒解が出来ぬ。第二に領土保全機会均等主義は之は歴代継続の主義である。

其の次に満蒙の利権保護といふ事に就ては元来日本は満洲に於て優越権を得ておる。日本はこの権利利益を条約にすることを十三年間常に希望していた処、一昨年五月、加藤外相が日支交渉をなして満洲に無形の地位を得、非常の成功をしてをる事、之は今の本野外相も認めてをる処である。然るに現内閣は如何。鄭家屯事件といふかの昨年八月日本の少き軍隊が支那の多数の軍隊の為め殺傷された事件の談判については、事件の起りは大隈内閣の時で、之を現内閣が引継いだのである。その支那への交渉の条件といふは責任者を罰する、管督者を謝罪せしめる、日本の被害者に賠償せしめる、満蒙の警察権を得、支那軍隊に日本の軍事顧問を入れるなどで、昨年十月から本年一月迄十三回の交渉を為したが、現内閣は条件の内、終りの二条件は打切つてしまつた。之は働きが十分ならざりしに不拘《かかわらず》、斯る申込みを支那になすは日支の親善に害があると弁解するのである。果して斯る信条を持つておれば、何故引継ぎを受けた時拒絶しなかつたか。又責任は大隈内閣にあると云つて自分は善い子にならんとするけれども、引継ぎを受けて其を実際に行つた以上責任も移るので、不利なる結果に終つたのはどうしても現内閣の失敗である。然して私の云はんとする処は独り鄭家屯事件のみでない。

七

現内閣の失政は独り以上述ぶる鄭家屯事件のみでは無い。即ち日支銀行、満洲銀行に対する態度である。この二銀行共大隈内閣の時立案されたものであります。即ち上海に二千万、奉天に一千万の資本金を日本から出して銀行を設立せんとするので、大隈内閣はこの案を卅七議会に提案致し、衆議院を通過したが、不幸にして貴族院にて否決の運命に遭遇したのである。然し之を更に経済調査会に附し多少修正され大体は可決となつていたが、此案を現内閣は如何するのである乎。案は目下大蔵省に保存されてをる。一月二十四日の予算委員総会に於て之を如何するかと質問すると、大蔵大臣は支那は挙国排日に満ちておる、この際侵略的なる二銀行を設立するは不可と思ふとの意外の答へであつた。固より支那三億万の人民の中には其は多少の排日的精神を有しておるものもあらふ。然し挙国排日とは何ぞ。若し挙国排日の事があつても其は秘さねばならぬ。其を何ぞや一国の大臣たるものが予算委員総会席上で言明するに至つては外交上非常なる損害であつて、其が外国へ聞へた場合の感じは如何。又た侵略的の銀行とは何ぞと反問すると、支那から云へば侵略的と思ふておるかも知れぬとの答へであつた。支那は天富の資源があつて金と人間とが欠乏しておる。日本は反対に金と人間があつて天富の資源が無いのであるが、就ては日本の人間と金を持ち行き其で支那の天富を開発するといふ事は必要な事である。其で支那で大に材料を作り日本では工業を盛にして製造し、之を支那へ売るといふ様にせば日本は二重にも三重にも利益する。支那も亦天富を開拓されて利益するに就ては彼我共通の利益を得るのである。国と国との親善は個人的の交際と異り、利益の関係が重大なる影響を持［つ］ており、経済上の楔子《けっし》がなければ親善の実は挙がらぬ。この点に於てかの二銀行は誠に必要なものと思ひ吾々が立案したものであるが、而も蔵相の彼の一言には愕き入つた次第である。処が大蔵大臣はその資本金を日支両国で合せてやれば異存がないが、日本のみで資本を出すことは不可であると云つておる。然し実際支那には金がない。二百万円、三百万円位の金ならいざ知らず、三千万、四千万円、一億円などの金になつて其半分を支那に出させると云つても其は到底今日では不可で又百年待つても駄目だと思ふ。そして支那に一億円を貸す如き問題も解決が出来ぬのである。

又次に現内閣は予算を大概踏襲しておる。凡て予算は数字を並べるに非ず、政策計画を予算の数字に現すべき筈のものである。然も現内閣は政策を変へず予算もかへず、唯少し斗《ばか》り変へたと云へば減債基金の問題である。公債償還を三千万円に据置くか、五千万円にするかとの問題は二千万円の差で、其様に政策上の大なる問題とはならない。之を大隈内閣の時貴族院では非常なる政事上の問題としたので、時の大隈内閣は風前の燈の危ふきに至つた。この時吾事成れりと密かに手を打つて喜んだ貴族院に陰謀団のあつたとの評判であつたが、その際狂瀾を既倒《きとう》に返した妥協案が飛び出して爰《ここ》に平和に纏まり、大正五年度予算が成立となつたのである。その時の還元問題についての貴族院の中心人物であつた仲小路、田の両氏は今や寺内内閣の主要なる大臣となつておる以上、現内閣はこの還元問題を解決せねばならぬのである。五千万円にせねば二氏の責任がつきぬと思ふが、之につき質問すると、六年度一年には五千万円償還するが、七年度以後は主義とはするが実際実行するとは云へぬといふ様な事を答へ、段々と問ふて行くと、七年度以後は参千万円以上を計上する考へはなかつたといふ事が分つて来た。固より一年位五千万円にした処で何にもならぬ。即ちこの還元問題たるものも偽せ物に過ぎぬと分つたのである。即ち成功せる政策は一もない。成立後六月にして已《すで》に然り、既往を以て将来の事を知るに足ると思ひます。之等は個人個人の罪ではないが、畢竟するに超然官僚内閣の罪であると思ふ。即ち政党内閣ならざれば不可との理由が其処にあるのであります。

政党は主義政策を綱領として首領幹部で定めて其れを皆で一致し天下に発表するのであります。それでその政党が内閣を組織せば其の政策は直ちに実行し得る。然るに孤立せる人物を引き来りて作れる超然内閣は其の間少しも共通する処がない。支那を斯ふする、斯ふすると少しも定まつておらぬ。即ち何に対してもであるが、何か事件に遭遇して初めて詮議するといふので区々《まちまち》となり、又その間に大切な時期を失するのである。かくの如きは寺内伯一人の罪といふ話ではない。即ち超然内閣その物の罪である。即ち主義の上にも性質の上にも実際の経綸の上にも悉く不合理である。世界の大乱はいつ終結するか分らぬが、平和の時期は刻々として近づきつつある。

平和会議の時には青島処分問題、南洋占領地の処分問題、支那問題等頗る重大な事件を解決せねばならぬ。その重大な事件を解決すべき寺内内閣たるや基礎根拠なく、経綸なく、力なく、不安心千万に感ずるのである。即ちこの際根底あり、威力ある内閣の一日も早く出現せん事を希望して止まぬ。

私は繰り返して云ふが問題は簡単である。即ち現内閣を信任する乎、せぬ乎。之によつて貴重なる一票を投ぜられんことを願ふのであります。

（『浜口雄幸氏名演説集』）

九　還元論の今昔

［一九一七年（大正六年）一二月］

回顧すれば去る三十七議会の当時、減債基金還元論は貴族院に於て波瀾を捲き、純然たる政策問題より政治問題に変化し、議論沸騰の極、之れがため大隈内閣の運命旦夕に迫り、大正五年度の予算は成立頗る危機に瀕したるも、幸ひにして政府と貴族院との妥協就《な》り、辛うじて予算の成立を告げ、漸く大隈内閣の運命を一時延ばすことを得たるは世人の記憶に新なる所である。抑《そもそ》もこの還元問題は端を第三十五議会に発し、次いで卅六、卅七、卅八、卅九の四期議会に亙つて上下両院は元より、天下の政治家、学者、実業家の間に論難攻撃の中心問題となり、第四十議会に於て漸く其結末を告げんとするに至つた。斯くの如く長期に亙れる政策上の論戦は帝国議会史上洵《まこと》に類例なき事態であつて、近時政治史上の壮観たるを失はない。而《し》かも此大問題は前にも言へる如く今四十議会に於て将《まさ》に其結末を告げんとするを以て、此時に当つて聊《いささ》か本問題の過去を追想し以て其将来を卜せんとするは必ずしも、無用の業でないと信ずる。

基金制度の波瀾曲折

抑《そもそ》も基金制の設定は実に明治三十九年であつて、彼の日露戦役前に於て五億円台を算するに止りたる我国の公債は戦後十七八億円を増加し、一躍して二十億円を算するに至り、而かも戦後のため増加せる、此十七八億の公債は何れも戦費支弁のために募集したる不生産的の公債であるから、内外に対する帝国公債の信用を維持し、財政の鞏固を図らんが為に、外国の事例を参照して所謂国債整理基金法なるものを制定し、明治三十九年度から之を実施することとなつた。而して当時の償還計画によると臨時事件に関し発行したる公債の総額十七億七千余万円（利率平均五分）を三十ヶ年の済崩《なし》し方法によりて償還するものと見込み、一ヶ年の元利支払額一億一千万円を標準として償還の計画を樹て其結果として一般会計より国債整理基金特別会計に繰入るべき金額は年々一億一千万円以上たるべき事と定めた。斯の如く国債整理［基金］法によつて年々償還したる公債の元金は明治三十九年度に於て千七百万円、四十年度に於て二千四百万円、四十一年度に於て五千八百万円といふが如き年々不同の金額を償還し来つたが、明治四十一年頃に至つて戦後の反動期に入り財界の不況其極に達し、加ふるに鉄道国有を実行せる結果、鉄道買上のため発行したる公債の巨額に達したる等の事情から公債の市価非常の下落を告げ、明治四十年一月に於て九十六七円なりし公債は四十一年六月には七十八九円に低落し、他の有価証券も亦た之に準して著しく価格の低廉を告げ、四十年一月二百円内外なりし東株は四十一年三月には九十円内外に崩落し、鐘紡は二百二十円から七十円に崩落するなど非常に惨憺たる状況を呈し、従つて各種事業のために新に公債を発行したるものの少からざりしため、年々五千万円の償還を続行するに拘はらず、公債の総額は却て減債基金設定当時よりも増加し、三十九年度末に於て二十億九千万円なりしもの大正三年十月末に於ては二十五億六千万円に上り、差引三億六千余万円の増加を見るに至つた。且つ新規に募集した公債は償還すべき旧公債に比し内外経済の状況上已むを得ず不利の条件を以て募債せねばならぬ事となつた。而《し》かも此等の募債は概して短期のもの多く、之を長期に借替へんがためには更に不利の条件を附することとなり、結局内外に対する帝国公債の信用は頗る不良の状態に陥つたのである。

大隈内閣の公債政策

大正三年大隈内閣の成立するや、深く此状態に顧みて当時新規募債を必要とせられた鉄道事業の為に公債も募集する計画を打切り、之に要する金額だけ償還額を減少する方針を樹てたのである。抑《そもそ》も大隈内閣に於て新規の募債を見合はせ、其代りに償還を減少した二千万円を以て鉄道会計に貸附くるといふ政策を定めた所以のものは、唯に公債の信用を維持せんがためのみならず、実に日露戦役以来十年間に於ける帝国経済の状態、殊に対外経済関係に於て最も其必要を認めたる次第であつて、輙《すなわ》ち日露戦役以来我国は公債の元利支払、海軍省関係の支払、地方債、事業会社債務の元利支払等のために外国に向つて年々約一億円の正貨支払を要する状況にあり、然るに其反面に於て運賃保険料の支払、銀行の破産支払停止等頻々相次ぎ、我経済界は実に壊乱の状態に陥つたのである。茲《ここ》に於て銀行家の活動となり、大阪に開会されたる各地手形交換所聯合会の躍起運動となり、其結果四十一年八月に至り手形交換所聯合会は会長豊川良平氏の名を以て政府に向つて一篇の建議書を提出する運びとなつた。此建議書の内容は多岐に亙つてをるが、就中《なかんずく》公債の償還額を毎年六千万円以上とする希望を開陳したことが其最も重要なるものであつた。越えて九月十日銀行集会所に於て開会したる全国手形交換所聯合懇親会の席上に於て当時の逓相後藤男は桂蔵相の代理として出席し、財政整理並に国債償還の方針につき政府の抱負を言明したが、其事項は多岐に亙つてをるけれど、要は公債償還額に就ては公債の信用を維持し、直接には公債所有者の利益を図り、間接には一般経済界に良好なる影響を与ふるために、公債の償還額を毎年少くとも五千万円以上と定むるといふことを言明した。是れが抑《そもそ》も五千万円償還の起源であつて明治四十二年度の予算から年々五千万円以上の償還額を計上したものである。当時の計画によると年々五千万円の現金を償還するに止まらず、元金の減少より生ずる利子の剰余額を加算償還する時は向後二十七年にして公債の全部を償還し終る予定であつた。然るに利子剰余加算償還の計画は僅々一年にして破れ、其後は辛うじて五千万円の現金償還を為すの已むを得ざるに至つた。而して一方に於ては鉄道其他の収入、出稼移民の送金等我国の海外より受取勘定となるべきもの亦少からず、之等を差引く時は我国の実際に於て外国に支払ふべき正貨は年々三四千万円の多きに上つた。即ち我国は外国に対して年々三四千万円の支払を要する債務国である。此債務を償却し、日本銀行兌換制度の基礎を安固ならしめんが為には少くとも三四千万円の輸出超過を要する訳である。然るに貿易の権衡如何を顧みるに唯に三四千万円の出超なきのみならず、却て其反対に年々少からざる入超を見る状態である。今其金額を推算すると、明治三十九年以降大正二年に亙る九年間に於て輸出超過となつた年は僅に二年に過ぎずして其他は殆んど輸入超過ならざるはなく、明治四十四年度は其金額六千六百万円、大正元年度には九千二百万円、大正二年度には九千六百万円の入超を告げ、九年間の累計に於て無慮三億六千万円の入超となり、其結果として正貨の海外に輸出したる額は前記九年間に於て実に三億七千万円の多きに達した。此の如く年々多額の入超継続する所以のものは、当時朝野官民間の流行たりし外債募集、外資輸入の結果として国内の通貨急激に膨脹し、其極物価の騰貴を招来し、物価の騰貴は輸出の減退、輸入の増加となりたるものに外ならない。茲《ここ》に於てか兌換制度の基礎は頗る不安定となりたるため、国内の正貨を補充する必要上外債募集に次ぐに外資輸入を以てし、其結果として再び物価騰貴、輸入超過を惹起し、更に追いて正貨の流出となり、斯くして原因は結果を生み、結果は原因を招き転々止る所なく、此勢を以て進まんには兌換制度の維持は益々困難となり、帝国経済の秩序は全く攪乱さるるの虞ありたるを以て、此情勢を転回し輸入超過の勢いを挫き、更に進んで輸出超過国となり、其結果得たる正貨を以て対外債務の決済に充るの方策を樹てねばならぬ場合に遭遇した。而して此政策を遂行する結果として外債募集は当分之を中止せねばならぬ。然らば即ち内債は如何といふに、当時資金の枯渇、金融逼迫の結果として到底年々数千万円の内債を募集するの余地なきは明白なる事実であつたから、内外債共に当分の間之が募集を見合はさねばならぬ絶対必要の時機に際会したので、大隈内閣は叙上の如く鉄道公債の募集を打切り其に依つて生ずる所の不足の資金は、之を公債償還額の減少によつて得たる剰余に仰いだのである。これが所謂非募債政策なるものであつて、公債償還を三千万円に止めたる所以である。大隈内閣はこの方針に従つて国債整理基金法の改正案を作成し之を第三十五議会に提出した。然るに当時衆議院に於て絶対多数を占めたる政友会が増師問題其他の政策につき反対せる結果三十五議会は終に解散となり、第三十六議会に於て大隈内閣は又同一の提案をなしたるに総選挙の結果により絶対多数を得たる与党の擁護により無事下院を通過し、貴族院に於ても亦た政府の苦衷を諒とし、当時内外経済界の形勢募債に便ならざるものなるを認め、他日市場の募債に適するに至らば鉄道公債を募集し減債基金を還元すべき旨を保留し政府の提案を是認した。茲に於てか大隈内閣の公債政策は大正四年度より始めて其実行を見るに至つた。次で大正五年度の予算として第三十七議会に於て大隈内閣は既定の方針に基き減債基金を三千万円に止むるの提案をなしたるに貴族院に於て本論の冒頭に於て述べたる如く非常なる議論を惹起した。次で大正六年度の予算は大隈内閣に於て之が編成に着手し、既定の方針に従つて三千万円償還策の実現を図らんとしたるも、同五年十月の政変に会し寺内内閣の成立を見るに至つた。

寺内内閣の政策

寺内内閣は第三十七議会当時、貴族院に於て熱心に還元論を主張したる数人の政治家を閣員に有せる関係上、減債基金の還元を以て必要なる政策となし、其方針によつて公債償還五千万円の予算を計上し之を議会に提案したるも、三十八議会は解散となり、更に三十九議会に於て六年度追加予算として減債基金の還元案を提出し、憲政会の反対ありしに拘はらず、遂に両院の通過を見るに至つた。此の如く公債償還三千万円の計画は僅に四五両年度に於て之が実行を見たるのみにて寺内内閣は年来の主張に基き五千万円償還の方針を実行したるに拘はらず大正七年度予算を編成するに当り、其財政計画として政府の説明する所によれば五千万円の償還は七年度一ヶ年に止まり、八年度以降は陸海軍拡張の財源に窮する結果、減債基金を三千万円に減少する計画であるといふが、想ふに第四十議会に於ては減債基金を大正七年度に限り五千万円とすべきや、将《は》た八年度以降之を三千万円に減額するの計画を踏む以上は七年度に於ても亦之を三千万円に減額すべきや否やの問題に止まり、其何れに決するを問はず、減債基金の還元論は大正七年度に限り茲に終結を告ぐる筈であつて、八年度以降に於ては、曾て還元論を熱心に主張したる寺内内閣員其他の政治家も亦非還元論者の主張に合致し、八年度以降の公債償還は三千万円に一致するの結果を見るに至りたるは頗る奇妙なる現象と言はねばならぬ。吾々は此場合に於て還元論の今昔を考ふるに、曾て六議会四年度に亙つて政策論者の政治論として帝国の政界を賑はしたる本問題も将《まさ》に積極消極両論者の一致を見、茲に本問題の結末を告げんとするに至れる跡に鑑み、其成敗利鈍如何を思へば還元論者は鉄道の為に二千万円の募債を為す点に於ては勝利を得たるも公債の償還額を三千万円に止めざるべからざる点に於ては見事敗を取り、之に反して非還元論者は公債の償還を三千万円に止むる点に於ては勝利を得たるも、鉄道のために公債を募集する点に於ては敗者の地位に立ちたるものであつて、言はば一勝一敗、勝負なしの引分を見るに至つたが、斯る所以のものは欧洲大戦の結果として内外経済界に及ぼしたる偶然の影響に外ならないから、何れを勝者とし、何れを敗者となすは寧ろ当を得ざるものと言はねばならぬ。想ふに欧洲の大戦が三四年の久しに亙るも結んで解けず、帝国の経済界が時局の影響として今日の如く空前の発達を遂ぐべきは何人と雖も夢想せざる所なるべく、此点については還元論者と雖もまた同様の感なきを得ない所であつて、今我が国内の経済事情が二千万円は愚か、数千万円、数億円の募債に適するに至れるが如きは洵《まこと》に偶然の僥倖と言はねばならぬ。また欧洲大戦の経過並に帝国四囲の状況に鑑み、帝国の国防が今日世間に論さるるが如く、大拡張をなすの必要に際会すべしとは時局の当初に於ては何人も想像し得ざりし所なるべく此点に就ては敢て還元論者と非還元論者とを問はない。斯の如く還元の大論戦を水に流すに至れる其れは所謂欧洲大戦の継続、内外経済事情の大激変てふ外来の大洪水であつて、此大洪水の為に還元論の原被両造が敵も味方もなく大海に押流さるるに至りたるは、之実に国家の大慶なりと言はねばならぬ。ソコで吾々が、此還元論の今昔を叙するに当つて見逃すべからざる新なる一問題は今後公債償還額を三千万円とすべきか、将《は》た五千万円に復活すべきかの問題にあらずして、寧ろ三千万円を維持するの可否如何にありと思ふのである。

公債整理の将来

近来動《やや》もすれば世間に減債基金全廃論の行はるるを見るが、思ふに公債整理問題の将来は此点に集注さるべく、また還元非還元の争でないと信ずる。この減債基金全廃の可否如何といふことは軽々に論断の出来ない大問題であつて、吾々は彼等全廃論者の言を聞き一も二もなく直に之に賛成するほどの勇気を有たない。元来全廃論者の唯一の論拠とする所は国防計画ことに海軍拡張財源に窮する結果、三千万円公債償還額を以て之に充て出来得べくんば、今回政府の提案に係る増税計画を全廃し、否な全廃せざる迄も今回の増税計画の幾部に加ふるに三千万円償還を全廃し、更に陸海軍の大拡張を図らんとする方針らしいのである。これは其精神に於ては吾々も亦た賛成するに吝《やぶさか》ならないけれど、之を国家の大局より観、内外に対する帝国財政の信用如何に顧みるに、今日の場合国債償還全廃論の如きは少しく突飛に過ぐるの嫌なきや否や大に研究の余地があると思はる。この減債基金全廃論者の第一声を揚げたるは財界の元老たる豊川良平氏であるが、氏は単純に減債基金の全廃を叫びたるにあらずして、其全廃には二条件の励行を必要とし、其励行を為さざるに於ては減債基金を全廃すべからずといふ議論である。而して其二条件といふのは一は毎年の剰余金は其全部を償還資金に充当し之を翌年度の予算に計上せざる事、其二は一般会計と特別会計とを問はず今後は一切新規公債を募集せざるといふことであるけれど、此二条件の励行は到底言ふべくして行ふべからず、事実上不可能であることを確信する。然らば豊川氏は一種理想上の全廃論者といふべく、必ずしも実行上の全廃論者ではあるまい。而して世の全廃論を考ふるに、帝国は時局の結果として外国に対し数億円の債権を獲得したが、其金額は勝田蔵相の言明する所によると時局発生以来昨年八月までの間に五億円以上に達せりといふ。九月以後また之に若干の増加を見たのであらう。更に来年度に於ても巨額の増加をなしたことと信ずる。然るに減債基金の眼目とすべき外債の償還は大正十四年に償還期限の到来すべき第一回及び第二回四分半利英貨公債なるが、此公債は今日の所残額四億五千万円に過ぎない。之に大正十二年に償還期の到来すべき仏貨国庫債券の残額三千七百万円を加ふるも其金額尚ほ五億に上らず。次で第二回四分利英貨公債二億四千万円の償還を要するものがあるけれども、其償還期限は遠く大正二十年なるを以て、今日より深く考慮の必要がない。然らば即ち減債基金の目的とする第一回第二回四分半利英貨公債の総額以上に対外債権を収得したる今日に於て必ずしも年々数千万円の償還を履行するの必要なく、須《すべか》らく之を以て海軍拡張の財源に充当すべし。大正十四年の償還期に至りて我国の債権を振向けて此債務の償還に充れば可なりといふ議論であるが、此議論は頗る有力であるらしい。然れども其議論たる根柢に於て聊《いささ》か錯誤に陥つてをるやうである。何となれば対外債権五億円を有することは事実で、而かも此債権が漸次増加することも事実であるけれど、元来此債権は全部政府の所有にあらず、民間の所有するものも少なくない。仮令《たとい》全部政府の所有なりとするも、政府所有の債権を以て直に政府の債務償還に充当することは出来ない。外債を償還すべきは現金であるが如何せん其財源がない。臨時国庫証券を発行して外国に正貨を取得したる場合に於ては現金は之を有するも、之を以て直に四分利英貨公債の償還に充つる事は出来ない。之が償還に充てんとするには之に相当する財源を有せねばならぬ。而して此財源は増税又は内債募集によつて之を得るの外はない。増税は別とするも、今大正十四年に至つて一時に四億五千万円の内債を募集すること果して可能なりとの証明をなし得るや否や、固より今日から予測は出来ないが常識から考ふるに一時に四億五千万円の内債を募集するは頗る至難の事にあらざるか。四億五千万円の債務も固より一時に之を償還すること困難なりと雖も、其一部分、仮令《たとえ》ば半額は之を借換に仰ぎ、他の半額を償還すれば可ならんも、其借換が果して可能なりや否や、仮令可能なりとするも其条件如何、これまた問題である。また他の半額は現金を以て償還せんとするも尚ほ二億二千万余の一時償還を為さねばならぬ。一時に二億二千万余の内債を発行すること可能なりとは到底今日から之を請合ひ兼るであらう。然らば則ち一定の金額だけ年々今日から之が償還を継続し十四年の償還期に至つて残存すべき債務額を相当の程度まで減少し置きて借換並に内債募集の便に供することが最も適当であるまいか。世の全廃論者は財源と現金との区別を混同し、現金だにあらば財源なくとも直に償還し得べしと考へてをるらしいが、之は重大なる誤りであつて余が世論の根柢に錯誤ありとなす所以のもの洵《まこと》に茲に存するのである。

以上は外債償還の負担を軽減するがために減債基金存続の必要に就て述べたるに止まるも、尚ほ外債に限らず内外債の総額について之を見るに其総額は臨時国庫証券を除き昨年十一月末の計算に於て二十五億円の臨時国庫証券を加ふる時は二十六億五千万円の多きに達するが此上本年度に於て更に四億以上の起債を見るから本年度末に於ては三十億を抜き、尚ほ年々数千万円を増加するであらう。仮令英仏米其他の交戦国の公債総額と比する時は帝国の国力を以てして三四十億の公債を負担すること必ずしも過重にはあらずと言ふか分らないが、国家財政上の基礎の強弱を定むるに当つて必ずしも外国の事例のみを云為《うんい》すべきでない。帝国は帝国にして鞏固なる財政の基礎を有すること絶対に必要である。然のみならず英米両国の如きも一方に公債を発行すれば之が元利払に必要なる増税を計画するといふが如き用意周到なる財政策を執《と》れる場合に於て外国の公債負担額が非常に多きを理由として我国も亦今日の場合減債基金を全廃して差支なしと論ずるが如きは軽率にして狂人を追うて走るの過に陥るものにあらざるなきか。既に三十億以上の公債を負担する以上は之が元利支払に就て其金額の多少に拘らず、一定の程度以上減債基金制を維持することは帝国財政の鞏固を図る上に於て絶対的必要の事にあらざるか、大に識者の研究を望まざるを得ない。次に全廃論者の第二点の論拠は多年の経験に徴すれば我国の財政に於て年々数千万円の剰余金を生ずるから、此剰余金を以て公債の自由償還を為せば可なり、必らずしも年々数千万円といふ確定償還をなす必要がないではないかといふが、これもまた前に述べた理由によつて実行が不可能なる虞《おそれ》がある。畢竟自由償還を主張するものは事実上の結果に於て償還中止論と何等択ぶ所がない。次に全廃論者の第三点は海軍拡張を帝国の存立上絶対に必要なりとし其財源を得るがために公債償還額を振向くる必要があると称するが、海軍の拡張は固より絶対に必要である。之と同時に三十億の債務を有する我国として年々一定の公債償還制度を有することも亦た絶対に必要ではないか。若し夫れ一朝帝国にして世界大戦の渦中に捲込まれ国民を挙げて砲煙弾雨の犠牲に当らんとする所謂国家存亡の場合に於ては、一も二もなく論者の言に同意するけれども、今日の我国は未だ斯の如く危急の時機に際会せず、従て減債基金制を全廃して海軍拡張の財源に流用すべしと言ふが如きは稍々早計の嫌があるではないか。今日の場合海軍拡張の財源は必ずしも他に適当の方法なきを憂へない。他の方法を度外に措き単刀直入減債基金の全廃を行はんとするが如きは慎重の考慮を要しなければならない。之を要するに帝国今日の状況に於て直に減債基金制そのものを全廃せんとする議論に至つては実を言へば吾々未だ一定の意見を有しないから、茲に疑問の点を羅列して切に識者の教を乞ふ次第である。

（大日本雄弁会編『浜口雄幸氏大演説集』、大日本雄弁会、一九二九年）

一〇　戦時経済政策を論ず

［一九一八年（大正七年）九月七日、憲政会北海道大会での演説］

諸君。吾々は寺内内閣成立の初めより今日に至りまするまで終始一貫現内閣に対して不信任を表明して居ります。随つて議会に於ても不信任案を出しましたことは既に三回、院外に於ては常に筆に口に、力を極めて其目的を貫徹せむことを期して居る次第であります。然るに世間一部の人士は、我党の此態度を以て政権争奪の具に供するものと見做す者もあります。又或一部の人士は、時局は極めて重大である、随つて理屈から云へば、現内閣は甚だ無力ではあるけれども、此時局重大なる際である故に、寧ろ此内閣を監視督励して、之を援けて軍国の政務を行はしむるのが宜しい、随つて此際に於て内閣の更迭を図るが如きことは、甚だ宜しくないと云ふ非難もあつたのであります。併ながら我党が現内閣に対して、絶対に不信任を表明する所以のものは、断じて左様なる浅薄なる理由ではありませぬ。此内閣の存立を以て、我帝国の為めに一大不幸であるといふ確信を有つて居る為めである。又時局重大なる今日の政務を、此内閣に扱はして置くといふことは断じて宜しくない、速《すみやか》に之を更迭するが宜しいと云ふことは国民大多数の声であるといふことを確信をして居る為めであります。諸君、今や果して如何でありますか。天下広しと雖も、現内閣を支持する者は一人も無いではありませぬか、又現内閣に同情を有する者は一人も無いではありませぬか。簡単に申しますれば、現内閣は恰《あたか》も国民の包囲攻撃の中に立つて居る。其没落の期が眼前に迫つて居ると申さなければならぬ。政治上の戦争は決して要塞の戦争ではありませぬ。若し是が要塞戦でありましたならば、敵軍の包囲攻撃を受け四面楚歌の間に立つて、最後の一人になるまで奮闘をするといふのが、軍人の本分でありませう。併しながら政治上の争は断じて左様なるものではない。国民全体より不信任を受けたる者は、包囲攻撃を受けざるに先つて、天下の人心の嚮《おも》ふ所を察して其進退を決するのが、是が政治家の本分でなければならぬと思ふ。寺内伯は出身が軍人である丈に、或は政治上の戦争を要塞の戦争と間違へて居るのではないかと思ふ。此内閣は国民を敵として戦つて居る。是は軍人としては極めて賞讃すべきものでありませうが、政治家としては全然落第であります。現内閣成立以来二年間に於る所の政治上の成績は果して如何でありましたか。私は寺内伯其人の心中に立入つて、之を忖度《そんたく》することは致しませぬ。或は誠心誠意でありませう。併しながら政治家としては幾ら誠心誠意であつても、其政治上に於ける所の成績が失敗でありましては一文の価値は無い。在職二年の間に於て内治外交悉く失敗だらけである。間違つても成功したものは一つもない。之を証明するが為めには、対支政策或は出兵問題、対米外交、国防財政経済、其他総ての点に亘つて一々論断しなければならぬ訳ではありますが、併しながら到底二時間や三時間では出来る仕事ではありませぬ。加之《しかのみならず》吾々の同志の者より、既に是等の点に付きましては、詳細に論定をされたことと考へますから、私は総べての他の点を略しまして唯一点、此処に掲げてあります戦時の経済政策に付て、現内閣の執《と》つたる処置を論評し、併せて之に対して多少吾々の意見の在る所を附加へて、諸君の御参考に供したいと考へます。

現内閣の戦時経済に対する政策は全く不統一である、無方針である、此二つの言葉に尽きて居ります。大蔵大臣の政策は有つても内閣の政策は無い、農商務大臣の政策は有つても内閣の政策は無い。而も此肝腎の大蔵大臣の経済政策と農商務大臣の経済政策とが、全然矛盾をして居る、撞着をして居る。恰《あたか》も両頭の蛇のやうなものである。而して時局の経済に就て関係を有して居る所の役所は、大蔵省と農商務省のみではありませぬ。鉄道院はどうであるか。鉄道院は唯汽車を走らせ算盤を弾いて利益の勘定をして居る丈でありまして、国民経済に対する処置といふものは何等執つて居ない。又逓信省はどうであるか。逓信大臣は曩《さき》に船舶管理令を発表致して天下の物議を招いた。併ながら此船舶管理令は発表した丈であつて、未だ嘗て国民経済の発展の為めに之を適用したことがない。此くの如く蔵相と農相との政策は全然矛盾をして居つて鉄道院と逓信省とは終始傍観の態度を執つて居ると言はなければならぬ。如何なる点に於て矛盾をして居るか。大蔵大臣の政策は簡単に申しますれば生産第一、亜米利加の安全第一の真似を致しまして、生産第一といふことを高く標榜した。而して口を開けば即ち曰く積極政策、楽観主義、其結果として或は外国貿易は発展したでありませう、又内地の産業は勃興したでありませう。外国貿易の発展、内地の産業の勃興、吾々全然御同感である、衷心より之を希望致します。併しながら国家の能事は産業の勃興と貿易の発展、此二つのみでは相済まない。国民の経済に最も必要のあるのは生産、分配、此二つの要素が具備致さなければならぬ。唯生産だけ発達を致しましても、其結果として出来た生産物が一方に偏して居る。一方には全く無いと云ふことでありますれば、其国民全体としては頗る不幸なる境遇である。故に生産と分配の二者は断じて之を分離することが出来ない。斯の如く大蔵大臣が生産第一の主義を標榜し、積極政策、楽観主義を執りました結果として通貨は無限に膨脹をした。通貨膨脹の結果としては申すまでもなく、物価が無限に騰貴をした。物価騰貴の結果としては、国民生活の安全は頗る脅かさるる。是は当然の結論でなければならぬ。然るに一方農商務大臣はどういふ政策を執つたかと申しますれば、大蔵大臣の執りました政策の当然の結果たる、此物価の騰貴に反対を致して之を抑制せんことを努めた。これは到底成功するものではない。何故に大蔵大臣は最初より致して此通貨膨脹の勢ひを其甚しきに至らざるに先つて抑制をしなかつたか――止めなかつたか。何故に無制限に此膨脹の儘に委したか。之に付ては大蔵大臣の考に依りますれば、通貨の膨脹といふことは決して物価の騰貴の原因ではないと云ふ意見を、有《も》つて居つた。是れが抑《そも》々間違つて居る。物価の騰貴は通貨の膨脹に比例するものでないことは、吾々も承知して居る。併しながら通貨が膨脹すれば、其程度如何に拘はらず、物価は必ず騰貴をしなければならぬ。素より物価の騰貴には種々の原因があります。独り通貨の膨脹のみではない。或は外国品の輸入が非常に減つた為めに、物価が騰貴をしたものもある。又外国へ輸出が盛んになりましたが為めに、物価の騰貴したものもある。其他内地に於ける所の国民の消費が非常に増しました結果として、物価の騰貴したものもある。個々別々の品物に就きましては、個々別々の原因がありますけれども、総ての物価を通じて、一般的に騰貴せしめたものは何であるかと云へば、是は申すまでもなく、通貨の膨脹でなければならぬ。然らば時局始まつて以来、戦争前に比較しまして通貨膨脹の程度はどうなつて居るか。先づ大体二倍になつて居ります。日本銀行の発行致しました所の兌換券の比較を致しましても、戦争前に於ては先づ三億二三千万円に止まつて居つた。是が今日に於ては殆ど八億円——倍以上であります。又兌換券以外の総ての通貨を合せまして、戦争前に於ては大体五億円、是が今日に於きましては既に十億を超えて居ると考へる。即ち二倍以上の膨脹になつて居ります。通貨が二倍の膨脹をしまする以上は、其結果が物価騰貴を招かぬと云ふ理屈は断じてない。果せる哉、物価は戦争前に比較しまして恰《あたか》も二倍の騰貴になつて居る。戦争前に百円でありました物が、此七月に於きましては二百三円、即ち十割三分の騰貴を示して居る、倍と云つて宜しい。而して此物価騰貴の趨勢といふものは、大体大蔵大臣の方針が改まらぬ限りは断じて止まないから、際限もなく騰貴する。此際限もなく騰貴をする結果が、取も直さず国民生活上の危機を招く。其結果として、過般の暴動が起つた所の原因を為したことは、是は争ふべからざる事実である。吾々は最近に於る通貨膨脹、物価騰貴の結果が、国民経済の上に於て寔《まこと》に不幸なる結果を生ずるであらう、又社会問題の上に於て、宜しからざる影響を及ぼすであらうと云ふことを感じましたるが故に、昨年十月大阪に於て開きましたる我党の関西大会に於て、意見を発表致した。其大体を申上げますれば、物価騰貴の趨勢を此儘に放任して置く訳には往かない、速に此通貨の膨脹を抑制致さなければ、国民経済の将来は頗る危いと云ふことを申した。其方法としては、決して貿易を阻害するにも及ばない、又内地に於て堅実なる所の産業の起ることを妨害するにも及ばない、即ち政府の力を以て内国債を発行して、其金を財源として国民が海外に有つて居る所の正貨を買ふが宜しい、其買上げた正貨を、政府の計算に於て外国に放資するが宜しい、資金を投ずるが宜しい。さうすれば此貿易上の関係に於きまして、輸出超過の結果として日本が外国の市場に於て受取るべき正貨、其正貨の処分が出来まするが故に、内地に於ける通貨の膨脹することがない。其他にも種々の方法がありませうけれども、先づ大体に於て、日本が受取超過となるべき所の正貨を、外国に於て処分をするが宜しい。其方法は内国債を募集して之を為すが宜しい。其仕事をするが為めに、政府は或は内外利子の差に依つて、相当の損失を生ずるかも知れない、又為替相場の変動の結果として、或程度の損失をすることがあるかも知れない。併しながら之を国民経済の大体から考ふるならば、政府は断じて相当の損失を甘んずべし。是は政府当然の義務である、又職分である、斯様に論じました。然るに此説は政府当局の容るる所となりませぬ。又一般民間の輿論として、我党の主張に共鳴する者は甚だ少なかつたのである。若し此時我党の主張の如くに、通貨の膨脹に対して相当の抑制政策を執りましたならば、今日の通貨膨脹といふことは、決して斯の如き程度にはならなかつた筈と考へます。随つて物価の騰貴も、今日の如き甚しき状態に立至らなかつたといふことを信じます。又随つて過般の如き、寔《まこと》に不祥なる暴動事件は、断じて起らなかつたといふことを私は確信を致します。然るに大蔵大臣は依然として其政策を改めなかつた。最近に至つて此騒擾事件が起りました時に、其責任は農商務大臣の責任である、農商務大臣が米価の調節策を誤つた結果であると云ふ非難が起つたことは当然でありまするが、段々研究をして見ると、是は農商務大臣のみの責任ではない、其元凶は大蔵大臣である、物価暴騰の勢を造つたものは大蔵大臣の政策であるといふことを、世間の人が気が付きました結果として、大蔵大臣は今や国民の非難の中心になつて居る。そこで大蔵大臣は余程周章狼狽をしたと見えまして、新聞の報ずる所に依れば、毎日会議を開いて此通貨問題に就て研究をして居る。今時の研究は頗る遅いのであります。御承知の通り一国の通貨は、其膨脹せんとする時に当つて之を抑へることは、割合に容易いのでありますけれども、一たび膨脹したる所の通貨を縮少するといふことは、極めて困難なる仕事である。然らば通貨収縮の良法はないか名案はないかと申しますれば、絶対に其方法が無いでもない。決して完全なる方法とは言へませぬ、名案とも言へませぬけれども、多少の手段が今日でも尚ほ残つて居る。通貨が一たび膨脹しますれば、即ち金が殖《ふ》えますれば総ての国民経済の組織が、此膨脹したる通貨の状態に応じて組立てられる。諸君が営業を為さるにも、或は事業の計画を為さるにも、現在の金融の状態は如何、金利の状態は如何、物価の状態は如何といふことを考へて計画をさるる。随つて此二年の間現内閣の経済政策の結果として、通貨膨脹の勢を馴致した其結果に基いて、国民経済の総てが順応するが如くに成立つて居る。之を遽《にわか》に縮少することは、一国の経済組織に於きまして重大なる結果を惹起す虞《おそれ》がある。夫故に此通貨の収縮は、今日に及んでは縦令《たとい》其方法がありましても、其方法を実行するに於ては、出来得る丈の慎重なる注意をしなければなりませぬ。又極めて徐々に極めて穏に、収縮をしなければならぬと考へる。然らばどうして之を収縮するか、貴様の考はどうかと云ふ御尋がありまするならば、私は此処に確定的の意見ではありませぬが諸君の研究を望むが為め問題として二三の案を提供します。第一には内地で公債を募集致しまして、それで以て外国の公債を還へす、是が通貨を収縮する一つの方法と考へる。内地に於て膨脹したる所の通貨、之を収縮するが為めには、此内地に余つて居る金を外国に出すのが一番の捷径である。此見地から考へますれば、今日日本が外国に於て負担をして居る所の十数億の公債を、一遍に還へす訳には往きませぬが、此据置期限の経過して居るものは順次、少し宛《ずつ》内債を募集して外債を借替へるといふことが、今日に於ける通貨収縮の一の案たることを失はぬ。

第二には日本銀行の金利の引上であります。此事に付ては恐らくは世間に議論がありませう。私は此場合に於て、直ちに日本銀行の金利を大に引上げるべしとは論じない、是は甚だ危険であります。能く市場の潮時を見計らつて、さうして一般の金利を斟酌して、適当の時期に於て穏かなる方法に依つて、漸次引上げて行くといふ方針は、今日に於て已むを得ないことと考へます。

第三の方法は郵便貯金の利子引上であります。御承知の通り郵便貯金の利子は今日は四分八厘である。大体の上から言ひますと、此利子が聊《いささ》か安きに過ぎるという考を私は有つて居る。此利子を相当の程度まで引上げますれば、貯金が殖える、其殖えるべき貯金の持主は、寧ろ社会の下級に位する所の中流以下の労働者、並に之に準ずべき者の懐中から出る金であります。随つて利子引上の結果として、郵便貯金が増しますれば、それ丈物価騰貴の上に於て、相当の調節になるといふことは申すまでもない。或は資産家の有つて居る金、銀行家の有つて居る金は、引上げましてもそれが直ちに物価調節の上に於て働を為さない。之に反して六千万の国民が各々自分のポッケットに持つて居る所の金は、直ちに物資の購買に向つて行くべき金でありまするから、之を郵便貯金に引上げますれば、夫れ丈直接に国民の購買力が減る、随つて通貨の収縮、物価の調節の上に於て相当の効果がなければならぬと考へる。

今一つは戦時貯蓄券の発行であります。此問題は第三十九議会に於きまして、大蔵大臣は現内閣の経済政策の重要なる一つとして議会に提案をされた。然るに如何なる訳でありましたか、衆議院の為めに握潰しの運命に遭遇して、通過をするに至らなかつた。然らば此前の議会即ち四十議会に於て、再び政府は提案するかと云ふに、遂に提案をしなかつた。大蔵大臣は必ず四十議会に於ては戦時貯金券法案を提案すると云ふことを、声明して居つたに拘はらず、遂に提案するに至らなかつた。甚だ不見識な話と考へる。或は某政党の反対を恐れて出さなかつたと云ふ説もある。併ながら苟《いやし》くも一国の大蔵大臣たるものが、此戦時に於ける所の経済政策の運用の上に於て、必要欠くべからざるものであるといふことを知つたる以上は、如何なる反対がありましても、断乎として之を貫徹をしなければならぬ。然るに貫徹をしないのみならず、提案すら致さない。寔《まこと》に是は無責任の至りと考へる。此次の議会に於ては、宜しく勇気を奮つて提案を為さるが宜しい。

今一つには少額の勧業債券の発行であります。勧業債券の五円若くは十円――主に十円であります、之に御承知の通り割増金を付けて発行をする。此方法も大蔵省は通貨収縮の為めに行ふといふことを声明して居るに拘はらず、未だ行はない。又行ひ得ない事情がある。どういふ事情かと申しますれば、大蔵大臣は通貨の収縮、物価調節の上に於て勧業債券の少額のものを出すと云ふことは必要であると云ふて居るに拘はらず、其半面に於ては御承知の通り、有価証券の月賦販売といふことを、殆ど全然禁止すると同様の政策を執つた。有価証券の月賦販売法は、御承知の通り数回に分つて月賦で金を払込んで、さうして第一回の払込に依つて、直ちに其有価証券の所有権を得るといふ、斯う云ふ仕組である。随つて一度払込みますれば、其債券が抽籤に当つたときは、直ちに一回払込んだ丈けで、其割増金を得られるといふ極めて巧妙なる仕組に出来て居る。従来少額債券の売れましたのは、主として此便法の効果である。然るに大蔵省は此前の議会に於て此月賦販売法に向つて大なる制限を加へた。それが為めに其後の状況を聞きますれば、殆ど有価証券の月賦販売といふことは、行はれなくなつたと云ふことであります。是が即ち大蔵省が少額の勧業債券の発行は其の必要を認めて居りながら尚ほ之を有効に実行することが出来ない理由であらうと考へます。前申しました通り、大蔵大臣と農商務大臣とは、経済政策の上に於て御互に反対の事をやつて居ると申しましたが、然るに今申しました例は、大蔵省の内部に於ても此政策の上に於きまして互に矛盾があり、互に衝突があると云ふ立派な証拠にならうと考へます。御承知の通り通貨の問題を支配する所は、大蔵省に於ては理財局であります。勧業債券を扱ふ所は大蔵省に於ては銀行局である。銀行局と理財局との方針が斯の如くに相矛盾をして居つては、到底大蔵大臣だけの経済政策すら、之を完全に行ふことは困難であります。

偖《さ》て、通貨の収縮は唯今申上げました通り、私は此全部を直ちに同時に行へと云ふことを主張は致しませぬ。宜しく緩急を図つて、一方に於ては内地の産業に対する関係と、又一方に於ては外国貿易に対する関係とを能く考慮して、徐々に之を行ふべしと云ふ意見であります。

偖て通貨の収縮は右申す通り寔《まこと》に困難でありますけれども、少なくとも今日以上に通貨が膨脹するといふことは、如何にしても之を止めなければならぬ。通貨膨脹の抑制はどうしても之をやらなければならぬ。此上に膨脹されては堪らぬと考へます。今日は既に八億、恐らくは此年末の大晦日に至りますれば、日本銀行の兌換券の発行高は、多分十億円を超えるだらうと考へます。斯の如き結果になりましたならば、物価は此上にも更に一層騰貴する。而して国民生活の危険は一層甚しきに至る。どうしても此通貨膨脹の抑制といふことは、今日に於て之を行はなければならぬ。其方法として今申しました通貨の収縮に対する方策、それに加ふるに一番最初に申しました内国債を募集して、さうしてそれに依つて外国に於て得たる所の正貨を処分すると云ふ、此二つの方法を併せ用いる外はないと私は考へます。

偖て一方農商務大臣の物価調節に対する態度は如何でありますか。非常なる剣幕を以てやつて居る。其勇気其熱心に至つては、私は反対党ながら相当の敬意を表するに吝《やぶさか》ならぬ。併ながら其成績に至つては少しも挙らない。何故挙らないか。前申した通り挙る道理がない、大蔵大臣の政策は物価を引上げる、農商務大臣は引下げる、此矛盾ある以上は、農商務大臣が如何に拳固を揮つても、其成績が少しも挙らぬことは是は当然のことである。幾らやつても結果が挙らぬ。是に於てか農商務大臣は非常に焦り出して、第一の方法をやる。是で往かぬと第二をやる。そこで農商務大臣は此上往かなければ断然たる処置を執ると言ふ。其断然たる処置が幾つも来た。最後の手段を執ると云ふ最後の手段が三つ程来た、又往かない。或は暴利取締令と云ひ、或は取引所に対する所の干渉圧迫と申し、或は輸出の禁止其他外国米の管理と云ひ、悉く失敗に終つて居る、失敗に終つた丈けならばまだ宜しい。併ながら種々の事をやりまして、此経済界自然の法則に向つて強て反抗を試みた結果として、此に反動的に物価が大暴騰を告げた。殊に米価に於て空前の大暴騰を告げた。若し本年の米が、国民の消費に充てまして不足する場合に於ては、米価の騰貴といふことは是は已むを得ませぬ。併ながら此米は断じて不足をしない。是は吾々が左様に申すのみならず、政府の当局と雖も米は十分であると云ふことを声明して居る。米が不足しないのに米価が騰貴する、飢饉でないのに飢饉相場が出る、米が十分であつて其相場は飢饉相場である、是は誰か其責任を執るものがなければならぬ。其責任は農商務大臣、大蔵大臣、延ひては現内閣全体が之を執らなければならぬ。今回の騒擾事件に付きましては、既に吾々同志の諸君より此席上から御話があつたことと考へまする。随つて私は詳細に此騒擾事件に付て意見の陳述は致しませぬ。又之を陳述することは、好まない。唯一言を要することは、此騒擾事件に付ては、現内閣は全部其責任を負はなければならぬと云ふことを申上げたい。縦令《たとい》此騒擾事件が現内閣の失政の結果でないと致しましても――現内閣失政の結果にあらずとしましても此騒擾事件其ものに付ては現内閣は全部の責任を免れない。何となれば騒擾事件其ものが取りも直さず一大失政である。原因の如何に拘はらず、理由の何たるを問はず、此内閣の時代に於て、大正の聖代斯の如き不祥なる騒擾事件が起つたと云ふ、夫れ自身が一大失政である。御承知の通り今回の騒擾事件は、富山県の女一揆から端を発した。さうして非常な勢を以て全国三十府県に一時に伝染を致した――蔓延を致した。此蔓延伝染の仕様を考へて見れば、其等の地方に於ては何か伝染すべき素因がなければならぬ。物が乾いて居なければ火が付かない。何か原因があつて、素地が出来て居つた所へ富山県の暴動が起つたから、直に火が移つたと云ふことがなければならぬ。然らば全国の三十府県に於て、相当の兆候が前以てあつたものと考へます。其兆候があつたとする以上は、それを知ることの出来なかつたと云ふことが第一の失政である、第一の責任である。其兆候を知つて而して之を予防することが出来なかつたと云ふのが、第二の責任である。予防することも出来なく遂に騒擾が勃発した。其勃発したる所の騒擾を、府県の警察の力を以て鎮静することが出来なかつたと云ふのが、第三の失政である。警察の力を以て鎮静することが出来ず、遂に全国数十箇所に亘つて、我忠勇なる軍隊の派遣となつた。而も其軍隊と民衆との間に於て、相当の衝突があつた地方すらあると云ふことであります。是が即ち第四の責任である。今迄我国に於ては不幸にして焼打騒ぎなるものがあつた。ポーツマス条約の後にも焼打事件が起つた。又憲政擁護運動の時にも起つた。其前二回の焼打事件と今回の騒擾とを比較すれば、天地霄壌《しょうじょう》の差がある。加之《しかのみならず》話に聞いて居ります所に依ると、今迄の焼打事件なるものは、一たび軍隊の出動を見ましたときには軍隊に向つて敬意を表するが為めに直ちに鎮静をした。少なくとも此軍隊を避けたと云ふことを承知して居る。然るに今回の事件はさうでない。軍隊と民衆との間に於て忌はしき衝突の起つたことは、是は周知の事実である。私は此事実に対して深く恐れ且悲しむものであります。素《もと》より原因の何たるを問はず、天下の良民が法規を犯し、国憲を紊《みだ》し、公の安寧秩序を害するが如き今回の行動は、断じて与することが出来ない。併ながら是は内閣の責任問題とは全然没交渉であります。今回の騒擾事件が内閣の失政の結果にあらずと致しましても、尚ほ其責任は今申す通り、四段に分かれた責任を負はなければならぬ。況んや今回の騒擾事件は主として――全部とは申しませぬが、主として米価の暴騰に原因する所の生活上の危険に迫られた其結果であると云ふことは、是は天下の公論であります。然らば則ち現内閣は騒擾を起した所の原因たる失政と、騒擾事件それ自身、此二つの事柄に付て、二重に重大なる責任を執らなければならぬ。

偖《さ》て米価問題は寔《まこと》に困つた問題でありまして、極めて至難な問題であります。事此に至つた以上は寔にむづかしい。併ながら之に対しては相当の応急策もなければならぬ。又応急策だけでは往けない。根本的に我国の米価を、相当の範囲に於て調節することの出来るが如き制度も、場合に依つては必要であらうと考へます。応急策としては現内閣は、既に穀類収用法を適用致して、新聞の報ずる所に依れば、相当の効果を挙げつつあるが如くに見えます。併ながら今日に於ては未だ日が浅いが為めに、果して政府の応急策が十分に其効果を奏するや否やと云ふことに付ては、多大の疑問を有つて居る。然らば政府を攻撃するばかりでは往かぬから、貴様の方に何か案はないかと云ふ疑問が必ず起らなければならぬ。吾々の考に依れば、先づ応急策としては大体に於て、今日まで政府が米価問題に付て執り来つた所の種々の干渉手段、圧迫政策是等を止める外はない。外国米或は台湾米、或は朝鮮米、此輸入に向つて全力を挙げるべし。さうして之を外国から内地に持つて来る。或は内地の米を同じ内地に分配をする。其船舶が無い、又貨車が不足をして居ると云ふ問題がありまするならば、是は政府の決心如何に依つて、相当の手順は立たなければならぬと思ふ。船舶管理令は最初に申しました通り、発表を致したけれども、事外国に関する分を除くの外は、内地の産業、運輸の調節の為めには未だ嘗て一回も適用しない。斯の如き場合に於てこそ、管理令を適用すべきものであらうと考へます。然るに適用しない。是は政府の怠慢といふより外はない。又一面に於ては鉄道は御承知の通り是は国有である――国有であるのは何の為めに国有にして居るか。多大の賠償金を払つてさうして之を国有にした。其目的の一つは明かに公益でなければならぬ。国家の公益の為めに此鉄道を国有にするといふ必要があつたればこそ、多大の経費を投じて之を買収して国有にして居る。其公益の目的を達するが為には、今日の如く米価暴騰或は運輸機関の不足の為めに、一層米穀の配給が困難になる。国民一般の不幸であると云ふ此場合に於てこそ、鉄道国有の本領を発揮して、其効能を現はす絶好の機会と考へる。然るに之に付て政府の執つたる方法は怠慢である。速達方法の如き或は優先積込の如き、最近に至つて漸くやつて居る。吾々は既に半年も前から行つて居ることと考へて居つた所が、最近に至つて始めて実行した。此点に於ても政府の政策は、如何にも怠慢と言はなければならぬ。一応の応急策は今申したことに依つて、相当の効果を挙げることと考へますが、翻つて考へまするに、御承知の通り此米はお互の主要食物である。又外国の輸出の余り利かないものである。国内に不足を生じた場合に於て、外国から余り多く輸入することが出来ないものである。此主要穀物が即ち三年前の大正四年に於ては一石十二円を潜《くぐ》つた。僅に三年を経たる今日に於きましては、是が四十円といふ相場を現はした。三年の間に十円から四十円に飛ぶ。今日は四十円でありますけれども、復《ま》た此三年の後に於て、再び十二円若くは十円といふが如き格外なる安値を現はさぬとは、何人も保証が出来まいと思ひます。斯の如く米価の変動に因つて極端から極端に騰落するに至つては、国民経済の基礎は決して安全と云ふことは出来ないと考へます。余りに騰貴すれば生産者たる農民は都合が好いけれども、消費者は困る。下落をすれば消費者は都合が好いけれども生産者が困る。此双方の利害を適当な方法に於て調和せしむると云ふ、国家の制度が必要でなければならぬと考へる。是等の点に付きましては十分諸君の御研究を望まなければならぬ。

偖《さ》て寺内内閣は従来屢々其運命が窮つて居る。既に当然の順序から云ふならば、更迭をしなければならぬ場合が屢々あつたと考へます。今回こそ愈々最後の一撃であります。現内閣の運命は今や断末魔に迫つて居る。宜しく速に処決をして罪を上下に謝して人心を新にしなければ相済まぬことと考へます。寺内伯は動《やや》もすれば斯様なことを申す。自分は陛下の御信任に依つて内閣を組織して居る以上は、何人が如何なる事を申さうとも、断じて辞職をする理由が無い。斯様なることを屢々申さるるさうであります。先般の地方官会議の席上に於きましても、言葉は違って居つたか知れませぬが、大体に於て是と同意味のことを申されたさうである。諸君は此寺内伯の声明に対して、如何なる感を起さるるか知れませぬが、私は此言葉を聴くに至つて、実に寒からずして肌に粟を生ずることを禁ずることが出来ない。実に不謹慎と申さうか、不心得千万と申さうか、何とも申しやうがない言葉である。斯の如き考を総理大臣が有つて居る以上は、憲法政治の運用といふことは到底行はるるものではない。立憲政治を布いて国民の輿論を代表すべき所の帝国議会を有つて居る国家に於きましては、国民大多数の信任が無いときには、即ち国民全体の信任を失つたる場合に於ては陛下の御信任に対して畏多いことであるといふことを自覚して、速に其進退を決するのが、是が立憲政治に於ける所の政治家の当然の事でなければならぬ。若し陛下の御信任を云々して、さうして憲法上国務大臣の責任を閑却し去ると云ふが如きことがありましたならば、其結果如何なる影響を世道人心の上に及ぼすかも知れない。寔《まこと》に恐れなければならぬ。惟《おも》ふに寺内伯は極めて正直な方でありますから、斯の如き影響が、自分の一言に因て生ずるといふことを、自覚をされないでありませう。自覚をされないことは罪はないが、自覚をされないと云ふことが即ち思想の旧い証拠である、共に憲政を談ずるに足らない人物であります。現内閣崩壊の機は将《まさ》に旬日を出でないと云ふ新聞の報道であります。其期限に至つては何日間であると云ふことは素より分らぬけれども、此更迭の機が眼前に迫つて居ると云ふこと丈は確であると言はなければならぬ。而して後継内閣如何といふ問題になりましては、吾々は此席に於て諸君と共に議すべき限りでない。それは宜しく現在の政界の状態其他総ての点を参酌して、国民大多数の信任を有する所の政治家が大命を拝すべき当然の順序と考へる。今日の新聞を見ますれば、独逸《ドイツ》の軍は西部戦場に於きまして、全線に亘つて総退却をしたと云ふことであります。又隣邦の支那に於きましては、段祺瑞は殆ど辞表を提出せんとして居ると云ふことである。是と同時に我国内に於ては、寺内内閣が其運命将《まさ》に旦夕に迫つて居る。此三つの現象を併せて考ふるときに於ては、吾々は一種言ふべからざる感慨に打たるるのであります。支那外交問題に付て現内閣の方針は、全然段祺瑞援助の方針である。而して其性質も能く似て居る。同じく官僚内閣、軍閥内閣、国民全体の信任を得て居らない。国民に基礎を有せない。其遣り方から性質から酷く似て居つたものだと平素から感心して居つた。然るに此酷く似たる所の内閣が、殆ど同時に於て没落の運命に遭遇しつつあることは、寔《まこと》に不思議なことではありませぬか。又御承知の通り先達《せんだつて》亜米利加の「アウトルック」といふ雑誌の誌上に於て、日独同盟論に近い議論を寺内伯が「アウトルック」の記者に話したとか話さぬとか云ふことで、大分政界の問題になった。是は諸君の御記憶に新なることだらうと思ひます。私は寺内伯が独逸と同盟するとかせぬとかと云ふ頭を真逆《まさか》に有《も》つて居らぬと思ふ。併ながら寺内伯の頭は確に独逸式である。其式の同じである独逸の大軍が、今迄破竹の勢を以て仏蘭西《フランス》に攻入つたものが、俄に退却になつた。総潰乱になつた。総崩れになつた。それと同時に独逸に酷く似て居る寺内伯の生命が旦夕に迫つたと云ふことは、是亦一種の奇妙なる現象と言はなければならぬ。何か此三つの間に離るべからざる連絡がありはせぬか。一種の共通の性質を帯びて居るのではないかと私は今更の如く感ずる。

諸君。私は本日の演説会が、超然内閣、官僚内閣の下に行はるべき最後の演説会であることを希望する。又是と同時に此次に此処に於て開かるべき演説会は、縦令《たとい》国民党の催であらうとも、憲政会の催であらうとも、乃至《ないし》は政友会の計画であらうとも、其時にお互に頭に戴いて居る内閣は、国民を基礎としたる所の鞏固なる内閣の下に於て、演説会の開かれむことを期待いたしまして、此壇を降ります。

（『憲政』）

一一　戦後の経済問題

［一九一八年（大正七年）一一月二五日、憲政会機関誌論説］

過去五年の間全世界の人類に未曾有の惨禍を及ぼしたる欧洲の大戦も、最近独逸《ドイツ》の降伏的休戦に依て芽出度《めでたく》一段落を告ぐるに至つた。之れから愈々媾和の檜舞台に這入つて急転直下、世界は再び平和の栄光を楽しむことが出来る様になるであらう。詢《まこと》に人道の為め正義の為め自由の為め慶賀措く能はざる次第である。

偖《さ》て此の度の大戦の為世界人類がどれ程の惨害を蒙つたかと云ふことに付ては今更事新しく管々《くだくだ》しく述ぶるまでもなく世間熟知の事柄であるのである。敵味方の動員総数六千万人以上、死傷捕虜者総数二千万人以上、直接軍費三千五百億円と云ふ声を聞いた丈《だ》けで十分理解することが出来やうと思ふのである。其外間接の損害即経済上に及ぼしたる損害に至つては殆んど想像にも及ばぬ話である。吾人は平和の回復に向て満腔の祝意を表すると同時に、戦争中に各国民の受けたる惨害が如何に甚しかつたかと云ふ事を回想して、聯合与国は固《もと》より敵国側の人民に向つても満腔の同情を表し且つ満腔の敬意を表せざるを得ぬのである。

交戦各国民の受けたる惨害が此くの如く甚しかつたに拘らず、我国は交戦国の一であつたけれども、地理的関係が戦争の中心から隔絶して居つた為、戦争から生じた直接間接の損害が他の聯合国に比して極めて少なかつたのみならず、却《かえっ》て此戦争の為、主として経済上に於て意想外の利益幸福を受け、一国の富力、個人の財力共に戦前に比して非常の増殖を見たことは詢に勿怪《もっけ》の幸と言はなければならぬ。此の国富の増進財力の発達は、国民努力の結果と云ふよりも寧ろ主として偶然僥倖の賜物であると云ふことは御互ひに忘れてはならぬことと思ふのである。然らば戦争の結果国民の受けたる経済上の利益幸福の程度如何と云ふに、之を知るには二三の数字を挙げて戦前と今日とを比較して見るのが一番捷径であらうと思ふ。第一に貿易の総額即輸出入の合計は戦前の大正二年に於て十三億六千百万円であつたものが大正六年に於ては二十六億三千八百万円、即ち丁度二倍になつたのである。更に大正七年の一月から十月迄の十ヶ月間に於ける統計を見るに二十九億二千二百万円であつて前年の同時期よりも実に八億三千八百万円を増加して居る。此の趨勢から云へば、本年一杯で三十四五億円の多きに上るであらうと思はるるのである。次に貿易の均衡如何を考へて見るに日清戦争後の明治二十九年から大正三年に至る十有九年間の間に輸出超過を見た事は、明治三十九年と明治四十二年の二ヶ年丈《だ》けであつて、其他の十七年は尽《ことごと》く輸入超過である。そこで此の十九年間の輸入超過の累計は九億三千五百万円に上つて居る。然るに時局発生以来此の趨勢は俄然一変し、大正四年以来連年夥しき輸出超過を示し大正七年十月に至る三年十ヶ月の間に累計に於て無慮十三億三千二百万円の輸出超過を示して居るのである。此の如く常に貿易の総額に於て三倍近くの躍進を見たるのみならず、十数年間我経済界の深憂たりし貿易の均衡に於て驚くべき大転廻を見たのは、詢《まこと》に喜ぶべき現象であらねばならぬ。次には此の如き輸出超過があるのみならず、其外に船舶の貸船料運賃保険料海外移民出稼人の送金等外国より受取勘定となるものが多かつた結果として、正貨の増殖夥しく、戦前三億五千二百万円に過ぎなかつたものが、最近実に十五億一千万円となつたのである。甞ては正貨の欠乏を憂へられたものが、近頃は却て正貨の増殖を気にしてる（或意味に於て）様な次第で、詢《まこと》に今昔の感に堪へぬ次第である。更に銀行の預金を見るに、大正六年三月末に於て各種預金合計十三億円に過ぎなかつたものが大正七年三月に於ては三十一億円となつた。新聞の報ずる所に依れば十一月には四十億に上つたと云ふことである。其次に会社の公称及払込資本の比較を見るに大正二年末に公称資本二十九億円、払込資本二十億円であつたものが大正六年末に於ては公称資本五十三億円、払込資本三十三億円に増加して居るのである。其他色々の数字を挙ぐれば際限がないが、此辺で止めて置くが、要するに以上の数字丈けでも、以て如何に我国の経済が時局のために増進膨脹したかが分るであらうと思ふのである。

此くの如く時局の五年間は我国の産業経済に取て非常なる発達増進を齎らしたのであるが、此の戦時中に発達増進したる産業界経済界貿易界の情勢は戦後に於て如何なる変化を受くるであらうか。依然として大体に於て今日の好況を期待し得らるるであらうか。若しくは時局平定と共に之れが衰頽の運命に遭遇するであらうか。甚しきに於ては滅茶滅茶に破壊され恐慌の襲来を避け得られぬであらうか。之れ即ち戦後経済上の大問題である。

是等の問題に付て何人と雖的確なる論定を下し得ないであらう。否な的確なる論定どころか、そこらあたりの推測をも敢てすることが出来ぬのが寧ろ当然であると思ふのである。何となれば戦後我経済界の運命は、第一に媾和条件の如何、特に国際通商政策の原則如何に関し、第二に各国の国力恢復期間の長短如何に関し、第三に各国国力恢復期間内に採用すべき政策如何及恢復後の政策特に関税政策如何に関し、第四に我国民の覚悟決心対策如何に関することは勿論であるが、而も此等のことは纔《わず》かに休戦条約の調印せられたばかりの今日に於て少しも見当が附かぬからである。譬へて見れば数年後の天気予報を為さんと試むると同様の難事である。

露骨に言へば此等の事は暫く事の成行を観望してから後に言ふべき事であらうが、それでは実は間に合はぬ。牖戸《ゆうこ》は未だ雨あらざるに綢繆《ちゅうびゅう》すべきである。世界列国の経済的膨脹の大潮流が澎湃として東洋の天地に押寄せて来てから周章狼狽して遽《にわ》かに堤防の修築に取り掛つて居る様では覆没沈溺を免れない。故に予め国民の覚悟と決心とを促がす為め研究的に論議するには今日に於て固より必要のことである、否な既に遅し、大に遅しである。

戦後に於ける我国の経済界が世界的経済界の大勢の支配を受くべき事は殆ど論のない話である。是に於て戦後世界経済界の大勢より推し及ぼして我国の経済界の隆替を説く者が大分多い様である。此の見地に於て大体の観察が楽観的に観察する者と悲観的に観察する者とに自然に分れて居る様に思はるる。吾人固より寡聞にして楽観的の論旨の凡てと悲観的論旨の凡てを知らぬけれども、両論旨の分るる所は大体次に記述するが如きものである様に思はるる。

楽観説の要旨は戦後世界の経済界は此処当分の間好景気が続くであらう、此の好景気の間は自然我国の経済界も大体其の影響を受けて好景気を呈するものと見て宜しからう、此好景気の最中から各国は戦後恢復の努力が始まり、而かも此恢復期間は戦争の瘡痍が絶大なりしだけそれだけ余程長く続くであらう、而して戦後の恢復が出来ぬ内は対外的経済発展は六《むず》かしからう、随て此等各国が東洋南洋其他日本の販路に向て経済的に殺到して来ることは困難であらう、果して然らば我国が戦時中に発展した所の輸出貿易は格別打撃を受くる憂はあるまい、又輸入品も戦時に比してソー自由廉価には這入つて来なからう、其結果として時局中発達進歩した事業も大した打撃を受くるが如きことなく当分の間大体に於て好況を持続するであらう、尤も各国の国力が長年月の後恢復発展して来た日には、日本の内地は固より東洋南洋等の各地に於て激烈なる経済戦の起るは勿論である、又各国は戦時中から慎重に戦後経営の事を経営して居るから、各国が戦後の経営を誤り世界的恐慌を惹起して終に我国をも恐慌の禍中に巻き込む様なことはあるまい。楽観説要旨の前段即ち戦後世界の経済界は此処当分の間好景気が続くであらうと云ふ理由は、大体左の如きものであるやうである。

一、意外なる絶対的戦勝気分に因る聯合国人気の作用特に米国の好景気は素破らしいものであらう。
二、巨額の戦費及公債利子の内国に於ける支払散布に依る消費の増加。
三、輸入及消費制限の撤廃軽減並びに軍隊の復員帰郷に依る消費の増加。
四、社会問題解決、失業救済（軍隊復員の結果労働に大過剰を生ずるが為）の為各国政府及公共団体に依て企画さるる所の各種の工事若は事業に要する原料材料の需要、及各国戦後復旧事業並に救済事業に要する同上の大需要。

次に楽観説要旨の後段の理由は大体左の如きものの様である。

一、今回の大戦の惨害は何にしろあの通り甚しかつたから、それが為めに受けた所の各国の瘡痍極めて深く随つて之れが整理に長年月を要するなるべく、当分の間は海外発展の余力は生じないであらう。
二、兌換制度の恢復には長年月を要すべく、格段なる物価の低落は当分の間望まれないであらう。
三、各国共に公債利子払の財源及戦後復旧並戦後経営の財源として種々の新税増税を起すべく之れが為に物価は益騰貴すべく少くとも低落することなかるべし。

四、資金の需要多きに反して、之れが供給之れに伴はざる結果、金利の騰貴は必然免れざるべく其結果事業の不振物価の騰貴を見るであらう。

五、媾和会議に於てウイルソン大統領の主張せる国際聯盟が成立するや否やは別問題として、十四箇条の第三項にある所の国際商業自由平等の主義確立せらるべく、其結果我国製品の自由無障碍の輸出、原料品の自由無障碍の輸入行はるべし。

六、平和成立と同時に世人の最も憂慮する所は造船界海運界製鉄界紡績界の打撃なるが、聯合側中立側の一部及敵国側救済の為、食料品其他軍需品の大規模輸送、英米両国出征軍隊の連続的復員実施、各国復旧事業の共通的援助の為めにする物資の輸送等の為多数の船舶を要すべく、而かも此等の事業は短期間に完了せざるべく、随て当分の間格段なる船舶の過剰船価の低落運賃の下落を見ることなかるべし。

七、復旧並戦後経営事業即ち艦艇船舶の建造修繕鉄道建築物工場機械等の建造設備の為各国に於て非常の多量の鉄を要すべく、随て当分の間外国の鉄が我国に向て戦前の如く自由且廉価に輸入せらるる如きことなかるべし。

八、各国が戦後復旧経営の為余程の日子を要すべく、随て我が綿絲綿布の販路たる東洋南洋等に向て外国品の侵入するが如き事は当分なかるべし。

右の如き楽観説に対して悲観説を唱ふる所は大体次の如きものであるやうに思はれる。

悲観説の要旨は、平和即下には楽観説の如き好景気が来ぬと思ふのみならず、却て戦時中好景気の反動として不景気の襲来を見るであらう、のみならず戦後恢復に付ては各国共戦時中から抜け目なく、それぞれ調査計画されて居たから平和克復を待たずして直ちに恢復期に入り、而かも其恢復は案外に急速に行はれ、恢復後の経済戦は世界の各地特に東洋南洋に於て行はれ、折角時局中に開拓扶殖されたる本邦商品の販路は激甚なる逆襲を受くべきのみならず、廉価なる外国の製品半製品は滔々として本邦に輸入せられ、我国は瞬く隙に輸入増進輸出減少即ち輸入超過の有様に陥り正貨減少資金欠乏の状態に陥るべく、且つ各国の国力恢復の完成を待たず其回復中各国の採るべき諸般の経済政策は多くは本邦に不利なるべく、之れが為めに本邦経済界は実に悲惨の状態を現出するであらう、更に進で考ふるに各国が若し戦後恢復を誤まり其結果世界的恐慌を招くときは本邦も亦其影響を免るるに由なく其極遂に世界的大恐慌の渦中に巻き込まれ惨憺たる状況を呈するであらふ、之を思ひ彼を惟《おも》へば平和後の経済界は実に寒心すべき限りである、之を悲観せずして何をか悲観せんやと云ふにある様である。

右悲観説要旨の前段の理由としては大体次の如き事項が列挙せられ得る様である。

一、戦後の反動を見越しての事業の手控銀行の貸出警戒に本づく不景気、此事は既に我が経済界に於て徴候が現はれて居るのである。

二、交戦各国が戦時中に実行し来りたる輸入制限消費制限は戦後直ちに撤廃又は著しく軽減せらるることなく大体に於て当分の間継続せらるべく、国民も亦戦時中養成し来れる勤倹節約の習慣を急に改めざるべく、随て物品に対する格段の需用を喚起することなかるべし。

三、戦時中分散したる軍費及公債利子を消費者の懐中より吸収して之を資本化せんことを力むるであらう。

四、楽観説は戦後即下米国の好景気を予想せるものの如きも、米国は欧洲各国人民救済の為め物資の供給に全力を尽すべく其外各国戦後経営の為め公債募集其他民間の事業資金を米国に求むべきを以て米国の市場は案外に緊張を見るべく、我国の対米輸出も予期の如くなる能はざるべし。

次に悲観説要旨の後段の理由は大体左の如きものであらうと思はれる。

一、各国の戦後経営を説くに当て、何よりも先きに考慮せざるべからざることは、本戦争が各国国政の身体上精神上に及ぼしたる大影響である。国民本戦争五年の間に身体上精神上至大至上の大鍛練を経たのである。交戦各国民は此鍛練されたる大精神と強健なる体力とを以て戦後経営の事業に勇往邁進するのである。其成果の急速にして美事なる実に目を刮して見るべきであらうと思はれる。我国民たる決して油断してはならぬのである。

二、幾百万幾千万の出征軍隊が復員して平和事業に突進し、幾十万幾百万の軍需品製造に従事して居つた人達が軍需品の工場から解放されて是れ亦同じく平和事業に復帰することになる為、一方に於ては失業救済の為めにする事業が続々計画されて之れが戦後経営の速進に資し、他方に於ては労働の過剰労銀の低落となり労銀の低落は物価の低落となり、物価の低落は輸出に好都合輸入に不利益となるのである。

三、租税は戦時中既に重いが戦後更に加重することはあり得るであらう。そこで租税の負担力を涵養するが為めにも極力産業の奨励事業の促進をやるであらう。

四、兌換回復の為海外より金の吸収に全力を傾倒するであらう。金吸収の方法として輸出を盛にし輸入を抑え、輸出超過の差額を金を以て受取るより外に合理的方法はないのである。於《ここにおいて》是全力を挙げて輸出を補助奨励し之が為補助金の支出をも敢てするであらう。又輸入を防遏するが為には関税の障壁を高くし外国品の侵入を防ぐであらう。於是関税戦争は戦後各国の行ふべき一般の政策となるであらう。

五、金の吸収の為めのみでなく戦後経営の財源を得る手段としても亦関税を重深するであらう。

六、前項の外尚本戦争中痛切に其必要を感じたる所の自給自足国産奨励の意味からも亦関税政策を取ることであらう。

七、前項の目的の為各国は或は更に自国の原料材料品の輸出に向て輸出税を課するの政策を取るに至るかも知れぬ。

八、輸出奨励を行ふに当ては抵抗力の最も薄弱なる方法に主力を注いで攻撃するに違ひないから戦後の経済戦争は差詰め支那南洋印度南米豪洲等に於て最も激烈に行はるるであらう。我国の販路得意先は岌々《きゅうきゅう》として危い哉である。

九、戦時中激増したる公債整理低利借換に便ならしむる為米国等より資金を輸入し市場の緩和金利の低廉を計るであらう。

十、戦時中各国に於て兵器食料品其他に於て種々の理化学的発明が行はれ此発明が戦後経営に応用され、戦後恢復事業発展に一大光彩を添ゆるであらう。

十一、交戦後の資本家は本国に於ける重税の負担を避くるが為豊富の資金を抱いて東洋南洋等に移住し此処にて事業を経営するに至るであらう。之は本邦経済に取て最も恐るべき事柄であらねばならぬ。

十二、造船海運製鉄紡績界に及ぼす打撃は楽観説に云ふが如き緩漫なるものではなく存外急激に来るであらう。其内紡績に及ぼす打撃は比較的遅いかも知れないが造船海運製鉄等は直ちに大々的致命的打撃を免れぬであらう。其結果は実に惨憺たるものであらねばならぬ。或は其結果延ひて一般経済界の大恐慌を起さねば止まぬかも知れない。

簡単なる言を以て之を極言せば、競争激烈の為販路失墜、輸出減退、輸入超過、金融硬塞、事業萎縮、物価下落、失業続出、銀行会社破綻、而して最後に恐慌来《きたる》！

悲観楽観両説の要旨並其理由は大体叙上の通りであるやうに思はる。既に戦後の経済に付て両説を述べ終りたる以上は、今度は之に付ての余の意見を述べて結論となすのが当然の順序であつて、否《しか》らざれば本論文の結末が附かぬ訳合である。が然し余は何としても自分の意見を述ぶるの勇気と自信とを持たぬ。其理由は余の無経験不研究にあるは勿論であるが、其外に戦後の経済に付ては前にもちよつと陳《の》べて置いた通り内外諸般の事情に依て変化窮りない為めである。依て余は不体裁を忍んで意見を述ぶることを差し控ゆる事にするが、凡そ物は楽観に敗れ悲観に成る、これは独り選挙ばかりではない。故に戦後の経済問題に付ても悲観楽観両様の説がある場合には、宜しく悲観的の場合を想像し、之に対抗して之に打克つべき対策を立て、非常の策心と非常の覚悟と非常の勇気とを以て世界経済界の狂瀾怒濤を凌ぎ之を乗り越へ目出度彼岸に達すべき用意をなすことが何よりも肝要である。若し幸にして悲観説に述べた様な場合が来らず反て楽観説に述べた様な場合が来つたときはそれこそ実に国家の至慶至福である。

然らば之を為すこと如何と云ふ問題であるが、中々容易ならざる大問題である。極めて陳腐なることではあるが試みに世人研究の資料の一端として平常吾人の胸中に往来して居る所の方策の一二を簡単に列挙し以て本論を終ることとする。

一、戦後の恐慌に備ふるが為、事業の漸次的緊縮を為すこと
(1)日本銀行利子の漸次的引上
(2)銀行の貸出警戒に依り事業の濫興及資本の固定を防ぐこと
(3)国民各自の警戒、事業の整理
二、戦後の経済戦に当り貿易の逆転を防ぐが為、予め物価の調節を為すこと
(1)有効なる方法に依る貯蓄の奨励
(2)通貨の収縮若は膨脹抑制
(3)国民消費の節約
(4)労働者の能率増進の為にする社会政策の実行
三、企業の合同又は聯合
(1)粗製濫造の防止
(2)製品の品質斉一
(3)生産費の低廉
(4)大量注文に応ずる可能性
(5)薄利多売主義の実行
(6)競争抵抗力の増進
四、原料材料の自由なる輸入、製品の自由なる輸出を確保する為外国の関税政策に対する外交上の手段
五、銀行の合併及対外金融機関の整理
其他尚種々の手段方法があるであらうが、兎も角此等の施設計画は官民一致上下力を合して速かに実行すべきである。否《しから》ざれば臍を噛むの悔があるであらう。

（『憲政』）

一二　原内閣の外交政策

［一九一九年（大正八年）三月一一日、高知市での衆議院議員立候補演説］

親愛なる我が高知県民諸君、一昨年総選挙以来初めて爰《ここ》に諸氏と相見ゆるを得たるは誠に大慶至極に存ずる処なり。我県出身の白石代議士は余とは政治上の立場は異にせるも、その人格と申し、識見と申し誠に立派なる人にて敬意を怠らざりしに、過日遽《にわか》に逝去せられたるは惜しみても余りあり。余は県民と共に衷心哀悼の意を捧ぐる次第なり。然るに白石氏の逝去に依りその補欠選挙を行はざる可からざるに方《あた》り、余は自ら計らず憲政会支部推薦の候補者たるを承諾せり。固《もと》より浅学短才の身なるを以て県民諸君の委托に添ふは困難なるも、幸にして当選の暁は、一は県下の為、一は国家の為微力を尽す決心を有せり。然しながら已に候補に立ちし以上は現下政局に関する所見を述べて県民諸君の賛成を求むること固より当然のことなり。即ち余は爰に二三重要なる問題につき意見を述べ諸君の御同意を得んとす。

寺内内閣の援段政策

先づ第一に述べんとするは外交問題、特に支那に対し前寺内内閣の方針は一切不干渉、南北何れにも偏せずと云ふに在りしが、実際の施政に於ては非常に一方に偏し、内政に干渉し、その声明とは全然異れり。即ち前内閣は北方派の段祺瑞一人を援助する政策を取りたるが、その方法としては直接間接種々ありしも、然もその露骨なるは借款にして、段に金を借し、段はその金を以て南方を討伐する結果を見たることなり。寺内内閣は段に対し五億円の借款を契約したるが、内一億五千万円は西原亀三なる者の手を経て段に渡したり。然も之は表面支那の鉄道建設、電信電話架設を目的とする経済借款なるも、事実は段の軍用金となりて南方を討伐せる証拠歴々たり。又今一つは督軍の懐中を肥やす金となりおれり。かくの如きは帝国外交上の名誉を毀《きず》つけ、南方が日本帝国を恨み、又北方にても段以外の凡ての党派は日本を恨むこととなり、支那四億万人大部分の者が悉く日本に深き怨恨を抱くに至りたるは已むを得ざるなり。然してこの疑惑は一変し、世界の列国をして日本の支那に対する政策を疑はしむるに至れり。元来支那南北共に傷つきて何時の間にか争闘已み鎮圧するに至るべきに、之の一方に多くの油を注ぎてこの禍乱を長引かし拡大するは日本が支那に対し何か野心あるに非ずやと思はしむるは之れ誠に当然のことなり。これ国際上帝国の不利益となること甚だ大なるが、この責任は元来誰が負はざる可らざるか。寺内内閣に責任あるは固《もと》よりなれ共、政友会又たその責任を分担せざる可らず。之より少しくその理由を陳述すべし。

対支外交の失敗は寺内内閣と同罪

御承知の如く日本の外交のことを進行せしむるにつき、外交調査会委員中最も勢力力量あるは原敬君なるが、元来原君が前内閣の下に設置せられたる外交調査会の委員たりしは個人の資格を以てなるも、然もその勢力あるは原君個人の力には非ずして、裏面に於て政友会なる大政党を代表せる方あるに依りしなり。この人の一言の重きをなすはこの大政党の力あるが為めに外ならず。即ち如何なる重大案件にても原君の賛成を得ずんば政党の力に制せられて実行の出来ざる関係あり。爰《ここ》に於て余は問はんとす、この勢力ある原君に於ては支那の借款に対し賛成したか、反対したか賛否果して何れなりしやと云ふ事なり。苟《いやし》くも一国の政治家が国勢に対する意見を立つるには賛成か、不賛成何れかに決定すべきものにして、賛否を曖昧にして意見をその中間におくが如き事のある可き筈無きなり。若し仮りに賛成なりしならんには、借款問題の功罪を分担すべく、その大失敗なりし以上、原君は固より寺内内閣と同罪ならざる可らず。仮に同君が反対なりしとすれば、同君は会議の席上その信ずる処に依りて反対理由を述べ、若しその意見行れずんば宜しくその委員を辞して野に下り、政友会を率ゐて堂々正面より反対すべきこと正しく之れ今日政治家の態度といふべきなり。然も何等その模様無きより見れば原君は之に賛成なりしと見るの外なし。而して寺内内閣総辞職して現内閣の出現するや、原内閣は支那に対する政策を改めて南北不偏、一視同仁の態度に出づる旨の宣明を中外に発表したるがこれ我々の頗る賛成を表せる処にして、現に我党の総理加藤子爵は態々《わざわざ》人を遣して賛成の意を原君に致し十分激励の言葉を与へたりしが、その後実行する実際の施政を見るに及んで、その宣明に対し頗る不徹底不完全なりしこと明瞭となれり。前内閣当時日本と支那が秘密に締結し居りたる日支軍事協定に付随したる二個の契約中、支那が参戦の為め日本より金を借る参戦借款の一条ありて、その金は前内閣在職中全部を引渡しあらず、即ちその中二千万円は一度は貸したる形式となりたるも支那の手に入らず、日本の銀行に保管され居たるものにて、之を単純なる法律的見地より云へば支那のものなり。然し国と国との関係は国内間に於ける民法上の理屈にて解決さる可きに非ず。更に一層重大なる政治上の関係は一度貸す約束の金をも之を打切ることを得るなり。然らばかの二千万円の手渡未済の金は断乎として引渡しを拒み、借款打切の声明を全うす可きに、実際はドシドシ引渡しをせるなり。之は現今開会中の南北和平会議に於て南方派より日本に苦情を持出し、原内閣は全然寺内内閣の延長に過ぎずして、日本の支那に対する態度は何故改良され居らずと盛に攻撃し、同会議の大問題を惹起せり。又た他の契約たる大砲機関銃小銃等の総代金三千万円に上る武器の提供はこれ又た之を締結したる前内閣に於て全部の引渡しをなさず、其大部分は現内閣に残りしが、現内閣は之も亦た借款同様残与の分を続々北方政府に引渡したるが、かくて借款と云ひ兵器と云ひ和平会議の問題を惹起して支那の不平のみならず、英米仏列国政治家も日本の支那に対する態度を疑ふこととなり、輿論又た之を許さざるに至つて遂に已む事を得ず最近に至つて貸金武器の引渡しを打切るに至れり。

凡そ独立国の外交方針は自主的ならざる可からざる事云ふ迄も無し。即ち先づ自国の利害得失を稽《かんが》へて爰《ここ》に確乎たる外交方針を決定すべく、一度決定したる以上は外国より如何なる苦情ありても一国の面目に掛けて遂行断行すべく、之れ実に独立国たる所以なり。武器借款の引渡しを以て支那の為め不可なりと信ぜば、何故内閣成立当時直に打切らざりしか。而かも之を打切らずして引渡しを続け、近時に至り已むを得ざる立場となりて打切るに至れるは果して独立国の外交といふを得べきか、果して自主的外交と云ふを得べきか、吾人の断じて首肯し能はざる処なり。

講和と日本特使の無能

現内閣が支那に対する外交の失敗は以上に止まらず、目下巴里《パリ》に於て開会中の講和会議に於ても又た失敗の跡歴然として覆ふ可らざるものあり。日本は五大国の一として重きを為せるに不拘《かかわらず》、日本委員は日本帝国当然の主張について頗る冷淡極まれるものあり。抑《そもそ》も日本が巴里会議に代表員を派遣せるは弁解又は申開きをなす為めのものに非ずと吾人は心得居れり。然るに帝国委員は公会［の］席上に於ては毫も積極的の議論を為さず、国際聯盟の如き五大国の中四国まで賛成せるに日本の委員は賛成とも不賛成とも云はず賛否につきては何等発言せずとウイルソン氏は報告し居れり。かくの如く重大問題につき日本委員存在の有無をさへ疑はるる緩慢なる態度に出でつつあるに、その一度び下宿屋に帰るや、世界の新聞記者を集めて陳述書を発表し、或は牧野氏の陳述書、或は珍田氏の陳述書なるもの発表されたるが、その内容を読むに哀願嘆訴卑屈極まるものなり。その言ふ処悉く受け太刀なり、申し開きなり。日本は支那に対し何等の野心がありませぬ、利権も欲しくありませぬ、領土も欲しくありませぬ、支那委員のいふ処は悉く誤解であります、日支関係の内容は斯うであります、其の行掛りは斯く斯くであります、とその云ふ処訴ふるが如く、恨むが如く、泣くが如く、他処目《よそめ》にも気の毒千万なり。これ何故ぞ。支那の講和特使は巴里に於て日本の悪口を羅列し、日支間の秘密条約さへ摘発せんとするの口吻を洩らし、日本特使をして顔色無からしめたり。而して我特使は之に対する弁疏のみに忙殺されれ、日本当然の主張は更に口にする能はず。之れ何たる状況ぞや。元来支那全権大使陸徴祥は渡仏の途上先づ日本に立寄り、我が外務省当局と十分なる打合せをなして行きしが、その打合せの内容は之を審《つまびらか》にせざるも、日支間の問題は互に口を合せ協同円満の態度に出づべく申し合せをなしたりと信ず。互に攻撃し弁疏し離隔し合はんとの打合せをなしたるとは信ず可らざるに、斯の如き状況となりたるは是又我外交の大失敗と云はざるべからず。

講和問題に於ける我が失敗は之のみに止まらず。元来現内閣の講和に対する態度は冷淡不熱心極まり、一向油乗らず、力瘤の入れ方足らざること世間定論あり。この不熱心の因由は大隈内閣当時日本の対独宣戦に対し政友会が頗る不安の念を抱きしに発す。当時政友会は表面に於ては反対せざりしも、裏面に於ては暗に不満の念を抱きしに似たり。対独宣戦に対し極めて憂慮に堪えずとの言葉を繰返せるは政友会の諸君にして、政友会諸君の憂慮に堪えずと云ふは、この世界の大戦は恐らく聯合国の失敗に帰し、独逸《ドイツ》の勝利となるに至るべく、独逸の勝利は遂に日本をして孤立の位置に立たしむるに至るべしと云ふに在りしこと想像に難からず。果して然らば政友会としては非常に観測を誤れり。これ実に政治家としての恥辱には非ざるか。政友会の恐独病は宛《あたか》も官僚内閣とその型を同ふせり。かの官僚特に軍閥は当初より世界大戦が独逸の勝利に終るべきを堅く信じ、甚だしきに至りては公会の席上に公言せるものさへありたり。政友会の憂慮に堪へずといふは此の軍閥者流と見解を等しふすと云はざるべからずして、甚しき誤謬の見解と云ふ可きなり。講和会議にて日本が五大強国の一として重きをなせるは何の為めか。聯合軍に加担して聯合各国の利益に、将《ま》た此の戦争の勝利に多大の貢献をなせる為めなり。大隈内閣英断の結果、日本がこの好地位を得たる以上、現内閣の外交たるものも宜しくこの地位を利用して正当の要求をなし、日本の名誉威信を発揮すべき筈なるに、現内閣は毫も此好位地を活用する所以を知らず南洋占領問題にても国民として安心出来ざる状況を呈しつつあり。

憂慮す可き南洋領有問題

南洋独逸植民地の処分につきては、日英両国に於て予め協定せることあり。即ち赤道を堺として、その以北を日本が占領し、以南を英国が占領する申し合せを日英両国間に於て結び、即ち講和会議に於ても日英両国間互に助力して此協約の実行を期するに至りたるが、之れ誠に当然の要求と云はざるべからず。抑々《そもそも》日本がマーシャル、カロリン二島を占領せるは決して火事場泥棒的に占領せるに非ず。日本軍隊が南洋占領の結果、南洋に於ける独逸の勢力を駆逐し、南洋の制海権を聯合軍に収め通商航海の自由は固《もと》より、濠洲、新西蘭《ニュージーランド》の英国その他の軍隊は支障無く戦地に送られて非常なる功績を挙たるなり。この功績に対しては固より相当の報酬あるべき筈なり。即ち日本の之を取得するは当然にして飽く迄も此の議論を主張すべきなり。然るにその後に国際聯盟の草案に於ては独逸《ドイツ》植民地は国際聯盟の共同管理に移し、聯合国に於てある国を指定して管理を委托する事を規定するに至れり。即ち独逸植民地の全部は悉く之を聯合国の共有とし、この団体より或る国を指定し管理委托するといふこと今日一般に認めらるる処となれり。事爰《ここ》に至らばかくても尚ほ日本がマーシャル、カロリン二島を永久領土となす主張をなすは穏当に非ず。他の列国が凡てこの草案に従へば日本も亦之に従はざる可からず。風説に依れば大勢は已に之に決せりと云ふ。然るにこの際に於て吾人国民の耳朶を打つものあり。即ち外国電報は報じて曰く、濠洲総理大臣ヒューズ氏は南洋の旧独植民地は濠洲に於て管理すべく、この管理国は断じて濠洲ならざる可からず、若し仮りに我が濠洲と主義を異にする国に於て管理するに至らば、濠洲は全然之に反対すべしと断言せりといふ。其剛胆勇気愕く可きなり。此主張が果して行はるるや否や予言すべからざるも、今仮りに濠洲の主張通り南洋諸島を濠洲の管理に委することとなれば果して如何。日本の軍隊は今尚ほ南洋諸島占領中なるが、之等諸島悉く濠洲の管理となり日本は撤退すべしと云はれた様なるが、これ実に帝国の栄辱に係る大問題にして、また日本の面目に関する重大問題ならずや。人或は云はん、南洋は軍事上経済上日本と直接関係を有せざる故取るもよし取らざるもよしと。その態度極めて冷淡なる者多し。何ぞ思はざるの甚しき。吾人の南洋諸島の領有又は管理を望むは、ただ日本の面目を重じて云ふなり。日本の名誉に掛けて主張するなり。然も日本政府の講和に不熱心にして万事に冷淡の感ある点より考へて、吾人の云ふ処の必ずしも杞憂に非ざるを信ず。吾人は国民と共に政府を監督督励し帝国の主張貫徹に努めしむべきなり。

西伯利亜出兵問題失敗か

次は西伯利亜《シベリア》出兵問題なり。日本が西伯利亜に出兵せる数は現在の駐屯兵二万五千人位なるも、一時は総数七万三四千余人の多数に上り居りたり。元来西伯利亜出兵数については我国と米国との間に協定あり。兵力を同数にすべく協定し、米国の出兵数は七千人なるに不拘《かかわらず》、日本はその十倍以上に上りおれり。之れ何故ぞ。抑々《そもそも》前内閣が自衛的大出兵をなすの主張をなせる時、原君は之に対し米国と協定以外の兵を出すは断じて不可なりと極めて至当の説を唱へしと聞けり。当時我党の総裁加藤子爵は人を原君に遣はしてその同感なるを伝へ、併せてその主張に対し後援を吝《おし》まずと激励する処ありたり。然も原君が何時の間に如何なる変化を受けしや、日本の軍隊は続々として多数に出征しつつありたり。之は原君の変節改論の結果か否か審《つまび》らかに知るを得ざるも、兎も角日本兵は続々出征して西伯利亜よりイルクツクに亘る広大なる地域に散在するに至れり。然るに最近新聞紙の伝ふる処に依れば、大分七十二聯隊の三個中隊の兵士は隊長始め二百三十人悉く皚々《がいがい》たる積雪の中に無惨なる戦死を遂げしとの事なり。御承知の如く西伯利亜の大平原は茫漠として際涯を知らず。極寒の折柄雪は数丈の深さに達し、寒気は氷点以下数十度の凛烈なるものありしと想像す。此の荒涼たる平原に在りて陛下の軍隊が露西亜の過激派の如き切取り強盗山賊類と戦ふて非業の戦死を遂げしとは何事ぞ。余は此報に接して戦死の将卒及其遺族に対し衷心同情の感に堪えざりしなり。今若しこの山賊強盗が日本国内に起ればその数五人にても十人にても我が軍隊が之を掃蕩するは当然なる可し。而も西伯利亜は帝国の領土に非ず、何処までも外国の領土なり。この外国の山賊強盗の類を討伐するため天皇陛下の兵士諸君が、非命の死を遂ぐるは抑々之れ何の因果なるか。帝国出兵の理由目的については表面言明する者無きも、天下の識者が一致せる意見あり。そは東清鉄道、西伯利亜鉄道の管理権を我掌中に収むるといふに在り。帝国出兵の認むべき理由ありしとすれば、ただこの点に在りしなり。然るに英米の兵士が哈爾賓《ハルビン》、ハバロフスク、オムスクの一部分に出兵せるに対し、日本は米国の十倍に及ぶ大出兵をなし、西伯利亞の大部分に亘り鉄道の全線に亘りて占領し、多大の貢献をなせるに、日本は此の鉄道の管理に何等かの色をつけ得しや。新聞の報ずる処に依ればこの問題につき日米間に於て調印を遂げしとの事なるが、日本の利益のため未だ何等の色のつかざる如きは何ぞや。西伯利亜鉄道は暫く措く。東清鉄道の如きは日本と直接接続せる最も重要の鉄道なるに、これ又た西伯利亜鉄道と同じく米国の掌中に帰するが如きは何たる我外交の失敗ぞや。日米同等の位地に置かるるさへ帝国に取りては忍ぶ可らざるに、僅かに十分の一の兵力を出せる米国が却つて日本より優越の利益を占むるは之れ実に日本の屈辱、外交の大失敗と云はざる可らず。若し果してかくの如き事柄が事実となりて現れし時は、我国論は必ず沸騰すべし。否我が国論沸騰せずんば我国民は決して頼むに足らずと信ず。余は此点に於て県民諸君の注意を喚起せんと欲す。

（『浜口雄幸氏名演説集』）

一三　対支借款に就いて

［一九一九年（大正八年）六月四日、憲政会機関誌論説］

今回米国の提議に係る対支新借款団に於て、政治経済両借款を為さんとするに対し、大体に於て、趣意としては、政治借款は従来既に行ひ来りし既定の事実にして、之が可否に就ては議論の必要なし。然るに新借款団に於て、経済借款の共同放資に就ては、種々研究調査の結果、我党は大体に於て賛同す可からずとの意見を決定したり。固《もと》より列国との協調を重ずべきは勿論なれども、日本の立場、日本の経済的利害問題を決定する上に於て、且又日支共通の利益より判断を下すべく、此の見地より観察するに、先づ之を支那側より観るに支那国内に於ける列国の勢力範囲を打破し、而して各国の資本を支那に放資して、支那の産業を開発するの利益ありとは、是れ経済借款共同放資論者の主張する賛成理由にして、斯かる点に関しては、経済借款の共同放資は便利なりとせんも、夫れと同時に、列国の聯合したる強力にて、支那の自由を検束さるるの虞あり。此の点より観察するに於ては、支那自身の為に、不利益なりと謂はざるべからず。

次に之を日本側より観察するに、経済借款共同放資論者の主張に依れば、経済借款を従来同様、之を自由放資に一任するに於ては、日本は資力乏しく且金利高率なるが故に、米国の如き資力豊富にして、且金利低率なる国と競争するは、極めて困難なり。然るに経済借款を共同放資とするに於ては、米国の大資本に抱擁せらるるの利益ありと主張するも、必ずしも然らず。何となれば米国は固より資本豊富にして、且金利低率なりと雖も、地理並に歴史的関係に於て、且又言語其の他の諸点に於て、日本よりも不利なる地位に在り。日本は一葦帯水を隔つるのみにして、事業の調査並に放資に於て、各種の便宜を有するを以て、自由借款と為すに於ては、日本の資本の欠乏と金利の高率に基因する不利益は、之を償ひ得て余りありと謂ふべし。或は曰く共同借款たらしむるに於ては、日本の有する僅少の既得権優先権を犠牲に供して、英国の有する多大なる既得優先権に割込むの利益ありと。是亦必ずしも然らざるなり。従来我国の支那に有する借款又は既得優先権の僅少なるは当然にして、英国の如きは夙《つと》に支那に着眼して以て、今日多大の優先権を有すと雖も、日本は日清役以来にして、資本乏しく且つ短時日の割合には、好成績を挙げ得たりと謂はざる可からず。然るに欧洲大戦の結果は、我国資本の増加を来したるを以て、日本が支那に於て自由競争により活動すべきは、実に今後に属す。然るに共同借款たらしむるに於ては、自由競争不可能にして、是れ共同借款に加入するに於て、最も不都合とする所にして、賛意を表し得ざる所以なり。而して日支両国の関係は、単に債権国対債務国の如き、利子を収むるが如き単純なる関係に非ずして、特殊の利害関係あるは、到底英米両国の比に非らざるなり。然るに共同借款に加入して、単独の借款不可能なるに至らば、単に四人の債権者の一人たるに過ぎずして、我が特殊関係を拋棄せざる可からず。又経済借款は、各国の利害必ずしも一致するにあらずして大に異なるものあり。例へば鉱山、石油、棉花、羊毛等の如きは、我国最も其の開発を希望すれども、外国は必ずしも然らざるなり。又鉄道の敷設に就ては、之れが前後緩急の利害一致せず、日本は山東省の敷設を希望し、英国は揚子江流域の敷設を要求するは自明の道理なり。斯かる状態なるを以て、共同借款にて鉄道を敷設せんとするも議纏《まと》まらず、結局日本に利益ある線路の敷設を、後廻しに為さるるの虞なきに非ず。斯の如く利益関係を比較考慮するに、経済借款を共同放資たらしめずして、各国の自由放資に一任するに於ては、日支共同の利益なるは勿論なり。然るに現内閣は是等の利害を考慮せず、又対手国たる支那の意見を徴することなく、軽々に主義として米国の提議に賛同すべき旨を回答したるは、其の失態たるを失はず。果して支那が政治経済両借款を共にするを好むや否やに就て、隔意なき交渉を遂げて以て其の決定を俟ちて、然る後外交上の折衝を為すべきが当然なり。然るに今日に至るも尚支那とは没交渉なりと公言するに至りては、失当の甚だしきものにて、吾等の極力現内閣の責任を糺弾せざる可からざる事柄なり。然るに既に政府に於て、主義として米国の提議に賛同を決定したる以上、最早之を覆すこと不可能にして、今後に於て採るべき手段は他なし。我国が主義として賛同したる以外の事項は、総て未定なるを以て、従て我党は是等の点に関し、充分論議して国民に訴へ、以て国論を喚起すべき余地あり。即ち主義賛同の精神を害せざる範囲に於て、日支両国の利益の為に、政府既往の失政を攻撃すると共に、将来に向つては政府に警告を与ふるを以て、最も穏当且適切なる手段なりと確信す。此の趣意に則り、之が善後策として、政府に警告せんが為、決議文最後の三箇条項の貫徹を以てしたる次第なり。

該三箇条項は事理極めて明白なりと雖も、之を簡単に左の如く説明せん。

第一項　満蒙に於ける我優越権は、天下の既に認むる所にして、之を除外するは固《もと》より当然にして、又山東省に於ける帝国の経済上の利権は他国と異なり、条約上より得たる利権にして、外国の支那に於ける利権は、私的契約上の利権なり。而して我国の該利権は単に日支両国の条約上の利権たるのみならず、過般ヴエルサイユの講和会議に於て、講和条約作成に際し、既に聯合各国の等しく承諾したる利権なり。之をして外国同様に新借款団に提供するの理由なし。是れ即ち山東省に於ける我利権の除外を主張する所以なり。

第二項　将来の経済借款を、全部新借款団にて放資するは固より論なき所なるも、既得の優先権は、各国が幾多の努力と犠牲の対償として獲得したるものなり。然るに之を一律に新借款団体に提供するが如きは決して穏当ならず、故に之を提供すると否とは、各国の随意とする所以にして、又国によりては、自国の有する既得優先権を保有するを不得策なりと為すものあれば、之を随意とするを穏当なりと思惟す。

第三項　経済借款の種類を、鉄道、運河、治水等の如きものにして、且大資本を要する事に限定したる所以のものは、経済借款の自由放資主義に基くものにして、成る可く経済借款共同放資の種類を制限せんとするに外ならず。而して鉄道の如き大資本を要する事業は、各国の単独にては放資不可能にして、且公益を意味するものなるを以て、之を共同借款たらしむる所以なり。然れども鉄道と雖も、軽便鉄道又は鉱山を聯結する鉄道の如き、小資本を以て敷設するを得べきものにありては、之を自由放資とするは勿論にして其の他石油、棉花、羊毛等に対する放資は、各国の自由範囲に一任す。是れ全然日支両国の共同利益擁護に外ならざる也。

（『憲政』）

一四　国民生活の危機

［一九一九年（大正八年）八月一〇日、憲政会関西大会での演説］

欧洲大戦の結果として、我国に於ける諸物価は驚くべき騰貴を告げ、日銀の調査に成る物価指数によれば本年五月の織物は之を戦前の大正三年五月に比し、平均実に十二割六分の騰貴を示し、尚ほ東京商業会議所の調査に拠るも、東京市内の衣食住の平均価格は戦前に比すれば十二割の騰貴に当れり。而も此物価騰貴は近時益々甚しく、殆ど其の底止する所を知らざらんとす。加之《しかのみならず》最近の特徴として、諸物価は殆ど平均に騰貴をなし来れるが如く、今日の趨勢を以てせば、物価は当分の間下落の見込なきものの如し。物価の騰貴は直ちに国民大多数の生活を困難ならしめ、少数の富豪成金及び有利事業に従事しつつある労働者の如きは幸にして好都合なるも、多数の中産階級及び不熟練労働者等の生活上の困難名状すべからず。此の事実は吾人が新聞紙上に於て、日々之を知り得べし。加之更に聞く所に拠れば、故《ことさ》らに新聞紙上に報道されざるも生活難に原因せる自殺、殺人等悲惨事件の続出頻々たるものありと聞けり。特に各地に於る俸給生活者の団体組織、学校教員の増俸運動等考慮し来れば、洵《まこと》に前代未聞の事と云はざるへからず。彼等は自己の地位人格を重んじ、今日まで忍ぶべからざるを忍びつつありたるものにして、彼等の不平鬱屈が、終に表面的運動と化したるに想ひ至らば、吾人は衷心より彼等の生活難に同情せざるを得ざるなり。定職ある労働者は、今日の処幸に収入多く生活の困難甚しからず。されど他日世の不景気に遭著し、之が収入減少するあらんには、無教育の労働者の行動は、蓋し那辺に及ぶべきや、測り知るべからざるなり。是洵に国民生活上の危機なりと云はざるべからず。

而して生活問題は当然思想問題と関聯し、世界大戦の結果は各国の思潮界に激変を及ぼし我国亦其影響を免るべくもあらず。茲《ここ》に於てか思想善導の問題は朝野今日の喫緊事に属す。而して国民生活の状態良好なる場合に於ては、思想善導の方法比較的容易なるも、之に反して国民生活の脅威甚しく、神経の平静を失ひつつある今日の状態にありては、国民の思想善導は洵《まこと》に困難なりと云はざるべからず。即ち一種の危険過激の思想が、此の生活の罅《か》隙《げき》に浸入せば、世道人心上に如何なる動揺を生ずべきか測るべからず。今日は正に此の危機に逢会せり。故に曰く今日は実に国民生活上の危機にして、同時に国民思想上の危機なりと。然らば即ち為政家たるものは、其の当然の責任として、万難を排除して思想の善導の方法を講ずると同時に、国民生活の不安を除くことに努力せざるべからず。

原内閣は此国民生活上の脅威を除くべく、既往十一ケ月に亘りて、果して徹底せる有効の政策を取りたるか。吾人は其の事の絶無なるを遺憾とせざるを得ず。思ふに寺内内閣崩壊の原因種々なるべしと雖も、就中《なかんずく》昨年八月突如として崩壊の運命に接せる其の動機こそ、実に昨年八月に於ける米騒動に在りたる事は天下周知の事実なるにあらずや。而して寺内内閣に代りて成立せる現内閣の責任は、先づ以て物価の調節に全力を注ぎ、国民生活上の不安を除却し、以て内閣更迭の意義を全うせざる筈にあらずや。固より原内閣と雖も今日まで出来る限りの苦心経営を尽したるならんも、不幸にして其の苦心効を奏せざるを如何せむ。試みに吾人生活上の必要品六種に就て見るも昨年八月不詳事件の勃発せる当時と、本年五月に於ける物価を比較すれば、米価は九分一厘、砂糖は三割四分五厘、味噌は二割一分一厘、醤油は一割一分七厘、白木綿四割二分六厘、薪一割四分七厘、石炭八分二厘の騰貴を示せり。本年六月の相場は未だ取調べざるも、五月に比して更に一層の騰貴を示せる事は明ならん。内閣の諸公は之が調節に就き苦心経営を吹聴し、又種々なる名論卓説を広告し、頻りに弁解を試むるものの如きも、論より証拠、事実は何よりの雄弁にして、数字の前には百の名論卓説も何等寸毫の価値なきを如何せん。此くの如きは畢竟現内閣の誤れる物価政策が齎らせる結果に外ならず。

即ち試に之を論ぜんに、近時物価騰貴の原因に就て概括的に云へば（一）戦争に基く物資の需要供給の変動（二）

通貨の膨脹（三）運賃保険料の騰貴を数ふるを得べし。而して第三は休戦と同時に著しく緩和されたるを以て暫らく之を省略するも、第一第二の原因の内、其の何れを主因とし、何れを副因となすかは各人の観察によりて異なるべきも、兎に角に其の程度の如何に拘らず、二者何れも物価騰貴の原因を為したることは天下の通論なり。然るを原内閣は天下の通論に背馳し、物価の騰貴は専ら物資の側に於ける需要供給の変動に基くものとなし、通貨の膨脹は物価騰貴の原因にあらずとせり。尤も此の説は高橋蔵相の専売にあらず。前内閣の蔵相亦大体に於て之と同説にして、当時吾人の主張せる通貨抑制策に耳を藉《か》さざりしが為め通貨は寺内内閣当時より既に業《すで》に非常の膨脹を続けたるに、現蔵相に至つては更に極端なる意見を抱持し、通貨の膨脹は物価と無関係なりとし、通貨の膨脹抑制に意を用いず。通貨は正貨の増加と共に益々膨脹して非常の巨額に達せり。兌換券のみに就て見るも、戦前三億台なりしものが、本年六月末に於て十億八千万円となり、上半期決算を経過せる今日尚ほ九億以上に達し、戦前に比し約三倍の膨脹を見るに至れり。斯の如くにして何ぞ物価の騰貴を惹起せざらんや。吾人は物資の需給変動が、或種類の物資の価格に及ぼしたる影響を軽視するものにあらずと雖も、一般的物価の騰貴に至りては、主として此の通貨膨脹に其の因を帰せざるべからず。蔵相が物資の供給不足を以て、物価騰貴の原因の一に数ふるは可なり。然らば政府は物資の供給増加に就て果して如何なる政策を取りたるか。

試に米に就て見んか。彼の開墾助成法の制定は現内閣唯一の誇りなりと雖も、其の規模小にして論ずるに足らず。本法の目的は十五年を期して二十五万町歩の耕地を増加するにあり。若し法律の目的を達する時は十五年後に五百万石の供給を増加すべしと雖も、一方人口の増加年に七十万として、十五年後は千五十万人を増加すべし。一人の消費一石五升とするも千百万石の消費を増加することとなるべし。五百万石の増加は人口の増加による消費増加の半分にも当らざるにあらずや。政府は何故に今少しく大規模の計画を立てざりしや。仮令大規模の計画を樹つるとするも、其の成功は十五年の後にありて、到底吾人明日の米櫃《こめびつ》を満すに足らず。

其他の政策は昨年十一月に於る関税の撤廃なり。這《こ》は勿論為政の常道なるべしと雖も、之を行ふと同時に何が故に損失補給の積極的施設を断行せざりしや。戦後欧洲、殊に中欧諸国に於て多量の食料品を要し、其の結果外国米の大需要を喚起し、産地相場の騰貴を見るべきは、当時予想すべかりし事実なりき。果して然らば関税障壁の撤廃のみを以ては、到底外米の大輸入を招く能はず。大輸入を招かんとせば商人の自由輸入に放任すべからず。必ずや政府進んで之が損失を補填するの政策を定むべきなり。我党が昨年末以来外米輸入に就き積極的施設を実行すべしと主張せるは之が為めなり。然るに政府は毫も之に耳を藉すなく、依然自由放任の政策を改めざりしが故に、適当の時機に於て外米輸入の目的を達する能はず。現に邦商が彼地にて多量の外米を買付け、将《まさ》に内地に輸送せんとするに当り、内地の米価が偶々低落を告げたるより、商人は採算上内地輸入の不利益を思ひて、彼地にて売戻しを為したりと聞く。斯の如くにして何ぞ米価調節の目的を達するを得んや。思ふに今日以後輸入し得べき外米の数は極めて少く、相場は昂騰せり。此危機に際し、国民は果して端境期を円満に経過し得るや否やは、吾人の大いに疑問とする所なり。

原首相は、東京大阪に於て外米の山を築くべしと豪語し、農相亦外米百五十万石の輸入を為し、以て市場を緩和せんと説けるも、政府は既に市場の信用を失墜せるが為めが、市場の相場は容赦なく奔騰を続け、遂に正米の平均相場四十七八円、白米小売相場一等五十七八円といふレコードを造りたるは、明に政府の不信用を表徴するものにあらずして何ぞ。今日は時機既に遅れたりと雖も、外米損失補給の確定的政策を実行し、以て世界の各地より価格の如何に拘らず之を買付輸入し、而して其の損失は国庫に於て負担すべきのみ。然るに拘はらず、之を断行するが如く又せざるが如く、国民に不安の念を懐かしめつつあるは洵《まこと》に遺憾に堪えざるなり。

次に政府当局が需要の増加を以て、物価騰貴の原因の一となせるは洵に可なり。然らば政府は需要の緩和に就て如何なる政策を実行せりや。今日の場合法律を以て一人一日の消費を制限し、或は法律を以て代用食を強制せんとするが如きは、到底実行不能に終るべきを疑はず。然れども吾人は需要の調節は、自ら別に其の途あるを信ず。即ち貯蓄を奨励して購買力を減少するも一法なり。労働者の収入は今日概して良好なるを以て、有効なる貯蓄奨励の政策を実行し、此方面の需要を調節すること極めて必要なり。例へば郵便貯金の利子を引上げ、少額面勧業債券の発売、少額の国庫債券の発行等即ち之なり。七月十六日発売発行の二十五円国庫債券一千万円は、貯蓄奨励公債の民衆化の手段として効力乏しきものと云はざるを得ず。何となれば二十五円の額面は、今日の民度に於て尚高きに過ぐ。其の発売により て貯蓄奨励の目的を達せしむるものとせば、最少額面五円となすか、若くは少くとも十円と為すを要すべし。之に割増金を附するも亦有効なる方法なりと考ふ。然るに政府は貯蓄奨励の有効なる方法を講ずるなく、彼等が今日まで為したる所、一に曰く四大臣連署の訓令、二に曰く、標語の募集、即ち斯の如きのみ。大正八年度の予算に於る貯蓄奨励費二十余万円は、如何に之を利用せんとするやを知らざるも、講演、活動写真、蓄音機等、殆ど児戯に類するもののみにして、吾人は真面目に之を評するの勇気なし。

想ふに物価調節の応急策としては、其の輸入不足に原因するものに対しては積極的手段に訴へ、国庫の負担を増加してまでも、之が輸入を促進し、其の輸出増加によるものは、深く利害得失を考慮し、物資の種類を選択して之が輸出を制限し、以て内地の供給を潤沢ならしむべし。又需要の増加に依るものは、郵便貯金利上、少額債券発売等の如き、有効なる方法により貯蓄奨励の実を挙げ、以て下層社会購買力の減殺を図るべし。而して之と同時に一般的の騰貴に係るものは、宜しく対外放資、臨時国庫債券発行等の方法を活用し、以て通貨の膨脹を制し、且つ時機と程度を考慮して、徐《おもむ》ろに日銀利子の引上を行ひ、財界の警戒を加ふべし。然るに現政府は以上の如く一も徹底せる有効なる政策を行ふこと能はず。徒らに無為無策、手を袖にして国民生活の不安日に益々甚しきを傍観しつつあり。昨今の新聞によれば、政府も愈々通貨収縮の已むべからざるを覚悟し、既に之が実行に着手せるが如く記載しあり。而して其証拠として軍事公債八千万円の発行を主とし、之に各種特殊銀行会社の増資若しくは社債発行を指摘しあり。然れども吾人を以て見れば八千万円の公債は即ち軍費支弁予算実行の為にして、財政の必要已むを得ざるに出で、毫も通貨収縮の意義を有するものにあらず。世人が之を以て政府の俄かに通貨収縮に発心したるが如く思惟するは、断じて正鵠を得たるものにあらず。且内債発行の通貨収縮に及ぼす影響は極めて一時的にして、其効果極めて微弱なり。場合に依りては一年を通じて見るときは、却つて通貨膨脹の結果に陥ることあり。而かも之を以て通貨収縮政策の実行と為すが如きは、其の何の意たるを解するに苦しまざるを得ず。通貨収縮に有効なる募債政策を行はんとせば宜しく民衆的に臨時国庫証券を公募し、依て以て対外放資を為し、若《もしく》は外国為替の買入をなすべし。若夫れ国際汽船会社社債の募集を以て、通貨収縮の為なりと解するが如きは寧ろ噴飯に値ひすべし。

夫れ斯の如くにして内閣更迭の意義、夫れ那辺にか求めん。諸公は如何にして上聖明に答へ奉り、下国民に見《まみ》えんとするや。諸公にして其責任を自覚する能はずんば吾人は国民と共に、進んで其の責任を問はざるべからず。

（『浜口雄幸氏名演説集』）

一五　通貨収縮問題に就て高橋蔵相に答ふ

［一九一九年（大正八年）一〇月、憲政会機関誌論説］

高橋蔵相は、先月二十五日の時事新報紙上に「通貨と物価」と題する長文を寄せ、頻に通貨収縮問題に対する自家の立場を弁明せられたり。抑々《そもそも》物価調節問題に対する予の主張は、機会ある毎に詳細に之を発表して、余蘊《ようん》なきに近しと信ずるも、蔵相の論文中、屡々予の姓名を引用せられたるのみならず、甚しきに至りては予等反対党を目して反対せんが為めの反対なりと断ぜられたるを以て、予は公人の立場として黙して止むべきにあらず。依て聊《いささ》か予一個の私見を述べて、蔵相の所論に酬ひ、公平なる識者の判断を乞はんとす。

蔵相が通貨の膨脹を以て物価騰貴の一原因なりとし、「徹底的に通貨の収縮を図るに於ては、物価も亦徹底的に下落すべき」の理を諒解せられたるは、国家の為め慶賀に堪えざる所なり。蔵相既に這般《しゃはん》の大事を悟了す。何ぞ速に有効なる通貨収縮の方策を確立し、著々として之を実行せざる。其の方策を実行する程度の「徐々」なると「急激」なると、「済《な》し崩し的」なると「衝動的」なるとは、素《も》と之れ実行当局者の手心の問題にして要は時に臨んで緩急宜しきを制するにあるのみ。其方策の何たるを問はず、通貨収縮の手心は断じて一時的急激なるを許さず、「徐々的」「済し崩し的」たるを要す。何となれば前内閣以来、政府当局者の無為無策の結果、膨脹に膨脹を重ねたる今日の通貨を、非常手段により一時に急激に収縮せんと試むるは、之れ啻《ただ》に不可能事たるのみならず、実に一国経済の組織を破壊すべければなり。吾人が通貨収縮を唱道するや、政府及反対党の諸氏が、誤解か曲解か、吾人の主張を以て、我国の通貨を一挙にして戦前の状態、即ち現在額の約三分の一に収縮せしむるにありとなし、或は斯の如く甚しきに至らざるも、一時に二分の一若くは三分の二に収縮せしむるにありとなし、斯の如き荒療治の結果が、産業貿易に及ぼす悪影響を列挙して、吾人の通貨収縮論に反対せしもの比々《ひひ》皆な然り。之れ明に吾人の真意を誤解若しくは曲解せしものにあらざるはなし。吾人の主張する所は、既に通貨の収縮が物価の調節に必要且つ有効なるを認むる以上は、通貨を収縮すべき具体的の方策を確定し、緩急を計つて、著々之を政策の上に実行するにあり。而して其之を実行するや、徐々にして且つ継続的たるを要す。之を徐々にするは、経済界に一時の激変を生ぜしめざらんが為めなり。之を継続的にするは、経済界をして自然的に通貨収縮の趨勢に適合せしめ、遂に有効なる物価調節の目的を達せんが為めなり。予が通貨の収縮は「徐々」たるべく「済《な》し崩し的」なるべしと主張するは、以上の趣旨に基くものにして、其目的とする所は、何処までも有効なる通貨の収縮にあり。有効なる物価の調節にあり。唯目的を達する順序が、「徐々たり」「済し崩し的」たるを要すと言ふのみ。

蔵相が予の所謂「徐々」にして「済し崩し的」なる通貨の収縮に共鳴せられたるは、歓迎を表するに吝《やぶさか》ならざれども「徐々」を以て不徹底なりとなし、「済し崩し的」を以て有効ならずと知りながらも、尚ほ且つ「徐々」にして「済し崩し的」なる通貨収縮論者を以て、甘んぜらるるに至りては、到底常識を以て解釈すべからざるに似たり。蔵相は曰く「我輩は徹底的通貨収縮の物価調節上有効なる事は百も承知して居るけれども、今日の我経済界の事情に鑑み、有効なる収縮策を行ふ事は、却つて不利益なりとして之を行はないだけのことである」。又曰く「穏健なる手段、換言すれば徐々に済し崩し的に通貨の収縮を計つて居るのである……。我輩は之等の手段を以て、通貨収縮の穏健手段と信ずる。若槻君や浜口君などの唱ふる徐々に済し崩し的の通貨収縮手段を信ずるのである。而し其結果に至つては、手段が徐々に済し崩し的なるだけに、十分に通貨収縮の目的を達し得ないと言ふ丈けの事で云々」。蔵相は有効なる収縮策を知るも不利益なりとして之を行はず、又蔵相自ら今日実行しつつある通貨収縮策が、収縮の目的を達し得ざる事を裏書して天下に発表するに至つては、実に驚き入らざるを得ず。

按ずるに蔵相の所謂穏健手段として現在実行しつつある通貨収縮策は、蔵相の自認せるが如く、政策夫れ自体に於て通貨収縮上本来無効なるか、仮令無効にあらざるまでも其の効力極めて少なきものなり。具体的奨励策を伴はざる貯蓄の奨励、軍事公債、事業公債の募集の如きは前者に属し、輸入手形引受、輸出保証手形発行の如きは後者に属す。吾人の主張する通貨収縮策は、政策夫れ自体に於て、本来通貨収縮上有効なる確信を有す。唯だ此の有効なる収縮策を実行するに当つて、「徐々に」「済《な》し崩し的」なるべしと言ふにあり。吾人と蔵相と二者本来の主張を異にす。其氷炭相容れざるや固より当然なり、乞ふ一二の実例を以て之を証せん。

例えば予の見る所に拠れば、日銀公定利子の引上げの如きは、通貨収縮の有効なる方法の一なりと雖も、一時に四厘若くは六厘と言ふ如く、急激の引上げを為す時は、財界に激変を生すべきを以て之を避け、先以て軽微なる引上げを行ひ、時機を見て更に第二回乃至第三回の引上げを続行するが如し。斯の如き方法を採る時は、財界は自然に緊縮の大勢を馴致し、而も之が為めに財界に激変を生ぜずして、通貨収縮の目的を達することを得べし。然るに九月四日日本銀行が二厘方の引上げを行ふや、政府は之を以て通貨収縮の目的にあらずして、日銀の自衛に出でたるものとなし、将来も断じて通貨収縮の為めに利上げを行はずと明言せられたるにあらずや。斯の如きは政府が通貨収縮の誠意なきを明にし、事業濫興、投機熱煽揚の結果を招徠するものにして、吾人の主張と政府の主張との間に踰《こ》ゆべからざる溝渠あるを示すものなり。

又公債募集の如きも、政府にして果して通貨収縮の誠意あらば、軍事公債、事業公債の如き、通貨収縮上無効の募債は成るべく之を後廻しとなし、何よりも先に臨時国庫証券を発行し、之を以て正貨の買入に充当せば、以て通貨膨脹の勢を抑制することを得べきに拘らず、政府は軍事公債及事業公債の募集を先にし、臨時国庫証券の発行を後廻しとなしたるが故に、臨時国庫証券三億円の発行権能を有しながら、年度開始以来今日に至るまで、僅に四千万円を発売したるのみにして、偶々市場の変化に逢遭し、残額二億六千万円の未発行額を擁して、空しく通貨の膨脹を見送らんとす。予は穏健なる通貨収縮論者を自称する高橋蔵相の誠意を疑はざるを得ざるなり。

次に郵便貯金利子の如き、現行率四分八厘にして、銀行預金とは甚しき懸隔あり。之れが引上げは貯蓄奨励上有効なる手段に属するも、予は今日の四分八厘より一躍して六分乃至七分見当に引上ぐべきを主張するものにあらず。之を其の中間相当の程度に引上ぐるも何んぞ蔵相の憂ふるが如く民間銀行預金に著しき影響を及ぼすの虞あらんや。而も之に依つて銀行の華客とは其の種類を異にする中以下階級の貯蓄心を鼓舞奨励し、有効なる通貨収縮を為すことを得べきにあらずや。然るに蔵相は「郵便貯金利子の引上げに至つては、民間銀行預金若くは貯金と競争せしむるの結果を誘発するや必然なるを以て、断じて行ふべきものでない」と放言して憚らず。蔵相は穏健手段を以て通貨収縮に努力しつつありと言はるるも、畢竟之れ口舌の上に止り、凡そ通貨収縮上有効なりと思惟せらるる方策は、種々の口実の下に悉く之を排斥し去つて、而も却つて得々たるが如きは抑々《そもそも》何の心ぞや。海外放資に至つても亦然り。海外放資は政府の手を煩すことなく、民間自ら之を行ふを以て常道となす。然れども彼我金利の相違と為替相場変動の危険とは、民間をして海外放資を行はしむるに便ならず。此の不便を排除し、有効なる海外放資を行はんが為め、暫く権道を採り政府自ら放資の衝に当るを要す。其方法としては、公債募集金を財源として、政府自ら民間の債権に属する正貨を買入れ、更に政府の手により其買入正貨を外国に於ける確実なる有価証券等に放資するにあり。斯の如くする時は、政府は内外利子の鞘を損するのみならず、他日其放資金を回収するに当つて、為替相場の変動による危険を負担すべしと雖も、苟も通貨の収縮、物価の調節が、国民経済上並《ならび》に国民生活上、緊急の必要ありとする以上は、政府として多少の損失を負担するは蓋し止むを得ざる事に属すべきのみならず、斯の如きは寧ろ政府当然の職責なりと言はざるべからず。是れ予が一昨年以来唱道し来れる所にして、帝国議会が政府に対して臨時国庫証券発行の権能を附与したる趣旨も亦た之に外なら［ずと言は］ざるを得ず。然るに政府は臨時国庫証券発行に就て誠意を有せざる事前述の如し。蔵相は「況んや巨額の対外放資をするとしても、何処に其資金がある。在外正貨の十億余円は日本銀行と政府の所有だ。民間の自由になる金ではないのである」と言はれたるも、正貨が日本銀行の所有に帰する前は、即ち民間の所有にして、民間所有の正貨が日本銀行に売却せらるるが為め、通貨の膨脹を惹起するものなるが故に、政府が公債募集金を財源として、民間正貨の買入を為し、之を海外に放資するに於ては、日本銀行所有の正貨は今日の如く増加する事なく、従て通貨は今日の如く膨張することなかるべし。今日以後と雖も貿易関係及び貿易外の関係を通じて、我国の正貨受取勘定継続する限りは、政府は募債の方法により正貨買入、海外放資を行ふにあらざれば、今日以上に通貨の膨張を免れざるべし。而かも此方法によりて政府が海外放資の責任を取る時は、正貨の流入より生ずる通貨の膨張を抑制することを得るのみならず、輸出超過の結果、流入すべき正貨を海外放資に転用するが故に、貿易発展上何等の障害となる事なく、依然として輸出超過の勢を継続し得べく、之に加ふるに我国は外国に債権を設定し、他日の用に供し得るの利益あり。然るに蔵相は無造作にも、我国の金利は海外列国に比して高率なるが故に、海外放資を為さむとするも借手なしと称して、通貨の膨張を成行に放任して顧みざるが如きは、政府として其責任を尽さざるものなり。予は蔵相が一国の大蔵大臣として、今日の難局を処理せらるる上に於て、今少しく国務に親切ならんことを希望せざるを得ず。

以上予は、通貨収縮の具体的方策の主要なるものとして、従来唱道し来れる日本銀行公定利子引上げ、臨時国庫証券募集、郵便貯金利子引上げ、海外放資の諸点に就て、予の主張を明にし、以て蔵相の質問に答へ、併せて公平なる識者の判断に訴へたるが、予の通貨収縮策は、右の外尚ほ在外正貨準備を、徐々に兌換準備より除外すること、割増金付少額勧業債券、貯蓄債券の発行等を数へざるべからずと雖も、之等は混雑を招くが為め、暫く省略すべし。

以上の方策は必ずしも同時に之を行ふべしとの趣旨にあらず。之れが実行の順序程度は、其の当時の経済界諸般の事情によりて、緩急宜しきを制せざるべからず。通貨政策以外に、個々の物資に対する特種の政策は、物価調節上必要なるべきを信ずるも茲《ここ》には之を省略する。若し夫れ政府が這般《しゃはん》発表したる社会政策的各種の施設に至つては、所謂「煦々《くく》を以て仁をなし孑々《けつけつ》を以て義となす」の類にして、物価調節上、重きを置くに足らざること、其の当時予の既に批評したる所の如し。

要するに予の主張する収縮策は、夫自体に於て本来有効なりと確信するものなり。唯之を実行するの手心として、「徐々」に「済《な》し崩し的」に、而も経済的に行ふべしと言ふのみ。之れ産業界経済界に激変を生ぜんことを虞るればなり。蔵相が「若し此手段を尽して通貨の収縮を計らんか、即ち或は徹底的に其の目的を達し、物価を下落せしめ得るかも知れない。否必然物価を下落せしめ得るのであるが、其の結果は如何。各種事業会社の破綻となり、其の副結果として一般労働者の失職を招き、農村をして疲弊せしめ、又一方対外的発展を抑圧し、之を萎縮せしめざれば止まざるに至るべきは、火を睹《み》るよりも明である」と断定せられたるは、殊更に誇張の言を以て反対論者を威嚇さるるものに外ならず。固《もと》より急激に且つ極端に之等の手段を併発して、毫も顧慮する所なくんば、其の結果は或は蔵相の言の如くなるべしと雖も、予は元来斯の如き急激論者にあらず。財界に及ぼす影響を顧慮しつつ「徐々」に「済《な》し崩し」的に、而も経済的に之を行ひ、通貨収縮の目的を有効に達成せんとするものなり。蔵相の如くに始めより、夫自体に於て有効ならざる通貨収縮策を有効ならずと知りつつも、漠然茫然として之を行ひ、其果して通貨収縮の目的を達せざるに及んで、始めて之を懺悔して世上の諒解を求むるものとは、聊《いささ》か立脚点を異にするものなり。高橋蔵相は既に有効なる徹底的なる通貨収縮策を行はざることを言明せられたり。蔵相は斯の如き言明の結果が、我国の経済界国民生活及国民思想上に及ぼすべき重大なる影響に就て、当然其責任を負はざるべからず。投機的企業熱旺盛にして、事業濫興を極め、心あるものは何れも他日の反動を憂慮しつつある時に当つて、蔵相の言明は薪上更に油を注ぐの感あり。想ふに狂奔せる現下の経済界は、蔵相の弁明を得て、企業熱投機熱之より益々熾烈なるべし。企業熱投機熱悠々盛んにして、他日経済界全体を通じて、反動の襲来に逢ふの時、産業界経済界の蒙むるべき惨状悠々大なるものあるべし。今や株式熱は独り都会地に於て旺盛を極むるのみならず、広く地方の農村に浸潤して、淳朴なる地方農民を駆つて、株式投機熱に没頭せしむ。之れ啻《ただ》に村落の農民をして、彼等の特徴たる質実剛健の美風を銷磨せしむるのみならず、一旦反動来に逢会し、財界の動揺、株式の暴落を見る時は、其の惨状果して如何ぞや。然るに国務の重寄に居るもの之を之れ想はずして、軽々しく投機熱煽揚の政策を取り、之を言明して顧みず、遺憾何ぞ極まらん。蔵相は頻に他日の経済界反動来を予期し居る旨を言明し「此の虞あればこそ、種々の穏健なる手段を以て、通貨の収縮を計りつつあるのである」と述べられたるも、蔵相自身の自白せるが如く「通貨収縮の目的を達し得ない」以上は、反動予防の効果は蓋《けだ》し絶無なりと言はざるべからず。又例の手稿に「一面物価の抑制に資すると同時に、他面之によつて国民をして恒産あらしめ、他日反動的時期に処するの準備たらしめんことを期し、之が為に各種の施設を実行せり」と述べられたるも、其の所謂各種の施設が蔵相の自認せる如く、更に効果を奏せざるのみならず、此以上有効なる通貨収縮策を行ふの意思なき事を言明して、企業熱を煽揚さるる以上は、他日の反動的時期に処すべき折角の婆心も、却つて反対の結果を生ぜんことを恐る。

政府の所謂穏健手段なるものが、蔵相の自白せるが如く、通貨収縮上有効ならずとせば、論理上有効なる物価調節を為す能はざることを自認したるものと言はざるべからず。果して然りとせば国民生活の不安は、遂に救済すること を得ず。国民生活の不安にして永く救済せられずんば、勢の趣く所、国民思想上容易ならざる事態を生ぜんも知るべからず。現今中流以下の労働階級の間に磅礴《ほうはく》なる思想界の変調が、政府当局の眼底に映ぜざるは、予の頗る怪訝《けげん》に堪えざる所なり。

通貨の収縮は貿易の発展を阻害すべしとは高橋蔵相の最も恐るる所にして、政府並に与党の曩《さき》に一斉に唱道する所なり。思ふに之に依て政府の経済政策に対する事業界の同情を博せんとするものならん。然れども既に述べたるが如く、公債募集、海外放資の手段に依つて通貨の収縮を為すときは、輸出超過の結果、我国の受取勘定となるべき正貨は海外に放資せられ、我国の債権として存置せらるべきが故に、之に依て海外貿易発展上、何等の障害を生ずることなきを信ず。之に反して政府が今日の如く有効なる物価調節を行はざる結果、物価の奔騰底止《ていし》する所を知らざるときは、輸出貿易は阻害せられ、海外に於ける我国商品の販路は侵食せられ、輸入は漸を追ふて増加すべく、我国の外国貿易は、再び戦前の逆潮に復帰すべし。遠き将来の事を予測する迄もなく今日の貿易状態は、既に如上の徴候を現はせるにあらずや。而して其主なる原因が物価の暴騰に存すること又疑を容れず。此の如きは政府の経済政策が却て貿易の発展を阻害するものにあらずや。蔵相以て如何となす。

之を要するに蔵相の所説を翫味すれば、大要左の五点に帰着すべし。

（第一）通貨を収縮すれば物価は下落す。

（第二）然れども通貨収縮上徹底的有効なる手段は、今日の経済界の事情に鑑み、却て不利益なるが故に之を行ふの意思なし。

（第三）故に政府は穏健手段なるもののみを行へり。

（第四）然るに穏健手段の結果は充分に通貨収縮の目的を達することを得ず。

（第五）茲に於て反対党の若槻浜口に向つて、通貨収縮の手段を問ふ。


といふに外ならず。苟も大蔵大臣にして自己の実行し来りたる政策が、其の目的を達し得ざることを自覚し、而も之れ以上有効なる政策あるを知るも、之を実行するの意思なしと公言して憚らざるに至つては、其の無誠意無責任真に驚くに堪えたり。斯の如き政府の存在する限り、国民生活の不安、日を追ふて益々甚しきに至らんこと必せり。最近国民思想の変調と相俟つて、社会上政治上如何なる患害を貽《のこ》さんも図り知るべからず。国家の為め転《うた》た深憂に堪えざるなり。

（『憲政』）

一六　普選は国論なり

［一九二〇年（大正九年）五月、憲政会機関誌論説］

総選挙の結果は政友会多数を占むるに至れるも、此多数たるや単に形式的にして、事実は却て政府不信任の表現と認むるを得べし。即ち智識階級の都市に於ては悉く政府党の惨敗に終り、郡部に於てのみ政府の勝利に帰せるのみ。而も国民全部の普通選挙を是なりとするに非ずんば、之を実施する能はずと云ふ理由なし。若し斯くの如き緩慢なる政治を行はんか、国家の発達は何れの日にか之を望むを得ん。洵《まこと》に前途遼遠と云ふべし。少くとも我国は先覚者の主張にて時代の趨嚮を察し、之を国政上に実行したるは過去の国史の能く之を証する所、彼の廃藩置県の如き、徴兵令並に義務教育令発布の如き、又は憲法発布、乃至は国会開設の如き、何れも国民全部の要求にあらざりしも、有識者階級の主張に依り実現を見たる次第にあらずや。加藤総裁の演説せしが如く、全国民に徹底する迄普選案の実行を待つに於ては、今日自覚せる智識階級は待ち遠しく感じ、或は之が為危険なる各種の運動の起るなきを保し難し。而も這次《しゃじ》の総選挙に於ては前述の如く首都を始めとし、全国の各都市竝に智識の進歩せる地方は悉く普選に賛成したれば、普選は今や国論たること明白にして、殊に官吏教員等智識階級の挙《こぞ》つて政府反対の候補者に投票したりと云ふの事実は空前の現象にして、如何に国民の有識階級が普選を急務とせるかを窺知するに足るべし。而して我党は従来の主張に則り即決否決を覚悟して来るべき特別議会に普選案を提出すべきは勿論なり。終りに臨んで予は重ねて言はんとす。即ち政府の信任を表白されたるは僻遠の地方に於てのみにして、之れとて政府の権力及金力を濫用したる結果なるは云ふ迄もなく、我党は目下此方面の調査進行中にして、近く政府が国民の信任を受け居らず、又選挙に多数を贏《か》ち得たるは単に形式に止まるの事実を明かならしむるに至るべし。

（『憲政』）

一七　原内閣の責任

［一九二〇年（大正九年）一〇月六日、憲政会東北大会での演説］

吾人が政府の責任を論ぜんとするや、識者は或は之を以て在野党の態度に非ず、宜しく其の具体的政見を表明せよとの説がある。一面公平な見解とも見えるが、実は一片の俗評たるを免れない。由来在野党は現に進行中の諸問題に就き、不幸政府と所見を異にする場合は之を国民の輿論に訴へるのが常道である。若し政府にして敢て輿論を蹂躙して所志を断行せる際には、敢然として之が責任を論じ之を糾弾するは実に国民当然の権利にして、又在野党本然の義務であると信ずる。故に吾人は爰《ここ》に現内閣の責任を論ぜざるを得ない。

抑々《そもそも》現内閣満二箇年の内治外交を査覈《さかく》するに、悉く之失政なるを以て、この総てに就きての所論は到底煩に堪えざれば、今就中《なかんずく》看過すべからざる二大標本を論じ、他は諸君の類推に委せたいと思ふ。一は現内閣の外交、殊に西比利《シベリア》出兵問題と彼の尼港［ニコラエフスク］事件とし、一は経済界の攪乱問題である。

想ふに七百の同胞が無援孤立、厳寒荒涼の異域に於て、惨虐を被りたるは人類史上の悲惨事たると共に、我が建国以来の重大事であるは云ふ迄もない。吾人は刻々死に瀕しつつ故国の同胞を想ふて昇天したる精霊に対して満腔の敬意を致すものであるが、之と同時に其の責任の奈辺に帰すべきかを糾明せねばならない。而して其責任は徹頭徹尾之を原内閣に在りと断言するを憚らぬのである。

先づ事件は西伯利亜出兵に論及する要を認める。出兵の形式は米国の提議に依つてチエック、スロバック救援を目的とされてあつた。吾人は日米協調の意味に於いて此の挙に賛するものであるが、提議を無視して七万五千の兵を遠く西方バイカルに送り徒らに列国の疑心を招きたると、出兵の目的の明確ならざるに於いては今日と雖も反対するものである。故に我党は終始撤兵を主張しておつたのであるが、政府のなす所果して如何。一昨年八月二日の宣言に基て速に撤兵すべきを忘れ、猶二万六千の兵を駐《とど》めて西伯利亜《シベリア》の秩序維持の為に反過激派オムスク政府の援助を名としたるにあらずや。然も昨年九月澎湃たる過激化にコルチヤツクのハバロスクに遁出するや、政府は更に五千の増兵して猶極東三洲の治安維持を企てた。而して其の説明に曰く、チエツク、スロバツクを完全に救援するのであると。併し原首相には更に目的のあつた事は去る三月三十一日の声明で解る。声明に依れば、一、朝鮮満洲の接壌地たる西伯利亜の治安維持、二、居留民の保護、三、交通自由の保護であつた。諸君、彼の広袤幾千里の地が、斯の如き寡兵を以て治安を維持し得やうか。然も陛下の赤子たる我が軍隊を海外に動かさんとせば、須《すべか》らく明確なる理由と確固不抜の目的とがなければならぬ。然るに国民の誰が其理由を知つていたか。出征軍隊自身も之を諒解せずに居つたのは疑ふ余地もない。換言すれば原氏と雖も出兵の理由は知らないのであらう。

顧《かえりみ》るに維新以来海外に出兵する三度、支那露西亜を膺懲し得た所以のものは、上陛下の稜威と忠勇なる軍隊と、而して国民の後援であつた。この国民の熱血は畢竟出兵の理由を明瞭に意識して居たが為である。然るに這次の出兵のみ独りその理由を知らない。故に強要されつつも国民の後援が湧かなかつたのは無理がない。然るにも拘らず政府は三年の間に四度出兵の目的を変更して四億二千万の国帑と二千八百余人の犠牲を払つて贏《か》ち得たるものは何であつたか。第一は全露の反感、第二は列国の猜疑、第三は実に尼港《ニコラエフスク》の虐殺問題である。之れ政府が我党の主張を顧みず、国民の輿論を無視し、中途半端の態度を以て樹に縁《よ》つて魚を求めんとした結果にして、政府の責任たるべきは多弁を須ゆるの要を認めない。

然るに可驚《おどろくべき》、去る議会に於て尼港責任問題の沸騰するや、政府は不可抗力と曲弁し、陸相は舌を二枚にして責任を回避し、外陸海三省の発表には救援不可能なりしと強弁に努め、陸相の所謂「臣節を完うせん事を期す」の一言を以て有耶無耶に終つて居る。併し来るべき議会に於て問題は再燃せずにはいない。然るに近時貴族院の態度は望みを嘱するに足らず、与党又絶対多数を擁して吾人の主張は容易に実現せらるべくもない。我が国民は起つて之が糾明をせねばならない。

更に内政に目を転ぜんか、先づ財界の攪乱を指摘せざるを得ない。顧るに三月以来我が経済界は混乱に亜《つ》ぐに混乱を以てし、株式と物価は暴落して取引は停止された。大正五年二億万円の滞貨は七年に六億となり、更に九年には十二億万円の物貨が全国の倉庫に積まれてある。工場は操業短縮又は休業を行ひ為めに生ずる失業者は毎日数万人に達している。若し此の惨状が継続するならば実に由々《ゆゆ》敷《しき》社会問題たるを失はない。元来寺内、原両内閣の物価暴騰時代は上流と下層労働者に反して単に中流階級のみが生活困難に陥つたが、将来は此の生活困窮は従来の中流者の上に更に労働者を加へたのである。然も国民思想の動揺せる今日、若し所謂危険思想が之等階級に浸潤したならば、其れは政治竝に社会上の容易ならざる結果を招来するに至るであらう。

然るに現政府は此の恐怖来を以て一時的現象と楽観しつつ軈《やが》て安定すべしと放言している。若し夫れ彼の資産家階級の自殺遁走等の社会的現象や、経済界楽観の好資料たるべき九月の輸出超過額、株式界の刺戟たるべき汽船会社の合同が更に株式界に影響のない事や、米作予想六千三百五十万石を称《とな》へても猶株式の漸落する事等は何を語ているか。若し云ふが如く突発的恐怖なりとせば何故に之等の好材料によつて株式の高値にならぬのであるか。これ確かに不景気来の暗流が深刻にして容易に回復し能はざる証左ではないか。故に政府の楽観は全然誤謬にして、敢て其の説を主張するが如きは寧ろ財界攪乱の責任を回避せんが為めの態度であるやも測られないのである。更に楽観説の原因を推究するに、他面に高橋蔵相の正直なる告白とも見る事ができる。要するに吾人の所見は根底に於て異るもので、畢竟現内閣の放漫なる財政策に原因するものである。若し之が原因を窮極すれば政府が未曾有の帝国経済の膨脹に当り投機思惑を慫慂し、通貨収縮物価調節を放擲し、我党年来の主張も学者実業家の所説も更に省みずして却つて煽動した傾きがあつた為めである。然も原首相と大蔵大臣との間には対策の矛盾があり、昨年八月には蔵相は堂々日銀利上げに反対し、徒らに新事業濫興の弊に資し兌換券を増発して貸付を奨励した結果愈々新事業熱の乱興を促進した。故に二回に亘る日銀利子の引上も昨年末の救済策も何等の効果なく、去る三月二十五日急転直下悲惨なる恐怖を来したのである。之固《もと》より事業家、銀行、政府三者の責任なりと雖も、前二者は利殖を業とせるものである。結局の責任は政府に在りと云はざるを得ないではないか。然るに政府は弁疏徒らにして更に責任を負はんとしない。況んや投機利得を以て国務大臣が鼎《かなえ》の軽重を問はるるとは何事であるか。之に依つて之を観れば吾人の予言は見事に的中した。然るに政府はその失政を省みずして恬然として居るとは憲法政治上看過し能はざるものである。如斯《かくのごとく》無責任なる現内閣をして存続せしむるは国民の到底堪へざるところ、憲政の発達を期すべからざるは勿論、教育上道徳上の罪悪である。時局危急に際し此の政府のある、実に国民国家の不幸之より大なるはあるまい。希くば国民輿論の威力を発揮して一日も速く是れが更迭を促進せねばならぬ。

（『浜口雄幸氏名演説集』）

一八　常平倉案反対理由

［一九二一年（大正一〇年）一月、憲政会機関誌論説］

臨時財政経済調査委員会に於ける、常平倉案の議事は、絶対秘密の申合なりしも、何時しか該委員会の内容世上に漏洩し、殊に吾輩は該案に絶対の反対をなしたる旨、誤り伝へられたるを以て、憲政会に於ては、目下該案に対し、政務調査会に於て調査審議中なれども、吾輩は全く一個人の資格に於て、誤り伝へられたる吾輩の意見を正さんとするに過ぎざるなり。

食糧問題根本策

我国の食糧問題を根本的に解決すること即ち需給の関係を円満にし価格の騰落を調節し生産者と消費者との間を調和して階級戦争を未然に防止することは社会上経済上極めて必要事にして之が為には生産消費の何れにも偏せず両者の併立に努めざる可からず。斯くせんには自由放任は不可なり。蓋し日本の米は世界的商品に非ず日本の特産物なるが故に年の豊凶乃至需給の関係に因りて価格の高低甚だしく此価格の高低を救ふには何としても国家が干渉する外に良法なかるべし。此見地より常平倉制度を設けることは主義としては賛成なり。此意味に於て政府が臨時財政経済調査会の決議を容れて将《まさ》に設置せんと［する］常平倉には異議なきなり。而も該調査会の成案にては到底其目的を達することを能はず。

調査会案欠点

即ち該調査［会］案には次の如き欠点を有す。

第一、其規模狭小なり。即ち運転資金五千万円其貯蔵米二百二十五万石にては到底六千万石の米の需給も其価格の調節も共に不可能なり。

第二、此制度には中心と云ふものなし。即ち該案に依れば政府が最高最低の価格を定むるに非ずして、唯米価騰貴の時には売払ひ其下落に際して売上ぐるも、その価格は政府の自由裁量にて売買するに外ならず。

然るに政府は之に就て官民合同の米価調節の評議員会に諮問して適当の時に数量並に価格を一定することとなり居れり。従て国民より之を見るに如何なる程度に騰貴せば売払ふか又如何なる程度に下落すれば買上ぐるやに就て解釈に苦むに至るべし。之れ一大弊害の生ずる所以なり。何となれば価格を定むるに政府が任意に決定せずして評議員会に諮問するを以て政府の秘密も意見も部分的に漏洩して政府と特別の関係ある政客政商との間に恐らく結託行はれ、農商務大臣を始め役人評議員の一顰一笑によりて相場を試むる者を生じ、従て弊害百出し百千の山悳を出すやも測り難し。又仮りに一石二十五円に下落したりとしても政府は未だ買上ぐるの必要なしと思惟するも、農民は米価安値なりとして政府に買入れを促すこと明瞭にして、之が陳情となり運動となり果ては脅迫となり、其結果は昨今現はれ居れる不売同盟を作つて政府に対して高価に買入れを強要するに至るべく、之に反して仮令《たとえ》ば三十五円に騰貴したる場合に於ても政府は未だ国民生活の不安を招くの虞なしと思惟して労働者其他よりは陳情、運動、脅迫等が起つて往年の如き米騒動の不祥事を惹起せずとも限らず、斯くて階級戦争は激成せられ遂に忌むべき結果を生ずるに至ることなきを保せず、是に於てか制度の美点は覆へさるるに至るべし。

根本的改造案

斯の如き弊害多き制度は根本的に成案を改造せざるべからず。改造案としては、

（一）米価を評議員会にて決せず年々一回位相当の範囲に於て公定価格を告示する事なり。即ち予め年産額に依りて公然国民に告示する事を決定するの要あり。

（二）公定価格が決定し得るや否やは困難なる問題ならんも、生産費は農商務省にて精査研究し以て生産費を決定し、之を基準として他の物価の騰落を参酌し米価の公定相場を定むべし。

（三）公定相場を告示すると共に政府は之を維持せざるべからず。

即ち或る範囲内に於て最高最低の価格を公定するを以て最も適当の措置なりと信ず。即ち生産費を以て最低価格とし之に七円なり十円なりの開きを附けて米価を定め、而して年の豊凶と一般経済界の状態とに応じて少くとも年一回公定価格を決定すれば可なり。這は法律、勅令、省令等に依らずとも単に告示を以てするも可なり。国民をして予め米価が何程に達すれば政府に於て買入れ又は売出すべしと云ふ事を知らしむべきなり。役人や評議員は唯だ機械的に動けば可なり。此公定価格を定むることは勿論非常の困難には相違なきも不可能に非ず。最低価格は生産費に依るべきものにして最高価格は七円とか十円とかの開きがあれば可なり。米の生産費は議会に於ても農商務省にても発表したることあり。今日の調査其儘にては常平倉の基準とはならず。生産額を決定する最難事は自家労働即ち家族の労銀を如何に見積るかに在り。之を精細に調査するの必要あり。之を基礎とすれば公定価格を一定すること絶対に不可能に非ず。既に公定価格にして決定せらるるに於ては政府をして之を飽迄維持せしめざる可からず。政府をして其責任を果さしむるには如何に暴騰暴落しても公定価格を維持する為政府は一億でも一億五千万円でも支出し得る丈の準備あるを要す。然るに五千万円位にては二百二十五万石のみ。政府は動かすこと能はずと判明し居れば世間から馬鹿にされて無効に終るべし。

財政現状不能

然らば如何なる程度の規模にて行へば可なりやと云ふに、少くとも我米産額が六千万石とすれば其一割位に当る五六百万石は常に政府に於て左右し得ざれば不可なり。斯くせんとせば資金も一石廿五円とせば約一億五千万円位は必要にして、従つて倉庫建設費も役人も事務費も之れに相当するだけを要するに至るべし。然しながら之を今日の我財政状態にては調査する迄もなく絶対に不可能なり。故に将来一年先か二年先か財政の許す時に於て実行する外に途なし。食糧問題の解決と価格の調節とは大体不可能なり。更に米の専売実行は絶対に不可能事なり。要するに世上に伝はれる委員会の成案にては到底其目的を達する能はず。要は最高最低価格を一定して政府が責任を以て之を維持する外に途なし。

（『憲政』）

一九　原内閣の経済政策

［一九二一年（大正一〇年）七月八日、憲政会東海十一州大会での演説］

無能無責任の暴露

諸君、只今加藤総裁は国家内外の政務に亘りまして、充分の批評を致され又遺憾なく我党の主張を述べられたのであります。財政経済問題に付きましては、特に私の為めに総裁は時間をお譲りになつたのでありますから、炎暑の砌《みぎ》り甚だ御迷惑と考へますが、暫らくの間御静聴を煩はす次第であります。現内閣は時局重大なる今日に当りまして、国家を担当するの能力を有しない、経綸を有しない事は我々の常に申して居る所であります。外交に於て其の通り、財政に於ても其の通り、教育に於て然り、国民思想の善導の上に於ても其の通りでありますが、とりわけて、これから申上げます所の経済問題に対しましては、最も其の無能無経綸無責任を暴露して居るものと存じます。苟くも内閣に向つて「お前は無能、無経綸、無責任である」と断言する以上は私といたしまして相当の証拠を持つて居なければなりません。御承知の通り欧羅巴《ヨーロッパ》の大戦争から戦後に亘つて我経済界は非常な好景気を呈したのであります。その好景気の極る所ありとあらゆる事業が興り、国民の投機思惑熱は頻りに旺盛を極めたのである。其の時に当り我憲政会に於ては、斯の如く事業濫興し斯の如く国民の投機思惑熱の旺盛を極めんとするに当つては、他日必ずや怖るべき所の反動的不景気が来るであらう、その反動的不景気を予防する為めに好景気の時代に於て予め適当なる手段を講じて之れを予防せねばならぬ、若し有効適切なる政策を講ずるなくんば吾経済界は反動の為め非常に暗澹たる光景を呈するに違ひないと云ふ事を口を極めて主張したのである。この主張は独り我々のみでなく、貴族院議員も亦東西両大学校教授の学者に於ても又民間の有力者、実業社会の人々の間にも悉く我々の主張に共鳴されたのである。茲《ここ》に於て吾々は屢々政府に向つて注意を促したのである。或は議会壇上に各地の大会、演説会の席上に於て、或は新聞の力により又、雑誌の力によりまして、言論に文章に機会ある毎に、之れを主張した事は諸君の御承知の通りであります。然るに政府の人々は不幸にいたしまして全く之れと意見を異にいたしまして、政府の云ふ処によれば「憲政会の者共は頻に戦後の反動的不景気を心配して居るが、夫れは毛頭無用である。仮《たと》ひ反動が起つても、その不景気は経済界一部の不景気に止まり経済界全体に亘るが如き心配は更にない」と云ふ議論を持つて、更に我々の警告に耳を傾けなかつたのであります。斯の如き考へを以て事業の勃興を全く自然に放任したばかりでなく、却て之れを奨励し之れを煽動するの態度を執つた事も、之れ又諸君御承知の通りであります。而して、その結果は果して如何。昨年の三月半ばに至りまして、怖るべき財界の反動は我経済界に襲来したではありませんか。独り経済界の一部のみでなく、全体に亘つて極めて急激に極めて深刻に反動が襲来したのである。此の結果は其後一年を経た今日に於ても未だ恢復いたしませぬ。全国至る所におきまして財界不景気を歎ずる声を聞くに至つたのである。斯の如く当然蒙るべき財界不景気の来る事をすら前以て知る事が出来なかつた内閣である。これを以て私は現内閣が国民の重要問題たる経済問題に就て全く無能であり、無経綸、無責任であると断言して憚らない第一の証拠であります。

不景気の観察を誤る

偖《さ》て経済界の不景気が昨年春破竹の勢ひを以て襲来するや、世の中では、此不景気は如何なる性質のものであるか……、一時的のものであるか或は相当長期に亘るものか、又程度は極めて軽いものか若しくは相当深刻な不景気であるか、此の不景気の性質に対する議論が盛んに世の中に行はれたのである。此の時に我々憲政会は此の度の不景気と云ふものは戦争中から戦後に亘つて行はれた好景気の反動であるが故に、好景気の長かつただけ、それだけ不景気も長く持続するだらう、斯様の理由を持ちまして「此度の不景気は相当長期に亘つて継続すると同時に、其程度も相当に深刻に来る」と主張したのであります。所が此点に於ても政府の人々の考へは又我々と意見を異にしたのであります。即ち政府の人々の意見は「此度の不景気は、極めて一時的のものであつて、官民双方の努力によつて間もなく恢復するべきものである、少しも悲観するに及ばぬ」と云つたものである。之は実に昨年四月十六日総選挙を控たる二十五日前大阪に於ける近畿大会席上に政府より原総理大臣が出張した其の序《ついで》に、神戸、大阪の実業家が集つた経済会の席上に於ける演説のその筆記を新聞で見ましても明かに、そう云ふ事が書いてあります。「此度の不景気は誠に遺憾千万であるが之は偶然に起つた一時的の不景気であつて、遠からず恢復するが故に国民は之に向つて悲観するに及ばぬ」と云ふ演説であつた。続いて、総選挙の終りました昨年七月の特別議会に於て高橋大蔵大臣は貴族院、衆議院に於て各議員の質問に答へて原総理大臣と全く同様の見解であつたのである。其当時全国八十の倉庫に滞つて居る品物の価格は全体を通じて十三億万円であつて、其の停滞品の大体の捌きがつかない内は恢復するものでない。然るにこの停滞品に対する大蔵大臣の意見によれば、茲《ここ》数箇月間に於て捌けるものである、従つて我経済界は之からだんだん発展すると云ふ事を三べんばかり繰返して答弁されたのであります。又昨年九月の何日かに、大蔵大臣は貴族院研究会の席上に於て会員の質問に応じて「経済界の整理は大体に終りかけて居る、従つて財界恢復の曙光は既に眼前に現れたのである」と演説されて居る。此両大臣の見解が果して実際に当りましたか、事実的中しましたか。若し政府の此不景気の観察が果して正当であつたといたしますれば、我国経済界は遅くも昨年暮迄に於て大体恢復すべき筈である。従て今日経済界にある人々は不景気を歎ずると云ふ必要はなかつたのであります。又我国の産業が恢復し我国の貿易が恢復せねばならぬ今日に於て経済界は少しも恢復せぬばかりでなく、大体事業の整理もつかないのであります。政府の人々が頻に宣伝して居るその宣伝は「我が経済界は大体に於て恢復の機運に向つて居る」と頻に云ふて居るに拘らず、一方におきまして実業界の中心人物、日本銀行の重役諸君の意見を綜合して考へますと、経済界の恢復は未だ前途遼遠と云はねばならぬ。何となれば経済界の恢復をなすためには、先づ以てその恢復の前に財界の整理が済まねばならぬ、夫れが済んで然る後財界の恢復がある、是が恢復発達の先決問題である。此整理がまだ済んでないばかりでなく、まだ半にも達しないと云ふのが即ち輿論である。之ほど急激な不景気が長く続いて而も其の程度が深刻に来て居る。その観察を誤つて全く見当が外れたのである。これが即ち現内閣が少くも経済問題に対して如何に無能無経綸であると私が申す第二の証拠である。

矛盾撞着の経済策

第三の証拠は不景気の原因に対する政府の解釈である。政府の意見によりますれば昨年春の反動的不景気の原因が更に確定して居ないで屡々変更して居る。どう変更して居るかと申せば昨年夏の特別議会に大蔵大臣は議員の質問に対して「此度の経済界不景気の原因は私が前に申しました通り民間の事業が矢鱈に起りすぎて、国民の投機熱、思惑熱が旺盛を極めて起つたその反動である。而して国民が財界の前途に対して其用意を怠つて居つた結果である」と云つて居る。私は大体に於て大蔵大臣の此の説明は大体論に於て同意しますが、只一言修正せねばならぬのは、国民に用意が足りなかつたと云ふ言を修正いたしまして「政府竝に国民に用意が足りなかつた」と云ふ事であります。斯う修正せねば大蔵大臣の言葉に同意することが出来ません。然るに本年春の議会に於ては不景気の原因を説明するに当りて、全然その説を変へたのである。夫れは一月二十二日の衆議院の席上に於て議員の質問を待たずして大蔵大臣自から予算の演説に際し、その財政演説の一端に於て斯様の事を申しました、「世界全体が好景気の反動として不景気が起つたのである、或は英吉利《イギリス》、亜米利加《アメリカ》に於て起つた其の世界的不景気の影響が遂に日本の経済界にも免れる事が出来ずして遂に昨年三月の不景気が起つた、即ち世界的の不景気の影響である」と云ふのである。昨年夏の議会の説明では国民の用意が足りなかつたと云ふ事で、不景気の原因は日本国内に起つたと云ふ事であるに拘らず、本年の一月には世界の大反動の影響を受けたと云ふ以上は日本の国外から起つたと云ふことであります。諸君、何事にも二つながら正しい事はありませんから、どつちか正しければ、どつちか一つは間違つて居るものであります。要するに政府の不景気に対する観察は昨年と本年との間に全然変つた意見を発表したのであります。之によつて考へましても現内閣は経済界に関する意見に定見がないと云ふ事になります。果してその何れが正当なりや否や、昨年の説明と本年の説明と何れが正しいかと申せば、前のが真実で本年一月の説明は確かに間違つて居ると考へる。何故ならば若し大蔵大臣の云はるる如く、世界的不景気の影響を受けて日本に不景気が起つたものならば世界の不景気——仮《たと》へば亜米《アメ》利加《リカ》とか、英吉利《イギリス》に起つて、後、日本に起るのが当然である。然るに事実はどうかと申せば正反対である。即ち世界中で日本が一番先に不景気が起り、次で亜米利加、英吉利に起つたので、先に起つた日本が後から起つた英米の影響を受ける道理はありませぬ。今一つ世界的不景気の影響を受けたと云ふなれば、日本の不景気の程度は英米両国の不景気と比較して軽くなければならんのである。恰《あたか》も地震同様震源地に於ては震動が激しく、距離をへだつる程震動が軽くなるのは、これは物理学の原則である。

全く間違つた経済策

時は前後いたしますけれども各地に於て不景気が起つた。その不景気の中で日本ほど急激に而も深刻に来た事は外の国にはありませぬ。この点から考へても世界的影響を受けたと云ふ議論は明かに間違つて居るのである。之は私一人の一家言ではない。現に我々が最も尊敬して居る、経済界の最も高い地位に居らるる日本銀行総裁の井上君も同意見である。此の総裁が四月二十一日と記憶いたしますが、東京の全国手形組合銀行大会の席上——これは東京、大阪其他の銀行家の総てが集つて、その席上、来賓として、総理大臣、大蔵大臣、日本銀行総裁の三人を招いて経済財政上の意見を聞く事が慣例であります——その慣例の席上に於て井上総裁は如何なる事を申しましたかと云へば、その演説筆記を新聞紙で見たのでありますが、井上君の意見では「一昨年春起つた所の日本経済界の不景気と云ふものは、之は日本国内特種の事情によつて起つたもので、而も其後に於て英吉利、亜米利加を初め、世界全体に亘つて不景気が起つたものであるから、恰も日本は世界の不景気の一部分である様に見えて居る」と。即ち大蔵大臣の見解と全然異つた事を大蔵大臣の面前で忌憚無く発表したのでありますが、斯の如く大蔵大臣の意見と全く違つた井上君の意見を全然反駁すらしなかつたのである。斯の如く我国に起つた不景気の原因と云ふものに於てすら、定見がなかつた。而も前の意見を後で修正して、この修正が却て間違つて居たと云ふ失敗を繰返すに至つては、如何に我が現内閣の無経綸、無責任であるかと云ふ第三の証拠である。

終に国民を誤らしむ

斯の如き経済界［の不景気］の原因に対して、全く間違つた見解を持つて居るのみなれば、まだ罪はないのでありますが、此の間違つた解釈を国民に宣伝したその結果として、我経済界は非常に迷惑を受け、国民は非常なる不幸を受けて居る。非常なる苦痛を嘗めて居る。何故なれば、国民は此の不景気の処置に関しては実に途方に暮れて居つたのであります。其の不景気の性質或は其の程度について、仮《たと》へば直きに恢復するものであるか、又は長く続くものかに就いて迷つて居つた。何故迷つて居つたかと云ふと今回の大戦は前例が未だなかつたのである。日清日露の戦争は只日本と支那、日本と露西亜《ロシア》と云ふ両国間の関係に止まつたのであるから、戦後の経済界の変動が日本国民として、それを判断する事が容易《やさし》かつたのであります。所が今度の世界の大戦は二十余箇国の大戦乱でありますから、今迄の前例によつて之を判断する事は出来なかつたのである。即ち初めての事であるから国民は何れも迷つて居つた。時に政府が若し此度の不景気は長く続くと云ふ事を申しましたならば国民は相当の覚悟をいたし、例へば会社であるならば、合併をするとか、又整理をするものならば整理をして、徐《おもむろ》に決心なり、覚悟をした筈でありますが、所が政府が間違つた観察をして意見を発表した為めに此結果国民は焦つて整理する必要はないと云ふ観念の許に国民は概して経済界の整理を怠つた結果を生じたのであります。其怠つた結果は前に申しました通りに事業はまだ半分も整理が出来てないのである。それのみでありません。政府は此不景気の原因に就て間違つた解釈を下した結果として、国民の要求に任じ若くは運動に任じて手当り次第に前後の弁別もなく救済策を行つて、或は株式を救済し其他銅、鉄、綿糸、綿布、砂糖、羊毛等手当り次第財界救済を行ひ、其救済策の結果について何等確信もなくやつたのである。即ち此救済策は根本に於て間違つて居たがため、今日迄概ね失敗に失敗を重ねて居るのである。此誤りたる救済策を遣《や》つたが為に又産業の整理を妨げたのである。斯の如く経済問題に対する政府の無経綸、無責任と云ふものを証明すべき証拠は諸君の前に三つ茲《ここ》に掲げた通りでありますが、凡そ証拠と云ふものは一つあれば十分である、如何に重大なる犯人でも証拠が一つ挙がれば沢山であります。其一つあれば済むべき証拠が二つあるのみならず、三つ迄も現はれて来る以上は如何に内閣が弁明しても無能、無経綸、無責任を証明して余りあると云はねばならない。

不治の重患たらしむ

今日以後世界の形勢は果して如何になりませうか。各地に多少の紛擾を見るやうである。或は波蘭《ポーランド》と云ひ、巴爾幹《バルカン》半島と云ひ、多少のゴタゴタが見えるやうである。又日本も亜米利加との間にヤップ島問題、若くは加洲問題等多少の問題がありますが、是等の諸問題を以て日本と亜米利加が愈々干戈を交へるといふことは唯今の処、絶対に認むることは出来ません。少くとも当分の間、世界の各国砲火を交へ軍艦を以て闘はうと云ふことは到底ないと思ひます。併しながらそれに代るに所謂平和の戦争、即ち貿易上の戦争は、大々的猛烈となることと思ひます。英吉利、亜米利加等の例を見ましても詳細な事は知りませんが、英米各国が永きに亘る戦争の瘡痍から免れて、経済界を恢復せんが為めに、官民協力して最善の手段を以て経済界発展、貿易の発達を期して居ることは諸君既に御承知の通りである。殊に我々が驚くべきはあれ程迄に酷い目に遭つた独逸《ドイツ》すら戦後の恢復には大いに見るに足るべきものがあり、商品を世界各地に廉く売ると云ふ状況を承るのである。然るに日本の政府は誤つた政策をとり、経済界の整理が出来ないのであるから容易に恢復は出来ません。試みに本年上半期の貿易量と昨年上半期と比較をすれば、本年の貿易の輸出輸入総額は昨年の半分に達して居りません程貿易が減退して居るのである。聞く所によりますれば、英吉利、亜米利加其他各国では無論貿易の恢復は急に出来ないが、其割合は日本の貿易程減じては居ないやうであります。斯の如き状態を以て経済上の大戦争に、打勝つことが果して出来ませうか。諸君卑近なる例を以て申しますれば、政治家は、国家の病気を癒す医者のやうなものであります。政治家が国家の病気を癒すためには先づ以て此の病気の原因に就いて正当なる判断を下さなければならぬ。其次には病気の性質が如何なるものかについて是亦相当なる診断を与へなければならぬ。病気の原因をはかり病状をはかり、然る後適当なる薬を盛ることが出来るのである。所が政府は不景気の原因竝其性質に就いて間違つたる解釈を下し、誤つたる診断を下して其病気の救済恢復に正当なる薬を盛ることが出来ませうか。それ故に内閣は我が国の経済界の病気には当然薬を飲ますべかりし時に薬を飲まさず飲ますべからざる時に之を飲まし、而かも其財界救済と云ふ薬の処方を誤つたが為め此病気は到底癒る事が出来ないのであります。

党勢拡張の大乱費

次に財政上の事に就いて、簡単に申上げます。大正十年度の予算即ち本年の予算であります。是は諸君御承知の通り一般会計だけに於きまして、十五億八千四百万円と云ふ厖大なる予算であつて、殆ど十六億円に近い予算であります。十六億円と云ふ数字は一口に申せば何でもありませんが、我が国に予算始まつて以来未だ曾つて無い大なる数字であります。之が比較を申せば日清戦争が始まる前、即ち明治三十六年度の予算は二億九千四百万円であつたのであります。それから又十年立ちまして世界大戦の起ります前の大正二年度の予算は五億九千四百万円で、それから三年経ちました大正七年即ち原内閣の出来た年には九億二百万円でありますが、内閣が生れて以来僅か三年の間に九億円であつた予算が十六億円と云ふて七億円丈《だけ》予算が膨張したと云ふ事になつて居る。此七億円の膨脹は抑々《そもそも》何を意味するかと申しますれば、即ち六千万国民の諸君の負担が直接若しくは間接に此内閣の為めに殖《ふや》されたと云ふことである。然らば僅か三年に七億円を増加した、其原因は何であるか。固《もと》より、其中には国防の費用もありませう、其他教育の問題と云ふ如き国家必要上已むを得ざるものもあつたではありませうが、其以外に重《おも》なる原因は茲に三つのものを数へることが出来ます。第一は物価の暴騰である、第二は行政機関の膨脹である、第三は極めて露骨に云へば、現内閣が党勢拡張に急なるが為に国家の必要上から云はば左程急とも云へないものを無闇に計画して之を予算に上せた此三つの原因が予算に驚くべき膨張を来たしたのである。物価の暴騰は寺内内閣時代から現内閣時代に亘り物価の暴騰を来たし其結果国民の生活を脅かしたのである。其処でわが憲政会は物価調節に就いて意見を屢々述べたのである。然るに政府は物価の騰貴は前申した通りの謬つたる解釈を以て、国民生活の不安を救はなかつたのである。第二の行政機関の膨脹如何と申せば、例へば役所を無闇に殖《ふや》す。官庁が出来るから従つて官吏と云ふものが殖えたのである。国家の進運に従つて役所の殖えることも必要でありますが、現内閣の遣方は必要以外に拡張した証跡があります。第三の党勢拡張の為めに種々の事業計画をしたと云ふ事の如何なるものである［か］は私は之を説明しません。併しながら諸君例へば鉄道の如き、港湾の如き、道路、河水、或は河川、学校、電信、電話等斯う云ふ事業と云ふものは固より国家発展上国家の幸福の為に必要欠くべからざるものには相違ありません。之は我々も十分之を承認致します。併しながら物には緩急順序がなければ何事も旨く参りません。財政極めて豊にして国民の負担亦軽い時には是も必要なれど、必要といつて一時に何もかも計画するのは敢て妨げないと思ひますけれども、財政の困難特に甚しき今日に於て、必要であるからと云つて何もかも一時に手を着けては国家の経済が立ち行きません。其時に於ては比較的必要なもの、一日も忽《ゆるがせ》にすることの出来ないものに対して其事業の性質に従つて緩急順序を付けまして計画することが国家として為すべき当然の仕事である。然るに現内閣は党勢拡張に急なるが為に緩急順序は一際お構ひなしに片つ端から予算に繰入れて天下の公器を濫用し、若しくは悪用してそれに依つて党勢拡張に努めたのである。政友会が党勢拡張をすればする程国家の財政は困難に陥るのである。政友会の身体が肥れば肥る程国民は痩るのである。此の遣《や》り方は独り中央財政のみではありません。地方に於ても悉く皆然《そ》うである。茲に於て諸君、我々は国家が重いか、政友会が重いかと云ふ質問を発したいのであります。

偖《さて》右申した三つの原因に依つて我国予算は段々膨張して殆ど停止する所を知らないのである。所で歳入はどうかと云ふと其割合に増加せんのである。其結果はどうかと申しますれば歳入を無闇に多く見積ると云ふ誠に悪い習慣が付いて来たのである。予算を見込み以上に幾分掛値をして見積る悪い習慣が付いたのであります。凡そ経済界の景気の好い時には予算通り以上の歳入が取れるのは是は当然である。景気のよい時には政府も相当多額の剰余金を取りましたことは高橋大蔵大臣が議会壇上に於て屡々叫ばれたのでありますが、その好景気時代にありては或は増加するかも分りませんが、不景気の場合においては遙かに予算額には達しないのであつて、この景気の恢復しないうちは歳入は全然増加しないのである。即ち財政の行詰りと云ふことは第四十一議会に於て我々が衆議院に於て政府に屡々警告をし大蔵大臣に注意を与へたのでありますが、其都度大蔵大臣は決して、財政が行詰ると云ふことは想像することが出来ないと云ひましたが、併し今度と云ふ今度は愈々財政の行詰りと云ふことになつたのである。然らば其行詰りを如何にして切開くかと云ふことでありますが、此方法は幾つもありません。先づ歳入を増やす方法としては増税か然からずんば、公債に俟つより外はありません。

増税と苛斂誅求

増税に就いては昨年の特別議会に於て国防費の為に国民に向つて一億三千三百万円と云ふ多額の増税を計つたのである。それに又一年経つか経たない中に再び之を要求することは如何に政府としても出来ないから、増税の計画は諦めて之に代ゆるに公債募集と云ふことになるのである。今日の金融界の状況から考へれば事業は振はないし大きな銀行に金がダブついて居るのでありますから、此金融の緩漫なるに乗じて、公債募集と云ふことは出来さうな話でありますが、此方法は今日迄屡々遣つたことでありますから如何な銀行家諸君も今日以後、此上の公債募集には御免を蒙ると云ふことになるのであります。然らば余す所は何かと云へば苛斂誅求と云ふことになるのであります。御当地はどうか知りませんが、全国各地に亘つて、苛斂誅求の声はなかなか多いのである。偖《さて》苛斂誅求にも際限のあることでありますから、茲《ここ》に於て財政整理と云ふ名の下に支出を節約する外に途はないと思ひます。其方法としては前に申した、支出の増加した原因に遡つて、其原因を除くと云ふことが大切である。即ち第一に物価を下げると云ふ事であるが、是も政府の権力を以て無理に下げることは出来ませんが、其次に於ては行政整理も一策でありますが、是とても或る程度までは出来ませう。是も程度問題で、大した削減は出来ません。其処で最後には或は事業を停止し、若しくは繰延ばすと云ふことになるのである。例へば陸海軍の費用、交通機関、河川、治水の如き継続事業に対して或るものは之を打切り或るものは年限を延ばして、例へば五年のものを十年にするとか云ふことでありますが、此事業を繰延ばすと云ふことは、余程思ひ切つて遣らねば其目的を達することが出来ないのでありまして、現内閣が果して此療法を為し得るや否やと云ふことが大問題であります。処で現内閣には其資格がありません。何故なれば現内閣は政友会に入党さへすれば鉄道を敷設するとか、若くは港湾を改築するとか、国民に向つて約束をし、頻りに手形を濫発して居るのである。今若し事業を打切つたならば政友会に向つて国民が到底承知をしない。故に思ひ切つた事業の繰延べと云ふことは到底現内閣の手に依つて出来ないのである。

国政大刷新の急務

斯様な訳でありますから、現内閣は歳入を増そうとしても増すことが出来ないし、歳出を減らすことも出来ないから、茲に於て如何にしても財政の行詰りと云ふことを切開く方便はないことになるのであります。御承知の通り、来年度の予算編成は既に九月十月に迫つて居るのであります。依て今頃は如何なる予算を作るかに付て大体の準備が出来て居らなければならんのであります。此準備の為に現内閣の諸公は目下四苦八苦の状態にあると私は想像して居る。抑々《そもそも》今日の状態に陥つた所以は政府の人々が積極主義と云ふ一枚看板を着た其中毒が今日現はれて来たのでありますから、是は自ら蒔いた種であるから自ら刈取る時期が到来したと云ふの外はありません。世間は九月十月頃には内閣の更迭があると云ふ噂がありますが、即ち是は右申した来年度予算の編成時期が九月十月頃でありますが故に、財政行詰りをどうしても切開くことの出来ない時に逢着する、其予算の編成に於て内閣が更迭すると世間に伝へられて居るのでありまして相当に根拠のあることであります。

斯の如く我国の財政は根本に於て立直す必要が起つて来て居ります。其根本から立直すには財政紊乱の責任者を葬つて、而して全く新なる政府に依つて新なる政治家に依つて根本的整理を望まねばならぬのであります。先程加藤総裁は綱紀粛正問題に就て殊に力を入れられて居るのでありますが、綱紀風教が如何に紊《みだ》れて居るかと云ふことは既に天下の人の八釜しく述べて居る所であります。何を差置きましても先づ以て紊れたる政治の大本を再び立直し、而して凡ての点に思ひ切つて改革を加へなければ国家の将来は甚だ寒心に堪へないものがあると思ひます。昨年の議会に於て貴族院が満場一致を以て決議を為した通り、近時国家の綱紀は日を追つて弛廃し、外には外交振はず内には民心の安定を欠くと云ふ有様であるから、先づ以て無責任なる現内閣を葬つて新に来るべき内閣は先づ以て第一の旗印として綱紀風教の粛正に努め、然る後に外交は勿論財政経済凡ての点に於て思ひ切つた改革をするの外はないのである。

総裁も申されました通り、今日政友会は既に二百八十名の多数を有して居る。之を見ても即ち民心未だ内閣を去らずと申すのでありますが、それは総裁なり川崎君の述べられました通り其選挙の当時と今日の事情と全然民心が一変して、天下の形勢は頗る変つたのであります。夫れは各地の補欠選挙が明かに之を証して居るのであります。之を目して世人は一葉落ちて天下の秋を知ると申しますが、私は一葉落ちる所ではなく、秋将《まさ》に酣《たけなわ》なりと云ふべきであると思ひます。然るに現内閣は進んでは議会を解散して国民の信任を問ふ勇気なく、退いては責任を引いて辞職することも出来ない、全く憐れな状態にあるのであります。希くば全国三十余万の党員諸君、竝に六千万国民諸君と共に協心戮力、一日も速かに国家の為に我党の為に目的を達せむことを諸君と共に希望する次第であります。

（『浜口雄幸氏名演説集』）

二〇　積極政策の崩壊

［一九二一年（大正一〇年）一一月、憲政会機関誌論説］

蔵相の誤を立証す

来年度予算編成に緊縮方針を取らねばならなかつたのは当然の結果で数字の前には何とも致し方がなかつたことであらう。今日まで政府に於てはこんな筈ではなかつたらうと思はれるのは、議会に於ても地方の演説会に於ても政府者の演説に明かなことで、我々は一二年前から事茲《ここ》に至るべきを論じて居つたが、果然無い袖は振られぬ始末になつたのである。これは別に変節といふべき筋合のものではなく、事実がさうなつたので、高橋蔵相の考へが間違ひであつたことが立証され、今頃は定めし反省されて居ることであらう。政府の発表した十四億六千三百万円（剰余金約一億二千万円を含む）の歳入総額は前年度より減少して居ることは疑ひない。斯くの如きは近年例のないところで、これ全く十年度歳入見積りが過大であつた為である。聞くところに拠れば、十年度実収額は精確には分らぬが五千万円内外の予算不足を見る状態である。斯うなるだらうといふことに就ては、議会でも大に論争したが、蔵相は楽観論を振り舞はし強ひて原案維持に努めたのは、世人の記憶に新なるところであらう。然るに財界の不況は政府の予想以上で景気の恢復は遅々として居る。将来何年こんな状態が続くか分らないが、一朝一夕では恢復の見込もなく、十一年度も十二年度も不景気が続くものと思はれる。茲に於て来年度予算に歳入減の方針を取つたことは当然のことで、其の結果歳出も減少しなければ予算を編成する訳にはゆかないので、経常臨時両部を通じて約一億二千万円の減少を来して居る。斯くすれば新事業の見るべきものはない筈だが、何か多少は計画せねばならぬので、既定計画の費用を節約し、之を財源に充当して多少やつたらしい。併し節約の程度並に其種類は一切判明しないので紊《みだ》りに批評の限りではないが、さしたる新事業費が計上されて居やうとは思はれぬ。

新経綸は全く絶望

吾輩の見るところでは今日緊急を要する新事業は二三にして止まらない。

（一）教育費に就ては小学教員の俸給費国庫負担増額の要がある。政府の立案にかかる教育費の整理は其の後立消えの姿になつたやうだが、少くとも一千万円位を増加しなければ教育費の膨脹に苦しむ現下地方費負担を緩和することは出来ないが来年度予算に計上されて居るかどうか。若し計上されて居ないとすれば、国民は失望し教育の為めにも惜しむべき事である。

（二）労働問題に就ても労働保険法の実施を初め種々の労働立法には、夫れ夫れ経費を要するのであるが恐らく予算に上つては居まい。

（三）その他貿易振興策を講じ、

（四）諸種の社会政策を実行するにも金が要る。

斯る文化的若くは、社会政策的施設費は政友会が今日まで、党勢拡張の具に供したる治水、鉄道、港湾、道路費等よりも国家の為め緊急と思はれるけれども、孰《いず》れも之が費用の計上は疑問とせられる。果して然らば来年度予算は意義なきものと謂へよう。世上社会事業治水計画の為めに公債を発行すると噂せられたが、実現はどんなものであらうか。公債総額が不明である為め政府の計画が来年度に於て、実行可能なりや否やの点に就ては、今日に於て的確に批評することは出来ぬが、事業公債を一億八千万円としたのは、金融界の状況を参酌し相当の程度に止めんとした努力の跡が認められぬでもない。

病根は物価策の失敗

次に、純剰余金の問題は大切であるが、政府の説明を聞かぬから幾分不明の点もあるけれども大正九年度純剰余金は二億三千五百万円で此の中から左の通り控除する必要があると思ふ。

一、十年度歳入不足額約五千万円、二、十年度及十一年度追加予算の財源八千万円、合計一億三千万円の外、三、今日より議会開会までの間に於て責任支出を為すべき災害費約一千万円、累計一億四千万円は九年度の純剰余金中より保留を要するのであつて以上の外、予の考へでは更に、四、十二年度以降の予算財源若干［を］除せねばならぬと思ふから来年度予算に繰入れ得べき純剰余金は比較的僅少ではあるまいか。この点に就て政府は果して如何に見て居るであらうか。上述の如く論じ来れば来年度予算案は如何にも貧弱であつて其の主なる原因は物価騰貴の累ひを受けて居るのである。歳入総額十四億六千三百万円中物価騰貴額は何程であるか明瞭でないが、前年度の例に拠ると一億五千万円位であらう。物価問題に就ては世人の周《あまね》く知るが如く我憲政会に於ては三年以前から調節の急務なるを力説して居る。これは単に財政上の点からばかりでなく、国民生活上国民思想上乃至《ないし》海外貿易の関係等あらゆる方面から主張し来つたのであるが、現政府は何等有効適切なる調節策を講じなかつた為に、昨年三月には財界の反動を招徠し物価は英米に比して日本が最高位を占めて居る。若し政府が両三年前から誠意を以て、調節策を講じたならば他の問題は姑《しば》らく別として今日の如く予算は膨張せず従つて、新事業経営の余地があつた筈である。

内閣の存続は無意義

高橋蔵相は「物価が騰貴すれば歳出も殖《ふ》えるが歳入も殖える」と言つて居たが、今日の結果は果してどうであつたか。一旦不景気が襲来し歳入は減つたが、歳出は減ぜず、収支の不均衡を来して、既定事業も極端なる緊縮方針を取るの余儀なきに至り、新事業らしい新事業は何も行へぬではないか。我々は歳出の割合に歳入が殖えるものではないと警告して来たのであるが、事茲《ここ》に至つては、其責任を負ふべきものは現政府ではないか。又行政の根本整理も我党が第四十一議会以来主張し来つた事で政府が速かに斯の言を聴いて実行して居つたならば、今日となつて予算膨脹に苦しむ必要はなかつたのである。政府は十年度までは放任し十一年度になつて急遽縮小せねばならなくなつたのは、彼等が自から招ける結果と断ずるの外はない。我々の心配せる点は予算閣議で他の閣僚が、高橋蔵相の査定に同意を与へないで復活運動を試み、その結果予算閣議が紛糾し蔵相が苦境に立つて予算編成に困るであらうといふにあつたが、原前首相が兇刃に殪《たお》れた結果かどうかは知らぬが査定案が大なる変更を加へずして先づ無難に収まつたといふことは、政府の為めに慶賀して可なりだと思ふ。併し既定計画節約の程度は国民をして満足せしむることが出来るか内容を聴かねば分らぬけれども、陸海軍其他各省予算に尚一層の節約を加ふる余地がないかといふことは、予算内示会及び議会に於て詳細なる政府の意見を聞いた上で意見を述べる機会もあらう。之を要するに政友会の積極政策は来年度予算に於て全く行詰りの状態に陥つたので、此点から見るも内閣存続の真意義は之を失つたものと評し得るのである。

（『憲政』）

二一　税制整理案

［一九二二年（大正一一年）五月三日、憲政会政務調査会報告］

国税に就ては直接税問題を小委員会に附託せられ、三案を作成せり。即ち第一案は地租及び営業税を地方へ移譲し、主として戸数割及び雑種税の整理を為す。但し地租及び営業税を地方へ移譲すれば、国庫収入一億四千万円を殺減せらるるを以て、是は財政税を以て補充すること。第二案は特別所得税を起し左の三税を包含して一般所得税と併行せしむること。

（一）不動産所得税　（二）営業所得税　（三）資本利子税

第三案は最も姑息的にして即ち地租営業税の内容を改正するに在り。以上三案に対し小委員会は別に意見を附せずして、其儘特別委員会へ報告したれども、再審査の上、三案中の何れかを採決して廻付を乞ふとの要求ありしを以て、小委員会にては種々意見もありしが、結局第一案を採用することとせしが、地租営業税移譲に伴ふ一億四千万円の欠陥全部を補填するは苛酷なるを以て、地租営業税の半額七千万円を徴収する事を補足することとせり。尚財産税の免税点を二千円とし、税率は千分の一半の比例税とせり。特別委員会にては財産税は資産家階級より徴収するものなれ共、税率の千分の一半は外国の万分の一乃至万分の一半に徴して苛酷なれば、免税点を引上げ累進税とすべしとの調節意見出で兎に角小委員会の報告通り財産税より七千万円を徴収する意見を承認せり。尚特別委員会の第二読会にて予は免税点を一万円とし、万分の五乃至万分の五半と為すの修正案を提出せしも否決され、原案通り可決確定せり。更に地租営業税の半額移譲は不徹底なりとか、財産税を起すも七千万円を徴収するのみとすれば総額一億四千万円の国庫減収に対する欠陥を如何にして補充するか等の意見も出でたり。而して之に対する説明が依然不徹底なりし為、希望意見として財産税のみに依らず、地租営業税の半額のみにては不徹底の嫌ひあるも、華府《ワシントン》会議の結果生ずる剰余は優先的に之に充当すべしと附帯決議したるが、之は四月の財政経済調査会の経過如何に依つて決せらるべし。

（『財政経済二十五年史』）

二二　現内閣の物価調節策を評す

［一九二二年（大正一一年）八月三日、憲政会機関誌論説］

吾党の高唱した物価調節の大方策

戦時戦後の好況時代に物価の暴騰が国民の生活を脅威し、惹《ひ》いて思想の動揺を招き財界の反動を惹起せんとするの傾向あるや、我憲政会は物価調節の必要を高唱し其具体的政策を列挙して朝野に警告するところあり。当時の物価調節策としては通貨の膨脹を制し之が収縮を図るを以て第一義となし、其の方策として海外放資、日銀の利上、在外正貨の整理、郵便貯金の利上、小額貯蓄債券の発売等を推奨したるも、当時の政府は毫も之を用ふることなく、遂に大正九年春の反動を招き、爾来経済界は引続き不景気に沈淪せるも、物価は大体に於て依然として世界最高の率を維持せるが為め貿易は大逆調となり、内地の産業は不振を極め国民生活の脅威益々甚しきに至れるを以て更に時勢に適応せる調節策樹立の必要を認め、昨年十月五日政務調査総会の決議を経て十九箇条の方策を発表したることは尚世人の記憶に新であらう。我党の物価政策の発表はいたく世論に刺戟を与へ、各方面に於て物価調節の実行を要求せるの声が八ケ間敷くなつたが、政友会内閣の無為無策なる何等努力画策するところなく以つて今日に至つた。

政府は吾党の主張に接近し来る

加藤内閣成立するに及んで物価調節の必要を認め内閣組織匆々《そうそう》之が実行を声明するところあり、爾来《じらい》農相官邸に関係各省局長会議を開き十数回に亘つて調節の方策を審議決定し、農相よりその結果を閣議に報告して決定を求め其後関係各省の省議に附しその決定せるものから順次実行する方針だといふ。新聞の報ずるところにして誤なしとせば、政府の行はんとする物価調節策は大体に於、我党の主張に接近し来れるものの如く昨年十月発表したる我党の政策は概ね政府の実行案中に包含せられて居るやうである。即ち物価調節の第一着手として行政財政の緊縮（中央地方共）を高唱せるが如き、又金の輸出禁止解除、鉄道運賃の引下、小額貯蓄債券発売、模範的公設市場の増設、標準価格又は正当価格の決定の如き生活必要品課税（関税を含む）軽減の如き両者の主張の正しく一致せるを見るのである。

併し政友会は絶対に反対した政策

右の中、物価調節の為にする行政財政の整理、金の輸出解禁の二者は前議会に於て予の質問に答ふるに当つて高橋首相兼蔵相の主義として絶対に反対せしところ、又割増券附債券の発売は寺内内閣当時の蔵相勝田氏の主張ありしにかかはらず政友会幹部主として高橋子爵の反対に遭ふて議会に提出するに及ばなかつたものである。政府の実行せんとする郵便貯金の利上も又、数次の議会に於て高橋蔵相の絶対に反対したところである。加藤内閣と政友会との裏面的関係に思ひを致す時は政府がよく政友会幹部の反対を排除して国家の為必要なりと信ずる是等の政策を遂行する決心と勇気ありや否やは多少の疑ひがないではないが、加藤首相も国民期待の手前、且は内閣成立匆々《そうそう》立派に声明したる方針の手前、万一政友会との情実に囚はれて是等の政策を遂行し得ない時は、天下の人心は一朝にして離反すべく、政友会と同じ墓穴に葬らるることを免れざるべく、此のところ首相以下苦心の存するところであらう。

政府は尚ほ吾党に及ばぬ点あり

我党の発表したる政策中、重きを為す事項にして而も現内閣の政策中に見当らざるものが二つある。一は政府より極力低利資金を融通し公共団体をして住宅の建設を為さしめ標準賃貸価格を以つて主として労働者に貸与せしむべしとするもの（之が資金は小額貯蓄債券勧業債券の発売に依つて得たる資金及簡易保険最高金額の制限引上によつて得たる資金を以つて之に充つ、憲政会発表政策第八項参照）、他は投機思惑を助長し物価を吊上若くは物価の低落を阻止するが如き政策を行はざること（同第三項参照）之である。前二者共に速に之が実行を望まなければならぬ。殊に後者に至つては政友会内閣時代に於て屢々之を犯したことがある無暴なる財界救済の如き公債政策による兌換券膨脹の如き之である。之が為めに動《やや》もすれば所謂中間景気なるものを招致し、事業の整理を妨げ、物価の低落を阻止し、財界の安定と回復とを遅延せしめたる等、国家経済上の損害挙て数へられない。現内閣にして誠意を以て事にあたる以上、断じ［て］之が顰に倣うことがあつてはならぬ。

政友会反対せば敢然として闘へ

若し政友会にして従来の行懸上政府が誠意実行に努めんとする諸般の政策に対して或は掣肘を加へ或は威嚇を試むるやうなことがあらば、現内閣は須《すべから》く敢然として政友会と戦ふの覚悟がなくてはならぬ。以上の外新聞に伝へられる政府の物価調節策なるものがないではな［く］、専売煙草の値下の如き、冷蔵会社に対する低利資金融通の如き、小額紙幣整理の如き、特殊銀行貸出制限の如き之である。煙草の定価引下は予一個の私見を以てすれば、下級煙草を引下げ、その代り上級煙草を引き上げることによつて整理すべく、冷蔵会社に対する低利資金の融通は公共団体の経営にかかる場合に於ては之を可とすべき。若しも然らずして私立会社の計画にかかる場合に於ては、之に低利資金を貸与するに於ては種々の弊害があるから反対しなければならぬ。低利資金の融通に就ては従来屢々非難の声を耳にするばかりでなく、その間又多少の弊害ありと聞く。予は冷蔵会社経営の衝に当らんとする某々氏に就いて特に言ふのではないが、主義として私設会社の経営にかかる此種の事業に特別の恩典を与ふるには反対である。

高橋前蔵相に対する責任糺弾

小額紙幣の整理引上げは之に代ふるに補助銀貨の増鋳を以つてすればよいが、之を以て物価調節の一策とするは聊《いささ》か見当ちがひの感なきを得ない。特殊銀行の貸出が従来乱暴であつたのは事実で、此の点については当時の政府は当然監督上の責に任ぜなければならぬ。然るを現政府が茲《ここ》に特殊銀行貸出の制限といふ一項をかかげ物価調節の一策に加ふるを見て予は奇異の感に堪へぬものがある。観察の如何によつては政友会内閣に対する一種の皮肉、換言すれば高橋前蔵相の責任糺弾と解せられぬでもない。其の他船舶運賃の引下げは鉄道運賃の引下と相俟つて其の効果を奏すべき民間船舶業者を説得して之が引下を為さしめんとする努力に対しては賛成せざるを得ぬ。

寺内内閣の二の舞に陥るな

之と同時に憲政会が発表したる第九及び第十の事業も亦、民間有力者と協議して之が実行につとめられんことを望むものである（第九項、事業会社は生産費削減の目的を以て自制的に配当及重役賞与金を減じ且つ生活必需品の価格低廉と相俟つて労銀の整理を行ふに努むること）（第十項、物価不廉の原因が供給の不足にありと認められるものに就ては操業短縮を緩和若くは撤廃せしむるに努むること）。最後に法律を以て商人の暴利を取締るべしとの問題に就ては、政府の決定如何を知らぬが、予一個の意見としては斯の如き法律の効果あるや否やは暴利と否とを区別すべき標準を如何にして定むべきやの点にある。寺内内閣時代の暴利取締令が所期の効果を齎すこと能はず、為めに時の当局者をして「伝家の宝刀」云々の口実を設けしめ、折角の法令をして滑稽化せしむるに至らしめたる抑々《そもそも》の原因は、買占め売惜みの標準をして何等定まれるものなく、又暴利と否とを区別すべき標準としても何等定まれるものがなかつたからである。今日法律を以て暴利取締を為さんとするも、暴利と否とを判定すべき標準、即ち正当価格若くは標準価格の設定なきに於ては折角の暴利取締法も亦伝家の宝刀の覆轍に陥り、世間の物笑の種となるであらう。故に先づ模範的中央市場及び公設市場を増設し、市場より販売する物品につき周到精密なる計算を以て標準価格を設定するを先決問題とする。

政友会の反対に屈せず断行せよ

斯くて公設市場では標準価格を以て日用品を販売し市中の小売商をして自営上公設市場に倣うて標準価格を以て販売せしむるが如く誘導するがよいではないか。然る後法律を以て取締るでなければ商人の暴利を制することの出来ぬこと明瞭となるに及んで初めて立法の手段に訴ふるも亦遅くはあるまい。之を要するに現内閣の物価調節策が大体に於て我党の政策に接近し来れるは吾人の欣快とするところなるのみならず、現内閣の諸公が国家の為め誠意を以て物価調節策を行はんとする勇気に対しては敢て敬意を表するに吝《やぶさか》ならぬものである。ただ恐るるところは、最初の声明と折角の勇気とが、政友会の反対又は各方面の故障の為め、初めの勢どこへやらの譬《たとえ》の如く遂に龍頭蛇尾に陥ることなきや否やの一点にある。

（『憲政』）

二三　清浦内閣と解散の不法を難ず

［一九二四年（大正一三年）二月、憲政会機関誌論説］

今や憲政擁護の叫び喧々囂々を極め、宇内の大勢遽《にわか》に逆睹すべからざるものがある。是れ抑々《そもそも》何に起因するであらうか。一は以て千古不磨の大典が弊履の如く棄てて顧みられず、一は以て赫々たる帝国憲法が泥土の中に埋没し去らんとするに依るものである。即ち我が憲法政治が清浦内閣なる一種不可思議なる妖怪の為めに、其の前途は全く暗雲に掩はれ、憲政の妙諦は遂に発揮せられざるに至るべきを恐るるが為めである。

凡そ一国の政治は公明正大決して私心を挟むが如き事を許さぬものである。然るに目下の政治を通観するに権謀術数の謀策に依て行はれ国民に最も不愉快なる感情を与へて顧みざる状態である。民心悪化し思想矯激に走るの原因は、一にして止まらざるべきも、政治の不公明に起因するものが最も大なる理由である。清浦首相が真に国民心理を弁へ且つ国民生活の実情に通暁するの人なりしならば、天下の輿論貴族内閣の出現に反対するにも拘はらず、陰に陽に術策を弄して国民の反感と激憤とを買ふが如き不公明を敢てすべきでないと信ずる。然かも清浦首相が組閣の当時より議会解散に至る迄での経路見解を観れば、唯単に顰蹙すべき事態のあるのみならず、其の進退去就一として常軌を逸せざるものなく、糧《か》てて加へて天皇の大権を私するが如き非違を敢てして憚ざるは、忠良なる臣子として座視するを得ざるものである。然るにも拘はらず清浦首相は謂て曰く、「吾人の態度を攻撃して其の政綱政策を顧みない事は甚だ怪しからぬ」と其の云ふ所已に本末を顚倒し立憲政治の本義を閑却したる嫌あるは真に嗤ふべきである。超然内閣と政党内閣とは単なる形式上の問題ではない。内閣が国民に立脚するや否やの問題である。其の根本に於て已に国民に基礎を有せざる内閣が、如何なる政綱政策を有するとするも其の実行せらるべき理由は断じてない。所謂真の政策なるものは国民を対象として一般的に行はるべきものであつて、国民に立脚せざる内閣が、国民を対象とする政策の実現し得らるべき道理のない事は自明の理である。更に又清浦首相は大命拝受の際時局収拾の成算立たざるが為に、一旦拝辞の決意をなしたるが摂政殿下の御諚に依り、再び拝受したる如く一度成算なきを返答したる直後御諚に依りて成算の立つべき理由のなきは明かである。然るに再度の御諚を理由として内閣を組織したるは、臣子として進退の節を誤り累を皇室に及ぼすものであつて洵《まこと》に恐懼に堪へない次第である。

第二に吾人が追及せねばならぬのは、大命を第三者に委割分譲した事である。抑々《そもそも》内閣組織の大命は清浦子其の人に降下したるものにして、敢て研究会と云はず如何なる人にも、其一部なりとも委託すべき性質のものではない。然るに清浦子は此の神聖にして不可分なる大命を第三者に委託して恬然たるが如きは、大権を蔑視して私する其の罪決して軽からざるや勿論である。

第三に衆議院を無視し二院制度を蹂躪したこと是れである。元来二院制を採用する国に於ては、政府は国民輿論の府たる衆議院を基礎として組織すべきものであつて、貴族院は政府の施設政策を監視すべき地位にあるものである。然るに清浦子は貴族院の中心勢力たる研究会に組閣の全権を委任し、研究会を唯一の基礎とする内閣を組織して、国民輿論の府たる衆議院に臨み天下に号令せんとしたのである。抑も此れ帝国憲法の精神を蹂躪し、二院制を設けたる趣旨に悖戻《はいれい》するものにして我政治上の秩序は是に於て全く破壊されんとしていると云ふも決して過言ではあるまい。

第四に少数の特権階級を基礎として国民に超然たる態度を執つた事は見逃すべからざる事である。さなきだに国民思想の険悪ならんとする今日、一部特権階級を基礎とする閥族政治が出現すると云ふ事は、単に政治上憂ふべき現象であるのみならず、国家国民の安危興亡に関する重大問題である。外は国際的に益々多事多端ならんとする折柄、端《はし》なくも内に政府自らが進で此階級闘争を惹起せしむるの態度を執る。恐らく是れ国家深憂の政治的社会的危機に導くものであつて、首相の責任決して恕《ゆる》すべからざるものである。

以上清浦子の政治的四大罪悪は国民として看過する能ざる問題である。従て一日たりとも其の存在を許容することを得ないのである。斯かる内閣が如何なる政策を行ふとするも全然無意義である。我々は先づ其の根本を質して然る後に、政綱政策を論ぜんとするものであつて、徒らに清浦内閣の倒潰を叫ぶの徒ではない。即ち此の根本的罪悪を矯正し悪例を将来に貽《のこ》さざらんが為め、其の態度並に存続の不可なるを高唱する者である。吾々の同志が憲政の擁護を企てたるも其の真意は此処に存するものであることは疑を容れぬ所である。

斯くの如く不条理非立憲の内閣が、其の立場に就て声明する所を聞けば又矛盾撞着の甚しきものがある。彼等は貴衆両院の権限同等論に立脚して貴族内閣の不可なきを云ひ、特権階級の内閣に非らずと弁明するが、凡そ一の内閣が貴族内閣、特権階級の内閣であるや否やの問題は、其の内閣に列した華族の員数を以て論ずべきものではない。内閣の基礎根底が何れに在りやの問題である。清浦内閣は其の基礎研究会の実権を握れる有爵議員なる少数の華族に依てなれるものである。此れを世間が貴族内閣、特権階級内閣と呼ぶは蓋し当然の事である。若し此れをしも貴族内閣に非らず、特権階級内閣に非らずとする者があれは、其れは牽強附会執るに足らぬ言辞を弄するものと云はざるを得ない。又清浦内閣の自任する使命は、政局の紛糾を鎮め民心の安定を図るの一事にあるのであらうが、今日の如く政局紛糾し民心の動揺したる時に当て果たして之を為し得るや。清浦首相にして若し組閣当時と今日の動静とを冷静に比較し検討すれば、速かに辞職して罪を闕下《けっか》に謝すべきである。

更に去る廿一日議会の休憩中に解散を決行したるが如き、我議会史在つて以来未だ曾て先例のなき記録を作つたものである。然かも首相の告白を聞くに解散に依て多数の与党を得るの確信なしとの事である。貴族院の牙城に立て籠れる首相は衆議院に多数の与党を得るの確信も無く解散を奏請したのである。是れ決して天皇輔弼《ほひつ》の宰臣たる者の執るべき態度ではない。加之《しかのみならず》首相は未だ施政方針の演説を為すに至らず、議員の質議を聞くに及ばず、卑怯にも議員の言論を未然に抑圧し、無謀なる解散を宣告したのであつて其の非立憲なること天下等しく之を認むる所である。或は又当日議員に非ざる者が議場に闖入し議場を紛擾せしめた事は、吾々も亦遺憾とする所であるが、之は議院自ら議長自ら処置すべきものであつて、之を解散の理由に数へる事は不都合極まるものである。其の他議場の紛擾を惹起して首相の演説を聞くを得なかつたのは全然議員には責任の無い事である。亦革新倶楽部の浜田国松君の質問は、列車顚覆事件に関する思想の悪化、摂政殿下の伊勢大廟に向はせらるる御警護に十分の確信ありやと云ふに在つて、首相の答弁を求められたのであるが、首相は之に答弁しやうともせず、渉たる小松鉄相が代て答弁せんとしたので、議場は之が為に騒擾と化したのである。首相が若しも時局収拾の責任を解し、天皇輔弼の大任を知るの人ならば、斯くの如き騒擾は未然に是れを防ぎ得たものである。然るに首相の態度は之と全く異なつて、一主務大臣をして之に答弁せしむるの無責任を敢てしたるが為、当時真摯、厳粛なりし議員の反感を買つて議場の混乱は現出したのであつて、其の全責任は内閣が負ふべきものである。然るに其の責任を議員に転嫁せんとしたのは没常識も亦甚しと云はざるを得ない。

其の何れにしても今回の解散が吾人の首肯する能はざるは勿論であるが、首相は之をしも尚ほ瞞過し去らんとして国務を誠実に執行するの態度に非らずとせられているが、首相にして真に国務を熱心に真摯に執行せんとするの微意だにあらば、首相は斯くの如き態度を執るべきではなかつた。斯くの如き非違を敢てすべきではなかつた。然かも時局紛糾の時に際して自らの致せる罪悪を掩蔽せんとして、責を議員に嫁し退いて国務を鞅掌せんとするは却て益々前述の四大罪悪の上塗りをしたものに過ぎぬので、天下誰一人として其れが正当なる所以を知る人はないのである。

清浦内閣は其の出発点に於て斯くの如き罪悪を有し、今亦斯く如き非立憲なる解散を断行し、更に進んで総選挙には深刻なる選挙干渉を行ふとのことである。此の飽く迄も衆議院を無視し国民を侮辱して怪まざる現内閣を此の儘に放棄せんか、憲政の衰亡や蓋し近き将来に於て必ず見るべきである。併し乍ら我々が憲政擁護の下にする国民的絶叫に対しては、如何に此の頑迷なる内閣の干渉も、脅迫も、買収も何等の効果も挙げ得らるるものではない。茲《ここ》に吾々は益々声を大にして現内閣の不法、非立憲を糺弾し以て政党政治の基礎を確立せなければならぬ。

（『憲政』）

二四　財政計画の破壊

［一九二四年（大正一三年）三月、憲政会機関誌論説］

火災保険問題の解決案に対する内容の批評は暫らく別問題として、苟くも政府が火災保険問題を解決することが絶対に避くるを得ない、亦焦眉の急なりとの確信の下に、憲法第七十条に依る財政上の処分案を定めて、枢密院に諮詢することになつたが、枢密院に於ける該案に対する反対の態度は政府をして遂に撤回するの余議なきに至らしめた。畢竟するに之は必然的に到達すべき所に到達したものであつて、何等の不思議もないが、政府は是に政治上重大なる責任を負ふべきは勿論である。即ち政府が必要ありとして憲法第七十条に依て財政処分案を作り、枢密院に於て之が通過を見なかつたのであるが故に、当然総辞職をしてその責を負ふべきものであると信ずる。

如何となれば政府が憲法第七十条の財政処分案を絶対に必要ありとして可決する以前に於て、他に採るべき適当なる案があるのであるが、政府は比較研究の結果該案を採るに至つたのである。其の比較案とは第一、臨時議会の協賛を待つて之を処分すること、第二、責任支出に依て之を処分すること、第三、憲法第七十条に依る処分等を見出し得るのであるが、第一の臨時議会の協賛を待つて之が処分を為すことが、最も立憲的にして且つ当然なる方法であると信ずる。然るに政府は此の方法に依らず、更に第二の方法にも依らなかつたことは実際の事情が臨時議会の協賛を経る迄待つを得なかつたこと財政計画を破壊するとの意味に外ならない。而て第三の方法たる憲法第七十条の財政処分に依つた事は已《すで》に誤りである。然かも其の処分案が枢密院の反対を受けて撤回せねばならぬ状態に至つて、再び第一、第二の案を執るが如き逆戻は出来ぬ筈である。従て政府が背水の陣を布いて第三案を執つたことは政治上責任の存することは明白であつて、独り農相一個の責任問題ではない。即ち陛下に上奏し枢密院に諮詢になつた程の重大問題であるが故に、政府は当然引責して総辞職を決行せねばならぬのであるが、政府は之を為さずして善後処分に就て八千万円の責任支出を為すことに決定したとは驚かざるを得ない事である。若し責任支出に依て解決の出来るものでありしならば、何故に憲法第七十条の緊急処分を採らんとしたのであるか。此れ明かに枢密院を欺くと同時に、国民を欺罔するものと謂はなければならぬ。更に財政上の見地より之を批評すれば、現在の大蔵省に幾何の剰余金あるかを知らないが、将来の財政計画に組入れてあるものを控除すれば、余す処幾何もない筈である。其の内より八千万円の責任支出を為すと云ふことは頗る困難な事と思はれる。併し乍ら火保問題の為に茲《ここ》に愈々責任支出を為さんとすれば、其の財源は将来の財政計画に組入れてある剰余金に喰ひ込まねばならぬ事になる。勝田蔵相も之に対して財政計画を立直すのでなければ責任支出は出来ぬと云つて居らるるが、要するに之は財源如何の問題であつて、僅かの短期間を以てしては到底不可能である。然るに財政計画の立直しに関する具体的方法が決定せざる内に、剰余金を責任支出に充当すると云ふ事は財政上の大なる脅威であつて、財政計画を破壊すること是れより甚しきはないと信ずる。特に将来の財政計画の一部として留保してあつた処の剰余金を費消し尽すが如きは無責任の極みである。之を要するに火保問題に対する政府の態度は、政治上の責任を没却すると同時に財政計画を破壊するものとは謂はなければならぬ。已に外債募集に於て失敗を経験し今亦国民の不安を誘発するが如き態度は、断じて思慮ある者の処為と見る事は出来ぬ。宜しく政府は政治上財政上の当然なる責を引いて総辞職すべきであると信ずる。

（『憲政』）

二五　清浦内閣の四大罪悪

［一九二四年（大正一三年）三月一六日、高知市での講演］

親愛なる高知市民諸君。私は大正九年の総選挙以来四年振に久々に諸君に御目にかかることを得ましたのは深く私の光栄と存ずる所であります。私は前回の総選挙に於て我党より僅に一名の代議士として第二区より議会に送られたものでありましたが、少くとも年に一回は議会報告の為め帰県する義務がありますが、国務多忙の為め遺憾ながら其の意を果すことが出来なかつたので市民諸君の前に何の面目もない次第であります。

重大の罪悪を重ねたる清浦内閣

諸君。一国の政治なるものは、公明正大でなければならないのであります。総て世の中のことは公明正大でなければなりませんが、殊に一国の政治なるものは何よりも公明正大でなければなりません。其の裏面に陰謀とか、権略のあることを許さないのであります。殊に最近十年間政府の更迭の度に政界にはこの陰謀が行はれて居て、帝国政治の歴史は之が為に汚瀆されたのは頗る遺憾に耐へない次第であります。さなきだに国民は倦怠し民心の動揺に多大の影響を及ぼし、思想の悪化又は政治の悪化の原因はこれが為めであると云ふことは私の信じて疑はない所であります。我憲政会が十年間如何なる態度を取つて進んだかと云ふことは諸君の諒とせられて居る所でありまして、我憲政会は俯仰天地に恥ぢない行動に出て居たことを諸君の前に断言するのを憚らないのであります。憲政常道論より致しまして寺内内閣にも加藤内閣にも反対の態度を取つたのであります。今又現清浦内閣に対しても反対して居るのであります。

諸君。現内閣には独り単なる憲政常道論のみに依つて反対して居るのではありません。現内閣は決してこれだけの罪の浅い内閣ではありません。現内閣は内閣組織の根底に於て重大なる罪悪をかさねたる内閣であります。清浦内閣は種々の政綱政策を羅列して国民の前に其の実行を誓つて居る様に見えまするが、吾人は清浦内閣の政綱政策を論ずるよりも、先づ内閣の組織の根本義に関する重大なる議論を持つて居るのである。此の議論は独り私のみの議論に非ずして、更に満天下国民全体の議論であります。若しも内閣組織の根本義に於て或は累を皇室に及ぼし奉り、大命を蔑《ないがしろ》にするの嫌があり、或は憲法の精神に反するが如き事実があり、或は民心を険悪に導くが如き傾向ありとすれば現内閣には一日たりとも其の存在を許すべきでないのであります。此の如き内閣に対して施政の方針を論じ、政綱政策を議するが如きは砂上に楼閣を築くと同様でありまして、実に無意義の甚だしきものと云はざるを得ないが故に、吾人は先づ以て清浦内閣成立の根本義に関する国民的疑惑の存する処を開陳し、吾人の主張を明かにしやうと思ふのであります。

第一、進退の節を誤る

第一に清浦子には大命を拝受したる当初に於て内閣組織の見込が立たなかつたのであります。清浦子は大命を拝し内閣を組織するに当つて進退の節を誤り累を皇室に及ぼして居るのでありまして、皇室の尊敬を保持し国体の精華を発揮する上に於て誠に遺憾に堪へざることであります。清浦子が大命を拝しましたのは本年の一月一日でありまして、更に慎思熟慮の結果、これを辞するの決意をなし大森の屋敷を出で華族会館に於て研究会の二三の幹部と会合し、更に慎思熟慮の末、大命拝辞の決意をなし、三日午前十時華族会館に於て之を幹部会の代表者に声明し直に拝辞の奏答をなすが為め参内したるに拘はらず、再度の御諚に依り再び御受することに決意を翻されたと云ふことである。而して三日の午後三時赤坂離宮を退出するや、優渥なる再度の御諚に対して一身の成敗を顧みる事の暇なしとて拝受の決意をなしたと云ふことである。これに就いて諸君は如何なる考へを有するのでありまするか。

清浦子は赤坂離宮を退出するや、華族会館に於て研究会の幹部の代表者に会見して其のことを報告したる後、自身新聞記者の前に声明して曰く。実は大命拝辞の決意をなしたものの今日赤坂離宮に於て摂政殿下に拝謁し、殿下から時局に就いて御下問を賜つたが、自分は此の時局困難に際して御思召に副ひ奉つることが出来るや否や甚だ憂慮して居る次第を言上した、然るに殿下には「此際であるから努めて国家の為めに尽せよ」との御言葉を賜つた、既に此の御諚を拝した以上、一旦は拝辞する意思であつたけれども最早臣子の分として一身の利害を顧みる事が出来ない、奉公の為め力を捧げなければならぬと思ふ、と云ふ事を発表せられて居る。このことは一月四日都下の各新聞紙に掲載せられたる天下周知の事柄であつて、今日に於てこれを否認することは出来ないのであります。即ち最初の大命は之を拝辞する決心であつたが二度目の御諚に依つて拝受するに決心したと云ふに帰着する。二日二晩考へた後何としても内閣組織の見込が附かなかつたものが翌日これを拝受する決意になつたと云ふことになつた。重大なる問題が起つて来る。苟くも責任を知り臣節を解する処の政治家であるならば仮令《たとい》摂政殿下より重ねて厚き、御優諚を拝しても国政担当の成算が立たざる限りは飽く迄も之を拝辞申し上げて他の賢者に譲るのが当然のことであると私は確信する。

又た若し時局担当の成竹《せいちく》があるならば再度の優諚を拝するまでもなく最初の大命に依て何故に謹んで御受を申し上げて宸襟を安じ奉らなかつたのであるか。然るに慎思熟慮の結果大命拝辞の決意をなして既にこの事を研究会幹部の代表者に正式に声明し、さて愈々之を拝辞する為めに参内したと云ふならば、是れ即ち時局収拾の成算がなかつた為めであると推測するの外はないのである。斯くの如く二昼夜に渡つて慎思熟慮の結果成算なしとして拝辞の決意をなしたものが一朝参内して再度の御諚を拝するや忽然として即時に時局収拾の成算が出来たと云ふが如きは常識上断じてあり得べからざる事であつて、結局する処成算は立たない、見込はないが、併し再度の御諚に接したから御受けしたのであると解釈するの外はないのであつて、国民の多数は正に左様に信じて居るのであります。

果して此の如く自分では時局収拾の見込みが立たなかつたにも拘はらず、再度の御諚があつたことを理由として強いて内閣を組織した以上、其の内閣が若し時局収拾と民心の安定に失敗したならば、或は恐る、其の責任を皇室に着せ奉ると云ふが如き恐懼に堪へざる所の観念を国民に起さしめ、元来政治に超然たるべき皇室を、万一にも恐れ多くも政治の渦中に捲き込むと云ふが如き恐れは絶対にないと何人が保証することが出来るのであるか。心あるものは憂慮に堪へざる所であります。此の如きは畢竟大命拝受後の清浦子の行動が進退其の節を誤り、累を皇室に及ぼすものなりとの非難を受くる所以であつて、国体上洵《まこと》に由々敷重大問題と云はねばなりません。

第二、大権を蔑視す

第二には内閣組織の大命は神聖にして不可分なるものであります。決してこれを他人に分割することは出来ないのであります。然るに清浦子にはこの汚点を残した証拠が歴然として上つて居るのであります。清浦子が内閣組織に当つて一部閣員の選定を第三者に委託しこれを復《また》委任したと云ふことは明かに天皇の大命を蔑視したものであります。清浦子が大命を拝して内閣組織を決意するや、直に研究会の領袖と会見して内閣組織に就いて援助を求め研究会が幹部会を開いて援助の決議をなしたる後、閣員の選定を彼らに委託し、一方委託を受けたる領袖連は日夜華族会館を始め各所に密議を凝し、東奔西走して閣員の銓衡に没頭し案の成るを待つて漸く内閣の組織を終へ敢て世間態を繕はんが為めに研究会以外より江木君、藤村君の二人を引き入れたことは其の当時の新聞紙にも伝へられ公然の秘密として天下の斉しく認むる所である。仮令《たとい》閣員最後の決定は清浦子自らなしたりと弁明せらるるも、今回の如く第三者をして露骨に且つ公然と閣員の銓衡に関与せしめたるは前代未聞の事であります。

抑《そもそ》も内閣組織の大命を拝したるものは正しく清浦子一人であつて、研究会の領袖たる二三子にあらず。然るに神聖にして不可分なるべき大命の一部を事実に於て擅《ほしいまま》に他人に分割委譲したるは正に天皇の大権を蔑視するの非難は免れません。此の非難は清浦内閣の存続する限り決して絶ゆる事がないのであります。聞く所に依れば首相は貴族院に於て議員の質問に答へて閣員の銓衡を他人に委譲したるが如き事は絶対になしとてこれを否認せられて居りまするが、首相がこれを否認せられたるは或は当然かも知れません。何となればこれを是認するに於ては、清浦内閣は直に倒壊せられなければならないからであります。

併し乍ら清浦首相の否認に拘はらず国民の多数は首相の弁を信ぜずして大命委譲の事実を信じて居るのであります。清浦首相が議会に於て極力之を否認しつつある間に研究会の領袖の一人三派聯合からの訪問者に対して驚くべき事実を告白して居ることは洵《まこと》に皮肉の対照と云はなければならぬ。即ち其の人の告白に依れば世間では研究会が清浦内閣の組織に関係したと云ふけれどもそれは事実でない、唯某伯某子等が組閣に関与した事はあるけれどもこれは個人の資格であつたのであつて研究会を代表してやつたものでないと弁明をして居るが、此の弁明は研究会に対する世間の批難を緩和する上に於て何等の効果がないのみならず、却つて清浦首相の弁を裏切つて大命委譲の事実を肯定するものであると云はなければならぬ。即ち、研究会は自らを救ふに急にして清浦首相を死地に陥れたものである。洵に正直なる告白であると吾人は思ふのであります。此の問題は第三者に対して閣員の銓衡を委託したる事実ありてこれを否定すると云ふ点であつて、其の某伯某子等の資格の如きは問ふ所でない。既に研究会領袖の口から某伯某子が組閣に関与したる事が明白となつた以上は大権蔑視に対する国民の批難は益々深刻に赴くばかりであります。

第三、議会の制度を無視す

第三に清浦子が大命を拝するや、直に研究会の諒解を求め、研究会を中心としたる貴族院内閣を組織し、全然衆議院に基礎を有せざる内閣を組織したるは二院制度の精神に反するものであります。凡そ二院制度の国に於て内閣を組織して政治を円満に行はんとする以上は場合に依つては貴族院の諒解を求め其の援助を受くるといふことは何等差支なしと思ふけれども、内閣の組織は何処までも衆議院に基礎を置くことが憲政の本義なりと信ずるのであります。然るに清浦内閣は貴衆両院に政治上に於て何等の関係がないのみならず、衆議院とは何等の交渉をも有しない内閣であります。苟《いやし》くも内閣の基礎が衆議院にある以上は或は政策の上に就て貴族院に諒解を求め、或は主義政見を同じふする若干の貴族院議員を閣員に列せしむるも敢て妨げないと思ふのでありますが、貴衆両院は各々憲法上異つた職分があるのであります。予算の修正法律の制定決議等に至つては憲法の解釈上から云つても、議会の典例から云つても両院同等なる権限を有することは勿論であるが、併しながら之は法律論から云ふことであつて決して政治論ではないのである、決してこれは事実問題ではないのである。要するに憲法の解釈論であつて憲法の運用論ではないのであります。政治論として又憲法の運用論と致しましては貴衆両院は政治上各々異つた職分があるのであります。衆議院は国民の輿論の府でありまして自然の勢ひとして政党が出来、それに依つて政府が組織せられるのであります。

故に政府の実体は国民の輿論の府たる衆議院を基礎として成立せられ、貴族院は受動的に政府の政策施設を批判監視して一国の政治をして常に中正穏健の態度を失はざらしむるに努めなければならぬ関係上、民論に依つて刺激せられたる政府の仕事を抑へると言ふのが貴族院の職分であります。決して衆議院を差し措いて貴族院自ら積極的に政治の局に当り政府を組織する府ではないのであります。然るに貴族院自ら政治の局に当るが如きは以て其の本領を没却したるものと云はなければなりませぬ。

新聞紙の報ずる所に依れば、清浦首相は去る一月十九日上野精養軒に於て開かれたる肥後倶楽部の組閣祝賀後に於て演説をせられて居るが、其の一節に斯様な事があります。「貴族院が内閣を組織するは憲政の逆転などと申すものもあるが国家の両院制のある以上、衆議院で内閣を組織するのが不思議でない如く、貴族院が内閣を組織するのも別に不思議とは言へない。申す迄もなく貴衆両院の権限は同一であつて何等の軽重はない」云々。又た先達《せんだつ》て貴族院に於ても清浦子は議員の質問に対して同様の意味を答へて居る。吾人は清浦子の如き老成の政治家がかくの如き意見を懐かれて輔弼《ほひつ》の重任に当られて居ることを国家の為に悲しむものであります。

清浦子の両院権限同等論は法理論と政治論とを混同するものであつて、前にも申し上げた通り法理論としては洵《まこと》に子の言ふ通りであるが、政治論と致しましては貴衆両院は各々其の本分ありて互に相侵すことを許さないのであります。帝国憲法の起草者たる伊藤公の著《あら》はされた『憲法義解』にも次の如く書いてあるのであります、「貴族院にして其の職を行ふ時は政権の平衡を保ち政党の偏張を制し横議の傾向を抑へ憲法の鞏固を扶け上下調和の機関となり国福民慶を永久に維持するに於て其の効果を改むること多きに居らんとす」云々。此の上下調和の機関と云ふことが洵《まこと》によく貴族院の政治的本領を説明し尽くしたものであつて、貴族院はどこまでも此上下調和の機関たる本分を以て一歩も其の範疇を越えることなく一意専心国政の運行を円満ならしむるに努むべきであると信ずるのであります。然るに清浦子は此の両院の政治的本分を転倒してしまつて衆議院を差措いて貴族院内閣を作り、政綱政策を提げて衆議院に臨んで居るのであります。これ即ち受動的調和的なるべき貴族院として其本来の立場を踏越へて国民の前に政治上、直接責任の衝に立たしめ、元来は発動的なるべき衆議院をして却つて批判的受動的の地位に居らしむるものであつて、帝国憲法が二院制度を採用したる精神を蹂躙し政治上の秩序を破壊し悪例を将来に貽《のこ》すものなりと認めなければなりません。

然るに之に対して清浦首相は斯様に弁明して居るのであります。「世間では貴族院内閣といふけれども決してさうでない。自分は曾てこの内閣を貴族院内閣と申したことはない」と自ら称して貴族院内閣といふたことがあると否とに拘はらず、清浦内閣は其成立の根本義に於て貴族院の中心勢力たる研究会の援助を唯一の条件として研究会を基礎として始めて成立したる内閣であると云ふことは組閣の経過に照して極めて明瞭である事柄である。之を研究会中心の貴族院内閣と云ふに何の差支へがあらうか。

一体貴族院内閣たるや否やを区別する所の標準は必ずしも内閣員たる貴族院議員の椅子の数のみで決することは出来ない。何《ど》の内閣も組織の経過に鑑み内閣の基礎が何れに置かれてあると云ふことに依つて決せらるべきものであることはいふまでもありません。此の見地よりすれば清浦内閣程立派なる貴族院内閣は、未だ曾てないと申さなければなりません。この点に就いて政府竝に政友本党の人々の弁明する所は「護憲三派は貴族院内閣はいかんと云ふがこは余りに政治の形式に捉はれたる議論であつて決して実質論ではないのである。政治は実質さへよければそれでよいではないか、其の政策がよければよいのではないか」と云ふけれども我々は決してさうは考へないのであります。大凡《おおよそ》代議政体は形式の政治であります。私は敢てこのことを諸君の前に断言します。代議士の当選は多数の投票に依つて決せられる。かくの如くにして当選したる代議士は議会に於ても亦多数に依つて事を定めるは、即ち形式の政治であるのであります。譬へそのことが神様が見れば間違つて居ることであつても、多数の意見に依つて事を決する。代議政体は即ち形式の政治である。代議政体立憲政治を廃すればそれは取りも直さず君主専制の政治となるのであります。我々は一人の英雄に依つて支配されるよりは、平凡でも宜い多数の常識に依て御互が自身に依つて支配することを希望する。又吾々は軍国主義の政治よりも侵略主義の国家よりも文化的の国家にして多数に依つて事を決する所の政治を欲する。若し多数国民の輿論を無視して立憲政治を廃するとすればそは秦始皇、ルイ十六世の政治を希望するものである。

然るに政治の形式はどうでも善政を行ふなればよいではないかと云ふ人があるかも知れないが、何が善政であるか何が悪政であるかと云ふことは何に依つてこれを定めるか。寺内内閣に於ても加藤内閣に於ても内閣自身が善政を行ふと云つたが、然ながら国民の多数は必ずしも内閣の施設を善政であるとは思はないのであります。唯一人に依つて善なりと信じた政治を受ける国民こそ誠に迷惑である。政友本党の或る幹部が雑誌『改造』の中に其の主義政見を発表して居るのでありまするが、其の人の人格、社会的の地位に対しては吾々は非常に敬意を払つて居る次第でありまして、又大政治家として将来に多大の期待を嘱して居るのでありまするが、遺憾乍ら其の発表せられた政見に対してはこれに賛成することは出来ないのであります。即ち其の意見には「貴族院衆議院の両院は常に喧嘩をして居てはいかんから、多数の団体を以て国政の運用が行はれる様にするが為には貴衆両院を通じて一大勢力ある政党を作る。斯くすれば貴族院が衆議院を抑へることが出来ない」云々。この議論は事実上に於て貴族院を廃止せよと云ふ意見であつて、衆議院を通過した極端なる議案も貴族院に於てこれを防止することが出来ないことになるものであるのであります。

要するに貴族院を廃止すると云ふことは取りも直さず憲法の改正論でありまして憲法の改正は、天皇陛下の大命がなければこれを改正することは出来ないのであります。政友本党の人々の云ふ所は現在天皇陛下の御身体に御故障があるからして摂政を置いて居る時期であるが故に憲法の改正と云ふことは絶対に出来ない訳であります。然るに政治上穏健を旨とする政友本党の人に依つてこの憲法改正論が唱へらるるに至つては矛盾も甚だしいのであります。現在我国の華族は全国を通じて一千人に足りません。貴族院議員の其の多くは互選でありまして世襲は少数であるが多額納税、勅撰議員の一部の人々は近頃如何なる風の吹きまはしか政治上の野心を恣《ほしいまま》にして居るのであります。而してこれ等の人々は貴族院に於ても勢力を得んが為め衆議院に多数を有する政党の連中とも往復して其の政治上の欲望を達せんと東奔西走してこの清浦内閣が出来たのであります。而して如何なることがあつても絶対に解散を受けることのない貴族院を根拠として国民に挑戦して居るのであります。

諸君。今日の時局に於て内外を問はず憂慮すべき事は多々あるが、第一人心が安定を欠いて居ると云ふことは最も国家として危険なことであります。動《やや》もすれば階級と階級との軋轢が起らんとして居るのであります。工場主対職工、地主と小作と云ふ風に階級闘争が其の芽を現さんとして居るのであります。この誠に憂慮に堪へない時に当りまして、清浦内閣が出来て国民の心理状態に向て危険思想を喚起し、貴族院全体に向つて華族全体に向つて怨嗟の念を抱かしめたとは必ずしも思ひませんが、一部の華族に対して不平はあるとしても華族全体に対して不平はあるとは云ひませんが、この不平の感情が高潮して貴族院全部に対しての怨嗟はやがて華族全体が国民の不平の感情の標的となる日が遠き将来にあると云ふことを思ひます。かくの如く罪悪の顕著なる内閣は一日たりとも其の存在を許すことは出来ないのであります。現内閣の擁護派は根本は如何でも政策がよければ、それで［よいで］はないかと云ひますが、最早其の政策の如きは論ずる価値がないのであります。

第四、階級の反目を激成す

第四に清浦内閣が一般国民と没交渉なる一部貴族の為めに擁立されて恰《あたか》も天下に号令するが如き態度は国民の間に

階級的意識を喚起し階級間の嫉視反目を助長し国民思想上極めて憂ふべき事態を醸生するの虞《おそれ》あり。我国現下の時局は多事多難を極むと雖も其の最も憂慮に堪へざるは思想問題であると思ふのであります。外国より伝来せる危険思想の宣伝は内政上の原因に基く人心倦怠、功利主義の跋扈と相俟て国民思想の動揺を招き、動《やや》もすれば階級間の嫉視反目を激成せんとするの傾向あるは洵《まこと》に憂慮に堪へざる所であります。吾人が普選の即行を絶叫するも各種社会政策の実施を主張するも、将《はた》又た貴族や富豪の自制を希望して已まざるも、悉くこれ人心の安定を計り思想の善導に資し社会の秩序を保持し、国家の基礎を安泰ならしめんが為ならざるはないのであります。

然るに何事ぞ。清浦子は貴族院に於ける一部の華族とのみ相談し彼等に都合よき内閣を組織し、甚しきに至つては閣員の銓衡までも彼等に委譲し此等華族が実権を握つて居る所の研究会と云ふ大きな団体をば内閣背後の勢力と恃《たの》み、此勢力を負つて傲然として一般国民に臨むが如き態度を取るに至つては吾々は寧ろ其大胆不敵に驚かざるを得ないのであります。清浦首相は我国民思想の現状を知れりや頗る疑問とする所であります。今日の如く動揺せる思想界が清浦内閣成立の為め更に一段の動揺を見るに至り、古来我国民精神の誇りとする所の一致団結忠実従順と云ふ淳風美俗の上に重大なる汚点を印し最も忌むべく恐るべき処の階級間の嫉視反目を助長する傾向なきにしもあらず。国民精神の作興を高唱し思想の善導を標榜する所の清浦内閣としては自家撞著の甚だしきものと言はざるを得ないのであります。先日首相は貴族院に於て中川男の質問に答へられ、階級闘争云々と云ふことであつたが、之は自分には分らぬ、詰り閣員を貴族院中の適材に採つて内閣を組織したと云ふに過ぎず、是れ独り自分の内閣に止まらず他の内閣に於ても適材を貴族院に求めたることは無論ある事である、之が為めに階級闘争が起るとは一切了解が出来ぬ云々と云ふ意味を申されて居るが、首相にして若し問題の大真相を正視せられたならば此の如き答弁はなされなかつた筈であるのであります。

私は試みに問ふてみたい。此内閣は抑《そもそ》も如何にして出来たか。誰れが作つたか。貴族院の中心勢力たる研究会の而も中心勢力たる有爵議員の実権を握つて居る少数の人々が清浦子の大命拝受前後から頻に奔走して貴族院内閣の成立に努力し、大命拝受後も常に清浦子と接触して頻りに万事を相談し或は幹部会の決議を以て清浦内閣を援助するに尽力し、甚だしきに至つては前に陳べたる如く閣員の銓衡に干与する等華族の本分を忘れ貴族院議員の畛域《いんいき》を越え政治に干与したる其の結果、即ち清浦内閣成立を見るに至つたのであると一般の世人に諒解せられて居るのであって、それが為めに今日の如く識者の憂慮となり国民の憤怒となつたのであります。随つて国民非難の焦点は今日の処に於ては華族全体でなく又有爵議員の全体でもない、有爵議員中の一少部分の政権慾の甚だしきものが国民非難の標的となつて居るに過ぎないのであるけれども、凡そ世の中に勢力と云ふもの程恐るべきものはないのであります。今にして全国に弥蔓せんとする国民の憤怒に対してこれを防止せんとするは唯首相自身の決行にあつて、有効なる緩和策を取るに非ざれば勢ひの激する所有爵議員全部の非難となり、或は華族全体に対する反抗となり、茲《ここ》に愈々階級闘争の端を開くの虞全くないと断言することは出来ないのであります。

公明正大を欠く清浦内閣

以上は清浦内閣組織の根本に関する国民的非難の顕著なるものでありまするが、我国政界のことは兎角正大を欠いて居ることが少くないのでありまして、之れが為めに国民に不快の念を懐かしむることが極めて多いのであります。特に政権の動揺ある場合に於て此の不愉快なる印象が極めて多く且つ深いのであります。最も公明正大なるべき政治の局面が常に権謀術数に依つて、暗黒の裡に展開せられ行くと云ふことは国民に取つて誠に堪へ難き苦痛であつて、世道人心に及ぼす処の悪影響は実に恐るべきものがあると思ふのであります。今日識者の最も憂慮して居る処の思想の動揺民心悪化の如きも一つは茲に原因して居ると考へるのであります。清浦子は久しく政治の表面から遠ざかられ冷静公平の立場から多年の間時局の推移と時勢の変遷とを見られた人であるから、この辺の事情はよく承知でなければならぬ筈と思ふに拘はらず、内閣成立の根本義に於て天下の大議論を惹起し時局の大紛糾を招きたることは今回の如く甚だしかつたことは未だ見て居ないのであります。既に清浦内閣出現した為めに斯の如き議論を惹起し時局の紛糾を招きたる以上は、之を根本的に解決する責任は一に係つて清浦首相の双肩にありと信ずるものであつて、この責任を果す道は内閣総辞職の外はないのであります。

かくの如き内閣が如何にして善政を行ふことが出来るか。清浦内閣成立以来如何なる政策を行つたか。これは前の弁士浜田君（恒之助）の話した通りでありまするが、これ以外に何の政策も行つては居ないのであります。内閣が出来て二ヶ月有余はそれや勿論、短日月であつてこの間に何事も行ひ得ないのでありまして清浦内閣は国民の前に多くを声明して居りますが、一として国利民福に合したものはないのであります。

第一に国民一致の要望する普選に対しても明かに国民の意思に副《そ》はない。申すまでもなく普選は納税資格の無条件撤廃でなければなりません。又普選は即時断行でなければならない。普選を断行する上に就ては現在の如き小選挙区制ではいけない。必然大選挙区制でなければならないのであります。数年前の国民より今日の国民は政治思想に於て余程の向上を見るに至つて居るにも拘はらず、此点に就いて清浦内閣は普選を行ふ上に条件附きであるのみならず、即時断行もやらなければ大選挙区制もやらない、こう云ふ案を枢密院に出したのである。

火保問題の不始末

第二、火災保険の問題であるが、昨年九月一日忽然として起つた地震に依つて国民の被つた災害を話すは余りに適切でないと思ひますが、何故ならば其の当時震災に遭遇して親くこれを眼前に目撃した人々も御出にならうし、又このことに就いては新聞紙の報道に依つて諸君の充分御承知のことと思ひますが、あの時の惨害は実に非度《ひど》かつたのであります。其の惨害の状態は到底筆紙に尽くせないのであります。震災後の火災に罹つた家屋の遭難は約三十万戸であつて、其の半分は皆火災保険に附してあつたものであります。然るに其の保険契約には天災の為めの火災はこれを除外せられて居たが為に勿論地震に依る火災保険金は取れないのであります。然るに多くの人々はこれには気が附かなかつたのであります。

法律上より云へば勿論この火災保険金は取れないのであります。それ［で］は火災者が困ると云ふのでこの火災保険の問題に対して保険金を支払ふと云ふ文字はないが、その意味を包含した詔勅が発布されたのであります。時の山本内閣総理大臣からこれと同意味の告諭を公布したのであります。而もこれには法律上のことに拘泥せずに保険金は支払ふがよからうと文字上具体的にこの事を書いてあつたので、火災者としては政府としては相当のことをしてくれるであらうと期待して居たのであります。それで政府としてもこの問題に対して相当の案を立なければならなかつたので、政府は大蔵省預金部の金一億八千万円を各保険会社に貸附けてこれに依つて火災者に支払ふと云ふ案を議会に提出したが政友会と意見を異にする所となり、端なくもこの案は握り潰されたのであります。それで政府といたしましても火災保険問題に対しては相当の政策を立てなければならなかつたが、虎の門の不祥事件に依つて山本内閣の倒壊を見るに至つたので、前内閣としてはこの火保問題は有耶無耶《うやむや》に終つたのであります。

山本内閣の倒壊後生れ出でた現清浦内閣にはこの火保問題に対して「火災保険を全部支払ふと云ふことは甚だ不公平である。何故ならば保険料を支払つて居た者はよいが、之を支払つて居ないものに対しては甚だ不公平がある。政府としては只火災保険の問題のみ解決することは出来ぬ。帝都復興の為家屋の本建築も商工業の発達も計らねばならぬ」と云ふので政府としては家屋の本建築、商工業の発達、火災保険の三つの問題を同時に解決せんとする意図である。それでこの三つの問題を解決せんが為めに三億円の公債を発行することを枢密院に提案せんとしたが、通過する事が困難である様子を見てこれを議会に提出することを考へたのであります。被保険者の連中は怒つて毎日隊を組んで示威運動をして殆ど暴動に近い行動をして政府、会社を脅迫した。これが為めに政府は直に腰を抜かして三つの問題を同時に解決すると云ふのを、火保問題だけは是を先に解決せんが為めに八千万円の公債を作つてこれを枢密院に提出したのでありまするが、枢密院としては「議会がないからこれを承認してくれと云ふのは甚だ不要である、震災後六箇月を経過した今日左程緊急な問題でない」との大体の意見であつたから、とても枢密院を通過しさうな様子がなく当然否決せられる様な有様であつたからしてこれを枢密院から撤回したが、さあ済まないのは例の責任支出で、これを決行する。これは申すまでもなく憲法違反であつて歴代の内閣がやつた所であるが、現在国庫の剰余金が二億円、これは勿論、其の用途が定まって居ります。此内より八千万円を使つてまでも責任支出をやるのは政府としては不体裁な極みである。

定見なき外債政策

更に定見なき政府は在外正貨を補充せんが為めに英、米より高利を支払つて五億五千万円の外債を募集して居るのであります。この外債の利子は頗る高く、英国は六分九厘六毛、米国は七分一厘であります。これは頗る高い利子でありまして欧米各国には未だ其の例を見ないのであります。世界の五等国と雖もかくの如き高利を払つて金を借りません。この公債を倫敦《ロンドン》、紐育《ニューヨーク》の市場に於て募集した時に直に売切れてしまつたと云ふ事はこの公債が頗る高利で募集せられたからであります。こんな利子の高い公債はないのであります。只オーストリヤ一国が英国より日本の利子よりは少し安い利子で金を借りて居るのでありまするが、此の国は独逸《ドイツ》と共に戦争して非常に困窮して居たから、この国のみが日本の利子よりは多少安かつたのであります。

何故に政府は世界の五等国と雖も借らん様なそんな高利の外債を募集したか。これに対して政府の弁明は「震災に依つて日本の経済状態は非常な不振を来しこの状態を其の儘に放任する時は外国に対して日本の経済の威信が落ちるのである」と弁明して居る。けれどもこれは決して弁明にはならないのであります。日本が震災に依つて被つた損害は約百億円でありまするが、この損害を受けた所は主に帝都を中心とする関東一帯の地域でありまして、日本全国より云へば東方で日本の経済上消費地に起つて居つて生産地に於ては何等これが直接の損害を受けていないのでありまず。若し昨年九月に起つた地震が生産地に起つたならばその災害は一層非度《ひど》かつたに違ひないのであります。これ正に不幸中の幸であります。これを利用して震災の復興に努むればよいものであります。何も六分九厘六毛、七分一厘と云ふ様な高い利子を払て外国より金を借るの必要はないのであります。手取金から云へば五億五千万円に対して七分であつて、これを利子の点から云へば手取の七分は利子だけであります。更に金を借りたトラストに対して手数料として四分の印紙税を支払はなければならない。更に五億五千万円の借金に対して手取金は四億七千万円、差引八千万円の金が中途で消えて居るのであります。この借金は誰が支払ふか。云ふまでもない吾々国民がこれを支払はなければならない。吾々がこれを負担して了はないとしても吾々の子孫がこれを支払はなければならない。要するに国民全体がこれを負担しなければならないのであります。

然るに勝田大蔵大臣は敢てこれに対してこの外債を外国から募集したことが決して日本の不利ではない、これが為めに日、英、米の親善を深からしめ従来世界の経済界から孤立の地位に立つて居た日本の経済界をして世界の経済界と連絡が出来たと弁明して居りますが、諸君五億五千万円の外債が、ロンドン、ニユーヨークの市場に於て僅かに半日の中に引き奪ふが如くにして売れたと云ふことは諸君これは何を意味するものでありませうか。即ちこれは買ふ人に取つて甚だ有利であると云ふ証拠でありまして日本国民としては決して喜ぶべきことではないのであります。甚だ憂ふ可きことであります。私は勝田君とは同窓の友人でありまして勝田君の人格、政治的手腕に対して私の秘に崇敬する一人であります。然しながら個人として勝田君は崇敬するけれども、国家の為めには遺憾ながら勝田君のこの説には断じて賛成することは出来ないのであります。

何故ならば日本が此外債を募集した為めに世界の経済界と連絡がなかつたのが連絡が出来た、更に外債を募集した結果、日英米の親善が保たれると云ふよりは寧ろ日本の経済はこの外債を募集したが為めに、三十年間世界の経済から孤立の状態に陥つたと云ふことが適切であります。何故ならばこれが為めに一割の利子でなければ将来外国から金を借ることが出来なくなつた為めに、日本の民間実業家は外国から金を借ることがむつかしくなつて其の結果日本の経済は不振の状態に陥るのであります。又外国から高利を取られて決して日英米の親善は出来ないのであります。高い利子で外国から金を借て其国との親善が保たれると云ふは恰《あたか》も高利貸から金を借て高利貸と仲よくなつたと云ふのと同筆法であります。かく申しましても既に外債は成立致しこれを反故《ほご》にする事は出来ないのでありますから、政府に於てもこれが外債の整理をしてこれだけの施設をするから、国民も是だけのことをやつて貰ひ度いと云ふことを発表すればこれに依つて幾分なりとも政府の不信を回復することが出来るのであります。

最後に外国為替正貨の問題でありますが、日本の現在外国との貿易関係は如何《どう》なつて居るかと申しまするに、昨年五億三千万円の輸入超過でありまして、本年一月より以来三億五千万円の輸入超過であります。この状態は当分続くのであらうと思ひますが、現在日本銀行にある正貨十二億は時の間になくなるのであります。尤もこれは震災の結果復興の材料を外国から輸入した為め関税を免除した結果かくの如く多額の輸入超過になつた訳であります。日本は元来輸入超過の国であつてこの輸入と云ふことは如何にしてもこれをやめることは出来ないのであります。日清戦争以来昨年まで二十二年間は輸入超過であつて只明治四十二年だけは輸入が減じて居たのであります。世界列国中其大概は輸入超過であります。英国に於いても仏国に於ても皆然りでありますが、これ等の国は、皆相当に豊富なる財源を他に有して居るのであります。

然るに我日本は人口が大なる割に国土が狭小にして天然の資源は頗る乏しいのであつて羊毛、石炭、鉄、石油等はこれを国外に仰がなければならないのであります。日本の内地に対して神の恵みが頗る少かつたのであります。日本にはこの原料がない為めにこれは如何しても外国から買はない訳にはゆかないのであります。而して此原料を以て製造工業に使用して其の製品を外国へなるべく出す様にしなければならないのと同時に、外国より輸入し来る奢侈品は国民の節約に依りなるべく之を控へなければならない。夫で内地で節約し物品の販路を外国に見出さなければならぬ、夫には安い品質のよきものを多く生産し以て物価の調節を計り、大事業はこれを奨励し産業を整理し機械紡績其他の工場会社の合併を行ふ様にすることである。今一つは外国より貿易以外の関係に於てなるべく多くの金を取る様にしなければならない。其の第一は海運業に依つて外国より金を取る、第二は移民殖民地より内地に送り来る送金、第三は外国より来る観光団等が内地に撒く金は可成大きいものである。世界大戦始まる前迄は毎年日本は貿易以外に於て外国に三千万の金を取られて居るのであります。五億五千万円の外債に対して其の利子を四五千万円毎年取られることになると日本は総計一億円しか一年に取る金がないのでありますが、年々の輸入超過を一億乃至五億五千にすれば貿易以外の這入る金に依つて日本の経済は安定する。これ等国家百年の長計に至つては全然顧みる所なき、而も以上申し上げました通りこの基礎の不確定なる内閣に対して吾々は断然之を委ねて、現内閣に望むことは絶対に出来ないのであります。

然らば吾々は日本の内閣を如何にして刷新するか。これを定めるのは即ち眼前に迫つて居る五月十日の総選挙に於ける諸君の清き一票に依つて定めらるるのであります。諸君は希はくば我党の意見に御賛同せられて一層の御助力あらんことを希望する次第であります。

（『浜口雄幸氏名演説集』）

二六　農村振興に対する私見

［一九二四年（大正一三年）三月、高知市での講演］

農政問題は政治上に於て可成り重大な問題であり、特に皆さんはこの農政の研究をなされて居るが、現今に於て農村振興と云ふ問題が農政問題の中心をなして居るのである。私どもに致しましても深く国家の為めに考慮研究を要する問題である。申すまでもなく政治は国家を基本とし国民全体の利害関係と云ふ見地より出発せねばならない。この意味から我国国民の多数は農業を以て生計を立てて居るのである故に、農政問題は一国の政治問題、社会問題、経済問題として頗る重大なる問題である事は申すまでもない。特に国内の人心が動揺し、思想の混沌たる場合、兎角都会の人は急速に走り過ぎて着実穏健の点を欠いて居る様に思ふ。然るに農村は国民の中心となつて国家を支持すべき社会的地位にあるのである。先づ体育の問題から致しましても、これが中堅をなして居るのである。国民の健康と云ふことは一国の興廃に甚大なる影響を及ぼすものである。又農村の人々は国防問題としてもなかなか大切なる地位にあるのである。故に農村の問題は国家として頗る重大なる問題であつて、政府に於ても各政党に於ても天下の識者が研究を進めて居るのである。然るに私は自分の考へとしては、この問題に対して其の浅薄なるを自覚はして居りますが、一応私の平凡なる考へを述べて皆さんに問題を提供することに致します。農村振興の問題に就いて其の具体的研究方法を発表すると云ふことは可成りむつかしい問題である。それで私が申し上げる所のものは只問題を諸君の前に提供するだけであつて、其結論に達すると云ふことは出来ないのである。近来小作問題は全国至る所に喧しい問題となつて小作争議は特に最近に至つて全国に蔓延して居るのである。このことに就いては勿論思想問題の関係もあらうが、農業全体として利益が割合に少いので、小作は地主に対して或る種の要求をする。地主は是に応ぜぬ結果土地をかへす。私としましては何れも双方共悪くはないと思ふ。何故ならば地主の方でも、小作の方でも双方共に社会的の地位を保ち生活の安定をはかることが出来れば決してこんな問題は起きる訳がないが、農業は商工業其の他の職業に比較して非常に利益が少い為めにかくの如き小作争議が起るのである。それで地主小作の双方でこの少い農業の利益を分配する。これ即ち今日の我国の農村の制度である。要するに農村に於ける一切の問題は農業の利益が少いと云ふことから出発して居るのである。現在この農村の振興を如何にするか、如何にして農村を救済するかと云ふに、一は米価調節の問題であるが、これまでは米が高価であるからこれをもう少し引き下げると云ふのであつたが、私の云ふのは決してさうではないのである。米価の変化を少くすることである、内地に於ては米が高いから外米を多く輸入すると云ふことも出来ないし（尤も南京米は輸入して居るが）、又米価が昂いから外国に米を輸出すると云ふことも出来ないのである。要するに米は日本国民に取つては国内的のものである。米が平年より一割其の収額が少いから一割だけ米価が上がればよいが、これが三割も上ると云ふことになると従つて生産者消費者間の均衡が取れなくなる。それで私の米価調節案としては、出来るなら米の最高価と最低価とを定める。例へば仮りに米が高くとも四十五円を上らないと云ふ風に国家権力に依つて如何なる場合でも政府が米価を定める。其方法としては約一ヶ年の我国の米の収入高六千万石の一割、六百万石を政府の倉庫の中にたくはへて居りて、米価の高くなつた時にこれを出し、米価の安くなつた時に政府の資金に依つて米を買ひ入れて政府の倉庫の中へ入れて置く。然らば米価は政府の方で如何にして決定するかと云ふに生産費を中心にして最高額を出でることはなく、最低額を下ることなき様に定めることである。これに対しては反対の意見もあらうが、要するに物は生産費より余り高くは売れぬ。平均して生産費より多少高くなればよいのである。尤も米価と云ふものは生産費に多少の利益を加へたのではあるが、生産費が年々同じであると云ふことは云へない。年によつて変化のあるものなるが故に、米価の最高価格最低価格も変化するものである。然しながら其の最高最低の差は極めて、少くなければならない。昨年私が臨時財政調査会の席上で只今の米価調節案を述べたのであるが、只財政の方面のみならず、これには生産費の決定に就いて先づ米一石の生産費に自家労働と云ふことも計算しなければならない。故に正確にはこれを調べることは出来ない。この調査に就いては農商務省に於てもやつて居るが、生産者の利益、消費者の利益、つまり双方の利益を計つて農民と消費者との調和を上手に取る様にせねばならぬ。この問題は宿題として尚研究の余地が充分あるので私としても一層研究したいと思つて居る。

今一つの問題は私の研究したのは古いのであるが、真理に変りはないのである。これは私が憲政会の政務調査会で数年以前一夏かかつて研究したのであるが、諸君に於ては私の考へが或は消極的であると云はれるかも知れん。農村の高利の借金を低利に借換へると云ふのである。其の時分の調査に依れば、農家が肥料人夫費とか云ふ様な生産の為めに借金をして居る。其の総計をみて見るに実に十五億円に達して居て、年々これが利子を約一割の平均に於て支払つて居る様な有様であつた。これを出来得るなら低利に借り換へてやり度いのである。この方法としては大蔵省の預金部（郵便貯金を纏めて居る）。其の預金部の金額が其時分は七億から八億位であつたが、今では約十億円内外に達して居るのである。この預金部の金は現在政府が使つて居る。如何《どう》云ふ様にして政府がこれを使用して居るかと云ふに、国債、勧業債券、支那債券などに使つて居るのである。これは甚だ政府が宜しくないのである。この以前、尤も私が大蔵次官の時にもこう云ふ調子であつたが、折角国民が貯へた金を政府がさう云ふ風にして使ふのは其結果国民が涸れることになる故に、この大蔵省の預金部の金を以て農工銀行とか興業銀行とか信用組合、産業組合等に貸し附け、低利にて農家に貸し附けると云ふ方法である。然るにこの方法としては政府としても国債を売る訳に出来ないのであるから、これは出来ない。現在大蔵省預金部に於ける郵便貯金は一ヶ年に一億二千万円の増加がある。この一億二千万円と云ふものを他のことに使はずに、農村振興の為めに農村に貸附けると云ふことにすれば十億の借金に附いて四分の利得が全農家にあるわけになる。このことに依つて農村の負債は六千万円となる。現在地租は国税として七千万円である。この地租は勿論全廃は出来ない。この地租負債を合して農家の負担と云ふものは実に三十億に達して居る。この負担の多いことが即ち農村の利益の少いこと以外の農村疲弊の一理由である。この問題に就いては私としても諸君と共に研究をしなければならぬが、参考までに申し上げるが、小作問題の特別案に地租免除と云ふ問題があるが、それは地価三百五十円以下のものに地租免除とすると云ふのであるが、さうすると国庫の歳入が二千二百万減ずることになり、其の附加税四千万合計六千万の税源が減ずることになる。農村に於ける負担を減ずる点から見れば、それや地租免除の問題は今日六千万の経常歳入が減ずるのは容易な事ではないのである。それで地租免除と云ふことは先づ行政財政の整理をやるにあらざれば出来ない問題である。それで仮りにこれを行ふとすれば地租税、これが附加税等を埋合すのには戸数割からこれを補ふことにしなければならぬ。戸数割の方からこれを補はれると云ふことになると、国民としては非常に苦しいのである。故にこの問題には無条件にて賛成が出来ないのである。

次に農務省の独立といふことであるが、このことは大いに賛成であるが、農務省の独立に依つて決して農村振興せらるると云ふことはない。政府の方でも一般国民の方でも云つて居るが、農務省の独立には敢て反対でないが、真赤になつてこれを主張する程のことでもない。其の他勤倹節約と云ふことに就いては敢て云ふに及ばないが、近時一般国民の生活程度が急に向上して国民各自の収入が減じて居るのに拘はらず、この割合以上に生活程度が向上してこれが為め国民の生活が困難になつた。私は敢て農村の人々のみに勤倹節約せよとは云はないが、これは国民全体が反省して質素にして勤倹貯蓄の美風を養はねばならないのであらうと思ふ。現在年限六年の義務教育を八年に延長しなければならぬ。日本だけが六年とは世界の大勢に遅れて居ると云ふ議論があるが、私は教育論から簡単に申し上げることとする。私の意見としては義務教育を延長するはよいが、財政が許さぬので、是は必ずしも延長せずに教育の内容を整理する必要はあるまいかと思ふ。それが出来るなら今義務教育延長をやらなくともよからうと思ふ。財政の点から云へば義務教育延長に依つて三千万円とか二千万円とかの経常費がかかることになる。これが全部財政上国庫の負担と云ふわけにはゆかぬから、従つて市町村の負担が重くなる。今一つは財政の問題ではないが農村に於ける労働問題の見地からして少年が父兄を助けて労働に就事することが出来ないから、それが為に人を雇ふ。其の結果農家の費用が増加する。それから小学校教育を国庫の負担とすると云ふことは出来ない。現在に於ては半に達して居ない。理想としては勿論小学教育の全額を国庫の負担とすべきであるが、漸次これを増加して其の理想に漕ぎ附けることである。先づ私としては以上の問題を諸君の前に提供する。

（『浜口雄幸氏名演説集』）

二七　地方長官会議に於ける訓示演説

［一九二四年（大正一三年）八月五日］

不肖今回財務の局に当ることとなりまして、茲《ここ》に各位と相会して、我国の財政経済に関し所見を述ぶるの機会を得ましたることは、私の光栄とする所であります。

我国は財政経済上今や非常なる難局に際会して居ります。先づ財界は戦後反動の時代に入つて以来、既に四ケ年有余を閲《けみ》しましたるに拘らず、今尚十分整理安定を見るに至りませぬ。産業は萎微《いび》し貿易は振はず、加之《しかのみならず》昨秋の大震災は、我国経済の全般に深甚なる打撃を与へまして、内に在つては、政府並に関係地方団体の財政の負担が頓《とみ》に重くなりましたばかりでなく、民間の復興事業の遂行に伴ふ経済界の負担も亦容易ならざるものがあります。又外に在つては、外国貿易の逆調が益々甚しくなりまして、昨年の入超額は朝鮮、台湾の分を合せ、六億二千二百余万円と云ふ未曾有の巨額に上つて居り、本年上半期に於ては、七億一千二百余万円の入超を告げ、大正八年以降の入超累計は、実に二十七億七千百余万円の多きに達して居ります。之と同時に貿易外の収支勘定は、海運界の不況其他の影響を受けまして、戦時に於けるが如き巨額の受取超過を見ることが出来ませず、到底《とうてい》右の如き貿易の入超を相殺することが出来ませんでしたが為に、我国の正貨は、最高記録たる大正十年一月の二十一億九千余万円より次第に減少し、今春英米市場に於て外債の発行があつたにも拘らず、本年七月末には十六億三千五百余万円となり、而かも為替相場は震災以来暴落を重ね、近時稍《やや》小康を得ましたけれども、尚対米相場は平価に比して二割に近い低落を示して居ります。固《もと》より斯の如きことは、震災直後の一時的現象でありまして、永続すべきものではなからうと思ひますけれども、内外の情勢に照して観まするに、我国国際貸借の前途は、決して楽観を許さないものがあるのであります。
翻《ひるがえっ》て財政の現状を観ますれば、戦時好況時代に膨脹を重ねました所の歳計は、財界不況の時代に入つても容易に緊縮を見ませず、国民の輿望たる行政財政の整理は、未だ十分其実を挙げるに至つて居りませず、民間経済の消長とは著しく調和を失することとなりました。即ち大正十三年度実行予算を以て、之を戦前大正二年度の歳計に比較しまするに、其の歳出は五億七千三百余万円より十六億一千五百余万円となり、二倍八割強に増加致し、之を内地人口一人当りに就て観ますれば、十円三十九銭より二十七円六十一銭に増加して居ります。尤《もっと》も右十三年度実行予算中には、復興及復旧に関する経費二億五千五百余万円を包含して居りまするが故に、仮りに之を控除致しましても、尚十三億五千九百余万円に上り、戦前の二倍四割弱に当つて居ります。

又国債の総額は大正二年度末に於て、内国債十億五千四百余万円、外国債十五億二千九百余万円、計二十五億八千四百余万円でありましたものが、本年六月末には、内国債三十一億六千六百余万円、外国債十五億千四百余万円、計四十六億八千余万円となり、即ち八割強の増加でありまして、人口一人当りは、四十六円八十七銭より八十円二銭に増加して居ります。斯くて公債の発行額は、往々にして市場の消化能力の限度を超えまして、既発公債の市価は其の影響を被《こうむ》つて次第に低落し、五分利公債の大正二年七月の平均相場八十九円五十三銭であつたものが、本年七月の平均相場は八十三円となつたのであります。英米両国の如きも、戦時に於ては極めて巨額の公債を発行し、英国に於ては、一九一九年十二月には八十億磅《ポンド》、米国に於ては、一九一九年八月末には二百六十五億九千余万弗《ドル》に達しましたが、爾来《じらい》何れも着々其の整理の歩を進めまして、英国は本年三月末迄に三億二千万磅、米国は本年六月末迄に五十三億四千余万弗を減少すると謂ふ好成績を示すやうになりました。然るに我国の国債増加は却て戦後に於て之を見たものでありまして、之が為に財界の整理を妨げ、経済の振興を阻害致しましたる所が尠少でありませぬ。此の秋《とき》に当つて更に復興復旧に関する一大負担の附加せらるるものがありまして、我財界の前途は極めて多事多難なりと謂はなければなりませぬ。

更に転じて近時に於ける国民の風潮を察しまするのに、戦時経済界の好況時代に浸潤致しましたる民心の弛緩・奢侈・安逸の陋習《ろうしゅう》は、財界不況の今日に至つても容易に改めることが出来ませぬ。今に及んで此の難境を自覚し、朝野協力一致して之が打開の方法を策するに非ずんば、我国の前途は極めて憂慮に堪へない次第であります。

斯の如き現下の難局を展開し、進んで国運の伸暢《しんちょう》を図るの途は固より一にして足らぬと考へまするけれども、其最も根本的にして各般施設の基調たるべきものは、実に消費に対する政府及国民の一大節制を断行するに在りと信ずるものであります。茲《ここ》に於て政府は行政財政の整理緊縮を以て其の一大政綱と致しまして、曩《さき》に特別議会に於て之を宣明致した次第であります。即ち政府は今後此の大方針に則りまして、中央及地方の行政財政の整理を致し、先づ以て財政の基礎を鞏固に致しますると共に、消費節約・能率増進の範を国民に示し、併せて出来得る限り経済に対する財政の圧迫を除去せんことを期して居ります。特別議会に提出致しました所の大正十三年度追加予算は組閣後日尚浅くありましたが為に、暫く大体前内閣編成のものを踏襲致しましたけれども、政府は本年度予算の実行に当りましても、相当緊縮の実を挙ぐる方針でありまして、目下鋭意審議を進めて居ります。更に明年度予算の編成に就きましては、緊急止むを得ないものの外は新規要求を認めませぬことは勿論、既定継続費に就ても打切・中止又は繰延を行ひ、其の他諸般の事項に亘つて、極力整理緊縮の目的を貫徹する決心を持つて居ります。殊に公債政策に関しては細心の注意を払ひまして、公債の募集は成るべく之を差控へ、就中《なかんずく》一般市場に於ける公募は出来得る限り之を減少致し、以て財界の整理産業の発展に資する方針でありまして、既に本年度に於ても新規募債額二億九千四百余万円は、外債募集金の充当、預金部の引受、郵便局売出等の方法に依つて之を調達し、新規の公募は一切之を行はないことと致しました。

併《しか》し乍《なが》ら財政の整理緊縮は、唯独り国家の歳計に就て之を行ふを以て足るものではありませぬ。之を各地方団体の財政に及ぼして行かなければ、政府所期の目的は到底之を達することは出来ないのであります。地方団体の歳計に付きましては、其の近年に於ける膨脹の程度は、中央財政に於けるよりも甚しいものがあります。即ち地方歳出の総額は、大正二年度の三億二千七百余万円より大正十二年度の十一億五千四百余万円となり、其の増加実に三倍半強に当つて居ります。従つて地方税の増加は極めて顕著でありまして、大正二年度の一億八千百余万円より、大正十二年度には五億七千六百余万円となり、約三倍二割に増加し、人口一人当りに於ても、三円二十八銭より九円八十四銭に増加致しました。之れと共に地方債は、大正二年度末の三億一千六百余万円より、大正十三年五月末日の八億四千四百余万円となり、二倍六割強に増加致し人口一人当りも亦、五円七十三銭より十四円四十三銭となつて居ります。即ち地方財政を整理緊縮することの必要は、敢て中央財政に譲らないものがあることを認めます。固より時勢の進運に応じて必要なる施設を計画することは、当局者当然の職責でありますけれども、之が実行の程度は、現下財政の状況と地方民の負担能力とに鑑み、厳に制限を加へなければならないのであります。就中地方債を財源とする事業は緊急已むを得ないものの外は之を起さない方針を採り、殊に普通土木事業又は公企業の如きものは、当分の間新に之を計画せざることは勿論、既に着手中の事業であつても、此際成るべく之を繰延べ、又は中止するの英断に出でられんことを希望致す次第であります。之れ独り地方財政の見地に於て、緊要の措置である許りでなく、既に申し述べました所の政府の公債政策を徹底せしむる為にも、極めて必要なる事であります。

各位は右の趣旨を体《たい》し大正十四年度の予算編成に就きましては固より、大正十三年度予算の実行に当りましても、一大決心を以て、府県以下各団体の財政緊縮の実を挙げらるるやう努力せられんことを希望するのであります。

中央及地方の財政を整理緊縮せんとする政府の方針は、大体以上申し述べました所に依り、諒承せられたることと信じます。此の政府の方針と相呼応し、国民も亦其の精神を緊張し、好況時代の遺習たる軽佻奢侈の気分を一掃致し、克己節約勤倹貯蓄の美風を涵養致しますることは、寔《まこと》に刻下の急務であります。抑々《そもそも》勤倹貯蓄は、各人の生活の安定を図る上に於て極めて必要なことであるばかりでなく、一般物価問題の解決も此点から出発するのでなければ、十分に其の目的を達することは出来ませぬ。又貯蓄の結果なる資本の増加は、軈《やが》て金利の低下、産業の振興、輸出の増進等、刻下諸般の難問題を解決する所の関鍵であります。政府が曩《さき》に特別議会に提出致しましたる復興貯蓄債券法案、並に贅沢品等の輸入税に関する法律案の如きは、貯蓄奨励に関する政策の一端を示したものに外ならぬのであります。復興貯蓄債券は五円又は十円の小額債券でありまして、割引又は利子据置の方法に依つて、日本勧業銀行をして発行せしむるものでありまして、償還期限を二十箇年以内とし、償還の場合には、勧業債券の例に倣ひ割増金を附与することを得ることと致し、其他各種免税の特典を与ふることと致しました。而して来る九月を第一回として、大体一ヶ年に四回宛発行致し、五ヶ年間に二億円を募集する計画であります。本債券は一面には、之に依て目下の急務たる震災地の経済的復興竝に地方産業振興の資金を獲ることを目的としたるものでありますけれども、之と同時に広く国民の貯蓄を奨励し、殊に帝都復興事業及震災復旧事業の進行に伴ひ、民間に撒布せらるべき巨額の資金を吸収して、之が資金化を図ることを以て主眼と致したものであります。従つて本債券の募集金は、一先づ預金部に預入れまするけれども、預金部は右の趣旨に基きまして、大体其の半額は震災地の復興資金に他の半額は広く地方産業振興上必要なる目的に之を融通する方針であります。又贅沢品等の輸入税に関する法律は、各種の輸入贅沢品等に対し、当分の内従価十割の輸入税を課することを内容と致したものでありまして、本法の制定は、一面には輸入を阻止し貿易逆調緩和の一助たらしむるの趣旨を包含したるものでありますけれども、其主眼と致しまする所は、財界の難境に対する国民の覚醒を促して奢侈の陋習を打破し、節約の美風を喚起せんとする一の警鐘に外ならないのであります。政府は固《もと》より此等一二の立法を以て足れりと致すものではありませぬ。幾多の爾余《じょ》の施設と相俟て始めて其の効果を奏すべきものなることは明でありまするが故に、政府は今後中央地方を通じ統制ある組織の下に、民風作興・貯蓄奨励の為有効適切なる手段を講じやうと思ひます。併し乍ら政府百般の施設も、要するに国民の協力を得なければ其の目的を達し難いのであります。故に各位に於かれましては、政府の意の存する所を国民一般に普及徹底せしめらるるは勿論、自ら進んで部下の職員と共に実践躬行せられ、以て政府所期の目的の達成に努力せられんことを切望して止まない次第であります。

最後に一言致して置きたいのは金融機関に関することであります。銀行の合同は、歴代の内閣に於て各位の助力を得て之が勧奨に力《つと》めました結果、漸次其の効果が顕はれまして、大正二年末の各種銀行総数は二千百五十七行でありましたが、爾来二百七十九行を減じ、大正十二年末には千八百七十八行となりました。併し乍ら此の千八百七十八の行数は尚多きに過ぐること勿論でありまして、而かも其の内資本金百万円以上のものは、僅に五百七十三行に止まり、大部分は極めて小資本を擁するに過ぎませぬ。此の如きは我金融界の欠陥でありまして、時勢の要求に応ずる所以ではありませぬ。合同の奨励に関しましては、今後各位に一段の努力を望む次第であります。次に本邦に於ける信託業の発達は、近来の事に属して居りまして、既に免許を与へました会社は二十四に過ぎませぬけれども、此の業務は銀行業務と相並んで、一般経済界に於て重要なる使命を有するものでありまするが故に、各位に於かれましても、斯業の健全なる発達を見るやう配意あらんことを希望致します。

又近来相互利殖組合・貯金組合・勧業社・金融社等の名称を用ひ、種々なる脱法的手段を講じて、庶民階級より零細なる資金を吸収し、之を濫費横領する等社会に害毒を流す者が少くありませぬ。之が取締に付きましては、各位に於かれましても充分留意せらるる所であると信じますけれども、斯の如き徒をして跳梁《ちょうりょう》せしむる結果は、一般の貯蓄心を阻害すると共に、正当営業者の利益を侵害することになりまするが故に、之が取締の必要益々切なるを感ずる次第であります。各位は此の意を体し機宜の措置を講じ、以て取締の周到を期せられんことを希望致します。

終《おわり》に臨《のぞ》み各位は今日の時局に際し、責任の重大なるを自覚せられ、政府の方針の徹底に努力あらんことを切望する次第であります。

（大蔵大臣官房編『浜口大蔵大臣財政経済演説集』、大鐙閣、一九二六年）

二八　全国農工銀行同盟大会懇親会に於ける演説

〔一九二四年（大正一三年）一〇月二四日〕

今夕は、全国農工銀行同盟大会の懇親会に御招を蒙り親しく各位に接して、所懐の一端を申述ぶるの機会を得ましたことは、私の寔《まこと》に欣快とする所であります。

御承知の通我国は、財政経済上今や容易ならざる難局に立て居るのでありまして、産業は萎薇し輸出貿易は不振を極め外国為替は頗る変態的情勢を示して居るのであります。其他財界の各方面に亘つて、不健全なる部分尠からず、戦後数年を閲《けみ》したるに拘らず財政経済上多くの問題は、今尚未解決の儘懸案として残されて居る状況であります。

斯の如き状況を呈するに至りましたのは、其原因単純ではありませぬ。戦時好況時代以来、中央地方の財政は膨脹に膨脹を重ね、公債の発行多額に上り、経済界を圧迫しましたのと一般国民が軽佻奢侈の気分を持続して、国情に調和せざる消費を為しつつあることが、其原因の有力なるものであると思ひますが、此の外一部金融業者が好況時代に放漫なる貸出を行ひ、不知不識の間に投機的事業を助長せしめたることも、亦同様有力なる原因の一つであると認めねばならぬと思ひます。

此等の病弊を一時に芟除《せんじょ》することは決して容易の事でなく、一朝一夕にして其功を収むることを期待することは出来ませぬが、政府は出来得る限り諸問題の解決に努め中央財政に於ては、本年度予算の実行上数千万円の節約を行ひたる外、来年度予算の編成上、一般会計に於て既に一億五千万円の整理を行ひましたが、此の上更に特別会計に於て数千万円の整理を行ひ、依て以て一方には消費を節約すると同時に、可及的財政の基礎を鞏固ならしめ、他方には公債の公募額を出来得る限り減少して、金融市場の圧迫を緩和せんとして居るのであります。尚地方財政に於ても中央財政同様に、力《つと》めて緊縮節約の方針を取つて居ることは申す迄もない所であります。

又一般国民に対しては上述の通、政府自ら消費節約の模範を示し、且贅沢品関税の引上げ、復興貯蓄債券の発行の外、統制ある組織に依りまして、広く国民全般に向つて勤倹貯蓄の美風を奨励する考を以て、目下着々其歩を進めつつある次第であります。

然るに財界変調の他の有力なる原因たる、一部事業会社竝銀行の放漫なる経営振に就きましては、其の跡始末の困難なる為めでありますが、其整理は遅々として進まず、甚しきに至りては今尚其病症を増進しつつあるものなきを保せざるが如き状況を示して居りますことは、政府の頗る遺憾とする所であります。諸君の如き財界の有力者に於かれては、深く時弊に顧みられ、政府の苦心の存する所を察せられ、政府と歩調を共にし以て財界の整理に努力せられむことを望んで已《や》まざる次第であります。

此の如き財界の難局に際しまして、日本勧業銀行及各農工銀行が、上述の如き一部銀行竝に事業会社の通弊に陥ることなく、其基礎亦比較的強固であつて努めて産業資金の供給に当られ、不動産の資金化に貢献せられたること頗る大なりしことは私の最も悦ぶ所であります。特に震災地の復旧竝に復興の為大に其力を効《いた》されたることを、此場合に於て深く謝せなければならぬのであります。

乍併《しかしながら》、右両行の貸付高を全国の不動産を担保とする貸付総高に比較して見まするに、漸く総額の二割強を占むるに過ぎざる状態でありますことは、色々の事情もあるのでありませうが、本邦唯一の不動産貸付機関の働としましては尚遺憾の点ありと思はるるのであります。殊に勧農両行は他の銀行業と異る特典を有し、其営業区域も独占的でありまするが為、兎もすれば其営業振りが、消極退嬰に陥るの虞《おそれ》なきを保せないかとも考へらるるのでありまするが故に、今後業務の遂行上一層の御奮励あらんことを切望する次第であります。

我国が農村の振興を要する現状に在ることは、各位の充分御承知の通りであります。而して之が為には長期低利の金融が円滑に普及することを、最必要とすることも申迄もありませぬ。然るに勧農両行の貸付が動《やや》ともすれば、市街地の貸付に傾き又は大口の貸付に偏倚して、小口の農村貸付の振はない傾向のありますることは、両行本然の使命から観まして、篤《とく》と考慮を煩はさなければなりませぬ。殊に勧農両行は本来農工業に要する生産資金を供給する特殊の目的を以て、特設せられたる銀行でありますが故に、別して借入者の資金の用途を厳密に審査せられ、苟も不生産的事業には貸出を為さざる様注意せられたいと思ひます。

最後に復興貯蓄債券のことに付一言したいと思ひます。右債券は已《すで》に第一回の売出を行ひまして、各位の御尽力に依り、幸に好成績を挙げることを得たのでありまするが、将来五ヶ年の間に能く其所期の目的を達し得るや否やは、懸《かか》つて今後の成績如何に在ることでありまするが故に、之が売出に際しても、各位に此上の御助力を願はなくてはなりませぬ。又本債券の収入金は今回設置せられました、復興貯蓄債券収入金運用協議会に諮問し、其の一半は震災地の復興に、他の一半は地方産業の振興に振向けらるる筈でありまして、其大部分は、勧農両行を経由して融通せらるることと思ひますから、各位は政府の意の在る所を諒とせられ、慎重調査、以て貸付上に遺憾なきを期せらるる様、御配意あらむことを此際希望致して置きます。

終りに臨みまして今夕の御厚情を深く謝します。

（『浜口大蔵大臣財政経済演説集』）

二九　手形交換所聯合懇親会に於ける演説

［一九二四年（大正一三年）一一月二一日］

諸君今夕は御招待を蒙りまして、我国金融の枢機を握られて居る所の銀行家諸君と相会しまして、我国財政経済の現状に就き所見の一端を述ぶるの機会を得ましたことは、私の欣幸とする所であります。

我財界は大正九年の反動以来、既に五箇年に垂《なんなん》として居るに拘らず、未だ十分安定の域に達して居りませぬので、金融・産業・貿易其の他各方面に亘り、極めて多難の局面に立つて居ることは、諸君の熟知せらるる所であります。即ち戦後財政の整理未だ完からず、民間経済も亦反動の創痍未だ癒えざる時に際しまして、不幸客年の大震災に遭遇致し、財政経済全般に亘つて深甚なる打撃を被り、金融及産業に及ぼしたる影響は実に容易ならざるものがあります。外国貿易の逆調は益々甚しく、本年は十月迄に朝鮮台湾の分を合せ六億九千百余万円の入超を示し、大正八年以降の入超累計は二十七億四千九百余万円の巨額に上り、戦時四箇年間の出超累計十三億九千三百余万円を相殺して、尚十三億五千六百余万円の入超を残したのであります。之と同時に貿易外の受取勘定も戦後著しく減少致しましたから、政府及日本銀行の保有する正貨は、最高記録たる大正十年一月の二十一億九千余万円より漸減し、今春英米市場に於て新に外債を募集致しましたるに拘はらず、本年十月末には十五億三千余万円となり、為替相場も次第に低落し対米相場は今や三十八弗《ドル》台に下り、国民の注意を惹くに至つたのであります。

経済界の趨勢斯の如くなるにも拘らず、財政は戦後却て膨脹し、大正七年度に於て十億千七百余万円であつた所の歳計は、本年度実行予算に於ては十六億千五百余万円を算するに至り、国債の総額も亦比年増加致しまして、大正七年度末に於て三十億五千百余万円であつたものが、本年十月末には四十七億二千三百余万円となり、その発行額は市場の消化能力の限度を超えて既発公債の市価を低落せしめたるのみならず、金融市場を圧迫し財界整理の進行を阻害したる所が少くはないのであります。然るに従前の財政計画に依りますれば、震災の復興復旧に要する財源の如きは主として公債に俟つの外なき状況でありまして、新規公債発行予定額は、前期議会当時毎年度数千万円の減額をなしたるに拘らず、尚一般会計及特別会計を通じ、本年度に於て二億九千四百余万円、大正十四年度に於て三億五千八百余万円、大正十五年度において三億一千三百余万円を算したのであります。我財界の現状より推しまして、斯の如き巨額の公債を発行するの不可なることは論を俟たない所であります。加之《しかのみならず》、従前の財政計画は、其の外種々の欠陥を蔵し、之が釐革《りかく》を要するもの少くはないのであります。臨時国庫証券収入金特別会計の如きは、其の運用に係る外国証券の大部分は数年来其の利子の支払なく、従て同会計は年々二千数百万円の歳入不足を生じて居りまして、資金を以て之を補塡し来つたのでありますが、其の資金も已《すで》に尽きんとして居りまして、之が整理の方策を講じますることが焦眉の急に迫つて居ります。是れ財政計画立直しの最急務なるを語るものに外ならないのであります。

今や英米を初め諸外国は官民一致して戦後の経営に当つて居ります。即ち政府は財政を整理し公債の償還に力《つと》め、民間も亦事業を整理し、産業の復興を計つて居り、加ふるに近くは所謂ドウズ案の実施に依り数年来の懸案たる独逸《ドイツ》の賠償問題を解決して、世界経済は将《まさ》に重大なる転回期に入らんとして居る時に際しまして、我国の財界が独り此の機運に遅れんとしつつあることは、寔《まこと》に遺憾に堪へない所であります。斯の如き難局を打開して国運の伸暢を図りまするには、先づ以て国民の自覚を促し、挙国一致奮励努力する所がなくてはなりませぬ。之が為に施設すべきものは多々ありまするけれども、その根本策は公私経済に節制を加へますると共に、速《すみやか》に財界整理の実を挙ぐるに在りと信ずるのであります。

右の事態に鑑みまして、政府は財政の基礎を鞏固にし、国民経済に対する圧迫を緩和致しまするを共に、率先して消費の節約を図るが為め、行政財政の整理緊縮を以て方針と致し、内閣成立以来着々之が実行の歩を進めて来たのであります。今之が大要を述べますれば、先づ大正十三年度に於きましては、一般会計歳出実行予算は総計十六億千五百余万円でありましたが、時既に年度の中途でありまして整理の実行が、頗る困難でありましたにも拘はらず、其の内九百余万円を節減し、二千百余万円を後年度に繰延、総額を十五億八千四百余万円に緊縮致しました。尚特別会計に於ても千七百余万円を整理し、一般会計及特別会計を通じて四千七百余万円の整理を行ひ、之に依つて本年度公債発行予定額二億九千四百余万円の内約二千万円を減ずることを得たのであります。而して今後発行を要する金額は一億五千四百余万円でありまするが、右に就きましても市場に公募を致さないといふことは既に声明した通であります。大正十四年度に在つては、政府は鋭意行政財政の整理に力《つと》め、既定計画に依る同年度一般会計歳計予定額十六億二千八百余万円の内六千六百余万円を節減し、八千五百余万円を後年度に繰延ぶることとし、合せて約一億五千二百万円を整理したのであります。尚特別会計に於きましても、一般会計同様の方針を以て整理を行ひました。而して其の計数は今尚未定に属して居りまするけれども、一般会計及特別会計を通じて整理総額は二億数千万円に上る見込であります。

大正十四年度予算は目下編成中でありまして、而も其の概算は最近に決定した許りでありまして、今後尚異動を生ずるでありませうから精確なる説明を致しかねますけれども、その大綱を申述べますれば前述の如く歳計予定額十六億二千八百余万円に対し、一億五千二百余万円を整理減額致し、尚預金部制度の変更等に依りまして六千四百余万円を減少致し、之に新規増加額一億二千二百余万円を加へ、結局大正十四年度歳出総額は、経常部十億九百余万円、臨時部五億二千四百余万円、合計十五億三千三百余万円となる見込でありまして、之を前年度予算に比較して見ますれば、八千二百余万円の減少となります。若し行政財政の整理を行はなかつたならば、大正十四年度の歳計は十六億八千五百余万円となり、本年度に比し却て七千余万円の増額を見るべき筈であつたのであります。

新規増加額は前述の通り一億二千二百余万円でありまするが、其の内既定計画上増加の已《や》むを得ないもの及臨時国庫証券収入金特別会計の整理に伴ふものを除きますときは、八千百余万円でありまして、其の内には、陸軍々備整理等に伴ふ経費千五百余万円、電話交換拡張費の追加二千二百余万円を包含致して居りまするが故に更に此の両者を控除致しますれば、純粋の新規増加額は約四千三百万円であります。

尚大正十四年度予算編成に当りましては、公債の発行は成るべく之を減額することに努め、一般会計に於きましては新規起債額を一億一千万円以内とし、特別会計に於きましては尚未定に属するものがありますけれども、一般会計及特別会計を通じ総て郵便局売出預金部引受等の方法に依つて、之を調達し以て一切市場に於ける公募を避ける方針であります。此の如くにして財政の基礎の鞏固を図ると同時に、財界に及ぼす圧迫を除きまして、以て其の整理回復に資したいと思ひます。又臨時国庫証券収入金特別会計は之を廃して其の負担を一般会計に移し、以て財政上に於ける将来の禍根を芟除《せんじょ》することに致したのであります。

次に預金部資金は近年郵便貯金等の増加に依りまして、著しく膨大致し現在額十五億円を超過するに至りましたが、従来その資金の運用は動《やや》もすれば放漫に流れ不確実に陥るの弊がないでもありませぬので、世上の非難を招くに至りましたから、政府は夙《つと》に其の弊竇《へいとう》を匡正するの必要を認めまして、一面之が経理の方法に付根本的改善を加へまする と同時に、其の資金の運用に付ては官民合同の委員会を設置し之に諮問することとし、已《すで》に大体其の成案を得ましたから、其の実行に必要なる法律案を次期議会に提出する積りであります。

終りに我国現下の経済界に於て重要の関係ある外国為替問題に就いて一言したいと考へます。戦後殊に震災以来我国国際貸借の逆調に伴ひまして、為替相場は暴落を告げ、今や対米相場の如き三十八弗《ドル》二分の一に下り平価に比し二割二分余の下落を示し、為替市場は著しく安定を欠くに至つたのであります。而して若し此の儘推移致しますれば、其の結果自然内地物価の昂騰を来し、産業の振興を妨げ、貿易の発展を阻害し、其の他財政経済各方面に亘つて、容易ならざる影響を惹起するの虞《おそれ》があります。茲《ここ》を以て政府は之が対策に付最善の考慮を払ひまして、為替相場の低落を防止し其の安定を期するが為め臨機有効なる方策を実行する方針であります。而してその方策の一と致しましては、必要の場合に於て現在保有の内外正貨を利用し為替調節に資するの決心を有して居ります。尤も其の実行に付ては、之が為め内地財界に成るべく不良の影響を来さしめない様其の時機及方法に付慎重考慮する所あるべきは勿論であります。併し乍ら為替恢復の根本策は、結局国際貸借の改善にあるのでありまして、即ち輸入の抑制、輸出の増進に俟つの他はないのでありまするが故に、一方に於て奢侈品は固《もと》より必要品と雖、投機思惑に基く輸入に対しては、為替銀行其の他金融業者に於て極力これが抑制に力《つと》められんことを望むのであります。又他方に於きまして生産及貿易の組織を改善して能率を増進し、商品の声価を高めることに力めると共に、消費節約に依りまして物価の低落を促し、資本を蓄積して金利の低下を来し、生産費の低減を期する等適切なる方策を講ずるが為に、国民一般が全幅の努力を竭《つく》すの必要なるを痛感するものであります。

諸君、我国財界の現状は極めて多事多難であります。此の秋《とき》に当りまして、金融の要地に居らるる銀行家諸君の責任は頗る重大なりと申さなければなりませぬ。何卒邦家の為め益々奮励努力、以て財界の整理回復に当られ、国運の進展に貢献せられんことを切望して已《や》まないのであります。

（『浜口大蔵大臣財政経済演説集』）

三〇　関西銀行大会に於ける演説

［一九二四年（大正一三年）一一月二六日］

諸君、本日は御招待を蒙りまして、関西地方金融界の有力者諸君と相会し、財政経済上当面の問題に付きまして所見の一端を述ぶるの機会を得ましたことは、私の欣快とする所であります。

熟々《つらつら》海外の状勢を観まするに、英米を初め諸外国は戦後官民一致して財政経済の整理に努め、その実績は既に大に見るべきものがあります。加ふるに倫敦《ロンドン》会議の結果、戦後欧洲財界の暗影であつた所の独逸《ドイツ》賠償問題も茲《ここ》に漸く解決の緒に就くこととなりました。殊に最近英国の総選挙竝に米国の大統領選挙の結果、その政情は安定を加へ、財界は活況を呈して参つたのであります。就中《なかんずく》磅《ポンド》為替相場の回復は極めて顕著でありまして、其の平価に復するの日も亦必ずしも遠くはないと思はれるのであります。斯の如くにして、今や世界経済は重大なる転回期に入らんとして居ります。翻つて我国経済界の現状を観まするに、戦後財政の整理未だ完からず、財界の回復未だ其の緒に就かざる時に当りまして、更に客年の大震災に遭遇し、之が為に多年の蓄積経営に係る巨額の富を烏有に帰せしめたのみならず、財政の負担は頓《とみ》に重きを致し、金融は梗塞を加へ、産業は益々不振に陥り、国際貸借の逆調は一層甚しくなり、惹《ひ》いて我国の正貨は減少致し、為替相場は低落し、斯くて世界経済界の機運に後れ、今後に於ける国際競争上極めて不利なる地位に立つに至つたのであります。

斯の如き財界の難局を打開し、国運の伸暢を図りまするには、先以て国民の自覚を促し、挙国一致奮励努力しなければなりませぬ。之が為に施設すべきものは多々ありまするけれども、其の根本策は公私経済に節制を加へると共に、速《すみやか》に財界整理の実を挙げるに在りと信じます。故に現内閣は其の成立以来、行政財政の整理緊縮を以て其の重要なる政綱と致しまして鋭意之が実現に力《つと》め来つたのであります。

抑《そもそも》我財政経済の現状に照しまして、此の際特に財政整理の断行を必要とする所以のものが三あります。其の第一は我財政の基礎を鞏固にして将来の禍根を芟除《せんじょ》せんとすることであります。政府の財政が戦時に於て膨脹しまするのは各国其の軌を一にする所ではありまするが、我財政は戦後諸外国が歳計を緊縮し、公債の償還に力めつつありました時期に於て、却て膨脹を見るに至つたのであります。即欧洲戦争の終了致しました大正七年度に於て十億千七百余万円であつたものが、本年度実行予算に於きましては十六億千五百余万円に上り、大正七年度に比しまして五億九千八百余万円の増加に当つて居るのであります。戦後反動の創痍が極めて深く、財界は不況に沈淪して居つた時に当りまして、斯の如き財政の膨脹が国民経済力の実情に適応せざることは、言を俟たないのであります。その結果年々巨額の公債を起して、辛うじて収支の均衡を保持して参りました。従て国債の総額は比年増加致し大正七年度に於ては三十億五千百余万円であつたものが、本年十月末には四十七億二千三百余万円となり、其の間十六億七千二百余万円を増加致したのであります。加之《しかのみならず》、短期公債の借換《かりかえ》が頻々として行はるる為め、発行条件は次第に不利となり、之が為に国庫の負担は益々重きを加ふるのみならず、新規公債の発行は愈々困難に陥りまして、竟《つい》に予算の遂行を期し難きに至るの虞《おそれ》があるのであります。然るにも拘らず従前の財政計画に於きまして、斯の如き実行不確実なる公債財源に依頼致しましたのは、是れ財政の基礎薄弱なるを示す所以の一であります。

又臨時国庫証券収入金特別会計は、大正六年以降政府が戦時輸出為替資金の疏通を図り、又は聯合国に対する財政援助の資金に充てる為に発行致しました臨時国庫証券の収入金の経理に関する会計でありまするが、其の収入金五億二千余万円中約二億九千万円は旧露国政府証券に、約五千万円は支那国政府証券に放資せられたのであります。然るに是等の外国証券に付きましては数年来其の利子の支払を受けざるにも拘らず、臨時国庫証券の利子は之を支払なければなりませぬから、已《や》むを得ず元本を費消して以て利子の支払に充当して参り、其の金額は大正十二年度末迄に於て約一億二千五百万円に達しましたから、若し従来の方法を踏襲するとしたならば、大正十五年度に至りましては同会計の資金は皆無となり、臨時国庫証券の利子は之を支払ふことを得ざるに立至るのであります。斯の如き状態なるにも拘らず、従前の財政計画に於きましては之が善後手段に付き何等施設する所なく、其の儘に放任して顧る所がなかつたので、我財政上に重大なる禍根を貽《のこ》したのは是れ財政の基礎薄弱なるを示す所以の二であります。

又大正三年欧洲大戦の勃発に際しまして、政府は軍事費支弁の為め臨時軍事費特別会計を設置し、事件の終局迄を一会計年度として整理致し、之が財源は主として公債に依つて調達することと致しました。而して軍事費の支出済額に対する財源として発行を要する公債の額は、五億五千五百余万円に上りましたが、内一億四百余万円は今尚発行未済に属して居ります。元来本会計は戦争終了後、速《すみやか》に之を閉鎖するのを妥当と致しまするにも拘らず、公債の発行困難の故を以て遷延今日に及び、尚未整理の儘存続せしめて置き、公債発行未済の分に対しては已《や》むなく一時国庫金を流用しつつあるのであります。斯の如きは財政上稀に見るの変態と云はねばなりませぬ。是財政の基礎薄弱なるを示す所以の三であります。

斯の如く従前の財政計画は幾多の重大なる弱点を包蔵致して居りまして、之が立て直しは焦眉の急に迫つて居るのみならず、現状の儘推移するに於ては、遠からず一大増税を行ふの已むなきに至るべきことは必至の勢なりと謂はねばなりませぬ。即ち我国の財政は増税か財政整理か二者其の一を選ばざる可らざる岐路に立てるものであります。政府は財界の現況に鑑み、国民負担の状態に照し、断乎として増税を排し、財政整理を実行するの決心を為したのであります。

財政整理の第二の眼目は財政の民間経済に対する圧迫を緩和せんとすることであります。蓋《けだ》し歳計の膨脹に伴ひまして、公債の発行は年々巨額に上り、其の内一般市場に公募したもののみにても大正八年度二億千二百万円、大正九年度二億六百余万円、大正十年度一億八千百余万円、大正十一年度一億二千百余万円を算するの外、借換に属するものが年々三億円乃至五億円の多きに上りまして、金融市場は之が応接に遑《いとま》なき状況であつたのみならず、大正十二年度に於ては震災の為に市場は新規公債に応ずるの能力を欠如するに至つたのであります。斯の如き状勢でありましたから公債の利廻は次第に昂騰し、惹《ひ》いて金融市場を圧迫し、民間の産業資金を奪ひ、金利の低落を妨げ、財界整理の進行を阻害したる所が少くないのであります。然るに従前の財政計画に依りますれば、震災の復興復旧に要する財源の如きは主として公債に俟つの外なき状況でありまして、新規公債発行予定額は前期議会当時毎年度数千万円の減額をしたにも拘らず、尚一般会計及特別会計を通じまして本年度に於ては二億九千四百余万円、大正十四年度に於ては三億五千八百余万円、大正十五年度に於ては三億一千三百余万円を算し、若し此計画にして其の儘に遂行せられますれば、其の民間経済に及ぼす影響の如何に重大なるべきかは想像に難くはありませぬ。是れ財政を緊縮し、成可《なるべく》公債の発行額を減じ、殊に其の公募を差控えんと致しまする所以であります。

財政整理の第三の眼目は政府自ら卒先して消費の節約を図るに在ります。蓋し今日経済界が依然として難境を脱すること能はざる原因の一は、消費が徒に旺にして生産が之に伴はないからであります。之が為に物価は騰貴致して、国民の生活を脅威するのみならず、輸入を奨励し、国際貸借の逆調を助長する等、其の弊の及ぶ所測り知るべからざるものがあるのであります。依て最大の消費者たる政府が自ら卒先して其の消費を節約致し、一面之に依て物資に対する需要を減ずると共に、他面国民一般をして政府の此の方針に順応し、消費節約勤倹力行の美風を涵養せしめ、以て物価の調節、国民経済の改善に資することは極めて肝要なる事であります。是れ財政の整理に依つて歳出の緊縮を図りました所以であります。

以上の趣旨を以て現内閣は其の成立以来、幾多の障害を排して、行政財政の整理緊縮を実行致して来ました。今其の大要を述べますれば先づ大正十三年度に在つては一般会計に於て三千万円、特別会計に於て千七百余万円、合計四千七百余万円の整理を行ひ、之に依つて本年度公債発行予定額二億九千四百余万円の内約二千万円を減ずることを得たのであります。

大正十四年度に於きましては政府は既定計画に依る同年度一般会計歳計予定額十六億二千八百余万円の内六千六百

余万円を節減致し、八千五百余万円を後年度に繰延べることとし、合せて、約一億五千二百万円を整理致しました。尚特別会計に於きましても一般会計同様の方針を以て整理を行つたのであります。而して其の計数は今尚未定に属しまするけれども、一般会計及特別会計を通じて整理総額は約二億五千万円に上る見込であります。大正十四年度予算は目下編成中に係り、而も其の概算は最近に決定した計《ばか》りでありまして今後尚異動を生じませうから、精確なる説明を申上げかねますが、其の大綱を述べますれば、前述の如く歳計予定額十六億二千八百余万円に対しまして約一億五千二百万円を整理減額し、尚預金部制度の変更等に依り六千四百余万円を減少し、之に新規増加額一億二千二百万円を加へ、結局大正十四年度歳出総額は十五億三千三百余万円となる見込でありまして、之を前年度予算に比較しますれば八千二百余万円の減少となります。若し行政財政の整理を行はなかつたならば、大正十四年度の歳計は十六億八千五百余万円となり、本年度に比し却て七千余万円の増加を見た筈であります。新規増加額は前述の通り一億二千二百万円でありまするが、其の内既定計画上増加の已《や》むなきもの、及臨時国庫証券収入金特別会計の整理に伴ふものを除きますときは八千百余万円となり、其の内には、陸軍々備整理等に伴ふ経費千五百余万円、電話交換拡張費の追加二千二百余万円、を包含致して居りますから、更に此の両者を控除しますれば純粋の新規増加額は、経常部約二千万円、臨時部約二千三百万円、合計約四千三百万円に過ぎませず、何れも緊急已むを得ざるものに属するものでありまず。

尚大正十四年度予算編成に当りましては、公債の発行は成るべく之を減額することに努め、一般会計に於きましては新規起債額を一億一千万円以内とし、特別会計に於きましては尚未定に属するものもありまするが、一般会計及特別会計を通じまして総て郵便局売出預金部引受等の方法に依つて之を調達し、以て一切市場に於ける公募を避ける方針であります。斯の如くにして財政の基礎の鞏固を図ると同時に、財界に及ぼす圧迫を除きまして、以てその整理回復に資せんとするのであります。

次に臨時国庫証券収入金特別会計の整理に就きましては、政府は大正十四年度より同会計を廃止致しまして、証券の元利払に関する負担を一般会計に移し、之と共に臨時国庫証券は漸次普通公債に借換へる計画であります。其の結果減債基金の適用を受け、元金償還の途を開く様になり、之が為に一般会計の負担を増すことは毎年二千数百万円であります。

又臨時軍事費特別会計の整理に就きましては、補助貨の鋳造益金より成る造幣局資金の一部を以て一の基金特別会計を設けまして、其の資金の運用として臨時軍事費公債発行未済額一億四百余万円を引受けさせ、以て本会計は之を閉鎖するの方針であります。尚大正十四年度以降に於きまして臨時軍事費の支出を要する場合には、一般会計に於て之を支弁する計画であります。前述諸点の外、従前の財政計画に包蔵せられて居る幾多の弱点に対しましても、夫々相当の補整を加へましたから、財政の基礎は茲《ここ》に鞏固と相成つたものと信ずるのであります。以上、現内閣が財政の整理を以て重要なる政綱となし、鋭意之れが実現に努めました所以を明に致しました。然し乍ら政府は整理緊縮を以て能事《のうじ》了れりとするものではありませぬ。

否寧《いなむしろ》之に依つて将来国運発展の素地を作らんとするものでありまするが故に、国民一般も亦能くこの趣旨の存する所を解し、暫く隠忍自重、以て今後の発展に備ふる所あらんことを望みます。

終りに我国経済界に於て当面の重大問題たる外国為替に就きまして、一言致したいと思ひます。我国の為替相場は、昨秋の震災以来殊に低落の趨勢を辿りまして、今年四月下旬横浜正金銀行の対米相場は四十弗《ドル》に低落し、市場相場は遂に三十八弗台を唱へるに至りました。其の後多少恢復を示しましたが、九月下旬頃より相場は再び軟調を呈しまして、正金銀行の建値は竟《つい》に三十八弗二分の一に下り、為替市場は著しく安定を欠くに至りました。而して今後の情勢を按じまするに、明年上半季に亘つて輸入旺盛期を控えて居りまするから、為替の前途は憂慮すべきものがあるのであります。

惟ふに為替相場の著しき低落は、財政経済の各方面に亘り幾多の不利な影響を齎すことは勿論でありまして、殊に工業原料の大部分を輸入しなければならない我邦としては、其の物価・産業及貿易に及ぼす影響は容易ならざるものがあります。之を以て為替相場の維持回復に付きましては、国民一致協力之れが対策に付全幅の努力を竭《つく》すことが緊要であると思ひます。而して之が根本策と致しましては、結局国際貸借の改善即ち輸入の抑制と輸出の増進とに俟つの外はなく、之が為に幾多の施設を要するものがありまするけれども、是等の施設たるや其の効果を挙ぐること決して一朝一夕の業ではないのであります。然るに一方刻下の為替低落は、其の国民経済に及ぼす影響の益々重大ならむとするに鑑みまして、政府は之が対応策に付特に最善の考慮を払ひ、為替相場の低落を防止し、其の安定を期するが為臨機有効なる方策を実行する方針であります。而して其の方策の一としては必要の場合に於て現在保有の内外正貨を利用致し為替調節に資するの決心を有して居ります。尤も其の実行に付きましては、之が為め内地財界に成るべく不良の影響を来さしめざる様其の時機及方法に付きまして、慎重考慮する所あるべきは勿論であります。此の点に関しまして世上或は即時無条件に金《きん》の輸出禁止を解くべしと論ずるものもありまするが、抑《そもそ》も金の輸出解禁は経済の常道に復帰する所以でありまするから、政府に於きましても一日も速《すみやか》にその実現の時期の到来せむことを希望して止まないのでありまするけれども、目下我国の財界は反動の創痍未だ癒えず、震災の打撃尚深く、就中《なかんずく》為替相場の低落今日の如く著しき場合に於きまして、遽《にわか》に金の輸出を自由に致しまするときは必ずや為替相場の激変を来し、金は滔々として海外に流出致し、其の結果急激なる通貨及信用の収縮となり、国内の金融・産業・貿易其の他財界全般に亘りまして、大波瀾を惹起し、国民経済の根幹に甚大なる打撃を与ふるの虞《おそれ》があるのであります。故に政府は今日は未だ解禁を実行すべき時期ではないと認めて居ります。然し乍ら今後財政経済の整理が進捗致し、国際貸借の逆調が緩和せられ、一般財界の安定も恢復せられまして、解禁の結果前述の如き影響なしと認めらるる時期に至りましたならば、速に之を決行すべきことは勿論であります。

　尚為替問題に関聯致しまして、民間の外資輸入に付て一言致さうと思ひます。元来外資の輸入は其の通貨並に物価等に及ぼすべき影響に鑑みまして、政府に於て適宜調整の手段を講ずるの必要あるは勿論でありまするけれども、苟もその事業にして確実なる償還能力を備へ、且我国産業貿易の発展上必要なりと認めらるるものに対しましては、政府に於ても固より之を抑制するの意思を有《も》ちませぬ。此の点に付きましては世上或は誤解なきを保しませぬので、この機会に於て之を言明致して置きます。

諸君、我国財界の現状は極めて多事多難であります。併し乍ら官民一致協力、以て財界の整理恢復に当りましたならば必らずや禍を転じて福と為すことを得べく、産業の興隆国運の発展も亦期して待ち得べきものと信じます。金融の要地に居られまする諸君に於かれましては、其の責務の重大なるに顧みられ益々奮励努力邦家の進運に貢献せられんことを切望致します。

（『浜口大蔵大臣財政経済演説集』）

三一　財政政策の根本的刷新

［一九二四年（大正一三年）一二月二〇日、予算内示会での説明］

大正十四年度予算編成方針は大体左の通りである。
一、財政の基礎を鞏固にする為行政財政の整理を断行した。
二、公債発行額は極力減少し一般市場に公募せざる事とした。
三、臨時国庫証券収入金特別会計を廃止し臨時国庫証券は漸次これを整理することとし依て以て財政上将来の禍根を芟除《せんじょ》するに努めた。
四、臨時軍事費特別会計はその収入不足額を別途調達したる上これを廃止することとせり。
五、貨幣鋳造益金の内を以て特別資金を設け之が運用に依る収入を財源として師範教育改善及農村振興の計画を立てた。
六、陸軍々備整理を行ひ航空部隊の充実兵器の改良等国防上の新威力を整備することとせり。
七、農林商工両省を分立し産業の発達に資することとした。
八、電話交換拡張の要望切なるに鑑み之が拡張計画を立てた。
九、預金部制度を改正し預金の運用を公明にする事を期した。
以上の方針に依り編成したる大正十四年度総予算の歳入歳出は、各十五億二千四百余万円にして之を大正十三年度の実行予算に比較すれば、九千百余万円の減少で其の予算編成に際し歳出予算を整理したる金額は、一般会計に於て一億五千二百余万円、内節減額六千八百余万円、繰延額八千四百余万円、特別会計に於て一億三百余万円、内節減額約六千百万円、繰延額四千二百余万円、一般会計特別会計合計二億五千五百余万円である。大正十四年に於ける公債の新規募集額は、之を一般市場に公募せざる方針を採り、預金部引受若《もし》くは郵便局売出等を以て調達し得る見込の限度に止めた。其の金額は総額一億五千万円にして内一般会計震災善後公債一億円特別会計鉄道公債四千万円、朝鮮事業公債一千万円である。大正十二年度に於て新たに生じたる剰余金は、一億四千百余万円にして外に大正十二年度剰余金の使用残額三億二千百余万円あるを以て、之を合すれば四億六千二百余万円となる。此の内大正十三年の財源に充てたるもの約一億八千万円を差引くときは、残額約二億八千万円にして、此の内大正十三、十四両年度の追加予算の財源として、六千万円を留保し差引残額二億二千余万円は大正十四年度以降の歳入不足の補填に充当するの計画である。

次に大正十四年度に於て新たに施設したる事項の内、重《おも》なるもの二三を説明すれば、臨時国庫証券収入金特別会計は対露対支債券の元利償還を得る能はざる為、其の歳入を以て臨時国庫証券の利払を為す能はず、止むを得ず従来は其の資金を以て利払を為し来りしが、今や其資産も残り少なくなり、此儘にして放任するときは、大正十五年度より同証券の利払を為す能はざるに至るを以て、大正十三年度限り、同特別会計を廃止して、臨時国庫証券は償還期間の到来する毎に、漸次に之を普通の公債に借替整理し、その元利償還は一般会計に於て、之を負担することに定めた。之が為一般会計の負担を増加すること毎年二千数百万円に上る。

次に臨時軍事費の支出済に対する財源の内、約一億四百万円は、今尚調達未済に属する。元来本会計は戦争終了後、速《すみやか》に之を閉鎖するを妥当とするに拘らず、公債の発行困難の故を以て、遷延今日に及ぶも、尚未整理の儘存続せしめ、調達未済の分に対しては、止むなく一時国庫金を流用しつつある。今回其の収入不足額を調達して、この特別会計を閉鎖することとした。右臨時軍事費の外、在外国帝国専管居留地陸軍営繕費補充資金、朝鮮医院及済生院帝国大学等の特別会計の廃合を為すこととした。又補助貨の改鋳益金の内、一億三千万円を財源として、教育改善農村振興基金を設け、その運用利殖金六百五十万円を財源として、師範教育改善及農村振興の計画を立てた。次に預金部資金は其の運用動《やや》もすれば放漫に流れ不確実に陥るの弊ありとの非難を招くに至りたるを以て、之が弊害を匡正するの必要を認め、又一面之が経理の方法に就き改善を加ふると同時に、其の資金の運用に付更に公明を期する趣旨を以て一の委員会を設置し、これに諮問する事としやうとして居る。又営繕管財局を設け、東京府及神奈川県内に於ける通常営繕工事は之を一部局に於て統一して施行する事とした。以上は大正十四年度総予算の極めて大体の説明にして要するに政府は一方行政財政の整理を行ひ、以て財政の基礎を鞏固にし、且つ財政の民間経済に対する圧迫を緩和すると共に、一方財源の許す範囲内に於て国運の進展に伴ひ必要なる施設を為したのである。

（『憲政』）

三二一　金利引下げと人心緩和

［一九二五年（大正一四年）五月、憲政会機関誌論説］

四月十四日、日本銀行より同行割引日歩二銭二厘（商業手形）を二銭に引下たき旨の申請があつたが為、政府は金融界の形勢に鑑み、今日を以て日本銀行割引日歩の引下に最も適当なる時期を認め、直に認可した。猶同時に制限外発行税率年七分を六分に引下ぐることとした。また震災手形の割引歩合も日歩二銭二厘より二銭に引下ぐることに成り、いづれも十五日実行された。

この金利引下に関し、財界では賛否両論が相半ばしているやうである。而して之を否とするの論は如何なることを要点とするかと云ふと、金利引下の結果は、不真面目なる事業並に投機熱を助長せしめ、通貨の膨脹、物価の騰貴を誘致し、現内閣政綱の一なる行政整理の精神と相背離するなどとのことにある。財界に於ける論議は各人の観測に依るものであつて、政府の素《もと》より関知すべきものではない。併し日本銀行の金利は、大正八年十一月に於てその公定歩合二厘方引上げ、最低二銭二厘と定めて以来五ケ年五ケ月間、同一の利率を持続し来つたのである。かかる状態におかれてあつた金利の引下げを断行するのは、容易のことではない。之を敢行するまでには、慎重の考慮を尽くし、また財界の事情を精査した結果に基くのである。その理由は財界の整理は未だ以て完成の域に達したりと云ふことは出来ず、云はば猶ほ未完成のままに置かれてあつたのであり、今後とも相変らず之を遂行せねばならぬ道程にあるのである。従つて今回の金利引下は、今後の整理を出来得る限り助長せしむることがその目的の一端に外ならぬ。即ち今日の財界は、不景気のために人心は極めて極度に萎縮している状態であつて、若しこの儘に推移するに於ては、萎縮沈滞の結果は、極度の悲観と成り、遂に或は思ひも寄らぬ現象を呈出し来り、之が為に折角進捗しかけていた財界の整理をも、不幸にして停頓せしむる場合が生ぜぬとも保し能はぬのである。政府の断行した行政財政の整理は、国運の進展を阻害せんが為の整理ではなく、整理に依つて新たなる進展、即ち堅実なる進展を策せんとするものであるから、財界整理の停頓は、又以てこの大精神に背戻するの結果を生ずる。これ大に憂ふべきことである。

是に於てか、今回日本銀行金利の引下を断行し、以て萎靡沈滞の人心を緩和せしむるの方法を執つた。而してこの結果不真面目なる事業熱を煽り、投機心を助長せしめ、若くば通貨膨脹物価騰貴を誘致するや否やを考ふるに、既に萎靡沈滞した財界心理の現状を以てしては、日本銀行の金利を二厘引下げたからと云ふて、之を以て投機心を助長し、不真面目なる事業熱を煽り、又通貨を膨脹せしむるが如きは、如何にしてもあり得べからざる事と観測さるる。従つて物価騰貴を誘致するものとは思はれない。ただ今後に於ても猶ほ此金利引下を続行したならば、或は投機心を煽る事とも成り、或はまた通貨膨脹、物価騰貴とも成るのであらうが、今日の場合、左様に利下を連続して行はるべきものではない。更に金融界最近の状勢を見るに、通貨は著しく収縮し又為替相場は最近著しく好況に向ひ、貿易も前年に比して良好の趨勢を示し、何れにするも財界は漸次好転して行くやうに見受けらる。併し日本銀行の金利引下を断行したからとて、之を以て早くも軽忽の考へを起し、不真面目なる態度を以て財界に処してはならぬ。前にも云ふが如く、我が財界は猶整理未完成の状態にあるので、之からこの未完成の道程を経て完成の域に達しなければならぬのである。従つて益々堅実の態度を持し、この未完成の整理を完成に至らしめ、日本銀行金利引下の目的の一端を達成せしむるに努力せんことを希望する。

（『憲政公論』）

三三　地方長官会議に於ける訓示演説

［一九二五年（大正一四年）五月五日］

昨年八月各位と相会しまして以来茲《ここ》に十ヶ月、今日再《ふたたび》各位に対し財務に関する所見を陳《の》ぶることを得まするのは、私の欣幸とする所であります。

行政財政の整理緊縮は、現内閣の重要なる政綱の一として、之が遂行に努めましたことは各位の熟知せらるる所であります。今其の大要を述べますれば、第五十回帝国議会の協賛を経ました所の、大正十四年度の予算額は、総予算と追加予算とを合せて十五億四千九百余万円でありまして、之を前年度の実行予算に追加予算を加へましたる額十六億五千四百余万円に比較しますれば、一億四百余万円を減少して居ります。此の減少を来しましたのは、主として大正十四年度の予算編成に際しまして、行政財政の整理緊縮に努め、節減額と繰延額とを合せて総計一億五千二百余万円を整理致しました結果であります。尚同時に特別会計にありましても、合計一億四百余万円の整理を行ひました。地方財政に在りましても、各位に於て右政府の方針を体し、之が整理緊縮に付相当努力せられたことと信じます。其の実績に関しましては未だ正確なる計数を得るに至りませぬけれども、府県のみに付て見まするに、大正十四年度歳出予算合計額は、概算三億四千百余万円でありまして、之を前年度に比べて見ますれば、却つて六百余万円の増加となつて居り、震災地各府県の分を除外致しましても、一千百余万円の減少に過ぎないのでありまして、緊縮の程度が未だ十分であるとは申すことが出来ないのであります。故に私は各位に対しまして、此の点に付更に一段の御努力あらんことを希望せざるを得ないのであります。又大正十三年度府県債許可総額は、約六千四百余万円でありまして、之を前年度許可総額に比較致しますれば、二千八百余万円の減少となり、若し震災関係の分を除きますれば、三千余万円の減少となりまして、此の点に於ける緊縮の跡は、稍《やや》看るべきものがありまするけれども、尚今後に於ても引続き緊縮の方針を採り、新規起債の抑制及旧債の整理に努められむことを望む次第であります。

税制の整理は極めて重大なる問題でありまするが故に、目下大蔵省に於て委員を設け慎重調査中であります。其の目的と致しまする所は、主として国民負担の公正を図るにあります。其の範囲は固《もと》より国税地方税の全般に渉つて居ります。税制整理の問題は、実に我国多年の懸案でありまして、従前屢々調査研究を重ねまして、其の一部は既に断片的に実行せられたものもないではありませぬが、未だ全般に渉て整理の行はれたことはありませぬ。政府は時代の趨勢と国民負担の実況とに鑑みまして、此の場合に於て適当なる税制の整理を行ふことが極めて急務であることを認め、今回之が実行準備の調査に着手致しました。其の内容は今日の場合固より予断的に言明することを得ませぬけれども、政府は是より着々調査を進め其の成案を得まして、次期議会に提出せむことを期して居ります。地方税制の整理に関しまして各位御意見のありまする所は、適当の方法に依つて成るべく速《すみやか》に提出せられむことを希望致します。

次に地方自治体の歳入に関して注意を要しますることは、近時特に地方税に付滞納者の著しく増加したことであります。大正十一年度中の地方税滞納者は、三百七十三万五千余人の多きに達して居りまして、其の割合納税義務者一万人に付五百二十九人に当つて居ります。之を大正七年度中の地方税滞納者の割合一万人に付三百五十四人であつたのに比較しますれば、著しい増加を示して居ります。尚国税に在りましては、地方税に比して成績稍良好でありまするが、大正七年度中の滞納者は九万八千余人でありまして、納税義務者一万人に付十七人でありましたが、大正十一年度に於ては滞納者三十一万千余人でありまして、納税義務者一万人に付五十人の多きに達して居ります。其の茲《ここ》に至りましたのは、近年に於ける経済界の不振が其の主因でありませうけれども、我が国民納税思想の発達が、未だ充分でないのに基く所が少くありませぬ。就ては各位に於ても、適当な方法を講じて一層国民の納税思想を涵養せられ、以て租税滞納の弊習を矯正することに努力せられむことを希望致します。

次に預金部資金の運用は、地方の財政経済と密接なる関係を持つて居りますことは、多言を要しない所でありまするが、従来同資金の運用に関しましては、動《やや》もすれば放漫に流れて不確実に陥ると云ふ弊がないでもありませんでしたから、政府は預金部制度に改善を加ふることが急務であることを認めまして、預金部預金法を立案し、第五十議会の協賛を経たのであります。之に依て預金部資金は、預金部資金運用委員会に諮問致し、有利且確実なる方法を以て、国家公共の利益の為に之を運用することとし、以て運用の適切公正を期することと致しました。而して大正十三年末に於ける各種地方資金の融通額は、四億二千三百余万［円］に達して居りまするが、その融通額を更に豊富ならしめ其の他預金部の機能を充分発揮する為には、制度の改正と相俟つて之が資源の涵養を図らなければなりませぬ。然るに此の点に於て最重要な関係を持つて居ります所の郵便貯金は、経済界不振の影響を受けて、最近其の成績が良好でありませぬ。大正十三年度に在りましては、元加利子の繰入四千二百余万円であつたにも拘はらず、尚総計に於て前年度に比して五百余万円の減少を示しまして、憂慮すべき傾向を呈しております。就きましては各位は今後一層勤倹貯蓄の奨励に留意せられ、預金部資金を充実し、地方低利資金を豊富にすることに力を尽されむことを望むのであります。又第四十九議会の協賛を経まして発売致しました所の復興貯蓄債券は、客年九月以降既に三回の売出を行ひまして、毎回相当の成績を収めることが出来ました。是れ各位の御援助が与つて力あることは論を俟たない所でありまして、私の感謝に堪へない所でありまするが、此の債券の収入金は、総て地方産業の振興竝に震災地の復興の目的に充てるものでありまするから、是等の点に鑑み今後の売出に当りましても、尚一段の応援を与へられ、良好の成績を挙げ得ますることを望む次第であります。

次に経済界の現状を見まするに、最近に至りまして財界改善の曙光の稍《やや》認むべきものがあります。即金融は漸次緩和の徴を示し、東京大阪の市中金利は、今や前年同期に比して三四厘方低落致し、四月末日に於ける日本銀行兌換券発行高は、前年同日に比して六千百余万円を収縮致して居り、物価は卸売小売共に本年一月以降逐月低落の歩調を辿つております。又外国貿易入超額も一月以降前年に比して少なからず減退致し、対米為替相場は前年最低相場に比して、三弗《ドル》方の恢復を告げて居ります。大正八年十一月以降変動のなかつた所の日本銀行割引歩合も、四月十五日より二厘方の引下を見るに至りました。又本年一月以降三ヶ月間に於ける株式会社の減資及解散資本金額は、一億五千万円に上つて居ります。此の如く財界整理の跡の見るべきもののありますことは、国民全体が漸く自覚反省を始めましたことに因ること勿論でありますけれども、政府の方針と致して居ります所の行政財政の整理緊縮に負ふ所も亦尠くはなからうと思ふのであります。惟ふに我が財界の創痍は尚頗る深いものがあるのであります。今日の程度の整理改善を以て決して充分であるとは謂ふことが出来ませぬ。官民共に尚一段の奮励努力を要することは論を俟たない所でありまするが、財界の整理には不景気を伴ひまして、事業界の苦痛も亦容易ならざるものあることを常と致しますけれども、其の不景気は財界の恢復竝に振興を招来するに避くべからざる過程でありまするが故に、此の際一時の苦痛を忍ぶことが出来ずして、妄に不自然な救済策を求むるが如きことは、却て整理の進捗を妨げ、累を他日に遺すものであると謂はなければなりませぬ。而かも整理に急なるの余り、財界の各方面に急激な衝動を与へて、経済の組織を破壊する様なことは固《もと》より之を避けなければならぬのであります。要は財界の実情に応じて緩急其の宜きを制しまして、以て整理の目的を達することにあるのであります。各位は宜しく此の趣旨を体せられ、所管内に於ける事業又は金融機関の整理促進に向つて、適当に指導誘掖《ゆうえき》せられむことを希望致します。

　次に私は国際貸借の改善に関しまして、各位の御一考を煩はさうと思ひます。我が外国貿易の状勢を見まするに、本年一月以降四月迄の外国貿易は、内地の分概算輸出六億三千百余万円、輸入十億九千二百余万円、差引四億六千余万円の輸入超過でありまして、之を前年同期に比較致しまするときは、輸出に於て一億四千六百余万円の多額を増加致したのに対し、輸入に於ては僅に二千七百余万円を増加致したばかりでありまして、差引輸入超過に於て一億一千九百余万円の減少を見まして、震災に基く異常な入超の趨勢は稍《やや》緩和せられましたけれども、尚本年の輸入超過額は、相当の巨額に達することでありませう。また一面貿易外受取勘定は近年一億円を下つて居りまして、為替相場は多少の回復を告げましたけれども、尚平価を下ること約一割六分でありまして、我が国際貸借の将来は容易に楽観を許さないものがあります。官民が協力一致して之が改善を図りますことは、正に現下の急務であると謂はなければなりませぬ。而して国際貸借改善の根本策は、輸出の増進輸入の抑制に拠るの外ありませぬ。政府は之が実行の方策に関しまして、各方面に亘り研究施設を怠りませぬ。曩《さき》に第五十議会の協賛を経ました所の輸出組合法、竝に重要輸出品工業組合法の制定の如きは、其の一例でありまするが、現在各官庁に於て外国品の購入等の為に、海外に支払ふ金額は相当巨額に上つて居りまするのに鑑みまして、国際貸借改善の見地から、之が抑制の手段を講ずることの必要を認めまして、海外払節約に関する各省協議会を開いて、其の具体的方法に付考究致したいと思つて居ります。惟ふに国産品を愛用し、以て国際貸借改善の一助たらしめることは、単に之を官庁の施設のみに限るべきではありませぬ。更に広く国民全般に向つて此の風習を普及せしむることが必要であります。故に各位は其の趣旨に基いて国産品愛用の気風を奨励し、以て国際貸借の改善に協力せられむことを希望するのであります。

以上主として大蔵省所管の事務に関して、簡単に私の所見を述べ希望を申し述べたのであります。各位は宜く私の意のある所を諒とせられ、右申し述べました所の各項に渉つて政府の施設に協力せられ、相共に奮励努力し、以て良好なる成績を挙げられむことを切望致す次第であります。

（『浜口大蔵大臣財政経済演説集』）

三四　奮闘努力の精神を養へ

［一九二五年（大正一四年）九月二〇日、高知県立城東中学校での講演］

私は久し振りに自分の中学時代の母校を訪問致し皆さんに御目にかかる事を得ました事は深く喜ぶものであります。私は長岡郡五台山村に生れ、五年の中学生活の間、三ヶ年は五台山から通学を致しました。其の途は一里半あるのでありります。後の二年の間は或は寄宿舎に入り或は親類の内に下宿致して通つたのであります。其の五年の課程を終りまして此の学校を卒業致しましたのは明治二十一年、今から三十七年前でありますから、無論皆さんはどなたもご承知の無い事柄であります。そして二十一年に学校を出まして直に大阪に参り、其時分は大阪に第三高等中学校と云ふ学校があつた、後、第三高等学校となつて今日は京都に在りますが、其の時分は、第三高等中学校と云つて大阪に在つたのであります。其の大阪の第三高等中学校の入学試験を受けて入りました。二十一年に一緒に茲《ここ》を卒業致しました者は僅か九人。今日は多数の卒業生を同時に出すのでありませふが、其の時分は僅か九人であつた。其の九人の人々の内には既に死んでしまつて此の世に居ない方もあります。現に生存致して立派にやつて居る人もあります。例へば皆さんは御聴きになつて居るでありませふが、現在熊本第五高等学校長溝淵進馬君もその一人であつたのであります。それから高知に御いでになると思ひますが下元直基君も其の一人であつたのであります。大阪に参りましたのが二十一年。翌年の二十二年学校と共に京都に移りました。京都に三年居りまして高等学校を終わつて東京の帝国大学に入り明治二十八年に大学を卒業致しました。爾来或は役人を致し、或は政治家を致して今回に至つたのであります。自分の事は自分で申すべきものではありませんが、私は只一つだけ自分の事を皆さんに申上げます。学生としての私は真面目であつたと思ひます。又相当な勉強家であつたと信じます。其れ以上の事に就ては今日自ら考へるに極めて平凡な人間であつた。今日も平凡な人間であります。只自分の力のあらん限り努力奮闘すると云ふだけの信念は持つて居ります。元より微々たる人間の力でありますから之には限りがあり、到底此の大自然には勝てるものではありませんが、其の範囲内に於て、それ相当の範囲内に於て、人間の力で開拓し得べき所の範囲は可成広いと思ひます。人間の力の及ぶ範囲は相当に広いと思ひます。其の広い範囲内に於て何故もつと現代の人々は奮闘しないのであるかと云ふ事を私は怪しむ。自分の信ずる所に依れば健康に余り関係の無い程度に於いて出来る限りの努力奮闘を致した心算であります。既に今日は年をとりまして御覧の通り頭は真白であります。本年五十六歳であります。けれども未だ死ぬる迄には相当の時日があると思つて居ります。苟《いやし》くも自分の生きている間は過去の奮闘を将来に向つても永久に続ける心算であります。若し此の私に何かとり所があると云ふなれば此の一点のみであります。又私が今日社会上に占めて居る位地に於て何か良い所がありとするならば、其の良い結果を収めたのは即ち只今申しました自分のあらん限りの力を尽して努力奮闘した結果でありますと御諒解を得たいと思ふのであります。此の一言は私が敢て自ら図らず諸君に御目にかかつた此の機会の御土産として此処に残して置きます。此の中学校の校舎は明治二十年頃、私が学を受けた所の校舎其の儘であります。数十年の年歯を経過致しましたから元より修繕は加へて居りましようけれども、大体に於て校木其の他外観が明治二十年の其の当時の儘である様に見受けます。私は諸君と同じく五年の間此の講堂をくぐり、五年の間此の教室で授業を受けたのであります。今日職員室に於て職員の御方の名簿を拝見致しましたが、其の当時私方が習ひました先生は今日只一人も残つて居りませんが、承はる所に依れば此の四月に御退職になりましたと云ふ事でありますが、画学の先生楠永先生、之は私が明治二十年頃に四年級、五年級の時画学の先生として親く授業を受けた方であつたのであります。今日職員の名簿が残つて居りません。従つて此の席に於て先生の御名前を掲げて親く旧師に御礼を申す事の出来ません事は私にとつて真に遺憾千万であります。申す迄も無くあなた方は之から中学の課程を終へられて或は高等の学校に進み、或は実業に従事するのでありましようが、先刻承る所に依れば大多数の諸君は高等学校に之より入学すると云ふ志望を御持ちになつて居ると云ふ事であります。三年の間高等学校の業を治められ、それから大学に進まれ、大学を終つて然る後に、国家有用の材として皇室の為め、国家の為め、社会の為め、人類の為め御奮闘になる御方が多からふと思ふのであります。凡そ人間の生活は共同生活で単独の行動は決して許さない。若し思い思いの行動をとつて自由に活動すると云ふ事が出来る時は其れは社会と云ふ共同生活を営む事は出来ません。社会の秩序は破られ国家の規律は直にくづれる。諸君は学校を出られて実際の社会に活動する時に於ける共同の生活に対する所の準備を今からして置く事が必要である。其準備の為に必要なるのみならず、学業を修める上に於ても必要であると思ふ事は、即ち規律を重んずると云ふ事であります。そふして友人と能く共同致し、校長先生は勿論、諸先生方の指導に服従致し身心の続かん限りは努力奮闘致し学業を励み、其間に秩序を重んじ規律を尊とぶと云ふ所の善良なる習慣を養成し、其習慣が茲《ここ》に諸君の人格を作り、其作られたる人格に依つて他日社会に立つて活動する、そふすれば大概の事は出来得られるものである。而し乍ら茲に注意を要す事柄は、努力奮闘すれば大概の事は出来ると申したけれども、努力奮闘しなければ何事も出来ないと云ふ事である。人間の生活は山又山、第一の手前の低い山を越へてしまつたなれば、後は平坦なと思つたら大変な間違いである。其の越へた先の山は前よりも遙かに高く、其の先の山は尚高い。人間の一生は山を越へると思つて居ればよろしい。即ち努力奮闘、如何なる山をも越へてしまはねばならないとの考がなければ何事も出来ません。之は諸君が試験を受ける場合のみではありません。私共学校に居る時の考へは試験程苦しいものは無い。早く学校を出て試験を受ける必要のない様になり度いと思ひました。而し学校を終つて世の中に出て見ると云ふと、学校の試験は年に数回であるが社会の試験は日夜である、毎日毎夜である。時々刻々我々は試験を受けて居るのである。其の試験の方が遙かに苦しい。其の苦しい試験を受けなければ何事も出来ません。この周囲に掲げてある写真の謂れを私は詳しく承知致しませんが、正面に私が拝見致すのは確しか乃木大将の写真であると思ひます。その他何れも歴々の写真であると思ひますが、この写真を諸君が常に仰ぎ見てそしてその人々の為された所の事業を為し度い、其の徳を積み度いと斯様に考へられるならば山又山を越へる心算で其の覚悟と其の決心とを以て腹を決め腰をすへて進まねばならない。若しそふで無くして天下の大業を為す事は何でも無い、真に容易《やさし》いものであると考へるならば諸君の生涯は車夫、馬丁と何ぞ択ばむ。何事も出来ません。私は諸君に向つて繰返して申します。人間の力は偉大であるが用ひなければ何事も出来ない。其の偉大なる力と云ふものは其の練磨する事に依りて愈々其の鋭さを加へ、其れを修養する事に依つて愈々其の大きさを加へる。其の鋭くなつた力、其の大きくなつた力を以て為すなれば何事かならざらんやであります。

未だ諸君に申すのは少し早いかもしれないけれども、近頃新しい所の思想と云ふ問題が出て来て居る。之は西洋から伝はつた所の思想であります、考へであります。社会主義、或は共産主義、或は左傾、或は赤化、赤いとか白いとか云ふ様な事を能く申します。私の考へる所に依れば日本人には日本人の立派な思想があります。其の立派な思想の依つて起る所を国民は一刻も忘れては相成らん。即ち日本の国体より生ずる思想の根本である。茲に暫らくの時間を拝借致し自分の経験談を致します。私は昨年の六月に国務大臣の重任を辱《かたじけ》なふ致しまして、十一月公式に伊勢の大廟に参拝を致して、続いて京都の桃山御陵に参拝を致したのであります。元より其の前にも非公式に一個人として伊勢大廟を拝み、桃山御陵を拝んだ事は無いでもなかつたのでありますが、公式に昨年の十一月始めて公然と参拝致した。其の時の心持ちは今日に至る迄も忘れる事が出来ません。即ち伊勢大廟に参拝を致し、桃山御陵に参拝致したる時の自分の体験を申しますれば、如何にも一種形容する事の出来ません所の厳粛なる敬虔なる一種の感情が私の全身に漲り渡つたのであります。即ち伊勢大廟に参拝致しては我が国二千数百年の建国の由来が如何に久しきものであるかと云ふ事を感得致し、桃山御陵に参拝致しては先帝の御偉業が如何に御立派であつたかと云ふ事を感佩《かんぱい》致し、恰も電気に打たれた如き一種の云ふべからざる神聖なる感情が湧き出でたのである。斯くの如き感情が自分の全身に漲つたと云ふ事は私生れて始めての経験であり、始めての体験であります。此の伊勢大廟を拝し生れて始めて得た所の一種云ふべからざる厳粛なる体験こそは即ち我が六千万日本国民が持つべき所の高尚なる思想であると思ひます。即ち我国体の世界万国に冠絶したる所より生ずる所の高尚なる立派なる名状すべからざる思想であります。御互生れ乍らにして日本国民として此の高尚なる思想を持つて居る。それが事に触れ物に感じて現れ来る。之は外国に於ては其の例を見る事が出来ません、其の類を求める事が出来ません。何を苦しんでか此の思想の根本を西洋からとつて来るか、外国から求めて居る他の学問なればいざしらず、此の国民思想の淵源に至つては憚り乍ら我が帝国の国体上当然生れ来る所の立派な思想があります。何にも外国の思想をとつて来る必要が無い。此の点を更に具体的に申しますれば、即ち忠君愛国の思想であります、忠君愛国の観念であります。或は哲学と云ひ、或は宗教と云ふ。それは哲学は哲学で宜敷い、宗教は宗教として別に研究するが宜敷い。少くとも我が日本国民にとつては此の忠君愛国の観念こそ一切の宗教を超越し、一切の哲学を超越し天下に比類の無い立派な国民思想でありますぞ。諸君は如何なる時に於ても造次《ぞうじ》顚沛《てんぱい》四六時中此の忠君愛国の観念、日本の国体に対する所の立派なる思想と云ふものを忘れては相成らむと思ひます。之が即ち教育の淵源であり、総べての事柄の淵源であります。諸君は今では恐らくは一年級の御方は十四五の御方であり、五年級の御方に致しましても十八九の御方でありましよう。今はコツコツとして学問に励んで居られるが、之より二十年の後三十年の後に於ては我が帝国を担当さるべき、此の日本の国を引受けらるべき所の有為の青年であります。二十年三十年の後に於ては私は此の世の中に生きて居つて諸君が日本の国を引き受けて仕事をせらるることを或は目撃する事が出来ないかもしれません、或は長生して諸君を見る事が出来るかもしれませんが、兎にも角にも茲《ここ》二三十年後の日本を受けつがれる重大なる責を持つて居る大事の諸君の身体でありますから、身体は努めて大事に致し其の精神は努めて之を修養し、規律を尊び秩序を重んじ、人格を修養し品性を陶冶致してどうぞ立派な人間になつて戴き度い。私は斯様な無躾な事、無遠慮な事を余りに縁故の無い諸君に向つて云ふ考へは持つて居りません。只皆さんが私の母校の後進の生徒であり、此学校は自分の生れた所の母校である。私が今日あるは此母校の御かげである。其の御かげのある所の母校に於て今日学を受けられて居る諸君に対してであるが故に敢て斯くの如き不遠慮な事を申上げるのであります。之から段々と学問が進んで諸君が世の中で活動されるに当りまして種々の経験を積まれるのでありませう。努力奮闘の結果が段々と現はれて来るでありませう。秩序を重んじ規律を学ぶと云ふ事がどれ程良い事であつたかと云ふ事が判る時があると思ひます。夫は十年後か、二十年後か、但しは三十年後かしりませんが、必ずそう云ふ時期が屢々到来するであらうと思ひます。其の時にはどうぞ之だけの事を思ひ出して貰ひ度い。大正十四年九月二十日浜口雄幸と云ふ男が此の講堂に於て左様な話を致した、成程斯ういふ事であつたか、之は思い当つた、如何にもその通りであつたと云ふ事を思ひ出して夫れに依つて、諸君が益々勇気を鼓舞して勇往邁進致し此の日本帝国を引受けると云ふ勇猛心を発揮する所の一つの材料に為して戴く事が出来るなれば私の満足する所でありますます。之以上の事は皆さんに申上げる必要がありません。又これ以上の事を申上げる考へを持て居りません。話は簡単であります。簡単でありますが相当に味はつて戴かなければならない。他日機会を得ましたならば或は此の団体として、或は小さく分かれた所のたくさんの団体として、若くば個人として将来諸君に御目にかかり今日の事を思出話に致す機会が起らうと思ひます。今日は久し振りで母校を訪問致し後進たる皆さんに御目にかかりまして其喜びにまかせて右様の事を申上げた訳であります。此の話全部とは申しませんが、其の要点に就ては御記憶を願ひ度いと思ひます。否御記憶のみでは無く之を実行せられむ事を希望致します。他日御目にかかる機会があらうと思ひますがどうぞ此の上とも充分に御勉強を願い度い。努力奮闘を御願い致します。之で今日は御別れ致します。

（『浜口雄幸氏名演説集』）

三五　須く自己を信ぜよ

［一九二五年（大正一四年）九月二〇日、高知高等学校での講演］

此の度久し振りに帰省致しまして、新たに我県に設けられましたる高等学校に臨みまして親しく諸君と御目にかかる事を得ました事は自分の最も満足とする所であります。私は元来学者ではない、従つて学生諸君が日々教場に於て学ばれている所の科目に就て何も申上げる事はありません。又学理上の事に就ても特に諸君に申し上げたいと思ふ事もないのであります。夫れ丈の智識を私は持つて居りません。唯今私は政治に関係をした仕事を致して居ります。政治家であるかないかは自分は知らん。兎も角も政治に携はつて居る一人であります。諸君よりは年齢は多いのでありますす。尠く共一日の長がある年齢の点に就ては――従つて今日迄或は学校生活或は政党生活に於て多少の経験を積んで居る意《つも》りであります。無論比較的の話で諸君よりは幾らか経験が多いと云ふ事は確かであります。夫れ故に今日初めてお目にかかつて之より申し上げまする事柄は学問上の理論に非ず、政治上の問題に非ず、数十年に亘つて社会に立つて得ました所の自分の体験――其経験に基いて私自ら斯くなければならんと信ずる点に就て所信を申し上げ学生諸君の修養上に於ける万一の御参考に供したいと思ひます。凡そ学問をする上に於ても事業をする上に於ても、或は政治を行ふ上に於ても、総《す》べての仕事を致し此の複雑した所の世の中に立つて行く上に於て、最も必要なる所の根本的信念はなんであるか。一言にして申しますれば人間は力を信ぜよ、自分の力を信じなさいと云ふ事であります。自己の力を信ずる事は其度を過ぎては不可《いか》ん。同時に自己の力を信ずる事は其実際よりも下では不可《いけ》ません。自分の力のある儘、其の通り自分の力を信じなければいかぬ。若し自己の力と云ふものを過信する――信じ過ぎると云ふと其人間は修養されないのである。自ら天才なりと思つて仕舞い、鍛練を加えない、修養をしない。依つて其人間は直ちに萎縮して仕舞ふ。伸びないのであります。昔から申しまする、神童は三十にして凡人に劣る。之は無意味であると私は信じて居る。早く花を開いてしぼむ。其人の才能、能力と云ふものが早く発揮して早くしぼむと云ふ意味ではなく、神童は自ら傑いと思ふて仕舞い、人からも傑いと云はれる。茲《ここ》に於て人間の悲しさは自分の力を過信する、信じ過ぎる。信じ過ぎる結果、修養をしませんからして伸びないのであります。即ち三十にして凡人に劣る所以でありま す。其反対に自分の力を信じなさ過ぎる人がある。例へば十丈の力を持つて居ると客観的に見られる者が自分に五しかない、三しかないと云ふは其人を自暴自棄に陥らしめ、人と競争しても俺は駄目だと思つて迚《とて》も叶はん、俺は常人以下である、普通人に叶はんと思ひ、俺は鍛練しても修養しても駄目と云ひ、そう決めて仕舞ひ鍛練しない、修養もしないから其人は埋木となつて朽ちて仕舞ふ。それ故に更に申します、重ねて申しますが、人間は自分の力の通り自分を信ぜよ、夫れを過信する事は不可ん、夫れを信じなさ過ぎる事も不可ん。私の経験する所によれば人間と云ふものは生れ乍《なが》らにして相当の力を持つて居ると思ふ。而し其の力たるや粗製物であり原料品である。即ち山から掘り出した所の鉱石を持つて居る。其の鉱石と云ふ物は之を鍛え、之を磨かなければ用を為さんのであります。若し世の中に神と云ふものがあるなれば、神は人間を産みます為に鉱石と云ふ粗製品を磨いて人間を此世の中に産んだのでありま す。其の神から与へられた所の鉱石と云ふ力の原料品を充分に鍛ひ、充分に磨き其力を神さまが試して居ると見ても差支はない。之を鍛練し之を琢磨しますれば軈《やが》て其鉱石は正宗の名剣ともなり、村正の秘刀ともなるのであります。それを磨かずんば其儘朽ち果てる、ナマクラになつて朽ち果てるのであります。若し自分の持つて居る所の力、其原料と云ふ物に向つて充分なる鍛練と修養と琢磨とを加えて行ならば、其社会並に国家に尽し得可き所の効用と云ふものは蓋し図り知る可らざる物があらうと思ひます。素より此宏大無辺なる所の宇宙間に於る区々たる人間の力でありますが、自然の此範囲から申しますれば人間の力は云ふに足らぬかも知れん。夫でも其人の為す所の働きと云ふものは相当なる大きな、広い、深い働きが出来るのであります。此点はお互此の人間の体力から云ひましても、智力から云ひましても、人格の力から云ひましても同じ事であります。諸君が日々にお遣りになる柔道撃剣を稽古される。一生懸命になつて遣る。三年五年たてば一通り剣が使へる、柔道を覚える。夫れが七年十年と云ふて遣るならば其の人に依つては名人ともなり得るのでありませう。之は皆見える学問も其通りであります。一生懸命になつて学科を勉強する。三年高等学校を遣り三年大学校を遣るなれば学士となつて世の中に働いて行つて目に見えますが、唯だ此目に見えない所の人格の力、人間の人間たる所以の人格の働きと云ふ、其光りと云ふものは学問や撃剣や柔道の如く外形には其進歩が判りませんが、然し乍ら其切磋琢磨に依つて人格の光が増し、人間の徳望が殖えると云ふ点に至つては柔道撃剣語学歴史数学と少しも変つた所はない。諸君は日々教場で学科を勉強する、至極宜敷いと思ふ。また教場を出て撃剣柔道を御勉強になる、至極宜敷いと思ふ。夫れ丈けでは不可《いけ》ません。夫れと同時に自ら退いて深く自らを省み自分の徳性を涵養し、人格と云ふものを自分で磨き上げると云ふ事でなければ社会に立つて働く時に其根拠がありません。

第一に諸君に向つて希望する処は自ら其の品性を陶冶し、人格を作り挙げると云ふ事に向つて昼夜御注意あらん事を希望せざるを得ないのであります。其の次に申して見たい事は近来良く世間で申しまするが——高知地方に於てはそう云ふ事は未だないかも知れませんけれども、気付いた儘を云ひまするると、新しき所の思想問題であります。或は社会主義思想と云ひ、或は共産主義思想と云ひ、其の他種々の分類名称があるのでありませう。素より此の新思想と云ふものは歴史上から云ひますればさう新しいものでもありますまいが、実際に於て世界中に普及され、宣伝されて居る事は——その点から申しますれば新らしいのであります。其れ故に之を新思想と申しておるが、新らしいだけありまして此の新思想の研究調査は相当なる面白味があるでありませう。興味を以て之を研究する事が出来る事柄でありませう。純然たる学理問題とし、純然たる思想問題として之を研究すると云ふ事は決して趣味のない問題ではありますまい。又利益のない問題でもありますまい。然しながら帝国々民とし、日本帝国々民と致して自分の人格を磨き日常の行動を律する処の実際問題と致しましては——全く私一個の考では無用の業であると思ひます。さう申しますと云ふと、或は浜口と云ふ男は頭が非常に古いと斯うご批評になるかも知れません。宜敷い、古いと云はれる事を以て私は名誉と心得る。先日城東中学に於きましてもこの話を致した事でありまするが、昨年六月内閣が出来まして私が内閣に這入つて十一月に公式に伊勢の大廟に参拝を致し、続いて京都桃山両御陵に参拝を致した時、自分の体験を致した時の心持は殆ど今日に於ても言葉を以て之を諸君に御披露申上げる事が難しい程、複雑したる所の感情が私の胸中を徘徊致しました。五十年の生活に於て種々の経験を私は経て居ります。種々の目に遭つて居りますが、未だ嘗て大廟参拝、御陵参拝の時に自分が体験をしたが如き、彼《あ》の様に敬虔なる厳粛なる感情と云ふものを自覚した事はないのであります。伊勢大廟に参拝した時には知らず知らず自分の下腹が震へると云ふ事を覚えるのであります。此の白髪の頭が自然に下ると云ふ事を覚へるのであります。胸中何とも名状し難い処の敬虔なる厳粛なる感情が恰も泉の如く湧き出でる。両眼には涙を以て潤ほふたのであります。初めての経験であります。続いて京都の桃山御陵に参拝致した時に於ても、全く伊勢大廟と同様の体験を得たのであります。自ら考へて其の何の故であるかと云ふ事を知らない、何う云ふ理由で此の体験を感ずるかと云ふ事が自分には判らない程であつたのであります。諸君の内には伊勢大廟に参拝された方も無論おありでせう。桃山両御陵に参拝された方も無論お有りでせう。その参拝をせられたる方は恐らく私と同様の感情を以て参拝せられたであらうと思ふ。此の何とも名状の出来ぬ処の云ふべからざる敬虔なる厳粛なる処の高尚なる感情、之が即ち大和民族固有の国民的思想の湧いて居る淵源であると思ふ。伊勢大廟に参拝をしては我国の建国の由来が如何に久しいかと云ふ事を感じ、桃山御陵に参拝を致しましては先帝の御偉業が如何に御立派で有つたかと云ふ事を感得致し、それに依つて我大和民族の愛国忠君の観念と云ふものが自ら涵養されるのであらふと思ひます。或は哲学と云ひ宗教と云ふ。宗教の信者として宗教を研究される事は無論宜しい。哲学を学問と致して研究される事は無論宜敷い結構な事であります。然し乍ら我国の国民思想と致しましては、其の根本は何処までも此の忠君愛国の観念でなければならぬ。外国人の事はいざ知らず、英国人の国民思想が何うであらうと、亜米利加《アメリカ》の国民思想が何うであらうと吾輩の関する所でない。苟くも我大日本帝国の国民思想と致しましては、此の伊勢大廟、桃山御陵に参拝を致したる時に起る敬虔なる厳粛なる一種云ふべからざる所の感情に基く所の忠君愛国の観念こそ即ち実際問題として——国民の日々の行動を律する所の実際問題として道徳的国民思想でなければならぬと思ひます。即ち我国民の行動を律すべき所の国民思想としては此の忠君愛国の観念が一切の宗教を超越し、一切の哲学を超越して居る。外国から何物をも拝借して来る必要はない。然し乍ら前にも申しました通り学問として此の思想問題を研究する、共産主義を研究する、社会主義を研究する。之は少しも差支ある事ではありませんが、夫れには失礼乍ら諸君の如き年齢の方にはまだまだ早いと思ふ。失礼な事を申しまする様でありますけれ共、最もお若い方で十七八、歳をとられたお方で二十二三歳でありませう。平均満二十年とお見受けする。その日常の学科を拝見すると云ふと失礼乍ら未だ基礎的の学問が出来て居らん。基礎的学問をすべき所の準備的学問をなさつて居る最中と思ひます。基礎的学問は即ち大学に行つて之を修むべきである。其の大学に這入るべき準備をされて居る。其の基礎的学問を終つて大体からして学問の根本観念と云ふものが頭の中に一通り出来た上でないと云ふと新思想の研究は甚だ危ないと思ふ。夫れ故に諸君が其好む所に従つて思想の研究を為さる事は勿論宜敷いと思ふ。其時機は須《すべか》らく大学に這入られ基礎的学問を修められて然る上御研究になる事が最も安全にして且つ賢明なる順序であると私は考へる。そして世の中に享楽主義と云ふものが有るそうであります。享楽主義と云ふものを具体的に説明すれば何う云ふものであるか私には判りません。唯確《し》かと御記憶願いたい事は城東中学に於ても一般に申し上げた積りでありまするが、之からお若い学生諸君が順序を追ふて学校の門を出られ、此の活社会に立つて活動される其好む所に従ひ其の天分に従つて活動される。此の間の活動すべき所の世界は恰も山又山であります。非常なる所の艱難辛苦を嘗めなければならん。学校に居る時は試験が苦しいと思ふが、世の中の試験は学校の試験の比ではない。日々、夜々、刻々極めて冷酷なる厳正なる試験を吾々は受けているのであります。一つの事業を為し其仕事をするは決して簡単なものではない。今年一つの低い山を越える、此山をさえ越えれば向ふは平坦であると思つたなら非常な間違ひである。今年越えた山が一里あつたならば、明年越える山は二里、来々年越える山は五里、其次ぎは十里であります。其の山を降りつけば次ぎの山に上るべき所の道がある。其間に於て平地と見做すべき所は一寸もない。全部が山又山、山岳重畳であります。之が即ち人間社会の実情であります。此山岳重畳の人間社会の実情に処して何処に享楽主義に浸るべき余地がありますか。人生を楽む心、慰安を求むると云ふが如き事を考へて居つたならば大変な間違があります。若し強いて人生に快楽がありとするならば、此の険峻なる山を越える事、夫れ自身が楽しみであり、滔々たる濁流を泳ぎ渡る、抜き手を切つて泳ぎ渡る、其の艱難辛苦を突破すると云ふ事其れ自体が享楽である。夫れ以外に於て何ら享楽はない。そう考えてからでなければ大変な間違があるのであります。世の中には巨万の富を貯えた人や、位人臣を極めた人もあるのでありませう。其人の間には一寸一分の隙間と云ふものを見る事が出来ない。常に此の国家の為め、社会の為め、人類の為め、郷土の為め、自分の国家の為め、如何にすれば宜敷いかと云ふ事を考究いたし計画いたし実行致して居ります。其頭は電光の如く働いている。其の間に於て悠《ゆ》つくり構えて享楽をすると云ふが如き余地は少しもありません。若し強いて其の余地を作つて享楽をして居つたなれば其の人は其即時から直ちに落伍者であります。私は常に申します、人間が世の中に処して進む所の情況と云ふものは恰もステーションの改札口と同様であります。東京、大阪辺りの大きなステーションの中の改札口は行列を作つて順々に切符を切る。夫は却々《さてさて》手間がと［ら］れます。面倒であると云つて横合から切符を切りに行こふとして一度行列を離れて仕舞ふと最早這入れない。即ち落伍者となる。急いでは不可ない。辛棒が第一である。然も享楽する余地は決してない。夫れは諸君が目して成功者であると云はるる人々、或は財産の上からも或は社会上の地位の上からも成功者であると謂はるる人々ですら享楽して居る暇はないのであります。況んや其成功者に未だ非らざる所の学生諸君や、成功者たるべき準備を遣つて居る所の学生諸君が何処に享楽をする時間の余裕がありますか、精神の余裕がありますか。其享楽したいと云ふ考へ、邪念が一寸たりとも脳中に閃いていた時、夫れは即ち堕落であります。人間の一生は常に緊張していなければならん。其体は鋼鉄の如く堅まつていなければならん。眼は常に光り、頭は常に働き、而して孜《し》々営々として自分の目的に向つて邁進せん事を期しなければならん。少しだも其間に緩みが見えては相成りません。人間は自分の人格力の自覚をすると同時に自分の欠点を知る事が必要である。自分の弱点を自覚すると云ふ事が必要である。其弱点を自覚して而して其の弱点を自ら矯《た》める。其弱点を自覚することが出来なかつたなれば即ち其弱点に因つて倒される。弱点に因つて死ぬるのであります。精神的に死ぬのであります。自分の長所を知ると同時に、長所以上に短所を知ると云ふ事が必要である。其の短所を知る上に於ては立派な友人が必要である、僚友が必要である、益友が必要である。夫れ故に自分の弱点を知り、其弱点を矯めそうして完全無欠なる所の人格の力を作り上げんとする上に於ては友人を選ぶと云ふ事が何より必要であります。殊に其友人は出来得る限り自分の先輩と云ふ事が有益であります。此高知に於きましては高等学校以上の学校が惜しいかな無いのであります。高知の高等学校と云へば高知県に於ける所の最高学級であり、其最高学級に学ばるる諸君が動々《やゝ》もすれば自分が一番傑いと云ふ間違つた考を起されるかも知れない。途方もない事である。幸に致しまして此の高等学校の他に大学が出来ますれば即ち大学生たる所の先輩を友人として切磋琢磨を致し、自分の弱点を矯正する事が出来ます。先輩を抱擁さる所の大学を此の高知県が持つていないと云ふ事は諸君の不幸であり、県民の不幸であります。然し乍ら之は如何ともする事が出来ない。依つて其弱点は自ら之を知るより他はない。自ら知つて自ら之を矯める、其間に何処に享楽の余地がありますか。快楽を貪ぼり新思想の研究を今から始めると云ふが如き余裕はない筈であります。私は最早多くを申上げる必要はない。自分の申そうと思つていた点は露骨に全部述べ終つたのでありま す。此高等学校は経常費がどれ位かかつて居るか、土地建物に費した所の臨時の費用がどれ位いかかつて居るか、私は暗記致して居りません。暗記致しては居りませんが、之は国家が国家有用の人材を養成せんが為に今日の苦しい所の財政の中より財源を割いてそうして起された所の学校であります。天から降つた学校でもない、地から湧いた学校でもない。尠からざる所の金を投じて国家が造つた所の学校である。其の学校を造つた所以のものは即ち国家有用の人材を養成せんが為である。而して高知県の此の高等学校の学生諸君に希望する所は、県下最高学校であるが故に此高等学校学生諸君の日常なさるる事柄は県下一市七郡の中学校小学校、総べての学校の学生生徒の精神に直ちに反映を及ぼす。即ち県下教育界の師表となるべき者は諸君である。此国家に対する――国家が此学校を造つた所の趣意に報いんが為め、今一つには県下中学生徒の模範たらんが為に、更に進んで諸君自身の幸福利益を図らんが為め、総ての点に向つて充分に御自覚御注意になつて学問を勉強さるるのみならず、武芸を研究されるのみならず、人格の修養に向つて不断の努力と不撓不屈の精神を以て御勉強なさ［れ］ん事を希望致しまして之で御別れを致します。

（『浜口雄幸氏名演説集』）

三六　財政整理の根本義

［一九二五年（大正一四年）九月二〇日、高知市での講演］

親愛なる吾が郷里の諸君。私は昨年の総選挙の際に二回帰県致しまして、二回共此劇場に於て演説致しました。その演説の中で最も力を入れて申上げました事柄は即ち政治の公明と云ふことであつたのでありましたが、一国の政治は何よりも最も公明正大でなければならぬ。殊に政機の動くに当つて、政府の移動するに当つて、その政府の移動の仕方政治の動き方なるものが一定の軌道に従つて公明正大に動くといふ習慣がつかない限りは到底国民の思想を善導することは出来ない。然るに御承知の通り既往十数年来政治の運用の仕方は遺憾乍ら不公明不正大を極めたのであります。斯の如き政治のやりかた、若《もし》くは政治の運用といふものが久きに亘つて変らぬときは国民は最早や政治といふものを嫌うことになり、国民は政治と没交渉になります。若し不幸に致しまして国民の心が国民の頭が政治から離れるといふ事がありましたときは、国家の将来は寒心に堪へないことと思ひます。斯の如き情勢が継続すること数十年、然るに昨年六月の一回［第一次］の加藤内閣が出来ました時に於て、私は諸君と共に始めて我国の政治の運用が公明正大になつたといふことを目撃したのであります。次いで本年八月の二日に第二次加藤内閣が生れた時に於て亦再び我国の政治の運用が公明なる道を辿るに至つたといふ事を目撃致しまして、吾が憲政の発達の為め如何にも喜びに堪へぬと考へます。此場合に於て昨年の六月の第一回加藤内閣成立に就きまして特に一言を費さなければならぬことがあります。

御承知の通り昨年六月内閣組織の大命が憲政会総裁加藤子爵に降つた順序といふものは三派聯立といふ趣旨ではな

かつたのであります。即ち清浦内閣を倒しましたる所の在野党の中最も多数の議員を抱擁している所の第一党たる憲政会の首領に対して大命が降つたのであります。その時に於て憲政会の総裁加藤子爵が国民の輿望を考慮致し、天下の大勢を充分斟酌致しまして、雅量を以て政友会の高橋君、革新倶楽部の犬養君の両君に向つて入閣を勧告されたことは御承知の通りであります。之はその当時に於ける加藤総裁の雅量にあるものと云はなければならぬと同時に、その雅量に酬ひんが為に政友会の高橋総裁、革新倶楽部の犬養君の両君が一身の名誉利害といふものを犠牲に供し、大義名分の為に虚心坦懐を以て第一次加藤内閣に入閣致したといふことに対してはその坦懐に対して吾々は多大の敬意を表したのであります。斯くの如くにして生れたる所の所謂護憲内閣と云ふのが、衆議院に於ける圧倒的多数を持つている所謂その内閣の力に依つて、数年来帝国議会の懸案であつて未だ曾て何人も一指を染めることの出来なかつた所の事項に向つて鉄腕を降し、即ち協調内閣の力に依つて数年来の懸案たる普通選挙は解決され、綱紀粛正は着々として行はれ、貴族院の改革はその実現を見、最後に行政財政の整理緊縮といふ政策が行はれたのであります。此四大懸案が解決されましたことは即ち三派協調内閣の偉大なるその力量の結果であつたのであります。此四問題はかくの如く解決致しましたけれども、天下のことは為すべき事項は却々《さてさて》多い。独り普通選挙のみでない。行政財政の整理緊縮のみでない。また綱紀粛正のみでもなく、貴族院改革のみでもない。或は社会政策問題といひ、人口問題といひ、食糧問題といひ、外交問題といひ、国家のため為すべくして未だ為し遂げていない所の重要なる問題は沢山滞つているのであります。それ故吾々は此前第五十議会の閉会を見ましたけれども、猶《なお》此協調内閣が将来に向て継続致し、其内閣の力に依つて未解決の懸案を悉く解決されんことを期待して居つたのであります。即ち三派の協調は少くとも今後数年の間継続を致し之に依つて大ひに国家民人の利益幸福を図るに至らんことを神かけて祈つて居たのでありますが、不幸に致しまして其事を実現されませず、御承知の通り七月下旬に至つて税制整理の問題の為に此協調は破裂致しました。即ち第一次加藤内閣は総辞職の已むを得ざるに至つたのであります。

第一次加藤内閣は総辞職致しましたけれども、その翌日即ち八月一日に至つて大命は再び加藤子爵に降りまして翌二日に至つて今日の如き憲政会の単独内閣が成立を見るに至つたのであります。税制整理の問題が動機となりそれに依つて協調が破裂を致したことは或は表面の事実であるかも知れぬ。税制の問題を口実に致しその真意は他にあつたに拘らず、それは口外をせずして税制の問題に口を藉《か》りて之に依つて協調を破壊したといふことは或は事実かも知れません。けれども私は此際に於て左様な邪推を致したくはないのであります。即ち政治は何処迄も公明正大でなければならぬといふことを私自ら確信して居りますが故に、他人のことも亦同様に公明正大であると信じます。此協調破裂の原因は即ち何処迄も税制整理の問題に就て憲政会閣僚の見る所、政友会閣僚の見る所とその意見を異にし、之が原因となつて協調が破裂を致したものであると左様に表面からも裏面からも信じなければならぬと思ひます。果してそれが真相であると致しますと、此協調内閣の辞職――憲政会と政友会との提携の破れました原因を作つたものは即ち税制整理の問題であると信じまする以上は、その税制整理案を立案致しました、当面の責任者たる私と致しましては此の税制整理問題に就て其大綱を申し上げて諸君に御報告致しまする義務があると思ひます。

あの当時の税制整理の問題は御承知の通り国税整理の問題であつたのであります。地方税制整理は後から出来た問題であります。当時の問題は国税の整理に関する所の大体の方針、竝びにその要項に就て閣議の統一を見るに至らなかつたのであります。此税制整理のことは御承知の通り数年来の懸案でありました。歴代の政党、歴代の内閣何れも税制整理の必要なることを力説致しました。或はその調査に着手した内閣もあります。或は一部の実行を致した内閣もあります。原総裁御存命中に於て政友会内閣に於ては臨時財政経済調査会の如き大規模の官民合同の調査会を設けるに至り此調査会が税制整理案を調査したのであります。その調査の事業は満二ヶ年半に亘つて遂に何等決する所がなかつたのであります。続いて加藤（友［三郎］）内閣に於て御承知の通り大正十二年度の予算を論ずる時に於て一部税制整理案が提案された。即ち営業税整理の問題であります。或は石油消費税廃止の問題であります。極めて一小部分、一局部の整理案を立案されて議会の協賛を得たことは諸君も御承知の所であります。一部分の整理は出来ましたけれども国民の全般に亘る所の整理、即ち国民の生活に直接痛切の関係ありまする所の国税全体に亘る整理計画といふものは未だ致した事はなかつたのであります。

私共は此三派協調の偉大なる内閣の力量に依つてこの全般に亘る所の行政財政の整理を解決致したいといふ計画を為し、御承知の通り第五十議会に於ても総理大臣はこの事を声明されて第五十一議会に於て整理案を提出するといふことを約束したのであります。私もその当時大蔵大臣として貴衆両院に於てそのことを声明致し、その大蔵大臣、総理大臣の声明に基いて議会が終了するや否や、直に大蔵省部内に於て税制整理調査会といふものを起しました。之は私の勝手にやつたのではありません。閣議の決定に依つて税制整理のことは大蔵大臣に一任する、その一任するがためには大蔵省内に於て税制整理の調査会を設け、その調査の結果に於て大蔵大臣は整理案を作つて之を閣議で決定すべしと斯ふいふ閣議の決定に依つて為したことであります。爾来三箇月の間大蔵省の税制整理調査会に於ては昼夜兼行の勉強を致しまして国税整理の根本方針並びにその方針に基く所の国税整理要項といふものを立案致しまして、之を閣議に諮《はか》つたのであります。尤も此内閣が普通の内閣の如き或は一政党の単独内閣でありまするか、或は超然内閣でありましたならば大蔵省に於て出来ました所の整理案を直に次ぎの閣議に提案致して決するといふ順序をとつてもよかつたのであります。けれども此内閣の性質は御承知の通り三派協調の内閣である。その立案の衝に当つた者は大蔵大臣の資格であつたには相違ありません。けれども私個人と致しましては憲政会の一大臣であります。従つて資本利子税の如きものを作つて整理案を正式に閣議に提案する前に、予め政友会出身の閣僚に非公式に諒解を得て置く事が之が政治の徳義であると考へたのであります。それ故に七月二十九日の閣議に提案することは始めから極《き》めてありましたけれどもその閣議に先立つこと一週間、即ち七月二十二日に私は憲政会出身閣僚と政友会出身閣僚とを自分の官邸に招待致してその招待の席上に於て税制整理案を説明致し諒解を求めたのであります。

之は明瞭に申し伝へて置きましたが政友会の出身閣僚に向つて二十二日話したことが始めてであると同時に、吾党即ち憲政会出身の閣僚に向つても二十二日同時に話したことが之が一番始めであります。即ち自分の眼中に於ては政友会の出身閣僚、憲政会出身の閣僚も即ち同一で、少しの差別待遇をしなかつた事は諸君に向つて明言することが出来るのであります。即ち七月二十二日第一回の内示会に於て整理案の説明を致し諒解を求め、続いて翌日二十三日に至り更に第二回の同種類の会合を致しその案の諒解を求めたのであります。無論両日の閣議に於きまして両党の出身閣僚から種々質問を受けました。その質問に対しては相当の説明を致し、多少意見に類した質問もありましたが、それに対しては出来得る限り弁明致して置いたのであります。爾来一週間を待ちましたけれども憲政会側よりも政友会側よりも私の示しました整理案に対しては何等の反対意見を申し込んで来た者はなかつたのであります。対案を示した者は一人もなかつたのであります。政友会の方からは此種類の会合は最早や充分である、大蔵大臣の方から進んで説明があるといふならば承るが、自分の方からあの会合を必要としない、即ち何時でも閣議に掛けられてよろしいといふのであつた。即ち二十九日の臨時閣議の席上に於て整理案を上程しその協賛を求めたのであります。然るに一日では解決せず、閣議は二十九日、三十日、三十一日のこの三日間に亘つたのであります。閣議の内容については如何なる場合に於ても之を外部に示さぬといふ事が政治上の慣例になつて居ります。けれどもこの事柄は協調の破裂致しましたる所の原因になつていると同時に、既に或る程度迄世間に宣伝されている問題であるが故に私は茲《ここ》に其概略を話すことは差支ないと考へます。その閣議の情況をお話しする前に於て、整理案の内容に就いて極めて簡単にその骨子だけを申し上げて置きたいと考へます。之が即ち現内閣の重要政策であると同時に、来るべき第五十一議会に於て議会を賑やかす所の重大案件なるが故に、この税制整理案の内容に就ては極めて概要だけを申し上げて置きたいと思ひます。

　この税制整理の方針は第一には税制の整理を行ふが為めに帝国の歳入に於て著しく増減なからしめる事、これが条件であります。本来の希望を以てせば減税的の国税整理をやりたいは山々であります。けれども御承知の通り財政の現状は減税的の税制整理を今日に於て許さない情況であります。それ故に已むことを得ない税制整理に依つてあるものは之を廃止致すけれども、或るものは之を軽減するけれども、その代りに他の方面に於て新に税を起し、或は或る種類の税を創設致しまして、それに依つて歳入を増収して減少させないといふ事が必要であります。即ち税制整理は歳入に著しく増減なからしめるといふ事が之が先決問題となつているので、其先決問題は既に協調破裂前に於て閣議の決定を経ている事柄であります。第二の方針と致しましては我国の租税は必要に応じて随時之を起したものであるが故に、租税の制度本体としては如何にも公平を得て居ない、即ち国民の負担が甚だ不均衡である故に、此租税負担の公正を図るといふ事であります。第三の方針は如何に理論上は立派であつても、実行が出来ないものは実際の政治ではない。理論上より申しますと国税を改正したいといふ希望がありましても、之が実際上に於て実行できないといふなら遺憾乍ら捨てるより他ありません、それ故実行の出来るものが必要であります。之が第三の方針であります。第四の方針は現今我国の財政殊に経済上に於て大いに考慮すべき必要がある。租税の制度といふ点より云へば斯ういふ点は斯様に改めたい、悪税は止めて仕舞ひたひと、斯ういふ意嚮《いこう》がありましても今日の経済上の情況より考へると却々《さてさて》理想通りには参りません。それ故に税制整理に依つて今日の経済界に向つて影響を及ぼすが如き税制整理は飽迄も避けなければならぬといふが第四の方針であります。この四つの方針であります。

この四つの方針に基いて税制整理案を作りましたが、扨《さ》て出来上つた整理案に対して単純なる義務的のものであるかと勘定的のものであるかの様に云ふ者もあるが、私の考へでは税制整理案に依つて一つの大なる特徴を与へたものである。その特徴とは何であるかといふに、即ち社会政策の実行であります。如何なる点が社会政策の実行であるかと申ますと、第一には今日の地租であります。今日の地租には免税点といふものはありません。況や一掬《いっきく》の土地を持つている者がありましてその土地が如何に小くても、尻尾位の土地に働いている者でも水床の地租でも国家に対しては地租を払はなければならぬこととなつて居ります。此事柄といふものが今日の時勢の要求する処の所謂小農の保護、自作農の奨励といふ重要政策と相容れざる所の制度であります。自作農を奨励致し小農を保護致しましてそれに依つて農村の振興を図るに至りまするならば小さい所の土地に向つて地租を免ずるといふ制度が必要であります。その必要を認めたるが故に大体公定地価二百円未満のものに対しては地租を課さないといふ方針をとつたといふのでありま す。地価二百円未満の土地に対しては地租をとらない。然らばその地租税がどれだけの減収になるかと申しますと凡そ一千五百万円の減収になります。然らば全国に於て二百円未満のものに対して地租を免除される。此度の税制整理の結果と致しまして地租の免除される地主の数がどれ位あるかといふと六百二十万人位あります。御承知の通り全国の土地所有者の総数は一千万人で、一千百万人の中六百二十万人が田畑地価二百円未満のものであつて、之が即ち地租を免除されるといふ結果になつたのであります。之は私が先刻申しました処の税制整理案に依つて社会政策的性質を与へたといふ第一の証拠であります。第二は所得税免税点を引上げた点であります。御承知の通り今日第三種の所得税は八百円以上であります。八百円に満たない所得を持つている者は所得税を免除されましたが、八百円以上の所得を持つている者に対して所得税を課するのであります。之は大分前に出来ましたる所の制度でありまして国民の生活の程度も段々と変化を致し、物価の騰貴といふことを考へますると、八百円以上の所得に依つて所得税を課するといふ事は社会政策的見地から見ますと甚だ過酷に失すると考へるのであります。それ故に此度の整理案に於て八百円以上といふのを一千二百円に改め、一千二百円に達せざる者はこれに依つて所得税を免除するといふ事に決したのであります。其結果所得税の減収一年に四百三十万円、所得税納税者の数八十六万人位が減ります。今日第三種所得税納税者の数は百八十万人で、其中八十六万人が八百円から一千二百円迄の所得に依つているのであります。この所得税を免除される結果と致しまして八十六万人は即ち所得税を納めなくてもよいといふ結果となりました。之が社会政策実行の第二の証拠であります。営業税に就いても、免税点を四百円に改め、家督相続税にあつても免税点を二千円を五千円に引上げ、遺産相続にあつては免税点を五百円とありますのをそれを一千円に引き上げる等、斯くの如くして社会政策を実行したのみならず国税に至つては著しく社会政策を加味したる所の特徴を現している積りである。如何なる点かといふと第一［に］綿織物消費税の全廃である。御承知の通り今日の織物消費税に就てはそれが絹織物であつても麻でありましても毛でありましても織物である以上即ち価格の一割の税を払はなければならぬ、絹でも一割、木綿でも一割、之が即ち綿織物消費税の不公平と云はれた理由であります。此度の整理案に於ては綿織物消費税といふものは之が免除する方針をとりました。その結果として綿織物消費税が二千五百万円の減収となつた訳である。次に醤油税の全廃である。之は生活必需品として必要を認めたからである。それから売薬税の廃止である。売薬を使用する者は家貧にして医者にかかることの困難なる所の階級である。其階級の消費する売薬に対して売薬税をかけているといふのが即ち今日の制度であります。此制度を廃せんが為め即ち貧民階級に対して負担の軽減を図つたのでありますその次ぎには通行税の全廃であります。通行税は御承知の通り多数の国民殊に中流以下の階級の負担に属する所の租税であります。税を取る方の側より申しまするると、通行税の徴取は誠に容易である。極めて取り易い税である。或は納める側から云つても習慣であるから納め易く感ずるかも知れぬ。然し乍ら之はあまり便宜に遍する。取易いから取る、納め易いから取るといふのは政治の公正に反する。苟くもこの通行税といふものが一つの社会政策を加味していない貧民階級に向つて不当なる負担を要求している税であるといふ事を発見した以上、徴収が便利である不便であるといふ事に頓着なく速《すみやか》に之を廃止すべきである。此度の整理案に於ては此通行税の全廃を計画致したのでありますます。何れも社会政策上の見地よりせる改正でありますが、扨《さ》て以上申上げました所の事柄は此度の税制整理案に於て社会政策的色彩を加味したる改正の要点であります。然らば現内閣の税制整理案は唯社会政策のみで産業の振興、事業の発達といふことに少しも意を用ひなかつたかといふ疑ひが起るかも知れぬが、其点に関して私は簡単に説明して置かなければならぬ。斯くの如く現内閣は社会政策に重きを置きましたが、それと同時に産業の振興に向つても事業の発達に向つても同等の考慮を払ひ同様なる所の計画を致したのであります。

それはどういふ点であるかと申しますと、即ち地租から申しますと田畑地租の一分減であります。地価二百円未満の者に対しては、社会政策的見地から免税点を改め二百円以上を持つている所の中地主或は大地主に対しても今日の地価四分五厘を一分減じて三分五厘に改め、之に依つて二百円未満の土地に向つて免除したことと相俟つて農村の振興を図り農民の負担を軽減して、即ち農業全体に向つて負担の軽減を図つたといふ事であります。その次には営業税組織の改正であります。御承知の通り今日迄の営業税は所謂概算標準の課税でありまして、或は売上げ金高に対して税を取る。資本金に対して税を取る。収入額に対して税を取る。報酬金額に税を取る。資本金額さへ同等であるなれば、その純益は如何に多くても如何に少くても営業税としては同額のものを納めなければならぬといふのが今日の営業税であります。売上金高に対しても同様であります。昨日迄繁昌した商店、一年に四百万円の売上げがある商店が今年は売り上げが減つた。昨年は一割の儲けがあつたが、今年三分しか売上高がない。利益の歩合が減つた。然らば営業税の方から申しますと売上高に対して税を設けなければならぬ制度であります。売上げ金高に依つて営業税を徴取する結果と致しまして税務署の役人が屢々商人の店頭に臨検し、或は屢々帳簿を点検することとなつた。狡猾なる商人は二重の帳簿を作り本当の帳簿を見せないといふ狡猾なる手段が起つた。私は斯様に申しまして其営業税の納税者に対し非難するといふ意志で申したのではありません。が之は制度の罪であります。斯様なる制度は国民生活の安定と見るべきか。［むしろ］堕落せしめる結果となりました。それ故今回の税制整理案に於てはその制度を根本的に改めて営業税といふものを営業所得税若しくは営業利息税と改め、売り上金高であると資本金高であるとに頓着なく、営業により得る所の純益に依つて税を課するといふことに改めたのであります。此事柄は即ち商工業者の今日迄鳴らして居つた所の不平を大部分軽減する結果となることと思ふ。即ち取りも直さず此営業税法の組織の改善の如きことは将来に向つて商工業者の煩累を除き即ち商工業者の発展を図らんが為め一大欠く可からざる計画であることを私は確信するに至つたのであります。次ぎに所得税法に於ても同様の事があります。八百円の免税点を一千二百円に改めた事は前申した通りであります。之は社会政策的見地であつたが、今度は社会政策的見地を放《はな》れて産業の発達を図り、殊に社会事業の発達を図り即ち産業の基礎を鞏固ならしめるといふ目的を以て、第一種の所得即ち法人の所得税の取り方に就てその徴税の方法を改めたのであります。或は会社経営に御関係のある方々も多数お居でになつているであらうと想像致しますが、御承知の通り今日の法人に対しては配当所得税、貯金所得税、留保所得税の三種類あります。此中留保所得税といふものは御承知の通り其法人が利益の一部を配当せず之を会社内に積立て置く、即ち積立金を為して置くといふ、之は会社の基礎を鞏固ならしめる所以でありますが、会社の基礎を鞏固にせんが為に積立金を多くすればする程税を多く課する、税をよけい取られるといふ今日の制度であります。即ち斯うした三段に分れて居ります。不動資金［の］百分の五、百分の十、百分の二十で、或る程度迄百分の五、其程度を超へれば百分の十、その程度を超へれば百分の二十、即ち五分より二割迄累進税を課せられて居りますのが今日の課税の方法であります。此方法を以てしては会社の基礎を鞏固にせんが為め配当を多くし積立金を多くすることが出来ない、会社の基礎を鞏固にし産業の発達を期することが出来ない、事業の振興を期することが出来ないといふ非難をみましたが、結局此点に改良を加え法人所得に留保所得税を課している累進税を止めて一律に最低限度百分の五を課税するといふ事に致したのであります。之れが此度の整理案であります。之は即ち社会政策以外に於て産業の発展を図り事業の振興を期する目的を以て行ひたる整理案であります。然るに進で間接国税に就て如何と云ふに、亦自ら事業の基礎を鞏固にし産業の振興を図る目的を達するに足るべき改正が行はれているのであります。即ち始めに申しました所の或は石油消費税の全廃、或は売薬税の全廃、或は綿織物消費税の全廃、それに依つて国民の負担を多数軽減する結果となるのであります。此四大税を止めました結果として今日迄課税を受けて居つた醤油は下る、売薬は下るといふことになります。下つた品物は消費が殖へるといふことは、即ちその産業を奨励する結果となる。綿織物、醤油売薬製造業を奨励するといふ結果になるから従つて工業も振興することとなる。即ち自らのやつている事業を此程整理の結果が奨励する。振興せられたと同一の結果に至るのであります。斯様に致しまして現内閣の致したる所の此税制整理といふものは一面社会政策の実行に重きを置き、それと同時に他の一面に於ては所謂事業全体、産業全体の発達振興に向つて相当意を用ひている意《つも》りであります。

そこで更に進んで申しますると、斯くの如き方法に依つて国税の収入額は凡そ八九千万円の減少を見るのでありま す。若し今日我国の財政状態が特に八千万円租税の減収を甘んずる事が出来る、耐へ得ることが出来る状態であるならば結構であるが、如何せん、今日の状態では斯くの如き莫大の減収を見る訳には行かぬ。茲《ここ》に於て増税は好まぬ、新税は好まぬけれども、已む事を得ずして既に歳入の欠陥を補塡するが為に或種類の税を新に起し、或種の税に対して茲に増税するといふのは誠に已むを得ない事であります。然らば如何なる税を起したかといふと、第一直接国税に就ては資本利子に於て新に百分の二の軽い税を起したのであります。資本利子税は今日迄なかつたのであります。斯の如く考へて見ますと茲《ここ》に国民全体の所得に向つて課税する所の一般所得税といふものがあります。それ以外に於て土地に卸したる資本に対して地租といふものがある。営業に卸したる税に営業税といふものがある。土地でない、営業でない、然らば公債、社債、銀行証券、有価証券に卸したる税に対して所得税に於て何等課税を受けていないのである、これは我国の租税制度の欠陥であります。此点を補はんが為新に資本利子税を起し負担の均衡を図るのであります。然し乍らこの税率は始めての試みであります。故に特に考慮を払つて利益の百分の二といふ軽い税に致したのであります。新設の第二は即ち清涼飲料水であって、一石十円の軽い税に依つて五百万円の収入を図り、資本利子税と清涼飲料税との僅か二種類に止まつている。然らば之迄あつた所の税を引上げるのは何であるかといふと、それは第一相続税である。相続税は第一の方は先刻申上げましたる通り社会政策的見地から免税点を引上げましたけれども、この方は大きな財産に相当の税率を引上げました。それに依つて多少の増収を図つたのであります。第二の増税は即ち酒の税である。これは一石三十三円のものを四十円に、麦酒は一石十八円を二十円といふ風に一石につき七円［と二円］の増収を図つた。之を減税と増税を差引勘定に致しますと丁度歳入に於て著しく増減なくして済むといふ計算になつているのであります。これが即ちあの時の税制整理案の大体の説明であります。

扨《さて》この整理案を閣議に提案を致しました時に、政友会出身の閣僚諸君は如何なる態度をお執りになつたか。私は之を閣議に出す時に窃《ひそか》に考へた。税制整理の問題は極めて重大問題である。直接国民の負担に関する極めて重大なる問題である。即ち国民生活にあつて直接至大なる関係を持つ所の問題である。之迄各政党が多年の間に調査研究を重ね来つた所の問題である。苟くも斯くの如き問題である以上、政友会といふ政党を代表したる所の政友会出身閣僚諸君も必ずや私が提案致した此税制整理に対して絶対無条件に賛成になるならば此上の事はありませんが、若し反対されるといふならば、其反対の理由を明かに税制整理案に同意せずとして之に向つて立派なる対案を出すのが当然の事であると考へたのであります。然るに閣議に於て前後三日に亘りましたけれども私は政友会出身閣僚からこの税制整理案のどの点に於ても一言一句の批評も承ることが出来なかつた。況んや全体に対して対案の如きものを一切見ることの出来なかつたのは深く諸君と共に遺憾とする所であります。然らば如何にしてこの税制整理案が動機になつて協調が破裂致したかといふ、その理由は極めて簡単であります。政友会出身閣僚諸君は税制整理案は此機会に於て閣議の席上で審議す可からずといふ議論であります。法律的の言葉を以てするなれば一場の抗訴抗弁であります。税制整理案を審議すべき時機ではない、それ故に整理案に反対する、強て審議せんとするなれば案全体に向つて反対する。其理由如何と申しますれば斯様であります。第一には税制の整理といふことは一年の歳入に至大なる関係を持つている。従つて一年の歳出が極まる前に歳入だけを引き放《はな》して極《き》めるべきものではない。大正十五年度歳出の極めるのは即ち予算編成の時期であります。予算編成の時期と云へば十一月上旬であります。其編成期に於て大正十五年度にどれだけ歳出が必要であるかと云ふことが極《き》まる迄其税制整理を審議すべからずといふ点である。この税制整理案といふものが或は歳入を増すといふ方針で出来ているか、或は歳入を減少するといふ方針で出来ているか、兎にも角にも歳入に向つて増減を与へるといふ方針で出来ている整理案であつたならば、如何にも政友会出身閣僚のお説の通りである。然し前にもお答へして置きました税制整理案の方針は帝国の歳入に向つて何等の増減を与へてない範囲内で編成するといふことは明かに閣議に於て既に極つている通りであります。即ち此税制整理案を実行致しましても歳入には何等関係のない案である。歳入に何等関係のない案であるならば、之を予算と引き放して審議することは毫も差支ない。其差支ないといふ理由を反覆説明致しましたけれども政友会出身閣僚諸君は之に承服されない。況んや予算編成期迄税制整理案の審議を延すといふ事は事務上国務の進行上絶対に出来ない事柄であります。此税制整理案の大方針が極り大綱が閣議で決つて然る後始めて具体的実行案を作り、この具体的実行案を作るには三ヶ月の日子を要する。何と致しましても此七月の末、遅くとも八月の差し入り迄に決定しなければならぬ。[そうでなければ] 此案を次の議会に提案することが出来ないといふことは何人も承認している所であります。茲に於て政友会出身閣僚諸君は成程予算の編成期迄その審議を延すことが出来ぬかも知れぬが、然らば此予算に関係なしに歳入に関係ある所の歳出の中の重《おも》なる事項、例へば国防の如き、或は電信電話の如き、或は健康法施行の如き、其他健康保険法施行の如き、或は教育費の増額の如き、予算全体の中から特に沢山の金のかかる所の事柄を少数のものを引き抜いて審議致し之を実行するか、せんかといふ事を極めて、之を実行するにはどれだけの金が要るから税制整理は是だけしか出来ない――といふ風にし、予算編成期を繰下げ、さうして税制整理案を審議しやうではないかと提案したのであります。之は何人が考へても明かであるがさういふことは決して出来るものではありません。予算全体の中から重要なるものを先にし、閣議の席上に於て来年度に於て斯ういふことをやる、閣議で斯ういふことを決めて之を実行する、之を実行するが為には数千万円の金が要るといふ風に重《おも》なる仕事を片端から閣議で決めて行くといふことは決してできません。それを決定するには即ち予算全体を決定すると同時でなければならぬ、その一部を引き抜いて予め決めるといふことは出来ない。その議論に対して斯様なる答弁を致した。それは勝手にやるがよからうが、自分は予算全体を極めると一緒に極めるといふならよいが、若し予算を切り放して予め之を極めるといふならば、自分は、大蔵大臣は大蔵大臣として一切の賛否を留保する、賛成も出来ない、反対のしやうもない、予算と引き放して決定するのは予算編成の時である、その予算編成の時は即ち十月の末より十一月の始めである、それ迄税制整理案の審議を待つ訳には何と致しましても参らぬと説明致したのであります。その点が政友会〔出身〕閣僚の反対の点であります。

第二の点は今出ている所の税制整理案といふものは国税整理の問題である。然し乍ら今日の税制に於て整理を要する事柄は独り国税に限らず、税制整理と同様、地方税の方が国税よりも整理を要する所の制度が遙に多い、それ故に国税の整理案と地方税の整理案の二つ一緒に極めると云ふ御議論があります。如何にも御尤もの事である。然し乍ら吾々の考へた所に依ると地租委譲でもやれば兎も角、然らざる限り国税の方を先にしそれが極つて国税整理の方針に順応する如き地方税整理を計画するに非ずんば地方税制整理のしやうがありません。若し地租委譲をやるから一緒にやらうといふ事なれば、国税整理案に於て地租委譲を出すが宜敷い。その地租委譲に依つて得たる財源を以て地方税制整理の財源に当てるといふならばそれは理論に根拠があるが、政友会からは左様なる理論を承はる事が出来なかつた。唯地租税制整理と地方税を引き放して国税整理と同時でなければならぬと主張された。吾々は国税の整理を先にしやうではないか、国税の整理を極《き》めて地方税はどう極めるがよいかと云ふ風に国税が極つた上で比較的簡単なる問題であるから後廻しで宜敷いと極力主張したのである。けれども遺憾乍ら政友会出身閣僚の三君はどうしても同意しなかつた。そこで政友会出身閣僚に向つて質問した。諸君が地方税整理に対して暗に地租移譲を主張されるが、若し其決心があるならば公然この閣議に於て地租移譲論を御主張になり、政治家の責任として地租及び営業税の移譲をやらねばならぬ、地租営業の両税移譲に於て一億七千万円の国庫の減収となる、之は如何なる方法で補充するかといふ事を責任を以て具体的の案をお出しになり、その具体的の案にして完備したものであるならば私は諸君に同意しませう、先づその案を承はりたいといふと、政友会の小川君は地租移譲論を自分達は此席に於て主張は致さない、その地租移譲をやるに就ては之に代る財源に就て色々提案も出ている様であるけれども、今日はその案を提出致しません、と唯形式論、即ち予算編成期に先立つて之をやることはいかぬ、地方税制の審議を後でやることはいかぬといふ二つの形式を以て私の提案いたした国税整理案の審議に頭から反対したのであります。他の閣僚、憲政会出身閣僚は勿論、党外出身閣僚も全部此案に同意されたに拘らず、政友会出身の閣僚が同意しなかつた為め遂に閣議で審議を見ることが出来ません。即ち閣僚の意見が一致を見ない為め国務の進行を見ることが出来ないといふ理由を以て内閣総理大臣は辞表を提出された。吾々も同意し、同時に辞表を提出し、茲に内閣総辞職に決した。即ち七月三十一日であつたのであります。前申しました通り吾々は此協調内閣が尠くとももう三年間持続致し之に依つて税制整理を断行致したい、其他の国務上重大懸案も大体解決致したいといふ事を心窃《ひそか》に楽しんで期待して居つたのであります。然るに只今申上げました理由に依つて遂に協調が破裂した事は国家の為め遺憾千万に存じます。然し之は誠に已むを得ない次第であります。我国は将来に向つて為すべき事業が決して少くないのであります。或ひは財政緊縮の大方針の実行、経済界の整理遂行、又税制整理を離れたる所の社会政策、殊に労働立法の制定の如き、或ひは人口問題の調査、移民問題の調査、食糧問題の解決の如き内閣の実行すべきところの政策は沢山あるのであります。その沢山ある政策を之から先は憲政会単独の力を以て之を遂行するといふ決心をするより他はないのであります。然しながら事柄が頗る重大である。憲政会単独の力を以て遂行するの決心は致しますけれども、此の憲政会の背後には国民の大多数の後援があるといふ確信を以て吾々は憲政会単独の力を以て此遂行の任に当たる事を覚悟した次第であります。

前にお話ししました税制整理の問題に就て落ちました点を一言補つて置きたい所は、私が当局の大臣として税制整理案の原案を作りました時の心持に就て特に申上げて置きたいと思ひます。斯ういふ席上に於て未だ曾て申した事はありません。その機会を得なかつたのであるが、今日は誠に幸ひの機会と考へますから自分が税制整理案を立案したその心持を茲《ここ》で申したいと思ひます。各政党には各々の行き懸りがあります。総ての政策に於て多少行懸りのない政党はない。憲政会にしても政友会にしても［政友］本党にしても、殊に税制整理の問題の如き重大なる問題に就ては憲政会も従前は相当の行き懸りを持て居る。政友会も之迄は相当の行き懸りを持つて居つたのであります。私は憲政会に席を置いている身であります。その行き懸り上より申しますれば、憲政会の行き懸りの方に捉はれるといふ危険が必ずしもないではなかつたのであります。唯自分の確信する所に向つてやる——斯くの如き問題は責任を以て衝に当つて之を国政の上に実行せんとする時に於て従来の主張に忠実なるべきことは当然であります。けれども苟くも政党の既往の行き懸りに捉はれて此国務に重大なる関係ある所の税制整理案を左右するといふことがあつては之は国民に対して相済まぬといふ考へを持つて居つたのであります。従つて此整理案を作成する時に於ては曩《さき》に言つた社会政策の実行に対しても、地租問題に至つても、営業税に至つても、所得税に於ても、或は直接国税の撤廃若しくは免除、軽減或は新税の設定、或は増税に致しましても、従来の行懸りには少しも捉はれず、現在の国状に於てどれだけのことが必要であるか、当局者として我国の実際の民状が如何であるか、実際の国の状態はどうなつているか、経済は将来に如何に成り行くか、国民の思想はどういふ兆候を持つているか、之に処するには今日どういふ事をするのが最も賢明なる方策であるか、最も適当なる方案であるか、最も必要なるやり方であるか、といふ事のみを標準と致して此税制整理案を専念立案したのであります。無論政党の主張も斟酌致しました。然も行懸りといふものには微塵だも捉はれていないといふ確信を持つていることは公然申上げて少しも差支へないと思ひます。

大分時間がかかりました。之から現下の重大な問題であつて然も世間に大分議論の多い所の問題殊に反対党の中には種々の批評を試みている所の問題でありますが、その重大なる問題に就て暫らくの間御静聴を煩はしたいと思ひます。即ち今日の財政経済に関する所の意見の一端を成る可く手短に申上げたいと思ひます。私が財政を担当する重任を拝しましたのは昨年の六月であります。昨年の六月第一次加藤内閣が成立致したその当時に於ける帝国の財政経済状態は果して如何なる状態であつたか、簡単に申しますれば財政は頗る苦境に陥つて居つたのである。通俗的の言葉を以て云へば即ち財政の行き詰まりであつたのであります。如何なる点に於て苦境に立つて居つたか、どういふ点が行詰りといふか。即ち大正十三年度の実行予算、昨年の六月大正十三年度の実行予算を行つて居つた時であるが、其大正十三年度の実行予算は十六億一千五百万円になり、此情状に於て推移せば大正十四年には十六億二千八百万円となるべき筈であつたのであります。何等の新しき事業を経営せずして当然十六億二千八百万円となるべき訳であつたのであります。茲《ここ》に於て仮定致します。さうすると十六億二千八百万円に一億円を加へた十七億二千八百万円、即ち十七億二千八百万円の予算となり驚くべき膨脹を来すべき傾向にある秋《とき》であります。十七億二千八百万円は今日の予算に見ますと驚かない様でありますが、試みに数字で比較致しますと、世界大戦の始まつた前年大正二年の帝国予算は五億九千四百万円であつたのである。十二年前五億九千四百万円、之が十年前後に十七億二千八百万円、日露戦役前の予算は二億九千六百万円である。その十年前の日清戦争即ち二十六年の予算八千万円、今日に於て十五億二千四百万円、数字を御覧になつても驚く他はないのであります。斯の如く十七億二千八百万円に大正十五年度の予算に於てなるといふことが如何なる影響を負うか、国民の懐に及ぼすか、国家の財政の上に及ぼすか、国民経済の上に及ぼすか、それだけのまかないをして行くにはどうしても増税を行ふか或は公債の募集をやるか、然らざれば行政財政整理をやるか、三つから選ぶより他ないのである。増税と一口に云へば容易な問題の如くに聞えますが、今日の財界不況の時期に租税の増収ができますか。私はいかぬと思ひます。却々やつていかぬものを国民が承知しないと思ふ。財界梗塞、営業不安の折柄、此上更に増税を行ふといふ事は断じて出来得可からざる事であります。先づ以て増税は排斥しなければならぬ。公債募集も又いきません。今日の財政に於て帝国の財政が国家の経済を圧迫する結果となり、それに依つて民業を圧迫し、事業の発達を阻害している。その抑《そもそ》も根源は即ち公債募集が続いた為に他ならない。公債総額は大隈内閣に於て二十四五億円であつたが今日は約五十億に達している。夫が今日は短期公債は或は三年、或は五年、永くて七年としてその利率が頗る高い。公債の市価は下落している。此上へ持ていつて十七億二三千万円の予算を補はんが為に更に多く募集すると国民が承知致しません。国民が承知しても国家の経済が、国家の信用が許しません。第二の公債募集を排斥する。増税募債を排斥する。然らば吾々の手段たるや第三の行政財政の整理緊縮しか残つていない。之は極めて簡単なお話であります。此状態が昨年六月に於て吾々が内閣を引受けました時の帝国財政の現象であります。例へば言葉を以て申しまするなれば、内閣組織当時に於ける帝国の財政は所謂断崖絶壁の上に立つて居つた。之を救済するのは即ち第一次加藤内閣の重大なる責任の一つであつたのであります。財政は斯くの通り。然らば当時の経済情況はどうなつて居つたか。その当時の産業、経済の状態は貿易は逆調、産業は極めて不振、物価は下りません。為替は低落致し経済界の整理は極めて遅い。却々進まない。折角整理が出来て行くといふと、中間景気と云ふものが現れ、折角出来て居つた、財界の整理の進行を逆転せしめる。斯ういふ状態が百年続いても、整理の跡は見えない。一歩進んで一歩退き、三歩進んで五歩下る。さういふことを繰り返ている間に、経済は衰へ、民力は枯渇する。殊に大正九年の経済界の反動以来、その創痍が未だ癒えざるに当つて、御承知の通り大正十二年の大震火災に見舞はれ、その上に前段申しました所の、財政不振から来る経済の圧迫、更に夫に加ふるに歴代内閣の経済財政に対する大方針が定まらざる際、その方針は薩張《さつぱ》り極《きま》らない。或はその方針が進むかと思へば退き、政府も官民も共に此経済界に対する方針といふものが定つていないといふのが即ち昨年六月における吾々が内閣を引き受けた当時の帝国の経済界の状態の概略である。

斯いふ状態でありましたが故に、第一次加藤内閣に於ても何と致しても此財政経済に向つて重大なる所の改革を加へなければならぬ、即ち整理緊縮を行はずんば財政も経済も共に立ち行かぬといふ状態の時に、加藤首相は大命を拝受し、内閣を組織したのであります。爾来着々先づ財政の整理緊縮に向つて斧鉞《ふえつ》を加へ、然る後経済の整理に向つて歩を進めたのであります。財政の整理は如何なることを致したか。之は諸君が新聞でも既に詳しく御承知の通りであらうと思ふから極く大綱だけしか申上げませんが——もう大正十三年度実行予算、昨年度の実行予算は成立致し実行中年度半にして吾々が引き受けたのである。然るに時期が遅いからと云つて見ている訳には行かぬから、その当時に於て出来得るだけ整理緊縮を行ふ責任があり義務があつたのであります。即ちその義務の観念より新に大正十四年度実行予算に対して四千七百万円の整理を行ひ一般会計に於て約三千万円、特別会計に於て一千七百万円、合計四千七百万円の整理を加へたのであります。続いて大正十四年度予算編成をするに先き立つて財政に向つて出来るだけの整理緊縮を加へた。此整理緊縮政策が過ぎて世間では兎角の風評があつた。夫は勝手次第、不充分不徹底と云ふ。不徹底か、不充分か、吾々は唯時の状態に応じて最善の努力を致したといふより外満足し様がない。省みて疚《やま》しからず、俯仰天地に恥ぬ意《つも》りであります。出来得るだけの事をやつたのであります。即ち大正十四年度予算に於ける所の財政の整理緊縮は第一に予算の総額を減少致し、専門的の言葉を以て云ひますれば財政の全面に向つて緊縮を加へ、一般会計に於ては一億五千二百万円に達した。特別会計に於ては一億四百万円、此両会計通計二億五千六百万円の整理緊縮を加へたのであります。さうして大正十四年度の予算は一般会計に於て十五億二千四百万円、之が前の議会に提案致した総予算の全額である。その後追加予算といふものが提案されまして大正十四年度の一切の予算は十五億四千九百万円となつて居ります。之が今日の予算の総額である。十五億四千九百万円、其十五億四千九百万円の中に震災関係の分即ち帝都復興に関係ある経費二億数千万円が包含されているから、その震災関係の分を差引くと、大正十四年度の予算の地震に関係のない本来の予算の総額は約十三億と御承知になつて居られてよいのであります。十三億円でありります。政友会内閣の全盛の時大正十年度の予算を御記憶になつて居りませう。地震の前であります。その大正十年度の総予算は追加予算を加へて十五億九千万円、之が帝国の予算の最高記録である。その十五億九千万円に対して大正十四年度の地震関係以外の予算が約十三億円でありますから、政友会内閣当時の予算よりは二億九千万円の減少となつて居ります。第二の特徴は歳入歳出の均衡を図つたといふ点であります。之迄の財政に於ては歳入歳出の均衡がとれて居りません。表面上均衡がとれて居る様に見えるけれども実際は歳入歳出の均衡がとれて居りません。あの財政その儘を遂行して行く時は大いに増税を行ふか、然らずんば大いに募債の他はない。此度の整理に於て歳入歳出の均衡を図り、それに依つて増税の必要もなくなり募債の必要もなくなつたのであります。殊に昨年吾々がやった財政整理の中最も特徴とするは公債政策の改善であります。公債の総額は前申した通り既に約五十億円に垂々《なんなん》として居つたのであります。その上に一般会計のみに就て申しましても、大正十四年度、即ち此の年度から十七年度に到る四箇年間、帝都復興事業の完了するに到るまでの四箇年間に於て、既定の計画によりますると、八億円であつたのであります。その八億円であつた所の一般会計に於ける、四箇年間の公債発行を此度の整理に依つて還元致し、毎年一億円宛、四箇年合計四億円といふことに削減致したのであります。その他の公債政策に就て申しますれば、御承知の通り之迄屢々短期公債といふものを市場に公募致し、それに依つて国民の事業資金を政府に引き揚げ、金利は騰貴致し民間の事業資金は枯渇し、事業は振はず財界を混乱に導き、経済界は不況に陥らんとして茲《ここ》に於て大正十三年度より公債を市場に求めないとしたのであります。十四年度に関する期限に於ては之又十三年度同様一億五千万円の公債発行を要するけれども、一般市場に於て公に募集致さない方針をとつて之を継続致しているのであります。大正十五年度に於ては未だ財政計画の定まらざる今日申上げる機会になつていないが、十三十四両年度に於ては公債を公に募集することを止めたのである。即ち所謂非公募政策を執つたのである。之が公債政策改善の第二点であります。公債政策を改善致しました結果、公債政策が之迄民間経済に対して及ぼした処の圧迫といふものを除く事が出来たのでありますす。自由に民間の事業資金を民間に委して置く事が出来たのであります。従て金利が上がる事を防ぐ事ができたのであります。凡そ政府のする仕事は私の信ずる所によれば民間経済の自然の発達を妨害せざるにあると思ひます。更に進んで民間の経済の発達を政府が積極的に助長し、奨励するといふ事の是非善悪は姑《しば》く措いて、原内閣以来昨年六月に至る迄に於ける政府の財政整理の遣り方は実際に於て民間経済、民心の発達に向て妨害を加へて居つた、圧迫を加へて居つたといふ事は断言して憚らぬ所であります。その圧迫妨害を除くといふ事が吾々の第一の努めなければならぬ点である、それを努めた意《つも》りであります。その結果として御承知の通り市場金利は漸次低落致し、遂に大正八年十一月以来恰も六年の間、釘附けの如く上げも下げもならなかつた日銀の金利が本年四月十五日に至つて二厘方引下げることが出来た。之は公債政策覿面《てきめん》の結果であると私は考へて居ります。

斯くの如くにして財政経済の両方面に対して現内閣は出来るだけの力を尽くして能ふだけの整理緊縮を加へて来たのであります。将来にあつても之を為す意りでありますが唯惜むらくは、財政経済の整理緊縮が遅れたのであります。如何に見積つても丸三年といふものが遅れた。充分といふならば五年前から整理をやつて居つたならば充分の結果を見ることが出来るけれども惜い哉、今日迄その着手が遅れて居つたのであります。その着手の遅れて居つた間、所謂、病遂に膏肓に入つた此時既に時機を逸し従つて効果の挙がるのが遅いのである。之は吾々が日々仕事をして居り日々感ずる所であります。然し乍らその結果の現れる事が遅いといふ事を以て決して失望すべき事ではない。遅ければ遅いだけ吾々は愈々力を尽し心を励まして此財政整理の貫徹を期し財界の安定に向つて努力しなければならぬのであります。財政経済の整理緊縮といふことは独り私一個の信念のみでありません。所謂独り現内閣、憲政会のみの信念ではありません。信念には限りません。現内閣の執つている所の財政経済に対する整理緊縮方針といふことが如何なる程度に於て国民の諒解を得ているか、如何なる程度に於て国民の共鳴を得ているかといふことは最近に至る迄この私には、具体的に判り兼ねていたのであるが、世間一部に於て公然反対を唱へ或は陰に陽にその政策を妨害する者あり、或は新聞に於て或は雑誌に於て、或は政党の声明に於て全国に此整理緊縮の声明を非難する者が沢山あつたのであります。独り政治家の間に於てあるのみならず民間の銀行家、企業所謂中産以下の間に於ても現内閣の方針に対して非難をしている者が少くない様に見受けて居つたのであります。然れども税制整理が動機になつて協調が決裂せられて七月三十一日第一次加藤内閣が総辞職を致し、一日の中に大命は加藤子に再び降下致しましたけれども、大命が降つて第二次加藤内閣が出来る迄の間に二日間の余裕があつた。その二日間の余裕の間に於て民間の第一流の銀行家、第一流の事業家といふ者が盛に後継内閣の事に就て新聞紙上に於て希望を述べたのであります。吾々承知致している所の財界著名の銀行家、著名の事業家は各その自分の意見を述べている。どういふ事を述べているかと申しますれば、此整理緊縮の大方針を持続する内閣の出現を希望する——それは憲政会、政友会何れの内閣であるやを論じない、兎に角財政に向て緊縮を加へ経済界に向つて整理安定を加へ、此の方針を変へない内閣の出来ることを希望するといふ事が十中九分九厘迄の意見であつたのである。即ち我国の財界の識者をして加藤内閣のとつている所の財政経済の政策に対して信任投票をせしめる機会を与へたものであると私は考へている。

然るに一部の政党政派に属する者、並に一部の実業家の間には今申しまする通りの整理緊縮を以て不可なりとする者がある。整理緊縮は一年やつたらもうよい、此上は積極政策によるが産業の振興を図る所以である、或ひは積極的産業立国を主張する者もあった。私は就任して以来未だ産業立国の何たるか、積極政策とは如何なるものであるかといふ事を誰からも聞かされた事がない。積極政策産業立国と漠然と申しますが、然らば積極政策といふものはどういふ事をするかといふと、之に向つて説明をする者は一人もない。産業立国といふことは如何なるものであるか、どういふことか遠慮なしに云つて貰いたいといふ質問を発した時に、それに向つて満足に与えた人々は未だ出会はない。諸般の事情を綜合致しまするに、凡そ斯ふいふ事の様に思ひます。之は想像でありますから私の想像と諸君の想像と喰ひ違つている点が多いと私は想像致します。積極政策とは大方斯ふいふ事ではあるまいかと思ふ。即ち金がなければ増税をやる、増税が出来なければ大ひに公債を募集して国家の事業を盛にやれ、それが一つで、今一つは世間の金融の状態が如何であらうとも民間の金利が如何なる状態であらうとも日本銀行の金利を下げる。その二つが彼等の積極政策ではあるまいかと想像致します。確な所は判らぬ、若し左様なことだと非常なる間違である。此上に増税をやれといふ注文、諸君は御同意出来ますか？　恐らくは同意はありますまひ。若しも之に同意したなら国民経済は非常なる苦境に陥ります。財界の立直しが殆ど出来ますまひ。国民生活の安定の途がありますまひ。然らば増税は出来ません。公債の募集をやるか。前申した通り此上公債の募集をやると民間金融が梗塞します。民間の金融が梗塞しますと産業が振はぬ。茲《ここ》に於てその梗塞している民間資金を奪ふのは公債の発行である。公債の発行をやるから金利が上ります。公債の発行に依つて金利が上る、口の下から日銀の金利を下げろといふは之即ち矛盾撞着の極みであります。公債の募集をやりその事業資金を政府が取り上げると民間の金利が上る。民間の金利を上げて置いて金利を下げろは矛盾撞着である。此撞着を何とも考へていないのは誠に不審に堪へぬ。兎に角積極政策であらうが産業立国であらうが斯ふいふことをやつて貰ひたい。斯う云ふことをやれば民間経済に少しも害を及ぼさぬ。国の富めることが財政の基礎も鞏固となるといふ事を本当に教へて呉れる人が出て来ればその人の手腕に感服致す精神は敢て辞するものではない。未だ誰からも本当の話を聞かされない中は所謂産業立国積極政策の挨拶のしやうがありません。全体今日の不景気はどうして出来たか、如何なる原因に依て今日の不景気が生れたか、ここについては不審があります。其最大原因は大正九年の経済界の大反動であるか。又は大正四年の経済界の反動であるか。否戦時の後を受けた放漫政策の後ではありませんか。その放漫政策を誰がやつたか。その責任者が今日に到つて此民間経済の不景気の責任者は恰《あたか》も現内閣である如く伝ふる者がある。甚だ諒解に苦しむ所である。政治家が政権獲得に急なるあまり種々の事を申しますことはどうでも宜敷いのであります。兎に角真面目に考へて見ますと、国民があまり忍耐力が弱い。辛抱が強くないと思ふ。整理緊縮を大正十四年度に一年やつたからもうよからう［とはならない］。兎にも角にも今日は十数年の間放漫政策を行つたその結果起つた所の不景気である。此不景気の挽回が僅か一年か一年足らずに済む様では天下の事は仕易い事である――。然るに拘らず今日に於てシビレを切らし政府の財政整理に変更を来し之を要望するが如き態度に出づるは決して日本国民の名誉ではないと思ひます。吾々は今日以後憲政会単独を以て国民大多数の後援に依つて現内閣を支持し、国家の為に是なりと信ずる所の政策は遠慮なく之を実行する意《つも》りであります。吾々は唯誠心誠意を披瀝して一意国に報ずる所の熱心なる考へを以て此国務に当る者であります。若し不幸にして吾々が国家の為に是なりと信ずる政策を実行する。其政策の実行に向つて不純の動機により悪意を以て殊更に之を妨害せんとする事を試みる者があつた時は、吾々は出来得る限り諸君と共にその自然的諒解、その妨害の自然的排除に努める事は素《もと》より当然であります。けれどもそれでも猶諒解に達する事の出来ない場合は、尚政策を実行することの出来ない場合が他日万一不幸にして起つた場合は、吾々は已むことなく合理的手段に愬《うった》へその妨害を排除し敢然として進むといふ決心を持つて居ります。その場合に於ては願はくば国民諸君は充分なる御同情御諒解を以て吾々の行動、吾々の事業に対して御援助あらん事を切に希望する次第であります。

（『浜口雄幸氏名演説集』）

三七　政党の意義から見た我党の実力

〔一九二五年（大正一四年）一一月、憲政会機関誌論説〕

顧みるに我党の過去十年間は、在野党として臥薪嘗胆の苦痛を味つた貴き犠牲の十年である。我党は此の十年間に果して如何なることを為し来つたのであるか。此の間政機の動くこと六回、衆議院の解散せられること三回に及び、吾々及び吾々の同志は殆んど言語に絶する程の各種の圧迫を受けたのであつた。然るにも拘らず我党は、常に百名以上の代議士を抱擁し、百数十万の党員を地方に有し、其の主張する所は穏健中正を失はなかつた積りである。而て党内の規律は実に整然たるものがあり、その言論其の主張其の態度一として国民の共鳴に値しないものはなかつたと確信する。凡そ政党の存在する意義は、政権を握つて朝に立つに於ては、其の抱懐する所の経綸を行ふと共に、或ひは野に下つて国民と共に国政を研究し、而て為政者の誤れる政治の運用を是正し、以て国政の運用を誤まらざる様に努める責任がある。我党は過去十年間に於て、既に在野党として此の責任を尽し、俯仰天地に恥ぢざるの態度を執り来つたのである。其の事が国民の諒解若くば信望を得て、政権を把握することを得たのである。古人既に謂ふ「大凡《おおよ》そ事の成るは成るの日に成るに非らずして因て来る所あり」と、即ち其の必ず茲に至る原因が常に蔵せられて居るのである。

我党は斯くして政権を握つたのであるが、凡そ如何に有力なる政党と雖も、朝に立つと同時に其の重要なる政策を何等の支障もなく実行すると云ふことは殆んど不可能のことに属す。例へば普通選挙の如きも、去る第五十議会に於て護憲三派の聯合内閣に依つて成立せしめたが、其が実現するに至る迄の道程を考へれば、決して一朝一夕にして成れるものではなくして、遠き以前よりの不断の努力が成果を収め得たのであつて、十数年前若くば数十年前より、天下の志士仁人が或は一命を賭し、或は家財を犠牲にして実現を期しつつあつたのであるが、不幸天の時を得ずして実現の機会に到達せず遂に三派の聯合内閣の成るに及んで、初めて其の美果を収むるに至つたものに過ぎない。而て先輩志士の唱道に依つて萌芽を発した此の普選問題を、広く国民の間に民衆化せしめ、津々浦々に至る迄其の声を普及せしめたのは、先輩の努力も固《もと》よりであるが、我党の不屈不撓の努力に依つて、之が実現の素地を作つたものであることは断言して憚らぬ所である。

尚ほ又貴族院の改革にせよ、行政財政の整理にせよ、決して一朝一夕にして行はれ、又行ひ得るものではない。我党が財界不況の対策として、財政の整理緊縮を主張したのは、遠く大正七年の予算編成の際であつて、当時此の主張は天下に多数の共鳴者を見出したのであるが、時の政府は毫も我党の主張を採用せずに、積極主義的政策に没頭したのであつた。吾々及び我党は今日に及んで益々財政の整理緊縮の必要を認め、之を行はんとするものであつて、其の間吾々の主張には何等の変化もないのである。

我党が在野十年の努力は昨年六月我党を中心とする聯合内閣の成立に依つて酬いられ、本年八月には三派の協調破れ、一旦総辞職を決行したのであるが、衆望を負ひて我党は再び大命を拝して単独内閣を組織し、茲《ここ》に全く吾々の理想とする政策を国政の上に実行し得ることになつたのである。併し乍ら之は決して新たに天から降つた運命でもなく、又地から湧いた運命でもない。実に在野十年の努力が酬いられた結果に外ならぬ。我党は政権を把握することを得た、併し之に依つて微塵だも慢心してはならぬ、常に在野十年如何に悪戦苦闘を続けて来たか、如何に圧迫に対抗して節を枉《ま》げなかつたか此の十年間の辛苦を胸底深く畳み込んで自重する所がなければならぬ。仄聞する所に依れば、田中政友会総裁は凡ゆる機会に於て、「政治は公明正大でなければならぬ」と云つて居る由であるが、勿論政治に限らず、人間の為す所は何事も公明正大でなくてはならぬ、就中《なかんずく》政治に於て特に然りである。我党は過去に於ても決して公明正大の態度を失はなかつた、又将来我党の存する限り、飽く迄も誠心誠意を以て君国に奉ぜねばならぬ、特に我党は目下現内閣唯一の与党として、大多数国民の要望を実現すべき時機に際して居るが故に、一層責任の重大なることを自覚して、過去に顧み、将来を警《いまし》め、節を重じ公明正大に奉公の誠を致すべきである。

（『憲政公論』）

三八　全国農工銀行同盟大会懇親会に於ける演説

［一九二五年（大正一四年）一一月五日］

今夕は全国農工銀行同盟大会の懇親会に御招待を蒙りまして、所懐の一端を述べるの機会を与へられたことは私の甚欣快とする所であります。

昨年十月各位と相会した際に、私は我国の産業は萎微し、輸出貿易は不振を極め、外国為替は頗る変態的情勢を示し、其の他財界の各方面に亘つて不健全なる部分尠くなく、戦後数年を閲《けみ》したるにも拘らず財政経済上多くの問題は、今尚未解決の儘懸案として残されて居る状況であると述べました。

爾来今日に至る迄満一箇年を経過致しました。此の間我国の経済界は少からざる変化を生ずるに至りました。今其の変化の特に顕著なるものを挙げますれば、其の第一は金融緩漫の徴候を現はして来たことであります。東京大阪の一般市場に於ける、最低割引日歩は昨年十月末に於て大阪は一銭九厘東京は二銭一厘でありましたが、本年十月末に於ては大阪は一銭八厘東京は一銭九厘となり、公債社債の発行利廻も亦著しく低下するに至つたのであります。之を国債に就て見まするに、昨年四月公募したる国庫債券の利廻は現金応募六分九厘三毛、乗換応募七分一厘九毛でありまして、十一月公募のものに於きましても、尚現金応募六分七厘七毛、乗換応募六分九厘二毛でありましたが、本年十一月公募に係る国庫債券の利廻は、現金応募六分二厘四毛、乗換応募六分三厘三毛に低下致しました。民間社債に就いても昨年六月発行興業債券の利廻は八分三厘でありましたが、本年七月発行のものは七分二厘五毛に低下し、昨年十一月発行南満洲鉄道株式会社々債の利廻は七分九厘一毛でありましたが、本年九月発行のものは七分零六毛に低下しました。是れ即ち金融緩漫の趨勢を立証するものであります。変化の第二は外国貿易の情勢の好転したことであります。即ち本年一月より十月に至る十箇月間の概算は、輸出十八億八千三百余万円、輸入二十二億余万円、差引輸入超過三億一千六百余万円でありまして、之を前年同期に於ける輸出十四億四千三百余万円、輸入二十億七千二百余万円、差引輸入超過六億二千九百余万円に比しますれば輸出に於て四億四千余万円、輸入に於て一億二千八百余万円を増加し、差引輸入超過に於て三億一千二百余万円の減少となつた状況であります。思ふに経済界が不景気より好景気に転回する道程に於て、一度金融緩漫の時期を経過するは、世界各国の歴史に於て其の例に乏しからざる所でありまして、我国財界の整理が大体に於て順調に進行しつつあることは、何人も之を認むるに躊躇しないであらうと思ひます。而かも予は我国経済界の現状に顧み整理の業既に終れりとなして、漫《みだり》に楽観を逞ふするものではありませぬけれども、又徒に前途を悲観して何等の光明を認むること与《あた》はずとするの説に賛成することも出来ませぬ。試に之を各位が直接の関係を有せらるる農村の方面に就て見まするに、本年米価及繭価の騰貴は少からず農民の購買力を増加し、農村の好景気を招来した様であります。此の如きは或は一時的の現象に過ぎないかも知れませぬが、経済界の前途必しも悲観的事実のみではないことを証するものであります。

農村の振興は我邦の朝野に於て最熱心に翹望《ぎょうぼう》せらるる所であります。政府が目下計画しつつある税制整理案に於きまして、大正十七年度より土地の賃貸価格を標準として地租を課することに改め、田畑に対し課税最低限を設くることとし、右施行迄に至る間の経過的施設として、地租一分減を実行し、尚田畑地価二百円未満のものを免税せむとするのは、其の目的固《もと》より国民負担の均衡を図るに在りとはいふものの、一面に於ては輿論の趨向に鑑み政府政策の一として農村振興に資せむとするに在ります。然し乍ら農村振興の目的を完全に達成せんと欲すれば、必ずや農業金融の完備を期せなければなりませぬ。農業金融の完備は即ち各位本来の任務であります。私は此機会に於きまして農業金融の完備に付二三の希望を各位に開陳せむと欲するのであります。

第一は所謂小口金融に関する件であります。小口金融は素《もと》より之を実行するに、困難の事情を存するものと信じまするが、農業金融の完備は小口金融の円滑を図るに依つて、始めて其の目的を達することが出来ます。多額の資産を有する大地主に対して、金融の便を与へるのは其の手続きが簡単であつて、銀行の利する所も亦大きいには違ありますまいが、農工銀行が地方に於ける唯一の農業金融機関たる本来の使命に鑑みられ、手続の煩瑣と利益の些少を顧みず、小農小地主の為にも亦出来得る限り金融の利便を与へられむことを望みます。

希望の第二は取引関係に存する情弊を排除するの件であります。取引関係に存在する情弊中最憂慮すべきことは、政争の渦中に投ずるの弊であります。公正中立の立場に在つて農業金融機関たるの使命を果すべき農工銀行が、万一如上の情弊に左右せられて、金融の利便を与ふる上に於て偏頗に陥るの傾向ありとしたならば、是は最遺憾に堪へない所であります。私は各位が将来不偏不党の態度を以て農業金融の為に貢献せられむことを望みます。

希望の第三は地方金融界の指導に関する件であります。我国地方金融機関の現状を観まするに、戦時好況時代に於ける営業振《ぶり》其の宜きを失ひました為に、財界反動の打撃を受けることが大であつて、今尚整理を終了し機能を恢復するに至らないものが尠くないのに反し、我が勧業銀行及農工銀行が此の間に処して経営概ね宜しきを得、其の基礎は益《ます》々《ます》鞏固であつて他金融機関の機能の不足を補ひ、地方金融に貢献せられたことは私の最欣ぶ所であります。惟ふに大商業銀行の存在する府県は暫く之を措きましても、農工銀行は地方に於て金融機関中最重きを為すものの一でありますます。従て常に地方一般の金融業者とも和衷協同して、其の地方銀行を指導誘掖《ゆうえき》するの覚悟を持するの必要があると信じます。就ては金融に関する諸般の問題の起りました場合に於ては、自ら率先して之が円満なる解決に努め、以て地方金融界の健全なる発達に助力せられむことを望みます。

希望の第四は不動産担保貸出の増加に関する件であります。いま大正元年以降大正十二年迄の勧業銀行及各農工銀行と普通銀行及貯蓄銀行との、不動産担保貸出額の増加の趨勢を比較しまするに、前者は約三倍八分に過ぎないのに、後者は約五倍を越え、不動産に対する金融に最力を注ぐべき勧農両行の増加歩合は寧ろ尠きに失するの感なきを得ませぬ。我国に於ける不動産中、田畑のみに就て之を見ましても其の総価格は二百五十七億余円に達し、此の外宅地山林の価格を加ふるときは、頗る巨額の担保力を示して居ります。然るに大正十二年末に於ける各銀行、保険会社及個人の不動産担保貸出推定額は総計四十九億余円、内勧農両行分は僅に八億円に過ぎない状況でありまして、我国不動産の資金化には尚相当の余地あるものと謂はねばなりませぬ。固より不動産担保の貸出と雖も、克《よ》く其の債務者の弁済能力を稽《かんが》へ、苟くも放漫の弊に陥るべからざるは言を俟たない所ではありまするが、近時農村振興の声喧しき秋《とき》に当りまして、不動産金融に関して尚一段の拡張発展を図ることは、最時宜に適したる措置なりと信ずるのであります。

終に臨みまして私は復興貯蓄債券の発行に関し、昨年以来各位の与へられました御後援に対し此の機会に於て深甚なる感謝の意を表するものであります。復興貯蓄債券は昨年九月以来既に四回の売出を行ひ、之に依て三千六百三十万円の資金を獲目下第五回売出中であります。而して之が運用は予定の如く其の一半は震災地の復興の為に、他の一半は地方産業の振興の為に之を使用して来ました。今後に於きましても亦同債券の発行に当つては、旧の如く各位の後援を煩はさなければなりませぬ。殊に近来農村景気の回復に伴ひ、多少濫費の風の起らむとする傾のありまするのは私の甚痛心に堪へない所であります。故に此の際勤倹貯蓄の必要を更に高調するの適切なるを感ずるのであります。政府が復興蓄貯債券の売出を実行致しました動機の一は、国民の間に大に勤倹黽勉《びんべん》の精神を作興せむとするに在りますことは、各位の永久に記憶せられむことを切望する所であります。

之を要するに、我国の経済界は前に申述べました如く、前途に一脈の光明を認むるの時期に到達したとは信じまするが、未だ決して苟且偸安《こうしょとうあん》を許すの時機ではありませぬ。財界整理の事業は今尚其の中途に在りまするが故に、官民一致国家公共の為速《すみやか》に整理の完成を期さなければなりませぬ。惟ふに経済界を善導致しますることは政府当局の任務ではありますけれども、経済界の事件は政府に於て之を強制することが出来ませぬ。経済運用の衝に当る金融業者の自覚に俟つに非ざれば、到底其の目的を達することは出来ないのであります。私は各位が我国経済界現下の趨勢を洞察せられまして、奮励一番不屈不撓の精神を以て深く本来の使命を自覚し、農業金融の為に更に一層の努力を致されむことを望むものであります。

（『浜口大蔵大臣財政経済演説集』）

三九　手形交換所聯合懇親会に於ける演説

［一九二五年（大正一四年）一一月一九日］

諸君、今夕は御招待を蒙りまして、再び我国金融の枢機を握らるる所の銀行家諸君と一堂の下に相会しまして、我国財政経済の現状に就き、所見の一端を述ぶるの機会を得ましたことは、私の欣快とする所であります。

昨秋の本懇親会席上に於て私は、政府の政綱たる行政財政整理の概要に就きまして説明致して置きましたが、政府は右政綱に基き大正十四年度総予算を編成致しまして、諸般の法律案と共に之を第五十回帝国議会に提出し、其の協賛を得たのであります。之に依て行政財政の整理、緊縮、公債発行額の減少、新規公債の公募中止、臨時国庫証券特別会計及臨時軍事費特別会計の廃止、大蔵省預金部の改造等財政整理に関する諸般の計画は、何れも予定の如く着々之を実行することが出来ましたことは、諸君の既に熟知せらるる通りであります。

大正十五年度予算編成に際しましては、右申述べましたる行政財政整理の効果を完からしむる為、且一面に於ては我国財界の現状に鑑みまして、大正十五年度に於ても、尚前年度同様緊縮の方針を継続するの必要を認め、新規要求は緊急已むを得ざるものの外一切之を認めないことに致しました。殊に実質上大正十四年度に於ける財政整理の復活となるが如き要求は、之を容れないことと致しました。

大正十五年度総予算は以上の方針の下に目下編成中に属しまして、其の概算は最近に之が決定を見たるものでありますから、其の計数は今後尚多少の異動を生ずることと思ひますから、今日の場合精確なる説明を致しまするることは困難でありまするけれども、今其の大綱を申上げて見まするると、

大正十五年度歳出予算は、

経常部　十億七千九百余万円

臨時部　五億千九百余万円

計　十五億九千八百余万円

でありますけれども、内帝都復興費、震災復旧費及震災善後公債利子等、震災に因り直接必要を生じたる経費が、合計二億二千余万円ありまするが故に、之を控除しまするときは、普通経費は十三億七千七百余万円に過ぎないのであります。

前に述べましたる歳出予算総額を前年度予算、十五億四千九百余万円に比較して見まするると、四千八百余万円の増加であります。但し別に前年度予算に比し当然の増減を差引いた減少額及本年度に於ける要求減額がありまするが故に、之を加算するときは、新規増加額は一億八百余万円に上る計算であります。

此の新規増加額中主なものを挙げて見ますれば、小学校教員俸給分担金の増加二千万円、補助艦艇製造費の増加八百万円、日本興業銀行外二銀行の対支借款に関する債務整理に要する経費七百余万円、其の他、移民保護奨励に関する経費、健康保険法竝に陪審法施行に関する経費、北海道拓殖竝に沖縄県産業助成に関する経費、鬼怒川外四川に関する治水事業費、農村振興竝に貿易振興に関する経費、陸軍在営年限短縮準備に要する青少年訓練に関する経費、航路補助費等であります。右は主として多年の懸案でありまして、国民の福利増進上将又《はたまた》財界の整理上、急施を要しましたけれども今日迄遂行することが出来なかつた事柄を、増税を行はず又公債募集額を増加しない範囲内に於て解決したものであります。而して此の事たるや、財政の基礎には何等の影響を及ぼすものではないのであります。

今回の概算に依る大正十五年度歳入予算は、

経常部　十四億百余万円

臨時部　一億二千七百余万円

計　　　　十五億二千九百余万円

でありまして、歳出予算十五億九千八百余万円に比較しますると、歳入不足は六千九百余万円であります。此の歳入不足金は前年度剰余金を繰入れまして、之を支弁する計画であります。但し右歳入予算に関する所の計数は、目下調査中に係る税制整理の結果によりまして、其の内容に相当変更を生ずる見込であります。

　此処に税制整理に就て一言致さうと思ひます。我国租税制度を一般的に整理する必要があると云ふことは、多言を俟たない所でありまして、此の事たる朝野多年の懸案でありまするにも拘はらず、今日に至る迄まだ実行を見るに至らなかつた次第であります。

　現内閣は税制整理を速《すみやか》に完成するの必要を認めまして、第五十議会に於て其の実行を声明致し、爾来鋭意調査研究を進め、其の結果先づ閣議に於て、国税及地方税に関する大体の整理方針竝に綱領を決定致し、之を基礎として税制調査会の審議を重ね、今や略々《ほぼ》其の成案を得るの時期に達して居ります。我国財政の現状は、税制整理に依り減税を行ふと云ふ余裕が無いのでありますから、今回の税制整理は、歳入に著しき増減を来さしめない範囲内に於て之を行ふことと致しましたのであります。今其の綱要を挙げて見ますると、第一には、直接国税の体系は大体現在の制度を是認致し、所得税を中枢とし、地租及営業税に適当なる改善を加へ、特に営業税は之を営業収益税に改め、新に軽度の資本利子税を創設し、第二には、綿織物に対する織物消費税を免除し、通行税、醤油税、売薬印紙税を廃止し、地租に免税点を設け、所得税及相続税の免税点を引上げ、第三には、此等の廃減に因る財源補塡の為、相続税と酒税とを増率し、製造煙草の定価を引上げ、清涼飲料税を新設すること等が、即ち大体の要点であります。而して整理の全体を通じて意を用ひました主要の点は、租税の体系を整へ負担の均衡を図ると共に、現下社会上経済上の状況に鑑みまして、中産階級以下多数国民の負担を軽減し、社会政策的の効果を挙ぐることにあるのであります。而して之と同時に、事業の基礎を鞏固ならしめ、産業の発展を助長する点に付ても相当に意を用ひました。

　次に大正十五年度歳出予算新規要求中、財界の整理と頗る密接なる関係を有する所の、日本興業銀行外二銀行の対支借款関係債務整理に就きまして、政府が今回之を断行せむとする理由に関し説明致さうと思ひます。曩《さき》に大正七年寺内内閣の当時成立致しました所の、支那政府借款中、有線電信借款二千万円、吉会鉄道借款前貸一千万円、黒吉林鉱借款三千万円、満蒙四鉄道借款前貸二千万円、山東二鉄道借款前貸二千万円合計一億円は、其の資源を政府の元利支払保証ある所の興業債券の発行に求め、日本興業銀行、台湾銀行及朝鮮銀行より、直接に又は中華滙業銀行を経由して、支那政府に貸付けたものであります。元来三銀行が、今申述べました所の対支借款の当事者となりましたのは、銀行固有の営業的行為として、其の発意に出たものではないのでありまして、寧ろ当時の内閣の対支政策遂行の具となつたものと、認めざるを得ないのであります。

然るに其の後の経過を見まするに、借款元金の償還期が到来したものがありまするけれども、一として其の支払を受けたものはなく、又利子に付きましても、現金の受け入れあつたものは、借款原資金の一部を振替充当したものが、殆んど其の全部を占めて居りまして、現金の受入れのないものは、数年来之を利払借款に振換へる等、姑息彌縫の手段を講じて以て今日に及んだのであります。従て三銀行は、右借款に関し、大正十四年十月末現在に於て、支那政府に対し原借款一億円、利払借款三千三百余万円、未収利息三百余万円、合計一億三千七百余万円の巨額に達する債権を有する次第であります。

翻《ひるがえつ》て三銀行の現状を観まするに、借款資源として発行致しました所の興業債券の元金償還に付ては、期限毎に政府保証の下に借換を為すことを得ましたけれども、利子の支払に付ては、大正十二年中大蔵省預金部より千三百万円の融通を受け、残余の不足分は自行資金を以て充当するの外に途がありませず、其の額は最近迄に二千数百万円に上りました。是を以て政府は借款成立当時の沿革に顧み、又三銀行竝に財界の現状は、之が解決の遷延を許さないものがありましたから、茲《ここ》に愈々意を決して、之が整理救済の途を講ぜむとするのであります。

今其の整理の方法を申上げますれば、三銀行の負担総額中、大蔵省預金部の引受に係る興業債券現在額三千四百余万円、及預金部よりの融通金千三百万円、竝に三銀行の本年度末迄の自行資金充当見込額二千八百余万円は、明年度初頭に於きまして、直に之を買入銷却《しょうきゃく》又は決済せしむる為に、之が所要資金に相当する所の五分利公債を三銀行に交付しまして、残余の公募に係る興業債券二千万円、及米貨の分二千二百万弗《ドル》は、償還期到来の都度之が償還に充てしむるが為に、所要資金に相当する五分利公債を交付し、尚公募に係る興業債券の償還期限に至る迄、其の利子支払に要する金額は、現金を以て交付せむとするのであります。以上の方策を講ずる為に、新たに政府の負担に帰すべき金額は、現金交付額の外公債交付額時価一億四千三百余万円であります。然し乍ら、三銀行は依然として支那政府又は中華滙業銀行に対しましては、債権者たるの地位を存続致しまして、将来本借款関係の元利支払を受けたときは、直に全部之を政府に納付するの義務を、三銀行に負担せしむる計画であります。

曩《さき》に政府が朝鮮銀行及台湾銀行をして、根本的整理を遂行せしめましたのは、其の目的とする所両銀行の基礎を鞏固にすると同時に、一般財界整理の障礙を除き、以て其の恢復を速《すみやか》ならしめむとするにあつたのであります。而して政府が茲《ここ》に対支借款関係債務の整理を断行せむとする所以も亦、是れと同様の目的に外ならぬのであります。惟《おも》ふに我国財界の整理漸く進捗し、其の効果稍《やや》見るべきものがありますけれども、尚整理の中道に在るものでありまして、今後更に一層の努力を要するものがあります。此の時に当つて、我国財界の一大禍根たる此の難件を解決し、前途の暗翳を一掃しまして、以て財界の健全なる発展に資するのは、最も緊要の事なりと信ずるのであります。

次に明年度公債計画に付て一言致しますれば、大正十五年度新規公債発行予定額は、前内閣当時の計画に依りますれば、震災善後公債二億一千八百余万円、殖民地事業公債二千九百余万円、鉄道公債六千五百万円、合計三億一千三百余万円でありましたが、昨年現内閣財政整理の際、内一億六千三百余万円を削減し、震災善後公債一億円、殖民地事業公債一千万円、鉄道公債四千万円、合計一億五千万円の計画に改定致したのであります。今や大正十五年度予算編成に際し、各会計に対する公債発行割当額には、多少の変更を加へる見込でありますけれども、其の発行総額は、之を今申述べました所の改定額即ち一億五千万円の限度に止め、且之が発行に付きましては、郵便局売出特別会計資金引受等の方法に依つて之を調達し、依然一般市場に於ける公募を避けることと致しました。尚前に述べましたる所の日本興業銀行外二行に交付する公債に就きましても、少くとも十五年度中は、其の一般市場に対する売出を行はしめない方針であります。曩《さき》に大正十三年度に於て、新規公債非公募の政策を定めましてから前後三年度を通じ、其の方針を以て一貫し、之に依て金融市場に対する財政の圧迫を除き、財界の整理に資する所あらむとするのであります。右公債政策実行以来、漸次我国の金融は緩和し、市中金利は低落の歩調を辿り、内閣成立当時の昨年六月中の最低市中割引日歩は、東京二銭二厘、大阪二銭でありましたが、本年十月中の最低日歩は東京一銭八厘、大阪一銭七厘となり、国債の発行条件も著しく長期且低利となり、昨年上半期の公募国債の発行条件は、期限五年に満たず、現金応募利廻六分九厘を超えて居りましたが、本年下半期の分は、期限十年を超え、利廻六分二厘台に下りました。又民間社債に在つても、預金部特別引受の分を除き、額面利率七分以下の発行は、昨年上半期に於ては、発行総額の三割三分に過ぎなかつたのでありまするが、本年上半期に於ては、其の五割七分を占め、更に下半期に入つて、十月までの実績に於ては、九割を占むるに至つたのであります。斯の如く公債社債の発行利廻は著しく低下し、民間高利債務の低利借換は容易となりまして、為に財界の整理を進捗せしめ、漸を追うて、財界好転の基礎を築きつつあるは、其の原因固《もと》より一にして足らぬのでありますが、昨年以来努力致した所の財政の整理緊縮及国債の非公募政策の継続も亦、大に与て力ありと信ずるのであります。

世上或は前述の公債、社債類の発行条件の改善せられたのを観まして、軽々に市場の応募能力を過信し、大正十五年度より、政府事業の遂行上必要ある場合に於ては、其の財源として公債発行額を増加し、且之を市場に公募すべしと主張する者がないでもありませぬ。斯の如きは財界整理の為今日迄行ひ来つた所の我が官民の努力を、一朝にして水泡に帰せしめ、財界の前途を過たしむるものでありまして、私は大正十五年度に於ても、尚非公募政策を継続するの必要を痛感するものであります。蓋し財界の整理は、未だ其の道程の半ばに過ぎないのでありまして、昨年以来朝野奮励整理に努めたる結果、今や金融緩和の徴を現はし、外国貿易は漸く好転し、為替相場も稍《やや》回復の趨勢を示すに至りましたけれども、何れも未だ変態の域を脱して居らぬのであります。其の常道に復するには、尚多大の努力を要するものがあると思ひます。若し夫れ整理緊縮の政策漸く其の効果を現はし来らむとする今日に於て、一時の痛苦を忍ぶこと能はず、其の弊害を顧ずして、直に政策の転換を図らむとするが如きは、是れ真に邦家の前途を憂ひ、国運の隆昌を希《こいねが》ふ所以ではありませぬ。斯の如き遣り方は私の断じて与《くみ》する能はざる所であります。

顧れば昨年六月財政経済に関し、整理緊縮の政策を樹立して以来茲《ここ》に一年有半、各位が政府の政策に順応して、財界整理の実行に努められ、且政府の施設に対して、深厚なる同情と有力なる後援とを与へられましたのは、私の感謝に堪へない所であります。今や財界の整理漸く進み、財界転回の道程に於て最重要なる時期に際会致して居ると思ひます。私は各位が此の機に乗じ、万難を排し、国家の為益《ますます》勇往邁進して、財界整理の大業を完成することに努められむことを切に希望する次第であります。

（『浜口大蔵大臣財政経済演説集』）

四〇　関西銀行大会に於ける演説

［一九二五年（大正一四年）一一月二五日］

諸君、今日は御招待を蒙りまして、関西地方金融界の有力者諸君と相会し、再び財政経済に関する所見の一端を述べるの機会を得ましたことは、私の欣幸とする所であります。

昨年六月財務整理の任に膺《あた》りまするや、私は直に財政経済に関する政策を樹立しまして、爾来行政財政の整理緊縮、公債発行額の減少、新規公債の公募中止、特別会計の整理及大蔵省預金部の改造等諸般の計画を遂行しまするると共に、国民の間に勤倹節約の気風を奨励する為必要なる施設を行ひ、又財界多年の懸案でありました所の朝鮮台湾両銀行の根本的整理を行はしめ、以て財界の整理促進に資する所がありました。斯の如くにして我国財政経済の整理は漸次其の歩を進めては居りまするが、今尚其の中道に在るのでありますから固《もと》より今日の程度を以て満足すべきではありませぬ。各方面に渉つて官民の努力を要するものが少くはないのであります。其の中政府の施設せむとする重《おも》なるものを挙げますれば、税制の整理、関税定率の改正、対支借款関係債務の整理及国際貸借の改善に関する方策等が即ち是であります。

先づ税制の整理に就きましては、曩《さき》に閣議に於て大体の方針竝綱要を決定し、爾来税制調査会に於きまして具体的成案の審議中に属して居ります。今其の要領を述べますれば、第一、直接国税の体系は大体現在の制度を是認致し、所得税を中枢とし、地租及営業税に適当なる改善を加へ、特に営業税は之を営業収益税に改め、新に軽度の資本利子税を創設することとし、第二、綿織物に対する織物消費税を免除し、通行税・醤油税・売薬印紙税を廃止し、地租に免税点を設け、所得税及相続税の免税点を引上げることとし、第三、此等の減免税に因る財源補塡の為相続税及酒税を増率し、製造煙草の定価を引上げ清涼飲料税を新設しやうと考へます。而して整理の全体を通じまして特に意を用ひました主要の点は二あります。其の一は国民負担の公正を図ると共に社会政策的の効果を挙げるといふことであります。即所得税の免税点八百円を千二百円に引上げ、営業収益税の免税点を純益四百円とし、又地租に免税点を設けることとし、差向き田畑に限り土地所有者の住所地市町村内に於ける地価二百円未満のものを免税し、相続税の免税点を引上げて家督相続二千円を五千円とし、遺産相続五百円を一千円とし、綿織物の消費税を免除し、通行税・醬油税・売薬印紙税の全廃を実行せむとするのであります。右免税点の引上に依りまして、免税の恩典に浴する者は概算、所得税に在りましては現在の納税者百八十万人中八十余万人、営業税に在りましては現在の納税者百万人中三十余万人、地租に在りましては現在の田畑地租納税者約千百万人中七百余万人に達する見込であります。又綿織物消費税・通行税・醬油税・売薬印紙税は従来各種の非難がありましたにも拘らず、歳入の関係と納税者が直接苦痛を感ずることが尠いとの理由に依りまして存続せられたものでありまするが、仮令《たとい》不知不識の間に徴収せらるるものとは謂ひながら、担税力の乏しい者に対しまして生活の必需品に課税するといふことは、負担の公正を図る所以ではありませぬから今回此等諸税の免除廃止を断行し、此の改正に依て中産階級以下多数国民の負担を軽減して以て其の生活の安定に資せむとするのであります。

整理上特に意を用ひました要点の第二は、租税の体系を整へて国民負担の均衡を図りまするると同時に、現下経済上の状況に鑑みまして事業の基礎を鞏固ならしめ、産業の発展を助成せむとすることであります。即所得税に在りましては法人の留保所得に対する累進課税を廃し、留保所得と配当所得との区分を致さないで之に百分の五の比例税を課することとし、営業税に在りましては外形標準に依る課税方法を改め、営業純益に対して比例税を課することとし、地租に在りましては課税標準を賃貸価格に改め、田畑地租に対して相当の減税を行はむとするのであります。

元来現行所得税法上の留保所得金の累進的課税は、会社が徒に其の利益を社内に留保して、株主に対する配当金の綜合課税を免れむとするのを抑制せむとする趣旨に出たものでありまするにも拘らず、其の結果は銀行其の他一般の事業会社の留保金に対しても重税を課することとなりまして、之が為に銀行会社の積立金を少からしめ、延て事業の基礎を薄弱にし、産業の発達を阻碍するの結果を生ずることを免れませぬ。今回の改正は此の弊を矯《あらた》めむとするものでありまして、彼《か》の理由なくして綜合課税を回避せむとするが如き者に対する規定に付きましては、別に適当なる改正を加へるの計画であります。次に現行営業税の最大欠点は、外形標準に依つて課税するが為、其の負担が営業の利益に伴はずして甚不公平なる結果を生ずるといふことであります。之を除かむが為には、営業純益に対して課税するの外はありませぬ。依て現行営業税は大正十五年分限り之を廃止し、之に代へるに営業収益税を設け、現行法に比し幾分減税となるべき程度に於て、其の税率を決定する見込であります。尚大正十五年分に付きましても、現行法に依る課税標準の決定額に対し相当の割引免除を行ふ計画であります。次に現行地租は法定地価に依つて課税して居りまするが、其の負担が甚しく公正を失して居りますることは論議の余地のない所でありまして、之が改正に付きましては種々の方法がありませうが、今回の整理に於ては営業税の純益課税等との関係をも考慮し、其の課税標準を賃貸価格とするを以て最適当なりと認めたのであります。尤も賃貸価格の調査に就きましては、少くとも二箇年の日子《にっし》を要する見込でありまして、改正法は大正十七年分より施行すべき計画でありまするに依り、大正十五、十六の両年分に付きましては田畑の地租に対して一分減を実行することと致しました。而して賃貸価格の調査が完了した暁に於きましては、大体此の軽減せられたる地租額を標準と致しまして賃貸価格に対する税率を決定する意嚮《いこう》であります。

以上の整理に依て生じまする歳入の減少額は九千万円内外となる見込でありまするが、今回の税制整理は財政の現状に鑑みまして、大体に於て歳入に著しい増減を来さしめない範囲内に於て、之を実行する方針でありまするから、右歳入の減少を補塡する方法としまして、酒造税を約二割、麦酒税を約四割増率して清酒一石に付四十円、麦酒一石に付二十五円とし、製造煙草の定価を約二割程度引上げ、相続税の税率を相当引上げ、且資本利子税及清涼飲料税を新設し、其の税率を前者は百分の二、後者は大体一石十円としやうとするのであります。

酒税の増率、煙草定価の引上等は、其の目的主として綿織物消費税の免除並に通行税・醤油税・売薬印紙税の廃止等に因る減収を補填せむが為でありまして、此の事たる単に酒類及煙草消費者の負担の増加のみに付て其の是非を論ずべきではありませぬ。今回政府の計画しました所の税制整理の全般に亘つて、組織的に観察致さなければなりませぬ。私は嗜好品たる酒類及煙草の消費者の負担を増加しても、生活必需品たる綿織物及醤油の課税を免除して其の価格を低廉にし、通行税及売薬印紙税を廃止して、一般庶民の負担を軽減するのを以て最良く時勢の要求に適合するものであると確信して疑はないのであります。又相続税に就きましては、比較的大なる相続財産に付或る程度の増率を行ひ、之に依て財源の一部を補填することは、現下の社会事情に照して相当の措置なりと信じます。而して資本利子税及清涼飲料税の新設は、啻《ただ》に税制整理に依る減収を補填することを目的とするに止りませず、寧ろ資本利子税は租税の体系を整へて負担の均衡を図り、清涼飲料税は酒税との権衡を考へて、其の税源を擁護せむとするに在るのであります。

次に関税定率の改正に付きまして一言致さうと思ひます。我国の現行関税定率は明治四十三年の制定に係りまして、其の後多少の部分的改正は行はれましたけれども、未だ一回も一般的改正を行つたことがありませぬから、其の間急激に進展しました我国経済界の実情に適応せず、且物価の変動に因つて従価税と従量税との間に甚しい不権衡を生じて居るのであります。故に関税率の一般的改正を行ひ、一面外国品の競争に対しまして内地の重要産業に必要なる程度の保護を与へると共に、又貿易の振興を援け他面消費者の利害を考慮し、以て国民生活の安定を策し且税率の適当なる按配を計るを以て最急務であると信じます。現内閣は其の成立当初に於きまして、関税改正の計画を樹て、大正十三年八月以来関税改正委員会を設置し、最近に於ける我国経済の実情及産業・貿易の状況を考慮し、着々其の審議の歩を進め近く之が成案を得て関税定率の一般的改正案を第五十一議会に提出致さうと思ひます。

次に対支借款関係債務の整理に付きまして、簡単に一言致しまするが、曩《さき》に大正七年寺内内閣の当時成立致しました所の支那政府借款中有線電信借款外四借款合計一億円は、其の資源を政府の元利支払保証ある興業債券の発行に求めまして、日本興業銀行外二銀行より支那政府に貸付けたものでありまして、当時の内閣対支政策遂行の具となつたものであります。然るに爾来一として元金の支払を受けたことがなく、利子に付きましても大部分は受入未済に属します。而して借款資源として発行しました興業債券の元金は、期限毎に政府保証の下に借替を為すことを得ましたけれども、利子支払に付きましては大蔵省預金部より融通を受けたものを除く外は、三銀行の自行資金を以て充当する外に途がなく、其の額は最近迄に二千数百万円に上りました。是を以て政府は借款成立当時の沿革に顧みまして、又三銀行並《ならびに》財界の現状之が解決の遷延を許さざるものあるに鑑みまして、茲《ここ》に愈々意を決して之が整理救済の途を講ぜむと致したのであります。

次に今日尚我財界の難問題たる外国為替に付て一言しやうと思ひます。最近外国為替の趨勢を見まするのに、横浜正金銀行の対米相場は昨年十一月以降三箇月間三十八弗《ドル》二分の一の低位を持続致して居りましたが、其の後徐々に回復の歩調に転じまして、本年四月に至りましては、四十一弗二分の一に達しましたけれども、爾後再び軟調を呈して九月に入つて四十弗二分の一に低下しました。而して例年秋季は翌春の輸入旺盛期を控へて、相場最軟調を呈すべき時期であるに拘らず、本年は十月下旬より却て強調を示しまして本月中旬四十二弗に達しました。今之を一年前に比しまするに、昨年は為替市場最多難の年でありまして、殊に九月より十一月迄に三弗の低落を見遂に為替相場の最低記録を出現致しましたに対し、本年に於ては同期間に却て一弗二分の一の騰貴を示すこととなりました。之等のことよりして為替相場の趨勢が一転したことを観取することが出来るのであります。而して此の回復は主として、外国貿易の好転に基くものと見るべきであります。即本年一月以降十月迄の貿易額は朝鮮台湾の分を合せまして輸出十九億四千百余万円、輸入二十三億二千八百余万円、差引輸入超過三億八千六百余万円でありまして、之を前年同期に比しまするに輸出に於ては四億四千四百余万円、輸入に於ては一億三千九百余万円を増加し、入超額に於て三億五百余万円の巨額を減少致しました。而して斯の如く輸入総額に於て増加を見ましたのは、主として棉花の輸入激増に基くものでありまするから、今試に棉花以外の貨物に付て観察致しますれば、本年十月迄の輸入額は十四億九千八百余万円に止り、前年同期に比しまして一億九千九百余万円の減少を示し、貿易改善の跡が極めて顕著なるものがあることを見ることが出来ます。由是観之《これによってこれをみれば》政府が昨年以来鋭意実行して居ります所の財政経済上の政策は、国民一般の自覚に基く勤倹節約の厳守並海外経済界状勢の変化と相俟て、漸次其の効果を現はし来つたものと謂はなければなりませぬ。

外国為替は斯くの如く漸次強調に向つては居りますけれども、尚平価に比して約一割六分方の下位に在りまするから、官民一致今後一層の努力を以て国際貸借の改善を図り、為替相場の回復を期することは現下の急務であると謂はねばなりませぬ。依て政府は深く思《おもい》を茲に致しまして益々勤倹力行の気風を奨励すると共に、国産品の使用其の他方法に依つて極力政府の対外支払を減少せしめることに努めて居ります。又曩《さき》に輸出品の原料たる輸入品の関税に付て、戻《もど》税の率を高め若くは其の適用の範囲を拡張し、以て輸出の増進せむことを図りました。又大正十五年度予算の編成に付きましても、一般に緊縮の方針を継続したにも拘らず、貿易に関する商務職員の増員、移殖民の保護奨励、重要輸出品品質の改善、輸出品販路の開拓及外国航路の拡張等国際貸借の改善に関する施設に付きましては、出来得る限之を計上することに致し以て為替相場の回復に資せんとするのであります。尚政府は本年九月以来内地正貨の海外現送を開始しまして、今日に至る迄既に前後四回合計千四百万円を米国に現送し、今後も引続き之を実行する計画であります。此の正貨は政府所有のものでありまして、之に依つて一方政府の海外支払に依て生ずべき為替上の差損額を減少すると共に、他方在外正貨を補充し、必要に応じて為替銀行に対して正貨を払下げる能力を増加することになりますのみならず、海外に於ける邦貨の信用を増進致しまするから、此等の点に於きましても為替相場の回復に資する所が少くないことを信じます。

右は為替相場の回復に関する政府施設の大要でありまするけれども、為替相場の回復は固《もと》より政府の独力を以て能く為し得べきものではありませぬ。民間の協力に俟つべきものが頗る多いのであります。此の点に関連しまして民間の外資輸入に付ても一言しやうと思ひます。近時内外金利の開き及為替関係等に因りまして外資の流入が相踵《つ》いで盛になり、債券の発行に依るもののみでも、最近一箇年間其の金額米貨約七千万弗《ドル》に達し、目下計画中のものが尚相当の額に上る見込であります。凡そ外資の輸入は為替相場を強調に導いて、常に国際貸借の改善に資する所が多いと解する者がないでもありませぬが、其の条件及資金の用途等が宜しきを得なかつたならば、却て其の元利払の為に将来の対外支払を増加し、延て国際貸借を一層逆調に導くのみならず、今日の如き為替相場変調の時期に於て若し思惑に依つて急激に巨額な外資の輸入を見まするときは、現下の我財界に及ぼす影響も亦容易ならざるものがあるであらうと考へまするので、私は此の際民間に於ては特に外資の利用に付自制致されまして、我財界の整理回復と将来に亘る国際貸借の改善とを妨げらるることのなからむことを望まざるを得ないのであります。

之を要するに、曩《さき》に現内閣が樹立致しました所の財政経済に関する政策は、其の実施後一年有半を経過致したに過ぎませぬ。此の間之が実行を了して相当の成績を挙げたと信ずるものも少くはありませぬが、税制整理、関税改正、国際貸借の改善等重大なる案件であつて、尚今後之が解決を要するものがありますから、私は此の重要の秋《とき》に当りまして特に責任の大なるを思ひ、夙夜《しゅくや》之が画策を誤らざらむことを期して居ります。然し乍ら此の難局の打開は独り政府の施設のみに俟つべきではありませぬ。民間殊に金融界の枢機を握らるる銀行家諸君の責任も亦頗る重大なるものがあります。諸君は益々協力一致、以て国家の為財界の整理回復を完うするに努められむことを切望して已《や》まない次第であります。

（『浜口大蔵大臣財政経済演説集』）

四一　財界好転の曙光

［一九二五年（大正一四年）一二月一三日、憲政会関東大会での演説］

諸君、目下我国の時局は内外共に極めて重大なる時期に際会して居る。先づ之を外交に見るに、支那の情勢は内訌に内訌を重ね収拾す可からざる情勢にあるが、是等外交上の事は機密に属する事が多いからこれには触れない。而して内政に就て言へば思想の動揺、生活問題の不安等多々憂ふべき現象あるを以て、思想善導、国民生活の安定は我内閣の樹立すべき重大なる要目である。之に就て我内閣は普選を断行して国民思想の動揺を防止し、又た社会政策の実行に依つて国民生活の安定を図る方針であるが、それは来る五十一議会に於て解決し得るものである。而して社会政策としては第一健康保険法の実施、第二海外の移民殖民の奨励、第三失業者救済、第四労働組合法、労働争議調停法の制定等である。次に之より更に重要なる社会政策は税制整理であるが、我国の税制は理想的でない。歴史的に必要に応じて今日に及んだもので、甚だ公平を欠いて必ずしも国民負担の均衡を保ち税と税との脈絡が付いて居ないから、之を根本的に改善の必要がある。即ち第一第三種所得税の免税点引上、第二地租に新に免税点を設定し、第三相続税の改正、第四織物消費税の改正、第五通行税の全廃、第六醬油税の全廃、第七売薬税の全廃等であつて、以上の税制整理に依る歳入の減収は七千万円である。此外政府の企図する所は産業の振興、商工業の発展、営業税の改革等である。是等の改正に依つて歳入の減少は二千万円であるが、前の七千万円の歳入減に加へると、結局歳入の減少は九千万円内外になる。此の減少を如何にするかと云ふと、是は国民の負担が減少しただけでは済むまい。是は適当な方法で補塡しなければならない。其の補塡の為め資本利子税の新設、相続税の内上級に対する増税、飲料水の課税、酒煙草の増税等で八千三百万円を得る。残る六七百万円は関税の改正に依つて之れを得るものである。而して酒、煙草の増税に就ては社会政策に反するとて反対するものがあるけれども、思想善導、生活の安定、産業の発達に就て多大の施設をなす為には、一部嗜好品の値上げは已むを得ぬ所である。更に政友会の地租委譲問題について反対党では地方分権を行へと力説しているが、現内閣は此問題に対しては真つ向から反対するものである。若し之れが正当であるとするならば我党のやつた財政整理は根本から破壊されることとなる。而して此の地租を委譲すると云ふ根拠は何処に在るか、私には不明であるが、聞く処に依ると反対党が其の理由とする所は地方分権論の見地から地方でやるべき事を、国家でやる事が大間違であると云ふに在る。第二は法定地価の改正であるが、之れを行はんとすれば数千万円を要するので、現在の財政に鑑て到底出来得るものでない。要するに此の議論は空論に過ぎない。併し反対党は其の費用は関税の改正に依つて四千万円の増収の見込みがあると唱へているが、如何に打算すると雖も其様な金の出る筈がない。翻つて財政上に見るに政友会の諸君は現今の財政不振の救済策として公債発行を主張するけれども、一億円以上の公債発行が不可能であることは現今政友会諸君も気づいていよう。空論を繰り返すことは折角財界が好転したものを攪乱し、再び不況に陥らしむるものである。現内閣は昨年六月成立し国家自ら整理節約をすると云ふ事になつて一般民も同時に勤倹節約を行つた。財政整理の結果は未だ明かと云ふ事は出来ない。其結果の現はれるのは今後相当の年月を経なければならない。併し我経済界は如何と云ふに漸次好況に向つた事は天下等しく認める処である。金融は緩漫となり、金利は自然低下された。尚ほ民間の社債の発行が続々出て来た。是れ明かに経済界が良好になつて来た為めである。尚ほ対米為替は昨年の十月から十一月までは三十八弗《ドル》二分の一であつたが、今日では四十二弗二分の一と四弗以上騰貴している。為替の騰落は上海、紐育《ニューヨーク》、欧洲等に於ける思惑が一つの原因とはなつているが、尚ほ一つ我内閣の行政財政の整理を行つたのが重大原因でなければならない。然し国家財政上に関しては尚ほ国民は楽観を許さざるものがある。この場合楽観は大なる禁物である。整理緊縮しても心が弛緩するに於ては忽《たちま》ち再び元の不況を招来する恐れがある。現内閣の政策はこの点に最も心を置き緊張しているものである。しかるに現内閣を指して一般が消極政策といふが、吾々はまだ積極だとか消極だとか言つたことはない。これは主義でなく政策である。政策はその時に於て異るものである。今日の情勢からして整理緊縮は喫緊の問題である。漸次経済界が好況に向ふ時は相当積極政策を執らねばならぬことは勿論で、我が内閣は此の心を持つて来るべき議会に臨まんとする考である。蓋し税制及財政整理は大多数の賛同を得て居るから、若し間違つた考のある者があつて妨害を加へんとするものがあるとする場合は吾々は信ずる所に向つて猛進する考である。

（『浜口雄幸氏名演説集』）

四二　万事夢の如し

［一九二六年（大正一五年）三月、故加藤高明憲政会総裁への追憶］

私が加藤伯と相識つたのは、大正二年第三次桂内閣の当時、伯爵は英国から召還されて桂内閣の外相となり、私は後藤逓相の下に次官であつたが、就任後間もなき二月の中旬に内閣の瓦解となり、伯は直ちに支那漫遊の途に上られ四十余日の視察を終て帰京された。当時桂公を擁して所謂新政党組織の計画が着々進捗されつつあつた際とて、私も加藤伯帰京の歓迎会に出席した。其の折江木氏の紹介に依て初めて伯の謦咳に接したのである。爾来十有二年の間、さほど深い縁故でなかつたにも拘らず、非常な恩顧にあづかり其の推輓を辱《かたじけの》うしたことは只管《ひたすら》感謝に堪へない所である。

伯爵は震災前非常に健康を害し、山本伯が大命を拝受して組閣の準備をなされつつあつた時、同伯と会見された日の如きは衰弱の極に達せられて居るかの様に見受けられた。其の後健康は回復し、在野党の首領として全国各地に遊説を試みられ、彼の第十五回選挙の際に於ける努力に至つては、今更ら云ふに忍びない程の無理な活動をなされたのである。其後内閣を組織して第四十九議会に臨み、更に第五十議会に於ては、伯爵に非ざれば為し得ざる空前の大偉業たる普選法を初め、幾多の懸案を解決し、進んで第五十一議会に臨んだのであるが、前議会中健康を害されて居たので、今期議会中を気遣ひはしたものの、大丈夫と思つて居たのに突如として長逝されたことは万事夢の如くで、感慨無量言ふ所を知らないのである。

国事多端の際、無理なる活動を続けられたが為めに、斯る悲曲を見るに至つたことは、国家の為めに痛悼に堪へぬ所であるが、其れにも増して悼《いた》ましきは今期議会に当つて私の許で成案を得た税制案に対しては、常に心志を労し筋骨を砕いて、之が両院の通過に努力されたるに、其の結果も見ずして逝かれたことを思ふと、胸迫り言尽き殆んど為す所を知らないのである。

（『憲政公論』）

四三　地方長官会議に於ける訓示演説

［一九二六年（大正一五年）四月二一日］

一昨年六月に、不肖私が財務の局に当りまして以来、地方長官各位の会同に際会致しまするこど茲《ここ》に三度でありま す。今日復《ま》た各位会同の機会に於きまして、財務に関する所見を申し述べますことの出来まするのは、私の甚欣快とする所であります。

政府は曩《さき》に声明致しました通り、第五十回帝国議会閉会の後、国税地方税の全般に渉つて、税制整理を行ふことの計画を立てまして、鋭意之が調査に従事致し、成案を得ましたので、之を第五十一回帝国議会に提出致し、其の協賛を求めましたる処、衆議院に於て部分的の修正を加へられましたけれども、政府が企図致しました所の税制整理の根本方針には、大体に於て何等の支障を生ずることなく、貴衆両院を通過致しまして、法案全部は既に法律として公布せられ、其の大部分は本年度より直に実施を見ることとなつたのであります。

今回の税制整理は、主として租税の体系を整へること、国民負担の公正を図ること、それと併せて社会上経済上の状態に鑑みて、社会政策的の効果を挙げることに努め之と同時に産業の振興を助成することを目的と致しましたものでありまして、其の内容は、既に各位の十分了知せらるる処でありまするから、茲に之を申し述べる必要はないと信じまするが、此の際此等目的の貫徹と、新制度の施行上に関しまして、特に各位の留意をお願致したき二三の事項に付、言及致したいと思ふのであります。

第一　政府が今回の税制整理に当りまして、通行税を全廃致しましたのは、本税は主として中産階級以下多数国民が負担する処でありまするから、社会政策的見地より之を断行したものでありまするが故に、若し通行税の廃止を機会と致しまして、直に汽車・汽船・電車等運賃の値上を見る様なことがありましたならば、本税の廃止に依て政府が達しやうと致しました所の目的を、没却するものでありまするが故に、政府は此の際運賃の値上は絶対に之を行はしめない方針であります。各位に於ても、政府の意の存する所を体し、本税廃止の効果を徹底せしむる様に、注意せられむことを希望致します。

第二　政府は今回の税制整理に当りまして、醤油税・売薬税を全廃致し、綿織物に対する消費税を免除致しましたのは、是亦社会政策的の見地よりして、中産階級以下多数国民の負担を軽減せむとする趣旨に出たものでありまして、今後是等諸種の商品は、課税を受けないこととなるのでありまするから、或は当業者の自発的申合に依り、或は一般市場に於ける自由競争の結果に依り、相当価格の低落を来すであらうと信ずるのでありまするが、各位に於ても、此の点に関しては深甚の注意を払ひ、苟くも当業者をして免税の恩恵を壟断し、公衆の利益を害する様なことをなさしめない様に留意せられむことを望む次第であります。

第三　政府は今回の税制整理に当り、田畑地租に免税点を設けまして、小地主たる自作農の負担を軽減致し、之が維持創設を助成せむと致しました。而して其の実行に付きましては、市町村の助力に俟つ処が多いと云ふことを考慮致しまして、政府は本年度予算に於て交付金を計上致しまして、市町村に対し之を交付することと致しました。各位は政府の計画が適実に遂行せらるる様に、配慮せられむことを希望致します。

第四　政府は税制整理に於ける廃減税に依りまして、減少する財源の一部を補塡する為に、清涼飲料税を創設致しましたから、将来清涼飲料の製造業は、警察税務両官庁の監督に服することとなるのでありまするから、両者の間に於て意思の阻隔を来す様なことなく、本税の施行を円滑ならしむる様に考慮せられむことを希望するのであります。

第五　政府は税制整理の重要な一事項と致しまして、地租負担の不公平を矯正する為に、其の課税標準を賃貸価格に改め、大正十七年より新地租法を施行すると云ふ計画を定め、各種類の土地に対し、全国に渉つて、直に賃貸価格の調査に着手することとなりました。此の調査は素《もと》より大蔵省監督の下に、地方に於ける税務機関をして之に当らしむるのでありまするけれども、一年半の短時日間に、此の大事業を完成せむとするものでありまするから、周密なる注意と敏活なる行動とに依つて、初めて公平適切の調査を庶幾《こいねが》ふことが出来るのでありまして、地方官庁及市町村の十分なる助力を必要とすること勿論であります。各位は之が調査に対して、出来得る丈けの援助を与へられ、政府をして所期の目的を完全円満に達成せしむる様に、特に配慮せられむことを希望致します。尚本件に就きましては、税務監督局長をして、時に臨んで協議せしむることと致します。

次に政府は、今回整理を行はなかつた所の砂糖消費税、印紙税、登録税等の諸税に付きましても、慎重調査の上、必要に応じ、更に第二次の整理案を立てまして、之を次期の議会に提出致し度いと考へて居ります。

次に銀行の合同に付て一言致しますれば、多年政府に於て、各位の援助を得て、之が勧誘奨励に力《つと》めました結果、近年其の成績漸く顕著となりまして、各種銀行の総数は、大正四年末に於て、二千百五十一行であつたものが、昨大正十四年末に於ては、一千七百五行となり、十年間に四百四十六行を減少致しました。殊に両三年来、銀行合同の趨勢は、誠に欣ぶべき実状に在るのであります。即ち各年に於ける合同等による銀行の減少数を見まするに、大正十二年中百七行、大正十三年中七十二行、大正十四年中九十四行でありまして、此の機運は今後尚益《ますます》増進するの趨勢を示して居ります。斯の如きは、各位が克《よ》く政府の意を体して、熱心に勧誘奨励せられた結果に基くものと信ずるのであります。併し乍ら我国各種銀行の総数一千七百五行の内、公称資本金百万円未満のものが一千百四十二行の多きに上つて居りまして、銀行総数の三分の二を占めて居ると云ふ実状でありますことは、寔《まこと》に我金融界の欠陥でありまして、時勢の進運に副《そ》ふ所以でありませぬ。故に今後益銀行の合同を促進して、小銀行を整理すると共に、合同に際して銀行資産の内容を整備致し、以て銀行の基礎を一層鞏固ならしめ、一般経済界の発達に貢献せしむることの必要が、切なるものあることを認めるのであります。尤も銀行の合同も、其の方法が宜しきを得ませぬときは、合同の結果、延て資金の都会集中等の余弊を醸成する虞《おそれ》がないことはないのでありまするから、合同に際しましては、此の点に関し、特に深甚なる注意を払はれむことを希望致すのであります。

次に近年我国財界に於て憂ふべき一現象は、免許を要する金融業を、免許を受けないで営むものが、各地に簇出《そうしゅつ》したことであります。是等の者は、其の内容が多くは不堅実であるのに拘らず、種々なる不正手段を講じて、庶民階級から資金を吸収して之を費消し、社会に甚しき害毒を流すものでありまして、殊に大震災後は、此の趨勢一層顕著となつて参りました。政府は之が取締に付ても、各位の協力を得まして、違法業務の廃止方《かた》を示達する等、適宜の措置に出ましたものが頗多く、各位の配慮に依りまして、其の数昨年来既に二百五十に達して居りますけれども、尚窃《ひそか》に其の不正行為を継続する等、種々の奸策を講ずるものがないとも限りませぬから、之が取締は、今後に於ても之を緩めることは出来ないのであります。

次に我国の金融機関に関する諸法制は、其の必要ある毎に、随時制定せられたものが多くありまして、爾来多少の修正を見たのではありますけれども、其の体制は、必ずしも整ふて居るとは申すことが出来ないばかりでなく、時勢の要求に副《そ》はないものも尠くないのであります。今や我国財界の整理恢復を促進し、産業の進歩発展を期するに当りまして、金融制度の整備改善を図ることは、最も緊要の事であると信じます。仍《よっ》て政府は、近く官民合同の委員会を設置致しまして、之が調査に当らしめる計画を立てまして、先づ之が基礎案を作成せしむる為、準備委員会を大蔵省に設置致しまして、既に調査に着手致しました。

次に近時我財界各般の状勢は、漸次改善の徴候を呈しまして、一昨年以来、官民努力の効果の空しくなかつたことを示して居りますけれども、未だ之を以て、遽《にわか》に前途を楽観すべきではないのであります。殊に国際貸借の関係に付ては、大正十四年の入超額は、前年に比して著しく減少致して居りますけれども、其の額は、朝鮮台湾の分を加へまして尚三億五千六百余万円に上つて居り、到底貿易外の経常的受取超過額を以て相殺することが出来ませぬので、外資の輸入等に依り、之を補足しつつあると云ふ実情であります。斯の如きは、国家経済上頗る憂慮すべき事態であると謂はなければならないのであります。故に国際貸借の根本的調整に付ては、今後尚一層の努力を要するものと考へるのであります。

是を以て、政府は引続き国民の自重奮励を促すと共に、現下の急務たる国際貸借の改善に付きましては、出来得る限り必要の施設を行ふことと致しまして、大正十五年度予算は、一般に緊縮の方針を以て編成致しましたるに拘らず、貿易の振興、移殖民の保護奨励、外国航路の拡張、及朝鮮産米増殖計画等、国際貸借の改善に資する所の経費は、力《つと》めて之を計上致して居ります。又大正十四年度に於て、各省海外払節約協議会を設け、各省の購入品は、成るべく内国品を以てすることと致し、之に依て相当額の対外支払を減少することを得ましたけれども、尚大正十五年度予算の執行に当りましても、同様の趣旨を以て極力対外支払を節約する方針であります。

各位に於ても、叙上の趣旨に基き、国民に向て益《ますます》消費節約勤倹力行の奨励に力めらるると共に、一般に外国品尊重の弊風を去り、国産品愛用の気風を涵養し、府県其の他の地方団体に於ては、率先して国産品を使用するの方針を採り、出来得る限り、対外支払の節約に協力せられむことを望む次第であります。

終に地方財政に付一言致し度いと思ひます。各位に於ては、政府の方針を体し、之が整理緊縮に相当の努力を致されたることと信じまするけれども、大正十五年度道府県予算の概算に徴しまするに、歳出予算総額三億七千七百余万円でありまして、之を前年度に比較いたしますれば、却て三千五百余万円の増加を示して居ります。斯の如きは、時勢の進運に伴ふ已むを得ない経費の増加に基くものであらうとは思ひますけれども、若し此の趨勢を以てしたならば、将来地方財政の膨脹は、真に憂慮すべきものがありまするが故に、各位は深く意を茲《ここ》に致され、今後一層緊縮方針の継続に付いて、力を竭《つく》されむことを希望致します。又大正十四年度地方債許可額は、総額約一億五千八百余万円でありまして、之を前年度許可総額に比べますれば、七千五百余万円の減少となり、大に起債額を減少したる観がありまするけれども、震災関係の分を除いて之を比較致しますれば、却て五千二百余万円の増加を示して居ります。是は主として、上下水道、災害復旧等、真に已むを得ない起債ではありますけれども、過去一箇年の実績に顧み、将来起債に依る事業に付ては、尚一層考慮を要するものと認められます。従つて一昨年内蔵両省よりの通牒に該当する緊急の事業と雖、極力経費の節約、又は事業の繰延等に依り、起債の抑制を図らるる様、一段の努力を致されむことを希望を致します。

回顧すれば、政府が我国財政経済に関する整理緊縮の方針を樹立致しまして、之が実行に努力して以来、将《まさ》に二年に垂《なんな》んとして居ります。世間往々にして、整理緊縮は既に完了して居る、今や須《すべから》く膨脹発展の方向に転回せねばならぬと為す者があります。併し乍ら大正九年に於ける財界の一大恐慌に次で、同十二年の大震火災の襲来を受けました所の我国財界の創痍は、頗る深刻なるものがありまして、短日月で克《よ》く之を恢復し得べきでないのであります。二年の歳月は短くはないのでありますけれども、財界の整理は未だ完しと謂ふことは出来ませぬ。今日は未だ官民共に人心の弛緩を許すべき時ではないのであります。層一層緊張した精神を以て、経済上の難局に膺《あた》り、国家隆昌の根底を鞏固ならしめなければならないのであります。私は各位が此の大局に着眼して、克く指導啓発の任に膺り、施設画策其の宜しきを得られまして、国家百年の長計を過たざらむことを、切に希望する次第であります。

（『浜口大蔵大臣財政経済演説集』）

四四　婦人団体代表者協議会に於ける講演

［一九二六年（大正一五年）四月二六日］

本日は勤倹奨励の事柄の為に、各種の婦人団体を代表せらるる方々及女学校を代表せらるる方々が御集会に相成りまして、勤倹奨励に関する御協議をなされて居ると云ふことを承まりまして、私罷《まか》り出まして皆様に御目に懸り、目下の急務たる勤倹奨励の事柄に関し、聊《いささ》か私の考へて居る所を皆様に申上げて御尽力を煩したいと云ふ希望を以て参つた次第であります。

政府は何故に国民に向つて勤倹力行を奨励し、何故に消費の節約を宣伝しなければならぬか。又国民は何が故に特に此の際勤倹力行消費節約を励まなければならぬか。素《もと》より勤倹力行と云ひ消費の節約と云ひまする事は、是は此の際特に必要とする事柄ではないのでありませう。苟くも人として一家を成し、社会を成し、国家を成して居りまする以上は、勤倹力行を為し消費を節約致すと云ふことは、所謂身を修め家を齊ふる上に於きまして常に必要なことであります。是は千古変らざる所の主義原則でなければならぬと思ひます。然るに千古変らざる所の此の主義原則と云ふものを、今頃政府が特に力を極めて之を奨励し、国民に向つて是が励行を望み、其の為に皆様に向つて是が奨励宣伝に就て御助力を願はなければならぬと云ふ其の理由は何処にあるか。即ち簡単に申しますれば、今日の経済上の国難――私は敢て之を国難と申します――此の経済上の国難に際会して、此の難局を突破致すと云ふことが、今日は何よりも必要な時期である。此の機会を逸すると此の経済上の国難が愈々甚しきに陥ると云ふ虞《おそれ》がありまするので、私共は特に声を大にして勤倹力行を奨励し、消費節約を宣伝致して居るのであります。

然らば経済上の国難と云ふことは大体どう云ふ概念を有つて居るのであるか。具体的に数字を挙げて申上げることを致しませぬけれども、今日の所謂経済上の国難と云ふ其の概念を申して見れば、第一は外国貿易の逆調と云ふ事であります。外国貿易の上に於きまして輸出よりも輸入が遙かに多い、即ち輸入超過と云ふことが連年継続致して居ると云ふ事柄が一つであります。此の貿易逆調の結果と致しまして、日本の有つて居る所の正貨が漸次に減少を致す。正貨が減少を致す結果として日本の経済界が外国に対して動《やや》もすれば信用を失はんとする虞《おそれ》がある。外国に対して信用を失ひまする結果として、外国に対する日本の貨幣の相場即ち為替相場が漸次下落をして参ります。而して国内に於きましては此の不景気にも拘らず、物価は割合に下りませぬ。物価が下りませぬ為に国民は生活困難に苦しんで居る。而して資本はことの外少なく、其の資本の少ない為に産業が興りませぬ。産業が興りませぬから経済界は御覧の通り頗る不景気でありまして、其の不景気の結果として世間でよく申しまする所の失業者が続出を致す。失業者続出の結果として動もすると国民の思想の上にも容易ならざる悪影響を及ぼし、茲《ここ》に於て所謂思想問題が起つて参るのであります。以上は極めて題目だけ申上げましたる所の所謂経済上の国難と称せらるる今日の現状の大体の御話であります。

然らば此の経済上の国難と云ふ事の中心の問題は何であるかと申しますれば、それは即ち外国貿易にあると思ひます。国民の思想の問題、教育の問題もありませうが、私は暫らく之を別と致します。物質的に申しまするならば、経済上の国難と云ふ事を説明する中心の問題は外国貿易の逆調にあると思ふのであります。茲に於て我国の外国貿易の状態を多少沿革的に概略を申上げて、そして今日の現状に説き及ぼすのが事の順序であらうと思ひますから、聊《いささ》か之を沿革的に申上げて見たいと存じます。

日清戦争後世界大戦争の始まります迄の間、年月を経ること約二十年、此の二十年の間に於て日本の外国貿易が輸出超過でありましたことは僅かに二年であります。

即ち明治三十九年と明治四十二年とが輸出超過であつたばかりで、其の他の十七八年間と云ふものは悉く輸入超過であります。其の輸入超過の累計は約拾億円の多きに達して居ります。大体日本の国が貿易上概ね輸入超過であると云ふことは抑々《そもそも》如何なる原因によるか。如何なる理由に依つて常に輸入が超過至すかと申しまするど、大体に於て日本の国情に主なる原因があると思ひます。日本は面積狭くして天然の資源に乏しい。製造工業を営むに致しましても、其の原料品材料品は多く外国からの輸入に俟たなければならぬと云ふ現状であります。即ち棉花に致しましても、羊毛に致しましても、鉄に致しましても、石油に致しましても、或は機械類に致しましても、中には多少内地で出来るものもありますけれども、其の生産額たるや至つて少ないのであります。従つて其の大部分は外国から輸入するに非ざれば日本の工業を維持することは出来ないと云ふ状況であります。幸ひにして食料品は従来内地で生産して之に堪へて居りましたが、近来人口の激増と共に追々お互の食料品も自給することが出来ないので、是亦外国から購入しなければならぬと云ふ状況に立つて居る場合であります。斯の如く日本の固有の国状が、我国の外国貿易をして大体に於て輸入超過に陥らしむる所の根本の原因をなして居るやうに考へて居ります。

斯くの如き原因より連年輸入超過が継続致しまするど、此の輸入超過を決済致しまする為に、外国に向つて正貨即ち正金を支払はなければならぬ。茲《ここ》に於て日本の国の有つて居る正貨が段々減少して参つたのであります。其の減少を防ぎまする為に或は政府の外債或は民間の外資輸入と云ふが如くに外国から借金を致しまして、此の減少致して居りまする所の正貨を維持又は補充せんと努めましたに拘らず、次第次第に正貨が減つて参りまして、丁度世界大戦の始まりました前の年、即ち大正二年の十二月末日に於て日本の有つて居る正貨総額を合計して僅に三億七千余万円しかなくなつたのであります。斯くの如き状況を以て正貨が減少して参ると云ふことは国家経済上誠に容易ならざることであると云ふので、官民共に是が補充に心配致しました所に恰も大正三年八月世界の大戦争が勃発を致しましたのであります。此の大戦争は無論人類から申しますれば如何にも不幸な出来事、悲惨なる出来事ではありまするが、日本の国の貿易上の関係から申しますれば、或は正貨の関係より申しますれば、所謂天佑と申して宜いのであります。即ち是は思ひ設けなかつた所の経済上の一の僥倖であつたと云ひ得るのであります。此の戦争が始まりましてから当分の間は、貿易杜絶の為に国内の経済界は不況を続けて居りましたけれども、間もなく外国貿易上の非常なる発展と相俟つて国内の経済界は非常なる好況を呈するに到つたのであります。其の経済界の発展とは何ぞやと申しますれば、即ち輸出貿易の大伸張であります。何故に世界大戦の結果として輸出貿易が急に伸張致したかと申しますれば、是は説明申上る迄もなく、凡そ世界の大国と云ふ大国、文明国と云ふ文明国は挙つて此の世界の大戦争に参加致しました。其の結果是等の国々に於きましては、日常生活の必需品を製造して居る工場が挙げて軍需品を製造する様になつたのであります。或は大砲・小銃・弾薬であるとか、或は兵隊の着ます軍服・靴或は其の食料品と云ふが如くに、文明国の工場を挙げて軍需品の製造に没頭したのであります。斯様にして普通の商品の製造は暫らく之を中止致し、国家の総動員を以て戦争に従事致しました結果、世界を挙げて普通商品の供給が不足を致しました。殊に今日日本の顧客先となつて居りまする南洋・東洋・印度等の方面に対する世界各国の商品の輸出は殆ど其の跡を絶つと云ふ状況になつたのであります。そこで戦争に直接参加しなかつた所の日本の貿易状況は非常に盛んにならざるを得ないのでありま す。素《もと》より外国の註文に応じて軍需品を製造致し、之を販売したことは事実でありますが、それのみならず普通の商品を製造して外国の商品の入つて来ない間に、外国に向つて盛んに販路を拡張する機会を得たのであります。是が即ち此の世界の大戦の間に於て日本の輸出貿易が非常に振興致し、日本の工業の大なる振興を致した唯一の原因になつたのであります。其の結果として前に申しました通り、日清戦争以来僅に二年を除くの外十八年の間輸入超過を続けて居りました所の日本の外国貿易が、世界戦争の始まりました翌年即ち大正四年から、休戦条約の調印せられましたる大正七年に到る四箇年の間非常なる輸出超過を継続したのであります。其の四年間の輸出超過の金額を累計致しますと十三億九千万円の多きに上つて居ります。単《ひと》り輸出超過が継続したのみならず、貿易外の受取勘定として、船舶運賃の収入、保険料の収入、或は海外移民からの送金と云ふが如き貿易に関係なき金貨の受取勘定が、貿易の伸張と共に非常に盛んになりました。茲《ここ》に於て一面貿易上の輸出超過、他面に於て貿易外の受取勘定が共に働きまして、其の結果日本の持つて居りました正貨は急激に増加することになつたのであります。前に申しました通り一時三億円台に下りまして、日本の有つて居る正貨の将来に対して朝野を挙げて心配致しました所に、此の世界大戦争の結果として急に正貨が増加することに相成つたのであります。此の正貨の急激に増加致しました所の最高記録は大正十年一月の二十一億九千万円であります。大正二年十二月末日に於ては僅に三億七千余万円、大正三年十二月末日に於ては更に三億四千万円に下りました所の正貨が、大正十年一月には二十一億九千万円と云ふ日本の正貨の歴史に於て未だ曾つて見なかつた所の最高記録を示すに到つたのであります。貿易の輸出超過は大正四年から始まりまして大正七年に終りましたけれども、財界の好況は其の後に於ても依然として継続致しまして、大正八年から大正九年の春を絶頂として暫らくの間は宜しうございましたが、以後反動の結果として遂に今日の不況の状態に陥るに到りましたことは皆様の御承知の通りであります。

扨《さ》て此の四五年の間に於ける財界好況の時期に際会しまして、日本の国民、或は政府と云はず、財界の各方面と云はず、或は又国民全体と云はず、果して将来に対する対策宜しきを得たと云ひ得るかどうか。遺憾ながら我国民の此戦時の好況に処する所の対策は甚だ宜しきを得なかつたのであります。別に時の政府の措置を攻撃すると云ふ意味は毛頭ありませぬけれども、唯だ第三者の位地に立つて公平に観察すると、政府も其対策宜しきを得なかつた、財界の人も其の対策宜しきを得なかつた、一般国民も亦同様に其対策宜しきを得なかつたのであります。即ち官民共に挙つて此の戦時から戦後に亘る所の好景気が一時の好景気であると云ふことを忘れて、其の好景気が未來永劫に継続するものであるかの如き幻想を懐いて、そして反動の来た時に如何なる対策を以て之に応ずべきかと云ふ用意を全然怠つたのであります。先づ政府の財政から申しますれば、其の財政は戦時前に比較して非常に膨脹を告げたのであります。日本の財政は御承知の通り日清戦争の始まる前に於きましては僅に八千万円の予算に過ぎなかつたのであります。日露戦争の始ります時に於ても二億九千万円に過ぎず、又世界の大戦の始まる前の年即ち大正二年度の予算と雖も五億九千万円に過ぎなかつたのであります。六億に達しなかつたのであります。それが数年間の戦争を経まして、大正十年度の予算は拾五億九千万円の多きに上つたのであります。即ち戦争前に比較致しまして殆んど三倍に近い所の膨脹を告げたのであります。単り政府の財政のみではありませぬ、民間の事業会社・銀行・其他財界事業界の経営振は頗る放漫を極めたのであります。少なくも着実穏健な経営と云ふことを考へずして、徒らに放漫に流れ、動《やや》もすると投機とか思惑とか云ふものが盛んに行はれたのであります。然らば個人の経済は如何と申しますれば、個人の経済も亦政府の財政と同様に頗る膨脹致し、贅沢を極め悉くとは申しませぬが、人各々自分の収入以上の生活を致しまして、却つて得々たるの状況なきにしもあらずと私は考へるのであります。言葉を極めて之を申しますれば、国民は此の時代に於て相率いて功利主義、物質主義に傾き、上下を挙げて所謂成金気分の横溢したる時代であつたのであります。斯くの如くに、政府も、民間の事業界も、亦一般国民も悉く其のやり方が放漫でありまして、将来必ず来ることあるべき反動時代に処すべき準備を為すことを怠つた其の結果と致しまして、物価は非常に騰貴を致し、其の物価騰貴の結果として輸入は増加を致し、其の反対に輸出は減少致し、而して外国貿易は愈々逆調に陥つたのであります。

此の時に当つて若し相当将来に対する用心を致して、政府も財政の整理緊縮を図り、予算の膨脹を相当に手控へを致し、財界も亦相当引締りたる所の経営振りを示して、着実なる事業の経営を致し、亦一般国民も財界の好況にして収入の多かつた時分から克《よ》く将来の事を考へて勤倹力行を励み消費の節約に意を用いて居りましたならば、縦令《たとい》経済界の大反動が襲つて参りましても、其の打撃を受くること決して今日の如く甚しくはなかつたであらうと今更思ふのであります。従つて経済界の不景気と云ふことも今少し早く恢復をしたであらうと、今更其の当時の事を追憶致して、誠に感慨に堪へない次第であります。然るに唯今申しました通り、其の当時の国民は朝野を挙げて此の好景気が恰も将来も永続するものであるかの如く誤りたる感想を懐いて、毫も将来に対する所の準備を致さなかつた為に、果然御承知の如く大正九年三月の経済上の大反動が襲つて参つたのであります。此の大反動の結果と致しまして金融は急激に緊縮して殆んど梗塞を致し、信用は全く衰へて貿易は非常な不振に陥り、経済界を挙げて極度の不景気に陥りましたに拘らず、戦時から戦後に亘つて長年月の間好景気に乗じて放漫に慣れたる所の国民は毫も其消費力が衰へませぬ。世の中は不景気であるに拘らず、国民の消費力は依然として旺盛でありました為に、物価は或は段々と騰貴を致し又低落を致しましても、其の低落の歩合は極めて少ないのであります。其の結果として輸出は不振となり、輸入は益々増加すると云ふ状況を呈し、物価も下がらなければ賃金も下らず、政府の費用も急激に減少することが出来ず、一般事業界に於ても亦俄かに事業の整理緊縮を図ることが出来ず、一般国民の個人経済も同様に緊縮をすることが出来なかつた為に、人心は緊縮を失つたのであります。

此の大正九年三月に襲来致しました所の経済上の大反動から、日本の経済界の状況が漸を追ふて脱け出して参りまして、経済界が稍《やや》順調に復しかけた所に、不幸にして恰も大正十二年九月の大震火災に遭遇したのであります。此の大地震と云ふものは一般に取つては勿論の事でありますけれども、財界に取りましては所謂泣面に蜂で、折角安定に復しかけて参りました所の日本の経済界は殆んど、破壊的の大衝動を受けました。是が為に不景気は一層甚しきを加へて参りまして、物価は更に騰貴を致し、此の震災の復興或は復旧に要する所の物資の需要と云ふものが極めて盛んでありましたが為に、其の結果として輸入が激増致して参りまして、為替は暴落を致したのであります。而して其の当時動《やや》もすれば極端なる人々は此の大地震は所謂天譴であると云ふが如き詭激なる言葉を以て国民の遊惰心を警《いまし》めましたけれども、私は別に天譴とも考へませぬ。是は全く不可抗力の天災でありましたが、其の天災に遭ふた所の其の直後の日本の人心は、流石に一時緊張を示しました。緊張は致しましたが是は所謂束の間で、今日に於ては再び人心が逆転を致しまして又々弛緩を招き、此の地震が齎した所の経済界の打撃に対する復興の未だ半分も出来ないに拘らず、折角緊張致しました人間の精神だけは復た震災前の弛緩したる状態に立戻ると云ふ現象を呈して居ると云ふ状態であると私は考へて居ります。

扨《さ》て震災の結果として外国貿易は非常な逆調を呈し、輸入が激増して参りましたが之を数字を以て簡単に申しますると、大正十二年の輸入超過は、内地の分も朝鮮台湾其他殖民地の分も合せまして六億二千万円であります。翌十三年は七億二千万円であります。此大正十三年の七億二千万円と云ふ輸入超過額は、我国の今日に到る迄の輸入超過の最高記録であります。大正十四年に於きましては大いに輸入超過が減退致しまして、殖民地の分を合せて三億五千六百万円となりましたけれども、是は大正十二年十三年に比して減退して居ると云ふだけで、之を絶対的に考へて見ますると、決して少なからざる所の輸入超過額であります。

斯くの如くに輸出貿易は割合に盛んにならず、其の反対に輸入貿易が非常に盛んになりました為に前に述べました様な莫大なる輸入超過を惹起しましたが、さて貿易外の受取勘定は如何と考へますと、是も戦争の終了と共に段々減少して参りました。戦争の終りに近づいた頃から戦争の済んだ頃に於きましては、貿易外の受取勘定が少ない年でも参億円、多い年には四億乃至五億に上りましたものが、其の後段々と減少して参りまして、今日は二億円となり、一億五千万円となり、殆ど一億円内外を上下すると云ふ如き状況に立到つて居るのであります。

斯くの如く貿易の上に於ては輸入超過額が増加し、貿易外の受取勘定に於ては段々減少して参りました結果、勢ひ日本の持つて居る所の正貨は、漸次減少を来さざるを得ないのであります。其の正貨の減少の状況如何と考へまするると、最近の統計即ち四月二十日の統計に依りますれば、其の現在高は拾参億七千余万円となつて居ります。之を前に述べました最高記録たる大正十年一月の二十一億九千万円に比較致しますると、僅に四年半の間に、日本の正貨の減少は八億二千万円の多きに上つて居ります。而して此の連年の莫大なる輸入超過を如何にして決済することが出来たかと云ふことを考へて見ますると、大正十二年の輸入超過六億二千万円に対しては、之を決済致します為に貿易外の受取勘定一億七千万円、是は無論貿易の輸入超過を決済致しまする重《おも》なる元素であるには違ひありませぬ。併しながら六億二千万円に対して僅に壱億七千万円では極めて一小部分しか決済することが出来ませぬ。其の足らざる所を如何にして補つて居るかと申しますと、是が皆様の御注意を願はなければならぬ要点でありますが、其の足りない所は外国から借金を致して居る。或は日本の持つて居る正貨を払出して居る。借金を致して貿易の輸入超過を決済するか、然らずんば折角戦争中に溜めた大切なる正貨をどんどん払出すことに依つて漸く貿易の輸入超過を決済して居ると云ふ誠に憐むべき状態であります。其の借金の金額は幾らかと申しますれば素より正確に申上げることは出来ませぬが大蔵省の概算に依れば、大正十二年度に於ける外資輸入即ち民間に於ける外国からの資本輸入の金額は二億千四百万円でありまして、同年度に於ける日本の正貨の払出高が一億六千余万円でありますから、其の借金を正貨の払出高を合せますと三億八千万円となります。大正十三年は更に増加致しまして、輸入超過の額が七億二千五百万円、是が決済に充つるが為に貿易外の受取勘定壱億六千二百万円を差出し、尚足らぬ所を十二年と同様、一部は借金を致し、一部は溜めて居つた所の正貨を払出しました。而して其の借金の金額は二億四千五百万円、正貨の払出しは一億七千余万円、合計四億一千六百万円、是だけのものを無理算段をして漸く貿易の決済を致して居ると云ふ状況であります。大正十四年の統計はまだ正確には分つて居りませぬ。貿易の輸入超過高が殖民地の分を合せて三億五千六百万円であると云ふことは前に申上げましたが、是が決済に充つべき貿易関係以外の受取勘定が幾らと云ふことは今日未だ不明であります。唯民間の会社が外国に社債を起した其の借金の金額だけは分つて居ります。即ち其の高は一億三千参百万円であります。日本の持つて居る正貨を払出した金額も大体分つて居ります。即ち八千八百万円であります。即ち二口合計二億二千壱百万円と云ふものを無理算段して居るのであります。斯くの如く年々二億円以上の借金を外国から致し、壱億六七千万円内外の折角持つて居つた所の正貨を失ふと云ふ状態が、今日以後長く続くと云ふことが不幸にしてありましたならば、日本の経済は到底立行きませぬ。是が即ち所謂経済上の国難であります。而して是が皆様に十分御了解を願つて置きたい要点であります。

此の国難は何とかして之を転回しなければなりませぬが、之を転回する所の中心問題は依然として外国貿易の問題であります。即ち外国貿易の関係に於て出来るだけ輸入を抑制し出来るだけ輸出を増進させると云ふ事だと云ふことだけは簡単に申すことが出来ます。素《もと》より日本は天恵の薄い為に原料品材料品の生産せられることが少ないのでありますから、其の大部分は外国から輸入しなければ日本の工業が立行きませぬ。それは止むを得ないことでありますが、併しそれでも外国から輸入しなくても済むものを実際輸入して居るものが少なくないと思ひます。原料品材料品は暫く別として、製造品殊に嗜好品贅沢品等は国民の勤倹力行に依つて、是が消費を絶対に皆無ならしむることは兎も角も、少なくとも減少せしむることは国民の心得如何に依つて決して出来ないことはないと私は確信致します。又到底其の消費を節することが出来ませぬでも、外国品を用いて居る所を、内地品を以て代用する余地あるものが少なくないと云ふことを私は確信致します。又輸入品の棉花にしても、羊毛にしても、其の物の性質は必要品に相違ありませぬが、其の消費する分量から見れば之を贅沢と云ひ得るものがあるのであります。綿布は如何にも是は生活の必要品でありますが、如何に綿布と雖も必要以上を消費すると云ふことであれば、其の必要以上の程度は是即ち贅沢であります。又毛織物は洋服の原料でありますから、其の性質から申しますれば如何にも必要品でありますけれども、其の消費の分量が余りに多ければ、即ち必要の程度を超えたる消費は云ふ迄もなく無用の消費であります。無用の消費は即ち贅沢であります。之を節約するの余地は今日の状態に於て充分にあると私は確信する。是は輸入の抑制に就て申上げたのでありますが、六千万国民が同心一体となつて、相戒めて十分に其の消費を節約致しまするならば、今日の輸入を或る程度迄減少せしめ、之に依つて輸入超過の金額を少なくし、之に依つて正貨の払出しを減少させると云ふことは決して出来ない仕事ではないと思ひます。又輸出奨励と云ふことも貿易状態改善の為には必要な事項の一でありますが、此の点に就ては政府に於ても十分なる奨励を致して居ります。即ち大正十五年度の予算は前年度の予算同様に力を極めて緊縮の方針を以て編成したる予算でありましたが輸出奨励の為めの予算は吝《おし》まずに計上致したのであります。

　輸出を盛んならしむる第一の条件は物価の低廉であります。第二の条件は輸出する品物の品質を良好にし、其の品質を統一すると云ふ事であります。是は極めて分り切つた話で故《ことさ》らに申上げる程の値打もありませぬけれども、前に申上げました通り今日の物価は経済界の不景気な割合には高過ぎる、倫敦《ロンドン》・紐育《ニューヨーク》の物価と比較して東京の物価は割合に高い。此の高い物価を以て海外市場に於て物価の割合に安い所の英米の商品と輸贏《ゆえい》を争ふと云ふことは、決して容易の業ではない。故に御互は努めて物価の低廉を図らなければなりませぬ。物価は何故に高いか。是には種々の原因がありませうけれども其の第一は需要が多いからであります。即ち国民の消費力が旺んであるからであります。国民の消費力が旺んであると云ふのは、未だ勤倹力行の風が十分徹底して居ない証拠であります。又戦争中から戦後に亘つて外国の品物が入つて来ないのを幸ひに南洋・印度・東洋等の市場に日本の商人が販路を拡張したことは前にも申した通りでありますが、其の品物を作れば作るだけ売れ、出せば出すだけ売れると云ふ天佑を利用し濫用して随分粗末な品物を輸出し、其の為に日本の商品の信用を害したことは私共の屢々耳にした所であります。品物が粗末であると云ふことと、物価の高いと云ふことと、此の二つが相俟つて輸出貿易の振興を妨げて居るのであります。此の二点に重要なる改善を加ふるに非ずんば輸出貿易の将来は決して楽観することは出来ないと思ふのであります。

斯くの如くに輸入を出来るだけ抑制し、輸出を出来るだけ増進致さしめ、それと同時に中央及び地方の財政を極力整理緊縮致し、又民間の事業界其の他一般財界を速《すみや》かに整理致し、其の整理を促進して然る後に財界の恢復を図る。又一般国民に向つては自覚反省を促し、勤倹力行、消費節約を奨励し、之に依つて貯蓄を奨め、其の一個人の貯蓄が相集まつて我国の資本の増殖となり、其資本を利用して茲《ここ》に産業の発展を図り金利の低下を図る、而して之に依つて輸入を抑へ輸出を進めると云ふことも充分に出来得るのであります。私共が局に当りましてより今日に到る迄殆ど満二年に近いのでありますが、内閣の出来ました一昨年の六月以来、第一に財政の整理緊縮と云ふこと、第二に民間の財界の整理恢復と云ふこと、第三に一般国民に向つて勤倹力行を奨励し、消費の節約を宣伝すると云ふこと、此の三箇条の為に昼夜没頭致して居る次第であります。財政の整理緊縮と云ふことに就きましては、簡単なる数字を以て申しますると、一昨年六月私共が局に当りました時には大正十三年度の予算は既に実行期に入つて居つたのであります。其の実行期に入つて居りました所の予算に向つて実行上の節約を加へました金額は一般会計特別会計を通じまして四千七百万円に達しました。そして直ちに大正十四年度予算の編成に着手を致し、其の着手に及んで御承知の通り行政財政の整理緊縮に全力を傾倒したのであります。其の結果として大正十四年度の予算は、一般会計特別会計を合せて二億五千六百万円の緊縮を致しました。世間では此の整理緊縮を以て不徹底であると云ひ、不十分である不完全であると評します。或はさうかも知れませぬが、私共の力のあらん限りは尽した積りであります。単り予算の金額を減少したるのみならず、政府の公債政策と云ふものに向つて根本的の改善を加へました。従前の計画通りに致しますれば、大正十四年度に於て公債を募集しなければならぬ金額は参億五千八百万円、大正十四年度に於て参億壱千参百万円、是だけ新規に公債を募集しなければ財政が保てないと云ふ状態でありましたのを、大正十五年度に於ても、十五年度に於ても、極力切詰めまして、両年度共各々一億五千万円に縮めました。而も其の縮めた所の新規起債は之を一般市場に向つて募集致しませんで、所謂特別方法に依りまして、民間の経済に圧迫を加へないと云ふ方針を厳重に守つて居ります。政府の財政緊縮整理の方針は大体斯くの如き状態であります。

政府の財政整理緊縮の方針は斯くの如きでありまするが、扨《さ》て民間の財界に於きましても亦政府の整理緊縮の方針と協調を保ちまして、爾来着々財界整理の歩を進めて居ります。金融は大体に於て緩漫に赴き、従つて金利も大体に於て低落の機運に向つて参りまして、財界整理の機運は追々進捗して参りましたが、而も全体から申しますれば、其の整理は未だ其の半ばに過ぎない、今日は整理の中途であると云ふ状態でありますから決して其の整理の手を弛めることは出来ませぬ。今日以後更に一段の努力を致しまして此の財界の整理を完了致し、其の完了したる財界に於て事業の恢復発展を図るべき順序であると考へて居ります。又消費の節約或は勤倹力行の方面に於ても、中央政府、地方官憲並に或は市役所であるとか或は町村役場であると云ふが如き官公衙の組織的の奨励と全国に亘る識者の自覚と相俟つて、此の勤倹力行消費の節約が大分徹底的に行はれて参りまして、全国に亘つて大分真面目に、真剣に此の美風が汎《あまね》く行はれかけて来たと云ふことは、御互に国家の為に慶賀に堪へない所でありますが、併しながら今日は未だ其の初歩にあります。現在の状況を以て吾々は決して満足することは出来ないと考へます。今後に亘つて益々力を極めて此の消費の節約勤倹力行の奨励宣伝に力《つと》めなければ、所謂経済上の国難を突破することは困難であらうと思ふのであります。

扨《さ》て勤倹力行の奨励と云ひ、消費節約の宣伝と云ひ、其の真の目的は果して何処にあるか。大体是迄申上げた所に依つて尽きて居るとは考へますけれども、今一応之を系統的に申しますれば、勤倹力行消費節約の真の目的とする所は、一は之を国家的に観察する必要がある。一は之を個人的家庭的に観察する必要がある。

国家的に之を観察致しますれば、勤倹力行殊に勤勉力行と云ふことに依つて各人の収入が積極的に増加を致して参る、是は積極的であります。一方に於ては消費の節約と云ふことに依つて各人の支出が消極的に減少して参らなければならぬ。そこで収入の増加と云ふ積極的の働きと支出の減少と云ふ消極的の働きと、此の両面が相共に働いてそれに依つて各人の貯蓄が増加致し、其の貯蓄が集まつて一国の資本の増殖となる。一国の資本が増殖致しますれば其の国家の産業が振興して参ります。国家の生産事業が振興して参りますれば、其の国の物価は自ら低廉に赴く。茲《ここ》に於て輸入は抑制せられ輸出は自然に奨励せられます。其の結果として経済上の国難たる所の輸入超過の大勢が漸を追ふて減退せざるを得ないのであります。即ち今申した所の政府の財政整理、民間の財界の整理と各人の勤倹力行、消費の節約とが相俟つて所謂経済上の国難を転回することが出来るやうになると考へます。又転回することが出来るやうにならなければ相成らぬのであります。

以上は国家的に考へたことでありまするが、次に個人的、家庭的に考へて見まするとこの勤倹力行消費節約と云ふことは、物質的から申しますれば、第一に之に依つて各人各家庭が生活の安定を得ることが出来ます。此の生活の安定を得ると云ふ事に依つて各人が老後の計を為すことが出来ると同時に、子弟の教養に向つて十分なる力を注ぐことが出来るのであります。又精神的から申しますれば、一面に於ては生活の安定と云ふ事に依つて家庭の平和を招き、引いては思想の安定を招来することが出来まして、当今の大問題でありまする所の思想問題を解決する一の助けとすることが確に出来ると思ひます。又一面から申しますれば、勤倹力行消費節約と云ふことは、堅忍不抜、克己励精と云ふ国民的の大精神を養成する助けとなりまして、未來永劫に亘つて帝国発展の基礎を益々鞏固ならしむることが出来ると思ふのであります。

近頃世間に国産品愛用と云ふ声が聞えて参りましたが、是は時節柄極めて大切なる事柄であると思ふのであります。政府当局に於きましても、此の国産品愛用と云ふことに対しては出来得るだけ力を尽し、最善の努力を致す決心であります。現に大正十五年度の予算に於ても相当の金額が是が為に計上してありまするが、此の事たるや独り政府の予算上の施設のみを以て其の目的を達することは到底出来ませぬ。所謂国民的の運動国民の総動員の働きに依つて初めて国産品愛用の目的を達することが出来るであらうと考へます。世間動《やや》もすれば舶来品を尊重して国産品を軽蔑すると云ふ風潮が従来無きにしもあらずと考へるのでありますが、是は如何なる心理状態に依るのでありまするか。是は大体に於て日本は後進国であり、欧米は先進国であると云ふ頭が六千万国民の脳髄にこびり付いて居りまして、日本は外国に対して劣ると云ふ自屈的の精神が先天的に同胞の頭の中にくつ付いて居る。それが為に外国品と云へば必ず優良な物であり、内地品とか和製とか云へば必ず劣等なる品物であると云ふが如き間違つたる所の観念が、知らず識らずの間に国民全体の心理状態に固着して居る。其の固着致して居ると云ふことが所謂国産品を虐待し、舶来品を優遇すると云ふ風潮を起した抑々《そもそも》の原因を為して居ると考へます。一面から考へますれば、外国の長を採つて内国の短を補ふと云ふ極めて良い事でありますけれども、他面から考へますると決して喜ぶべき現象ではないと思ひます。単り経済上に喜ぶべき現象でないのみならず、精神的にも甚だ宜しからざる事柄であると思ひます。此の事に就きましては特に皆様の御注意と御尽力とを願はなければならぬのでありまするが、承はる所に依りますれば、国産品愛用の運動の行はれて居ります所は、独り日本のみではありませぬ。寧ろ日本に於ては未だ運動が行はれて居りませぬが、爰《いずくん》ぞ知らん国民が崇拝し、優良なる品物を造ると云つて尊敬して居る所の先進国たる欧米諸国に於て、此の国産品愛用の運動が最近に於て極めて猛烈に、而も徹底的に行はれて居ると云ふことを承はる。而も其の国民的運動の中心は婦人の団体であると云ふ事を承はるのであります。取分けて斯くの如き運動に対しましては、御婦人方の熱心なる運動又は宣伝と云ふことが殊に有力であらうと私は信じまする。

斯くの如くに、勤倹力行と云ひ、消費節約と云ひ国産品の愛用と云ひ、国家的から考へましても、亦個人的家庭的から考へましても、極めて緊要なる事柄でありまするが故に、之を宣伝致し之を実行させます為には、何故に勤倹力行をしなければならぬか、何故に消費の節約を図らなければならぬかと云ふ理由を、広く国民に徹底せしめまして、十分に之を理解せしむることが必要であらうと思ふのであります。理解に基かず、自覚に基かない所の機械的なやり方は、如何に勤倹力行と云ふ良い題目でありましても、国産品愛用と云ふ良い題目でありましても、それは永続性を帯びない所の運動であります。永続性を帯びない所の一時的発作的の勤倹力行国産品愛用は公私二つながら無用であります。何の役にも立ちませぬ。国家の為にも、個人の為にも、家庭の為にも、何等の役に立つものではありませぬ。それ故に私は今日皆様方の御集まりの機会を利用致しまして、聊《いささ》か先刻来国家経済上の難問題と称せられる事柄に就きまして、概略の説明を申上げた次第であります。各団体を代表せらるる所の皆様方に於かれましても、よく其の団体の会員諸君に御伝へ下され、亦各学校を代表せらるる所の皆様方に於かれましても汎《あまね》く其の学生生徒並に学生生徒の父兄に対しまして、広く政府の意の存する所を御説明下され、更に進んで汎く之を国民全体に説き及ぼし、六千万の国民が同心一体となり、共に倶《とも》に奮励努力致しまして、此の経済上の国難を突破するに到らむことを切に希望する次第であります。私は皆様方の愛国の至情に御愬《おうった》へ申上げて、敢て此希望を開陳する次第であります。甚だ長時間に亘りまして清聴を煩はしましたことを深く感謝致します。

（『浜口大蔵大臣財政経済演説集』）

四五　手形交換所聯合懇親会に於ける演説

［一九二六年（大正一五年）四月二九日］

今夕は手形交換所聯合懇親会に御招待を蒙りまして、我国金融の枢機を握らるる諸君に対しまして、我国財政経済の現状に付聊《いささ》か所見を述ぶるの機会を与へられましたことは、私の欣幸とする所であります。

昨秋の本懇親会席上に於きまして、私は大正十五年度予算編成の方針、税制整理及対支借款関係債務整理に関する計画等に関しまして申述べて置いたことがありまするが、政府が右の方針に依て編成しました所の大正十五年度総予算は、第五十一回帝国議会の協賛を得て其の成立を見ました。又税制整理に関する諸法律案は衆議院に於て一部の修正を加へられましたけれども、政府が企図致しました税制整理の根本方針には大体に於て何等の支障を生ずることなく、貴衆両院を通過致しまして法律として公布せられ、其の大部分は何れも既に実施を見るに至りました。唯営業税の廃止と営業収益税の新設とは、大正十六年分より施行せられることになつて居り、又土地の賃貸価格を課税標準とする新地租法の制定は、之を大正十七年分より実施せむとする計画であります。

第五十一議会に提出致しました関税定率の一般的改正法案は、衆議院に於て些少の修正を加へられました後、両院の協賛を経まして三月二十九日より之を実施するに至りました。関税定率は今回斯く改正せられましたけれども、之をして常に変転窮《きわま》りなき産業貿易の状態と国民生活の実況とに適合せしむが為めには、必要の都度敏速に之が部分的改正を行はなければなりませぬ。仍《よ》つて之が調査を為さしむる為に常設機関を置くことを便宜と認めまして、政府は近く関係各庁の官吏竝学識経験ある民間の人士を以て組織致しまする関税定率調査会を設けて、政府の諮問に応ぜしめむとする計画であります。

対支借款関係債務の整理に関する法律案は、何等の修正を見ずして第五十一議会を通過し、所謂西原借款問題は根本的に解決を告げましたに依つて、政府は取り敢へず大蔵省預金部の引受に係る興業債券額面三千四百余万円を買入銷却《しょうきゃく》し、預金部よりの融通金千三百万円を返済するに必要なる金額並に日本興業銀行・朝鮮銀行及台湾銀行の本年三月末日に於ける自行資金補足額二千七百余万円、合計七千百余万円に対しまして、四月一日を以て五分利公債額面八千二百九十余万円を発行致しまして、之を三銀行に交付致しました。而して右公債は少なくとも今後一箇年間は、三銀行に於て之を一般市場に売出さざる方針であることは、昨年本席上に於て明言した所であります。

以上申述べました通り我国財政経済上の難問たる税制整理、関税改正及対支借款関係債務整理の三大問題は、茲《ここ》に漸く之が解決を告げましたけれども、今後尚解決を要する数個の難問題が横はつて居るのであります。就中《なかんずく》最重要なりと認むべきものは金融制度整備及国際貸借改善の二問題であります。仍《よ》つて政府は今後此の二大問題に対しまして、其の最善の努力を致し、国民と共に善処したいと思ふのであります。

抑《そもそも》我国の金融機関に関する諸制度は、其の必要ある毎に随時制定せられたるものが多いのでありまして、其の組織脈絡必ずしも完全無欠なりとは謂ふことを得ないのみならず、時勢の進運に副《そ》はないものも亦尠くないと認めますが故に、今や我国財界の整理恢復を促し、産業の進歩発展を図るの必要最痛切なるものがある時に際しまして、金融制度を整備して其の欠陥を補うことは最緊要の事であると信ずるのであります。然るにこれら金融制度の整備は寔《まこと》に至難の事業でありまして、其の成案の如何は我財界に甚大なる影響を及ぼすべきものでありますから、漫《みだ》りに其の速成を求むべきではありませぬ。又徒らに理論に偏して、実行の如何を顧ざるが如きは責任ある政府の断じて排斥する所であります。宜しく慎重なる攻究を重ねまして、実行上万遺漏なきを期さなければなりませぬ。仍《よ》つて政府は関係各庁の官吏並に学識経験ある民間の人士を以て組織する調査委員会を設置しまして、政府の諮問に応じて周到精密なる調査講究を遂げしめ、以て妥当にして実行的なる成案を得るに努めむとするものであります。但金融制度整備の如き問題は、問題の性質上、其の立案前予め充分なる準備調査を行ふの必要あるを認めまして、今回大蔵省内に金融制度調査準備委員会を設置し既にその調査に着手致して居ります。

次に国際貸借の改善に関して申述べたいと思ひます。先づ大正十四年の外国貿易は輸出が二十三億五百余万円、輸入が二十五億七千二百余万円、合計四十八億七千八百余万円でありまして、輸出額輸入額共に我貿易史上の最高記録を作りました。而して輸入超過額は二億六千七百余万円でありまして、前年に比し実に三億七千九百余万円を減少致して居ります。而して本年に於きましては四月中旬迄の実績は輸出六億二千余万円、輸入九億五百余万円、差引二億八千五百余万円の入超でありまして、前年同期の入超に比しますれば一億四千六百余万円を減少し、益《ますます》貿易改善の趨勢に向ひつつあることを示して居ります。外国為替相場も亦主として貿易の大勢に応じて著しく強調を呈し、昨年初三十八弗《ドル》半に在りましたる対米相場は今や四十七弗四分の一となり、此の間八弗四分の三の恢復を示して居るのであります。

為替相場の恢復は固《もと》より国家の為喜ぶべきことでありまするが、之が恢復の真因に付きましては充分研究を要するものがあると思ふのであります。今日迄の為替相場の恢復の経路を観まするに、主として貿易の大勢に由来することは勿論でありまするけれども、其の恢復が全部国際貸借の実勢を表現するものなるや否やといふことは疑問であつて、寧ろ最近数箇月間の暴騰は、其の原因の一部を円の思惑に帰すべきものの如くに考へらるるのであります。而して昨年来海外市場に於て円の需要が増加しました所以は、或は政府の実行いたしましたる正貨の現送を以て金輸出禁止解除の準備なりと解し、或は為替相場さへ恢復すれば日本政府は当然金の解禁を行ふものなりと予想する等、本邦の金解禁の時期近きたりとの前提の下に、円の思惑を試むる者あるに因るものの如くであります。併しながら是等は政府の真意を了解しないものであります。蓋し正貨の現送は当初説明致しました如く政府の外国債元利払其の他の海外支払を為すに当りまして、為替送金に依るときは歳計上巨額の為替差損を生じまするに依つて、成るべく之を減少せむとする財政上の目的に出たものでありまして、何等金解禁に関係を有するものではありませぬ。金の解禁に関する政府の方針は、先づ以て財政経済上各般の施設に依り国民の努力と相俟て、財界の整理安定を図り、外国貿易の逆調を制し、実質的に我国際貸借を改善し、其の結果として為替相場が平準に恢復致し、金解禁の結果相場の激変を来すことなく、正貨の急激なる流出を伴ふこともなく、経済界に著しき波瀾を惹起するが如き虞《おそれ》がないと認めらるる場合に於きまして、且つ解禁後或は発生することあるべき変動に対して必要なる準備を整へましたる上、始めて解禁を行はむとするものであります。故に為替相場が投機思惑等に依りまして、一時不自然なる恢復を見ることがありましても、之が為に直に解禁を行ふの意思を有つて居りませぬ。蓋し単に為替相場の恢復がありましても、国際貸借の実勢が之に伴はない場合に於きまして金解禁を行ひまするならば、其の財界各方面に及ぼす影響は、為替相場低落の場合に於ける解禁と殆んど選ぶ所がなからうと思ふのであります。世上或は曩《さき》に英国の行ひました金解禁の事実を捉へまして、我国の速《すみや》かに之に倣ふべきを主張する者が少くないやうでありまするけれども、英国は其の国際貸借関係に於て我国と趣を異にするものがあります。蓋し英国は貿易上に於ては毎年巨額の輸入超過を示して居りまするけれども、最近数年間の貿易外の受取超過額は貿易の入超額を決済して余あるのであります。仍《よ》つて解禁の準備の整ふのを俟ちまして、昨一九二五年四月事実上の金解禁を行ひ、昨年末に至りまして名実共に金本位国に復帰したものでありまするが、而も英国の金解禁後に於ける財界の状況に照しまして、解禁の時期尚早なりしとするの議論が今尚熄《や》まないといふ実情に在るのであります。

翻て我国際貸借の実勢を観まするに、貿易に付ては大正八年以降毎年輸入超過を示して居りましたが、此の傾向は震災以来益《ますます》甚だしく朝鮮台湾の分を合計するときは、大正十二年には入超六億二千二百余万円、大正十三年には七億二千五百余万円の巨額に上りまして、昨年の貿易は大に改善されましたに拘らず、尚且三億五千六百余万円の入超を示して居るのであります。之に対して貿易外の収支計算を観まするに、大正十二年の受取勘定は外国証券利子及配当・海外事業及労務利益・海運及保険関係収入、外国人本邦内消費・政府海外収入及其の他の経常的収入に於て概算合計約四億六千万円を算して居り、支払勘定は外国人払本邦証券利子及配当・外国人内地事業及労務利益・海運及保険関係支払・本邦人海外消費・政府海外支払及其の他の経常的支払に於て合計約二億九千万円を算して居りまして、差引受取超過約一億七千万円でありました。又大正十三年に於きましては経常的収入約五億一千八百万円、経常的支払約三億五千六百万円、差引受取超過一億六千二百万円でありまして、大正十四年に付きましては、調査未了でありまするが、前年に比較しまして外資輸入に基く利払の増加等の関係に依りまして、受取超過額は前二年に比し幾分の減少を見るのではないかと予想されるのであります。斯くの如く毎年に於ける貿易外の経常的受取超過額を以てしましては、到底巨額なる貿易上の入超額を相殺することが出来ませぬ。毎年少からざる外資の輸入及正貨の払下等に依りまして、辛うじて之が決済を行ひ来つたのであります。即ち大正十二年に於きましては、民間社債の外国に於ける発行、其の他外資純輸入高二億一千四百余万円を算し、又同年中の国際貸借関係に於ける正貨の減少は一億六千七百余万円に及んで居ります。翌大正十三年に於きましては、政府公債・民間社債其の他外資純輸入高は二億四千五百余万円に上つて居り、国際貸借関係に於ける正貨の減少は一億七千百余万円に達して居ります。昨年に於ける貿易外の収支計算は前述の如く未だ詳《つまびら》かではありませぬけれども、民間社債の募集は額面計算に於きまして一億三千三百余万円に上り、同年中の国際貸借関係に於ける正貨の減少は一億二百余万円を算して居ります。

斯の如く連年に亘る巨額なる外資の輸入と正貨の払下とに依りまして、貿易入超額の決済を行ひ来つたのでありまするけれども、為替相場が尚平準に復しないといふ事実は、我国際貸借が未だ十分堅実なる基礎の上に立てるものではないといふことを立証するものであります。されば国際貸借の根本的改善に付きましては、今後尚一段の努力を要するのであります。而して其の努力の目標とすべきは貿易上の輸入超過額をして貿易外の経常的受取超過額の範囲を出でしめざるに在るのであります。吾人は国民的努力に依て此の目標に到達することを期さなければならないと思ひます。併し乍ら此の目標たるや寧ろ消極的の理想と言ふべきものでありまして、若し我国民にして斯の如き消極的理想に安じて更に努力する所がないならば、我国の経済力は之を伸張するの余裕を有たないのみならず、政府民間の外債償還期に当りまして、常に正貨問題の難関に立ち、或は甚しき不利なる借換を余儀なくせらるるの境遇に陥るを免るることが出来ないであらうと思ふのであります。現に政府関係に於きましても、大正十六年八月には政府保証興業債券二千二百万弗《ドル》、大正二十年一月には第二回四分利英貨公債二千四百九十余万磅《ポンド》、大正二十一年七月には政府承継南満洲鉄道株式会社々債六百万磅《ポンド》の償還期が到来するのであります。其の金額は相当巨額でありまするから之が償還資金の調達に付ては予め之に備へる所がなければなりませぬ。

我国際貸借の現勢が斯の如くなるにも拘らず、徒らに最近に於ける為替相場の急激なる騰貴の事実のみを見まして、深く其の原因を究めずして我経済力恢復の結果真に茲《ここ》に至つたものであると速断し、為に人心の緊張を失ひ、財界の整理を怠り、事業の経営を放漫ならしめ、或は延いて投機思惑に走るが如きことがありますれば、数年来財界の真の整理恢復に向て注がれましたる我官民の努力を一朝にして水泡に帰せしめ、我財界は再収拾すべからざる難境に陥るに到らむことを恐るるのであります。

要之《これをようするに》我財界は今や、多年の創痍漸く癒えむとする極めて重大なる時機に際会して居るのであります。政府は本年度に於きましても、依然として緊縮の方針を以て財政の運用に膺《あた》ると共に、現下の急務たる国際貸借の改善に付きましては、出来得る限り必要の施設を行はむことを期して居ります。併し乍ら国際貸借改善の事たる、其の関係する所極めて広く、財界各方面の協力を要するは勿論、一般国民の協力を得るに非ざれば、到底其の目的を達し難いのであります。我国金融の枢機を握らるる諸君に於かれましては、其の責務の極めて重大なるに省みられ、政府の政策と相俟て施設画策宜しきを得て、財界の恢復国運の伸暢《しんちょう》に貢献せられむことを切望して已まざる次第であります。

（『浜口大蔵大臣財政経済演説集』）

四六　経済聯盟招待会に於ける演説

［一九二六年（大正一五年）五月二八日］

本夕は御招待を蒙り、我財界の各方面を代表せらるる各位と会して、我国の財政経済上の問題に関し、意見を交換するの機会を与へられたることは、私の最欣快とする所であります。

財政経済上の問題に付ては、多少卑見を開陳致し度い事項もありまするけれども、之れは他の適当なる機会に譲ることに致しまして、今日は現下我国の財界に於て重要なりと認めらるる一二の事項に関し、私より問題を提供して、各位の御研究を煩はしたいと思ふのであります。

抑《そもそ》も我国の経済力の充実発展を期せむとせば、先以て産業の振興を図ることの緊要なることは、何人も異論のない所と存じます。而して産業の振興策としては、各方面に渉り産業条件の改善に必要なる諸般の方策を実行することを要します。就中《なかんずく》原料問題・労力問題及事業管理問題に付、我国の現状に適切なる施設を講ずると共に、資金問題に付改善の方法を講ずるの必要ありと思ふのであります。併し私は以上各問題に渉り、茲《ここ》に詳細なる陳述を試みる余裕を持ちませぬから、其の中特に重要且急務と考へらるる産業資金の問題に関し、一二の事項に付各位の注意を喚起し御研究を煩はし度いと思ひます。

産業資金問題とは現下我国の産業界が最も欠乏を感じて居る所の低利なる事業資金を、潤沢且円滑に供給することに外ならぬのであります。而して之が方策に付ては、今日迄官民各種の調査会等の議題として、種々研究を重ねられた所でありまするが、今日に至る迄未だ有効適切なる方策を発見し、之を実行するに至らなかつたのであります。私が一昨年六月財務の局に当りまして以来も、此の問題に付ては他の経済諸問題と共に深く考慮を費しました。恰も私共の就任当時に於ては、我財界は戦後反動の創痍尚癒えず、加ふるに関東大震災の打撃を蒙り、金融は梗塞し、金利は騰貴し、為めに産業は萎靡不振の極に達し、其の他財界各方面共、極めて多難の時機に際会して居りました。私は此の難局打開の根本策として、先以て戦時中より過度の膨脹を続け来りたる政府財政の整理緊縮を断行し、殊に従来の公債政策を改めて非公募主義を確守し、以て財政の民間経済に対する圧迫を緩和するに力《つと》め、之と同時に一般国民に対しては、軽佻奢侈を戒め、勤倹貯蓄を奨励し、以て資本の蓄積、民力の充実を図り、将来に於ける経済的発展の基礎を確立するの緊要なるを認めまして、爾来之が実現に努力して参つたのでありますが、此の方針は幸ひにして財界の枢軸たる各位を初め、多数国民の熱誠なる協力を得て、茲《ここ》に三年に亘れる官民努力の効果漸く表はれ来り、財界一般の状勢は漸を逐ふて改善の徴候を呈するに至りました。即ち貿易の逆調は漸次緩和され、金融は大体に於て緩和の趨勢に転じ、爾来金利も次第に低落の歩調を辿つて居りまして、私共就任当時一昨年六月中の最低市中割引日歩東京二銭二厘、大阪二銭でありましたが、本年三月中の最低日歩は東京一銭八厘、大阪一銭七厘五毛となり、日本銀行公定割引歩合も昨年四月二厘方の引下に依り二銭となりました。之と同時に債券類の発行利廻も漸次低下し、一昨年六月発行興業債券の利廻は八分三厘なりしものが、昨年四月発行のものは七分二厘五毛、本年四月発行の割引債券は更に低下して六分八厘四毛となりました。民間社債の額面利率も同様次第に低下しまして、預金部特別引受の分を除き、額面利率七分以下の発行は一昨年上半期に於ては、発行総額の三割三分に過ぎなかつたものが、昨年下半期に入りては九割を占むるに至り、本年上半期の三月迄の実績に於ては更に其の割合を増加し、九割六分に上つて居ります。斯くの如くにして債券の利廻が低下し、民間高利債務の低利借換が容易となりました結果、産業界の従来蒙りたる金利の負担は、之に依つて相当軽減せられた事は疑を容れない所であります。

併し乍ら以上の現象は、戦後財界の反動に引続き、関東大震災の影響に因り誘致せられたる極端なる金融梗塞と金利昂騰の絶頂時期より、漸次平調に復せむとする過程の一部に過ぎずして、未だ大正九年の財界の反動以前の状勢にも復して居らぬのであります。産業界も高利債務の整理借換が纔《わずか》に其の緒に付いたと云ふ許りでありまして、未だ将来の発展に要する資金の供給を潤沢に受け得る時機には、達して居らぬと考ふるのであります。加之《しかのみならず》我国の金利は之を英米に比較するときは、常に遙かに其の高位に在るのでありまして、是れ即ち我国が国際経済上の競争場裡に優勝の地位を占むる上に於て、甚だ不利益なる点の一つであります。元来我国の金利の割高なる原因は、之を根本的に論ずるときは、我国の風土国情及国民性とも関係を有し、或は人力を以て之を如何ともす可らざるものがありまするけれども、其の幾多の原因中金融機関に関する制度、金融業者の営業方法、事業家の経営状態、資本蓄積の手段其の他外国金融市場との関係等、我国民の自覚及努力に依り、匡正し改善し得る余地あるもの亦少からずと思ふのであります。私共は此の見地より、今後産業資金の問題の解決に付ては、諸君の協力を得て十分の努力を惜まぬ考であります。

而して本問題に関し今後主として研究を遂げ、之が解決を図らむと思ひまする点は、一方に於ては既に其の調査に着手せる金融機関に関する制度の整備改善に依り、資金の供給を円滑ならしむると同時に、政府の財政に於ては依然として緊縮の方針を続行し、且出来得る丈け公債の募集額を少からしめて、金融に対する財政の圧迫を除き、以て財界整理恢復を促進し、又国民一般に対しては、勤倹貯蓄の奨励に力め、以て資本の蓄積、民力の充実を図り、其の結果産業資金の充実と金利の低落とに資する所あらむとする考であります。

抑《そもそ》も我国の金融機関に関する諸制度は、其の必要ある毎に随時制定せられたるもの多く、其の組織体系必ずしも完備せりと謂ふことを得ませぬのみならず、時勢の要求に副《そ》はざるものも亦尠くないと認めまするが故に、今や産業の進歩発展を図らざる可らざる大切の時機に当り、其の資金供給の機関に関する制度の改善を図ると云ふことは、最緊要の事と思ひます。然るに此等金融制度の改善は、寔《まこと》に至難の事業でありまするが故に、政府に於ても慎重なる態度を以て十分に調査攻究を重ぬる必要を認めまして、今回関係各庁の官吏及学識経験ある民間人士を以て組織する調査委員会を設置するの計画を立て、先づ之が基礎案を作成せしむる為、準備委員会を大蔵省に設置して、既に之が調査に着手して居る次第であります。併し金融制度の問題は極めて機微の問題でありまして、其の財界各方面に及ぼす影響の甚大且広汎なるものあるに顧み、其の調査研究の如きも、独り之を政府の調査機関のみに委ぬ可きではありませぬ。民間に於ても其の実際的見地より、且全く自由なる立場に於て、政府の機関に依る調査と併行して本問題の攻究を為し、以て政府に有力なる参考を供することは、頗る必要のことと思ひます。此の点に於ては、財界各方面の知識経験を網羅せる本経済聯盟の如きは、本問題の研究に最も適当の機関と思はれますするから、何卒各位の間に於ても、国家的見地より、極めて拘束なき立場に於て、本問題の調査攻究を遂げられ、実行的成案を得るに従ひ腹蔵なく之を政府に申達せられ、政府設置の調査会と相俟つて、政府をして適切なる成案を得しむるが為に、有力なる参考を供せられむことを希望する次第であります。

上述の如く金融機関に関する制度の改善と共に、他方に於ては引続き政府財政の緊縮、財界の整理促進、及国民一般に対する勤倹貯蓄の奨励に力《つと》め、之れに依りて益々金融の緩和・資本の蓄積を図り、延いて金利の低下を促し、以て相当低利なる産業資金の供給を容易ならしめむとする方針を取る考へでありまするが、右将来の金利政策に関聯し、少しく各位の考慮を煩はし度い問題があります。即ち金融緩漫の過渡的時期に於ける投機抑制の問題であります。我国の財界は、資本市場として、欧米の財界に比し其の範囲極めて狭小でありまするから、金融の繁閑に依り、景気消長の変動甚しく、金融少しく緩み資金潤沢の徴候表はるるや、直に投機熱の台頭を来し、所謂中間景気なるものの勃興を誘起し、其の結果一般金利の秩序的低落を阻止せらるる傾向があります。我国の財界が既往に於て、不健全なる投機熱の為其の安定を脅威せられ、金融緩和の歩調を紊《みだ》されたることの一再に止まらなかつたことは、明なる事実であります。故に今金融の緩和、金利の低落に付、能く其の所期の目的を達せむとしまするには、不健全なる投機の脅威に対し、十分備ふる所の手段がなければならぬと思ふのであります。而して投機の抑制は、結局株式業者及之と関係を有する一般金融業者の自覚自制に待つ外ないのであります。併し是等の人々が、自制を為す前に常に投機取引の実勢を識つて、将来の趨勢を予知するの方法を与へらるることが、最も必要であると思ふのであります。是れには主として株式市場資金の現在高、及其の増減の趨勢を知ることが最も捷径でありまするが、我国に於ては今日迄之を知るの方法がなかつたことは、頗る遺憾とせらるる点であつたのであります。此の点に付きまして、米国に於ては本年一月以来聯邦準備局に於て、主要都市に於ける加盟銀行より、株式仲買人に対する貸出高の報告を徴し、之に依りて毎週銀行の株式資金貸出総額なるものを発表し、之れと同時に紐育《ニューヨーク》株式取引所に於ても、同様の調査を為し定期に発表して居ります。之に依りて大体に於て紐育市場に於ける投機資金の増減を知り、投機の実勢を観測することを得、其の結果関係金融業者及株式仲買人雙方の警戒と自制とに依て、自ら過度なる投機の勃興を抑止することが出来るやうになつて居る様に考へられます。此の米国の採りまする方法を直に我国に移して之を実行することの可能性如何と、仮令《たとい》可能なりとしても其の可否如何と云ふことに付ては、充分攻究の余地ありと思はれまするけれども、兎に角我国に於て投機抑制の手段として、株式資金の供給者たる金融業者の自制に訴へむとするに当り、株式融通資金総額を知るの途が備つて居ないことは、頗る遺憾と思ふのであります。其の他過度の投機殊に所謂中間景気抑制の方法に付、各位の間に十分なる研究を遂げられ、財界の整理進捗と金利の秩序的低落とに対する障碍を、除去するの途を講ぜられむことを希望します。

以上の二問題に付ては、政府に於ても調査研究を遂げ、適当の成案を得る為努力を致す考へでありまするから、各位に於かれても、折角研究を重ねられ、我国財界の多年の懸案たる産業資金問題の解決に付、貢献せられむことを切望する次第であります。

（『浜口大蔵大臣財政経済演説集』）

四七　財界恢復に対する新標的

［一九二六年（大正一五年）六月、憲政会機関誌論説］

一

関税定率の一般的改正法は三月二十九日よりこれを実施するに至つたが、関税定率を常に変転極まりなき産業貿易の状態と、国民生活の実況とに適合せしめんが為には、必要の都度敏速にこれが部分的改正を行はねばならぬ。依つて之が調査をなさしむるため政府は近く常設として関係各庁の官吏並に学識経験ある民間の人士を以つて組織する関税定率調査会を設け政府の諮問に応ぜしむる方針である。我国財政経済上の難問たる税制整理、関税改正及び対支借款関係債務整理の三大問題はここに漸くこれが解決を告げたとは云ひ、今後尚解決を要する数個の難問題がある、就《なかん》中《ずく》最重要なるものは金融制度整備及び国際貸借改善の二問題である。依つて政府は今後此の二大問題に対して其の最善の努力を致し、国民と共に善処する決心である。抑《そもそ》も我国の金融機関に関する諸制度は、我国財界の整理回復を促し産業の進歩発展を図る必要最も痛切なるものあるに際し、金融制度を整備して其の欠陥を補ふは最も緊要の事なりと信ずる。然るに是等金融制度の整備は洵《まこ》とに至難の事業にして其の成案の如何は我財界に甚大なる影響を及すべきをもつて、漫《みだ》りに其の速成を求むべきではない。又徒に理論に偏して実行の如何を顧みざるが如きは責任ある政府の断じて排斥する所である。宜しく慎重なる攻究を重ね実行上万遺漏なきを期せねばならぬ。依つて政府は関係各庁の官吏並に学識経験ある民間の人士を以て組織する調査委員会を設置し、政府の諮問に応じて周到精密なる調査講究を遂げしめ、以つて妥当にして実行的なる成案を得るに努めしめんとして居る。

二

次に昨年の外国貿易は輸出額輸入額共に我貿易史上の最高記録を作り、而して輸入超過額は二億六千七百余万円にして前年に比し実に三億七千九百余万円を減少し、四月中旬までの実績は前年同期の入超に比し一億四千六百余万円を減少し外国為替相場も又著しく強調を呈し昨年初三十八弗《ドル》半であつた対米相場は今や四十七弗四分の一となり、此の間八弗四分の三の回復を示したが、昨年来海外市場に於て円の需要増加せる所以は、或ひは正貨の現送を以つて金輸出禁止解除の準備なりと解し、或ひは為替相場さへ回復すれば日本政府は当然金の解禁を行ふものなりと予想する等、我国の金解禁の時期近きたりとの前提の下に円の思惑を試むる者あるに因るらしいが、是等は政府の真意を了解せざるものであつて、正貨の現送は何等金解禁に関係を有するものでなく、金の解禁に関する政府の方針は先づ以つて財政経済上各般の施設により国民の努力と相俟つて財界の整理安定を図り、外国貿易の逆調を制し、実質的に我国際貸借を改善し、その結果として為替相場が平準に回復し金解禁の結果相場の激変を来さず、正貨の急激なる流出を伴はず、経済界に著しき波瀾を惹き起す恐れなしと認めらるる場合に於て、且つ解禁後或ひは発生することあるべき変動に対して必要なる準備を整へたる上初めて解禁を行はむとするものである。故に為替相場が投機思惑等により一時不自然なる回復を見ることあるも、之が為め直に解禁を行ふの意思を有しない。我国際貸借の実勢を観るに昨年の貿易は大に改善せられたりと雖も、尚且つ三億五千六百余万円の入超を示し、貿易外の収支計算を観るに大正十三年に於いては経常的収入約五億一千八百万円、経常的支払約三億五千六百万円、差引受取超過一億六千二百万円にして、大正十四年に就ては前年に比し外資輸入に基く利払の増加せる等の関係により受取超過額は前二年に比し幾分の減少を見るに非ずやと予想せらる。斯くの如く毎年における貿易外の経常的受取超過額を以つてしては到底巨額なる貿易上の入超額を相殺することが出来ず、大正十三年に於ては政府公債、民間社債其の他外資純輸入高は二億四千五百余万円に上り、国際貸借関係に於ける正貨の減少は一億七千百余万円に達し、昨年に於ても民間社債の募集は額面一億三千三百余万円に上り、同年中の国際貸借関係に於ける正貨の減少は一億二百余万円を算して居る。斯の如く連年に亘り巨額の外資輸入と正貨の払下により貿易入超額の決済を行ひ来つたと雖も、為替相場が尚平準に復せざるの事実は、我国際貸借が未だ十分堅実なる基礎の上に立てるものといふことを得ないのを立証するものである。

三

されば国際貸借の根本的改善に就いては今後尚一段の努力を要する。而して斯の努力の目標は貿易上の輸入超過額をして貿易外の経常的受取超過額の範囲を出でしめざるに在る。吾人は国民的努力に依つて此の目標に到達することを期せねばならぬ。然も此目標たるや寧ろ消極的に過ぎないから、之れ以上更に努力するのでなければ、我国の経済力は之れを伸張するの余裕を有しないのみか、政府民間の外債償還期に当り常に正貨問題の難関に立ち或は甚しき不利なる借換を余儀なくせらるるの境遇に陥るを免れぬであらう。我国際貸借の現勢斯の如くなるに拘らず、徒らに為替相場の急激な騰貴の事実のみを見て、我経済力回復の結果なりと即断し、為に人心の緊張を失ひ財界の整理を怠り事業の経営を放漫たらしめ、或は延いて投機思惑に走るが如きことあれば、数年来の努力を一朝にして水泡に帰せしめ、我財界は再び収拾すべからざる難境に陥るに到らん事を恐る。之を要するに我財界は今や極めて重大なる時機に際会して居る。政府は本年度も依然緊縮方針を支持し且つ現下の急務たる国際貸借の改善に全力を尽さん事を期して居る。然も此の事たるや一般国民の協力を得るに非ざれば、到底其の目的を達し難いのであるから国民は財界回復国運伸張に貢献せらるる様努力せられん事を望む。

（『憲政公論』）

四八　地方自治の整備と財政緊縮

［一九二六年（大正一五年）七月二六日、内務部長会での挨拶］

一

余は先に大蔵大臣として内務行政に関しても平生聊《いささ》か意を用ふる所あつたが今回料《はか》らずも内務大臣の重任を拝することとなりたるに就ては、当面の責任者として今後一層力を内務行政の刷新伸張に力を致さむことを期するものである。

府県制、市制、町村制等各々の改正法律及之に伴ふ勅令省令は既に公布せられ、地方自治制度は茲《ここ》に其の整備を見るに至つた。今回の改正は地方議会の選挙権及被選挙権の拡張、選挙方法の改善、自治機関の整斉、地方自治権の拡張等其の事項殆ど全般に渉り、自治行政上真に一新紀元を画する大改正にして、規定も亦周密複雑なるを免れないから、関係職司に在る者をして予め之れに関する考究を遂げしめ、能く其の主旨と手続とを理解せしめ以つて之が実行に当り苟も過誤遺漏なきを期せしむるは勿論、一般に対しても亦十分に法規の内容及其の精神の存する所を了得せしむるに勉め、相俟て之が実績を収めむことを切望する者である。言ふまでもなく制度の効果は一に運用の如何に存する。是れ茲に再言し一段の注意を此の点に加へられむことを望む所以である。

島司郡長の廃止は其の主旨とする所主として地方機関の組織を簡易にし事務の簡捷を図ると共に町村をして自立独行能く健全なる発達を遂げしめむとするに在る。然れども町村自治に対し之が指導監督を等閑に附するが如きことあらば、町村事務は或は放漫に流れ或は渋滞に陥り従前に比し却て整理の実を失ふに至る虞《おそれ》なきを保し難い。殊に収支に関する事務の如きに至ては、既往の実績に徴し今後尚一層の注意を要すべきものありと認むるを以て深く意を此の点に致し以て遺算失態なき様勉めねばならぬ。若し夫れ島庁郡役所全廃の結果町村をして其の事務を処する上に不便不安を感ぜしめ、或は従来に比して徒に経費の増加を来さしむる如きは特に之を戒めなくてはならぬ。故に各方面に亘りて之が善後の措画を愆《おこた》らざらむことに努力すると共に、町村をして其の責任の愈々重大なることを感ぜしめ、自奮自励相率いて地方自治有終の美を済さしむべきである。

二

政府は社会上経済上の現状に鑑み国民の負担を公平適正ならしむるの急務なるを認め、国税及地方税の両面に渉て之が整理改革を断行せむとし、之に関する諸般の法律案を帝国議会に提出し、其の協賛を経て関係諸法律の公布を見るに至つた。改正地方税制の大要を述ぶれば、府県税に在ては戸数割の廃止を断行し、人税として所得税附加税を増率することとし、又直接国税の体系を補完し且家屋に対する地方課税の機会を与ふるが為家屋税を創設すると同時に、地租制度の改正に伴ひて特別地税を創設し、従来の地租附加税及営業税附加税等と相俟つて物税体系の整備を図ることとし、尚主として社会政策上の見地より雑種税営業税の整理をなしたのである。又市町村税に在ては所得税附加税を原則として府県に委譲すると同時に、戸数割は市町村の独立財源として之を保有することとし、更に家屋税附加税及特別地税附加税を認めて其の租税体系を完からしむる事とした。

地方財政の整理緊縮に関しては政府は屢次声明を発して居る。抑々《そもそも》政府が連年財政の整理緊縮を高唱し極力之が実行を期しつつある所以のものは、実に財政の基礎を鞏固にし経済的国難を匡救するに於て已むを得ざるものあるに由る。今日の我邦は大正九年財界の大反動以来引続ける経済界の悲況に加ふるに、更に未曾有の大震災を以てし、外国貿易は依然として逆調を続け、物価亦容易に低落せず、産業は萎靡不振を極め、失業者漸く増加し、国民生活は安定を失ひ、其結果延いて思想の動揺を惹起するに至らむとして居る。是れ誠に国民の全力を挙げて此の難局に膺《あた》り、邦家の前途を誤まらざらしむべき極めて重大なる時期に際会せるものと謂ふべきである。政府が鋭意財政の整理緊縮に努力する所以のもの亦之が為に外ならず、今整理緊縮の跡に就て之を略説すれば、大正十三年度に於て予が政府財政の局に当たのは既に予算の実行期に入つた時であつたが、尚且一般特別両会計を通じて四千七百余万円の節約を加へ、更に大正十四年度予算の編成に際して行政財政の両整理を断行して各費目に大斧鉞を加へ、一般特別両会計を合せて実に二億五千六百有余万円の金額を捻出したのである。公債政策に対しても亦根本的改善を加へ、既定の財政計画に依れば大正十四年度に於て三億五千八百万円、大正十五年度に於て三億一千三百万円の新規公債を募集すべきであつたのを、公債政策改善の結果両年度とも各一億五千万円の募債に改め、而かも之を一般市場に公募せざることとし以て民間経済に対する財政の圧迫を除くことに努めたのである。民間財界に於ても亦政府の整理緊縮の方針と協調を保ち着々として整理に勉めたる結果、金融漸く緩漫に赴き金利亦随て低落の機運に向ひ、財界の各方面を通じて稍《やや》改善の徴候を認むるに至つたのであるが、而かも政府財政の緊縮と民間財界の整理とは今尚其の中道に在り、今日以後更に一段の努力を要することは言を俟たないのである。

三

翻《ひるがえっ》て地方公共団体の財政を察するに比年膨脹して殆ど止まる所を知らざるの状態に在る。其の大正年代を通じて地方費歳出総額の前年度に比し減少を示せるは僅に二年度、四年度及十二年度の三年度に過ぎず他の年度は何れも前年度に比して増加を示して居る。今之を大正元年度に見るに其の地方費歳出総額は三億三千六百余万円、同大正十四年度は十三億七千五百余万円なるを以て、大正元年度の地方費歳出総額を一〇〇とせば大正十四年度は四〇九の高位に上り実に四倍余の増額を示し、経済界の最も好況なりし大正八年度の地方費歳出総額六億六千二百余万円に比するも、尚二倍強の多額を示して居る。随て地方負担も亦劇増を重ね大正元年度の地方税総額一億八千五百余万円、一人当三円四十七銭余なりしものが、大正八年度には倍加して三億八千四百余万円、一人当たり六円五十五銭余となり、大正十四年度には更に躍進して五億八千七百余万円、一人当十円四十九銭余に上り、大正元年度に比して実に三倍余の増加を示したのである。財界不振の今日我国民の所得が戦時好況の時代に比して著しき増加を見ざるべきこと殆ど疑なきに拘らず、地方費歳出が此の如き急激なる増加を示せるは甚しき不自然の現象にして、地方の財政は決して堅実なる状態にありと言ふことを得ない。大正十五年度予算に関しては未だ之が総計を知ることを得ないが、道府県のみに就て之を見るも其の額三億七千九百余万円を算し前年度に比して三千七百五十余万円を増加して居る。尚之を地方債の状況に顧みれば近年起債抑制の方針を厳守せるにも拘らず、大正元年度末の地方債現在高三億六百余万円なりしもの、大正十三年度末には十一億一千九百余万円に上り正に四倍に垂《なんな》んとするの増加を示して居る。此の如きは未だ整理緊縮の趣旨徹底を欠くの致す所と謂はなければならぬ。念《おも》ふに時運の進展に伴ふ地方費の自然的膨脹は固より已むを得ない所であるが、多難なる我邦財政経済上の現状に考へ、更に大に整理緊縮に努力する所がなければ財界の整理を妨げ産業の発展を阻害し、社会上経済上洵《まこと》に憂ふべき事態を惹起する虞《おそれ》なしと言ふことを得ない。是れ現内閣が成立以来鋭意力を国家財政の整理に傾注すると共に、之と相俟て地方財政緊縮の極めて緊要なるを認め、屢次訓令して極力之が遂行を期せむとする所以である。素より地方に於ては各特殊の事情存し整理緊縮の容易ならざるも、深く現下の社会的経済的事情に思をひそめ、相共に協心戮力之が遂行に勉むる所あらば、茲《ここ》に始めて其の難に克《か》ち其の功を挙ぐることを得るであらう。単に整理を説き緊縮を唱ふるも、之に対する徹底的理解を欠くに於ては、整理緊縮の実績は決して之を望み得べきにあらずと信ずる。

（『憲政公論』）

解説

川田 稔

一

まずはじめに、浜口の経歴を簡単にみておこう。

浜口雄幸は、一八七〇年（明治三年）高知市近郊の五台山村唐谷に生まれ、一八九五年（明治二八年）東京帝国大学法科大学政治学科を卒業するとともに大蔵省に入省。大臣官房会計課長、熊本税務管理局長、専売局事業部長などをへて、一九〇七年（明治四〇年）専売局長官となった。

そして専売局長官在任中の一九一二年（大正元年）、第三次桂太郎内閣の逓相後藤新平の要請により逓信次官に就任、政界に転じた。浜口四三歳の時である。しかし桂内閣はいわゆる大正政変により三カ月で崩壊し、まもなく加藤高明を党首とし結成された立憲同志会に加わった。同志会は、桂死後、加藤ら桂系官僚と大石正巳ら国民党の一部が合流して作られた新党で、桂がその生前から組織化を進めていたものであった。これ以後浜口は政党政治家としての道を歩むこととなる。

その後、一九一四年（大正三年）同志会を主な与党とする第二次大隈重信内閣の成立にともなって、浜口は若槻礼次郎蔵相のもとで大蔵次官となった。また、翌年の第一二回総選挙に高知市から立候補して、初当選している。一九一六年（大正五年）同志会は中正会などと合同して憲政会を結成。浜口も憲政会において加藤総裁に次ぐ党内重要ポストである総務の一人となった。しかし、同志会が野党となった寺内内閣下での一九一七年（大正六年）の第一三回総選挙では落選する。だが約二年後の補欠選挙で再選をはたし、以後その死まで連続して当選している。

その間、一九二四年（大正一三年）加藤高明護憲三派内閣の成立とともに浜口は大蔵大臣に就任。その後の加藤憲政会単独内閣でもひきつづき蔵相を務め、加藤死後の第一次若槻内閣では内務大臣となった。そして、一九二七年（昭和二年）憲政会と政友本党との合同によって立憲民政党が結成されるや、その初代総裁の地位につき、一九二九年（昭和四年）七月、田中義一政友会内閣の総辞職の後、第二八代内閣総理大臣に就任した。この時浜口六〇歳であった。しかし、翌年一一月、昭和恐慌の深刻化のなか東京駅で狙撃され、一九三一年（昭和六年）四月、総辞職。同年八月に死去した。そしてその翌月、満州事変が勃発する。

二

次に、浜口の出自と立憲同志会入党までを、もう少し詳しく紹介しよう。

浜口の生家は水口家で、浜口姓はのちに高知県田野町の浜口家の養嗣子となったことによる。

水口家は、戦国期、現在の高知市の北方、吉野川沿いにある長岡郡本山を本拠とする本山氏に仕え、一時、現高知市南部の横浜に本山氏の出城として小規模な居城、水口城を構えていたが、後年四国全域を支配する長曽我部元親に攻略され、帰農して五台山村唐谷に隠棲した。

関ヶ原合戦の後、西軍に味方した長曽我部家が徳川家康によって追放されたあと、元遠州掛川藩主山内一豊が土佐藩主として入国し、それとともに水口家もふたたび土佐藩士分格となっている。ただし身分的には士分最末端の足軽で、代々藩の山林を管理するいわゆる御山方をつとめた。したがって土佐藩の藩制においては下士に属するが、家系的には、過去の歴史的経緯から、同じく下士身分である長曽我部系の郷士層とはむしろ対立的な系譜にあった。浜口の生家は、幕末において山内譜代の上士層と対抗して長曽我部系を自称する郷士によって結成された土佐勤王党の指導者武市瑞山の屋敷の近隣の村落にあるが、両家の間に何らかの接触のあった形跡はない。

浜口の父水口胤平も、土佐藩御山方をつとめ、明治新政府となってからも引き続き、同じく山林を管理する下級官吏である山林官となっている。浜口は父胤平と母繁の三男で、長男義清の学んだ五台山修学院一つ違いの同窓には、のちに改進党、国民党、同志会の有力者となった大石正巳がおり、水口家とも行き来があった。大石の生家もまた水口家のほど近くにある。すでにふれたように、浜口と大石はのちに同志会で一時行動をともにすることとなる。

さて、一八七〇年（明治三年）に生まれた浜口は、孕尋常小学校をへて、一八八三年（明治一六年）高知県立高知中学校――現在の高知県立高知追手前高等学校――に入学し、一八八八年（明治一九年）卒業とともに、当時大阪にあった第三高等中学校にはいった（翌年京都に移転）。なお、高知中学在学中、のちに社会主義者として知られる幸徳秋水も上級学年に一時在籍している。また、高知城下の追手筋に新校舎が落成したさいには、当時高知県議であった自由民権運動の植木枝盛や坂本直寛（坂本龍馬の甥）などが祝辞を述べている。

第三高等中学校在籍中に、浜口は高知県東部の田野町奈半利在住の浜口義立の養嗣子となり、その娘夏を妻とした。浜口家は、藩政期には郷士格にあった豪家で、義立の祖父は郷士最上層の身分である御用白札となっている。ちなみに前出の武市瑞山も御用白札の家柄であった。幕末において浜口家そのものは土佐勤王党に加わっていないが、義立の妹静は勤王党の有力者清岡道之助の妻となっている。したがって浜口家と清岡家は親密な関係にあった。清岡道之助は、武市瑞山以下勤王党の主要メンバーが、土佐藩政を事実上掌握していた前藩主山内容堂によって弾圧逮捕されたさいに、奈半利近辺の勤王党系郷士の決起を指導し捕縛処刑された人物である。なお、武市らもこのとき死罪となり、土佐勤王党は壊滅した。

第三高等中学校の同期には、のちの朝鮮総督府政務総監下岡忠治や外務大臣幣原喜重郎、台湾総督伊沢多喜男などがいる。ことに下岡とは長年にわたる親交を結ぶこととなった。一八九二年（明治二五年）浜口は同校を卒業し、東京帝国大学法科大学政治学科に進学した。このとき三菱の木村久寿弥太（のち総理事、土佐出身）が保証人となっている。周知のように三菱は高知県東部の安芸出身の岩崎家を当主とし、憲政会・民政党の有力な支援者となっていく。ちなみに初代の憲政会総裁加藤高明、憲政会・民政党内閣期の外務大臣幣原喜重郎もともに三菱の女婿である。

このようにみてくると、浜口には、大石正巳らの改進党系自由民権派、旧勤王党系、岩崎三菱など、広い意味での土佐派の人脈と、はやくから直接間接に少なからぬつながりがあったことがわかる。なお、土佐勤王党そのものは幕末に壊滅したが、のちの宮内大臣田中光顕ら残存した旧勤王党系が維新政府に加わり、板垣退助など旧土佐藩主力が征韓論後野に下ったあとも明治政府にとどまって、宮中・陸海軍などを中心に一定の勢力を維持していた。ただし、浜口には旧自由党系（のち政友会に合流）との直接のつながりはみられない。

一八九五年（明治二八年）浜口は東京帝国大学を卒業、大蔵省に入省し、大蔵官僚としての道を歩むこととなる。同期卒業生には、のちの東京帝国大学総長小野塚喜平次、大蔵大臣勝田主計、東京帝国大学教授高野岩三郎、下岡忠治、幣原喜重郎、伊沢多喜男などがいた。大蔵入省時は第二次伊藤博文内閣期で蔵相は渡辺国武であった。その後、山形県収税長、大臣官房会計課長、松山税務管理局長、熊本税務管理局長、東京税務監察局長、専売局第一部長などをへて、一九〇七年（明治四〇年）専売局長官となった。この間、比較的長かった地方生活から東京への転任については、法制局にいた友人の下岡忠治が大蔵省主税局内国税課長であった若槻礼次郎にはたらきかけ実現させたもので、浜口はこの時から若槻と直接に相知ることとなる。また、地方在任中も浜口は『ロンドン・タイムズ』の購読など、国際的な状況にも関心をはらっていたようである。

専売局長在任中の一九一二年（大正元年）、第二次西園寺公望内閣が陸軍二個師団増設問題をめぐる上原陸相の辞職によって崩壊したあとをうけて、第三次桂太郎内閣が成立するが、その時逓相後藤新平の要請によって、浜口は大蔵省をはなれ逓信次官に就任した。このことによって浜口は事実上政界に転じることとなる。後藤が浜口に逓信次官就任を要請した経緯は判然としないが、後藤は、浜口が専売局第一部長時にも満鉄総裁として浜口に満鉄理事就任を懇請し、さらに第二次桂内閣成立時にも後藤は逓相として浜口に次官就任を要請している。その時は二度とも浜口は後藤の申し出を辞退している。

しかし、桂内閣はいわゆる大正政変によって三カ月で総辞職し、浜口も後藤とともに職を去った。桂は辞職後かねてから計画していた新党立憲同志会を結成し、浜口も後藤の勧めでこれに加わった。

この間の事情を浜口は後年次のように述べている。

「余は桂内閣の辞職直後、後藤伯の勧誘により熟考の末、立憲同志会に入党した。けだし近時我が国に於ける政党の勢力の発達は実に著しく、所謂《いわゆる》妥協政治又は情意投合政治とか謂ふものに依つて政党が直接に政治の局に当たることを極力妨げんとする官僚政治の必死の努力があつたけれども、妥協又は情意投合といふことは所謂耳を掩ふて鈴を盗むと同様、政党の勢力に依るでなければ政治の運用が出来ないといふことを実際に於いて立証するに等しいものである。のみならず妥協政治又は情意投合政治の弊害は、政党が直接に政治をする場合に比して却つて甚だしきものがあるので、国民はもはやその弊に耐ゆることが出来ない。そこで政党は妥協とか情意投合とかいふ仮面を投げ捨て、其の弊を破つて、直ちに憲政運用の表面に乗り出さんとする意気頗《すこぶ》る溌剌たるものがあつたのである。斯くの如きは実に時代の要求、誠に当然の成り行きであらねばならぬ。即ち妥協又は情意投合政治の別名を有する官僚政治は、茲に終焉を告げて、二大政党対立による責任ある政党政治の発達がこれから始まらなければならぬ。桂公の政党組織に志したのも、けだしこの主旨に出でたものであらうと信じる。余が後藤伯の勧誘により、熟考の末同志会に入党した理由も、亦斯くの如きものであつて、既に十七八年の官歴を終へ、齢既に四十を越えたる（其の当時四十四歳）余としては最早政党政治家として及ばずながら邦家の為に尽したいといふことを深く考へたが為である。之は同志会入党理由の純理的方面であるが、此の外に余が逓信次官として内閣と進退を共にした以上は、将来政治家として立たなければそれまでであるが、さうでない限りは同志会に入党することが情に於いても理に於いても当然であると考へたのである。余は此の如くにして同志会に入党した」（浜口雄幸『随感録』、三省堂、一九三一年）。

同志会は、桂を中心に、おもに加藤高明、若槻礼次郎、後藤新平ら桂系官僚と、大石正巳、河野広中らの国民党脱党グループが合流して組織されたが、まもなく桂が急逝し、その後の党運営をめぐる内紛で、後藤は離党する。この時浜口は後藤と行動をともにしなかった。

「余は後藤伯脱党を以て同志会の為にも（私人としても公人としても）断然不可なりと認めたから、他の友人同士とは行動を共にすることなく、単身後藤伯を訪問し情理両方面から一時間に渉つて留党を勧告したが、伯は頑として応じなかつた。また脱党を決意した理由と云ふべきものも明らかに示されなかつた。唯《ただ》将来政党には関係しないで、青少年の教育訓練に専心従事する決心をしたからである、従つて同志会諸君中一人も自分と行動を共にする者のあることを希望しない、君（余に対して）も依然党に留まつて党のために努力して貰ひたいとのことであつた。之に対して余は無論留党の決心である、将来私人としては兎も角、公人としてはお別れするの已む得ざるに至つた旨を告げて伯邸を辞したのである」（『随感録』）。

これ以後浜口ははっきりと政党政治家の道を歩むこととなる。

三

ここから浜口の本格的な政治活動が始まり、同志会、憲政会をへて民政党党首、そして内閣総理大臣に就任する。以下、そのような政治的経歴の展開と、その背景となっている政治状況および国際関係の動きのアウトラインをたどっていこう。

なお、浜口の外交・内政をふくめた国政への発言、その政策構想、国家構想の展開は、ここから本格的に開始されており、本書収録の論述・講演もこの時期からのものである。だが、その政治構想を全体として考察するには、議会での発言も重要な意味をもっており、彼の内外にわたる政策論そのもの、その国家構想の検討は、それらもあわせて近刊予定の『浜口雄幸集　議会演説篇』の「解説——浜口雄幸の国家構想」でおこないたいと思う。

さて、一九一三年（大正二年）立憲同志会は正式に結党式をあげ、加藤高明が党首である総理に就任した。浜口はこの時、政務調査会副会長に選任された。後藤脱党時は、浜口自身「率直に云へば、当時同志会内に於ける余の地位は決して得意ではなかつた」としているように、党内での浜口の位置はそれほどのものではなかったが、これ以後、党の重要ポストを占めていく。

浜口が、同志会やその後の憲政会で、重要な地位につくことになった理由はいくつか考えられるが、これまでにふれてきたことと関係することからあげれば、一つは、同志会内での重要な潮流の一つである国民党脱党組の大石正巳ら土佐系グループとつながりがあったことである。大石はすでにみたように浜口の長兄義清と交友があり、国民党脱党組の有力メンバー片岡直治、富田幸次郎なども土佐出身である。

また、総理加藤高明は、よく知られているように三菱当主の岩崎家の女婿で、岩崎三菱と密接な関係にあったが、浜口も大学入学時の保証人が、のちの三菱総理事木村久寿弥太であり、その後の浜口の官界での経歴からして、土佐系の岩崎三菱と何らかの接触をもっていたと思われる。そのことは、三菱が同志会の有力な支援者であったことからして、浜口の党内地位に影響があったものと考えてそれほど誤りではないであろう。後述するように、浜口の初立候補においても土佐出身の三菱有力者がバックアップしている。

しかしやはり軽視しえないのは、事実上党内ナンバー・ツーの地位にあり、大蔵省時代から浜口を高く評価していた若槻の存在である。若槻は、その回想によれば、第三次桂内閣の蔵相に就任したさい当初浜口を大蔵次官に起用しようと考えていた。それが桂の意向で困難となり、浜口は後藤の要請で逓信次官となったのである。

「この内閣［第三次桂内閣］に、私は大蔵大臣として入閣した。そして大蔵次官には、専売局長官の浜口（雄幸）をもってきたいと思っていた。ところが桂公の秘書官が次官には勝田主計をしてくれと、桂公の意志を伝えてきた。……そこで総理大臣がそういわれるなら、その通り決めますといって、勝田を大蔵次官にした。すると今度は、逓信大臣の後藤（新平）から、浜口に逓信次官になってくれといってきた。……そこで私は、君［浜口］の抱負を以てして、いつまでも専売局長官として機会を待つよりも、たとえ逓信省でも、次官になって早く頭角を表した方がよいと思う。……といった」（若槻礼次郎『古風庵回顧録』、読売新聞社、一九七五年）。

若槻と浜口のかかわりについてはすでにふれたが、若槻は、初の蔵相就任時その次官に浜口を望んだほど、浜口の力量と人柄を評価していたのである。

さらに、その若槻からの働きかけがあったとおもわれるが、党首加藤高明による、かなり詳細にわたる直接面談がおこなわれ、それを契機に徐々に加藤自身から信頼をえてきていたことも、重要な要因であると思われる。

浜口はその時の加藤との面談を次のように回想している。

「加藤伯と知己になつたのは、大正二年十月の同志会近畿大会の時からである。その時は、自分も伯と同行し、就中《なかんずく》京都では一日嵐山の清遊を共にしたけれども、未だ親しい間柄としては許されなかつた。然るに帰郷して間もなく、午餐を共にし度《た》いからと云はれるので番町の伯の家へ行つて見た。差向ひで話が始まつた。すると伯は、外交・内政・財政・経済・労働と、夫れから夫れへと問題を出して私の意見を質すのであつた。途中で、自分は試験をされているのだナと感付いたが、結局、五時間程休み無しに受験せざるを得なかつた。遂に、夜食まで共にして帰宅したが、其時初めて伯の該博な知識に驚くと同時に、厳しい試験にも驚ろいた」（伊藤正徳編『加藤高明』、加藤伯伝記編纂委員会、一九二九年）。

さて、浜口はその後、第一次世界大戦直前、一九一四年（大正三年）に同志会をおもな与党として成立した第二次大隈重信内閣で、若槻蔵相のもとで大蔵次官につき、翌年おこなわれた第一二回衆議院総選挙では、高知市から立候補し初当選をはたした。このとき、三菱当主岩崎弥太郎の従兄弟で三菱の実力者であった土佐出身の豊川良平が、浜口の立候補において重要な役割をはたし、浜口の推薦人ともなっている。当選後、浜口は新設の大蔵省参政官（のちの政務次官）に任命されるが、直後に、議員買収問題での大浦兼武内相辞任事件がおこり、内閣総辞職を主張して辞任した外相加藤高明、蔵相若槻らと行動をともにし、浜口も職を退いた。だが大隈内閣そのものは内閣改造のうえで留任し、同志会も一応与党にとどまっている。このの ち浜口は、党内で政務調査会長、院内総務などのポストについている。なお、大隈内閣時、原敬を党首とし衆議院で多数をしめる政友会と、犬養毅ひきいる国民党が野党の立場をとっており、したがって同志会はいわば少数与党であった。

本書第二部の「一　消極政策と積極政策」から「五　大正六年度予算と公債政策」まではこの時期のものである。

ちなみに、この時期の「一　消極政策と積極政策」は、後の時期の「八　寺内内閣果たして信任すべきか」、「一二原内閣の外交政策」などとともに、高知市での選挙民を対象とした立候補演説であるが、それらには、選挙民の地方的利害関心にうったえるよりは、もっぱら自らの政治家としての政策構想、その国家構想を語ろうとする、またそのような国の基本的方向をめぐる議論によって選挙民の判断を仰ごうとする浜口の姿勢がよくあらわれている。

大隈内閣は、よく知られているように、第一次世界大戦参戦と山東半島出兵、対華二一カ条要求、反袁世凱政策、第四次日露協約の締結など、アグレッシブな大陸政策をおこなっているが、浜口自身も、このころは対中国政策において、浜口内閣当時とは異なり、そのような方向にそれほど違和感をもっていなかったようである。それが、なぜ、どのような経緯で変化していったのかは興味深い問題であるが、それについては、すでにふれたように、近刊の『浜口雄幸集　議会演説篇』の「解説――浜口雄幸の国家構想」で取り上げるつもりなので、ここでは立ち入らない。

なお、中国では、一九一二年、辛亥革命によって中華民国が成立し袁世凱が大総統となったが、その後袁政府の北方派と孫文らの南方派が対立し、国内は混乱状態に陥っていた。そのようななかで、上記のようなアグレッシブな大陸政策がとられたのである。


一九一六年（大正五年）、大隈内閣総辞職とともに、それまで与党を形成していた同志会や中正会などが合同して憲政会を結成し、加藤高明が総裁となった。その時浜口は、若槻、片岡直治、安達謙蔵らとともに、総裁につぐ党内ポストである七人の総務の一人に任命された。浜口は党内で、加藤、若槻、江木翼などの元官僚系に属していたが、仙石貢（元国民党）や片岡、富田など土佐系の党人派とのつながりもあった。なお、大石正巳はこのころすでに政界を引退していた。また仙石貢は三菱との関係が深く、のちに政治資金の面で浜口をささえていくこととなる。

しかし、大隈内閣辞職後に成立した寺内正毅内閣下の総選挙（一九一七年）で浜口は落選する。この時後藤新平が内務大臣であった。寺内内閣は政党員を入れない山県系の藩閥官僚内閣で、憲政会は政府に敵対する姿勢を明らかにしていた。一方、政友会、国民党は公式には是々非々の姿勢を示していたが、実際には政府よりのスタンスをとる場合が多かった。寺内内閣下では、西原借款ほかによる北方派の段祺瑞援助政策や、ロシア革命後のシベリア出兵などがおこなわれ、米騒動が起こっている。

だが、浜口は、寺内内閣後に成立した原敬政友会内閣下での衆議院高知市補欠選挙（一九一九年）で再び当選する。こののち、憲政会、民政党、政友会などの官僚出身者の多くが、爵位をえて貴族院議員となったのにたいして、浜口は終生衆議院に議席をおいた。そこには浜口自身の次のような意志が働いていた。

「自分は予《かね》て政党生活をする以上は衆議院に議席を置くのが正当なりと確信しているもので、嘗《かつ》て逓信次官になった際から、内閣更迭の際は必ず政党生活に入り、五十歳にして衆議院に入らんことを期して居た」（談話、『東京朝日新聞』一九一五年三月七日）。

なお、同じ頃浜口は、自らの発言の基本的スタンスについて、次のように述べている。

「今日の政界を観て稍慊《ややあきた》らなく思つている事は、今迄議会で発表されている議論が余りに無責任な実行を伴はない議論が多かつたといふ事である。……朝に入つて直ちに実行の出来ないような議論は、仮令《たとい》野に在つても之を唱ふべきではなく、その代わり在野当時に主張した主義政見は、政権を握るや直ちに之を実行に移して、其言論の責を果たさなければならない」（談話、『中央公論』一九一五年五月）。

一九一八年（大正七年）、第一次世界大戦終結の直前に成立した原内閣は、陸海軍・外務大臣をのぞく全閣僚を政友会党員から起用した、近代日本はじめての本格的な政党内閣であった。憲政会は、そのこと自体は「憲政前途のため祝賀すべき」（加藤高明）との見解であったが、対抗政党として、国民党とともに野党の立場にたった。

原内閣は、中国内政不干渉と国際的な平和協調へと外交政策を転換するとともに、内政においては、いわゆる戦後経営として、教育の改善、交通の整備、産業の振興、国防の充実という四大政綱をうちだし、それを実行に移す。また、郡制の廃止や植民地長官の武官専任制の廃止、選挙権の拡大、小選挙区制への移行などをおこなっている。選挙権の問題については、憲政会は浜口もふくめ男子普通選挙制を主張したが、政友会の反対によって実現しなかった。またワシントン会議への参加が決定された。

原は、一九二一年（大正一〇年）東京駅で暗殺され、高橋是清政友会内閣があとをつぐが、高橋内閣辞職後も、薩摩閥で海軍の加藤友三郎、同じく海軍薩摩閥の山本権兵衛、山県系枢密院顧問官の清浦奎吾が相次いで首相に任命され、浜口ら憲政会は一貫して野党の立場に置かれることとなる。

なお、高橋内閣下で、ワシントン海軍軍縮条約、中国の領土保全・門戸開放に関する九カ国条約、太平洋の平和維持に関する四カ国条約などが締結され、それにともなって日英同盟が解消された。また、加藤友三郎内閣下で、シベリア撤兵、山東問題の決着、陸軍軍縮などがなされ、山本内閣期には関東大震災がおこっている。また、清浦内閣への対応をめぐって政友会が分裂し、清浦支持の床次竹二郎ら脱党グループによって新たに政友本党が結成された。

本書第二部の「六　寺内首相の訓示を評す」から「二六　農村振興に対する私見」までは、このような寺内内閣期から清浦内閣期までのものである。

この間、第一次世界大戦が終結し、国際連盟が発足。中国では、五・四運動、第一次奉直戦争、第一次国共合作などが、朝鮮では、独立を求める万歳事件が起こっている。

さて、一九二四年（大正一三年）、貴族院を基盤にした清浦内閣にたいして、第二次憲政擁護運動がおこり、総選挙で憲政会が第一党となるとともに、憲政会、政友会、革新倶楽部（国民党の後身）の三派による加藤高明護憲三派内閣が成立する。浜口は第二次護憲運動時には党の筆頭総務となっており、加藤三派内閣において大蔵大臣に就任し、初入閣をはたした。憲政会内では、副総理格の若槻内相につぐ地位であった。

この時の浜口蔵相任命の経緯について、当時加藤の側近であった江木翼内閣書記官長が、次のように回想している。

「大正一三年六月初旬、加藤内閣成らんとするとき、加藤子［子爵］予に告げて曰く。内務大臣には浜口を据えようと思ふが如何。予曰く。この内閣は財政内閣也。経済内閣也。政治的には内務を重しとすべけんも、政策的には大蔵を重しとす。且若槻は必ず内務を欲し、世亦《また》目するに副総理を以てす、若槻内務・浜口大蔵可ならんと。加藤子予が言の如くす」（江木翼君伝記編纂会編『江木翼伝』、同伝記編纂会、一九三九年）。

しかし、政友会において原死後総裁の地位にあった高橋是清が退き、田中義一が政友会総裁に就任するとともに、革新倶楽部が政友会に合流し、衆議院において憲政会に拮抗する勢力となった。そして、蔵相浜口の主管する税制整理問題で憲政会と政友会が対立。それまでの両党の提携は破れ、内閣はいったん総辞職し、第二次加藤高明憲政会単独内閣となる。そこでも浜口は引き続き大蔵大臣をつとめた。だが、加藤が在職中に病死し、若槻礼次郎が憲政会総裁をついで、浜口をふくめ全閣僚留任のまま若槻憲政会内閣を組織する。間もなく、若槻は内閣を改造、浜口が内務大臣となった。当時内相は閣僚中最も重要なポストと考えられており、浜口は党内において総裁につぐ位置を占めることとなったのである。

だが、一九二七年（昭和二年）三月、金融恐慌が起こり、その事後処理の一環として政府が提出した台湾銀行救済緊急勅令案が枢密院で否決され、同年四月、若槻内閣は総辞職、浜口もその職を退いた。

この間、加藤三派内閣によって男子普通選挙制が実現され、陸軍の軍縮もおこなわれたが、一方で、治安維持法が制定されている。また、普選実現にともなって、労働農民党、社会民衆党、日本労農党などのいわゆる無産政党が結成された。さらに、松島遊郭疑獄事件、田中義一政友会総裁の陸軍機密費流用問題、朴烈怪写真事件などの政界スキャンダルも起こっている。

対外関係では、三派内閣から若槻内閣まで、一貫して幣原喜重郎が外務大臣をつとめ、国際的な平和協調と中国内政不干渉を基軸とする、いわゆる幣原外交が展開された。

中国は、さきにもふれたように、辛亥革命後まもなく、おおきくは北京政府の北方派とそれに対抗する南方派に分裂し、事実上内戦状態に陥っていたが、幣原は極力介入をひかえ、列強諸国からの出兵要請にも容易に応じなかった。その間、第二次奉直戦争、五・三〇事件、郭松齢事件などをへて、第二次加藤内閣時の一九二五年（大正一四年）に成立した広東国民政府が、翌年（若槻内閣時）に北伐を開始。蔣介石ひきいる国民党軍が北上して、漢口事件や南京事件、蔣介石の上海クーデターなどが起こっている。また、一九二五年から翌年にかけて、列国間で北京関税特別会議が開かれた。

本書第二部の「二七　地方長官会議に於ける訓示演説」から「四八　地方自治の整備と財政緊縮」までは、この加藤護憲三派内閣期から若槻内閣期までのものである。

なお、緊急勅令問題で若槻内閣が崩壊する少し前、政友会と政友本党から内閣不信任案が提出されたさい、若槻は田中政友会総裁、床次政友本党総裁といわゆる三党首会談をおこない、予想される不信任案可決にたいして、解散を避け妥協によって不信任案を撤回させた。浜口は当時体調を崩し静養していたが、そのような手法には不満をもっていたようで、その時の浜口の対応を、若槻は次のように回想している。

「この三党首会談について……こうなったと話したとき、浜口は私に『あまり技巧を弄するといかんぞ』と忠告した。浜口が技巧を弄するといったのは、私のやったことが、小細工に過ぎると見たのであろう。……浜口の腹の中は、そんなことで妥協せず、堂々と議会で争って、正面から解散して、普通選挙をやれば、憲政会は必ず多数を制する。なぜそうしないのかという気持ちであったかもしれない。しかし口に出して、そうはいわなかった。……当時の私としては、解散をして選挙に勝つということには、あまり望みを持てなかった。それからもう一つ、露骨にいうと、私は金のできない総裁であった。……選挙というものは金を使わねばならん。……金のない総裁が、空威張りして選挙をやって、大みそをつけちゃたまらん、というのが、そのころの私の腹の中であった。……浜口の言った意味もよくわかるし、浜口ならばああはやらなかったであろうと思う。また浜口ならば金の出来る総裁であって、その点でも、私と浜口は違うのである」（若槻『古風庵回顧録』）。

ここで若槻が、浜口なら「金の出来る総裁」になれる、としているのはおそらく浜口への三菱の後援を念頭においていると思われる。若槻は、別の箇所でも「浜口も私同様貧乏人であった。［だが］選挙の費用など、浜口には何とか出来たようである」としている。

ただ、このあと浜口はしばしば体調を崩すようになってきている。

四

一九二七年（昭和二年）四月、若槻辞職後、田中義一政友会内閣が成立し、いわゆる積極政策をかかげるとともに、台湾銀行救済にかわって緊急勅令で三週間のモラトリアムが実施された。翌月、国民党軍の北伐の進展にたいして、積極外交をとなえる田中内閣は第一次山東出兵をおこなった。

同じ頃、憲政会と政友本党の合同がおこなわれ、立憲民政党が誕生。浜口が初代総裁に選出された。浜口は、若槻内閣の内相途中から一年近く体調を崩しており、この時もまた健康を害し療養中で、その他の理由もあって総裁就任を辞退していたが、若槻や幣原などを含めさまざまな説得をうけ、ついに受諾したのである。

「憲政会と政友本党が合併して、新党を創立することになったので、私はこの機会に、新党の総裁に浜口雄幸君を推し、その就任を勧説した。……［しかし］私がいくら勧めても彼は容易に承諾しなかった。……私は言った。自分が君を新党の総裁に勧めるのは、難きを避けて君に押しつけようとするのじゃない。新党を作る以上は練達堪能の総裁をもって、人身を新たにしなければならないからだ。君を押すのは、全くこの意に外ならない。自分は総裁とならんで、一党員として、自分のなし得ることは十分尽くすから、ぜひ出馬してもらいたいと、彼を説いた。その結果、浜口もついに承諾して、その場合には出ようということになった」（若槻『古風庵回顧録』）。

「浜口の家へ行くと、［病気療養先の］鎌倉から帰っていた。それで早速、『党の総裁のことだが』『いや、僕はうけないよ』『そういわないで、ひとつ再考してみないか』というと、浜口は変な顔をして私を睨んでいたが、『党の者がそういうなら、それはわかる。しかし君は子供の時［高等中学校］からの友達なんだ。その君がおれに総裁を勧めるのは意外千万だ。そういう不人情なことをいう君じゃないと思っていた』『いや、もうそれ以上いってくれるな。おれがここまで君に言いに来るには、退っ引きならん決心で来たんだ。君は受けなけりゃいかん！』」。

私が言葉を励まし、熱意を込めて強く言ったので、これは何かあると察したのだろう。浜口はじっと私の顔を見つめて黙ってしまった。

その日すぐに、浜口君は若槻君を訪ねて、『自分は総裁として金を作ることは出来ず、身体もよくない。だから総裁はご免蒙りたい』とわざわざ言いに行った。……

［しかし］若槻君に口説かれ……最後に浜口君は私のところにやって来て、『おれは嫌なことを言いに来た』と改まっていう。『おれは総裁を受けなけりゃならんと思うが、その代わり君がおれの条件を肯いてくれるなら受ける。その条件というのは、実に言いにくいことだが、君がひとつ犠牲になって副総裁になってくれんか。そうすると、僕が病気になると直ぐ代わってもらえるし、すべて都合がいい。どうかそうしてくれ』というのであった。

私は、これはここでうんと彼をやっつけなければいかんと思ったので、『そんな条件をつけるのは君らしくもない。君が受けるか受けないかは君が決めればいい。君が受けないといえばそれまでだ。君が僕の政党入りを条件として総裁になるなどとは君らしくない。そんなことは聞きたくない』と言い放つと、彼は例の通りぶつぶつ怒ったような顔をしていた」（幣原喜重郎『外交五十年』、原書房、一九七四年）。

こうして浜口は民政党をひきいることとなったが、一方、田中内閣は、第一次山東出兵の後、東方会議を開催して対中国政策の基本方針を定めるとともに、奉天軍閥の張作霖に満蒙五鉄道建設を同意させるが、一九二八年（昭和三年）四月、北伐軍が済南周辺に進攻してきたのにたいして第二次山東出兵をおこない、同五月、いわゆる済南事件をひきおこした。浜口および民政党はこのような田中内閣の対中国政策を非難し、内政不干渉を主張している。六月九日、国民党軍は北京に入城し、一応北伐が完了した。

しかし、その五日前、関東軍参謀河本大作らによって、北京から奉天撤退途中の張作霖が爆殺された。この事件は、民政党が当時予定していた山東視察団の派遣直前に起き、視察団は当地で事件内情を把握し、浜口に報告している。その後、この問題の処理をめぐって、田中に対する牧野伸顕内相ら宮中グループのかねてからの不信（一連の強硬な対中国政策や、知事ら地方官の党派的更迭、宮中への態度など）が決定的となり、翌年七月、田中は辞職に追い込まれ、間もなく病死する。田中は当初、河本ら事件関係者を刑事処分に付し、事実関係をある程度公表するつもりで、その旨天皇にも上奏してあったが、陸軍や政友会有力者の反対をうけ、それが実行できなくなったのである。

このころ田中内閣は、野党民政党のみならず貴族院との関係も悪化し、両税委譲案、小作農創定案などいくつかの重要法案が成立せず困難な状況に陥っていた。このような状況のなかで、上奏違約とそのさいの姿勢が宮中グループによって問題にされ、それを背景とする天皇の発言をうけ田中は辞職を決意。そして、浜口が民政党総裁として、後継内閣を組織することとなる。

その間、前年の二月に第一回普通選挙が実施され、政友会は二一七議席をしめ多数党となったが、それにたいして民政党二一六議席で、両党の差はわずか一議席であった。そして、鈴木喜三郎内務大臣が、この時の選挙干渉を追求され辞職。かわって望月圭介が内相に、久原房之助が逓相となる。また、それに不満をもった内務官僚出身の水野錬太郎文部大臣が辞表を提出するが、天皇の優諚をうけたとして辞表を撤回したことが問題となり、結局、水野も辞職する。一方、民政党でも、もと政友本党党首で党最高顧問の床次竹二郎はじめ二五名が、浜口らの対中国内政不干渉の方針などを批判して脱党、新党倶楽部を結成した。しかし、その頃までしばしば体調を崩していた浜口が、これ以後ほぼ健康を回復し、全国遊説など精力的に党首としての職務をこなすようになっていく。

対外関係では、一九二八年（昭和三年）八月にパリ不戦条約に調印。中国問題においては、同年七月、北京入城後の国民政府より日中通商条約の破棄通告があり、また、張作霖死後奉天軍閥のあとを継いで東三省を事実上支配する張学良にたいして、田中内閣は国民政府への合流に反対する旨の通告をおこなうが、一二月、張学良はそれを押し切って国民政府に加わった。

他方、アメリカは、同年七月に中国の関税自主権を、一一月に国民政府を承認し、イギリスも、一二月に、国民政府を承認して関税自主権を認めた。このような中で、田中内閣も、翌年六月、中国国民政府を正式承認するが、なお新しい関税協定を締結するには至らなかった。

なお、田中内閣下で、治安維持法の刑罰強化がおこなわれ、三・一五事件、四・一六事件など共産主義関係の大量検挙が強行された。

本書第一部の「一　正しきを踏んで懼れず」から「二〇　緊縮財政と金解禁」までは、この田中内閣期のものである。

五

一九二九年（昭和四年）七月、浜口雄幸民政党内閣が成立する。

浜口が内閣総理大臣に任命されるプロセスに簡単にふれておくと、田中の辞表提出の前日（七月一日）、予想される天皇への辞表奉呈後の手続きについて、牧野伸顕内大臣、一木喜徳郎宮内大臣、鈴木貫太郎侍従長、河合弥八侍従次長、岡部長景内大臣秘書官長が協議し、それにもとづいて昭和天皇は、翌二日全閣僚の辞表受理後、牧野内大臣に善後処置を下問し、牧野は元老西園寺公望の意見を参考にするよう奉答した。

明治憲法では内閣総理大臣の任命権は専一的に天皇に帰せられていたが、実際上は元老（初期には元勲ともいう）の奏薦にもとづいて首班決定がなされるのが、憲法制定以来の慣例であった。この時元老は西園寺ただ一人となっていた。

天皇の命による鈴木侍従長の訪問をうけた西園寺は、参内し、牧野内大臣、一木宮内大臣、鈴木侍従長と意見交換をおこなった。そこで西園寺の考えと牧野らのそれとが一致し、西園寺は浜口雄幸を天皇に奏薦した。天皇は牧野の意見も聴取したうえで、浜口に参内をうながし組閣の勅命を下した。

西園寺が民政党総裁の浜口を奏薦したのは、この頃ほぼ確立しつつあった、衆議院第一党の内閣が政治的な理由で辞職した場合、第二党の党首が組閣するというルールに従ったものであった。

浜口は、同日（七月二日）夕刻天皇に閣僚名簿を提出し、その日のうちに親任式がおこなわれ、浜口内閣が発足した。浜口の日記によれば、大命降下が午後一時、閣僚名簿奉呈が午後六時、親任式が午後九時と、大命降下から組閣まで異例の速さであった。主な閣僚は、外務大臣幣原喜重郎、大蔵大臣井上準之助、内務大臣安達謙蔵、文部大臣小橋一太、鉄道大臣江木翼、陸軍大臣宇垣一成、海軍大臣財部彪などで、幣原、宇垣、財部、渡辺千冬法相のほかは民政党党員より構成された本格的政党内閣であった（井上は組閣直後に入党、渡辺は貴族院研究会民政系）。

ちなみに、この時の浜口の様子の一端を財部は次のように記している。

「予は久世山の浜口邸を訪ふ。……氏〔浜口〕は直立し非常に緊張せる態度を以て、大命を奉じたるに付死力を尽くして報効を期せんと願ずるに付、予に海軍を引き受け其々努力せんことを勧誘せらる」（『財部彪日記』、国立国会図書館憲政資料室所蔵）

また、浜口の娘悌子の回想によれば、組閣の夜、親任式を終えたのち、彼は家族に次のように話している。

「自分は本日、畏れ多くも、天顔に咫尺《しせき》して、組閣の大命を拝したが、この難局に当たるため決死の覚悟をしている。自分は本年六十歳、幸い身体も丈夫で、元気は少しも衰へていない。これから、国家のため、思ふ存分働いて、十分に自分の責任を果す考へであるから、一同《みな》もその積りで万事行動《やつ》て呉れ」（北田悌子『父浜口雄幸』、日比谷書房、一九三二年）。

浜口内閣は、組閣後七月九日、日中親善、国際軍縮、財政緊縮、金解禁、社会政策などを主な内容とする一〇大政綱を閣議決定し公式に発表した。その後浜口内閣はこれにもとづいて、産業合理化政策を含むさまざまな施策を実行しようとするが、その具体的な政策内容や浜口の考えの詳細については、すでにふれたように別稿にゆずり、組閣後からその辞職までに起こった重要な問題についてのみ紹介しておこう。

まず、浜口は、財政緊縮の観点から当年度実行予算の圧縮と翌昭和五年度予算案の大幅削減方針を発表し、国民に節約と勤倹をうったえるとともに、政府自ら範を示すために、一〇月、官吏俸給減額案を閣議決定した。だが、官吏のみならず新聞その他でもきわめて不評で、一週間後についに撤回した。ただ、一般によく誤解されているが、この時の俸給カット案は、基本的には年俸一二〇〇円を超える高等文官・武官の俸給を一割減ずるもので、比較的高給の官吏を対象としており、下層の一般吏員は含まれていない。

次に、組閣前からの浜口はじめ民政党の主張であった金解禁について、一一月、その準備が整い、政府は金解禁実施を声明して、そのための大蔵省令を公布した。翌年一月、金輸出が解禁され、第一次世界大戦時の寺内内閣期以来停止していた金本位制に復帰した。

金本位制への復帰は、国際的な金本位体制にリンクして為替相場の安定化を実現し、他方での、産業構成の高度化のための産業合理化政策や財政緊縮政策による国民経済の国際競争力強化とあいまって、国際的な経済活動を有利に展開しうる諸条件を整備し、国際協調下での通商・輸出の拡大をはかろうとするものであった。それによって日本経済の安定的発展、国民生活の安定・向上が実現されると考えられていたのである。日中親善による対中国関係安定化の方針もそのこととかかわっていた。

対中国問題では、組閣直後に東支鉄道回収をめぐり中ソが武力衝突。アメリカなどが何らかの介入を提案するが、幣原外相は不介入方針をとった。また、一九三〇年（昭和五年）五月に日中関税協定が調印され、条件付きで中国の関税自主権を承認した。

さらに、金解禁直後浜口は議会を解散し、二月、第二回目の普通選挙が実施された。その結果、民政党は解散前の一七三議席から過半数を超える二七三議席を占めることとなった。

しかし、前年一九二九年一〇月（金解禁実施声明の直前）のウォール街の株価大暴落に端を発した世界恐慌が、この年の春頃から日本を直撃し、金本位制復帰直後の日本経済を大混乱に陥れ、昭和恐慌となっていく。

一方、一月からロンドンで日英米仏伊による海軍補助艦に関する軍縮会議が開催された（主力艦の軍縮については、すでにワシントン会議で決定）。日本は当初の方針として、基本的には対米七割を主張していたが、若槻元首相・財部海相らの全権団は、日米妥協案として補助艦全体で実質対米比率六割九分七厘で妥結やむなしとし、政府に請訓を発した。

「三月一五日　土
全権より重要なる請訓電報来る。
午後一時半幣原外相来邸。全権よりの請訓電報を携へて協議す。事態相当重大なり。
山梨海軍次官を招致し右電報を手交し、訓電に付海軍部内の意見を纏《まと》むることを命ず」（「浜口雄幸日記」池井優ほか編『浜口雄幸　日記・随感録』、みすず書房、一九九一年）。

浜口は日米妥協案での条約締結を妥当とし、海軍部内の意見調整をへて、妥結を決意。回訓案を閣議決定して、ロンドンの全権団に条約締結を命じた。それにたいして、加藤寛治軍令部長・末次信正軍令部次長ら海軍軍令部と枢密院が強く反発した。

「三月一九日……加藤軍令部長来邸。軍縮問題に干《かん》する意見開陳すること一時間以上に及ぶ。態度頗《すこぶ》る強硬」
（「浜口雄幸日記」）。
「三月三一日　月
軍縮回訓問題高潮。山梨次官数次来訪。
在倫敦財部全権へ自分、山梨次官（首相の内意に元づきと云ふ）、幣原三人より慰撫的電報発送。蓋し此日夙に回訓に対する自分の決心定まるを以てなり」（同右）。

だが、浜口はこの軍縮条約締結の実現については強い決意をいだいていたようである。

この頃浜口は、山梨海軍次官に、条約締結について「これは自分が政権を失うとも民政党を失うとも又自分の身命を失うとも奪うべからざる堅き決心なり」との意向をもらしている（堀悌吉「ロンドン会議請訓より回訓までの期間身辺雑録」『現代史資料』第七巻、みすず書房、一九六四年）。

浜口は、加藤ら海軍軍令部の反対にたいしては、山梨勝之進海軍次官・財部海相ら海軍省の協力と海軍長老で前海相・軍事参事官の岡田啓介を軸とする周到な政治工作で対処し、結局、加藤軍令部長の辞職と条約容認派の谷口尚真軍令部長就任、末次次長更迭で決着した。

なお、財部海相が全権としてロンドン滞在中、浜口は、ワシントン会議中の原首相にならって、臨時海相事務管理を兼任していた。したがって、その日記によれば、山梨海軍次官が頻繁に来邸し、先の引用にもみられるように、海相事務管理として浜口自身が山梨の動きを指揮している。

最後に、軍事参事官会議で軍縮条約締結の可否が議論されることとなったが、そこでも海軍元帥東郷平八郎、伏見宮博恭王の反対が予想され、財部の日記によれば、彼が浜口にたいして「殆んど元帥らの緩和は絶望に陥りたる」旨を告げ、それでも「唯一路正道を歩まん」との方針で二人の意見が一致したさい、浜口は財部に「御言葉［財部の］を拝し奮闘す。仮令玉砕すとも男子の本懐ならずや」との意志を伝えている（『財部彪日記』）。しかし、軍事参事官会議は財部らの努力で軍縮条約容認の奉答文を決定。枢密院での諮詢手続きに入った。条約締結の批准においては枢密院の同意が必要とされていたからである。

枢密院にたいして浜口は、枢密院が反対してもかまわない、諒解運動はやらない、との姿勢で、枢密院が条約を諮詢しない場合は「断固たる処置をとる決心」であった。宮中に大きな影響力をもつ元老西園寺も、「万一枢密院が不条理なことで政府に対抗してきた場合に、総理はその職権を以て、政府の都合により議長副議長を罷免し、新しい議長副議長を以て御諮詢に答えさせてもいいではないか」との意向をもらしていた（原田熊雄『西園寺公と政局』、岩波書店、一九五〇年）。

また浜口は、内大臣秘書官長岡部長景の日記によれば、「枢府が……不穏当な措置多く、……枢密院正副議長および伊東［巳代治審査］委員長等を免官にする様な処分に出ざることとなるやも計り難く、前軍令部長［加藤］も軍機漏洩の廉にて免官処分に処する必要あるべく、一種のクーデターなるもこの際已むを得ず」（『岡部長景日記』、柏書房、一九九三年）との発言を残している。

「九月一五日……午后一時より第十一回枢府［審査］委員会開かる。……形勢不明なるも政府の方針態度は微動無し。事後の方針は臨機応変なり」（「浜口雄幸日記」）。

「九月十六日……［定例閣議において］枢府委員会の経過を報告し、臨機応変の処置は自分に一任を乞ふ旨を協議し諒解を得。……幣原外相、安達内相を別々に招致し密《ひそ》かに或る種の決心を告ぐ」（同右）。

しかし、軍事参事官会議の奉答文が条約容認であったことや、浜口らの強硬な姿勢によって、枢密院は軍縮条約の無条件批准案を可決した。

こうしてロンドン海軍軍縮条約が批准され、一〇月、条約発効を記念する意味で、浜口首相、アメリカ・フーバー大統領、イギリス・マクドナルド首相による日米英首脳世界同時中継ラジオ演説がおこなわれた。

だが、浜口をサポートした財部海相は辞職、山梨次官もまた職をしりぞいた。財部の後任には、同じ軍縮条約容認派の安保清種が海相に任命された。

その間、野党政友会は、田中死後、犬養毅が総裁となり、民政党の緊縮財政にたいして、「産業立国」をかかげ、積極財政を主張していたが、軍縮そのものには必ずしも反対ではなかった。しかし、総選挙での大敗の後、森格幹事長ら主流派の鈴木喜三郎系は、海軍の条約反対派、枢密院の対政府強硬派、右翼組織などと連携して倒閣をはかるべく、統帥権の干犯を問題にして浜口内閣を追及しようとした。そして、犬養総裁自らも、軍令部の意向に反してなされた内閣の回訓決定は統帥権を無視するものだ、として政府を批判する演説をおこなった。だが、軍事参事官会議、枢密院と政府決定を容認する結果に終わり、政友会の動きは失敗に帰した。

なお、この間、天岡直嘉前賞勲局総裁による売勲事件、政友会の小川平吉前鉄相をめぐる私鉄疑獄事件、それへの関与による小橋文相辞任、山梨半造前朝鮮総督の収賄事件など、いくつかの政界汚職問題が起こっている。

軍縮条約批准の約一カ月後、昭和恐慌が深刻化するなかで、来年度予算編成の閣議決定をおえた浜口は、一一月一四日、岡山での陸軍大演習視察にむかう途中、東京駅のプラットホームで右翼結社愛国社所属の佐郷屋留雄にピストルで狙撃され、腹部に銃弾を受けた。

「ようやく［東京駅の］貴賓室にかけつけると、浜口君はもうグッタリと横になっていた。秘書官の中島（弥団次）君が洋服をあけ、シャツを脱がすと、どっと血が出た。浜口は苦しい呼吸の下からハッキリと、『男子の本懐だ！』といっている。そして、『昨日の総予算案の閣議も片づいたので、いい時期だった』などといろいろ話しかける。私は、『ものをいうとどんどん血が出るから、ものを言っちゃいかん』と止めたが、私がいると話しかけるので、そっと駅長室へ行った」（幣原『外交五十年』）。

銃弾の摘出手術は一応成功したが、重傷で執務不可能のため、首相代理を置くことになり、幣原が推された。しかし、それをめぐって民政党内で混乱が起こり、幣原は病床の浜口を訪ねている。

「私は病床の浜口にたいして、『実は今君にこんなことを聞かせたくないのだが、首相代理の問題で実に弱っている』というと、浜口は黙ってそれを聞いていたが、いかにも沈痛な顔をして、『貴様そんな無理いわずに、僕のためだと思って引き受けてくれんかい』と泣き声でしんみりという。
これには私もほろりと参って、『そうか。君に心配させてすまなかった。それじゃ僕に出来るかどうか知らんが、ともかくやってみよう』というと、浜口は非常に喜んで、『どうかぜひやってくれ』と言う。これで私の腹も決まり、続いて首相代理をやることになった」（幣原『外交五十年』）。

翌一九三一年（昭和六年）一月、浜口はようやく退院したが、政友会の攻撃を受けて議会は混乱し、浜口個人への攻撃もなされた。

「浜口はどうしても議会へ出るといって承知しない。私らは、出れば身体に障るし、何も出なければならない必要もないのだから、よしたまえと頻りに勧めたが、彼は、『おれはこういうことで攻撃を受けると、病気だといって引っ込んでいるに忍びん。議会でいろんな質問に答えるのは総理大臣として当然の職務だ。どうか止めないでくれ』といってどうしても肯かないで、とうとう出てしまった」（幣原『外交五十年』）。

しかし、登院後、浜口の健康は急速に悪化し、四月一三日、ついに内閣総辞職を決意。民政党総裁も辞した。かわって若槻が民政党総裁となり、ふたたび内閣を組織することになる。

「浜口は仰向けに寝ていたが、私を見て、体を起こそうとした。私と彼の仲は、別段堅苦しく威儀を正す必要もないので、『そんなことをせんで、寝たまま話したまえ』と言って、彼の枕元で話した。浜口は一句一句、息をついで話す。自分の病気は急には治りそうもない。それで職を辞する決心をした。どうか自分に代わって、民政党の総裁になってもらいたい。場合によっては、その結果大命を拝することになるかもしれんがと、切々たる熱意を込めて、総裁の後釜になってくれと私に頼んだ。しかし私は、それはとても自分にはできん、と言って断った。すると浜口は、布団のなかから手を出して、親指と人差し指で丸を作って、『これだろう』と言った。つまり金がなくて、戦ができん、総裁が勤まらんというのだろうという意味を二本の指で現したのである。党員はかねがね私を金のできない総裁だといっていたし、浜口もそれをよく知っていた。……恐らく浜口も、私の断るのを予期していたのだろう。彼は重ねて、『それなら、なんとでも出来るものだよ』と言った。そういう彼は、物を言うのもいかにも苦しげな様子で、私も長く話すに忍びなかった。それで私は『なんとか君の安心するように取り計らうから、あまり心配せんで養生したまえ』と言って病院を出た」（若槻『古風庵回顧録』）。

その後も浜口の健康は回復せず、同一九三一年（昭和六年）八月、ついに死去した。享年六二歳であった。その翌月、満州事変が起こり、翌年、満州国建国宣言がなされ、また五・一五事件によって政党内閣に終止符がうたれた。その次の年の一九三三年（昭和八年）三月に日本は国際連盟を脱退し、さらに二・二六事件をへて、日中戦争、第二次世界大戦へと突き進んでいく。

本書第一部の「二一　内閣成立にあたりて」から「五九　来年度予算通過に関する首相声明」までは、この間の浜口内閣成立から総辞職までのものである。

なお、「五四　人類文明の一新紀元」（藤村健次『浜口雄幸』、一九三〇年、所収）は、一九三一年に出された浜口の遺著『随感録』にも自筆のほぼ同内容のものが収められているが、一応それ以前に公刊されているので、その重要性に鑑み、本書に収録した。また、「五五　教育勅語渙発記念祝辞演説」は、その全文が『随感録』に記載されているが、資料的重要性の判断から例外的に本書にも収録することとした。

以上が、本書収録の論述・講演の背景となっている、浜口の政治的経歴の概略である。

浜口の伝記については、小柳津五郎編『浜口雄幸伝』（浜口雄幸伝記刊行会、一九三一年）をはじめ、加藤鯛一『大宰相浜口雄幸』（文武書院、一九二九年）、藤村健次『浜口雄幸』（日吉堂書店、一九三〇年）、尼子止『平民宰相浜口雄幸』（宝文館、一九三〇年）、青木得三『若槻礼次郎・浜口雄幸』（時事通信社、一九五八年）、波多野勝『浜口雄幸』（中央公論社〈中公新書〉、一九九三年）、黒沢文貴「『浜口雄幸　日記・随感録』（みすず書房、一九九一年）解題」など多数ある。また、浜口の娘による詳細な回想、北田悌子『父浜口雄幸』（前掲）もある。

本解説執筆においては、それらをはじめ、これまでの諸研究、資料類をできるだけ参照した。

六

本書収録資料の典拠については、「凡例」でもふれたように、各資料の文末に記してあるが、その主要なものに簡単にふれておこう。

鍵山誠之祐編『浜口雄幸氏大論弁集』（実業之日本社、一九三一年）は、民政党総裁就任から首相辞職までの浜口の主な講演、議会演説を集めたものである。青年雄弁会編『浜口雄幸氏名演説集』（春江堂、一九三〇年）は、浜口がはじめて衆議院に立候補した一九一五年（大正四年）から首相在任中の一九二九年（昭和四年）までの主な講演・議会演説を収録している。なお、前年に出版された、青年雄弁会編『浜口雄幸氏大演説集』（春江堂、一九二九年）は、書名が異なるのみで内容は全く同じもの。また、沢本孟虎編『雄幸雄弁』（青山書院、一九二五年）も、前書の出版年までの部分と同一である。

浜口雄幸『強く正しく明るき政治』（春秋社、一九三〇年）は、同年の第二回目の普通選挙制度による総選挙にあたって出版されたもので、この時執筆された部分と、過去の演説類を集めた部分とからなっている。大蔵大臣官房編『浜口大蔵大臣財政経済演説集』（大鐙閣、一九一六年）は、文字どおり大蔵大臣在任中の発言を集めたものである。

『同志』は、立憲同志会の機関誌で、一九一六年（大正五年）四月から同年九月まで発行された。『憲政』は、憲政会の機関誌で、一九一六年（大正五年）一〇月から一九二五年（大正一四年）一二月まで出され、『憲政公論』も同じく憲政会機関誌で、そのあとを引き継いで（一部の期間『憲政』と重複）一九二七年（昭和二年）五月まで続いた。『民政』は、民政党機関誌で、一九二七年（昭和二年）六月から一九四一年（昭和一六年）三月まで発行された。いずれも、柏書房から再刊されている。ただ、第二部「六　寺内内閣の訓示を評す」「七　我が党の政策」が掲載された『憲政』第一巻第八号、第九号は、それには収録されていない。

なお、第一部「五〇　回訓案決定の件説明原稿」は手稿ではあるが、すでに当該説明がおこなわれているので、その重要性から本書に収録することとした。本資料は、波多野勝「浜口家所蔵の浜口雄幸文書」（慶應義塾大学『法学研究』第六七巻第七号）にも収められている。

ちなみに、本書収録の論述・講演においては、また近刊の議会演説においても、多くの政治家と同様、多忙をきわめる閣僚や民政党総裁、首相就任中は、またそれ以前においても時として、その草稿が関係者によってかかれている場合が少なからずあると推定される。草稿の筆者をある程度特定できるものもあるが、ほとんどは関係者による草稿が存在したかどうかも不明である。しかし、関係者の草稿をもとにしている場合でも、すべて浜口が事前に目を通し手を入れ、自らの責任において発表・発言したものであり、その内容は浜口自身の考えでもあるといえる。ただ、浜口の場合、自身で草稿を作成しているものが比較的多いようである。

なお、浜口の談話、未発表手稿、書簡、その他の関係資料については、別の機会に編集・出版したいと考えている。

最後に、本書への資料掲載をこころよく許可いただいた浜口明子さんに、お礼を申し上げたい。また、本書を担当してくださった未來社編集部の本間トシさんには、実質的な編集作業をもふくめ、編者に勝るとも劣らないほど、知力と体力の限りを尽していただいた。記して感謝の意を表したいと思う。

なお、本書は、平成一一年度科学研究費補助金「研究成果公開促進費」の補助をうけたものである。

川田　稔（かわだ　みのる）
1947年　高知県に生まれる。
1978年　名古屋大学大学院法学研究科博士課程修了。
現　在　名古屋大学情報文化学部教授。法学博士。
専　攻　政治史　政治思想史
著　書　『柳田国男の思想史的研究』『「意味」の地平へ』『柳田国男―「固有信仰」の世界』『原敬　転換期の構想』『柳田国男のえがいた日本――民俗学と社会構想』（いずれも未來社），『柳田国男――その生涯と思想』（吉川弘文館），『原敬と山県有朋』（中央公論社）ほか。
編　書　『環太平洋の国際秩序の模索と日本――第一次世界大戦から五五年体制成立』（山川出版社）
現住所　〒475-0927　愛知県半田市北二ッ坂町3-7-25

浜口雄幸集――論述・講演篇――

2000年2月22日　第1刷発行

定価（本体15,000円＋税）

編　者　川　田　　稔

発行者　西　谷　能　英

発行所　株式会社　未　來　社
112-0002　東京都文京区小石川3-7-2
電話（03）3814-5521～4
URL: http://www.miraisha.co.jp/
Email: info@miraisha.co.jp

印刷＝㈱スキルプリネット／製本＝黒田製本
ISBN4-624-30096-3 C3033

川田　稔著
柳田国男の思想史的研究
四〇〇〇円

近代日本の苦悩を意識しつつ新国学の成立に生涯を注いだ柳田国男の農政論・地域論・政治論・方法論を論じ、日本の政治・経済における現実面とのかかわりを明らかにした労作。

川田　稔著
柳田国男――「固有信仰の世界」
四〇〇〇円

氏神信仰こそ日本人の心性を規定している固有の信仰であると考えるに至った柳田の思考過程を検証し、デュルケームとの比較を通して柳田の固有信仰論の意義を思想史的に究明。

川田　稔著
原敬　転換期の構想
二八〇〇円

〔国際社会と日本〕原敬の国家構想の全体像を原の発言、日記等を綿密に検証して明らかにし、国際的孤立に陥った状況下で原が切開いた内外政策の展開の歴史的政治的意味を探る。

川田　稔著
柳田国男のえがいた日本
二二〇〇円

〔民俗学と社会構想〕政治的経済的大転換期のなかで日本人の将来の生の意味の追求・倫理形成に向けて展開された柳田の民俗学研究とそれを支えた社会構想＝国民国家構想を検討。

丸山真男著
〔増補版〕現代政治の思想と行動
三五〇〇円

第一部現代日本政治の精神状況／第二部イデオロギーの政治学／第三部「政治的なるもの」とその限界。戦後思想の状況の中で、真にラディカルな論理を確立した二十論文を収録。

丸山真男著
後衛の位置から
一五〇〇円

〔『現代政治の思想と行動』追補〕英訳版『現代政治の思想と行動』著者序文、「憲法第九条をめぐる若干の考察」「近代日本の知識人」の三篇と英訳版に寄せられた外国人の書評五篇。

石田　雄著
明治政治思想史研究
四八〇〇円

天皇制国家の支配体制の基本的特質・「家族国家」観の展開過程・イデオロギー構造・政治的機能を分析・究明し、さらに明治日本におけるナショナリズムの本質の解明におよぶ。

石田　雄著
近代日本政治構造の研究
四二〇〇円

ファシズム体制への編成過程における日本の「政治構造」の矛盾の運動を基本的、歴史的に解明しつつ、その特質を憲法体制・官僚機構・政党政治等から鋭く究明した学界の収穫。

橋川文三著
近代日本政治思想の諸相
四五〇〇円

柳田国男等の反「近代」思想、北一輝・大川周明等の昭和超国家主義の系譜、二・二六以後の新官僚の政治思想などを体系的に論述し、近代思想の底流とその展開を明らかにする。

福島新吾著
日本の政治指導と課題
七五〇〇円

「第一部　日本の政治指導」はⅠ戦時の三内閣、Ⅱ戦後の四内閣を扱う。「第二部　課題」は、防衛、外交、福祉、天皇制等を分析。四〇余年に及ぶ日本の政治指導の研究を集大成する。